中国改革开放
实践历程与理论探索

Chronicling China's Reform and Opening-up

谢伏瞻 ◎ 主编　　蔡昉 ◎ 副主编

中国社会科学出版社

图书在版编目(CIP)数据

中国改革开放：实践历程与理论探索 / 谢伏瞻主编 . —北京：中国社会科学出版社，2021.1（2021.7重印）
ISBN 978-7-5203-7143-8

Ⅰ.①中… Ⅱ.①谢… Ⅲ.①改革开放—历史—中国 Ⅳ.①D61

中国版本图书馆 CIP 数据核字（2020）第 169143 号

出 版 人	赵剑英
责任编辑	王 茵　孙 萍
责任校对	闫 萃
责任印制	王 超

出　　版	中国社会科学出版社
社　　址	北京鼓楼西大街甲 158 号
邮　　编	100720
网　　址	http://www.csspw.cn
发 行 部	010-84083685
门 市 部	010-84029450
经　　销	新华书店及其他书店

印刷装订	北京君升印刷有限公司
版　　次	2021 年 1 月第 1 版
印　　次	2021 年 7 月第 2 次印刷

开　　本	710×1000　1/16
印　　张	44
字　　数	543 千字
定　　价	198.00 元

凡购买中国社会科学出版社图书，如有质量问题请与本社营销中心联系调换
电话：010-84083683
版权所有　侵权必究

编 委 会

主　　编： 谢伏瞻

副 主 编： 蔡　昉

委　　员：（以姓氏笔画为序）

马　援　王心富　冯颜利　闫　坤
李正华　李雪松　张永生　张宇燕
张晓晶　武　力　赵剑英　姜华峰
都　阳　黄群慧　樊建新　魏后凯

序　言

谢伏瞻

中国的改革开放已经走过40余年的光辉历程。改革是一个国家、一个民族的生存发展之道。只有顺应历史潮流，积极应变，主动求变，才能与时代同行。习近平总书记在庆祝改革开放40周年大会上的讲话中指出："我们党作出实行改革开放的历史性决策，是基于对党和国家前途命运的深刻把握，是基于对社会主义革命和建设实践的深刻总结，是基于对时代潮流的深刻洞察，是基于对人民群众期盼和需要的深刻体悟。"[1] 习近平总书记的讲话深刻表明，改革开放是我们党顺应历史发展规律、把握历史发展大势、抓住历史变革时机的关键抉择，既反映了历史发展的客观必然性，又体现了我们党奋发有为、锐意进取的主观能动性，是我们党的一次伟大觉醒，孕育了我们党从理论到实践的伟大创造。

改革开放是中国人民和中华民族发展史上一次伟大革命，推动了中国特色社会主义事业的伟大飞跃。党的十一届三中全会的胜利召开，实现了中华人民共和国成立以来党的历史上具有深远意义的伟大

---

[1] 习近平：《在庆祝改革开放40周年大会上的讲话（2018年12月18日）》，人民出版社2018年版，第2页。

转折，开启了改革开放和社会主义现代化的伟大征程。经过几代中国共产党人的接续奋斗，从开启新时期到跨入新世纪，从站上新起点到进入新时代，我们党引领人民绘就了一幅波澜壮阔、气势恢宏的历史画卷，谱写了一曲感天动地、气壮山河的奋斗赞歌。

特别是党的十八大以来，以习近平同志为核心的党中央以巨大的政治勇气和智慧，提出全面深化改革的总目标是完善和发展中国特色社会主义制度、推进国家治理体系和治理能力现代化，着力增强改革系统性、整体性、协同性，着力抓好重大制度创新，着力提升人民群众获得感、幸福感、安全感，推出1600多项改革方案，啃下了不少硬骨头，闯过了不少急流险滩，改革呈现全面发力、多点突破、蹄疾步稳、纵深推进的局面，推动党和国家事业发生历史性变革、取得历史性成就，推动中国特色社会主义进入了新时代。

改革开放极大改变了中国的面貌、中华民族的面貌、中国人民的面貌、中国共产党的面貌。中华民族迎来了从站起来、富起来到强起来的伟大飞跃，中国特色社会主义迎来了从创立、发展到完善的伟大飞跃，中国人民迎来了从温饱不足到小康富裕的伟大飞跃，中华民族正以崭新姿态屹立于世界的东方。现在，我们比历史上任何时期都更接近中华民族伟大复兴的目标，比历史上任何时期都更有信心、有能力实现这个目标。改革开放是发展中国、发展社会主义、发展马克思主义的强大动力。

40余年的伟大实践充分证明：党的十一届三中全会以来我们党团结带领全国各族人民开辟的中国特色社会主义道路、理论、制度、文化是完全正确的，形成的党的基本理论、基本路线、基本方略是完全正确的；中国的发展为广大发展中国家走向现代化提供了成功经验、展现了光明前景，是促进世界和平与发展的强大力量，是中华民族对人类文明进步做出的重大贡献；改革开放是党和人民大踏步赶上时代的重要法宝，是坚持和发展中国特色社会主义的必由之路，是决定当代中国命运的关键一招，也是决定实现"两个一百年"奋斗目标、实现中华民族伟大复兴的关键一招。

40 余年来，我们党在带领全党全国各族人民推进改革开放的过程中，积累了弥足珍贵的丰富经验。习近平总书记在庆祝改革开放40周年大会上的讲话，高度概括了改革开放的宝贵经验：必须坚持党对一切工作的领导，不断加强和改善党的领导；必须坚持以人民为中心，不断实现人民对美好生活的向往；必须坚持马克思主义指导地位，不断推进实践基础上的理论创新；必须坚持走中国特色社会主义道路，不断坚持和发展中国特色社会主义；必须坚持完善和发展中国特色社会主义制度，不断发挥和增强我国制度优势；必须坚持以发展为第一要务，不断增强我国综合国力；必须坚持扩大开放，不断推动共建人类命运共同体；必须坚持全面从严治党，不断提高党的创造力、凝聚力、战斗力；必须坚持辩证唯物主义和历史唯物主义世界观和方法论，正确处理改革发展稳定关系。

2020 年 8 月，习近平总书记在经济社会领域专家座谈会上的重要讲话中，强调"新时代改革开放和社会主义现代化建设的丰富实践是理论和政策研究的'富矿'"[①]。以中国社会科学院研究人员为主体的一批学者，深入学习习近平总书记关于改革开放宝贵经验讲话精神，从不同的领域回顾了改革的历程，尝试对改革的经验做出专业角度的解释，不仅讲述改革过程中重要事件和具体举措，也尝试探索相关改

---

① 习近平：《在经济社会领域专家座谈会上的讲话（2020 年 8 月 24 日）》，人民出版社 2020 年版，第 12 页。

革背后的逻辑和规律，把讲述改革的故事、总结改革的经验与提升改革过程中蕴含的中国智慧和中国方案结合起来。摆在读者面前以《中国改革开放：实践历程与理论探索》为题的这本专著，就是这些研究成果的结晶。

本书分为五编，以20章的篇幅力图全面反映改革开放历程和作者的理论阐释。在绪论中，我们把改革开放放在更长的时间维度和更广的国际视野，总体概述了改革开放的光辉历程、伟大成就、世界意义、宝贵经验和前景展望。第一编从农村和城市经济等关键领域讨论改革开放的起步。第二编从生产要素市场发育、企业改革、外向型经济发展等方面叙述社会主义市场经济体制的建立历程。第三编讨论中国进入中国特色社会主义新时代以来，包括经济、政治、文化、社会、生态文明和党的建设以及国防和军队改革在内重要领域的全面深化改革。第四编从构建人类命运共同体和"一带一路"建设等方面叙述新时代的全面对外开放。第五编在两个"一百年奋斗目标"交汇期这个背景下，展望全面建成小康社会标志性成就，并对全面建设社会主义现代化国家新征程的改革开放进行展望。

本书是多学科的专家和学者共同完成的一项集体成果，他们在相关领域积累了长期的研究经验。作者从时间序列与改革开放逻辑的统一着眼，进行叙述和阐释，力图比较完整地反映40余年改革开放过程的全貌，尝试讲清中国改革开放的道理、学理和哲理。在每位作者结合各自的专业优势做了富有特点的发挥的同时，我们也尽可能保持全书风格和结构的整体性。当然，本书的写作和编辑中难免存在遗漏和不足，敬请读者提出批评。

目　录

绪　论 ·· （1）

　　第一节　改革开放的光辉历程 ···································· （1）

　　第二节　改革开放取得的伟大成就 ······························· （4）

　　第三节　改革开放成就和经验的世界意义 ······················· （7）

　　第四节　改革开放的宝贵经验 ···································· （12）

　　第五节　全面深化改革与高水平对外开放 ······················· （16）

第一编　改革开放起步

第一章　农村经济改革 ·· （23）

　　第一节　实行家庭联产承包责任制 ······························· （23）

　　第二节　让农民休养生息 ·· （30）

　　第三节　乡镇企业异军突起 ······································· （38）

　　第四节　推进农产品市场化改革 ·································· （44）

第二章　城市和宏观经济改革 ·· （50）

　　第一节　国有企业放权让利 ······································· （50）

第二节　从直接控制到宏观管理 …………………………（61）
　　第三节　财税体制初步改革 ………………………………（70）
　　第四节　改革重构金融体系 ………………………………（75）

第三章　对外开放 ……………………………………………（83）
　　第一节　对外开放的历史转变 ……………………………（83）
　　第二节　对外开放的区域推进与启示 ……………………（87）
　　第三节　对外开放的领域拓展与成绩 ……………………（93）
　　第四节　对外开放的体制机制改革 ………………………（97）

第二编　建立社会主义市场经济体制

第四章　外向型经济发展 ……………………………………（105）
　　第一节　对外开放再次出发 ………………………………（106）
　　第二节　拥抱国际规则，深度融入国际规则体系 ………（113）
　　第三节　在全球价值链中成长的贸易大国 ………………（118）
　　第四节　对外开放：从引进来到走出去 …………………（122）

第五章　劳动力转移与就业体制改革 ………………………（128）
　　第一节　从"离土不离乡"到民工潮 ……………………（128）
　　第二节　城市就业体制改革 ………………………………（134）
　　第三节　就业优先战略的新内涵 …………………………（141）

第六章　国企制度创新与资本市场发育 ……………………（147）
　　第一节　建立现代企业制度 ………………………………（147）

第二节　国有资产管理体制改革……………………………………（157）
　　第三节　资本市场发展…………………………………………………（163）

第七章　土地制度改革………………………………………………（177）
　　第一节　城市土地制度改革……………………………………………（177）
　　第二节　农村土地制度改革……………………………………………（184）
　　第三节　建立城乡统一的建设用地市场………………………………（192）
　　第四节　完善土地管理体制与调控政策………………………………（197）

第八章　探索平衡、协调、可持续发展……………………………（202）
　　第一节　从"硬道理"到科学发展观 …………………………………（202）
　　第二节　中国特色宏观调控体系逐步形成……………………………（214）
　　第三节　分税制改革开启财税体制新纪元……………………………（228）
　　第四节　金融改革开放提速……………………………………………（234）

第三编　新时代全面深化改革

第九章　经济建设和体制改革………………………………………（245）
　　第一节　全面深化国企改革……………………………………………（245）
　　第二节　以人民为中心的发展思想……………………………………（257）
　　第三节　供给侧结构性改革……………………………………………（267）
　　第四节　新时代的宏观调控创新………………………………………（276）
　　第五节　构建现代财政制度……………………………………………（292）
　　第六节　金融改革开放新时代…………………………………………（303）

第十章　政治建设和体制改革 (309)
 第一节　积极推进民主政治建设 (309)
 第二节　全面推进依法治国和法治建设 (327)
 第三节　政府机构改革和行政管理现代化 (338)
 第四节　对外开放格局下的政府管理改革 (351)

第十一章　文化建设和体制改革 (356)
 第一节　文化建设道路的探索与改革 (356)
 第二节　新时代文化发展新格局 (363)
 第三节　中国特色社会主义文化繁荣发展 (373)

第十二章　社会建设和民生事业 (381)
 第一节　社会保障制度和体系 (382)
 第二节　教育发展与改革 (394)
 第三节　社会建设与完善公共服务体系 (401)
 第四节　社会治理体制改革 (407)
 第五节　完善收入分配制度 (411)

第十三章　生态文明建设和体制改革 (420)
 第一节　生态文明概念的孕育 (420)
 第二节　生态文明思想确立 (428)
 第三节　生态文明体制改革 (431)
 第四节　中国经济的绿色转型 (434)
 第五节　生态文明走向世界 (441)

第十四章　国防和军队改革 (446)

第一节　开创有中国特色的精兵之路 (446)

第二节　积极推进中国特色军事变革 (451)

第三节　新时代深化国防和军队改革 (455)

第十五章　党的建设及其制度改革 (465)

第一节　改革开放新时期党的建设的探索 (465)

第二节　新时代全面从严治党的战略部署 (474)

第三节　坚持和加强党的全面领导 (483)

第四编　新时代全面对外开放

第十六章　"一带一路"倡议提出和实施 (491)

第一节　"一带一路"倡议提出的时代背景 (491)

第二节　"一带一路"倡议提出与发展 (497)

第三节　"一带一路"倡议的实施进展 (505)

第十七章　全球化逆风下的主动开放 (515)

第一节　全球化逆风吹来 (515)

第二节　夯实主动开放的国内基础 (520)

第三节　中国积极推进经济全球化 (526)

第四节　中国直面中美经贸摩擦 (530)

第十八章　构建人类命运共同体 (538)

第一节　人类命运共同体思想与实践的缘起 (539)

第二节	命运与共的经济基础	(547)
第三节	人类命运共同体的上层建筑	(553)
第四节	人类命运共同体合作的主要地区和领域	(558)

第五编　两个"一百年目标"的交汇

第十九章　全面建成小康社会与开启现代化建设新征程 (565)
- 第一节　建设小康社会与改革开放的推进 (565)
- 第二节　全面建成小康社会与全面深化改革开放 (570)
- 第三节　开启基本实现现代化与改革开放新征程 (580)
- 第四节　走向社会主义现代化强国 (586)

第二十章　打赢脱贫攻坚战 (593)
- 第一节　扶贫开发的战略转变 (593)
- 第二节　坚决打赢脱贫攻坚战 (603)
- 第三节　统筹推进脱贫攻坚与乡村振兴 (612)

大事记 (618)

参考文献 (668)

绪　　论

习近平总书记指出:"无论我们走得多远,都不能忘记来时的路"[1],"历史是最好的教科书"[2]。回顾和理解改革开放的光辉历程、伟大成就和宝贵经验,应该与中华人民共和国成立70余年的历史结合起来进行考察,弄清楚前后承继创新的有机联系和发展逻辑,认识中国共产党如何通过把握历史发展大势,不断总结经验教训和修正错误,抓住历史变革时机,领导人民团结奋斗,在改革开放时期创造了人类历史罕见的发展奇迹,积累了有益的经验并上升为中国智慧,产生了与中国日益提高的国际地位相匹配的世界意义。中国智慧和中国方案不仅对于我们自身进一步前行弥足珍贵,也是对人类社会发展规律探索的中国贡献。

◇ 第一节　改革开放的光辉历程

中华人民共和国成立以来,中国由新民主主义走向社会主义,确

---

[1] 习近平:《在"不忘初心、牢记使命"主题教育工作会议上的讲话(2019年5月31日)》,人民出版社2019年版,第5页。
[2] 习近平:《在中央党校建校80周年庆祝大会暨2013年春季学期开学典礼上的讲话(2013年3月1日)》,人民出版社2013年版,第8页。

立了社会主义基本制度，开创和拓展了中国特色社会主义道路，将社会主义理想在中国大地变为现实，为中华民族实现伟大复兴提供了重要的制度保障。党的十一届三中全会具有深远的转折意义，开启了改革开放和社会主义现代化的伟大征程。党的十八大以来，中国特色社会主义进入新时代，近代以来久经磨难的中华民族迎来了从站起来、富起来到强起来的伟大飞跃，中国特色社会主义迎来了从创立、发展到完善的伟大飞跃。

在中华人民共和国成立后的前30年中取得历史性发展成绩的同时，也犯了急于求成和"左"的错误，使国家发展遭遇了严重的挫折。特别是在经济建设中，忽视客观经济规律的作用，以集中计划代替市场机制，导致在微观层面出现生产和劳动的激励机制缺失，在宏观层面资源配置效率低下，国民经济结构失衡以及积累与消费比例失调等弊端。特别是在"文化大革命"期间，党的工作重心远离了经济建设。到了"文化大革命"后期，中国的国民经济濒临崩溃的边缘，人民温饱都成问题，国家建设百业待兴。

正视前30年计划经济的体制弊端和经济建设中的错误和挫折，中国共产党勇于拿起手术刀革除自身病症，靠自己解决自身的问题。1978年12月13日，邓小平同志在中央工作会议闭幕会上发表讲话，振聋发聩地指出："如果现在再不实行改革，我们的现代化事业和社会主义事业就会被葬送。"[①] 党的十一届三中全会重新确立了解放思想、实事求是的思想路线，把全党的工作重心转向经济建设，从此中国进入改革开放这个崭新的时期。习近平总书记指出："改革开放是

[①] 中共中央文献研究室：《邓小平思想年编：1975—1997》，中央文献出版社2011年版，第2页。

我们党的一次伟大觉醒,正是这个伟大觉醒孕育了我们党从理论到实践的伟大创造。"[①] 改革开放就是革除病症,消除一切阻碍提高社会生产力、增强国家综合实力和改善人民生活水平的体制障碍与弊端。

首先,以从计划经济向社会主义市场经济体制转变为取向不断推进经济体制改革。从实行家庭联产承包制、废除人民公社到农村承包地"三权"分置;从提高农产品价格、取消农业税到打赢脱贫攻坚战;从促进乡镇企业发展到实施乡村振兴战略;从对国有企业放权让利、发展非公有经济、建立现代企业制度,到深化国资国企改革、发展混合所有制经济,坚持"两个毫不动摇";通过双轨制过渡的方式推动价格形成机制改革,发育产品市场和要素市场,到使市场在资源配置中起决定性作用和更好地发挥政府作用。

其次,不断扩大全方位对外开放,日益走近世界舞台中央。从兴办经济特区、沿海、沿边、沿江、沿线和内陆中心城市对外开放,到加入世界贸易组织;从扩大对外商品贸易到引进外商投资;从"引进来"到"走出去";从以资源比较优势参与全球分工体系,到国内国际联动开放发展,进而形成国内国际大循环相互促进新发展格局;从共建"一带一路"、设立自由贸易试验区,到谋划中国特色自由贸易港;从多边贸易体制的积极参与者、坚定维护者,到经济全球化的积极推动力量和国际经贸规则改革负责任的参与方。

最后,从以经济体制改革为主转向全面深化经济、政治、文化、社会、生态文明体制和党的建设制度改革。特别是党的十八大以来,党和国家机构改革、行政管理体制改革、依法治国体制改革、司法体

---

① 中共中央宣传部:《习近平新时代中国特色社会主义思想学习纲要》,学习出版社、人民出版社2019年版,第80页。

制改革、外事体制改革、社会治理体制改革、生态环境督察体制改革、国家安全体制改革、国防和军队改革、党的领导和党的建设制度改革、纪检监察制度改革等一系列重大改革扎实推进。

中华人民共和国成立后前 30 年的成就与曲折,为在新的历史时期开创中国特色社会主义提供了宝贵经验和理论准备。从党的十一届三中全会开启了改革开放和社会主义现代化的伟大征程以来,我们党确立了社会主义初级阶段基本路线。在坚持和发展马克思列宁主义并同中国革命和建设具体实践相结合的过程中,中国共产党创立了毛泽东思想,改革开放以来创立了邓小平理论,形成了"三个代表"重要思想、科学发展观。特别是党的十八大以来,形成了习近平新时代中国特色社会主义思想。中国人民正在为实现全面建成小康社会和建设社会主义现代化强国"两个一百年"奋斗目标而努力奋斗。

◇ 第二节 改革开放取得的伟大成就

1949 年中华人民共和国成立,结束了半殖民地半封建社会的历史,中国人民从此站了起来,从此不断创造伟大的成就。在前 30 年即 1949—1979 年取得的成就为改革开放时期的发展奠定了不可低估的物质基础。1952—1978 年,中国 GDP 的年均实际增长率为 4.4%,略快于当时被定义为高收入国家的增长速度(4.3%),但是,仍然低于世界平均水平(4.6%)。正是在这个时期,世界上很多国家和地区,特别是日本和亚洲四小龙迅速发展,实现了对发达国家的赶超。也就是说,这个时期中国经济和人民生活水平,从纵向比较来看发生了天翻地覆的变化;然而,如果进行横向的比较,仍然落后于世界的发展。

实行高度集中的计划经济体制，造成了劳动和生产积极性不足、资源配置效率低下、经济结构失调等诸多弊端。特别是一系列政治运动干扰了经济建设的正常进行，使得在新中国的前30年里中国经济落后于世界的发展潮流，未能实现对发达国家的赶超，仍然是一个贫穷落后的国家。这一时期的"大跃进"和十年"文化大革命"对国民经济造成巨大的损害，最终使这一时期人民生活水平的改善甚微。到改革开放前的1978年，全国农村有约2.5亿人口未能解决温饱问题，人均年收入不到100元。按照世界银行确定的标准，按照不变价购买力计算，每人每天收入低于1.9美元就意味着处于绝对贫困状态。据此，1981年中国有高达8.8亿绝对贫困人口。

改革开放的历程与成就最终证明贫穷不是社会主义；在中国，只有在坚持社会主义道路前提下实行改革开放才能够消除贫困。于1978年始，经济体制改革率先从农村起步，通过调动劳动和生产的积极性显著增加了农产品产量和农民收入，降低了贫困发生率；随后改革推进到城市部门，通过价格改革和发育市场、搞活国有企业和发展非公有经济，加快了经济增长速度；与此同时，对外开放以多种方式渐进地得到推进。上述改革开放措施，针对计划经济体制弊端，从改善微观激励机制入手，进而赋予企业和农户自主配置生产要素的权利，在不断消除阻碍资金、劳动力等生产要素流动的体制障碍的条件下，资源重新配置带来效率的改进，也通过引进外资、发展外向型经济和扩大贸易，把资源比较优势转化为国际竞争力。

1978—2019年，中国的GDP年平均实际增长率高达9.4%，是同期世界上最快的增长速度。而在世界经济发展的其他历史时期，也未见在如此长的时间里以如此快的速度增长的先例。例如，此前增长速度最快且持续时间最长的案例要数韩国和新加坡,这两个国家在1965—2005年增长最快的40年中,年平均增长率也分别只有8.6%和8.1%。史无前例的高速增长,使中国的经济发展水平在40余年中实现了奇迹般的赶超。

根据世界银行数据,从人均GDP来看,1978年中国属于典型的低收入国家。随着改革时期高速增长的持续,中国于1993年跨入中等偏下收入国家行列,继而在2009年跨入中等偏上收入国家行列,并同时在经济总量上超过日本成为世界第二大经济体。2019年,中国按现价计算的人均GDP超过一万美元,距离高收入国家的门槛已经近在咫尺。

更为世人所瞩目的是中国减贫事业取得的成就。1981年生活在世界银行绝对贫困标准(按2011年购买力平价计算每天低于1.91美元)以下的全球人口共18.9亿,其中中国贫困人口高达8.8亿,占世界贫困人口的46.4%。2015年,全球贫困人口减少到7.5亿,中国则只剩下960万,仅占全球贫困人口的1.3%。这期间,中国对世界减贫的直接贡献高达76.2%。实际上,2015年之后中国按照高于世界银行的标准继续实施农村脱贫攻坚战略,2019年年末,全国农村贫困人口仅剩510万人,贫困发生率降至0.6%,已有94%的贫困县实现脱贫摘帽,区域性整体贫困基本得到解决。2020年在中国大地上将消除绝对贫困现象。

在改革开放40余年中,中国社会生产力的提高、综合国力的增强和人民生活水平的改善,都显现出历史性跨越的特点,创造了人类发展历史上罕见的奇迹,实现了进入世界科技前沿行列的飞跃。例如,从国家体育场(鸟巢)到北京大兴新机场,从青藏铁路到港珠澳跨海大桥,从长江三峡水利枢纽工程、西气东输到南水北调工程,从天宫二号、量子科学实验卫星"墨子"到嫦娥四号月背软着陆,从北斗卫星导航系统到第五代移动通信网络,从高铁、公路成网到C919大飞机,科技创新成果数不胜数。

从毛泽东主席到邓小平同志,在不同的年代都强调中国应该对于人类做出比较多的贡献。习近平总书记指出,中国共产党始终把为人类做出新的更大的贡献作为自己的使命。党的十八大以来,中国日益走近世界舞台中央,习近平总书记倡导构建人类命运共同体的思想,被写入多个联合国文件。实施共建"一带一路"倡议,发起创办亚洲基础设施投资银行,设立丝路基金,举办两届"一带一路"国际合作高峰论坛、亚太经合组织领导人非正式会议、二十国集团领导人杭州峰会、中非合作论坛北京峰会、亚洲文明对话大会、两届中国国际进口博览会等一系列重大主场外交活动。中国为人类社会发展、世界和平与发展做出新的更大贡献,国际影响力、感召力、塑造力进一步提高。

◇◇ 第三节 改革开放成就和经验的世界意义

习近平总书记指出:"改革开放是中国人民和中华民族发展史上一次伟大革命,正是这个伟大革命推动了中国特色社会主义事业的伟大飞跃!"[1] 党的十八大以来,中国经济以其持续健康增长、规模扩大和全球占比提高,日益走近世界舞台中央,对世界经济产生越来

---

[1] 中共中央宣传部:《习近平新时代中国特色社会主义思想学习纲要》,学习出版社、人民出版社2019年版,第80页。

大的影响，也应当对人类做出新的更大贡献。

根据世界银行数据，以2010年不变价美元计算，中国GDP总规模1978年排在全球第14位，仅相当于世界经济的1.1%和美国经济的4.6%。到1990年，中国GDP在世界经济占比提高到2.2%，为美国的9.2%，排在世界第十位。到2000年，中国GDP占世界经济比重为4.5%，为美国的17.6%，排在世界经济第五位。中国于2010年成为世界第二大经济体，GDP占世界的9.2%，相当于美国的40.8%。2019年，中国GDP达到11.5万亿美元，在世界经济中占比13.6%，相当于美国经济的63.1%。如果按现价算，2019年中国GDP为14.3万亿美元，相当于美国的66.9%，占全球总量的16.3%。而从中国对世界经济增长的贡献来说，1990年以来就十分显著且稳步提高，自2008年国际金融危机到2019年期间，中国对世界经济增长的贡献率高达31.8%。在21世纪以来世界经济异常变化的年份中，正是由于中国经济的稳定作用，全球波动性得以显著降低。

自1978年开始改革开放以来，中国步履稳健地成为世界上独一无二经济规模足够大、增长速度足够快、不仅改变了自身面貌也改变了世界经济格局的国家。可以说，中国以其作为世界经济的发动机和稳定器，促成了全球百年未有之大变局。以中国为主体的新兴经济体乃至更多发展中国家的经济赶超，使得以往只是理论上成立的全球经济趋同，成为世界经济发展的现实，世界经济多极化的格局相应形成。1990—2019年间，低收入和中等收入国家的GDP全球占比从16.1%提高到37.3%，中国GDP在低收入和中等收入国家经济总量中的比重，则从9.9%提高到43.9%。在这个时期，按不变价计算，全部低收入和中等收入国家GDP总额扩大了近四倍，其中中国的贡献高达48.1%。

除了以物质产出的方式对世界经济做出贡献之外，得以创造中国奇迹的改革开放经验和促进发展理念，以及随之而来的对规则制定的话语权、对发展观念的有益见地和对循例的建设性建议，都是对世界经济的公共品贡献。中国并不谋求世界经济霸权，也不输出自己的发展模式，但是，作为拥有世界第二大经济体、第一大工业国、第一大货物和服务出口国、第二大货物和服务进口国，以及第一大外汇储备国等地位的经济大国，中国义不容辞对世界经济稳定与增长做出贡献，同时反映自身及广大发展中国家特别是新兴经济体关于国际经贸规则的诉求，引领全球化治理方式的转变。由于以下几个突出特征，中国的发展及其经验、智慧、方案对于世界的意义尤其重要。

首先，中国拥有世界上最大规模的人口，2019年约为世界总人口的18.2%，占人类近1/5的中国人民创造的成就对世界意义的显著性和一般意义，是其他国家经验所无可比拟的。邓小平同志指出："只要中国不垮，世界上就有五分之一的人口在坚持社会主义。我们对社会主义的前途充满信心。"[①] 中国智慧和中国方案拓展了发展中国家走向现代化的途径，给世界上那些既希望加快发展又希望保持自身独立性的国家和民族提供了全新选择。

其次，中外各个学科领域的研究者都具有探索国家兴衰之谜的学术责任和好奇心，中国奇迹的创造在时间上是高度浓缩的，与许多发达国家历史过程相比是在极短的时间里完成的。而吸引众多学者尝试回答的关于中国科技（发展）为什么由盛至衰的李约瑟之谜，也是经济史学中同样著名的、旨在探索为什么16世纪以来世界经济发展出现大分流这样一个谜题的中国版本。这说明中国发展经验同样具有人

---

① 《邓小平文选》第3卷，人民出版社1993年版，第321页。

类发展规律的普遍意义。

最后,中国是迄今为止唯一经历了经济发展由盛至衰再至盛,并且接近于完整经历经济发展的每一个阶段,从低收入、中等偏下收入、中等偏上收入阶段,到即将跨入高收入国家行列的大国。在长达两千多年的时间里,以 GDP 占全球经济的份额、人均 GDP 相对于世界平均水平的百分比所表示的中国经济的世界地位,经历了一个明显的 V 字形变化轨迹(参见图 1)。特别是由经济总量和人均收入水平表达的中国经济由衰至盛的后半程,无论从时间之短暂还是从规模之巨大来看,都堪称人类发展历史上的奇迹。

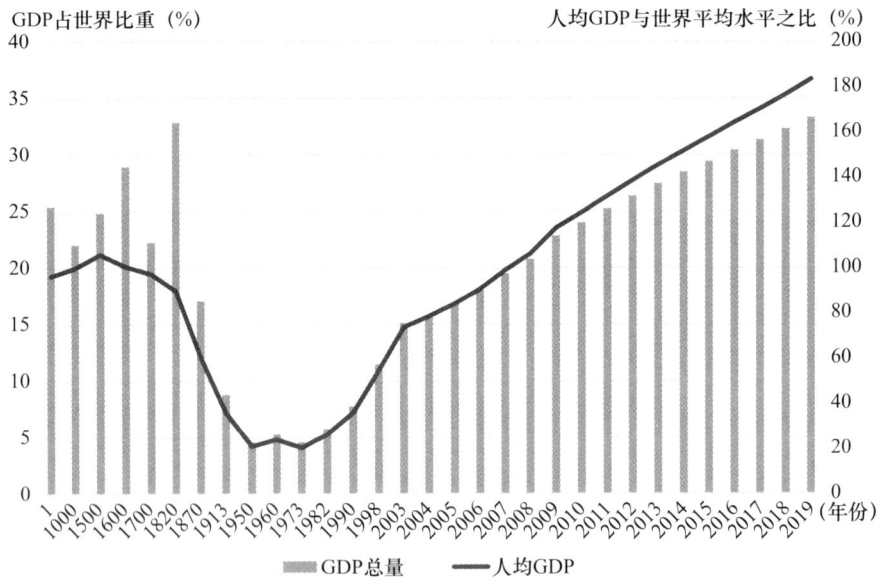

图 1 中国经济发展的由盛至衰和再至盛

资料来源:2003 年之前数据取自 Angus Maddison, *Contours of the World Economy, 1 – 2030 AD, Essays in Macro-Economic History*, Oxford University Press, p. 379, table A. 4; p. 382, table A. 7; 2004 年以后数据系在 2003 年数据基础上,按照世界银行不变价国际美元 GDP 的相关增长速度推算,世界银行数据库: http://data.worldbank.org/,2019 年 3 月 18 日下载。

绪　论

爱因斯坦曾说，复利是人类的第八大奇迹。梅纳德·凯恩斯把这一"复利奇迹"用在经济增长速度上。① 从复合增长率的角度，把中国改革开放时期的经济增长，与工业革命以来几个高速成长大国（英国、美国和日本）在相应时期的增长表现进行比较，可以进一步突出这个"中国奇迹"是独一无二的。例如，作为工业革命的故乡，英国在历史上增长最快时期，按照平均预期寿命算，一个人终生可以经历56%的生活水平改善。英国的这一增长表现，已经是对绵延数千年马尔萨斯贫困陷阱的第一次突破。继英国和其他西欧国家之后，美国成为又一个现代化强国。在其最快增长时期，一代美国人终其一生，生活水平可以达到近一倍的改善。日本是亚洲第一个成功赶超、实现了现代化的国家。在其增长最快时期，一个1950年出生的日本人，平均经历的生活水平可预期提高近10倍（参见表1）。

自20世纪80年代初起，改革开放把中国推进高速增长的轨道。1981年出生的中国人平均预期寿命为68岁。在1981—2018年的37年间，中国的人均GDP年均增长率为8.6%，也就是说每个中国人平均已经享受到20余倍的生活水平改善。并且在此之后，人均GDP仍将保持持续增长势头。而1981年出生的中国人可以预期活到2049年，即中华人民共和国成立100周年之际。尽管今后增长速度不会保持过去那么快，但也不难想象，一个典型的中国"80后"终其一生，会经历怎样的收入水平提高。

英国古典经济学的先驱大卫·休谟在1742年的一篇文章中曾经预言，当艺术和科学的发展在一个国家达到至真至善之后，将不可避

---

① 参见 John Maynard Keynes, "Economic Possibilities for our Grandchildren (1930)", in Lorenzo Pecchi and Gustavo Piga (eds) *Revisiting Keynes Economic Possibilities for our Grandchildren*, Cambridge, Massachusetts and London, England: The MIT Press, 2008, pp. 17–26.

表1　　　　　　　　各国最快增长时期的生活水平改善

	延续时期	起点预期寿命	GDP 年增长率	生活水平提高
全世界	数千年	极低	0.0%	没有
英国	1880—1930	50 年	0.9%	56%
美国	1920—1975	55 年	2.0%	近 1 倍
日本	1950—2010	60 年	4.0%	10 倍
中国（半程）	1981—2018	68 年	8.6%	20.5 倍
中国（完成）	1981—2049		—	—

注：(1)"延续时期"系指最快经济增长开始年份到一代人结束的年份；(2)"起点预期寿命"系指最快经济增长开始年份该国的平均出生时预期寿命；(3)"年均增长率"系该期实际 GDP 年平均增长率；(4)"生活水平提高"系指整个期间人均 GDP 的实际提高幅度。

资料来源：作者根据世界银行、联合国等国际组织数据计算。

免地走向衰微，此后艺术和科学极少有可能甚至永远不会在同一国家得到复兴。历史上，中华文明曾经达到过辉煌的高峰，科学技术也长期在世界上居于领先地位，然而，在西方国家纷纷跟进工业革命，加快科技和经济发展的同时，近代以来的中国发展却大大落后了。直到中华人民共和国成立以后特别是改革开放以来，中国的经济、社会和科技发展才再创辉煌。迄今为止中国在各个领域赶超与发展所创造的奇迹，已经打破了这个"休谟预言"，并且将继续打破这个预言。

◇ 第四节　改革开放的宝贵经验

中国改革开放 40 余年创造的发展奇迹，特别是党的十八大以来中国特色社会主义在新时代取得的改革开放和社会主义现代化建设历史性成就，归根到底在于始终坚持中国共产党的领导，在于坚持以马克思列宁主义、毛泽东思想、邓小平理论、"三个代表"重要思想、科学发展观、习近平新时代中国特色社会主义思想为指导,在于坚持和完善社会主义制度,在于不断坚持和发展中国特色社会主义,坚持以人民为中心,不断实现人民对美好生活的向往,在于坚持以发展为第一要务,不断增强我国综合国力,在于坚持改革开放,勇于拿起手术刀革除自身病症,完善和发展中国特色社会主义制度,全国人民团结奋斗,齐心协力创造共同的美好生活。

党的十八大以来在"五位一体""四个全面"各领域全面创造的新辉煌,表现出的是一幅波澜壮阔、气势磅礴的历史画卷。这里仅从改革开放过程,选择有限角度和一些侧面特别是经济体制改革方面进行几点概括,帮助读者从中观察这个过程所体现的中国智慧和中国方案,特别是党领导人民对共产党执政规律、社会主义建设规律、人类社会发展规律进行探索和认识不断深化的过程。

第一,从国情出发进行建设和推进改革开放。中国以建立社会主义市场经济体制为改革取向,是根据自身国情进行的选择,而不是照抄照搬任何先验的发展模式。形成于西方发达国家以新古典主义为主流的经济理论和政策教条,常常被作为万应灵药推荐给发展中国家或转轨国家。这些理论和政策的推销者,在改革方式上,认为市场机制可以像宇宙大爆炸一样在一夜之间形成,以"不可能分两步跨过同一条壕沟"为依据,推荐各种版本的"休克疗法";在改革内容上,推荐以所谓"华盛顿共识"为圭臬实施经济改革。很多政策上受其影响的发展中国家和转轨国家为之付出了惨痛的代价。

虽然改革开放也意味着学习和借鉴国际上先进的技术、管理和发展经验,我们在过去的改革开放过程中也的确从各种有益的国际发展经验中得到启发、获得助益。然而,我们从未原封不动地照抄照搬他国的模式和路径，而是服从于发展生产力、提高综合国力和改善民生的根本目的，坚持了渐进式改革方式，秉持了改革促进发展、发展维护稳定、边改革边分享的理念，因而走出了一条符合自身国情的独特改革开放发展分享之路。

第二，发展经济必须形成适用的体制机制，调动各方面的积极性。针对传统经济体制的弊端，改革首先从建立有效的激励机制出发，取得"点石成金"的效果。实行农村家庭联产承包制、价格形成机制改革、鼓励和发展非公有经济、打破国有企业"大锅饭"、调整中央和地方财政事权和支出责任关系等一系列改革措施，都着眼于改善激励机制，从而立竿见影地取得了调动劳动积极性、增强经营活力、加快经济增长的效果，同时也使改革获得了最广泛的共识，得到社会各方面的拥护、支持和积极参与。

第三，坚持建立社会主义市场经济体制的改革方向。矫正计划经济体制下的资源配置低效率问题，围绕建立和完善产品市场和生产要素市场进行改革，不断消除妨碍资金、劳动力、土地和其他资源要素有效配置的体制障碍，促进了生产要素的积累、流动和重新配置，在使其得到有效利用的同时，提高了劳动生产率，促进了经济高速增长。

可以从一项研究结果看这个资源重新配置过程的意义[①]，在1978—2015年间，中国整体的劳动生产率（每个劳动力平均产出的GDP）提高了近17倍，其中每个产业劳动生产率提高的作用合计贡献为55%，而劳动力在第一产业、第二产业和第三产业之间进行的重

---

① 蔡昉：《中国经济改革效应分析——劳动力重新配置的视角》，《经济研究》2017年第7期。

新配置,即劳动力从农业向非农产业转移,对总体劳动生产率提高的贡献率高达45%。

第四,坚持改革开放发展同步推进,国内经济发展与参与国际分工联动。中国的经济改革与对外开放是同时发生的。始于1979年建立经济特区,先后经历了沿海城市开放到全面开放过程;于1986年提出恢复关贸总协定缔约国地位的申请,到2001年加入世界贸易组织。贸易扩大、引进外资和沿海地区外向型经济发展,为转移劳动力提供了大量就业机会,引导产业结构转向符合资源比较优势,也为制造业产品赢得了国际竞争力。2019年,中国出口货物和服务总额占世界的10.7%,总出口中大约70%是面向世界银行定义的高收入国家,反映了中国在国际贸易中发挥了中等收入阶段的比较优势。

第五,坚持在发展中保障和改善民生,实现共享发展。坚持以人民为中心的发展思想,是把中国共产党与世界上其他政党区别开来的试金石。世界发展经验和教训表明,经济增长、技术变迁和经济全球化,总体上无疑都具有做大蛋糕的作用,却并不能自动产生分好蛋糕的效果,即不存在所谓收入分配的"涓流效应"。西方政治家出于选票动机,采取民粹主义的政策,在竞选中往往对福利和民生竞相承诺,当选后要么口惠而实不至,或者干脆无法兑现诺言;要么导致过度福利化,既伤害激励机制又难以持续。只有以为人民服务为宗旨的中国共产党,坚持以人民为中心的发展思想,通过体制机制建设和政策体系安排,坚持尽力而为和量力而行的有机统一,才能打破这个做大蛋糕和分好蛋糕的两难。

改革开放以来,居民可支配收入增长与GDP增长的步伐总体上是一致的。1978—2019年间,GDP实际增长了38倍,人均GDP和城乡居民可支配收入都实际增长26倍左右。不过,在不同的时期居民收入增长与经济增长的同步性有所差异。20世纪80年代中期到90年代末,GDP增长领先于居民收入增长;21世纪以来,两者的同步性显著提高;党的十八大以来,居民收入增长速度明显超过了GDP,同时居民收入中农村居民收入增长速度更快。这种同步性保障了改革开放发展的成果得以为中国人民广泛分享,是以人民为中心的发展思想的具体体现。

◇ 第五节　全面深化改革与高水平对外开放

按照党的十九大确定的路线图和时间表,在庆祝中国共产党成立一百周年前夕,2020年中国将全面建成小康社会,实现第一个一百年奋斗目标,随后就要乘势而上开启全面建设社会主义现代化国家的新征程,向第二个一百年奋斗目标进军。可见,中国正处在"两个一百年"奋斗目标相交汇的历史时点上,面对着实现中华民族伟大复兴的中国梦的千载难逢机遇和挑战。

2019年中国的人均GDP已经达到10262美元。即便以逐年递减的增长速度来推算,中国人均GDP也一定会在"十四五"期间超过12235美元这个世界银行定义的高收入国家门槛。然而,这并不意味着全面建设社会主义现代化国家的新征程将是充满鸟语花香的一路坦途,实现宏伟目标还必须应对一系列严峻的挑战。也就是说,即便从统计意义上跨入高收入国家行列,也并不意味着中国的发展从此可以高枕无忧。中等收入陷阱这个命题对于中国今后的发展仍将具有针对性。根据国际经验,这个"陷阱"恰恰是针对一个国家处于中等偏上收入阶段或者刚刚跨入高收入国家行列的情形。

2019 年，高收入国家平均的人均 GDP 为 44540 美元，初入门槛的国家在人均收入水平上，距离这个平均水平尚有巨大的差距。国际经验还表明，中等偏上收入国家在临近跨入高收入国家行列的门槛之际，往往是以往保持的经济增长速度大幅度下滑之时，根据应对的正确与否，处在这个阶段上的国家之间往往产生明显的分化，其中未能成功跨过门槛或者跨过门槛之后增长陷入停滞状态的国家不乏其例。

对中国来说，在这个更高的发展阶段上，我们面临的国内外环境都发生了巨大的变化，未来的发展充满了机遇和挑战。从国际经济环境来看，存在着诸多不利的因素。首先，在过去一二十年里，由于全球人口老龄化、生产率进步缓慢和贫富差距扩大等原因，发达国家乃至世界经济处于一种以低通胀率、低利率和低增长率为特征的"长期停滞"状态。其次，自从 2008—2009 年国际金融危机以来，经济全球化产生一股逆流，诸多国家和国际经济治理中民粹主义、民族主义和单边主义明显抬头。最后，新冠肺炎疫情以来，各国发展的内顾倾向进一步增强，全球供应链具有割裂和脱钩的危险。此外，许多国家从疫情中复苏也将是缓慢和漫长的。

从国内来看，中国经济发展阶段发生了转变，人口老龄化加速，在 2010 年经历了劳动年龄人口从增长到减少的转折点，降低了中国经济的潜在增长率。这亟待加快以新动能取代旧动能。今后五到十年中国还会经历总人口的负增长，会从需求侧给经济增长带来冲击，需要保持经济增长需求因素的均衡与可持续。

上述因素带给我们的既是挑战也是机遇。这些挑战其实都属于中国在经济社会成长中面临的挑战，面临的困难也属于"成长中的烦恼"，需要有打持久战的历史耐心和久久为攻的扎实步伐。发展阶段的变化是一种必然性，因此这些挑战也是不可避免、不可回避的，应对这些挑战要求我们能够做到准确识变、科学应变、主动求变，就能把挑战转化为机遇。改革开放以来中国经济社会发展取得的成就、成功应对国际金融危机、中美经贸摩擦和新冠肺炎疫情等冲击，充分表明中国制度的无比优越性、中国经济的活力和韧性以及中国人民的创造性。这些因素也是我们化挑战为机遇的重要保障。

从进入21世纪第二个十年后，长期支撑中国经济高速增长的人口红利逐渐消失，从生产要素供给和配置等方面降低潜在增长率。因应这个变化，党中央做出了经济发展进入新常态的战略判断，提出了新发展理念，部署了供给侧结构性改革、转换增长动能实现高质量发展等一系列任务，着眼于从供给侧提高劳动生产率、全要素生产率和潜在增长率。

随着世界经济进入长期停滞常态，在新冠肺炎疫情之后，将与逆全球化一道构成于我国不利的国际经济环境和外部需求因素。与此同时，中国人口进一步老龄化等因素，也会从需求侧带来冲击，如何稳定和扩大内外需求，为保持经济增长符合潜在增长率，保持在合理速度区间，成为中国经济增长的需求侧现实挑战。

鉴于此，中央提出构建以国内大循环为主体、国内国际双循环相互促进的新发展格局。这个以人们称作"双循环战略"为核心的新发展格局，是内需与外需、投资需求与消费需求、国内循环与国际循环、供给侧改革与需求侧政策相互协调和相互促进的格局，要求进一步深化改革和扩大开放，推动一系列制度建设和政策调整。进一步改革开放和推动高质量发展，必须遵循新发展理念，通过创新发展实现发展方式转变和发展动力转换，通过协调发展实现发展更加不平衡和均衡，通过绿色发展实现人与自然的和谐以及发展的长期可持续，通过开放发展实现发展的内外联动和国内国际循环相互促进，通过共享发展实现社会公平正义、改革开放发展成果的充分分享。

  孔子在谈到人的 70 岁年龄时说:"七十而从心所欲,不逾矩。"《论语·为政》将其用来形容中华人民共和国 70 余年和改革开放 40 余年走过的发展道路和取得的辉煌成就,可以进行一个引申性的解读,即经过长期的探索,我们加深了对一般发展规律的认识,也形成了中国特色社会主义的道路、理论、制度、文化,更坚定树立了"四个自信"。改革开放是解决中国一切问题的钥匙,改革开放只有进行时,没有完成时。

(蔡昉)

第一编

改革开放起步

第 一 章

农村经济改革

中国的改革是从农村开始的。1978年年底,安徽凤阳小岗村率先将集体耕地包干到户,开启了农村改革的先河。40多年来,中国农村经济改革始终坚持以家庭承包经营为基础,以保障农民权益和主体地位为核心,采取了从单领域到全方位、从点到面、从试点到推广的渐进式市场化改革方式。这种渐进式改革符合中国的国情特点,也正是由于这种渐进式的改革,极大地激发了农民的积极性和农村发展活力,并保持了农村经济社会发展的稳定,使中国农村改革与发展取得了巨大的成就。[①] 实践经验证明,改革创新是引领农村发展的第一动力。

◇◇ 第一节 实行家庭联产承包责任制

家庭联产承包责任制是农民以家庭为单位,向集体经济组织承包土地等生产资料和生产任务,并按产量或产值计算劳动报酬的农业生

[①] 魏后凯、刘长全:《中国农村改革的基本脉络、经验与展望》,《中国农村经济》2019年第2期。

产责任制。其基本特征是家庭承包经营、统分结合和联产计酬，主要形式有包产到户和包干到户两种。其中，包产到户实行农民分户经营、集体统一核算和分配；包干到户则实行农民分户经营、自负盈亏，农民成为真正的经营主体。家庭联产承包责任制突破了人民公社制度下的"统一经营、统一核算、统一分配"体制，是中国农民的伟大创造，也是中国农村经营制度的一次重大变革。

一　改革开放前的包产到户尝试

改革开放之前，中国农村曾开展三次包产到户的尝试，但在"左"的路线指导下，这三次尝试均遭到严厉的批判，很快就被制止了。

第一次包产到户是在农业合作化中产生的。1956 年年初，四川江津地区龙门区刁家乡在全国最早实行"包产到户"。该乡借推行包工为名，把合作社的田土分到户，生产、收获全由自己负责，各家收的各家得，只按预定产量交纳公粮和部分公积金。[①] 同年 5 月，浙江省永嘉县在雄溪乡燎原社开展农业生产责任制试点，首次明确提出了包产到户概念。到 1956 年秋，安徽、四川、江苏、浙江、河北、广东等许多地方的农村，都实行了以"包产到户"为特征的农业生产责任制。然而，随着反右派斗争的扩大化，在 1957 年下半年全国农村"大辩论"中，包产到户被说成是"离开社会主义道路的原则性的路线错误"，是"带着合作社帽子的合法单干"[②]。包产到户的第一次尝

---

① 罗军生：《建国后"包产到户"一波三折的坎坷命运》，《党史博采》2005 年第 11 期。

② 《温州专区纠正"包产到户"的错误做法》，《人民日报》1957 年 10 月 9 日。

试被迫中止。

第二次包产到户是在纠正人民公社化中的"五风"时冒出来的。1959年5月，中共中央发出《关于人民公社夏收分配的指示》，要求"认真执行包产、包工、包成本的'三包'责任制和奖惩制度"，以克服分配的平均主义和经营管理的混乱。在这一大背景下，江苏、湖南、湖北、陕西、甘肃、河南等省一些地方冲破以上规定，又开始实行包产到户的做法。其中，河南新乡和洛阳是1959年包产到户特别突出的地区，两地积极推行"包工到户、包产到田、个人负责、超产奖励"的制度；江苏一些地方还实行了"定田到户、超产奖励"的做法。但是，在"庐山会议"后的反右倾运动中，包产到户被定性为"极端落后、倒退、反动的做法"，是"右倾机会主义分子在农村复辟资本主义的纲领"，"实际是猖狂的反对社会主义道路的逆流"[①]。刚刚开始搞的包产到户试验再次夭折。

第三次包产到户是在三年困难时期迫于生存压力产生的。为克服困难、恢复生产，山东、安徽、河南、四川、河北、甘肃、广东等地都自发搞起了各种形式的包产到户，其中以安徽的"责任田"政策最有影响、最具代表性。到1962年2月，安徽全省实行责任田的生产队已占生产队总数的90.1%。[②] 据估计，当时全国实行包产到户的约占20%。[③] 然而，包产到户与人民公社体制之间始终存在着难以调和的矛盾。1962年8月，在北戴河中央工作会议及随后召开的党的八届

[①] 中华人民共和国国家农业委员会办公厅：《农业集体化重要文件汇编》（下），中共中央党校出版社1981年版，第220、248—250页。

[②] 张海荣：《包产到户责任制的历史变迁》，《河北师范大学学报》（哲学社会科学版）2004年第2期。

[③] 薄一波：《若干重大决策与事件的回顾》（下），中共中央党校出版社1993年版，第1078页。

十中全会上，毛泽东从阶级斗争的高度批判了"包产到户"的"单干风"，认为这是"地主、富农利益的思想反映"，是"反对社会主义，复辟资本主义的活动"。[①] 在中央大批"单干风"之后，各地相继做出纠正包产到户或所谓单干的决定。自此，直到党的十一届三中全会的召开，包产到户问题一直成为禁区。

二 家庭联产承包责任制的确立

20世纪70年代后期，历经"三起三落"的包产到户再次在安徽等地兴起。1978年夏，安徽发生特大旱灾，省委做出"借地度荒"的决策。借此机会，肥西县山南区率先实行包产到户，此举很快在周边地区扩散开来。当年安徽实行包产到户的生产队就达1200个，次年又发展到38000个，约占全省生产队总数的10%。[②] 四川、贵州、甘肃、内蒙古、河南等地，也在公开或隐蔽地实行包产到户。与此同时，安徽凤阳县开展了包干到户的探索。1978年11月24日，凤阳县梨园公社小岗生产队率先实行包干到户，18户农民冒着巨大的风险按下红手印，将村集体土地"分田到户"，确定在完成国家和集体提留任务后，剩下的全归农户所有（见图1-1）。这种包干到户责任制成效显著，迅速在周边地区和全国各地推广，并成为后来实行家庭联产承包责任制的基本形式。

无论是包产到户还是包干到户，当时在全国都争论很大。1980

---

① 逄先知、金冲及主编：《毛泽东传（1949—1976）》（下），中央文献出版社2003年版，第1238页。
② 陈锡文、赵阳、罗丹：《中国农村改革30年回顾与展望》，人民出版社2008年版，第50页。

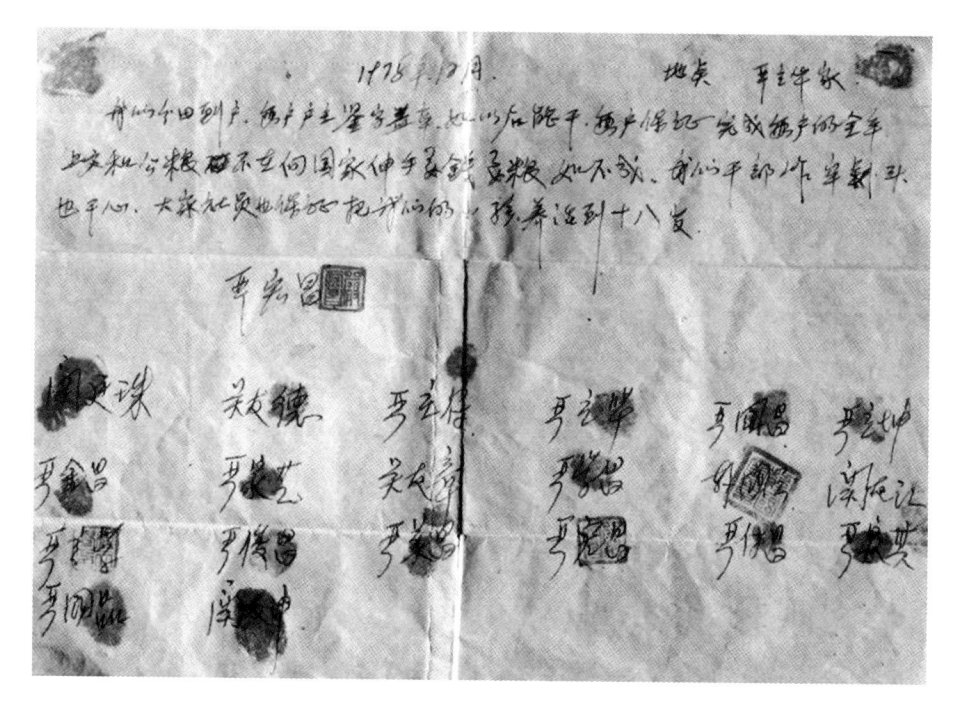

图 1-1 小岗村十八颗红手印

图片来源：中国摄影杂志。

年9月，中共中央在《关于进一步加强和完善农业生产责任制的几个问题》中，明确在边远山区和贫困落后地区，"可以包产到户，也可以包干到户"。1982年1月，中共中央批转《全国农村工作会议纪要》，进一步明确包产到户、包干到户都是社会主义集体经济的生产责任制。1983年1月，中共中央印发《当前农村经济政策的若干问题》，把包产到户、包干到户责任制正式概括为"联产承包责任制"，并从理论上进行了充分论证，提出通过承包处理好统与分的关系是完善联产承包责任制的关键。在中央政策的支持下，农民创造、自发推广的包产到户和包干到户，如雨后春笋迅速在全国各地全面推开。1980年秋，全国实行双包到户的生产队占总数的

20%，1981年年底扩大到50%，[①] 1982年年底则扩大到90%，基本覆盖了全国。到1983年年底，全国仅实行包干到户的生产队就占生产队总数的97.8%。[②] 1984年，中国基本完成了农村家庭联产承包责任制改革。

家庭联产承包责任制是在坚持农村土地集体所有的前提下，通过农村集体经济组织内部的家庭承包方式，将农村集体土地发包给农民，实现了农村土地所有权与承包经营权的"两权分置"。它突破了人民公社"一大二公""大锅饭"的体制，使农民获得了生产和经营自主权，极大地调动了农民的生产积极性，促进了农业增长和农民增收。1979—1984年，全国农林牧渔业总产值年均增长7.7%，比1953—1978年平均增速高4.9个百分点；农村居民家庭人均纯收入年均增长16.5%，比城镇居民家庭人均可支配收入平均增速高8.5个百分点。农村家庭联产承包责任制的普遍实施，也促进了人民公社体制的解体。1983年10月12日，中共中央、国务院发布《关于实行政社分开建立乡政府的通知》，废除了在农村实行长达25年之久的人民公社体制。到1985年春，农村人民公社政社分开、建立乡政府的工作全部完成。

三 农村基本经营制度的形成和发展

中国的农村基本经营制度在改革实践中逐步形成，并不断巩固和

[①] 陈锡文、赵阳、罗丹：《中国农村改革30年回顾与展望》，人民出版社2008年版，第50页。

[②] 张海荣：《包产到户责任制的历史变迁》，《河北师范大学学报》（哲学社会科学版）2004年第2期。

完善。到20世纪80年代中期，中国农村基本形成了统一经营与分散经营相结合的双层经营体制。这种双层经营体制能够使集体优越性和个人积极性同时得到发挥。1991年，中央首次把以家庭联产承包为主的责任制、统分结合的双层经营体制作为农村集体经济组织的一项基本制度。1993年，又进一步将这种双层经营体制作为农村经济的一项基本制度。随着家庭承包制改革的不断深化，农民家庭承包经营不再与产量相联系，早期的"联产"已经失去意义。据此，1998年党的十五届三中全会通过的《中共中央关于农业和农村工作若干重大问题的决定》，不再使用"联产"概念，明确提出"以家庭承包经营为基础、统分结合的双层经营体制"。此后，这一表述在《中华人民共和国农村土地承包法》和《中华人民共和国宪法》中以法的形式固定下来，成为中国农村最基本的经营制度。

家庭承包经营是农村基本经营制度的基础。巩固家庭承包经营的基础地位，核心是保持土地承包关系长期稳定，既要赋予农民足够长的土地承包期，更要在承包期内确保土地承包关系的稳定。早在1984年，中央就提出把土地承包期延长至15年，并确立了"大稳定、小调整"的原则。1993年，中共中央、国务院发布《关于当前农业和农村经济发展的若干政策措施》，提出"在原定的耕地承包期到期之后，再延期30年不变"，并针对第一轮承包期内耕地频繁调整产生的问题，明确了"增人不增地、减人不减地"原则。2002年通过的《中华人民共和国农村土地承包法》，将保护农村土地承包关系长期稳定提高到法律的高度。2008年，党的十七届三中全会又提出"现有土地承包关系要保持稳定并长久不变"。2017年，党的十九大再次明确"第二轮土地承包到期后再延长三十年"。这些政策充分保障了土地承包关系长期稳定，让亿万农民吃下"定心丸"。

统分结合的双层经营体制在实践中内涵不断丰富。双层经营是指集体统一经营和家庭分散经营两个经营层次，统分结合就是二者的有机结合。早在1982年，中央就提出通过承包把统和分协调起来，做到宜统则统、宜分则分；1983年又提出统一经营与分散经营相结合的原则。随着农村改革的不断深化，集体经济组织为家庭生产提供的服务日益有限，而家庭农场、专业大户、农民合作社、龙头企业等新型主体以及各种社会组织所承担的统的功能不断加强，统的形式呈现多样化趋势。① 根据发展形势的变化，2008年，中共中央在《关于推进农村改革发展若干重大问题的决定》中提出了两个转变，即家庭经营要向采用先进科技和生产手段的方向转变；统一经营要向发展农户联合与合作，形成多元化、多层次、多形式经营服务体系的方向转变。在新形势下，多层次的社会化服务体系形成了新的统一经营层次，统分结合具有新的内涵。新型主体和社会组织发挥越来越重要的统的作用，其经营的范围也从生产领域拓展到服务领域。

◇ 第二节 让农民休养生息

改革开放以来，除了推行家庭联产承包责任制，中央还采取了提高农产品价格、推进农业税费改革、完善农业支持保护体系等措施，加快农业发展，减轻农民负担，促进农民增收，让农民休养生息。

---

① 魏后凯、崔红志主编：《稳定和完善农村基本经营制度研究》，中国社会科学出版社2016年版，第23—24页。

一　提高农产品价格

改革开放前，中国对农产品长期实行低价政策，农产品收购价格严重偏低，除少数年份有所提高外，大多数年份同比下降或者稳定。尤其是从1961—1977年，全国农副产品收购价格总指数仅提高3.9%，年均提高0.24%。在这16年中，有8年农产品收购价格出现下降。农产品收购价格偏低，而工业产品价格偏高，形成了工农产品价格剪刀差，不仅损害了农民的利益，挫伤了农民生产积极性，也不利于农业发展和农民增收。1953—1978年，国家以工农产品价格剪刀差形式从农业中提取的经济剩余高达6000亿—8000亿元[①]。

为了缩小工农产品价格剪刀差，党的十一届三中全会建议国务院做出决定，粮食统购价格从1979年夏粮上市时起提高20%，超购部分再加价50%，棉花、油料、糖料、畜产品、水产品、林产品等农产品的收购价格也要逐步相应提高；农业机械、化肥、农药、农用塑料等农用工业品的出厂价格和销售价格，在1979年和1980年降低10%—15%；粮食销价一律不动，其他农产品的销价也要坚决保持稳定。根据中央的建议，从1979年3月起，国务院陆续提高了粮食、油脂油料、棉花、生猪、菜牛、菜羊、鲜蛋、水产品、甜菜、甘蔗、大麻、苎麻、蓖麻油、桑蚕茧、南方木材、毛竹、黄牛皮、水牛皮这18种主要农产品的收购价格。其中，粮食从1979年夏粮上市时起，统购价格平均提高20%，超过统购计划出售给国家的超购部分在提价

[①] 温铁军：《中国农村基本经济制度研究："三农"问题的世纪反思》，中国经济出版社2000年版，第177页。

20%的基础上再加价50%；油脂油料统购价格平均提高25%，超购部分加价50%；棉花统购价格平均提高15%，超购部分再加价30%，或者每超购1斤皮棉奖给1斤商品粮，北方棉花另加5%的价外补贴①；生猪的收购价格平均提高26%；其他农产品收购价格提高20%—50%。据国家物价总局计算，上述18种主要农产品的收购价格平均提高24.8%。②受主要农产品收购价格提高的影响，1979年全国农产品收购价格总指数上升22.1%，1980年又上升7.1%，两年合计上升29.2%。

大幅度提高农产品收购价格，与家庭联产承包责任制等一起，极大调动了农民的生产积极性，对于促进农业发展和农民增收起到了重要作用。1979年，全国主要农产品提价总额达72亿元，平均每个农民增收8元；③当年全国粮食总产量比上年增长9.0%，农民人均纯收入增长19.2%，农林牧渔业总产值增长7.6%，呈现出农业全面发展的良好态势。正如邓小平同志1980年在中共中央召开干部会议的讲话中所指出的："我们提高农产品收购价格的措施是非常正确的，确实起了刺激农业生产的巨大作用。"④然而，这次农产品调价主要采取购价提高销价不动的办法，导致主要农产品购销价格严重倒挂，国家财政补贴急剧增加，以至于难以负担。1978年国家财政对购销

---

① 早在1978年，国家就提高棉花收购价格10%，1978—1983年棉花收购价格总水平提高了74%。参见陈锡文、赵阳、罗丹《中国农村改革30年回顾与展望》，人民出版社2008年版，第77页。

② 王振川主编：《中国改革开放新时期年鉴（1979）》，中国民主法治出版社2015年版，第183—184页。

③ 成致平：《万紫千红总是春——中共十一届三中全会决议提高农产品价格获得丰硕成果》，《价格理论与实践》2018年第8期。

④ 《邓小平文选》第2卷，人民出版社1994年版，第258页。

价格倒挂的补贴为55.60亿元,1979年迅速增加到136.02亿元,1984年则达到320.85亿元的历史高峰。

二 减轻农民负担

改革开放以来,随着家庭联产承包责任制的实施,农民的税费负担开始显性化,过去由生产队在收入中扣留的各种税费转由农民直接承担。农民不仅要向国家依法纳税,还要向集体上缴"三提五统"①,农村公益事业也采取劳动积累工和义务工形式由农民部分承担。随着农村各项事业的发展,尤其是乡镇财政建立以后,基层组织财政压力加大,各种收费和摊派不断增加,农民负担出现加重的趋势。尽管农民的农业税负担在不断减轻,但其他各种不合理负担却日益加重。据有关部门统计,1983年全国农民不合理负担约210亿元,是当年农业税的4.4倍;平均每人25元左右,占当年人均纯收入的8.07%,其中乱收费占总负担的19.05%。② 为此,1985年中共中央、国务院发出《关于制止向农民乱派款、乱收费的通知》,要求各地对减轻农民负担问题进行一次彻底检查,并建立控制农村公共事业经费筹集和使用制度,妥善处理各类突出问题。然而,由于缺乏严格的法律约束和有效的监督,各部门和地区想方设法向农民摊派、收费和集资,使农民负担愈益加重。1988—1992年,农民人均三项负担性支出(指缴

---

① "三提"指村提留,包括公积金、公益金、管理费;"五统"指乡统筹费,包括用于乡村两级办学教育费附加、计划生育管理费、优抚费、民兵训练费、乡级道路建设费等。
② 赵云旗:《中国当代农民负担问题研究(1949—2006)》,《中国经济史研究》2007年第3期。

纳税金、上交集体承包任务、集体提留和摊派）年均递增16.9%，比1983—1988年增速高7.2个百分点，比同期农民人均纯收入增速高7.4个百分点。①

针对这种状况，1990年国务院发出《关于切实减轻农民负担的通知》，明确规定农民负担的比例，要求人均集体提留和统筹费控制在上一年人均纯收入的5%以内。1993年，中共中央办公厅、国务院办公厅又发出紧急通知，要求凡涉及农民负担的文件和收费项目一律先停后清，并发文取消中央国家机关37项涉及农民负担的收费、集资和基金项目以及43项达标升级活动，纠正了有强制、摊派和搭车收费的行为和10种错误的收费方法。但1994年分税制之后，因乡镇财政无法保证政府正常运转的经费，一些地方巧立名目，向农民乱收费、乱集资、乱涨价、乱罚款和摊派，农民负担出现恶性增长。1996年，中共中央、国务院发布《关于切实做好减轻农民负担工作的决定》，把减轻农民负担提升到十分紧迫的政治任务高度，提出了13条具体措施。1999年年底，全国开展了减轻农民负担工作大检查，各地仅取消的不合理收费项目就有7831个。这次大检查有力促进了各项政策的落实，农民负担有所减轻。1994—2000年，税费负担占农民收入的比重由12.2%下降到7.6%，收费占税费总额的比重由75.9%下降到65.9%，收费与农业税之比由3.15倍下降到1.92倍，但农民人均承担的税费额仍处于高位并呈增长态势，由112.0元增加到168.4元。② 2001年以来，国务院办公厅又下发一系列文件落实相关制度和政策，防止农民负担反弹。

---

① 孙梅君：《农民负担的现状及其过重的根源》，《中国农村经济》1998年第4期。
② 赵云旗：《中国当代农民负担问题研究（1949—2006）》，《中国经济史研究》2007年第3期。

整治和清理乱收费并没有从根本上解决农民负担过重问题，为此一些地方开展了农村税费改革探索。1992年，安徽省涡阳县新兴镇率先开展"税费提留30元一次到位"的改革探索，随后其他地区也进行了类似的改革。1998年召开的党的十五届三中全会，强调减轻农民负担要标本兼治，逐步改革税费制度。2000年，中共中央、国务院下发《关于进行农村税费改革试点工作的通知》，确定在安徽省以省为单位进行改革试点，其他地区可选择少数县（市）试点。2002年，农村税费改革试点省份扩大到20个。2003年，国务院决定在全国全面推进农村税费改革试点工作。2004年，国务院决定暂停征收除烟叶以外的农业特产税，并确定在吉林、黑龙江先行开展免征农业税试点。到2005年年底，全国28个省份及河北、山东、云南三省的210个县（市）全部免征了农业税。2006年，《中华人民共和国农业税条例》《国务院关于对农业特产收入征收农业税的规定》《屠宰税暂行条例》先后被废止，农村"三提五统"及其他各项规费、杂费一并取消。自此，延续2600多年的农业税正式退出历史舞台。

取消农业税大大减轻了农民负担，提高了农民的获得感和满意度。据农业部提供的数据，2005年全国农民人均税费负担为35.7元，比农民负担水平最高年份的1998年下降了76.6%。此后，随着农业支持保护体系的逐步完善，农民负担长期保持在较低水平，从根本上改变了过去农民负担过重的状况。

三　完善农业支持保护体系

农业在国民经济中具有基础性作用，对农业进行保护和支持是世界各国普遍的做法。改革开放以来，在不断加大农业投入的基础上，国家又制定实施了价格支持、农业补贴、税收支持、保险支持等支持保护政策，逐步形成了比较完善的农业支持保护体系，促进了农业增效、农民增收和农村增绿。

2003年之前，中国农业支持保护体系仍处于孕育阶段。国家以财政支持为重点，逐步加大农业科技和农业生产性基础设施建设投入，启动实施了商品粮生产基地和新疆棉花基地建设，设立了发展粮食生产专项资金、国家土地开发建设基金（现称农业发展基金）和农业综合开发专项资金，继续支持农业科技推广、农资供应和农用工业发展，初步形成了财政支农体系。总体上看，尽管国家财政支农投入不断增加，但增长速度较慢，农业补贴较少，支持和保护程度低。1978—2003年，国家财政支农资金从76.95亿元增加到1134.86亿元，年均增长11.4%，低于国家财政支出13.2%的平均增速。这期间，农业支出占国家财政支出的比重由13.4%下降到7.1%。在价格支持上，着重提高农产品收购价格，并对粮食收购实行保护价政策。在农业补贴上，1994年建立粮食风险基金，对粮油储备和粮食企业给予补贴；1998年开始对大中型拖拉机及配套农具实行更新补贴；从2002年起开展种粮直接补贴试点，并对大豆和小麦实行良种补贴。

2004—2012年为农业支持保护体系形成阶段。自2004年中央1号文件提出坚持"多予、少取、放活"的方针，并明确"强化对农业支持保护"的要求之后，中国开始全面探索建立农业支持保护体系，不断加大对农业和农民的支持保护力度，逐步形成了以资金投入、税收支持、农业补贴、价格支持、保险支持等为主体、比较完整的农业支持保护体系。在资金投入上，进一步加大财政支持力度，积极推进稳产高产粮食生产基地和标准化规模养殖基地建设，实现了"三农"投入快速增长。2003—2012年，国家财政用于"三农"的支出由1754.5亿元增加到12387.6亿元，年均增长24.3%，远高于国家财政支出19.9%的平均增速，农业支出占国家财政支出的比重提高到9.8%。在税收支持上，按照"少取"的要求减免直至全面取消农业税。在农业补贴上，不断扩大种粮农民直接补贴和良种补贴的范围，启动实施了农机购置补贴和农资综合补贴，对渔民和渔业企业实行燃油补助，并对产粮大县、生猪大县和油料大县给予奖励。2007—2012年，仅粮食直补、良种补贴、农机具购置补贴和农资综合补贴四项补贴额就由513.6亿元增加到1643.0亿元，增长了2.2倍。在价格支持上，2004年以来国家对主产区稻谷、小麦实行最低收购价政策，2007年以来先后对主产区玉米、大豆、油菜籽、棉花、食糖等实行临时收储政策。在保险支持上，重点是对农业政策性保险保费给予补贴。

2013年以来，中国农业支持保护体系进入完善阶段。每年中央1号文件都把完善农业支持保护政策放在重要位置。2018年，中共中央、国务院发布《关于实施乡村振兴战略的意见》，明确提出以提升农业质量效益和竞争力为目标，强化绿色生态导向，加快建立新型农业支持保护政策体系。2019年，中共中央、国务院又发布《关于坚持农业农村优先发展做好三农工作的若干意见》，明确按照增加总量、优化存量、提高效能的原则，以高质量绿色发展为导向，加快构建新型农业补贴政策体系。为进一步完善农业支持保护体系，国家着手建立"三农"投入稳定增长长效机制，确保总量持续增加、比例稳步提高。2013—2019年，全国一般公共预算支出中农林水支出从13349.6亿元增加到22420.1亿元，平均每年增长9.0%。同时，为提高涉农资金使用效益，2017年年底，国务院印发《关于探索建立涉农资金统筹整合长效机制的意见》，启动实施了对涉农专项转移支付和涉农基建投资进行统筹整合。在此基础上，按照市场化改革和高质量绿色发展的要求，国家取消了重要农产品临时收储政策，积极开展目标价格改革试点，逐步扩大生产者补贴，对国内渔业捕捞和养殖业油价补贴政策进行调整，将种粮农民直接补贴、农作物良种补贴和农资综合补贴合并为农业支持保护补贴，设立耕地轮作休耕补贴，不断完善主产区利益补偿机制和农业保险保费补贴，以加快构建新型农业补贴政策体系。

第三节　乡镇企业异军突起

乡镇企业是中国农民的伟大创举。自20世纪70年代以来，乡镇企业"异军突起"，成为国民经济的重要组织部分，对促进农业劳动力转移、农村经济发展和农民增收都发挥了重要的作用。然而，自20世纪90年代以来，随着乡镇企业的改革和转型升级，传统的乡镇企业正逐渐退出历史舞台。

一　1984年前社队企业的发展

乡镇企业的前身是人民公社时期公社、生产大队或生产队创办的社队企业。1958年，中共中央批转轻工业部党组《关于人民公社大办工业问题》的报告，强调人民公社要"在切实抓紧农业的同时，还要大力举办工业"。党的八届六中全会通过的《关于人民公社若干问题的决定》进一步强调，为实现"公社工业化"，"人民公社必须大办工业"。在这一思想指导下，全国农村掀起了大办工业的热潮。

"大跃进"时期,由于粮食供应高度紧张,社办企业人员被大量精简,加上当时中央要求"公社和生产大队一般地不办工业",在这种情况下,社队企业的发展进入了低谷。1965年,中共中央、国务院发布《关于大力发展农村副业生产的指示》,提出了"以农为主,以副养农,综合经营"的方针,明确"首先要大力发展集体副业",社队企业又很快发展起来。1970年,国务院召开了北方地区农业会议。会议号召要大力发展小钢铁厂、小煤矿、小农机厂、小化肥厂、小水泥厂等,以促进农业机械化。此后,社队企业获得了较快的发展。到1978年,全国社队企业总数达到152.4万个,就业人数达到2826.5万人,总收入达到431.4亿元,分别比1976年增长36.7%、59.7%和58.4%。[①]

改革开放初期,随着家庭联产承包责任制的实施,大量农村劳动力逐步释放出来,在农民进城和发展个体私营经济受到限制的情况下,社队企业获得了迅速发展。党的十一届三中全会通过了《中共中央关于加快农业发展若干问题的决定(草案)》,提出"社队企业要有一个大发展",明确国家对社队企业"实行低税或免税政策"。1979年,国务院发布《关于发展社队企业若干问题的规定(试行草案)》,充分肯定社队企业的作用,明确社队企业是社会主义集体所有制经济,是国民经济越来越重要的一个组成部分,并制定了一系列扶持政策。1980年,中共中央转发了全国劳动就业会议议定的文件《进一步做好城镇劳动就业工作》,要求"对农业剩余劳动力,要采取发展社队企业和城乡联办企业等办法加以吸收"。1981年,国务院发布《关于社队企业贯彻国民经济调整方针的若干规定》,针对社队

[①] 王凤林:《我国社队企业的产生和发展》,《农业经济丛刊》1983年第4期。

企业的特点和存在的问题，对社队企业提出了具体的调整整顿措施。到1983年，全国社队企业就业人数达到3234.64万人，实现总产值1019.31亿元，增加值408.42亿元，分别比1978年增长14.4%、98.2%和96.0%。

二　乡镇企业的迅速崛起

1984年以来，中国乡镇企业进入了迅猛发展的时期。随着人民公社体制的解体和撤社改乡工作的完成，"社队企业"中的"社"已经不复存在。1984年，中共中央、国务院转发农牧渔业部和部党组《关于开创社队企业新局面的报告》，同意将社队企业更名为乡镇企业，其范围包括社（乡）队（村）举办的企业、部分社员联营的合作企业、其他形式的合作工业和个体企业，并明确了乡镇企业的相关政策问题。1985年，中共中央、国务院发布《关于进一步活跃农村经济的十项政策》，明确对乡镇企业实行信贷、税收优惠，鼓励农民发展采矿和其他开发性事业，严禁平调乡镇企业的财产。同年，《中共中央关于制定国民经济和社会发展第七个五年计划的建议》进一步指出，"发展乡镇企业是振兴我国农村经济的必由之路"，要"鼓励农民兴办乡镇企业"，并提出了"积极扶持，合理规划，正确引导，加强管理"的十六字方针。这一系列政策措施促进了乡镇企业的全面高速发展。1984—1988年，全国乡镇企业数、就业人数、总产值和增加值分别增长了211.3%、83.3%、428.0%和175.1%，乡镇企业就业人数占全国就业人数的比重由10.8%提高到17.6%，占乡村就业人数的比重由14.5%提高到23.8%，乡镇企业增加值占全国GDP的比重由8.7%提高到11.5%。

治理整顿期间，在紧缩的财政和货币政策下，国家控制了乡镇企业贷款，压缩了基建规模，对部分生产资料实行专营，税收和信贷扶持也明显减少，乡镇企业的生存环境趋于恶化，企业普遍开工不足，亏损上升，大批乡镇企业被迫关停并转。1988年，中共中央、国务院在《关于夺取明年农业丰收的决定》中，明确提出乡镇企业要"在治理经济环境、整顿经济秩序中稳步发展"，其"发展所需的资金，应主要靠向农民集资筹措"。1990年，农业部颁布了《农民股份合作制企业暂行规定》。受宏观经济环境的影响，乡镇企业数和就业人数连续两年出现下降。1989—1990年，全国乡镇企业数减少了37.76万个，就业人数减少了280.7万人。乡镇企业就业人数占全国就业人数的比重由1988年的17.6%下降到1990年的14.3%，占乡村就业人数的比重也由23.8%下降到19.4%。

1992—1996年，乡镇企业发展进入了第二个高峰期。1992年，国务院转发《农业部关于促进乡镇企业持续健康发展的报告》，明确要把发展乡镇企业作为一项战略任务，坚持不懈地抓下去。党的十四大报告明确提出："继续大力发展乡镇企业，特别要扶持和加快中西部地区和少数民族地区乡镇企业的发展。"根据这一精神，1993年国务院发布了《关于加快中西部地区乡镇企业发展的决定》，提出要把加快发展乡镇企业作为中西部地区经济工作的一个战略重点，强调地县一级要一手抓农业、一手抓乡镇企业。中国人民银行从1993年起每年在国家信贷计划中单独安排50亿元贷款，支持中西部地区乡镇企业发展。1995年，国家启动实施了乡镇企业东西合作示范工程。同时，从1995年起，国家不再对乡镇企业征收"交通能源重点建设基金"和"预算调节基金"，继续对中西部地区乡镇企业免征固定资产方向调节税，允许乡镇企业从成本中据实列支用于技术改革改造和新产品开发的费用。这些政策为乡镇企业发展创造了良好的环境，乡镇企业获得了迅猛发展。1992—1996年，乡镇企业就业人数年均增长7.0%，总产值年均增长45.4%，增加值年均增长42.8%。

三 乡镇企业的困境与改革

中国的乡镇企业是在特殊的环境下发展起来的，随着发展环境的变化，乡镇企业发展日益面临诸多困境。首先，随着市场竞争加剧，乡镇企业技术设备落后、管理水平低、产业结构不合理、产品质量不高等问题日益突出，亟待加快结构调整和技术升级，全面提高发展质量和竞争力。其次，乡镇集体企业存在明显的制度缺陷，如政企不分、产权不明晰、经营者权责不对称、对经营者的机会主义行为缺乏有效监督、农民作为资产所有者的权利不能得到保障等。还有一些乡镇集体企业实际上是由农民私人投资创办的"红帽子"企业。这些企业需要通过改革摘掉"红帽子"，明晰产权关系。最后，乡镇企业"离土不离乡、进厂不进城"的发展模式，不仅造成工业布局高度分散，严重浪费土地资源，加剧农村环境污染，缺乏集聚经济效益，而且也影响了城镇化和市民化的进程。[1] 1995年，乡镇企业中有污染的企业高达121.6万个，是1989年污染企业数的2.13倍，是1984年污染企业数的6.70倍；污染企业数占乡镇工业企业数的16.9%，污染企业工业总产值占乡镇工业总产值的37.6%。[2]

---

[1] 魏后凯：《中国乡村工业化的代价与前景》，《中州学刊》1994年第6期。
[2] 李周、尹晓青、包晓斌：《乡镇企业与环境污染》，《中国农村观察》1999年第3期。

在这种情况下，自 1997 年以来，中国乡镇企业进入了加快改革和转型升级的新时期。1997 年 1 月 1 日，《中华人民共和国乡镇企业法》正式实施，为乡镇企业发展提供了行为规范和法律保障。同年 3 月，中共中央、国务院转发农业部《关于我国乡镇企业情况和今后改革与发展意见的报告》，明确新时期对乡镇企业实行"积极扶持，合理规划，分类指导，依法管理"的新十六字方针，强调要"采取多种形式，积极支持和正确引导乡镇企业深化改革，明晰产权关系"。特别是，1997 年爆发的亚洲金融危机导致全国乡镇企业大规模关停并转，1998 年乡镇企业数比上年减少 4.6%，就业人数减少了 4.0%，由此推动乡镇企业加快改革和转型升级的步伐。

随后，1998—2010 年，中共中央、国务院在关于农业和农村工作的相关文件中，再三强调要加快乡镇企业改革和转型升级的步伐。其实施路径主要是沿着三个方向展开：一是采取股份合作制、股份制等多种不同形式，大力推进乡镇企业的改革；二是根据市场需求和国家战略任务，加快乡镇企业的结构调整、技术升级和水平提升；三是把乡镇企业发展与小城镇建设结合起来，引导乡镇企业向小城镇集中。在国家政策的积极引导下，大量乡镇企业以推行股份合作制为主要形式，以实现政企分开、兼顾所有者、经营者、劳动者利益为目标，开展了多种形式的产权制度改革。随着产权制度改革步伐的加快，传统的乡镇企业逐步转变为股份制和个体私营经济。虽然"乡镇企业"这一称谓已逐渐退出历史舞台，但其对中国经济发展的推动作用无疑是巨大的。2013 年，乡镇企业就业人数为 16642.5 万人，占全国就业人数的 21.6%，占乡村就业人数的 43.0%。2010 年，乡镇企业实现增加值占全国 GDP 的比重曾高达 27.0%。

◇ 第四节　推进农产品市场化改革

坚持市场化改革取向是中国农村经济改革的基本经验。改革开放以来，随着中国经济由计划经济向市场经济转型，中国稳步推进农产品流通体制改革，不断完善农产品价格形成机制，积极培育和发展农产品市场体系，极大调动了广大农民的积极性，激发了市场活力，为农村经济发展注入了新的动力。

一　农产品流通体制改革

为确保国家工业化和城镇化建设，从1953年起，国家取消了农产品自由市场，先后对粮食、油料、棉花等主要农产品实行计划收购和计划供应（以下简称统购统销）。国家将农产品分为一、二、三类，分别实现统购、派购和议购政策。到20世纪70年代末期，国家统购派购的农产品品种达到230多种。[1] 对于农产品消费，则按计划实行定点凭证供应。统购统销制度是计划经济的产物，它对于保障农产品供应、推动国家工业化进程曾经起到重要作用，但是，这种制度违背了经济规律，严重损害了农民的权益，阻碍了城乡商品经济发展。

改革开放初期，为搞活农产品流通，国家调整了农产品购销政策，逐步减少统购统销的农产品品种和数量，增加市场调节的比重。

---

[1] 马晓河：《60年农村制度变迁与经济社会的发展》，《中国经贸导刊》2009年第22期。

1979年，国家将水产品派购比例由之前除自留外全部派购降至60%。1981年，又全部放开非集中产区的淡水鱼，海水鱼派购品种减少21个，并对三类农产品和完成收购任务以后允许上市的一、二类农产品开展议购议销。1982年，中共中央批转《全国农村工作会议纪要》，明确对实行派购的二类农产品，合理确定收购基数或购留比例，基数外产品的收购价格允许按照市场供求状况实行一定范围的浮动。1983年，国务院对农产品分类目录进行了调整，将商业部主管的一、二类农产品由46种减为21种，其余25种改为议购。1984年，又将商业部系统管理的一、二类农产品减至12种，并将执行派购的中药材品种由30种减为24种，全面放开林产品中的小材小料和竹木制品，放开一部分木材市场。到1984年年底，统购统销的农产品数量已大为减少，只剩下38种。[①]

1985—1992年，中国农产品流通体制进入"双轨制"时期。按照发展社会主义商品经济的要求，国家废除了农产品统购统销制度，逐步建立农产品市场调节机制。1985年，中共中央在《关于进一步活跃农村经济的十项政策》中，明确从当年起，除个别品种外，国家不再向农民下达农产品统购统派任务，按照不同情况，分别实行合同定购和市场收购。根据这一政策，国务院各部门陆续取消了各自主管的农产品统购统销，放开了绝大多数农产品购销价格。粮食、棉花等取消统购统销后，实行合同定购与市场收购双轨制。1986年，商业部将计划管理的农产品改为粮食、食油、棉花、棉短绒、黄红麻、紧压茶、绵羊毛、牛皮、生猪9种。1991年，国务院在《关于进一步

[①] 徐柏园：《半个世纪来我国农产品流通体制变迁》，《北京社会科学》2000年第1期。

搞活农产品流通的通知》中，明确在保证完成国家定购任务的前提下，对粮食实行长年放开经营；除对棉花、烟草、蚕茧、四种名贵中药材等少数农产品继续实行统一经营以及对食油、食糖、生猪、绵羊毛、黄红麻等产品实行指导性计划外，其他农产品逐步实行市场调节。至此，中国农产品生产、流通、经营基本实现市场化。然而，双轨制改革并没有根本解决农产品购销价格倒挂形成的巨额财政补贴问题。1986—1991年，财政对粮棉油价格补贴总额达到1363亿元，约为同期财政农业支出的80%。[1]

自党的十四大提出建立社会主义市场经济体制的目标后，中国以粮食和棉花为重点进一步深化农产品流通体制改革。1993年2月，国务院发出《关于加快粮食流通体制改革的通知》，提出争取在二三年内全部放开粮食价格，全面放开食油购销价格和经营。当年4月，全国95%以上的县市都放开了粮食价格和经营，各地相继取消了城镇口粮定量供应制度。从1994年起，国家对定购的粮食实行"保量放价"，即保留粮食定购数量、价格随行就市。为进一步深化粮食流通体制改革，1998年国务院决定实行"三项政策，一项改革"，即实行顺价销售、农发行收购资金封闭运行、按保护价敞开收购农民余粮，深化国有粮食企业改革。1999年，国家对棉花收购和销售价格不再作统一规定，主要由市场供求形成，并实行优质优价。2001年，国务院发布《关于进一步深化粮食流通体制改革的意见》，启动新一轮粮食流通体制改革，要求主销区放开粮食收购，加快粮食购销市场化改革，主产区继续按保护价敞开收购农民余粮。同时，国务院还决定

---

[1] 参见陈吉元《改革：中国农业现代化的主要推动力》，载关锐捷主编《中国农村改革二十年》，河北科学技术出版社1998年版。

从 2001 年度起放开棉花收购，加快推进棉花购销的市场化。2004 年，国务院再次下发《关于进一步深化粮食流通体制改革的意见》，明确全面放开粮食收购市场和价格，实现粮食购销市场化和市场主体多元化。2014 年，国家又放开烟叶收购价格，至此中国农产品价格全部由市场形成，政府定价彻底退出历史舞台。

二 完善农产品价格形成机制

中国农产品价格形成机制在改革探索中不断深化完善。改革开放初期，在统购统销体制下，中国农产品的价格形成以政府制定价格为主，计划定价在价格形成中占主导地位。国家对统派购农产品按计划价格收购，其中，统购价格由国家统一规定，派购价格由所属主管部门和地方政府确定，统、派购之外的其他农产品，则通过与农民协商按议价收购。随着流通体制改革的推进，农产品价格形成中由计划机制确定的部分逐步减少，由市场机制确定的部分不断提升。到 1984 年，农民出售农副产品总额中，国家按计划牌价统购、派购的比重已由 1978 年的 84.7% 减少到 39.4%，[①] 但主要农产品仍由政府定价。

取消统购统销制度后，中国农产品价格形成呈现出"双轨制"特征。自 1985 年起，国家对粮食、棉花等少数农产品实行合同定购和市场定购双轨制，合同定购的数量和价格由国家规定，其中，定购的粮食按"倒三七"比例计价（即三成按原统购价，七成按超购价），定购的棉花北方按"倒三七"[②]，南方按"正四六"比例计价（即四

[①] 徐柏园：《半个世纪来我国农产品流通体制变迁》，《北京社会科学》2000 年第 1 期。

[②] 从 1986 年新棉上市起，北方棉花加价比例由"倒三七"改为"倒四六"。

成按超购价，六成按原统购价），定购合同以外部分可自由上市或上市自销。如果市场粮食价格低于原统购价，国家仍按原统购价敞开收购，保护农民的利益。这实际上是把原统购价作为粮食收购保护价。然而，由于当时粮食产量锐减或持续徘徊，市场价高于定购价，这一保护价政策实际上并未正式启用。[1] 为调动农民种粮的积极性，1987年国家对定购粮食实行平价化肥、柴油和预购定金"三挂钩"政策。1990年，国务院决定从当年秋粮收购开始，将粮食合同定购改为国家定购，合同定购价格相应变为国家定购价格。总体上看，在双轨制期间，农产品市场定价的比重仍在不断提升，到1990年已上升到74.8%，计划定价的比重下降到25.2%。[2]

1990年以来，中国开始深化完善农产品价格形成机制。为了防止"谷贱伤农"，1990年国务院决定对小麦、稻谷和玉米等主要粮食品种实行保护价政策，敞开收购农民的余粮，作为国家专项储备。1993年，国务院决定正式建立粮食收购保护价制度。保护价格由国务院和省级政府制定，实施范围为原国家定购和专项储备的粮食，包括稻谷、小麦、玉米和大豆。当粮食市价低于保护价时，按保护价敞开收购；当粮食市价上涨过多时，按较低价格出售。二者价差由粮食风险基金补偿。1999年之后，由于市场粮价持续下降，在主产区已经低于定购价和保护价，给粮食收购部门执行"顺价销售"政策造成较大困难[3]，实行保护价的范围和品种不断收缩。2004年以来，随着

---

[1] 叶兴庆：《改革以来我国粮食保护价政策的回顾与思考》，《调研世界》1998年第12期。

[2] 叶兴庆：《农产品价格形成机制的进一步转换》，《经济研究参考》1993年第Z4期。

[3] 孙杭生、顾焕章：《我国粮食收购保护价政策及定价机制研究》，《南京农业大学学报》（社会科学版）2002年第1期。

粮食收购和价格全面放开，国家粮食价格支持政策也由粮食收购保护价政策转变为粮食最低收购价政策和临时收储政策。当主产区市场价格低于最低收购价格或临时收储价格时，由国家指定企业直接入市收购，引导市场价格回升。这两项托市政策对保障农产品增产和农民增收起到了重要作用，但这种"价补合一"的直接价格支持政策，也干扰了市场的价格形成机制，扭曲了市场价格，不利于发挥价格的导向作用。

为此，加快推进农产品价格形成机制与政府补贴脱钩改革势在必行。2014年以来，国家先后启动了新疆棉花、内蒙古和东北三省大豆目标价格改革试点。目标价格政策是在市场形成农产品价格的基础上，释放价格信号引导市场预期，通过差价补贴保护生产者利益的一项农业支持政策。它将政府对生产者的补贴方式由包含在价格中的"暗补"变为直接支付的"明补"。当市场价格低于目标价格时，国家启动目标价格补贴，按差价补贴生产者。2016年，按照市场定价、价补分离的原则，国家在内蒙古和东北三省将玉米临时收储政策调整为市场化收购加补贴新机制，玉米价格由市场形成，同时建立玉米生产者补贴制度。2017年，又将大豆目标价格政策调整为生产者补贴政策。

（魏后凯）

第 二 章

城市和宏观经济改革

乘着党的十一届三中全会的春风,农村改革如火如荼地推进;与此同时,城市经济管理体制改革也逐步推开。改革全民所有制工业企业、增强企业活力、给企业放权让利成为城市经济体制改革的中心环节。与微观层面的企业放权让利改革相配套,宏观层面政府管理经济的方式也从传统计划经济体制下的政府直接控制转向政府间接调控,价格管理也从全部计划价格转向计划与市场"双轨制"。如果说市场化改革从微观基础、激励机制开始,那么,宏观经济领域改革则是顺应微观基础变化、完善市场经济体系的重要方面。中国伟大的改革开放进程在渐进式改革逻辑下拉开了城市和宏观经济体制改革的帷幕。

◇ 第一节 国有企业放权让利

企业是国民经济的基本单位,企业活力决定国家经济繁荣程度。传统计划经济体制下的国营企业是政府主管部门的附属物,企业没有经营自主权,人、财、物和产、供、销都完全依靠政府计划指令和行政调拨,这使得生产和社会需求严重脱节,企业职工积极性和创造性受到严重束缚，严重制约了社会生产力的发展。与中国渐进式改革逻辑相吻合，企业改革最初从扩大企业自主权、提高企业分配比例的"放权让利"入手，围绕如何"放权让利"进行了"拨改贷""利改税""承包经营"等各种方式的实践探索，这个改革过程从1978年一直持续到1993年党的十四届三中全会提出的国有企业改革的目标是建立现代企业制度，大体上持续了15年左右的时间。这一时期，试图引导国营单位摆脱计划经济体制的旧观念与行为的束缚，使它们能够逐步适应商品化的经营环境，完成自身的企业化改造，解决了一个国有企业如何进入市场的问题。

一 扩大企业自主权

1978—1993年的国有企业"放权让利"改革时期，起步于扩大企业自主权试点。1978年10月，中共四川省委、四川省政府选择了宁江机床厂、重庆钢铁公司、成都无缝钢管厂、四川化工厂、新都县氮肥厂和南充丝绸厂6家国营工业企业作为扩大企业自主权试点，逐户核定利润指标和增产增收目标，允许在计划完成后提留少量利润，并允许给职工发放少额奖金。[①] 几乎与此同时，广东清远县也对4家国营企业实行"超计划利润提成奖"，扩大企业自主权。扩大自主权的试点释放了压抑已久的企业创造力，国营企业开始探索一系列自主经营行为。图2-1是宁江机床厂在1979年6月25日《人民日报》刊登的广告，这是改革开放后《人民日报》刊登的全国第一个生产资

[①] 中国经济体制改革研究会编：《中国改革开放大事记（1978—2008）》，中国财政经济出版社2008年版，第19页。

料企业广告。地方国营企业扩大自主权试点，拉开了波澜壮阔的国有企业改革大幕。

图 2-1　1979 年 6 月 25 日《人民日报》第 4 版刊登四川宁江机床厂广告
图片来源：https://zhidao.baidu.com/question/2202938570462506748.html。

（一）扩权试点推广

在地方国营企业扩权试点的基础上，1979 年 5 月国家经贸委等部门选择首都钢铁公司、北京清河毛纺厂、天津自行车厂、天津动力厂、上海柴油机厂、上海汽轮机厂等京津沪的 8 个企业进行全国性扩权改革试点。1979 年 7 月，国务院下发了《关于扩大国营工业企业经营管理自主权的若干规定》等 5 份有关企业扩权的文件，明确了企业作为相对独立的商品生产者和经营者应该具有的责权利，包括生产计划权、产品销售权、利润分配权、劳动用工权、资金使用权、外汇留成权和固定资产有偿占用制度等，并在全国 26 个省级区域的 1590 家企业进行了试点，再加之已有的地方自定办法的试点国营企业，全国试点企业达到 2100 多户，其产值占全国工业企业的 26%，利润占到35%。[1] 1980年9月，国务院批准自1981年起把扩大企业自主权的工作在国营工业企业中全面推广，使企业在人财物、产供销等方面拥有更大的决策自主权，并提出改进利润留成办法。到1980年年底，全国已经有6000多家国营企业进行了扩大自主权试点。[2]

（二）"拨改贷"改革

在推广国营企业扩大自主权改革试点同时，基本建设投资由财政拨款改为建设银行贷款的"拨改贷"改革也开始启动。1979年8月国务院批准《关于基本建设投资试行贷款办法的报告》及《基本建设贷款试行条例》，全国28个省份及工业、商业、旅游等各个行业都开始试点。这项改革初衷是通过基建投资由无偿拨款转为有偿贷款，来增加国营企业的责任约束，提高资金的使用效益，遏制"投资饥渴症"。虽然"拨改贷"在当时有其必要性和积极意义，但由于基本建设管理体制改革不配套等原因，"拨改贷"进展不快，[3] 1984年12月《关于国家预算内基本建设投资全部由拨款改为贷款的暂行规定》发布，从1985年"拨改贷"完全推开。但是，"拨改贷"的关键问题在于，一些国有企业资本金不足、难以还款付息，企业负债成为普遍问题，特别是新建企业只有借款，根本就没有资本金，从理论上说企业的所有权归属都是问题。"拨改贷"制度到1988年被基本建设基金制取代，但由"拨改贷"而产生国营企业高负债、缺少资本金的问题，一直到1995年以后通过将部分企业"拨改贷"资金本息余额转

---

[1] 吕政、黄速建主编：《中国国有企业改革30年研究》，经济管理出版社2008年版，第22页。

[2] 岳清唐：《中国国有企业改革发展史》，社会科学文献出版社2018年版，第34页。

[3] 董志凯：《由"拨改贷"到"债转股"——经济转型中企业投融资方式变迁（1979—2015）》，《中国经济史研究》2016年第3期。

为国家资本金、1998年通过银行贷款转为资产管理公司所持股权的"债转股"（国有企业三年脱困时期的帮助脱困的措施之一），才得到彻底解决。"拨改贷"的改革在一定程度体现了"摸着石头过河"的艰辛探索。

（三）经济责任制与"利润包干"

1981年以后国营企业扩大自主权的主要内容集中于企业向政府利润包干（包括承包利润基数和增长分成、减亏基数等形式）的经济责任制。经济责任制的提出，更多的是出于国家财政稳定增长的需要，也受到农村联产责任制的成功经验的启示。为了在扩大企业自主权过程中更好地解决企业多占、财政难保证的问题，内蒙古宁城县、山东济南和青岛市等地率先对部分企业试行将利润留成改为利润包干，企业在完成国家上缴利润任务后，余下部分全部留给企业或者在国家和企业之间分成。随后，这些包干的办法和扩大企业自主权的规定一起逐步发展成为工业经济责任制的主要内容。1981年10月，国家经贸委和国家体改办提出了《关于实行工业经济责任制的若干意见》，工业经济责任制在全国得到了迅速推广，到1982年年底，全国有80%的预算内国营工业企业实行了经济责任制，商业系统也达到35%。[①] 国家对企业实施的经济责任制，从分配方面主要有三种类型：一是利润留成，二是盈亏包干，三是以税代利、自负盈亏。1984年5月，国务院颁发了《关于进一步扩大国有工业企业自主权的暂行规定》，从生产经营计划、产品销售、价格制定、物资选购、资金使用、生产处置、机构设置、人事劳动管理、工资奖金使用、联合经营10

---

① 吕政、黄速建：《中国国有企业改革30年研究》，经济管理出版社2008年版，第28页。

个方面放宽对企业约束。1984年10月党的十二届三中全会进一步明确了企业是自主经营、自负盈亏和自我发展的独立经济实体,扩大企业自主权的改革告一段落。

(四) 两步"利改税"

随着"利润包干"的深入,政府也认识到这种国家和企业利益的分配办法也存在一些缺陷,主要是由于利润基数确定科学性和公平性无法实现,存在"苦乐不均"和"鞭打快牛"现象,并且国家财政收入稳定性无法得到保证。1983年年初,国务院决定全面停止以利润分成为主的经济责任制,全面实行"利改税"。"利改税"在1979年就曾在湖北、广西、上海和四川等地的部分国营企业试点,1983年1月1日启动第一步"利改税",采用利税并存,对凡是有盈利的国营大中型企业按55%税率计征所得税,税后利润以一定比例上缴外其余都留给企业,比例一定三年不变。而小型国有企业则根据实现利润按照八级超额累进税率缴纳所得税,税后企业自负盈亏;第二步"利改税"从1985年1月1日开始,全面以产品税和资金税的分类税收方式规范国营企业和政府之间的关系,对国有企业利润分别征收所得税和调节税,税后利润为企业留利。但是,两步"利改税"不仅混淆了国家的政权代表和资产所有者代表角色,同时还因为税率过高等原因严重影响了企业积极性。再加之出台后赶上宏观经济整顿和收缩,结果国营企业利润连续22个月下滑,最后"利改税"改革被承包经营责任制所替代。

二 所有权和经营权的分离

关于扩大国有企业自主权的问题,并不仅仅是实践层面的探索,也得到了经济学界的理论支撑。在众多理论中，蒋一苇1979年提出的"企业本位论"思想最具代表性，他认为社会主义企业应该是自主经营、自负盈利、自我发展、自我约束的主体，社会主义经济体系是这些独立性企业联合而成。[1] 这种"企业本位"思想成为企业放权让利的重要理论基础。企业自主经营意味着全民所有不等于国家机构直接经营企业，也就是所有权和经营权可以分离。1984年10月党的十二届三中全会通过了《中共中央关于经济体制改革的决定》，该决定明确提出根据马克思主义的理论和社会主义的实践，所有权和经营权是可以适当分开的，认为把全民所有和国家机构直接经营企业混为一谈是国家对企业管得太死的一个重要原因。在这个思想指导下，国营企业改革进一步深化，推进了承包经营责任制、租赁经营、厂长负责制、股份制试点等一系列改革实践，这些改革不是扩大国有企业一部分自主权，而是把企业独立经营权全部还给企业。

（一）承包经营与租赁经营

大型国营企业承包经营的早期试点是首钢总公司，1979年作为经济体制改革试点首钢就开始试行承包制，1979—1986年，首钢利润每年递增20%，承包制改革试点取得巨大成功。另外，马胜利、张兴让等个人承包经营企业也先后获得了成功，新闻媒体给予大量宣传报道。到1986年，这些试点成功使得承包经营责任制被高度重视，1987年3月，六届全国人大五次会议的《政府工作报告》提出在所有权和经营权适当分离的原则下实行承包经营责任制，承包经营责任

---

[1] 参见蒋一苇《企业本位论》，《中国社会科学》1980年第1期；周叔莲《关于蒋一苇同志的企业理论和企业"四自"的提法》，《经济体制改革》1996年第3期；陈佳贵《从"企业本位论"到"经济民主论"——蒋一苇同志关于经济体制改革的主要学术观点介绍》，《经济体制改革》1989年第1期。

制全面推行。到 1987 年年底，全国 80% 以上全民所有制大中型企业签订了承包合同。这被认为是以增强企业活力为中心的经济体制改革进入一个新的阶段，为整个经济体制改革打开了突破口。[①] 1988 年，国务院发布《全民所有制工业企业承包经营责任制暂行条例》，进一步规范了承包经营责任制，按照包死基数、确保上缴、超收多留、欠收自补原则确定了国家和企业的分配关系，明确承包经营责任制的主要内容是包上缴国家利润、包完成技术改造、试行工资总额与经济效益挂钩。到 1990 年，第一轮承包到期预算内工业企业有 3.2 万多家实施承包制，完成承包合同占全部承包企业总数的 90%，以此为基础，1991 年第一季度末开始签订第二期承包。[②] 在推行大中型企业承包经营责任制同时，一些中小型国营企业开始实施租赁经营。按照 1988 年国务院颁布的《全民所有制小型工业企业租赁经营暂行条例》，租赁经营是在不改变全民所有制属性前提下，所有权和经营权分离，由个人或者集体交付租金承租企业进行自主经营。早在 1984 年沈阳市就开始在两家小型工业企业实现租赁经营试点，1985 年本溪市国营商业系统职工关广梅租赁 8 个副食品商店获得巨大成功，被称为"关广梅现象"。无论是承包经营，还是租赁经营，都是基于所有权和经营权分离的指导思想的具体实践，这些实践都突破了姓"资"姓"社"的意识观念，遵循有利于发展生产力的判断标准。

（二）厂长负责制

国营企业改革必然触及国营企业领导体制改革。计划经济体制

---

① 邵宁：《试论承包经营责任制在改革中的意义》，《中国工业经济》1987 年第 6 期。

② 岳清唐：《中国国有企业改革发展史》，社会科学文献出版社 2018 年版，第 69 页。

下国营企业领导体制主要是党委领导下的厂长负责制。1980年8月邓小平同志在中央政治局会议上就提出有准备有步骤地改变党委领导下的厂长负责制。1984年5月国家开始进行厂长负责制试点,浙江海盐衬衫总厂厂长步鑫生是当时的试点典型。1984年10月党的十二届三中全会通过的《中共中央关于经济体制改革的决定》,在提出所有权经营权可以分离的同时,要求实施厂长(经理)负责制,以保证在现代企业中建立一个统一、强有力、高效率的经营管理指挥系统。1986年中共中央、国务院针对全民所有制工业企业同时颁发了《厂长工作条例》《中国共产党企业基层组织工作条例》和《企业职工代表大会条例》,赋予了厂长对企业生产经营活动统一领导、全面负责的权利,并定期向党委会、职工代表大会汇报工作、接受监督。经过几年试点探索,1987年8月在全国所有的大中型工业企业中普遍推行厂长负责制。截至1988年年底,国营企业领导体制从党委领导下的厂长负责制全部转变为厂长(经理)负责制。在1986—1988年,不仅企业内部改革取得了进展,还通过横向经济联合、企业兼并形成了一批企业集团,加强了企业间的经济联系,促进了产业组织形式变革。

(三)股份制试点

在推进承包经营责任制、租赁经营制等两权分离模式的同时,自1994年也开始进行股份制改造试点。1984年7月25日北京天桥百货股份有限公司成立,这成为改革开放以来中国第一家正式注册的股份制企业,也是第一家改制为股份制的国营企业。天桥股份的股权包括国有股、企业股和个人股三种股权,共发行1000万股,首批发行股票300万股。图2-2为北京天桥股份有限公司股票式样。之后,上海飞乐音响、上海延中实业、上海爱使等股份有限公司相继成立(这是中国股票市场"老八股"中的三只），股份制试点日益增多，到1991年全国已经有3220家股份制试点企业。1992年5月国家体改委等相关部委联合发布《股份制企业试点办法》，转发《股份有限公司规范意见》《有限责任公司规范意见》。1992年年底有3700家试点企业，其中92家在上海证券交易所上市。1993年4月国务院证券委出台《股份发行与交易管理暂行规定》，这为下一阶段建立现代企业制度奠定了很好的基础。

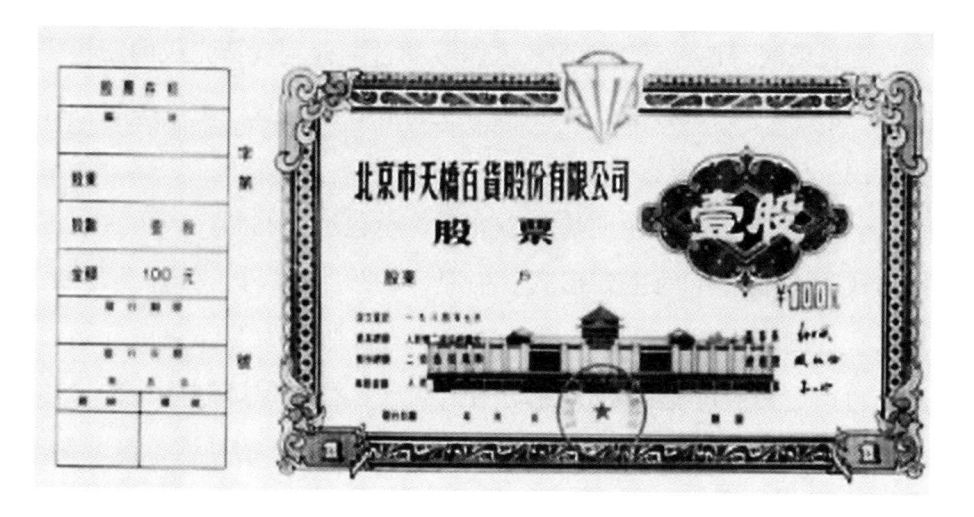

图2-2　改革开放以来第一家股份制企业天桥百货股份有限公司的股票式样

图片来源：https://baijiahao.baidu.com/s? id=1611946890265512116&wfr=spider&for=pc.

三　转换企业经营机制

从1978年一直到1988年，围绕国营企业放权让利、搞活国营企业，中国推进了扩大自主权、利润包干、利改税、经营责任制、承包经营制、租赁经营制、厂长负责制、股份制等各类试点和实践，既经过了多次试错，也积累了丰富的经验。1988年4月中国颁布了《中华人民共和国全民所有制工业企业法》，将中国10年探索国营企业改革的经验进行了总结。这部法律将所有权和经营权分离的思想具体化，明确了企业与国家、企业与企业、企业内部各方面的关系，确立了全民所有制工业企业是依法自主经营、自负盈亏、独立核算的社会主义商品生产经营单位。① 全民所有制工业企业的财产属于全民所有，国家对财产享有占有使用和依法处分权利，但国家授权企业具体经营管理财产的自主权，企业依法取得法人资格，实行厂长（经理）负责制，厂长依法行使经营管理职权。企业的自主权利包括完成国家指令计划外的生产权、销售权、采购权、定价权、签约权、工资奖金分配权、用工权、机构设置权等。

《全民所有制工业企业法》颁布后，承包经营制和厂长负责制进一步成为企业改革的主导形式。但是，1989年以后，承包经营制、厂长负责制的不规范性、不稳定性、普遍短期行为等弊端也开始显现，再加之相应配套改革的劳动用工制度、社会保障制度、价格体系、市场体系等改革难以推进，昔日"一包就灵"的神话不能复制。特别是1988年以后宏观经济秩序比较混乱，经济过热、通货膨胀、经济失信等现象突出，企业效益大幅下降，国家财政困难加剧。1989年以后整顿经济秩序成为经济工作的主基调，政府花费大力量清理整顿公司、清理"三角债"。在这种背景下，国有企业改革一方面继续完善实施企业经营承包制；另一方面开始更加强调所有权和经营权两权分离下的企业经营机制转变。在1991年4月全国人大通过的国民

---

① 在一定程度上这部法律可以被认为是蒋一苇提出的"企业本位论"的法律体现。

经济和社会发展的第八个五年计划中，明确企业经营机制转变的目标是实行政企职责分开，所有权和经营权适当分离，探索公有制的多种有效实现形式，建立富有活力的国营企业管理体制和运行机制。1992年7月，国务院颁布了《全民所有制工业企业转换经营机制条例》，规定了生产经营决策权，产品、劳务定价权，产品销售权，物资采购权，进出口权，投资决策权，留用资金支配权，资产处置权，联营、兼并权，劳动用工权，人事管理权，工资、奖金分配权，内部机构设置权，拒绝摊派权这14项企业经营自主权。

从实质上看，无论是《全民所有制工业企业法》，还是推进企业经营机制转换，无非是试图通过更为具体、更为规范的放权让利制度来激励企业自主经营，进而释放企业活力，但是，放权让利的改革思路始终无法走出"一放就乱、一收就死"的怪圈。虽然经过十多年"摸着石头过河"的各种探索，但直到1993年党的十四届三中全会提出现代企业制度之前，始终还没有摸索到可以支撑国营企业成为一个独立经营的市场主体的制度基石。

◇ 第二节 从直接控制到宏观管理

伴随着从计划经济向市场经济的转型，中国宏观经济体制也从直接控制转向间接调控，现代经济学意义上的宏观管理逐步形成。如果说市场化改革从农村联产承包、企业放权让利等微观基础、激励机制开始，那么，宏观经济领域改革则是顺应微观基础变化、完善市场经济体系的一个重要方面。

一　计划经济的遗产——政府直接控制

改革前的中国经济是非常典型的计划经济。1956年社会主义"三大改造"和"一五"计划主要指标的基本完成，标志着集中统一的计划经济体制得以确立：形成了高度集中的国民经济管理体系、指令性计划为主的经济调节体系以及政企合一的企业模式。

计划经济时代，政府对经济施行管理的方式就是直接控制。国家计划委员会在资源配置中发挥着中央政府代理人的作用，财政部只是配合计委进行资源配置的"出纳"，而中央银行充其量不过是财政部的附属。高度集中、统收统支的财政体制，在中国大规模工业化初期，对于集中全国的人力、物力、财力进行重点建设无疑发挥了巨大作用。但财政作为自动稳定器的宏观调节作用，并未得到重视和发挥。高度集中的国家银行体制，在动员储蓄进行大规模经济建设方面发挥了不可替代的重要作用，但在现代宏观管理比如说熨平波动方面，其作用也微乎其微甚至被完全忽略。

那个时候，政府是"大家长"，对经济的方方面面都要管，可以说"无微不至"，很大程度上缺乏对宏观与微观的明确区分。如果说计划经济时代也有"宏观调控"，那么最主要的就是遵循"四大平衡"（即物资平衡、财政收支平衡、购买力与商品供给平衡、信贷平衡）和"三大比例"（即工农业比例、轻重工业比例、重工业内部比例）的思想。不过，由于缺乏有效的调控手段来实现这些目标，"四大平衡"与"三大比例"得不到保证，往往出现严重失衡。

二 从直接控制到间接控制

随着1978年党的十一届三中全会拉开改革开放的序幕，市场作用逐步得到官方一定程度的认可，反映在宏观经济管理层面，就有1982年党的十二大报告所提出的"贯彻计划经济为主、市场调节为辅原则"。相应地，"有计划按比例和综合平衡"思想中的"有计划"被逐渐弱化，实际上成为"按比例和综合平衡"。在市场逐步介入和计划逐步淡出的领域，政府的角色定位就成为关键问题。此时，由于对计划体制下直接行政管理的弊端深有体会，决策层对宏观调控的设想主要是使用经济杠杆进行间接调控。市场化间接调控的理念正是在此时萌芽。比如，1984年《中共中央关于经济体制改革的决定》指出，"越是搞活经济，越要重视宏观调节，……我们过去习惯于用行政手段推动经济运行，而长期忽视运用经济杠杆进行调节"。

在间接调控思想的指导下，中国人民银行于1984年1月起，专门行使国家的中央银行职能，它的一般工商信贷业务被剥离出来，交由新设立的中国工商银行承担。随后，存款准备金制度也于1985年建立。这些宏观经济管理体制改革的推出，标志着货币政策在中国开始具备了其原始形态。

在宏观经济管理由直接调控过渡到间接调控方面，"巴山轮会议"具有里程碑的意义。1985年9月，由中国社会科学院、国家经济体制改革委员会和世界银行共同主办的"宏观经济管理和改革国际研讨会"（史称"巴山轮会议"）形成了以下五点共识。

第一，在微观经济放活以后，政府对宏观经济的管理，应从原来的直接管理计划管理转变为间接管理为主，即主要运用经济和法律手段辅之以行政手段进行管理。第二，宏观经济管理的经济手段主要是实行适当的财政政策和货币政策。一般来说，在宏观经济过热即总需求大于总供给时，宜实行紧缩的宏观经济政策，收紧财政和信贷；而在宏观经济过冷即总供给大于总需求时，宜实行扩张性的宏观经济政策，财政打赤字和信贷扩张。其根本要义是根据宏观经济形势变化实施不同的财政政策和货币政策，并实现两者之间的很好搭配。第三，宏观控制下的市场协调机制有利于资源的优化配置，是最富效率的体制，可作为中国选择中长期改革目标的重要参考。这同1979年以后市场取向改革是一致的，为此必须对以指令性计划为主要标志的计划经济体制进行根本的改革。第四，为使政府对宏观经济的间接管理有效，就要深化国有企业改革，发展非公有制经济，使每一个企业成为独立的市场主体，即能对市场信号特别是利率、汇率、价格等信号做出灵敏反应，并相应调整自身行为的利益主体。第五，要建立一个有效的宏观经济管理体系，还需要建立和完善市场体系，特别是建立和完善金融市场和劳动力市场，要积极地改革价格形成机制和价格体系，要建立健全经济信息和经济监督系统；完善收入分配政策，防止消费需求过度膨胀；等等。

以上共识对中国宏观经济管理转向间接调控为主产生了重要影响，其中的部分核心观点被中国决策者采纳。1985年《中共中央关于制定国民经济和社会发展第七个五年计划的建议》明确提出："国家对企业的管理逐步由直接控制为主转向间接控制为主，主要运用经济手段和法律手段，并采取必要的行政手段，来控制和调节经济运行。"

三 放松管制：价格双轨与价格闯关

从计划经济到市场经济的转型，就是一个不断"放"的过程，而放开价格是其中至关重要的一环。

1984年10月，党的十二届三中全会通过的《关于经济体制改革的决定》明确指出："价格体系的改革是整个经济体制改革成败的关键。""价格体系的不合理，同价格管理体制的不合理有密切的关系。在调整价格的同时，必须改革过分集中的价格管理体制，逐步缩小国家统一定价的范围，适当扩大有一定幅度的浮动价格和自由价格的范围，使价格能够比较灵敏地反映社会劳动生产率和市场供求关系的变化，比较好地符合国民经济发展的需要。"事实上，就在这份公告前一个月，在1984年9月进行的"莫干山会议"上，中国经济学界对价格改革的路径问题进行了集中讨论。会议在价格问题上的主张，一是以提高采掘工业品价格为中心，改革工业价格体系；二是以解决农产品价格倒挂和补贴过多为中心，调整消费品价格和公共事业收费。但对于工业品价格如何调整，会议上最初形成了两种思路："调放结合，以调为主"和"调放结合，先放后调"，也就是价格改革中的所谓"调派"和"放派"。

实践上，在中国价格双轨制由来已久。1978年，国务院在酝酿提高粮食价格时，姚依林就提出"粮价三层楼"的设想[1]，到当年年底党的十一届三中全会决定，统购部分提价20%，超购部分提价50%。从1978年起，国家逐步提高了棉花、油料等农副产品的价格，

---

[1] 《粮价"三层楼"——姚依林同志的点子》，《价格理论与实践》1997年第1期。

并在次年对超购部分实行加价,从而在农村的集市贸易出现了集市价格和计划价格并存的局面。这是改革开放之后,率先在农产品领域实行的"价格双轨制"。而在讨论当中,主张自觉利用客观上已经形成的生产资料双轨价格,使计划价格和市场价格逐步靠拢的方案占据了上风。

价格双轨制是中国的一大"发明",是渐进式改革道路的重要体现,有力推动了市场化改革向前发展。但是,价格双轨制也带来了不少问题。至1987年,宏观经济出现明显的"四过一乱"现象,即过旺的社会需求、过快的工业发展速度、过多的信贷和货币投放、过高的物价涨幅和经济秩序混乱。双轨制下,一方面企业忙于进行政企分开的改革,另一方面各党政机关却大办"公司",凭借权力谋取双轨制下的巨大差价,有估计认为,当时双轨制下每年的价差、利差和汇差总额达到2000亿—3500亿元,占当时国民生产总值的20%—30%。[①]

为了在短期内迅速理顺价格体系,力促价格并轨,1988年5月30日—6月1日,中共中央政治局会议决定对物价和工资制度进行改革闯关,并责成国务院制定具体方案。随后,国务院物价委员会提出关于价格工资改革的初步方案,认为物价改革这一关非过不可,计划用五年左右时间,理顺价格关系;在价格改革过程中,通过提高和调整工资,适当增加补贴,保证大多数职工实际生活水平不降低。8月19日,《人民日报》发表中央政治局会议的公报,公布了价格改革方案的基本内容,由此导致民众对物价上涨的恐慌心理,出现大规模的

[①] 彭森、陈立等:《中国经济体制改革重大事件》,中国人民大学出版社2008年版,第282页。

抢购商品和大量提取储蓄存款的风潮。随着这股恐慌风潮在全国愈演愈烈，8月27日，中共中央召开紧急会议，调整对策，暂停物价改革方案，8月30日，国务院发布通知，下半年不再出台新的调价措施，下一年的价格改革也是走小步。这一"急刹车"式的决定，实际上为这次价格闯关画上了句号。

从当时的宏观形势看，此次价格闯关的失败在很大程度上与改革的时机不适合有关。进入1988年，物价上涨逐月加快，2月即超过两位数为11.2%，3—5月分别为11.6%、12.6%和14.7%。能否在如此大的通胀压力下推行"一步到位"式的激进改革，学界是有过激烈争论的。例如，在1987年就已经开始研究制定的"三、五、八规划"的讨论当中，就有部分起草小组提出，中国在宏观经济问题上面临着三种选择，一是在放松货币下用加强行政管理的办法制止物价上涨，而这实际上阻碍了改革继续推进；二是在不改变扩张性货币政策的前提下积极进行改革，这方面有南斯拉夫的教训在先，也难以实现；三是在适当控制货币供应量前提下，有步骤地推进改革，即"管住货币、放开价格"，这也是第二次世界大战后联邦德国和日本实现"艾哈德景气"和"战后景气"的一个方法。[1] 甚至有学者认为，"通货膨胀性的物价上涨就像吸鸦片一样，一吸上瘾就不容易戒掉，所以在一开始发现苗头时，就应该努力设法控制"[2]。但是，当时学界也存在着不同的意见，认为"过关有风险，关后是平川"，认为1987年的问题不是总量问题，而只是由于农业生产的局

---

[1] 参见彭森、陈立等《中国经济体制改革重大事件》，中国人民大学出版社2008年版，第275页；吴敬琏、李剑阁《控制需求 疏导货币 改革价格》，《价格理论与实践》1988年第7期。

[2] 刘国光：《正视通货膨胀问题》，《经济日报》1988年4月5日。

部问题。①

到 1988 年 9 月，为了控制爆发性的通货膨胀，中共中央工作会议决定实行"强行着陆"的宏观调控政策。这样虽然使得通货膨胀率很快降下来，但也付出了很大代价。1989 年第三季度，"各种货币金融变量下降至谷底，与此同时，市场出现疲软，工业生产下滑，企业开工不足，就业压力增大，财政状况恶化，经济陷入衰退，出现了前所未有的'过冷'局面"②。显然，在对市场化转型中宏观经济规律认识不足情况下，激进改革措施并未实现理想的效果，宏观经济政策在短时间内出现大的反复，都反映出中国在尝试实行宏观经济间接调控初期还缺乏关于经济规律和调控方式的必要经验，而我们也为此付出了"学费"。

四　未竟的机构改革：微观管理到宏观管理

经过多年商品经济改革之后，中国微观经济主体稳步发展，市场开始在经济活动中发挥较大作用，原有宏观微观一把抓的行政管理体系也已不再适应当时经济管理的需要。在此背景下，1988 年 4 月，七届全国人大一次会议通过了国务院机构改革方案，启动了新一轮的机构改革。

这次机构改革是按照政治体制、经济体制改革进程的要求，以转变政府管理职能为关键，下放权力，调整结构，精简人员，减少政府机构干预企业经营活动的职能，增强宏观控制能力；按政企分开的原

---

① 吴敬琏：《当代中国经济改革》，上海远东出版社 2004 年版，第 385 页。
② 吴敬琏：《共和国经济 50 年》，2004 年 6 月 11 日，新浪网，http://finance.sina.com.cn/d/20040611/1507809705.shtml。

则，把直接管理企业的职能转移出去，把直接管钱、管物的职能放下去，把决策、咨询、调节、监督和资讯等职能加强起来，使政府对企业由直接管理为主逐步转到间接管理为主；同时，把原来行政机关的部分职能转移到各种协会去承担。①

在综合经济管理部门上，鉴于当时的国家计划委员会、国家经济委员会在职能上重复交叉比较严重，且承担了许多应由其他部门管理，甚至企业经营的具体事务，中央决定将"两委"予以撤销，组建新的国家计划委员会，使之成为管理国民经济和社会发展的综合部门和高层次宏观管理机构，不再承担微观管理与行业管理的职能。

在专业经济管理部门上，明确贯彻了政企分开的改革方向。如撤销煤炭工业部、石油工业部、核工业部，组建能源部；同时拟组建中国石油天然气总公司、中国核工业总公司，由能源部归口管理。这样一来，能源系统内部分微观管理职能以企业形式抽离出来，政府放弃了对微观层面的直接指导，将管理职责聚焦于宏观层面。与之类似地，撤销国家机械工业委员会和电子工业部，成立机械电子工业部；撤销国家物资局，组建物资部；撤销城乡建设环境保护部，组建建设部；撤销航空工业部、航天工业部，组建航空航天工业部；等等。

通过机构改革，国务院部委由原有的 45 个减为 41 个，直属机构从 22 个减为 19 个，非常设机构从 75 个减到 44 个。在国务院 66 个部、委、局中，有 32 个部门共减少 1.5 万多人，有 30 个部门共增加 5300 人，增减相抵，机构改革后的国务院人员编制比原来减少了 9700 多人。②

---

① 宋平：《关于国务院机构改革方案的说明（1988 年）》，2000 年 12 月 26 日，中国人大网，http://www.npc.gov.cn/wxzl/gongbao/2000-12/26/content_5002068.htm。

② 左然：《八十年代以来的三次机构改革》，《瞭望》1998 年第 12 期。

更为重要的是，这次改革是在确立"政企分离"原则后首次进行大规模机构调整，调整方向也基本贯彻了这一方针，这为后续宏观管理从直接走向间接创造了必要的条件。遗憾的是，由于一系列复杂的政治经济原因，以及国内经济治理、整顿的需要，这次机构改革未能达成预定改革目标。

◇ 第三节　财税体制初步改革

从 1980 年开始，经过 1985、1988 和 1992 年的数次较大改革，中国的财税制度发生了巨大的变化。但是，这些变化的共同点，都是在划分各级预算收支的基础上实行分级包干，因此都属于财政包干体制，即属于经济体制转轨时期的财税制度类型，是从以前的统收统支体制向分税制体制转变的过渡和中介。尽管离完成全部改革任务尚有很大的距离，但其改革的意义是深远的、极为重要的。

一　"划分收支，分级包干"体制

根据党的十一届三中全会以后的有关决定精神，国务院于 1980 年 2 月颁发了《关于实行"划分收支，分级包干"的财政管理体制的暂行规定》，决定从 1980 年起实行财政管理体制改革，拉开了改革开放过程中的财政体制改革的序幕。

"划分收支，分级包干"体制主要是按照经济管理体制规定的行政隶属关系，明确划分中央财政和地方财政之间的收支范围。中央所属企业收入、关税收入和中央其他收入，归中央财政，作为中央财政的固定收入；中央的基本建设投资、中央企业的流动资金、国防战备费、对外援助、中央级的事业费和行政管理费等归中央支出。地方所属企业的收入、盐税、农牧业税、工商所得税、地方税和其他地方收入，归地方财政，作为地方财政的固定收入；地方的基本建设投资、地方企业的流动资金、支援农业支出、地方各项事业费、抚恤和社会救济及地方行政管理费等，由地方财政支出。经国务院批准，上划给中央部门直接管理的企业，其收入作为固定比例分成收入，80%归中央财政，20%归地方财政。工商税作为中央和地方的调剂收入。确定地方财政收支的包干基数，凡是地方收入大于地方支出的地区，按比例上交；支出大于收入的地区，从工商税中按比例留给地方，作为调剂收入；如有的地区，工商税全部留给地方，收入仍然小于支出的，不足部分由中央财政给予定额补助。分成比例或补助数额确定后，原则上5年不变，地方多收可以多安排支出。

与此同时，中央对以下地区实行了特殊的体制形式。对广东、福建实行"划分收支，定额上交（补助），5年不变"的财政体制，对京津沪仍实行"总额分成、一年一变"的财政体制；对少数民族地区的体制仍有许多照顾，但基本与"划分收支，分级包干"体制相同。

在新体制实行的过程中，由于改革的探索性质和经济形势的变化，以及中央财政迅速出现的困难等因素，在执行中不得不进行调整。从1982年开始，把"划分收支，分级包干"的办法，逐步改为"总额分成，比例包干"的办法。按地方收入总额同支出基数，求出一个分成比例，按此比例划分中央收入和地方收入，实行地方包干。

同原有的体制相比较，1980年的新财政体制在收支结构、财权划分和财力分配等方面，都发生了显著的变化，主要有以下几点。

第一，使财政体制由"一灶吃饭"改为"分灶吃饭"。在1980

年以前，我国财政体制的基本特征是全国财政吃"大锅饭"，中央高度集中下有限的分权，仅限于"大锅饭"如何"分而食之"。1980年财政体制改革打破了这种局面，初步形成了在中央统一领导和计划下，明确划分收支及其权限，各负其责，发挥各方面积极性的态势。因而，1980年新体制被简称为"分灶吃饭"体制。

第二，财力分配由过去的以"条条"为主改为以"块块"为主。采取这种财力分配办法，伴有大量原属中央的企业划转为地方，明显地扩大了地方财政的权限，有利于地方根据本地的实际情况，统筹安排财力，发展本地区的经济建设和各项事业。

第三，收支划分和分成比例（或补助数额）由"一年一定"改为"五年一定"，在一定程度上缓解了过去年年吵基数、争指标的矛盾，也有利于地方制定和执行本地经济及各项事业的长远发展规划。

总而言之，1980年进行的财政体制改革，是党的十一届三中全会以来所进行的第一次比较全面的财政体制改革，其广度和深度超过了新中国历史上的多次体制调整。此次改革的重大突破是打破了中央集权的财政管理体制模式，扩大了地方的自主权和活动的空间，为总体的经济体制分权改革和市场化改革，提供了良好的初始条件。

二 "划分税种，核定收支，分级包干"体制

1983—1984年在全国实行了利改税改革，直接将利润上缴这一财政的基本和主要收入形式，改为以国营企业所得税形式上缴，这就使得原有"分灶吃饭"体制的各级政府之间收入的划分办法不再适合了。此外，1980年起实行并在执行中有所改进的"划分收支，分级包干"财政体制原定的五年已经到期，因此，国务院决定从1985年

起对各省、自治区、直辖市实行"划分税种,核定收支,分级包干"的财政体制。

"划分税种,核定收支,分级包干"体制是在第二步利改税的基础上,划分各级财政收入的范围;中央与地方财政支出的划分基本上按照原来的体制,即按隶属关系划分的支出范围不变,只对个别事业管理体制的改变做出相应的调整;核算分成基数,确定分成办法;继续对享受民族自治区和视同民族自治区待遇的省区予以照顾;对广东、福建两省仍按原来体制,继续实行"大包干"的办法。但是,原来确定的上解或补助数额,按照规定的收支范围和第二步利改税后收入转移的数额,进行相应的调整;1985年开始在全国征收城市维护建设税。

1985年的财政体制,最初是按照第二步利改税后税种的设置划分财政收入的。但是,这种体制只是名义上划分了税种。在实际执行过程中,由于价格体系尚未理顺,各级政府事权划分不够明确,经济体制改革中变化因素较多,完全实行上述划分税种的条件还不具备。因此,在执行中对1985年财政体制采取了部分变通措施,即在1985和1986年两年(后又延长到1987年),暂时实行"总额分成"的过渡办法。这种过渡办法是:除中央税划为中央收入以外,地方可以在划分税种、核定收支的基础上,把地方财政固定收入和中央、地方共享收入捆在一起,同地方财政支出挂钩,确定一个分成比例,实行总额分成。

从总体上看,1985年财政体制保持了"分灶吃饭"财政体制的优点。一方面是地方有较大的自主权,可以统筹安排本地支出;另一方面,在地方经济发展的同时使中央财政的收入能够大体与地方保持同步增长。另外,1985年财政体制在执行过程中,虽然要照顾当时一些实际情况，因而还远远不是完全按税种划分收入，但毕竟已向划分税种的体制迈进了一步，有利于进一步实行分税制，意义重大。

当然，作为过渡性的体制形式，1985年财政体制也存在很多问题，其中主要有收入较多、上缴比例大的地区组织收入积极性不高，个别地区甚至出现收入下降的情况。这些问题，从表象上看，是体制具体形式和制度的不完善，抑或是由种种具体的现实矛盾引起的。但从本质上看，则可以说是由于经济体制正在从计划经济向市场经济转变引起的。因此，要想从根本上解决这个问题，只能是依据市场经济的基本要求，实行彻底的分税制分级管理体制。

三 "多种形式包干"体制

1988—1993年仍实行"划分税种、核定收支、分级包干"体制，但1988—1990年对包干办法进行了调整，如从1988年起，国务院对收入上缴较多的江苏、辽宁、北京、重庆等13个省、市实行财政包干、一定三年不变的做法，以便进一步调动这些地方增收节支的积极性，更好地处理中央与地方的财政分配关系。

全国39个省、自治区、直辖市、计划单列市，除广州、西安两市的预算分别与广东、陕西两省联系外，对其余37个地区分别实行6种不同的包干办法，即收入递增包干、总额分成、总额分成加增长分成、上解递增包干、定额上解、定额补助等。上述包干办法，除"总额分成"外，其余各种包干办法的共同特点是，在原实行总额分成的基础上实行"边际递增分成"，即地方可以从增收或超收中多留。从制度效率的角度看，各种包干方法所体现的激励约束功能和风险承担是不同的，可以从比较中为下一步改革提供依据。

到 1994 年分税制改革前，全国的财政体制形式多样，几乎是一个省一个体制，主要有五种类型：第一种类型是递增上交，如江苏省年递增 5% 上交；第二种是定额上交，如上海市，上交 105 亿元，财政收入超过 165 亿元以上的部分中央与地方各分一半，这实际上是基数定额上缴，超收分成；第三种是总额分成，如安徽省，上交 22.5%；第四种是定额补助，如江西省、福建省等；第五种是分税制试点，如浙江省等 9 个省、自治区和单列市。[①]

各种"分级包干"的财政体制虽然调动了地方的积极性，但它们毕竟是一种过渡型体制，自身存在着一些无法避免的问题：第一，财政的"两个比重"下降。财政收入占国民收入的比重由 1/3 下降到 17% 左右，中央财政收入占全部财政收入的比重已降到 38%；[②] 第二，综合国力增强了，国家财政能力却没有相应增强，而是减弱了；第三，税种繁多，名义税率很高，实际税负很低。分灶包干以后，所得税减免过多，所得税税基被严重侵蚀，至分税制财政体制改革前几年，所得税基差不多被挖空了，并且已经开始挖流转税税基。

总之，1980—1993 年的财政"分灶吃饭"型包干体制，始终在经历平凡的、或大或小的调整，这些情况反映的是改革开放渐进型演变过程中财政分配关系的适应性调整。

◇ 第四节　改革重构金融体系

1949—1978 年是我国社会主义金融体系建设的探索时期。在计划

[①] 阎坤：《透视财经》，社会科学文献出版社 2000 年版，第 103 页。
[②] 同上。

经济体制全面形成之后，国家预算、银行信贷和国营企业财务并存的社会性资金的分配和使用体系也相应形成，迈出了建立高度集中的金融机构体系、金融管理体制和外汇管理体制的步伐。在财政和金融的关系上，呈现"大财政、小银行"的格局，金融体系高度简化。财政部门是计划体系中负责配置资金的部门，而金融部门只是计划体系的一个辅助性部门，配合财政体系在国家计划的控制下开展资金筹措和配置，监督和调控资金使用。这一时期内，全国范围内只有中国人民银行一家银行，而且中国人民银行还曾被并入财政部。总体而言，我国金融体系的发展很不充分。

1978年党的十一届三中全会之后，党和国家的工作重心转向现代化建设，经济体制改革全面启动。从那时起，中国的现代金融体系建设开始起步。20世纪80年代，中国通过实施金融对外开放战略，利用两种资源两个市场，提高金融要素资源配置效率，并借由开放推动改革进程，金融开放与金融改革相互促进，共同推动了中国经济的持续快速发展。此间，我国金融体系实现了恢复重构，现代金融体系的雏形初步形成。

一　金融体系恢复重建

(一) 金融机构

1978年召开的全国人大五届一次会议决定，中国人民银行从财政部当中分离出来，成为国务院直辖的独立机构，标志着中国金融改革开始起步。

1979—1984年，各类专业金融机构纷纷设立。

——1979年2月，中国农业银行恢复，专营与农业存贷款相关的业务。

——1979 年 3 月，为了适应对外开放的需要，专营外汇业务的中国银行从中国人民银行分离出来。同月，国务院批准设立国家外汇管理局，改变了外汇多头管理的混乱状况。

——1979 年 10 月，中国第一家信托投资公司——中国国际信托投资公司成立。以此为契机，全国兴起了组建信托投资公司的热潮。

——1979 年 11 月，中国人民保险公司恢复经营。

——1980 年，第一家城市信用社在河北省挂牌营业，并很快在全国引发了组建城市信用社的高潮。

——1981 年 4 月，中外合营的中国东方租赁有限公司成立，标志着融资租赁业开始进入中国的金融体系。

——1983 年 5 月，中国人民建设银行重建，专营国家基本建设投资类业务。

——1983 年 9 月，国务院决定：从 1984 年 1 月 1 日起，中国人民银行将专门行使国家的中央银行职能；与此同时，中国工商银行从中国人民银行分离出来，独立成为一家国有专业银行，专门承担一般的工商信贷业务。

至此，我国初步形成了中央银行、专业银行、其他类型金融机构分工协作的金融机构体系架构。

（二）金融市场

这一时期，我国金融市场也逐步从无到有，债券和票据市场破茧而出。

——1981 年，为了破解经济建设缺乏资金的难题，我国突破了旧有观念束缚，开始发行国债，筹集建设资金。

——1981 年以后，一些沿海发达省份调节资金余缺的拆借活动。

——1981年，中国人民银行在全国倡导推行"汇票、本票、支票和信用证"，中国票据市场正式启动。

——1981年，上海市率先开展票据承兑贴现业务，同时，人民银行也开始试办票据的再贴现业务。

——1983年，几家国有专业银行为了补充资金来源，发行了金融债券。

——1984年，一些试点企业开始发行类似于企业债券的有价证券。

（三）金融开放

这一时期的金融开放进展主要体现在引进外资金融机构和外汇管理体制调整两个方面。

1980年，日本输出入银行在华设立代表处；1981年，南洋商业银行在深圳设立分行，拉开了外资金融机构进入中国的序幕。1983年，为了进一步吸引鼓励外资金融机构在境内开展业务，我国政府颁布了《关于侨资、外资金融机构在中国设立常驻代表机构的管理办法》，从制度上对外资金融机构进入中国市场的基本权益进行保护，宣示了金融开放的态度和决心。此后，我国金融业对外开放地域不断扩大，逐步从经济特区扩展到沿海城市和中心城市。

1979年10月，中国国际信托投资公司获准经营外汇业务，改变了以往外汇业务只有中国银行独家经营的状况。此后，银行、财务公司、租赁公司等各类金融机构陆续涉足外汇业务，逐步形成了由国家外汇管理局统一管理、以外汇专业银行为主体、多种金融机构并存的外汇经营体制。为了推动外向型经济发展，支持出口创汇，国务院于1979年8月颁发了《关于大力发展对外贸易增加外汇收入若干问题的规定》，1980年10月又制定了《调剂外汇暂行办法》，逐渐形成了计划管理和市场调剂并行的管理方式，以及官方汇率和外汇调剂价格并存的双重汇率制度。这一时期我国加大了人民币对美元的贬值程度，汇率从1978年年底的1.5771元人民币兑换1美元降至1984年年底的2.7957元人民币兑换1美元。

二　形成现代金融体系雏形

1984年之后，中国经济体制改革的重点从农村转向城市，以经济建设为中心的战略主线也已深入人心。大规模经济建设迫切需要资金，亟待金融改革开放迈出新步伐；而宏观经济的剧烈波动则呼唤着有效的中央银行制度和宏观调控政策。

（一）金融机构

这一时期，我国金融机构的改革发展加速推进，业态发展呈现多样化格局。

——1986年，中国第一家以股份制形式组织起来的商业银行——交通银行重新组建。

——1987年，第一家由企业集团发起设立的银行——中信实业银行成立。

——1987年，第一家以地方金融机构和企业共同出资的区域性商业银行——深圳发展银行开始营业。

——1987年，以企业集团为依托的财务公司在我国出现。

——1987年，中国银行和中国国际信托投资公司联手首创"中国投资基金"，标志着中国投资基金市场的诞生。

——1988年，我国第一家股份制保险公司——平安保险公司成立。

——1991年10月,"武汉证券投资基金"和"南山风险投资基金"分别经武汉市人民银行和深圳市南山区政府批准成立。同年,中国农村发展信托投资公司也在山东省私募5千万元,设立了淄博基金,并首先获得中国人民银行批准。这三家机构,成为中国资本市场中最早的机构投资者。

(二) 金融市场

在金融市场建设方面,我国的股票市场、债券市场、货币市场和期货市场机构建设与制度建设都在这一时期内取得突破性进展。

——1985年,国家经济体制改革委员会和中国人民银行将建立银行同业拆借市场列为当年金融体制改革的重点内容。以票据发行、承兑、流通、贴现和再贴现为内容的多层次票据市场的启动,标志着以银行短期头寸为主要功能的市场化资金配置机制正式进入中国的金融体系之中。

——1990年10月,我国首家全国性粮食批发市场——郑州粮食批发市场经国务院批准设立。该市场从成立起即以期货市场为建设目标,引入了交易会员制等期货市场基本制度。

——1990年年底设立的上海证券交易所、于1991年年初挂牌的深圳证券交易所,以及同年启动的全国证券交易自动报价系统(即STAQ系统),标志着作为现代市场经济核心的资本市场在中国正式建立起来。

——1991年,跨地区、有组织的规范化国债交易起步。同年,财政部和中国人民银行启动了国债回购业务试点。

(三) 金融宏观调控与金融监管

在金融监管制度建设和宏观调控机制改革方面,这一时期也取得了积极进展,监管机构体系不断完善,宏观调控工具日益丰富。

——中国人民银行于1984年1月1日起，专门行使国家的中央银行职能。随后，存款准备金制度也于1985年建立。这些宏观经济管理体制改革的推出，标志着现代宏观经济学意义上的货币政策在中国已经开始酝酿。

——1985年，"拨改贷""投改贷"制度开始实施。即将原来由财政对国有企业提供的流动资金拨款改为由银行向国有企业提供贷款，由原来的财政为国有企业和国营项目建设投资提供资金改为由银行向其提供贷款。

——这一时期内，政府的调控工具越来越多元化，既有行政手段，也有市场手段。政府紧缩措施中最常用，也最管用的是两个直接控制手段，一是压缩投资，二是压缩贷款规模；但行政性手段的弊端已经凸显。

——1988年3月，中国人民银行发布《1988年深化信贷资金服案例体制改革的意见》，旨在强化间接调控手段，改进加强全民所有制非银行金融机构的资金管理。

——在20世纪80年代中后期实施的两轮宏观调控之中，人民银行多次通过调高利率和提高存款准备金率来实施紧缩性的货币政策，在熨平经济波动中发挥了辅助性作用。

——1992年10月，国务院证券委员会和中国证券监督管理委员会成立，标志着资本市场监管体系建设进入新阶段，迈出了我国金融业"分业经营、分业监管"的第一步。

（四）金融开放

在引进外资金融机构方面，1990年，法国东方汇理银行在中国建立了第一只共同基金"上海基金"。1992年，美国友邦保险有限公司在上海设立分公司，成为首家进入我国境内保险市场的外资保险公司，标志着中国保险市场对外开放拉开帷幕。

在外汇市场发育方面，外汇管制不断放松。1985年，贸易结算价被取消，随后，外汇调剂市场应运而生。当年，首个外汇调剂中心在深圳设立。1988年，首个外汇调剂公开市场在上海设立，该市场实行会员制、集中清算和公开竞价交易机制，外汇调剂市场上的交易价格由市场供求关系决定。此后，中国人民银行持续放宽对境内居民使用外汇的管制；自1991年11月起，个人拥有的外汇资金已被运行参与外汇调剂。1992年8月，全国外汇调剂中心在北京正式运营，1993年4月，国家外汇管理局公布《外汇调剂市场管理规定》。到1993年年底，由外汇调剂市场汇率调节的外汇收支活动已占所有外汇收支活动的80%。

（黄群慧、张晓晶、闫坤、董昀）

第三章

对外开放

始于1978年党的十一届三中全会的对外开放,掀开了中国经济发展新的画卷。本章分别从对外开放的历史转变、对外开放的区域推进与启示、对外开放的领域拓展与成绩、对外开放的体制机制改革四个方面,阐述1978—1992年中国对外开放的壮阔图景。

◇ 第一节　对外开放的历史转变

改革开放前期,中国经济建设、社会各项事业和外交工作在一定程度上有所恢复和发展,国际环境也出现一定程度改善。但是,中国同发达国家在经济、科技、管理等方面的差距却在不断拉大。发展对外贸易及经济合作、学习发达国家的先进技术、加速社会主义现代化建设等的重要性日益凸显。

一　改革开放前的对外经济形势

1949年,中华人民共和国成立,"彻底结束了旧中国半殖民地半封建社会的历史，彻底结束了旧中国一盘散沙的局面，彻底废除了列强强加给中国的不平等条约和帝国主义在中国的一切特权，实现了中国从几千年封建专制政治向人民民主的伟大飞跃"[1]。与之对应，中国的对外经贸关系，也发生了一次重要的历史性转折。依托迅速建立起的独立自主、比较完备的中央、地方各级外贸行政和企业组织机构体系，中国开始以平等独立的姿态出现在国际经济贸易的舞台。

新中国成立初期，国际上形成了以美、苏分别引领资本主义阵营和社会主义阵营的"冷战"格局。以美国为首的西方资本主义国家，在经济上对新中国进行了一系列"围追堵截"，迫使中国不得不采取"一边倒"的对外经贸政策，对外经济合作的重心偏向与苏联、东欧及其他人民民主国家建立和发展经贸关系。但是，向社会主义阵营"一边倒"的开放，是特定历史条件下的产物，在新中国建设初期发挥了积极作用。随着中国经济建设取得较大发展，对外经济贸易往来需求不断扩大，经济上的"一边倒"再也不能适应此时的经济发展状况。在此背景下，中国在发展与苏联和东欧社会主义国家的贸易往来的同时，把香港作为打破以美国为首的西方国家经济封锁的主要通道，适度放宽外汇批准额度，灵活采取易货贸易和转口贸易的形式[2]，从资本主义国家进口部分物资。

20世纪70年代前期，中国对外经贸合作的国际环境出现改善。虽然受历史条件和认识水平的限制，改革开放之前中国的经济全球化基本被限定在一个较低的发展水平。但是，1971年中国在联合国的

---

[1] 习近平：《在庆祝中国共产党成立95周年大会上的讲话（2016年7月1日）》，人民出版社2016年版，第3页。

[2] 彭波：《建国初期内地与香港的经贸关系》，商务历史网站，http：//history.mofcom.gov.cn/? page_ id=33。

合法席位得到恢复；紧接着 1972 年，时任美国总统尼克松秘密访华，两国发表了《中美联合公报》，恢复了经贸关系。1978 年 12 月 16 日，中美两国发表《中美建交公报》，美国承认中华人民共和国中央人民政府是中国唯一的合法政府[①]。另外，中国同大多数西方国家的外交关系相继建立或升格；不仅如此，《中日联合声明》也宣告两国此前的不正常状态结束。国际环境的变化，为中国扩大对外经贸合作创造了良好的外部条件。

二 对外开放政策的确立

但是，"文化大革命"使中国对外经贸合作和国民经济遭受到巨大损失。1966 年开始的"文化大革命"，使引进外资成为不可逾越的"禁区"；对外贸易总额也连续三年下降，从 1970 年开始才逐渐好转。截至 1978 年改革开放之初，中国是世界上最贫穷的国家之一。按照世界银行的统计指标，1978 年中国人均 GDP 只有 156 美元，但 1978 年撒哈拉沙漠以南的非洲国家人均 GDP 是 490 美元。中国当时有 81% 的人口生活在农村，84% 的人口生活在每天 1.25 美元的国际贫困线之下[②]。

国内掀起了关于真理标准问题的大讨论。"文化大革命"结束后，因为"两个凡是"方针的提出和贯彻，使"文化大革命"等造成的混乱不仅没有得到完全消除，相反还得到延续。因此，虽然一些领域

[①] 金慧慧：《改革开放 40 周年之 1978：开启改革开放历史新时期》，2018 年 11 月 27 日，中国网，http：//news.china.com.cn/2018-11/27/content_74213799.htm。

[②] 林毅夫：《中国改革开放四十年和现代经济学的反思》，2018 年 7 月 27 日，搜狐网，http：//www.sohu.com/a/243733415_330810。

的拨乱反正已经开始，经济建设、社会各项事业和外交工作在一定程度上有所恢复和发展，但由于"左"的指导思想没有得到根本纠正，党和国家工作出现了在徘徊中前进的局面。这直接诱发了一场关于真理和标准问题的大讨论。1978年5月，在邓小平同志等老一辈革命家的支持下，国内掀起了关于真理标准问题的大讨论，人们的思想得到大解放。

中国共产党第十一届中央委员会第三次全体会议于1978年12月18—22日在北京举行。全会对"两个凡是"的错误方针进行了严肃批判，决定停止使用"以阶级斗争为纲"这个口号，特别强调了必须从科学体系的角度，完整、科学、准确地掌握和运用毛泽东思想；全会还给予了真理标准问题讨论极高的评价；更关键的是，解放思想，开动脑筋，实事求是，团结一致向前看，被全会确定为新的指导方针。[①]

全会做出了将全党工作重点转移到经济建设上的战略决策。从1979年起，社会主义现代化建设成为首要工作，全会要求全党必须纠正急于求成的观念，对已经失调的国民经济比例关系，要采用一系列重大措施坚决进行调整；另外，还要认认真真地改革权力集中已经较为严重的经济管理体制。全会公报更是明确提出："要在自力更生的基础上积极发展同世界各国平等互利的经济合作，努力采用世界先进技术和先进设备。"[②]

对外开放基本国策的确立。为了借鉴国外经验，加速社会主义现代化建设，1978年党中央和国务院分别派出了四路考察团，即由国家计委和外经贸部有关领导组成的港澳经济考察团，由李一氓、于光

---

① 王桦：《中国共产党十一届三中全会》，《新长征》（党建版）2018年第9期。
② 同上。

远等带队赴罗马尼亚、南斯拉夫的考察团,由时任国家计委副主任林乎加率领的赴日本经济考察团以及由时任国务院副总理谷牧带队的赴西欧五国的考察团①,当时被人们称为共和国即将开始的大规模改革开放的"侦察兵"。这几个考察团在了解国际形势的同时,也强烈感受到中国同发达国家在经济、科技、管理等方面正在拉大的差距,无不希望通过发展对外贸易及经济合作,学习发达国家的先进技术。1980年6月,邓小平同志在一次接见外宾时,第一次将"对外开放"作为中国的对外经济政策公之于世。1982年12月,对外开放政策被正式写入中国宪法,至此,中国的对外开放政策作为基本国策最终得以确立。

◇ 第二节 对外开放的区域推进与启示

中国对外开放的区域推进,采用循序渐进式改革,按照先易后难的顺序推进。"沿海地区要加快对外开放,使这个拥有两亿人口的广大地带较快地先发展起来,从而带动内地更好地发展,这是一个事关大局的问题。"②

一 对外开放区域推进的历程

中国对外开放区域推进,大致上包括四条路径,分别是创办经济

---

① 陈述:《回首30年:对外开放抉择和经济特区建立的前前后后》,2008年11月17日,中国网,http://www.china.com.cn/news/txt/2008-11/17/content_16778607.htm。
② 《邓小平文选》第3卷,人民出版社1993年版,第277—278页。

特区，开放沿海港口城市，建立沿海经济开放区，开放沿江、内陆和沿边城市。

第一，创办经济特区。1979年4月，邓小平同志首次提出要开办"出口特区"，后改名为"经济特区"。1979年7月，考虑到广东、福建两省拥有靠近港澳，侨胞众多等优势，这些优势可以成为两地引进外资等的有利条件，因此党中央、国务院决定，给予广东和福建更多的自主权，实现不同于其他地区的特殊经济政策，以便两地抓住彼时有利的国际形势变化，先行一步把经济尽快发展起来。1980年5月，中央正式决定在深圳、珠海、汕头和厦门设立经济特区。1983年4月，《加快海南岛开发建设问题讨论纪要》正式发布，海南岛也开始实行经济特区的优惠政策。1988年4月，根据七届全国人大一次会议的决定，海南岛成为中国最大的经济特区。创办经济特区，中国对外开放的航船才是真正扬帆起程了。邓小平同志评价经济特区"是个窗口，是技术的窗口，管理的窗口，知识的窗口，也是对外政策的窗口"[1]。

第二，开放沿海港口城市。1984年2月，邓小平同志在视察广东、福建后，肯定建立经济特区的政策是正确的，并建议增加对外开放城市。同年4月，中共中央、国务院根据邓小平同志的意见召开沿海部分城市座谈会，并于5月4日发出《沿海部分城市座谈会纪要》的通知，确定进一步开放14个沿海港口城市，从北到南包括：大连、秦皇岛、天津、烟台、青岛、连云港、南通、上海、宁波、温州、福州、广州、湛江、北海[2]。在此基础上，1990年4月18日，党中央、国务院正式宣布开发开放浦东的重大战略决策。自此，沿海开放城市

---

[1] 《邓小平文选》第2卷，人民出版社1994年版，第51—52页。
[2] 林桂平：《如何表述我国对外开放的新格局》，《历史学习》2002年第6期。

作为经济特区的延伸,与深圳、珠海、汕头、厦门四个经济特区及海南岛由北到南连成一线。

第三,建立沿海经济开放区。中共中央、国务院于1985年1月在北京召开了长江三角洲、珠江三角洲和闽南金三角座谈会,提出把上述三个"三角"区开辟为沿海经济开放区的建议①。同年2月,中共中央、国务院批转了《长江、珠江三角洲和闽南厦漳泉三角地区座谈会纪要》,决定把长江三角洲、珠江三角洲和闽南厦门、漳州、泉州三角地区开辟为沿海经济开放区。② 1988年3月,国务院发出《关于扩大沿海经济开放区范围的通知》,进一步扩大了长江、珠江三角洲和闽南三角洲地区经济开放区的范围,并把辽东半岛、山东半岛、环渤海地区的一些市、县和沿海开放城市的所辖县列为沿海经济开放区。建立沿海经济开放区,使全国由经济特区、沿海开放城市和经济开放区构成的沿海对外开放前沿地带显著扩大,是充分发挥沿海地区的优势、积极发展外向型经济、促进中国的社会主义现代化建设的重大决策。

开放沿江、内陆和沿边城市。满洲里、丹东、绥芬河、珲春4个北部口岸于1991年对外开放。1992年1月18日—2月21日邓小平同志视察南方数省发表重要讲话,强调发展才是硬道理,这个问题要搞清楚。如果分析不当,造成误解,就会变得谨小慎微,不敢解放思想,不敢放开手脚,结果是丧失时机,犹如逆水行舟,不进则退。1992年2月28日,中共中央发出《关于传达邓小平同志重要讲话的通知》。1992年8月,国务院决定,开放重庆、岳阳、武汉、九江、

---

① 乌画:《中国自由贸易试验区吹响战略集结号》,《经济研究参考》2017年第6期。

② 王佳宁、罗重谱:《东部10省(市)经济发展战略定位及其下一步》,《改革》2012年第7期。

芜湖5个沿江城市和三峡库区；同时，开放哈尔滨、长春、呼和浩特、石家庄4个边境和沿海地区省会城市；开放黑河、二连浩特、伊宁、塔城、博乐、瑞丽、畹町、河口、凭祥、兴东等沿边城市，鼓励沿边城市发展边境贸易和与周边国家的经济合作①；开放太原、合肥、南昌、郑州、长沙、成都、贵阳、西安、兰州、西宁、银川11个内陆省会城市②。

经过先试验后推广，中国对外开放加速向纵深推进。到1992年年底，中国基本上形成了"经济特区——沿海开放城市——沿海经济开放区——沿江、内陆和沿边开放城市"③这样一个点线面结合的区域格局。

二　开放区域的特殊经济政策

党中央始终坚持应按照各经济特区的具体情况和实际需要，制定经济特区的各项单行经济法规。④ 1981年年中，中共中央召开特区工作会议，制定了适合特区性质和要求的10项政策措施，会议指出：深圳、珠海的特区应建成兼营工、商、农、牧、住宅、旅游等多种行业的综合性特区。厦门、汕头的特区目前应建成以加工出口为主、同时发展旅游等行业的特区。特区的建设首先要搞好基础设施，由小到大，逐步发展，量力而行。1981年11月26日，五届全国人大常委会

---

① 刘德伟、李连芬：《新中国成立以来我国对外经贸关系的新变化》，《河南商业高等专科学校学报》2010年第8期。
② 宋泓：《对外开放四十年：从适应者到影响者和引领者》，《国际贸易》2018年第10期。
③ 林桂平：《如何表述我国对外开放的新格局》，《历史学习》2002年第6期。
④ 钟坚：《经济特区的酝酿、创办与发展》，《特区实践与理论》2010年第10期。

21次会议通过决议，授权广东省、福建省人大及其常委会，根据有关的法律、法令、政策规定的原则，按照各省经济特区的具体情况和实际需要，制定经济特区的各项单行经济法规，并报全国人大常委会和国务院备案。①

开放区域采用特殊的经济政策，概括起来大致包括：一是建设资金以引进外资为主，所有制结构为多种形式共存，产业结构以工业为主，产品以出口外销为主；二是特区的经济活动，在国家宏观指导下以市场调节为主；三是管理体制有更大的自主权，在投资项目审批、外贸、企业经营等方面都给予优惠待遇；四是对来特区投资的外商，在税收、土地使用、出入境等方面实行优惠政策和灵活措施。②

作为对外开放的窗口，开放区域还进行了各种各样的改革试验，其中包括很多大胆的制度改革。如基本建设管理体制的"试验"，试出了一个招标投标；价格体制的"试验"，试出了双轨制的并轨；人事管理制度的"试验"，试出了市场化的人才机制；企业改革的"试验"，试出了国有企业的股份制改造……在开放区域内实行改革，即使改革以失败告终，也能将其负面影响控制在最小的范围内；获取的负面经验，使后来者得以避开雷区，绕开陷阱，在改革开放中走得更加平坦、快捷。而改革一旦获得成功，就可向全国推广其做法。

三 渐进式推进改革的启示

中外历史上的改革方式，可分为渐进式改革和激进式改革两类。

---

① 钟坚：《经济特区的酝酿、创办与发展》，《特区实践与理论》2010年第10期。
② 陈述：《回首30年：对外开放抉择和经济特区建立的前前后后》，2008年11月17日，中国网，http://www.china.com.cn/news/txt/2008-11/17/content_16778607.htm。

人们对客观事物的认识，有一个由浅入深、由表象到本质、由直观到抽象的循序过程。① 因此，大多数情况下，渐进式改革成功率较高。中国地域辽阔，民族众多，区域差异大，如果采用激进式改革，有可能造成社会动乱和国家分裂。采用循序渐进式改革，按照先易后难的顺序推进改革，最后处理那些难以实行的部分，可以保障改革顺利推进并获得成功。

不过，也有一些学者、国际组织认为，应该实现"一揽子"自由化方式，甚至有一些国家还施加了不小的外部压力，要求中国一次性地开放国内市场。但是，始于1978年的改革开放，是新中国历史上最为重要的改革活动，其规模之大、地域之广、人口之多，是史无前例的。改革涉及内容之多、效果之大、影响之广，也是世所罕见的②。

在对外开放的同时，中国还要逐步进行对应经济体制和其他方面的改革。因此，开放与改革是紧密结合的，出于可控性的考虑，中国只能采用渐进式的改革方式。邓小平同志强调，"我们现在所干的事业是一项新事业，马克思没有讲过，我们的前人没有做过，其他社会主义国家也没有干过，所以，没有现成的经验可学。我们只能在干中学，在实践中摸索"③，也就是我们常说的"摸着石头过河"的方式。"摸着石头过河"，对于大胆解放思想、积极稳妥地推进改革起到了巨大的指导作用，成为中国家喻户晓的经典话语，使得中国的政治秩序、经济增长能够得到持续的保证。

---

① 何星亮：《亘古未有40年的若干经验与启示》，《人民论坛》2018年第27期。
② 同上。
③ 《邓小平文选》第3卷，人民出版社1993年版，第258—259页。

◇◇ 第三节　对外开放的领域拓展与成绩

1978—1992年，中国对外贸易、引进外资和对外投资、对外经济合作均取得了较大的发展。不仅如此，中国还相继恢复了在国际货币基金组织、世界银行等国际组织中的合法席位。

一　对外贸易领域

第一，中国对外贸易的规模不断增加，并实现贸易顺差。1978年，中国进出口贸易规模只有206.4亿美元，其中出口为97.5亿美元，进口为108.9亿美元，贸易逆差为11.4亿美元。1985年，中国进出口贸易规模增长为696.0亿美元，其中出口为273.5亿美元，进口为422.5亿美元，贸易逆差达到149.0亿美元，为中华人民共和国成立以来的最大值。1990年，中国进出口贸易规模为1154.4亿美元，其中出口为620.9亿美元，进口为533.5亿美元，首次实现贸易顺差。之后，除1993年外，再也没有出现过贸易逆差。1992年，中国进出口贸易规模1655.2亿美元，增加到1978年的8倍多，年均增速达到18.2%；其中出口为849.4亿美元，进口为805.9亿美元，分别增加到1978年的8.7倍和7.4倍，年均增速分别为18.0%和19.1%。

第二，中国对外贸易在国际上的地位稳步提升。1978年，中国外贸进出口占世界进出口的比重仅有0.77%，不到一个百分点。但是，到1992年，中国外贸进出口占世界进出口的比重为2.2%，是1978年的2.8倍。但是，这一阶段，中国外贸进出口无论是从规模还是从全球的排位看，还算不上世界贸易大国。

第三，中国对外贸易的商品结构逐渐升级。一方面，中国出口商品结构开始由以初级产品为主，逐步转向工业制成品出口为主。改革开放初期，中国出口的商品主要以初级产品为主，如1980年，出口商品中工业制成品的比重为49.7%。1992年，中国工业制成品出口比重已上升到80.0%。由于改革开放初期中国对外部机器设备等的需要，进口主要以工业制成品为主，如1980年，进口商品中工业制成品的比重为65.2%。1992年，中国工业制成品进口比重已上升为83.6%。

第四，加工贸易成为中国扩大出口的新生力量。这一阶段，中国对外开放的重要政策之一，就是吸引外资，并结合中国劳动力丰裕的特点，着重发展劳动密集型产业，鼓励大进大出、"两头在外"的加工贸易，以便融入国际分工体系，促进中国对外贸易的发展。如中国加工贸易进口额从1981年的15.0亿美元，增加到1992年的315.1亿美元，增长约20倍。而中国加工贸易的出口额更是从1981年的11.3亿美元，增长到1992年的396.1亿美元，增长约34倍；加工贸易占出口贸易的比重也从1981年的5.1%，迅速增加到46.6%。

二 引进外资和对外投资

改革开放起步阶段，对外开放政策以引进外资弥补"双缺口"为主。通过"兴办经济特区"、开放沿海口岸等一系列措施，着力发展了以"三来一补"为主的轻纺制造业，推动了东部沿海以及珠三角等区域经济迅速发展。

中国引进外资规模逐步增大。1979年，中国颁布了第一部与外资相关的法律——《中华人民共和国中外合资经营企业法》；同年，中国第一家中外合资企业——北京航空食品有限公司诞生，掀开了中国利用外资的新篇章。1986年10月国务院颁布的《关于鼓励外商投资的规定》，对外商投资举办产品出口企业和先进技术企业给予更为优惠的待遇，改善了外商投资企业的生产经营条件。[①] 1979—1992年，中国实际使用外商直接投资379.0亿美元。截至1992年年末，在中国注册的"三资"企业已达8.4万个。外商直接投资为中国基本建设开辟了新的筹措资金渠道，成为中国国民经济的重要组成部分，对中国的国民经济腾飞起到了重要的作用。

对外投资进入起步探索阶段。1979年，北京友谊商业服务总公司投资22万美元，与日本东京丸一株式会社在东京合资成立了"京和股份有限公司"，这是改革开放以后中国在海外开办的第一家中外合资企业。截至1992年年底，中国各类企业已在120多个国家和地区开办了4117家合资、独资和合作经营企业，中方投资总额达40多亿美元。[②] 而且，海外投资的总体规模和项目平均规模扩大，1992年年底，中方投资规模超过百万美元的项目增多，其中有的项目中方投资超过1亿美元，如首钢秘鲁铁矿项目中方投资达1.2亿美元。[③] 另外，分布的国家和地区更加广泛。截至1992年年底，中国企业已经在世界上120多个国家和地区设立了海外企业。[④]

---

① 陆亚琴：《外商直接投资在华的发展历程、特点及经济效应分析》，《兰州商学院学报》2011年第8期。
② 刘英奎：《中国企业实施"走出去"战略研究》，博士学位论文，中国社会科学院研究生院，2003年。
③ 申益美、唐湘娟：《中国企业海外投资特征及对策分析》，《邵阳学院学报》（社会科学版）2010年第12期。
④ 钱明光：《论中国企业实施"走出去"战略遇到的问题及对策》，硕士学位论文，对外经济贸易大学，2006年。

三 对外经济合作

改革开放后,中国逐渐消除了极"左"思潮对对外经济合作工作的错误指导和影响,积极推动对外承包工程和劳务合作业务的开展。1978年年末,对外经济联络部分析了国内国际形势,与国家建委联合向国务院上报了《关于拟开展对外承包工程的报告》,提出应抓住国际承包工程市场的有利时机,利用中国通过对外援助与中东各国建立起来的友好关系,尽快组织中国建筑力量进入国际市场。国务院很快批准了这一报告。此后,中国对外经济合作事业迅速发展,成为中国对外经济贸易的重要组成部分。

经过创业之初的艰难开拓,中国的对外经济合作取得了初步发展。1979年,中国对外承包工程的合同数量只有27份,1992年增加到了1164份,增长了42倍多。不仅如此,中国对外承包工程承揽的项目规模也在逐渐扩大。1979年,中国对外承包工程的合同金额为0.33亿美元,平均每个工程只有120万美元,1992年中国对外工程承包工程的合同金额达到了52.5亿美元,平均每个工程为450万美元。总体来看,中国对外经济合作的健康、稳定发展,为之后的对外经济合作奠定了坚实的基础。

四 恢复了部分国际组织的合法席位

中美两国于1979年1月1日正式建交后,中国恢复部分国际组织合法席位进程加快。

首先,1980年3月,国际货币基金组织代表团应邀来华,与中国政府代表团谈判中国在国际货币基金组织的席位问题。谈判明确了中国从 1945 年就已经是国际货币基金组织的成员国，合法席位由中华人民共和国政府拥有，提高中国在国际货币基金组织中的份额，恢复出任执行董事。1980 年 4 月 17 日，中国在国际货币基金组织的合法席位正式恢复，并获得了单独组成一个选区并委派一位执行董事的权利。1991 年，该组织在北京设立常驻代表处。

其次，1980 年 5 月 15 日，世界银行执行董事会通过决议，中国在世界银行的合法席位也得以正式恢复；与此同时，中国在国际开发协会、国际金融公司的席位也得到恢复。

再次，1991 年 11 月，中国以主权国家身份，中国台北和香港（1997 年 7 月 1 日起改为"中国香港"）以地区经济名义正式加入亚太经合组织。

最后，开始"复关"谈判。中国是关贸总协定 23 个创始缔约国之一，但在台湾地区未经当时中国唯一合法政府——中华人民共和国政府同意擅自退出后，中国没有及时提出恢复申请。改革开放后，党中央从加快实行改革开放政策、进一步发展国民经济等需要出发，于 1986 年做出了申请恢复中国关贸总协定缔约国地位的决定，并于同年 7 月 11 日，正式提出恢复中国缔约方地位申请。1987 年 3 月关贸总协定成立了"中国工作组"，中国的"复关"谈判正式开始。

◇ 第四节　对外开放的体制机制改革

1978—1992 年，中国外贸体制改革取得了突破性进展，外资法律制度不断健全，对援外政策也进行了一些探索性的调整。

一　对外贸易体制改革

1949年9月的中国人民政治协商会议通过的《中国人民政治协商会议共同纲领》第57条明确规定："中华人民共和国可在平等互利的基础上，与各国的政府和人民恢复并发展通商贸易关系。"[①] 据此，新中国相继设立了中央贸易部、对外贸易部，以及各级地方对外贸易管理机构，剥夺了帝国主义在华特权，没收了官僚资本，逐步建立起以国营专业外贸公司为主体的、国家统一管理的社会主义对外经济贸易体系，从而为实现对外开放的平等互利奠定了基础。

这一时期的外贸体制改革可分为两个阶段，分别是打破高度集中外贸体制的阶段与以符合国际规则为导向的阶段。

首先，1978—1986年，属于打破高度集中外贸体制的阶段。改革的重点是：打破高度集中的外贸体制。在坚持对外开放的过程中，通过把国家高度集中统一和垄断经营的进出口商品经营权、外汇使用审批权、进出口机构设置审批权等分步下放并分散到各地方和部门，给地方、部门和企业以更多的自主权，放开搞活外贸经营，调动起地方、部门、外贸企业发展对外贸易的积极性，增强在国际市场上开拓、竞争和应变的能力。1984年9月15日，国务院批转对外经济贸易部《关于外贸体制改革意见的报告》，明确提出了"政企分开，加强对外贸易的行政管理；简政放权，充分调动外贸企业的经营积极性；实行进出口代理制，改进外贸经营管理；改革外贸计划体制，简化计划内容；改革外贸财务体制，加强经济调节手段"的

[①] 参见孙国华《中华法学大辞典：法理学卷》，中国检察出版社1997年版。

改革方案。①

其次,1987—1992年,属于以符合国际规则为导向的阶段。1986年7月正式向关贸总协定递交《中华人民共和国对外贸易制度备忘录》,提请恢复中国在关贸总协定的原始缔约国地位,中国外贸体制改革开始以符合国际规则作为导向。1988年,国务院印发了《关于加快和深化对外贸易体制改革若干问题的规定》和《全民所有制工业企业承包经营责任制暂行条例》,1990年12月,国务院印发了《国务院关于进一步改革和完善对外贸易体制若干问题的决定》。改革的重点是:一是完善外贸承包经营责任制,在行业试点的基础上,取消补贴,自主经营、自负盈亏。二是改革贸易外汇留成制度。对于承包指标内的外汇收入,对不同地区、不同行业、不同商品实行有差别的外汇留成比例。三是根据1988年确定的"征多少,退多少,不征不退"和"彻底退税"的基本原则,全面实行出口退税政策。四是进一步下放外贸经营权,外经贸主管部门逐步转变职能,对外贸企业的管理由直接控制转向间接控制,弱化政府的行政干预力度。五是较大范围降低了进口关税。

二 建立健全外资法律制度

中国利用外资工作从一开始就是在法制轨道上进行的。改革开放伊始,1978年12月,邓小平同志就明确提出制定外国人投资法。之后,《中外合资经营企业法》在五届全国人大二次会议获得通过。该法主要内容包括:允许外国公司、企业和个人来华投资,对其合法权

---

① 邓旭:《外贸代理制度的问题与重构》,《国际贸易问题》2011年第6期。

益、利润给予保护；对举办合营企业的程序、形式、条件、企业的税收、原材料购买产品内外销和合营期满的处理作了规定；明确合营企业最高权力机构是董事会，董事会董事长由中方担任等。这是中国第一部关于外商投资的专门法律。1986年和1988年，又相继出台了《外资企业法》和《中外合作经营企业法》。这三部法律被称为中国的"外资三法"[①]，在中国改革开放之初以及不断扩大对外开放的过程中，发挥了非常重要的历史性作用。

由于当时吸收外商直接投资尚缺乏实践经验，"外资三法"的条文都比较原则化。如最早通过的《中外合资经营企业法》，全文仅15条。经过深入研究和广泛征求意见，国务院相继为"外资三法"制定了具体的实施条例，这些条例条文比较多，《中外合资经营企业法》的实施条例就有100多条，《外资企业法》和《中外合作经营企业法》的实施条款也都有百十来条。不仅如此，1986年，国务院还发布了《关于鼓励外商投资的规定》，在税收、信贷、进出口等方面提出了一系列鼓励外商投资的政策措施。

此外，根据利用外资的实际需要，中国还及时出台有关配套规定，不断健全外资法律体系。[②] 如《中外合资经营企业劳动管理规定》《中外合资经营企业登记管理办法》《关于中外合营企业建设用地暂行规定》《中华人民共和国中外合资经营企业所得税法》《中华人民共和国中外合资经营企业所得税法实行细则》《中华人民共和国外汇管理暂行条例》，等等。这些法律、法规的制定，使中国利用外资的法律初步健全和完善。

[①] 徐梦龙：《我国建立健全外资法律制度的历程》，《中国外资》2019年第4期。
[②] 同上。

三　对外经济援助政策的演变

中华人民共和国成立之初,在自身经济十分困难的情况下,仍坚持向亚非拉广大第三世界国家提供力所能及的帮助,支持其反抗压迫、争取独立与解放的民族大义,维护其发展经济、改善民生的整体利益。中国作为最大的发展中国家,在自身发展面临诸多困难的同时,始终坚持向其他发展中国家,特别是经济较为困难的发展中国家提供符合自身能力的援助,是非常难能可贵的。

1979年7月,邓小平同志在谈到对外援助时指出:"应当肯定中国过去援助第三世界是正确的,我们国家经济困难,但是我们还得拿出必要数量的援外资金,从战略上讲,我们真正发展起来了,要用相当数量来援助,中国发展以后不要忘记这一点。在援助问题上,方针要坚持,基本上援助的原则还是那个八条,具体办法要修改,真正使受援国得到益处。"[1] 根据上述精神,国务院和有关部门在1980年重新确定了改革开放时期中国对外援助的总方针,提出了坚持国际主义、坚持援外"八项原则"、广泛开展国际经济技术合作,有出有进、平等互利等主张。

1982年3月,对外经济联络部、对外贸易部、国家进出口管理委员会、外国投资管理委员会合并组成对外经济贸易部,下设对外援助局,负责中国的对外经济援助。1983年年初,中共中央又提出了"平等互利、形式多样、注意实效、共同发展"的原则[2]。自此,中

---

[1]　石林:《当代中国的对外经济合作》,中国社会科学出版社1989年版,第70页。
[2]　薛宏:《对外援助:几代领导人的战略决策》,《世界知识》2011年第7期。

国对外援助的经济意义超越了对政治利益的诉求,对外援助方式也更为灵活,结构、规模得到适当的控制和压缩,开辟了中国同第三世界国家经济合作关系的新天地。1992年全国对外经济贸易工作会议提出,要把援外工作同经济技术合作结合起来,发展同受援国的经济贸易合作关系。

(高凌云)

第二编

建立社会主义市场经济体制

第 四 章

外向型经济发展

1991年苏联政局动荡并最终解体，引发了中国对"和平演变"的担忧和"道路"问题的思考。在此背景下，关于"姓资"和"姓社"、计划和市场的争论也开始升温，中国的改革开放再次进入分叉路口。1992年年初，邓小平同志视察南方期间指出："计划多一点还是市场多一点，不是社会主义与资本主义的本质区别。"[1] 这一判断给当时的争论画上了一个句号，并开启了改革开放的第二次浪潮。1992—2011年，中国累计实际利用外资金额达到了1.14万亿美元，成为全球外资最重要的投资目的地；同一时期，中国从全球第12大出口国，迅速成长为全球第一大出口国。[2] 中国也从全球生产网络的边缘角色，一跃成为世界制造业的中心。

在此基础上，中国彻底解决了很多发展中国家普遍遇到的"双缺口"问题：外汇短缺、国民储蓄短缺。与此同时，中国也进一步从全球价值链、国际规则体系、全球金融市场等维度，深度融入了全球经济体系。

---

[1] 《邓小平文选》第3卷，人民出版社1993年版，第373页。
[2] 商务部、世界贸易组织、WIND数据终端，2020年。

◇◇ 第一节　对外开放再次出发

1993年11月14日，党的十四届三中全会通过了《中共中央关于建立社会主义市场经济体制若干问题的决定》（以下简称《决定》），这次会议指出：建立社会主义市场经济体制，就是要使市场在国家宏观调控下对资源配置起到基础性作用。[①] 在此基础上，这次会议勾画了社会主义市场经济体制的基本框架，并开启了系统性的经济改革，内容涉及政府职能、财政税收、价格机制、金融体制、现代企业制度、房地产市场。这也从相应方面推动了外贸外资体制的改革，为中国第二轮对外开放、对接国际规则，以及最终加入世界贸易组织，在体制机制方面奠定了基础。

一　外贸体制走向市场导向

1992—1993年，中国继续推动外贸体制改革，延续了1990年启动的第二轮外贸承包责任制改革。1992年10月，党的第十四次代表大会进一步明确了当时推进外贸体制改革的方向："深化外贸体制改革，尽快建立适应社会主义市场经济发展的、符合国际贸易规范的新型外贸体制。赋予有条件的企业、科技单位以外贸自营权。"[②]

1994年7月1日，《对外贸易法》正式实施，开启了中国又一轮

[①] 中共中央党史和文献研究院：《改革开放四十年大事记》，人民出版社2018年版，第39—40页。

[②] 《江泽民文选》第1卷，人民出版社2006年版，第230—231页。

外贸体制改革。在此背景下，具有外贸经营权的企业范围以及外贸公司拥有的经营权限本身，都得到了扩大。对于哪些企业拥有外贸经营权，《对外贸易法》首次以法律形式设定拥有外贸经营权的企业范围，改变了过去以指令性计划确定的做法。1997年，中国进一步尝试对5个经济特区的进出口企业实行登记制，1998年对1000家重点企业实行进出口经营权登记备案制。自1999年1月1日起，国家开始允许非公有制企业从事进出口贸易。

加入世界贸易组织（WTO）之后，从2001年开始，中国进一步放宽了进出口经营资格的准入企业注册资金的要求。同时，根据中国加入WTO的承诺，在2004年给予在中国的所有外商投资企业以外贸经营权。[1] 至此，中国外贸经营权完全覆盖了不同所有制的企业，并使得多元化的外贸企业真正成为外贸市场的主体。这也使得外贸企业从垄断地位转向了服务角色，真正打通了从制造业企业到海外市场的关键一环。

除了以企业主体为线索推进的改革外，外贸体制改革在进出口商品领域也取得了大幅度的进展。其一，需要出口许可证、进口配额限制的商品种类大幅减少。其二，关税水平也出现了大幅调降。1990年年末，中国的平均关税税率为42.5%，[2] 而到了2011年平均关税税率则降至9.8%[3]。此外，包税制时代出口退税由中央、地方分担的做法，在1994年分税制改革后，也全部转向由中央承担，保证了

---

[1] 《所有外企近年将获得外贸经营权》，《人民日报》（海外版）2002年9月10日。
[2] 刘明兴、马晓野：《中国的外贸体制改革综述》，香港中文大学中国研究服务中心研究论文，http://wwz.usc.cuhk.edu.hk/PaperCollection/Retails.aspx?id=2953，2002年。
[3] 海关总署2010年公布《第85号公告》，经国务院批准《2011年关税实施方案》自2011年1月1日起实施，调整后平均关税税率降至9.8%。

出口退税的落实。其三，在1994年全面推行增值税之后，以零税率为思路的退税政策为中国成为"世界工厂"发挥了不可或缺的作用，也为解决困扰中国几十年的外汇储备问题提供了政策前提。①

同时，1994年银行体系改革也推动了外贸融资体制的改革。1994年以前，一般由专业银行为外贸企业提供优惠贷款。在1994年金融体制改革的背景下，政策性功能从商业银行中分享出来，国家开发银行、中国进出口银行正式成立。在1994年后，开始由中国进出口银行为外贸企业提供信贷支持和风险担保。

总体而言，在这一时期，中国按照社会主义市场经济体制的要求初步建立了外贸体制。1994年《对外贸易法》出台，并逐步建立了符合社会主义市场经济要求的外贸调控体系、外贸行政手段，并结合国有企业改革，对国有外贸企业进行了改革。"入世"之后，中国修订了《对外贸易法》，按照WTO的规则，对中国的外贸体制进行了适应性的调整和对接。在这一时期，中国的对外贸易经历了多个发展阶段，从加工贸易占比迅速提高，到一般贸易以及高附加值的贸易占比不断提升，中国从贸易小国成为贸易大国，并在全球价值链中确立了重要位置。

二　对外资走向全面开放

从计划经济到市场经济，以及从短缺经济到产能过剩的脱胎换骨，成为这一时期中国引进外资体制演进的重要背景。在改革开放初

---

① 许善达：《中国税制改革的若干回顾》，载高尚全等著《改革历程——献给改革开放30年》，经济科学出版社2008年版，第316页。

期，即 1978—1991 年，中国经济主要面临着短缺问题，即供小于求的问题。在 1992—2011 年这一阶段，中国先是进一步解放了思想，明确了对外开放的进程、发展社会主义市场经济。在此基础上，中国于 20 世纪 90 年代中后期出现了产能过剩、供大于求的局面，中国经济完全告别短缺经济，开始进入买方市场。2008 年国际金融危机之后，外部需求增速放缓，同时需求刺激的效果在短期稳定了经济，但在长期积累了更多的产能。这导致中国产能过剩的问题进一步加剧。[①]

可见，这一时期中国引进外资的体制演进，一方面克服了思想认识的障碍；另一方面也反映了产业结构、发展阶段的基本面变化。同时，20 世纪 90 年代以后，发生了全球第三次制造业大转移，欧洲、美国、日本等发达经济体的制造业大规模向发展中国家、新兴经济体进行转移。中国则通过引进外资的体制改革，抓住了这一历史机遇。

在此背景下，党的十四大报告提出，"进一步扩大对外开放，更多更好地利用国外资金、资源、技术和管理经验。……利用外资的领域要拓宽。采取更加灵活的方式，继续完善投资环境，为外商投资经营提供更方便的条件和更充分的法律保障。"[②] 而且，党的十四大报告还从空间视角、产业政策视角，分别对外资开放做了详细的阐述。

在空间上，1992 年后，中国对外资开放的区域从经济特区和沿海地区，拓展到了长江沿岸城市和延边内陆城市等腹地。同时，党的十四大报告还从产业角度提出扩大吸引外资，"引导外资主要投向基础设施、基础产业和企业的技术改造，投向资金、技术密集型产业，

[①] 桑百川、钭阳：《中国利用外资的历史经验与前景展望》，《经济问题》2019 年第 3 期。

[②] 《江泽民文选》第 1 卷，人民出版社 2006 年版，第 230 页。

适当投向金融、商业、旅游、房地产等领域"①。1995年，中国发布了《外商投资产业指导目录》和《指导外商投资方向暂行规定》，明确鼓励外资投资高新技术、先进技术。

这一阶段在外资企业并购中国企业领域也有重大开放举措。自1992年5月起，在短短的两年时间内香港中策公司斥资33亿人民币，将国内100多家不同地区的国有企业改建成为35家全部由中策公司绝对控股的合资公司，开启了外资收购国有企业的先例。1995年更是出现了上市企业北旅被日资企业收购的情况。在无法可依的背景下。这些现象一度引发了争议，并导致了暂停外资并购国有企业上市公司的政策。直到2003年，才重启了外资收购上市国有企业的政策。之后，中国对外资并购的政策不断完善，并与国际引资机制接轨，从原来对外资的超国民待遇逐渐转向了正常的国民待遇。② 根据科尔尼管理咨询公司发布的年度《外商直接投资信心指数》，2002—2011年，中国一直位列该信心指数的第一位。③ 这一阶段的后期，与20世纪90年代相比，外资企业的独资比重显著上升，同时合资、合作企业的比重减少。2006年，独资企业占外资企业的比重高达75%。这和中国投资环境改善、政策限制放开有直接关系。④

在这一阶段，中国引进外资的理念，从弥补资金缺口，到弥补资

---

① 《江泽民文选》第1卷，人民出版社2006年版，第230页。
② 刘建丽：《新中国利用外资70年：历程、效应与主要经验》，《管理世界》2019年第11期。
③ Global Business Policy Council, *Foreign Direct Investment Confidence Index*, A. T. Kearney（科尔尼管理咨询公司），2011。
④ 林其辉：《多层次对外开放的决策过程》，载中国经济体制改革研究会编《见证重大改革决策——改革亲历者口述历史》，社会科学文献出版社2018年版，第362—363页。

金和技术缺口并重（以市场换技术），再到弱化资金缺口、强化技术。在空间和产业两个维度对外资全方位开放，以及 2001 年中国加入 WTO 的背景下，外资大量流入、贸易持续顺差，使中国发展最终打破了"双缺口"的束缚。

三 促外贸、引外资背景下的外汇管理改革

在这一阶段，中国的外贸体制转向市场导向、吸引外资也走向了全面开放。在此背景下，外汇管理体制也进行了相适应的改革和调整。1993 年 11 月 14 日，党的十四届三中全会通过了《中共中央关于建立社会主义市场经济体制若干问题的决定》。《决定》要求："改革外汇管理体制，建立以市场经济供求为基础的有管理的浮动汇率制度和统一规范的外汇市场，逐步使人民币成为可兑换货币。" 1993 年 12 月 25 日，国务院发布了《进一步改革外汇管理体制的通知》，决定从 1994 年 1 月 1 日起，进一步改革中国的外汇管理体制，具体内容为：人民币官方汇率与外汇调剂市场汇率并轨，实行银行结售汇，建立统一的银行间外汇市场，实行以市场供求为基础的单一汇率。人民币汇率的官方价格和黑市价格实现并轨。在此基础上，所有的外汇交易都被统一纳入了外汇市场。

1994 年 1 月人民币汇率改革（以下简称汇改），纠正了人民币汇率长期高估的问题，并且消除了黑市价格，规范统一了外汇市场交易。1993 年 12 月 31 日汇改前夕，人民币兑美元汇率为 5.79，汇改之后的 1994 年 1 月初，人民币汇率暂时贬值到了 8.70，贬值幅度达 50%。消除了长期以来的人民币汇率高估后，不但增强了中国出口贸易的竞争力，而且也消除了与汇率高估相伴生的黑市和外汇管制。从

1995年开始,人民币兑美元汇率长期稳定在8.3左右,并经历了1997—1998年亚洲金融危机的考验,这种情况一直维持到了2005年7月20日。①

1994年汇改后,中国的经常项目收支状态一举扭转了1993年的大额逆差,进入了长期持续顺差的历史阶段。在此背景下,1996年7月,中国再次对外汇体制进行了重大改革,消除了经常项目下的汇兑限制。1996年11月,时任中国人民银行行长戴相龙正式致函国际货币基金组织,并宣布中国接受国际货币基金组织协定第八条的第2款、第3款、第4款的义务,实现人民币经常项目下的可兑换,从此不再限制不以资本转移为目的的经常性国际交易支付和转移,不再实行歧视性货币安排和多重货币制度。②

但是与此同时,人民币汇率1994—2005年长期维持稳定,一方面促进了出口贸易和引资规模的快速发展,但另一方面,缺乏弹性的汇率在一定程度上加剧了失衡,无法反映中国经济基本面的变化。同时,中国以FDI和出口作为双引擎的发展模式,也引发了一些反思和讨论。到2003年前后,与国际收支失衡交织在一起,人民币汇率制度改革再次成为政策讨论的焦点之一。③

2005年7月21日,中国人民银行发布公告,中国开始实行以市场供求为基础、参考一篮子货币进行调节、有管理的浮动汇率制度。人民币汇率不再盯住单一美元,形成更富弹性的人民币汇率机制。在2006年3月通过的"十一五"规划也指出:要在"十一五"期末基

---

① 中国人民银行、WIND数据终端,2020年。
② 易纲、张磊:《国际金融》,上海人民出版社1999年版,第503页。
③ 参见余永定《消除人民币升值恐惧,向经济平衡发展过渡》,《国际经济评论》2003年第5期。

本实现国际收支平衡。此后，人民币经历了长期升值，从2005年7月20日到2011年12月30日，人民币对美元名义汇率升值幅度达到23.8%。但中国对美贸易、总体对外顺差继续大幅增长。

其中，在2008年国际金融危机期间，人民币汇率重回事实上的盯住美元，以应对国际金融危机。在这一时期，新兴市场和发展中国家的货币普遍对美元贬值，而人民币汇率保持了稳定。从2008年7月到2010年6月，人民币汇率基本维持在6.83左右的水平。2010年6月后，中国重启汇改，人民币汇率改革进入了一个新的阶段。[1]

总体上，通过这一时期的改革和阶段性调整，中国搭建起了以市场供求为基础的、有管理的浮动汇率制度，并实现了经常项下可兑换，这不但使得汇率保持在合意水平，而且使得外贸交易、外商投资和经营活动不再面临外汇管制的诸多限制，国际收支在经常项目下的交易实现了通畅。在此基础上，中国在这一时期积累了大量的外汇储备，解决了发展中国家普遍面临的外汇短缺问题，但与此同时，与此相关联的经济结构失衡问题也日渐突出并引发了思考。

◇◇ 第二节 拥抱国际规则，深度融入国际规则体系

在这一阶段，中国以"入世"为契机，开始深度学习、融入国际规则体系中。在"入世"享受了融入国际规则带来的红利，以及充分履行了国际规则的义务之后，中国对国际规则的理念进行消化吸收，

---

[1] 中国人民银行、WIND数据终端，2020年。

并在此基础上，中国开始初步尝试引导国际规则和全球治理机制的转变。

一 "入世"：学习规则、对接规则、适应规则

中国"入世"经历了以下五个阶段：第一阶段，在与关贸总协定接触了多年之后，1986年7月10日，中国正式提出申请，恢复中国在关贸总协定中的缔约方地位。第二阶段，经过近10年的磨合，以及其间的波折，中国终于在1995年6月3日，成为世界贸易组织的观察员国。第三阶段，即1995年之后，中国与多国开始进行双边磋商，并与多国达成双边协议。尤其是在1997年11月上旬，中日双方在"入世"双边谈判中取得重大进展。第四阶段，1997年之后，工作重心突出体现在中美之间的密集会谈和冲刺性的谈判。其间也出现了一些政治事件的干扰，但中美双方总体上仍然存在很大共识。1999年11月15日，中美双方就中国加入世贸组织最终达成了协议，中美双边谈判正式结束。第五阶段，即中国"入世"谈判进入全面收尾阶段，中国先后与其他经济体达成双边协议。尤其是在2001年6月，中国先后与美国、欧盟就中国"入世"问题达成了全面共识。最终，中国于2001年12月11日，正式成为世贸组织的第143个正式成员[①]。

在复关、"入世"谈判的15年中，中国所走过的路异常艰辛，遇到了很多困难和阻力。这不仅仅是指国际上的政治阻力，也不仅仅是国内的社会、经济原因，更多的是中国与国际规则进行对接的问题。

---

① 中国世界贸易组织研究会：《中国加入世界贸易组织的历史背景》，2010年1月28日，商务部网站，http://cwto.mofcom.gov.cn/article/c/201001/20100106765404.shtml。

在 20 世纪 90 年代初，时任外经贸部副部长的佟志广曾任中国"复关"首席谈判代表。他的回忆是，"我在同 130 多个国家谈'复关'问题的时候，给我印象最深的是经济制度审议。当时我们实行的经济体制是：既采用计划经济适合中国的那一部分，同时也采用市场经济对中国适用的那一部分，而关贸总协定的一项基本要求是市场经济。围绕中国实行的是怎样的经济制度、怎样的贸易制度，进行过多次讨论。当时的成员国给我们提出了上百上千个这样那样的问题，我们费了不少唇舌"①。事实上，这些问题也一直贯穿到了整个"复关""入世"的谈判过程当中。

中国碰到的问题，不仅仅是对接静态的国际规则，而是国际规则本身也在突飞猛进地升级、变化。早在 20 世纪 80 年代，当时中国刚开始申请复关，那时中国只要在货物贸易领域进行谈判、达成共识就可以了。但就是在中国准备好申请复关的同时，1986 年乌拉圭回合谈判也开始启动了。到 1994 年，历时 7 年的乌拉圭回合之后，各成员国在原有基础上达成了《建立世界贸易组织的协定》，并且将大量的新议题纳入了新的世界贸易组织框架当中，例如服务领域、知识产权等等。在此背景下，中国要加入世贸组织就必须进行更为复杂、更加广泛的贸易谈判，以至于中国"入世"的谈判进程再次被拉长。② 可见，中国在对接国际规则的同时，也是在补课、追赶全球化的过程。

2001—2011 年，在中国"入世"的第一个十年中，中国全面对接国际规则、履行"入世"的承诺。第一，贸易和投资便利化程度得

---

① 佟志广：《中国"复关"谈判亲历记》，载曲青山、吴德刚主编《改革开放四十年口述史》，中国人民大学出版社 2019 年版，第 400—401 页。
② 盛保良：《乌拉圭回合最后文件的主要内容及其对我国经济贸易的影响》，《国际贸易》1994 年第 2 期。

到了明显提升。第二，中国大幅扩大了外资在农业、制造业、服务业三次产业领域的市场准入。第三，中国不断降低进口关税率，取消了所有不符合世贸组织规则的进口配额、许可证等非关税壁垒。第四，如前文所述，在这一时期，中国还全面放开了对外贸易经营权。在"入世"后的十年中，中国关税总水平由15.3%降至9.8%，达到甚至超过了世界贸易组织对发展中国家的要求。中国服务贸易开放部门达到了100个，接近发达国家水平。同时，中国还大规模开展法律法规清理修订工作，中央政府共清理法律法规和部门规章2300多件，地方政府共清理地方性政策和法规19万多件。中国对外开放政策的稳定性、透明度、可预见性不断提高。[①]

1986—2001年，这15年"入世"谈判，也是中国学习国际规则、推动国内改革和对接的过程。在此过程中，"入世"谈判倒逼中国不断加快对外开放。对于"入世"的态度，有过担忧、质疑、恐惧。最终，中国认真执行、兑现了"入世"的承诺。截至2010年，中国加入世界贸易组织的所有承诺全部履行完毕，中国认真履行承诺的实际行动得到世界贸易组织大多数成员的肯定。[②] 中国政府和企业对国际规则的适应能力也大大超出了此前的预期。

二 "入世"同时，广泛参与、推动国际经济合作

1992—2011年，伴随着"入世"进程的推进，中国也在积极参

[①] 胡锦涛：《在中国加入世界贸易组织10周年高层论坛上的讲话》，人民出版社2011年版，第2页。
[②] 国务院新闻办：《中国的对外贸易》白皮书，2011年12月7日，中国政府网，http://www.gov.cn/。

与双边、多边区域经济合作。这一时期,中国签订了多个自由贸易协定,积极参与、推动区域经济合作,并在其中扮演了重要角色。

根据2011年12月发布的《中国的对外贸易》白皮书,截至2010年年底,中国已经与28个国家和地区进行了15个自由贸易安排或紧密经贸关系安排谈判,签订和实施了10个自由贸易协定或紧密经贸关系安排,具体覆盖了东盟、巴基斯坦、智利、新加坡、新西兰、秘鲁、哥斯达黎加、中国香港、中国澳门、中国台湾10个经济体。[1]

其中,中国—东盟自贸协定是这一时期中国签订的最重要的自贸协定。2010年1月1日,中国与东盟自由贸易协定全面实施,中国与东盟的6个老成员之间,90%的商品实现了零关税,与东盟的4个新成员也在2015年实现了90%的零关税目标。该协定有力推动了中国—东盟双边贸易迅速增长[2]。

"入世"之后,中国还全面参与了多哈回合的农业、非农产品、服务、规则等议题的谈判,独立提交谈判案文40多份,联合其他成员提交案文100多份。为推进多哈回合谈判,中国多次表示愿意为谈判做出建设性的、与自身发展水平相适应的贡献。[3]

同时,中国在2010年成为全球第一大出口国,而中国面临的贸易摩擦、保护主义压力也在与日俱增。因此,中国也从被动熟悉、适应国际规则,开始转向运用国际规则、提高应对能力,为中国的对外开放提供良好的国际环境。在此背景下,中国提出"要继续扩大对外

---

[1] 国务院新闻办:《中国的对外贸易》白皮书,2011年12月7日,中国政府网,http://www.gov.cn/。

[2] 自贸资讯:《中国—东盟自由贸易新协定即将实施》,2010年12月29日,中国自由贸易区服务网,商务部网站,http://fta.mofcom.gov.cn。

[3] 国务院新闻办:《中国的对外贸易》白皮书,2011年12月7日,中国政府网,http://www.gov.cn/。

开放，积极推进自由贸易区战略，积极推动世贸组织多哈回合谈判进程，运用和参与制订国际规则，兼顾他方合理关切。要针对国际上对我国实行的各种保护主义，加强基础工作，提高应对能力，制定相关应对方案"[1]。2010年胡锦涛同志在加拿大多伦多举行的二十国集团领导人峰会上进一步提出，"坚决倡导和支持自由贸易……，本着互利共赢、共同发展的原则，坚持以对话协商妥善处理贸易摩擦"[2]。

在这一时期，中国在对接、适应原有国际规则和原有全球治理机制的同时，也在逐渐转向引导国际规则的转变、提高在全球治理机制中的中国话语权。尤其是在2008年国际金融危机后，"世界经济治理机制改革已成为国际社会的重要议题"，我国开始"准确把握世界经济治理机制进入变革期的特点，努力增强我国参与引导能力……积极参与和推动形成国际经济新秩序，努力使我国在世界经济治理机制改革中处于主动有利地位"[3]。

第三节　在全球价值链中成长的贸易大国

2010年，中国成为全球第一大出口国，以及第二大进口国。不过在成为贸易大国的同时，中国对外贸易的结构性问题日益突出。对于这个问题我们应该有两点认识：第一，不能因此否认出口加工贸易

---

[1] 胡锦涛：《对影响我国发展的几个重大国际经济问题的看法》，《胡锦涛文选》第3卷，人民出版社2016年版，第283页。

[2] 胡锦涛：《对世界经济强劲可持续平衡增长的三点建议》，《胡锦涛文选》第3卷，人民出版社2016年版，第409页。

[3] 胡锦涛：《准确把握世界经济发展新特点》，《胡锦涛文选》第3卷，人民出版社2016年版，第457页。

在特定历史阶段所起到的至关重要的作用。第二,从加工贸易、出口增加值率等指标来看,"十一五"时期前后,中国的对外贸易已经初步进入了转型升级阶段。

一 成为贸易大国

在对外开放的背景下,1992—2011年,中国累计实际利用外资金额达到1.14万亿美元,成为全球外资最重要的投资目的地,外资企业为中国制造业的成长提供了资金、技术、人才、管理经验,有力地推动了中国制造业的快速发展。另外,中国本土企业也在快速成长。根据国家统计局数据,中国规模以上的工业企业,从1998年有数据以来的18.1万家,增长到了2011年年末的31.3万家。中国GDP规模,也从1992年的2.7万亿元,增长到了2011年的48.8万亿元,增长了17倍,成为世界第二大经济体。中国经济快速成长,全面融入了全球竞争。从美国《财富》杂志评选的世界500强企业来看,1995年中国仅为3家,2001年上升到了12家,2011年则进一步增加到了69家。

在这一阶段,中国的对外贸易规模突飞猛进。其中,出口金额从1992年的849亿美元,上升到了2011年的1.9万亿美元。进口金额也从1992年的806亿美元,上升到了2011年的1.7万亿美元。进出口贸易总体金额,则从1992年的1655亿美元,增加到了2011年的3.6万亿美元。在这一时期,出口金额、进口金额、进出口金额分别增长了21倍。[①] 与此同时,中国从全球第12大出口国,迅速成长为

[①] 商务部、WIND数据终端,2020年。

全球第一大出口国。中国也从全球生产网络的边缘角色，一跃成为世界制造业的中心。[1]

除了身处时代洪流中的中国老百姓，"中国制造"也深刻改变、影响了各国消费者的日常生活。2004年的圣诞节，美国路易斯安那州的记者萨拉在清点圣诞礼物时发现，39件圣诞礼物中，有25件中国制造；而家里的日常生活用品大部分也来自中国。于是她突然冒出一个想法，要尝试离开所有标志"中国制造"的产品一年时间，看看生活会发生何种变化。2005年1月1日起，她开始带领全家尝试一年不买中国货的生活。经过一年试验之后，萨拉发现，"中国制造的产品已经无处不在，不管你多么努力，你都不可能躲开它们，因为这是完全不可能的"。萨拉在书中写道，"经过一年的试验，我的结论是：我们的生活已经与中国密切相关"。之后，萨拉将她的经历写成了一本畅销书《离开中国制造的一年：一个美国家庭的生活历险》，记录了"有趣又充满挫折的冒险生活"[2]。

二 中国在全球价值链中的地位变化

在这一阶段，中国不但成长为贸易大国，而且中国制造业在世界制造业中的地位也发生了巨大变化。但是从全球价值链视角来看，中国贸易结构的问题也日益凸显。在这一时期，中国在全球价值链中的发展方向及其空间，成为一个备受关注的话题。

在20世纪90年代末，加工贸易在中国出口中的占比达到峰值，

---

[1] WTO、WIND数据终端，2020年。
[2] ［美］萨拉·邦焦尔尼：《离开中国制造的一年：一个美国家庭的生活历险》，闫佳译，机械工业出版社2008年版。

随后开始出现趋势性的转折和下降。1996—2000 年，加工贸易的出口占比达到了 56% 的历史性峰值，远远高于 1981—1985 年 8% 的水平。这表明，开放初期的对外贸易虽然也有大幅度的上升，但中国制造业在全球价值链中所处的地位仍然不高，而且出口的附加值也较低。根据 Koopman 等经济学家在 2008 年的估计，中国加工贸易出口所创造的国内附加值比例不到 20%。[1] OECD 关于苹果公司 iPhone 4 的案例研究，则给出了更加具体的数据：中国出口的 iPhone 4 的单价仅为 194 美元，大大低于 iPhone 4 的市场售价，而且中国的加工贸易仅仅创造了其中约 6.5 美元的附加值。与此同时，iPhone 的绝大部分附加值，主要流向了向中国提供关键元器件的国家。

但即便如此，在中国工业发展的过程中，加工贸易对于融入全球价值链也起到了至关重要的作用。虽然一些加工贸易只是在中国组装产品，但由于使用了复杂的技术和高质量的进口半成品，这使得中国接触到了国内市场不具备的一流技术[2]。加工贸易不仅促进了中国以出口为导向的经济增长，同时还提高了经济增长、对外贸易的质量水平。

2001—2005 年，出口的加工贸易占比降为 55%，在改革开放以来首次出现下降。2006—2010 年进一步下降到了 50%，出口结构出现了明显改善[3]，中国制造业终于迎来了转型升级的历史性转折点。1992—2011 年，格力、吉利、海尔、华为、美的、三一重工、小米等

---

[1] Koopman, R., Z. Wang and S. J. Wei, "How Much of Chinese Exports is Really Made in China? Domestic Value Added when Processing Trade is Pervasive", NBER Working Paper, No. 14109, 2008.

[2] Breznitz, D. and M. Murphree, *Run of the Red Queen*, Yale University Press, 2011.

[3] 数据来源于《中国海关统计年鉴》，中国海关出版社 2011 年版。

一大批中国企业在制造业领域开始崛起，并走向世界。中国在全球价值链中的地位开始发生悄然的变化。

◇◇ 第四节 对外开放：从引进来到走出去

改革开放的 40 多年中，前 20 年以"引进来"为主。到了 2000 年的世纪之交，对外开放也走到了关键的转折阶段。在继续强调"引进来"的同时，"走出去"也被提出来，并且成为经济政策越来越重要的内容。在这一时期，企业的直接投资"走出去"，人民币使用的"走出去"，为中国对外开放赋予了更多的内涵。

一　从贸易大国到投资大国

2000 年年初，江泽民同志在向中央政治局通报"三讲"情况的讲话中，在全面总结中国对外开放经验的基础上指出，过去"这二十年，我们是以引进来为主……，这是完全必要的"，"现在情况与二十年前不同了，我们经济水平已大为提高，应该而且也有条件走出去了"。并且在这次会议上，江泽民同志首次把"走出去"战略上升到"关系我国发展全局和前途的重大战略之举"的高度[①]。2001 年，中国《国民经济和社会发展第十个五年计划纲要》进一步对"走出去"、对外投资进行了阐述，"鼓励能够发挥中国比较优势的对外投

[①] 江泽民：《通报中央政治局党委"三讲"情况的讲话》，《江泽民文选》第 2 卷，人民出版社 2006 年版，第 568—569 页。

资，扩大国际经济技术合作的领域、途径和方式"。2002年，在党的第十六大报告中，江泽民同志提出了坚持"走出去"与"引进来"相结合的方针，全面提高对外开放水平。

2003年10月，党的十六届三中全会通过的《关于完善社会主义市场经济体制的若干重大问题的决定》指出："继续实施'走出去'战略……'走出去'战略是建成完善的社会主义市场经济体制和更具活力、更加开放的经济体系的战略部署，是适应统筹国内发展和对外开放的要求的，有助于进一步解放和发展生产力，为经济发展和社会全面进步注入强大动力。"2007年10月，胡锦涛同志在党的十七大报告中指出，要"坚持对外开放的基本国策，把'引进来'和'走出去'更好结合起来，……，创新对外投资和合作方式，支持企业在研发、生产、销售等方面开展国际化经营"[1]。2011年11月，胡锦涛同志在"入世"十周年高层论坛上的讲话进一步指出，"中国将加快实施'走出去'战略，按照市场导向和企业自主决策原则，引导企业有序开展境外投资合作"[2]。

在这一阶段初期，中国实施"引进来""走出去"的战略，即引进外资、输出商品。在这一阶段后期，中国向全球输出资本。从2003年开始，商务部开始发布《中国对外直接投资统计公报》，2011年中国对外直接投资已经排名全球第六。中国对外直接投资，呈现出全球价值链拓展的特征，进一步巩固了中国作为世界制造中心的地位。

从具体数据来看，1992—2004年，中国对外直接投资规模一般维

---

[1] 胡锦涛：《高举中国特色社会主义伟大旗帜 为夺取全面建设小康社会新胜利而奋斗》，《胡锦涛文选》第2卷，人民出版社2016年版，第633—634页。
[2] 胡锦涛：《在中国加入世界贸易组织10周年高层论坛上的讲话》，人民出版社2011年版，第8页。

持在 20 亿—40 亿美元的水平。从 2005 年开始，中国对外直接投资的规模开始飙升，到 2011 年达到了 746.5 亿美元，是 2004 年的 26 倍。截至 2011 年，中国对外直接投资存量达到了 4247.8 亿美元，位于全球按国家地区存量排名的第 13 位。可见，虽然中国在流量上对外直接投资上升显著，但是从存量上来看，中国对外直接投资起步晚，存量规模远不及发达国家。2011 年，中国对外直接投资的存量规模，仅相当于美国的 9.4%，英国的 24.5%，德国的 29.5%，法国的 30.9% 和日本的 44.1%[①]。但是，中国对外开放的重点，已经从原来"引进来"为主开始转向"引进来"和"走出去"并重，尤其是这一阶段的期末，开启了"加速实施走出去"战略，为此后中国的进一步对外开放和国际经济合作奠定了良好的基础。

二 金融开放与人民币国际化

1995 年中国初步建立了以中央银行、商业银行主导的金融体系。但随后的 1998 年亚洲金融危机和国内经济的困难，直接导致并揭示了前述体系的脆弱性。之后中国大刀阔斧地对国内金融体系进行再造。伴随着 2001 年后的经济强劲增长，金融体系也获得重生并不断完善。经历了一系列必要但不充分的准备，2008 年国际金融危机直接触发了人民币国际化的初步尝试。从 2008 年年末到 2011 年年末，中国参与的双边本币互换发生了从无到有的质变。2008 年年末这一金额为 1800 亿元，2011 年年末则达到了 1.3 万亿元[②]。

---

① 中华人民共和国商务部、中华人民共和国国家统计局、国家外汇管理局：《2011 年度中国对外直接投资统计公报》，中国统计出版社 2012 年版。
② 中国人民银行、WIND 数据终端，2020 年。

为了对金融开放、人民币"走出去"进行分析，可以将这一时期分为两个阶段。第一阶段是2008年国际金融危机之前，第二阶段则是之后。事实上，早在2008年国际金融危机之前，人民币就已经在周边区域开始得到使用，并且引发了一系列的研究。2008年国际金融危机前的人民币国际化，在总体上呈现"大进大出"，但"沉淀量极小"的特点。中国人民银行调查统计司的调查结果表明，2004年，人民币现金跨境流出入的总流量达7713亿元，而净流出量仅为99亿元[①]。

2009年7月2日，国务院六部委发布跨境人民币结算试点管理办法，跨境贸易人民币结算的试点启动，人民币国际化终于正式提速。人民币国际化的进展，可以从两个角度来进行描述，一是表内业务，即涉及国际收支平衡表的人民币跨境结算业务；另一个是表外业务，即与国际收支平衡表没有直接关系，发生在人民币离岸市场上的体外人民币循环。

从人民币跨境结算业务的发展来看，2008年国际金融危机之后，人民币跨境结算经历了以下重要事件。

（1）开启贸易项下的试点：2009年7月2日人民币贸易结算试点启动，人民币跨境结算业务正式展开。（2）试点拓宽到经常项目：2010年6月22日，国务院六部委发布了《关于扩大跨境贸易人民币结算试点有关问题的通知》，试点业务范围扩展到包括货物贸易在内的整个经常项目结算。（3）直接投资试点：2011年1月中国人民银行发布了《境外直接投资人民币结算试点管理办法》，2011年9月、

[①] 人民币现金跨境流动调查课题组：《2004年人民币现金跨境流动调查》，《中国金融》2005年第6期。

10月，商务部和中国人民银行分别发布的《关于跨境人民币直接投资有关问题的通知》《外商直接投资人民币结算业务管理办法》，分别打开了对外、对内直接投资两个人民币跨境结算渠道。(4) 金融投资试点：2011年10月，政策对境内银行开展境外项目人民币贷款业务进行了明确规定。2011年12月，人民币合格境外机构投资者（RQFII）试点正式启动。[1]

可见，人民币跨境结算业务试点的推进，总体上经历了先贸易后金融、先长期后短期、先流出后流入这样的发展顺序。以人民币跨境结算为基础，人民币在境外充当计价手段、价值储蓄的功能也开始起步发展。2009年以来人民币国际化的提速，正是以人民币跨境结算业务这个基础功能作为切入点的。

在这一阶段，人民币跨境结算业务已在多个方面取得重要进展，尤其是经常项目的进展最为显著：从2009年7月6日第一笔跨境贸易人民币结算交易开始到2011年年末，人民币跨境贸易结算累计金额已经达到2.59万亿元[2]。根据环球银行金融电信协会（SWIFT）的数据，2010年年末到2011年年末，人民币在常用国际贸易融资货币中的排名从第35名跃升到了第17名。

直接投资领域的人民币结算也走势稳健：从2011年1月试点开始到2011年年末，人民币ODI规模累计达到201.5亿元。2011年9月起试点的人民币外商直接投资（FDI），其当年累积规模更是达到907.2亿元。[3] 人民币FDI为境外人民币创造了一个重要回流渠道。

2009年开启的人民币跨境业务试点，在贸易、投资各领域都取

---

[1] 徐奇渊：《人民币国际化：概念、争论与展望》，《上海金融》2015年第4期。
[2] 中国人民银行、WIND数据终端，2020年。
[3] 同上。

得了良好的开端,这些发展促进了人民币作为国际货币交易媒介职能的提升。

与此同时,人民币的离岸中心也在逐步形成。在这一时期,中国先后在香港、澳门、台北等地设立了人民币清算银行。2010年7月,中国人民银行与香港金融管理局联合宣布,香港的公司和机构可以在香港交割人民币,香港离岸人民币(CNH)市场正式诞生。此后,香港成为人民币最重要的离岸市场。2009年7月试点开启前,香港人民币存款规模仅为54.3亿元。2011年12月,这一规模扩大到了588.5亿元。[1] 同时,人民币以点心债的形式在香港市场开始出现。

在这一阶段,人民币国际化的网络出现了雏形,即"人民币在岸市场—人民币离岸中心—人民币离岸区域枢纽"三个层次的人民币全球交易网络,也就是"上海—香港—其他离岸中心"这样的三个层次的网络体系。[2]

回望这一时期,人民币国际化既是国内金融市场改革补课的过程,也是国内金融市场改革与国际金融体系重塑相同步的过程,似乎没有一种改革是完全准备好之后才大张旗鼓开始的。

(徐奇渊)

---

[1] 数据来源:香港金融管理局、CEIC 数据库,2020 年。
[2] Subacchi Paola and Huang Helena, 2012, "The Connecting Dots of China's Renminbi Strategy: London and Hong Kong", *International Economics Briefing Paper*, No. 2012/02, Chatham House.

第五章

劳动力转移与就业体制改革

中国的经济体制改革起步于农村,影响最为深远的改革举措是实行家庭联产承包制。在坚持土地集体所有制的前提下,承包农户完成国家统购定购农产品任务、缴纳集体提留之后,剩余的农产品可以由农户自行支配。这极大地调动了农业劳动积极性,农产品产量大幅度提高。

与此同时,人民公社时期的农业劳动力隐性过剩,变成了显性的剩余劳动力现象。这对进一步改革提出了新的需求,也把农村经济改革与城市经济改革有机地联系起来。改革开放之前,中国不存在劳动力市场。随着逐步突破各种体制障碍,农业剩余劳动力大规模转移,并与城乡劳动力市场的发育同时发生,从一个重要的方面推动了中国生产要素市场的形成和完善。

◇◇ 第一节　从"离土不离乡"到民工潮

在计划经济条件下,人民公社体制、农产品统购统销政策和户籍制度共同作用,把城镇与农村的劳动力割裂开来进行配置,劳动力流动和人口迁移受到严格的控制，造成极低的劳动积极性和劳动生产率。家庭联产承包制的改革，是打破这个体制格局的关键一步。在此基础上，农业剩余劳动力逐渐向非农产业转移，促进了产业结构调整，并对改革开放时期高速经济增长做出重要贡献。

一 农业剩余劳动力显性化

在家庭联产承包制推行的短短几年里（1978—1984 年），粮食单产提高了 42.8%，总产量增加了 33.6%，农业增加值实际增长 52.6%。同期，农民人均收入名义增长 166%，在扶贫标准（贫困线）从每人每年 100 元提高到 200 元的情况下，农村绝对贫困人口从 2.5 亿减少为 1.28 亿。这一变化也大幅度增加了城市农产品供给，为几年后取消粮票制度创造了条件。

农村改革取得的成效，首先表现在对于农业生产和劳动积极性的改善作用。在人民公社体制下，生产队集体劳动中"出工不出力"的问题得到解决。随着劳动积极性和劳动效率的提高，从而产出的显著增长，单位土地面积上使用的劳动时间显著减少，过去隐蔽存在的劳动力剩余现象被暴露出来。

与此同时，承包制还具有赋予农民配置生产要素自主权的积极效果。土地承包之后，实际上生产资料的购买、投入水平、劳动力和劳动时间的配置都完全由农户自己决定。因此，农业剩余劳动力的转移成为一种经济必然性，最初是实现了"以粮为纲"到多种经营、从单一的种植业到农林牧副渔全面发展的变化。但是，这些"大农业"生产领域，容纳劳动力的潜力终归是有限的。

农业劳动力进一步转移受到户籍制度的制约。户籍制度是在计划经济建立的同时于 1958 年形成的。在这一制度下，人口严格按照出生地登记，跨地域迁移特别是跨城乡迁移受到极其严格的控制。直到 20 世纪 80 年代初期，政府并不鼓励劳动力离开农村地区。在看到了农业劳动力转移的必然性，以及农村小型工业的发展潜力的情况下，当时，政府提倡一种农业劳动力转移的"离土不离乡"模式，即鼓励劳动力从农业生产中转移出来，就地在社队企业（乡镇企业）就业。

1978 年，在当时的社队企业中就业的劳动力人数为 2827 万，1985 年在乡镇企业就业人数一下子增加到 6979 万，以至邓小平同志在 1987 年高度赞扬了乡镇企业的异军突起，表示这个结果是他"个人没有预料到的"。但是，1985 年整个农村有 3.7 亿人就业，转移到乡镇企业的毕竟只占 18.8%，仍然有 3 亿劳动力务农。据当时的研究，20 世纪 80 年代中期，中国农业中大约有 30%—40% 的劳动力是剩余的，绝对人数高达 1 亿—1.5 亿[1]。

面对剩余劳动力寻找就业出路，政府把"离土不离乡"政策扩展为鼓励农民向小城镇转移，当时的学术界也为这种政策提供了理论依据，表述为"小城镇、大问题"[2]。虽然小城镇在当时得到了较大的发展，但是，这种规模的城镇，归根结底由于缺乏就业机会，因而难以成为数以亿计的农业剩余劳动力转移的目的地。因此，农村劳动力终究要随着经济体制改革的深入而进一步扩大转移就业的范围。

---

[1] J. R. Taylor, "Rural Employment Trends and the Legacy of Surplus Labor, 1978 – 1989", in Y. Y. Kueh and R. F. Ash eds., *Economic Trends in Chinese Agriculture: The Impact of Post-Mao Reforms*, New York: Oxford University Press, 1993.

[2] 费孝通：《小城镇，大问题》，《江海学刊》1984 年第 1 期。

二　从长途贩运到进入城镇

正是这种剩余劳动力转移的压力,推动了一系列体制性障碍的逐步拆除,使劳动力转移在更为广泛的范围内进行。虽然在整个过程中,也出现过政策上的反复,如有关政府文件强调控制劳动力的盲目流动,地方政府也根据自身宏观经济的状况,在对待外来劳动力政策上时紧时松,但是,从方向和趋势看,20世纪80年代以来,顺应农业剩余劳动力重新配置的需要,体制和政策逐步朝着解除对农村劳动力流动限制的方向改革。

随着农村劳动力就地转移渠道日益狭窄,中央政府发布各种文件,从宏观上允许、引导和支持农业劳动力逐步跨产业、跨地区、跨城乡转移。从有关文件规定和实践看,大体上有这样几个重要的标志性变化。首先,大约从1983年开始,政府允许农民从事一些规定的农产品长途贩运和自销,第一次给予农民异地经营以合法性。其次,大约从1984年起进一步放松对劳动力流动的控制,甚至鼓励劳动力到临近小城镇打工。这开启了允许农民异地非农就业的先河。最后,到20世纪80年代后期,普遍允许农民自带口粮进入城镇务工经商。

到20世纪90年代,特别是邓小平同志南方谈话以后,随着沿海地区外向型经济发展对劳动力产生巨大的需求,中央政府和地方政府分别采取一系列措施,逐步进一步放宽对流动的政策限制。各种制度障碍的逐渐拆除是劳动力实现转移的关键,其中户籍制度改革是核心。这方面的改革具有地方性和循序渐进性。

例如,许多城市很早就实行了所谓的"蓝印户口"制度,把绝对的户籍控制变为选择性的接受,打破了户籍身份不能改变的坚冰。

1998年公安部对若干种人群开放了进入城市的绿灯。如子女可以随父母任何一方进行户籍登记,长期两地分居的夫妻可以调动到一起并得以户籍转换,老人可以随子女而获得城市户口,等等。在中央政府的层次上为户籍制度改革提供了政策依据。

不同规模城市的改革方式和力度不尽一致。小城镇户籍制度改革特点是"最低条件,全面放开"。2001年国务院批转了公安部关于推进小城镇户籍管理制度改革意见,小城镇户籍管理制度改革从试点走向全面实施。中等城市以及一些大城市改革特点是"取消限额,条件准入"。其做法是放宽申请条件,大幅度降低在城市落户的门槛。以北京、上海等特大城市为代表,总体来说以"筑高门槛,开大城门"为特征,以农民工市民化为核心的户籍制度改革进展较为迟缓。

党的十八大以来,党中央和国务院在户籍制度改革、农民工市民化、户籍人口城镇化等方面进行了一系列重大部署,农业劳动力转移形成巨大的规模,有越来越多的农民工及其家庭稳定居住在各级城镇。特别是,户籍人口城镇化率加快提高,很多农业转移人口取得了城镇户口。国家发展和改革委员会发布的《2019年新型城镇化建设重点任务》,也分别要求大城市全面取消落户限制或全面放开放宽落户条件、超大特大城市大幅增加落户规模。2019年,以常住人口定义的城镇化率提高到60.6%的同时,户籍人口城镇化率也提高到44.4%。

三 农民工对中国奇迹的贡献

2009年,黄冬艳等七位中国工人入选美国《时代》周刊年度人物。该刊对这一选择所做的说明是:中国经济顺利实现"保八",在世界主要经济体中继续保持最快的发展速度，并带领世界走向经济复苏，这些功劳首先要归功于中国千千万万勤劳坚韧的普通工人。年度人物照片上的几位中国工人，正是从农村转移到位于深圳制造业企业务工的农民工。

在统计上，农民工指的是从农业生产中转移出来的非农产业就业人员，其中离开户籍所在乡镇的被称为外出农民工。2009年，全国外出农民工总人数为1.45亿，到2019年进一步增加到1.74亿。农民工群体的形成本身及其数量变化，折射了中国经济高速增长、产业结构加剧变化、城乡居民分享改革开放成果的过程。

首先，劳动力从农业向非农产业转移，增加了农民收入，抑制了城乡收入差距扩大，并在发展阶段发生变化，即劳动力普遍短缺从而工资上涨加快的情况下，发挥了缩小这个差距的作用。处于剩余状态的农业劳动力转向非农就业，在增加了个人收入的同时也增加了家庭收入中工资性收入占比。例如，农户收入中工资性收入占比，从1990年的20.2%增加到2018年的41.0%。而在1978—2018年整个改革期间，农村居民平均收入实际增长了18.5倍。同一时期，城镇居民平均收入实际增长15.3倍。总体来看，城乡居民收入也是缩小的。

其次，满足城镇用工需求，特别是以劳动力丰富的资源比较优势支撑了制造业的发展，为中国赢得了世界工厂和全球制造业中心的地位。在经济体制改革从农村逐渐推进到城镇之后，城镇企业改革也加快了发展。特别是随着对外开放的扩大，沿海地区外向型企业迅速发展。与发达国家相比，中国具有劳动力成本低的优势，与处在相同发展阶段的发展中国家相比，中国具有劳动力素质高的优势，这构成劳动密集型制造业的比较优势和在国际市场的竞争优势。中国制造业增加值占全球比重，多年以来比GDP的全球占比高出一倍左右，2017

年制造业增加值占全球比重为28.2%（当年GDP占比为15.0%）。

最后，推动产业结构变化和城镇化进程，实现了劳动力资源的更有效配置，提高了劳动生产率。在改革伊始的1978年，全国高达70.5%的劳动力从事农业，城镇化率仅为17.9%，每个就业人口仅创造904元GDP。得益于农村劳动力向城镇和非农产业转移，三个产业之间劳动力配置更加符合经济发展规律，在这个重新配置过程中，各个产业和经济整体的劳动生产率都得到显著提高。2018年农业劳动力比重下降到26.1%，城镇化率提高到59.6%，40年间每个就业人口创造的GDP（即劳动生产率）实际提高了近18倍。

◇ 第二节　城市就业体制改革

在计划经济时期，城市居民的就业绝大多数在国有企业和集体企业得到安置，雇用与否与劳动力供求无关，工资决定也不与劳动效果和人力资本挂钩，长期积累下来形成了劳动效率低下和严重的冗员现象。就业体制改革从减员增效打破"大锅饭"入手，推动了劳动力资源的市场化配置，促进了劳动力市场发育和劳动力市场制度不断完善，形成了积极就业政策和就业优先战略。

一　减员增效改革打破"大锅饭"

1978年，全部城镇就业的99.8%以上属于国有和集体单位就业。20世纪80年代，城市劳动就业制度的增量改革开始起步。对完全计划化的城市劳动力配置的突破发生在1980年。为了解决上山下乡回城青年和新毕业的待业青年就业问题，政府第一次推行"三结合"就业模式，即在国家统筹规划和指导下，（1）劳动部门介绍就业，（2）自愿组织就业，（3）自谋职业三者的结合。这项改革取得良好效果，城镇登记失业率从 1979 年的 5.4% 降低到 1982 年的 3.2%，基本解决了包括返城知识青年在内的城镇失业人员的就业问题。从这个政策调整起始，在国家计划之外的劳动力市场开始呈现端倪。1987 年开始的"搞活固定工制度"改革，要求国有企业招收新工人一律实行劳动合同制，企业与职工自愿签订劳动合同。

与此同时，改革也触及企业原有职工，在国有企业固定工制度中引进了"劳动组合、择优上岗、合同化管理"等形式，虽然政府要求企业不得把富余职工推向社会（即失业），但毕竟开始冲击了终身就业的体制。20 世纪 80 年代初开始的国有企业放权让利式改革的每一步深入，都意味着企业在使用劳动力方面自主权的扩大。企业管理者开始具有筛选、解雇职工的合法权，也有权根据企业效益和职工的表现决定和调整工资水平。这个制度条件具备以后，随着企业竞争压力的提高，企业雇用行为就倾向于市场化，"铁饭碗"就逐渐被打破。

真正把劳动就业计划放松与企业用工自主权结合起来，推动城市劳动力市场发育，是在经历了 20 世纪 90 年代末的劳动力市场冲击之后。由于宏观经济景气的低迷、产业结构调整速度的加快，以及东南亚金融危机的冲击，90 年代后期开始，国有企业陷入大范围的亏损状态，一部分缺乏市场、丧失了比较优势和竞争力的部门处于停产或开工不足的状态。这时企业管理人员不得不行使其已经获得的用工自主权，导致大批职工下岗失业，原来以冗员形式存在的隐性失业变为公开的失业。

鉴于当时失业保险制度尚不完善，下岗职工的基本生活保障主要是通过在企业层面上成立再就业中心，由企业和政府共同筹资解决。由于这些下岗人员不被视为登记失业，因此，大量下岗失业现象并没有反映在登记失业率上面。例如，1997—2000 年每年的登记失业率仅为 3.1%，直到下岗人员离开再就业中心，在分别实现了再就业或者退休之外，其他部分下岗人员转为登记失业，登记失业率才渐次提高到 2001 年的 3.6%、2002 年的 4.0% 和 2003 年的最高点 4.3%。

根据国家统计局报告，从开始建立下岗人员统计的 1998 年到下岗人员基本生活保障制度与失业保险制度并轨的 2002 年，国有企业下岗职工累计达到 2022 万人，再加上 1998 年以前积淀的下岗人员，国有企业下岗人员总量达到了 2715 万人[①]。根据 1996—2004 年发布的历年"国民经济和社会发展统计公报"中信息估算，这一期间下岗人数相当于登记失业人数的约 82%，即这期间城镇职工累计下岗可能达到 4000 多万人。

二 积极就业政策的形成

20 世纪 90 年代末以来，在职工大批下岗，城市失业率上升的情况下，政府实施了一系列政策，采取了很多措施缓解城镇劳动力就业压力，涉及政府自身、企业和劳动力等不同层面的内容。1998 年 5 月与 2002 年 9 月，中共中央、国务院两次召开全国再就业工作会议，重点围绕解决下岗失业人员再就业问题，下发了一系列重要文件，并制定了 25 个配套政策文件。

---

① 国家统计局：《系列报告之六：多方式就业格局初步形成，规模显著扩大》，2009 年 9 月 14 日，国家统计局网站，http://www.stats.gov.cn/ztjc/ztfx/qzxzgcl60zn/200909/t20090914_68638.html。

这一系列举措包含了政府积极就业政策的基本内容：（1）以提高经济增长对就业的拉动能力为取向的宏观经济政策；（2）以重点促进下岗失业人员再就业为取向的扶持政策；（3）以实现劳动力与就业需求合理匹配为取向的劳动力市场政策；（4）以减少失业为取向的宏观调控政策；（5）以既能有效地保障下岗失业人员基本生活，又能积极促进再就业为取向的社会保障政策。

在20世纪80年代和90年代，即在中国宏观经济政策形成的初期，主要的宏观调控目标中都没有对就业的地位做出规定。例如，在当时的货币政策和财政政策目标表述中都没有明确提到就业目标。以应对20世纪90年代后期的就业冲击为契机，积极就业政策开始形成，相应地，宏观经济政策也形成了明确的就业导向。

2002年党的十六大报告提出实行促进就业的长期战略和政策，并将促进经济增长、增加就业、稳定物价和保持国际收支平衡列为宏观调控的主要目标。中央对于就业工作的表述，提高到要求把扩大就业放在经济社会发展更加突出的位置，并且在很长时间里，这种提法成为关于政府就业工作的指导思想，也分别成为财政政策和货币政策目标。2008年颁布实施了《中华人民共和国就业促进法》，要求各级政府在各类经济社会政策中给予就业以突出的位置。

在应对2008—2009年国际金融危机冲击过程中，针对当时对实体经济的外部不利影响，中国政府在实施积极就业政策的基础上，进一步提出"更加积极的就业政策"。自此之后，宏观经济政策目标中赋予就业更加突出的位置。在2010年秋天党的十七届五中全会通过《中共中央关于制定国民经济和社会发展第十二个五年规划的建议》，第一次明确要求"把促进就业放在经济社会发展优先位置"。在2012年党的十八大报告中，进一步指出"实施就业优先战略和更加积极的就业政策"。

三　人力资源的市场化配置

虽然政府对于特殊困难群体的就业扶持发挥了重要的作用，但是，就业岗位归根结底不能仅仅依靠政府来创造。整个改革开放时期和积极就业政策形成过程中的经验都显示，通过解除城乡之间、地域之间、部门之间和所有制之间的制度分割，矫正生产要素价格信号，从而利用劳动力市场促进就业，比政府扶持本身可能产生的效果要大得多。因此，由于政府积极就业政策与市场作用的方向相一致，其促进就业的措施，主要是通过市场机制落实的。

例如，在应对20世纪90年代末严重就业冲击期间，为了达到促进就业、再就业的目标，在宏观政策框架内，通过包括税费减免、小额贷款、社保补贴、就业援助、财政投入、社会保障、企业裁员以及社区平台等诸多政策手段，重点在非公有制经济、第三产业、中小企业、劳动密集型企业、鼓励灵活就业和劳务输出等领域创造就业岗位，实现了就业渠道的多元化和就业机制的市场化，取得了就业扩大的明显效果。

在20世纪90年代后期，国有企业在遭遇严峻经营困难的情况下，大刀阔斧地进行了用工制度改革，从此打破了存续几十年的就业"铁饭碗"。首先，下岗职工在获得一定社会保障的条件下，需要通过劳动力市场实现再就业。其次，包括各类毕业生在内的城镇新成长劳动力，也不再由政府统一安排就业，而是需要通过市场自主择业。最后，农村转移劳动力从其出现的时刻起，就是通过市场机制配置，并且逐渐具有了更加均等的就业机会。

随着市场配置劳动力资源的机制逐渐形成，新成长劳动力、再就业职工和进城农民工的就业和工资决定已经由市场机制调节，相应形成双向选择、竞争上岗的局面，也从存量上推动了企业职工的去留以及工资水平等决定的市场化。从就业的经济类型分布，可以看到这种多元化趋势的形成。在2000—2018年，公司制企业（有限责任公司和股份有限公司）吸纳的就业，在全部城镇就业中的比重从4.9%提高到14.9%，私人企业和个体工商户就业比重从14.7%提高到56.2%，而国有单位就业比重从35.0%下降到13.2%。

四 劳动力市场制度建设

作为中国经济体制改革渐进性的体现，在劳动力市场发育的同时，劳动力市场制度也得到逐渐完善。一般来说，从劳动力的计划配置体制到市场配置机制的转轨，需要经过一系列解除规制的改革过程。然而，中国在劳动力市场发育过程中，一方面不断解除旧的规制，清除劳动力合理配置的体制障碍；另一方面也同步构建劳动力市场制度，从用工关系、劳动条件、工资和待遇等方面加强对劳动者的权益保护。

早在1994年，国家就颁布实施了《中华人民共和国劳动法》，并于2009年和2018年两次进行修改。随后在20世纪90年代末遭遇劳动力市场冲击期间，政府又分别出台了工资指导体系和最低工资制度等法规，都发挥了规范劳动力市场和保护劳动者权益的积极作用。然而，总体来看，这个时期中国劳动力市场的主要调整方向，仍然是通过解除规制和增强灵活性，扩大市场配置劳动力的作用和范围。在中国积极参与国际分工体系的过程中，劳动力丰富的优势被转化为制造业产品的国际竞争力,成为世界制造业中心,与不断增强的劳动力市场灵活性不无关系。

中国经济自2004年以后呈现的普遍性的劳动力短缺和工资上涨现象,标志着劳动力供求关系发生了根本性的变化。与此相应,劳动力市场制度建设也加快了步伐。这主要表现为政府加强了关于就业和劳动关系的立法步伐和执法力度。例如,2008年同时有三部相关法律开始实施,分别为《中华人民共和国就业促进法》《中华人民共和国劳动合同法》和《中华人民共和国劳动争议调解仲裁法》,分别对签订劳动合同、参与基本社会保险、禁止就业歧视和建立和谐劳动关系等诸多方面做出规定,反映了发展阶段变化的最新要求。

在2008年这几部法律生效的当年,由于劳动者权益意识的觉醒、有法可依格局的形成及执法效果提升,劳动争议案件的受理件数比上年陡增近一倍,随后稳定下来并保持在新的均衡水平上。与此同时,旨在保护劳动者权益的法制环境仍在不断改善。例如,从劳动法规到刑法等各种法规分别做出相关的法律规定,禁止和惩罚雇主拖欠工资的行为。2020年国务院颁布《保障农民工工资支付条例》,特别就保障农民工工资支付作了规定。

其他方面的劳动力市场制度作用也得到进一步加强,标志着国家更加注重提高就业质量,构建和谐劳动关系。例如,中央政府于2004年要求各地至少每两年对最低工资标准进行一次调整(以后对最低工资标准的调整频率又进行过修正),并且将该制度适用对象扩大到农民工。根据全国四个直辖市和27个省会城市发布的数据计算,各城市名义最低工资的算术平均值,从2000年的317元提高到2010年的868元,进一步提高到2019年的1810元。

此外,工会组织及其在保护劳动者权益方面的作用也得到增强。

截至 2018 年，全国工会会员总数达到 3.0 亿人，其中农民工会员为 1.4 亿人，基层工会组织增长了数倍，达到 280.9 万个，覆盖单位 655.1 万家。工会组织作为职工代表与企业方就涉及职工权益的事项进行集体协商，工资集体谈判和集体劳动合同覆盖率得到扩大。截至 2018 年年末，全国报送人力资源社会保障部门审查并在有效期内的集体合同累计 175 万份，覆盖职工 1.55 亿人。同期全国企业劳动合同签订率也达 90% 以上。

第三节 就业优先战略的新内涵

党的十八大以来，习近平新时代中国特色社会主义思想在保障和扩大就业方面得到贯彻落实，体现了坚持以人民为中心的出发点，在发展中保障和改善民生的要求，就业被提高到人民群众最关心最直接最现实的利益问题的高度。在这一时期，劳动力供求关系也发生了新的变化，就业优先战略相应获得新的内涵，国家更强调把就业优先政策置于宏观政策层面。

一 从"民工荒"到劳动力普遍短缺

在很长时间里，关于农民工外出打工的常用形容词是"民工潮"，用以表达劳动力大规模从农业和农村转移出来，并在城乡之间和地区之间大范围流动，其中绝大多数在城市实现非农产业的就业。国际上一些学者进行历史纵向比较后认为，这一举世关注的民工潮现象，算得上是人类历史上和平时期最大规模的人口流动现象。

然而，从2003年起，一个新的形容词即"民工荒"逐渐取而代之。最初是在珠江三角洲等沿海地区，企业遭遇前所未见的招工难问题，随后在其他沿海地区和大城市也出现同样的问题。由于对劳动力市场供求波动反应最灵敏的就业群体是农民工，因此，媒体把这种劳动力短缺现象称为民工荒。随后，这种劳动力短缺现象延续下来，并扩大到其他地区乃至劳动力输出地，直至形成全国普遍的用工荒、招工难问题。可以说，在新中国历史上这种现象此前从未出现过。

究其原因，劳动力短缺现象的产生，首先应该被看作是整个改革开放时期高速经济增长带动就业的扩大，以及大幅度地吸纳了农村剩余劳动力和城镇企业冗员的结果。例如，2019年从农业中转移出来的农民工总量已经高达2.91亿人，占全部城乡就业的37.5%，其中离开户籍所在乡镇的外出农民工达到1.74亿人，占全部城镇就业的39.4%。

同时，人口结构的变化导致劳动年龄人口减少进而劳动力总量减少，改变了劳动力供求之间的传统平衡。改革开放以后的很长时间里，15—64岁劳动年龄人口保持快速增长，增长速度明显快于其他年龄组。例如，1982—2010年劳动年龄人口的年均增长率为1.69%。然而，2010年以后，劳动年龄人口增长速度大幅度放慢并于2014年转为负增长，2011—2018年的年均增长率为-0.13%。这种人口发展趋势的变化，从供给方面强化了劳动力短缺现象。

同一般规律相符，中国劳动力供求关系的变化，相应改变了劳动力市场的面貌。表现之一是，中国长期以来面临的就业压力得到明显减缓，就业的总量矛盾逐渐演变为结构矛盾。也就是说，一方面，各种劳动力市场信号都表明，中国整体就业处于比较充分的状态；另一方面，在地区之间、行业之间以及技能要求上，劳动力供求仍然存在着结构性的不平衡。

另一个表现在于，普通劳动者工资水平加速提高，低收入家庭的收入获得较大的增长，城乡之间和居民之间的收入差距趋于缩小。大约在2008年前后，城乡收入差距扩大和居民收入基尼系数提高的趋势分别得到遏制。以2013年才开始公布的城乡居民人均可支配收入为例，2013—2019年，城乡居民可支配收入年均实际增长9.0%，其中城镇居民收入年均实际增长8.2%，农村居民收入年均实际增长9.2%，城乡收入差距（以农村为1）从2.81：1下降到2.64：1。

二 就业的结构变化和形态演进

改革开放以来，在产业结构变化和科学技术进步的驱动下，中国就业结构发生了巨大的变化，岗位和职业类型也加速更替，折射了经济发展和社会进步的趋势。就业结构变化的最初驱动力是农业剩余劳动力的转移。与这一过程相伴随，劳动力在城乡之间、区域之间、产业之间流动的体制障碍得到不断清除，城乡统筹的劳动力市场得到发育。进一步，顺应产业结构调整和城镇化发展的需要，就业结构继续变化并不断趋于合理化。与此同时，科学技术的进步和应用，创造了各种新型产业形态、经营模式和就业类型，新的就业岗位不断替代传统的就业岗位。

遵循经济发展一般规律，伴随着产业结构调整和城乡统筹格局的变化，就业的产业分布基本变化趋势是第一产业就业比重的下降，以及非农产业就业比重的相应提高。有三个标志性的时间节点可以刻画这个总体变化过程。（1）1999年，第三产业的就业比重达到26.9%，第一次超过第二产业的就业比重（23.0%）。自此之后，第三产业便成为非农产业就业的主要吸纳部门。（2）2011年，第三产业就业比重进一步达到35.7%，第一次超过第一产业就业比重（34.8%），成为最大的就业吸纳部门。（3）2014年，第二产业就业比重达到29.3%，第一次超过第一产业就业比重（28.3%），标志着就业的非农化程度进入更高阶段。

伴随着中国的工业化、城镇化以及就业结构的非农产业化进程，劳动者受教育程度的大幅提高和科学技术的加速进步，也对就业的形态和岗位的类型产生了巨大的影响。就业形态和岗位类型的演进方向，总体上体现了从非熟练劳动到熟练劳动的转变，相应产生了更多的技术类和管理类岗位，新型职业类型也大量涌现。

一个重要变化表现在，在全部就业人口中，从事对人力资本要求更高岗位的人员比重显著提高。例如，在统计口径中被定义为"专业技术人员"和"办事人员和有关人员"的两部分人员占全部16岁及以上人口的比重，从2002—2006年的平均12.5%，提高到2012—2017年的平均18.9%。

另一个变化是在职业类别的新旧更替过程中，职业和岗位与科技发展的匹配水平得到提升。例如，1999年版《中华人民共和国职业分类大典》划分的中国职业总类别为1838种。此后，随着产业结构的大幅度调整，部分职业相应消亡。在2015新版"大典"的职业分类中，此前存在的547个职业从中消失。与此同时，随着人工智能和互联网的广泛应用，与新一轮科技革命和数字经济相关的新型岗位不断诞生。

2019年，人力资源和社会保障部等部门向社会发布了13种新型职业类型，便充分显示出科技进步和产业革命对就业的明显影响。例如，这13种新职业分别为：人工智能工程技术人员、物联网工程技术人员、大数据工程技术人员、云计算工程技术人员、数字化管理师、建筑信息模型技术员、电子竞技运营师、电子竞技员、无人机驾驶员、农业经理人、物联网安装调试员、工业机器人系统操作员、工业机器人系统运维员。

三 把就业优先纳入宏观政策层面

针对中国经济面临的新挑战，2018年7月31日中共中央政治局会议要求，做好稳就业、稳金融、稳外贸、稳外资、稳投资、稳预期工作。"稳就业"被置于"六稳"之首。2018年年底召开的中央经济工作会议要求，要全面正确地把握宏观政策、结构性政策、社会政策取向，确保经济运行在合理区间。2019年《政府工作报告》中首次提出，将就业优先政策置于宏观政策层面，旨在强化各方面重视就业、支持就业的导向。2020年4月17日，中共中央政治局召开会议，部署应对新冠肺炎疫情对中国经济冲击的工作，提出保居民就业、保基本民生、保市场主体、保粮食能源安全、保产业链供应链稳定、保基层运转的要求。保居民就业再次居于"六保"工作的首位。

在就业更加充分、就业质量明显提升、工资较快提高和实施各项民生政策的条件下，城乡居民对经济发展的分享程度也显著提高。然而，就业压力并没有就此消失，总量性矛盾和结构性矛盾并存，各种不确定性因素也会造成对就业的周期性冲击。因此，就业优先战略在党中央国务院的各项部署中得到进一步的强调，把"劳有所得"作为保障和改善民生的重要内容、党和国家工作的出发点和落脚点，积极就业政策转向更加精准化的就业扶助。

在推进转变经济发展方式、产业结构优化升级和供给侧结构性改革的过程中，在创造出新的就业岗位的同时也造成传统岗位的消亡，对部分劳动者造成冲击。2016年3月在参加第十二届全国人大会议黑龙江代表团审议，以及同年5月到黑龙江林区考察时，习近平总书记高度关注和关心全面停止天然林商业性采伐后林业职工的转岗情况，强调国家政策扶持，鼓励林区探索符合实际的产业接续转型之路。这一关注也同样体现在调结构、去产能和处置僵尸企业过程中，以及可能出现的职工安置、下岗、转岗等问题上面。

在实现中华民族伟大复兴的进程中，在深化改革和开放过程中，并非只有莺歌燕舞般的前行，而是广泛存在着各种来自国内国际的不确定性因素，如宏观经济的周期性波动、逆全球化暗流中发生的贸易摩擦及至中美之间的贸易战、各种自然灾害的发生、新冠肺炎疫情传播造成的停工停产，以及产业链供应链断裂造成的供需两侧冲击等，都对产业发展和企业经营产生了严重的不利影响，造成对居民就业的冲击。

在应对这一系列冲击的过程中，积极就业政策得到创新和升级，积累了新的经验，也取得了良好的效果。例如，推进新型城镇化和农民工市民化等改革措施，着眼于长期的就业稳定和就业创造；宏观经济政策以就业指标为决策依据，适时适度地实施逆周期调节，以金融和财政政策帮扶企业特别是中小微企业稳定就业岗位；人力资源和社会保障部门创新公共就业服务和扶助，协同其他政府部门和社会组织，努力实现稳定岗位与提升劳动者就业创业能力相结合，促进就业创业与托底保障相结合。

（蔡昉）

第 六 章

国企制度创新与资本市场发育

1992年党的十四大确立我国经济体制改革目标是建设社会主义市场经济体制，而市场经济的主体是企业，深化国有企业改革、把国有企业转为真正的市场主体，成为经济体制改革的中心环节。1978年以来以放权让利为主导的改革思路无法使国有企业真正成为市场主体，必须在企业制度上进行创新。对于市场经济体制建设而言，资本市场作为一个要素市场是完善的市场经济体系所必需的，而资本市场培育又是国有企业建设现代企业制度的重要支撑。因此，推进国有企业制度创新与资本市场培育完善成为党的十四大后中国改革开放史上十分浓重的一笔。

◇ 第一节　建立现代企业制度

1993年，党的十四届三中全会通过了《关于建立社会主义市场经济体制若干问题的决定》，明确提出建设产权清晰、权责明确、政企分开、管理科学的现代企业制度是我国国有企业改革的方向，我国国有企业改革从以放权让利为核心进入以制度创新为核心的新的时期。这一时期,改革的主要任务是引导国有企业确立与市场经济要求相适应的资本和产权的观念,建立现代企业制度,通过国有经济布局与结构战略性调整,初步解决整个国有经济部门如何适应市场竞争优胜劣汰的问题,改变国有经济量大面广、经营质量良莠不齐和国家财政负担过重的局面。改革实践进展是以理论研究为基础的。这个时期理论研究的主题已经从单纯企业与政府关系逐步深入国有企业内部制度和整个国有经济的功能定位,试图从现代企业理论(包括公司理论、产权理论、激励理论等)和所有制理论出发分析国有企业和国有经济的改革发展方向。

一 现代企业制度的提出

1987年以后,经营承包制一直是国营企业改革的主导形式,但同时公司制试点也在不断深化,到1991年年底全国已经有3000多家股份制试点企业。而且,在19世纪80年代后期,现代产权理论、现代公司理论、所有制理论等理论研究的持续深入,已经有一些经济学家建议对国有大中型企业进行股份制改革,建立现代企业制度。[①] 这一切为现代企业制度的提出奠定了很好的理论和实践基础。党的十四大确立了中国经济体制改革的目标是建立社会主义市场经济体制,并提出适应建立社会主义市场经济体制要求,国有企业改革要进一步从以放权让利为主,转向机制转换、制度建设为主。党的十四大报告在国有企业改革方面实现了两个重大突破,一是用"国有企业"概念替

[①] 张卓元等:《中国经济学40年(1978—2018)》,中国社会科学出版社2018年版,第122页。

换了"国营企业"概念,二是确定了国有企业改革主线从放权让利转向制度建设。这两方面的重大突破,使得2013年党的十八届三中全会提出国有企业改革的方向是建立现代企业制度水到渠成。

在计划经济体制下,国营企业是全民所有、国家直接经营的企业。1986年《中华人民共和国民法通则》在法律上采用了"全民所有制企业"称谓"国营企业"。随着授权经营改革的深入,1988年颁布的《中华人民共和国全民所有制工业企业法》将全民所有制工业企业界定为依法自主经营、自负盈亏、独立核算的社会主义商品生产和经营单位,企业的财产属于全民所有,国家依照所有权和经营权分离的原则授予企业经营。这意味着国营企业是"全民所有国家授权经营"。基于党的十四大提出的国有企业的概念,1993年八届全国人大一次会议通过宪法修正案将"国营企业"全部修改为"国有企业",意味着由"全民所有、国家授权经营"改为"国家所有、企业独立经营",国家所有即全民所有,国有企业就是生产资料归国家所有、由企业独立经营的实体。1993年12月八届人大常委会第五次会议通过了《中华人民共和国公司法》(以下简称《公司法》)。自此,中国的国有企业法律注册形式包括以前按全民所有制企业法设立的企业,也包括按照公司法设立的国有独资公司、股份有限公司和有限责任公司。这实质上为国有企业股份制改革、建立现代企业制度扫清了法律障碍。

1993年11月党的十四届三中全会决定明确提出现代企业制度具有"产权清晰、政企分开、权责明确、管理科学"的基本特征,并指出可以分三种路径推进现代企业制度建设。大型和特大型国有企业,尤其是关系到国家经济命脉的,可以保留单一国有投资主体,按照《公司法》组建国有独资公司;一般中型国有企业可以进行多个投资主体参与的公司制改造、依法改组为有限责任公司或者股份有限公司；小企业可以采用承包经营、租赁经营、股份合作制、出售等多种形式的产权改革。相对于个人业主企业、合伙制企业等传统企业，公司制企业是市场经济体制下现代的、高级的企业制度形态，其有限责任制度、股份有限制度具有公司法人财产权独立、出资人责任和权力有限、股权明晰和多元、最大程度利用出资者的资本和经营者的经营才能、具有更大可能的良好的治理结构的特征。公司制企业是现代市场经济体制下主流的企业制度形式，我国计划经济体制转向市场经济体制，必然建立体现为公司制企业制度的现代企业制度。

二 国有企业股份制改造

1994年7月1日《公司法》正式实施，给国有大中型企业进行公司制改造、建立现代企业制度奠定了法律基础。同年11月，国务院批准了100家企业开始现代企业制度试点，另外还有2343家地方企业进行试点。到1997年，国务院批准的100家试点企业中有93家转为公司制企业，其中多元股东持股的公司制企业有17家，转为国有独资集团公司的企业多达70家。地方试点企业中，1989家企业转为公司制企业，其中540家转为股份有限公司、540家转为有限责任公司、909家转为国有独资公司，这些公司制企业中有71.9%组建了董事会，有63%成立了监事会，总经理由董事会聘任的占61%。[①] 试

[①] 黄群慧、戚聿东等：《中国国有企业改革40年研究》，广东经济出版社2019年版，第8页。

点总体取得了明显的成绩，但也体现出政府职能转换滞后、国有资产管理体制不配套、社会保障制度不健全、市场要素体系不健全等一系列问题。而且试点企业有一半以上都转为国有独资公司，不利于政企分开，与最初设想大多改制为有限责任公司具有较大差距。而且从试点效果看，总体上也是多元投资主体的股份制改革要好一些，而国有独资公司要差一些。[①] 1997 年现代企业制度试点结束以后，现代企业制度建设转为正常规范过程，成熟一家、改制一家。

1997 年 9 月党的十五大召开，进一步强调了股份制作为现代企业资本组织形式的意义，提出要使股份制成为公有制的主要实现形式。随后，中央提出要用三年左右的时间在大多数国有大中型骨干企业初步建立现代企业制度。根据国家统计局调查总队调查，到 2001 年年底，所调查的 4371 家重点企业已经有 3322 家企业实行了公司制改造，改制企业中有 74% 采用股权多元化形式。[②] 1999 年 9 月党的十五届四中全会通过了《中共中央关于国有企业改革与发展若干重大问题的决定》，明确提出要大力发展股份制，强调国有大中型企业尤其是优势企业，易于实行股份制的，要通过规范上市、中外合资和企业互相参股等形式改为股份制企业，发展混合所有制经济。2000 年 9 月国务院转发《国有大中型企业建立现代企业制度和加强管理基本规范（试行）》，鼓励国有企业通过上市、中外合资和相互参股等形式实行股份制改造。在 2000 年以后，宝钢集团、中海油、中国电信、中石油、中国联通、中石化等特大型中央企业先后成功在境内外上市。在中央政策支持下，以股份制改革为核心内容

[①] 邵宁：《启思录——邵宁文集》，中国经济出版社 2019 年版，第 152 页。
[②] 汪海波：《中国国有企业改革的实践进程（1997—2003 年）》，《中国经济史研究》2005 年第 3 期。

的现代企业制度建设进一步全面展开。到2012年年底，90%以上的国有企业已经完成了公司制股份制改革，中央企业70%的净资产在上市公司。①

三 规范治理结构与三项制度改革

国有企业建立现代企业制度建设，并不仅仅是从产权上对国有企业进行股份制改革，或者按照《公司法》把原来全民所有制企业注册为股份有限公司、有限责任公司以及国有独资公司，还必须建立规范的公司治理结构以及推进企业内部管理制度的改革，提高治理结构规范化和内部管理制度科学化水平，从而提高国企效率、增强国企活力，实现现代企业制度"管理科学"的要求。在深化国企产权改革过程中，科学管理的重要性也被不断认识。从1991年开始，冶金部就总结邯郸钢铁公司加强成本管理、减低消耗的经验，国务院于1993年和1996年两次批转学习邯钢经验，试图通过学习邯钢经验把企业改组、改制和改造与加强管理结合起来，实施"三改一加强"。从企业内部管理制度看，一方面是企业领导体制的改革，另一方面是劳动、人事和工资三项制度改革。

随着现代公司制度的建立，国有企业的领导体制从厂长负责制转向股东会、董事会、监事会和经理层之间分工制衡的公司治理结构。如何建立规范的公司治理结构和分工制衡的治理机制，成为推进现代公司制改革的一个关键。其中，如何处理股东会、董事会和监事会这

---

① 张卓元等：《中国经济学40年（1978—2018）》，中国社会科学出版社2018年版，第127—128页。

"新三会"和党委会、职工代表大会和工会"老三会"之间的关系，是建立规范公司治理结构的一项难点和重点。理论界进行了大量探讨，现实企业改制中也在不断进行探索。直到 2002 年 1 月 7 日，中国证监会、国家经贸委公布了《上市公司治理准则》，阐明了我国上市公司治理的基本原则、投资者权利保护的实现方式，以及董事、监事、经理等高管人员应遵循的基本行为准则等，为我国公司制企业提供了一个规范的公司治理文本。2018 年 9 月 30 日，中国证监会发布了《上市公司治理准则》的修订版。

与建立现代企业制度、进行公司化改造相适应，1992 年开始对国有企业全面实施劳动、人事和工资三项制度改革。实际上，伴随着 1978 年扩权让利的改革进程，国有企业的三项制度也在不断变化，从计划体制下的统一招工、统一分配的国定用工制度到 1982 年试行、1986 年推行劳动合同制，从八级工资制的固定工资制到 1989 年开始施行的岗位结构工资等变动工资制，从干部身份终身制的人事制度到能上能下的岗位聘任制。从劳动用工制度看，1982 年年初江苏、上海等地 16 万名职工开始试行劳动合同制，一举打破"大锅饭"的"铁饭碗"。1986 年 7 月 12 日国务院发布《国营企业实行劳动合同制暂行规定》，对新招工人全面试行劳动合同制。1992 年 1 月 25 日劳动部等部委联合发布《关于深化企业劳动人事、工资分配、社会保险制度改革的意见》，开始打破"铁交椅""铁饭碗""铁工资"的"破三铁"运动。1995 年 1 月 1 日《中华人民共和国劳动法》正式实施，标志着中国劳动用工制度进入依法用工的新阶段。2008 年 1 月 1 日《中华人民共和国劳动合同法》正式实施，进一步用法律保障劳动关系的和谐稳定。从工资分配制度看，1985 年国务院发布《关于国营企业工资改革的通知》，确立了工资总额与经济效益挂钩的国家和企业之间的利益分配方式。1992年劳动部等部委联合发布的"三项制度"改革意见强调了建立岗位技能工资制为主要形式的内部分配制度；1992年劳动部等部委还下发《关于改进完善企业经营者收入分配办法的意见》，确定了承包、租赁等各种形式下经营者收入水平。1994年以后，各地开始积极探索经营者年薪制试点，1997年实施经营者年薪制的国企已超过1万家。关于干部人事制度，1991年10月中组部和人事部联合发布《全民所有制企业聘用制干部管理暂行规定》，推进了国企干部从录用制转向聘用制。1993年《公司法》颁布以后，一方面积极推进职业经理人制度、市场化选聘职业经理人的试点；另一方面积极探索在坚持党管干部的原则下如何把党管干部嵌入到现代公司治理结构中。

四 "抓大放小"与国有企业战略性重组

在这个时期，除了基于"单个搞活"的思路从单一企业视角建立现代企业制度深入推进国企改革外，又开始基于"整体搞活"的思路从整个国有经济视角实施国有经济战略性改组。支撑这个思路的基本判断是："国有经济目前存在的问题，不仅源于国有企业产权界定的缺陷和政企职能不分的状况以及由此导致的经营机制僵化，还源于国有经济战线太长和布局太散。由于后者的制约，单从企业微观层面入手进行企业改革，很难取得突破。国有经济布局不合理的症结是有限的国有资本难以支撑过于庞大的国有经济盘子。"[①]

---

① 吴敬琏等：《实现国有经济的战略性改组——国有企业改革的一种思路》，《改革》1997年第5期。

1995年9月党的十四届五中全会通过的关于"九五"规划的建议中，提出了着眼于搞好整个国有经济、对国有企业实施战略性重组、搞好大的、放活小的。1996年国家主要抓了1000家国有大企业，并对其中300家明确了主办银行以落实其经营资金。同时进一步推进试点企业集团组建，使试点企业集团从57家增加到120家，对这些试点企业集团进行了公司制改造并建立了以资本为纽带的母子公司体制。[①] 与此同时，进一步放开国有小型企业，1995年和1996年不断出台关于深化国有小型企业的意见，提出"抓大放小"，要求认识到放开搞活国有小型企业总体上搞活国有经济的重要意义，允许小型企业根据自身特点选择各种改制形式。

1997年党的十五大、1999年党的十五届四中全会都不断强调从战略上调整国有经济布局和"抓大放小"的方针，发挥国有经济的主导作用。党的十五届四中全会指出，要从战略上调整国有经济布局和改组国有企业，推进国有资产的合理流动和重组。从战略上调整国有经济布局，就是坚持有进有退，有所为有所不为。国有经济需要控制的领域包括涉及国家安全的行业、自然垄断性行业、提供重要公共产品和服务的行业，以及支柱产业和高新技术产业中的重要骨干企业。2002年，党的十六大在坚持继续调整国有经济布局和结构的改革方向同时，进一步明确关系到国民经济命脉和国家安全的大型国有企业、基础设施和重要自然资源等，要由中央政府代表国家履行出资人职责。在这个方针的指导下，国有经济布局和结构不断调整和优化，国有经济的活力、控制力和影响力不断增强。同时，这些战略性调整

---

① 吕政、黄速建主编：《中国国有企业改革30年研究》，经济管理出版社2008年版，第125页。

也为下一步国有资产管理体制改革奠定了实践基础。

五 国有企业"三年脱困"

1997年亚洲爆发了严重的金融危机,加之国有企业由于面临着从卖方市场向买方市场转变,国有企业经济效益大幅下降,1996年和1997年第一季度国有企业都出现了净亏损。1997年年底,全国国有及国有控股的16874户大中型工业企业中,亏损户达到6599户,亏损面达到39.1%,亏损企业涉及职工达到1008.9万人。[①] 面对日益严重的国有企业亏损问题,党的十五届一中全会提出"三年两大目标",自1997年起,用3年的时间通过"三改一加强"使大多数国有大中型企业摆脱困境,力争到20世纪末大多数国有大中型企业、骨干企业初步建立现代企业制度。为了加强对脱困工作的领导,国家经贸委专门成立一个临时机构——国家经贸委企业脱困办公室。于是在我国国有企业改革史上出现了一个十分特殊的"三年脱困"阶段。

围绕三年脱困,中央采取了一系列措施。[②] 一是实施积极的财政政策和稳健的货币政策,同时积极调整税收政策,连续三次提高出口退税率,并严打走私。二是对纺织、煤炭、冶金、建材制糖、石油化工、电力等行业进行总量控制和产业结构调整。以纺织业为突破口,实施限产压锭。到1999年全国累计压锭906万,分流安置职工116万人。三是改善国有企业资产负债表,在1999年下半年国家开始全

[①] 邵宁:《启思录——邵宁文集》,中国经济出版社2019年版,第175页。
[②] 同上书,第179—214页。

面推进"债转股",以减轻企业债务负担、促进企业扭亏为盈。到2000年,有580家企业实施债转股,总额4050亿元。据不完全统计,80%的债转股企业扭亏为盈。四是分离企业办社会职能,包括自办中小学、医院、后勤服务等,逐步推行社会交给政府管理,切实减轻国有企业社会负担。五是构筑国有企业推出市场通道,加大兼并破产力度。自1994年起在一些城市进行破产试点以来,兼并破产改革一直在推进,1996年和1997年在试点城市兼并和破产的企业数量分别为2291家和1697家。而"三年脱困"时期进一步利用破产重组来一并推进企业脱困,在6599家重点脱困企业中,有29.5%是通过破产关闭实现脱困。六是减人增效、下岗分流,做好下岗职工再就业工作。通过深化养老、失业、医疗等社会保障制度改革,使得下岗职工有稳定的收入来源和医疗服务支持。

◇ 第二节 国有资产管理体制改革

党的十六大以后,以2003年国资委成立为标志的国有资产监管体制取得了巨大突破,国有企业改革进入以国有资产管理体制改革推动国有企业改革发展时期,改革的主要任务是由国资委负责监督管理国有企业,实现国有资产保值增值目标,解决了以往国有经济管理部门林立、机构臃肿、监管效率低下的问题。党的十六大还提出了毫不动摇地巩固和发展公有制经济、毫不动摇地支持和引导非公有制经济,尤其强调继续调整国有经济布局和改革国有经济管理体制两项重大任务,在这两方面取得了积极进展。

一 管人管事管资产相结合的新体制

1998年通过了机构改革方案，国务院部委从40个减少到29个，各行业主管部门和1988年设立的国有资产管理局都被撤销。163家中央企业的领导班子由中央一个派出机构或中央企业委员会管理，而通过建立国务院稽查特派员制度、向国务院管理的重点大型国有企业派出稽查特派员来监督企业的资产运营和盈亏情况。1999年《公司法》实施后，国有独资公司又成立了监事会制度。但这种体制下国有企业真正的出资人无法落实，国有企业监管呈现"多龙治水"的格局。针对"多龙治水"的弊端，2002年党的十六大提出了建立管人管事管资产相结合的国有资产管理的体制。2003年3月成立了国务院直属特设部级机构——国务院国有资产监督管理委员会，被授权代表国家履行中央企业出资人职责。2003年5月，国务院颁布《企业国有资产监督管理暂行条例》，2003年10月公布了由国资委履行出资人职责的189家企业名单，由此开始了国企国资改革的一个新阶段。

新的国有资产管理体制坚持了"国家所有、分级代表"的原则，中央和地方分别成立专门的国有资产监督管理机构履行出资者职能，管人、管事和管资产相统一，坚持政企分开、所有制和经营权分离，企业自主经营。2004年6月全国31个省级区域都组建了国有资产监督管理委员会，2006年4月国家颁发《地方国有资产监管工作指导监督暂行办法》，规范各地国资委的相关行为。2006年年底，从中央到地市全部组建了国有资产监督管理机构，出台了1200多个相关监管规章和条例，涉及企业产权管理、企业资产和财务监督、企业负责人业绩考核和选聘薪酬制度、法律事务管理等各个方面。2007年国务院下发《关于试行国有资本经营预算的意见》，标志着国有资本经营预算制度初步建立。该意见明确国有资本经营预算是国家以所有者身份依法取得国有资本收益，并对收益进行分配而发生的各项收支预算。具体上缴利润方面，中央企业分三类实施，一类是石油石化、电力、电信煤炭等具有资源垄断性特征企业，上缴比例为10%，后在2010年调整为15%；第二类是钢铁、运输、电子、贸易、建筑施工等一般竞争性企业，上缴比例为5%；第三类是军工企业及转制科研院所，暂时不上缴。

二 国有经济布局调整与垄断行业改革

国资委成为一个统一的出资者代表，在推进国有经济布局和结构调整方面取得积极进展。国资委成立初期，延续"抓大放小""三年脱困"期间的国有企业战略性调整任务。一方面推进了一批特大型国有企业重组部分资产在国外上市，通过主辅分离和辅业改制推进了一大批大中型企业重组。在成立的三年期间，全国1000多家国有大中型企业实施主辅分离，涉及改制单位近万家，分流职工仅200万人；[1]另一方面，积极推进国有资本向关系国民经济命脉的重要产业集中。2006年年底，国资委出台《关于推进国有资本调整和国有企业重组的指导意见》，明确了中央企业集中的关键领域和重组的目标。通过核定主业、主辅分离、资产重组、破产关闭等一系列资本经营和改革措施，使得国有资本向四个方向集中，一是向关系到国家安全、国民

---

[1] 吕政、黄速建主编：《中国国有企业改革30年研究》，经济管理出版社2008年版，第168页。

经济命脉等重要的战略性领域集中，二是向具有竞争优势和未来可能形成主导产业的领域集中，三是向具有较强竞争力的大企业集团集中，四是向企业的主业集中。2003—2012年，经过近10年的国有经济布局优化和调整，中央企业的数量已经从196家降低到117家，中央企业资产总额从7.13万亿元到超过28万亿元，所有者权益从3.19万亿元增加到11万亿元，2012年117家中央企业实现利润达到1.3万亿元。中央企业的80%资产集中到国防、能源、通信、冶金、机械等行业。[①]

在垄断行业改革方面，对如何放松管制、提高垄断行业的市场竞争度以及推进电信、电力、铁路、民航等行业的改革重组等问题进行了积极探索。通过推进垄断性行业国有企业改革继续深化，几大垄断性行业形成了多家竞争的市场格局。党的十六大就提出了推进垄断行业国有企业改革，改变计划经济体制下政企合一的体制。1998年石油石化行业率先改革，取消了石油部，形成了中石油、中石化两家巨大企业集团。1999年11月中国石油天然气集团公司重组过程中根据《公司法》和《国务院关于股份有限公司境外募集股份及上市的特别规定》成立的股份有限公司，在海外公开上市。2002年国家电力监管委员会成立，电力行业按照厂网分开、竞价上网的思路从国家电力公司分拆出国家电网、南方电网和五大发电集团。在民航业，93个机场归地方管理，重组了国家民航总局的9大航空公司和服务保障企业，形成了国航、南航和东航三大运输公司和三大服务公司，2007年，空管职能与行业监督职能分离。在电信业，中国电信集团公司分

[①] 岳清唐：《中国国有企业改革发展史》，社会科学文献出版社2018年版，第143—144页。

拆为中国电信、中国网通，与中国移动、中国联通、中国卫通、中国铁通一起形成了"两大""两中"和"两小"的格局。2005年和2007年，国家邮政局所属的经营性资产和部分企事业单位被剥离，组成了中国邮政集团公司。与此同时，还逐步在垄断行业放宽市场准入、引入竞争机制方面推出了一些改革举措。

三　股份制改革与股权分置改革

国资委成立后，在宏观上推进国有经济布局调整的同时，也在微观层面围绕着国企产权继续深化股份制改革。随着对所有制理论、产权理论、企业理论等理论探索的深入，大力发展混合所有制经济，使股份制成为公有制的主要实现形式成为基本共识，混合所有制经济发展不断壮大。2012年，我国工业企业中股份有限公司已经达到9012家，各类有限责任公司已经达到65511家，混合所有制工业企业数量占规模以上工业企业总数的26.3%，资产占44.0%，主营业务收入占38.8%，利润总额占41.8%。截至2012年年底，中央企业及其子企业引入非公资本形成的混合所有制企业，已经占到混合所有制企业总数的52%。中央企业及其子企业控股的上市公司共有378家，上市公司中非国有股权的比例已经超过53%。地方国有企业控股的上市公司681家，上市公司非国有股权的比例已经超过60%。[①]

在深化股份制改革中，遇到了两个重大问题。一是国有企业经理融资收购（MBO）问题。2002年MBO的股权改革方式开始试点，但

---

① 中国社会科学院工业经济研究所：《中国工业发展报告（2013）》，经济管理出版社2013年版，第462页。

试点存在着许多不规范的地方，容易引发国有资产流失，进而引发了是否是私有化的大争论，导致 MBO 在 2004 年被叫停。2005 年 4 月，国资委和财政部联合发布《企业国有产权向管理层转让暂行规定》，对 MBO 进行了规范。实际上，相关争论客观上延迟了产权改革的推进，但进一步规范了国有企业产权改革，完善了相关的法律法规。

二是股权分置改革。股权分置是指在上市公司的国家股和法人股不能像公众股一样在资本市场流通，形成了同股不同权的两类股权分别搁置的现象。1992 年《股份有限公司规范意见》将公司股份分为了国家股、法人股、个人股和外资股，其中只有个人股是可以上市流通的，形成了流通股和非流通股分割或分置的状态。当时主要考虑国家股和法人股保持控股地位，同时避免资本市场上太多资金去购买流通股。股权分置造成国有股一股独大、资本市场信息失真等问题。1999 年党的十五届四中全会以后，国家开始推进国有股减持、实现股份全流通，减持所得到的资金用于社会保障。但由于减持价格得不到市场认可，全流通改革进展并不顺利。2005 年 4 月 29 日，证监会颁发了《关于上市公司股权分置改革的试点有关问题的通知》，进一步提高了流通股股东对股权分置改革方案的表决权力；5 月 9 日公布三一重工、紫江企业、金牛能源、清华同方为股权分置改革试点；6 月 19 日试点企业扩大到 46 家；8 月 23 日证监会等部委发布了《关于上市公司股权分置改革的指导意见》；9 月 4 日证监会发布了分置改革的具体管理办法，股权分置改革全面展开。2006 年中国 A 股市场迎来了普涨的契机，股权分置改革也顺利推进，到 2006 年年底 95% 的企业都顺利完成了解决股权分置、实现全流通的改革。

股权分置改革在我国经济改革史上具有十分特别的意义，是"渐进式"改革哲学的典型体现。其改革历程，不仅体现了国有企业自身改革的渐进性，也体现了国有企业改革作为经济体制改革中心环节的地位，资本市场等要素市场是在国有企业改革深化中不断发展完善的。

◇ 第三节　资本市场发展

改革开放以来我国经济的快速增长，离不开资本市场的不断发展壮大。国有企业市场化改革的不断深化，既得益于中国资本市场的发展壮大，同时也促进了资本市场的发展。随着经济改革的深化，市场经济主体日益多元化，对资金和金融服务的需求也呈现出不断增长和多元化的趋势，从而自然催生了多层次资本市场，我国金融中介的数量和种类不断增长，金融工具越来越丰富。改革开放之初我国只有一家金融机构——中国人民银行，但到了2019年，我国银行业金融机构达到4607家。其中，开发性金融机构1家、政策性银行2家、国有大型商业银行6家、股份制商业银行12家、金融资产管理公司4家、住房储蓄银行1家、民营银行18家、外资法人银行41家，还包括大量城市商业银行、农村商业银行、农村合作银行、农村信用社、村镇银行、信托公司、金融租赁公司、企业集团财务公司等。除了银行业金融机构以外，我国金融机构还包括证券公司133家、基金管理公司113家、期货公司149家、保险公司229家，以及大量证券营业部、私募基金和期货营业部等，形成了丰富多样的金融机构体系。图6-1为1978—2018年中国贷款总额、股票总市值和债券托管额与GDP比值的状况，总体上反映改革开放以来中国资本市场不断发展壮大的情况。

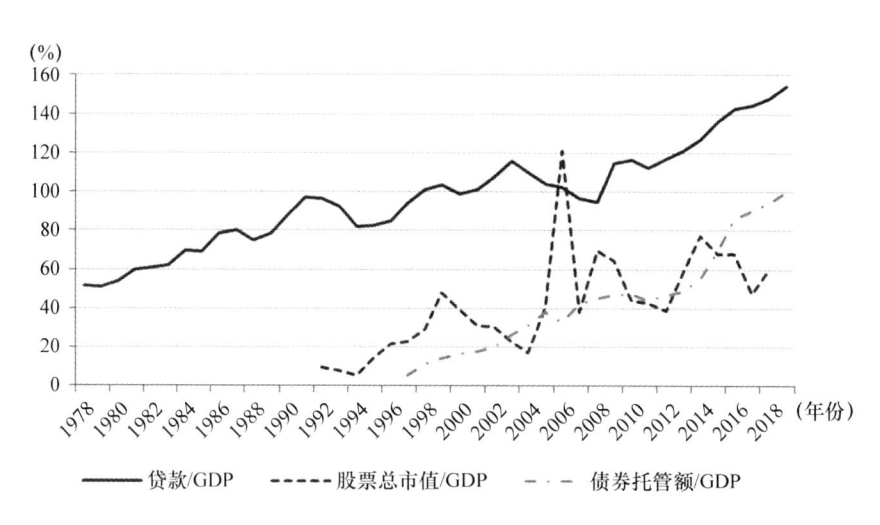

图 6-1　中国贷款总额、股票总市值和债券托管额与 GDP 比值

资料来源：WIND 数据终端、《中国金融年鉴》。

一　银行业改革和信贷市场发展

（一）银行业改革

改革开放之前我国只有一家银行，就是中国人民银行。当时中国人民银行主要担负的也不是普通银行职能，而是负责计划经济体制下资金的核算和调拨，只是政府部门的出纳。改革开放后，1979 年恢复中国农业银行，从中国人民银行分设中国银行，从财政部分出设立中国建设银行，1984 年又从中国人民银行分设中国工商银行，中国人民银行开始专门履行中央银行职能。至此，国家专业银行的基本框架确立，四大国有银行实际上还承担着传统体制下的特殊职能，各有其政策使命。比如，农行负责农村信贷和农村金融事务，中行是国家指定的外汇专业银行，建行主办固定资产投资贷款，工行承担原来由中国人民银行办理的工商信贷和储蓄业务。

四大专业银行建立后不久，随着经济改革的深化，银行业也开启了从专业银行向商业银行的转型。四大行的分工经营格局逐步被打破，呈现"中行上岸，农行进城，工行下乡，建行进厂"的竞争格局，各专业银行不仅突破了专业分工的界限，而且也突破了行业分工的界限，开始组建各自的信托投资公司、开办大量的证券机构，并向房地产、保险、投资等领域拓展，形成了事实上的混业经营模式。银行业发展和当时经济社会其他问题结合，到20世纪90年代初形成了所谓金融"三乱"，即乱集资、乱批设金融机构和乱办金融业务。此时，银行业改革面临三个问题：是否坚持专业银行向商业银行转型的方向？如果坚持，那么政策性业务如何处理？转型后的商业银行能否经营其他金融业务，或者说金融业到底是分业经营还是混业经营？

1993年11月召开的党的十四届三中全会，全面回答了上述问题。首先，坚持专业银行商业化的改革方向；其次，通过建立政策性银行，将商业银行的政策性业务剥离；最后，金融业实行分业经营，银行业与证券业分业管理。1994年，国家开发银行、中国进出口银行和中国农业发展银行三大政策性银行建立，四大专业银行分离出政策性金融业务后，开始了进一步的商业化。1995年《中国人民银行法》和《商业银行法》颁发，从立法上确定了我国银行体系的基本架构。党的十四届三中全会后，中央和各地也开始整顿此前的金融乱象。1997年亚洲金融危机后，我国国有企业负债率过高、资本金不足、社会负担重，国有银行贷款不良率高等问题日益突出。1999年，配合国有企业改革，我国成立了信达、华融、东方、长城四大金融资产管理公司，将四大国有银行的不良资产剥离出去，进行集中处理。

2001年我国加入WTO，承诺五年后放开外资银行的经营限制。面对即将到来的竞争，2002年召开的中央金融工作会议提出，要按照产权清晰、权责明确、政企分开、管理科学的现代金融企业制度要求，把国有商业银行改造成治理结构完善、运行机制健全、经营目标明确、财务状况良好、具有较强国际竞争力的现代金融企业。2003年10月召开的党的十六届三中全会，提出要选择有条件的国有商业银行实行股份制改造，加快处置不良资产，充实资本金，创造条件上市。此后，通过外汇储备注资和引进战略投资者，我国四大商业银行在2005—2010年先后完成股份制改造，成功上市。

在大型国有银行不断改革和发展的同时，其他银行业金融机构也在不断发展壮大。从1986年开始，以交通银行股份制重组为开端，招商银行、中信实业银行、深圳发展银行、广东发展银行、上海浦东发展银行等一批商业性股份制银行陆续建立。从20世纪90年代中期开始，我国以城市信用社为基础，组建了大批城市商业银行；以农村信用社为基础，组建了大批农村商业银行。2014年首批民营银行获批筹建。外资银行在我国的发展经历了三个阶段。第一阶段是设立代表处，从事市场调查和咨询等非营业性活动，日本输出入银行早在1979年就在北京设立了代表处。第二阶段是设立分行，从事外币项下的商业银行业务。第三阶段从我国加入WTO开始，外资银行逐步可以获准经营人民币业务，并进行本地注册。

（二）信贷市场发展

在我国银行业主导的金融体系中，银行贷款对于经济发展和企业经营举足轻重。自1993年党的十四届三中全会提出要积极稳妥地发展债券、股票融资以来，银行贷款的重要性有所下降。1993年我国实体经济总债务为3.8万亿元，其中银行贷款余额3.3万亿元，占总债务的86%。2014年，我国实体经济总债务为139.8万亿元，其中银行贷款余额81.7万亿元，占总债务的58%，下降了28个百分点。

此后，该比重又有所上升，2019年银行贷款余额占实体经济总债务的比重为63%。

从贷款投向看，我国信贷市场发展大致可以分为三个阶段，这也是由我国特殊的经济发展和体制改革背景所决定的。[①] 第一阶段在1999年之前，是专业银行服务于国有企业的阶段。这一时期虽然专门进行了政策性业务的剥离，但是国有企业在国民经济中占据绝对优势，银行贷款基本上都用来支持国有企业发展。以固定资产投资为例，在1993年前，国有企业固定资产投资在全社会固定资产投资中的占比一直在60%以上，此后虽略有下降，但是在1999年以前也一直在50%以上。这种国有银行贷款支持国有企业的模式，造成了大量不良贷款，阻碍了我国银行业的健康发展。1999年四大金融资产管理公司成立，对这些不良贷款进行了专门的剥离和处理。

第二阶段在2016年之前，这是商业银行服务于大型企业的阶段。这个阶段我国经济的投资驱动特征最为明显。1978—2019年，我国投资对经济增长的平均拉动为每年3.9%，但2000—2016年，投资对经济增长的平均拉动高达每年4.6%。这些投资中有接近一半是房地产开发和基建投资，银行贷款在其中发挥了重要的推动作用。相关企业大多是大型企业，贷款都有资产抵押或者地方政府隐性担保。另外，在20世纪90年代末的国有企业改革中，为了治理产能过剩采取了"抓大放小"策略，使得中小型国有企业的数量大大减少。于是，此前由国有企业垄断信贷资源的局面，在这一阶段逐渐增加了另一个维度，即大型企业垄断信贷资源，这就表现为中小企业和民营经济的

---

① Chen Kaiji and Tao Zha, "Macroeconomic Effects of China's Financial Policies", NBER Working Paper, No. 25222, 2018.

"融资难、融资贵"问题。这一阶段的另一重要特点是，在2008年国际金融危机后，为了规避金融监管，金融机构发展出了影子银行体系。从银行体系资产负债表的内容来看，2016年居民储蓄存款占总负债的比重下降到26%，企业贷款占总资产的比重下降到36%，代之而来的是更加多元化的融资手段和更加复杂的业务模式。从表外看，根据中国人民银行发布的《中国金融稳定报告（2017）》，截至2016年年末，银行业金融机构表外业务余额为253.52万亿元（含托管资产表外部分），表外资产总规模相当于表内资产总规模的109.16%，比上年年末提高12.04个百分点。这些影子银行贷款，很多都进入了地方融资平台和房地产企业，推动了基建投资和房地产开发投资，也有一些支持了民营经济和中小企业的发展。

第三阶段是从2016年至今，这是金融去杠杆阶段。对政府而言，影子银行一方面降低了货币政策的有效性，削弱了政府对货币和信贷的控制；另一方面则累积了大量脱出金融监管的债务，金融风险陡增。所谓金融去杠杆，其实就是对影子银行业务的规范和治理。据穆迪[1]估算，截至2019年第二季度，中国影子银行规模为59.6万亿元，低于2018年年底的61.3万亿元，占银行业总资产的23.1%，与GDP的比值为63.9%，低于2018年年底的24.1%和68.1%。显然，我国影子银行的绝对规模和相对规模都在下降。我国影子银行绝对规模的最高峰出现在2017年，为65.6万亿元；我国影子银行相对规模的最高峰出现在2016年，当年总规模占银行业总资产的28.5%，与GDP的比值为87.2%。显然，从2016年开始逐步加强的金融去杠杆政策效果明显，影子银行总规模得到控制。然而，金融去杠杆政策一定程

---

[1] Moody's "Quarterly China Shadow Banking Monitor", www.moodys.com.

度上也引发了金融市场动荡,并且造成我国实体经济增速放缓。实体经济受影响的主渠道是房地产开发和基建投资下降,民营经济和中小企业也遭受较大冲击。"融资难、融资贵"问题再次引起全社会的广泛关注,相关讨论也上升到竞争中性原则的高度。[①] 竞争中性原则的含义是,政府采取的所有行动,对国有企业和其他企业之间的市场竞争的影响都应该是中性的。也就是说,政府行为不应该给任何实际的或潜在的市场参与者尤其是国有企业带来任何"不当的竞争优势"。

二 证券市场发展

1987 年党的十三大报告指出,发展金融市场,发行债券、股票,是社会化大生产和商品经济的必然产物,并不是资本主义所特有,社会主义可以而且应当利用它们为自己服务,并在实践中限制其消极作用。1990 年党的十三届七中全会进一步指出,要逐步扩大债券和股票的发行,而且要在有条件的大城市建立和完善证券交易所,并形成规范的交易制度。这为我国证券市场的发展奠定了理论和政策基础。

1993 年 11 月党的十四届三中全会指出,要"发展和完善以银行融资为主的金融市场。资本市场要积极稳妥地发展债券、股票融资。建立发债机构和债券信用评级制度,促进债券市场健康发展。规范股票的发行和上市,并逐步扩大规模"。这也是党的重要文献首次明确提及"资本市场"一词。1995 年党的十四届五中全会通过了《国民经济和社会发展"九五"计划和 2010 年远景目标的建议》,明确指出

[①] 汤铎铎:《金融去杠杆、竞争中性与政策转型——2019 年中国宏观经济报告》,《经济学动态》2019 年第 3 期。

"坚持间接融资为主,适当扩大直接融资"。从此以后,扩大直接融资,提高直接融资比重成为金融改革的重大方向。

2003年10月党的十六届三中全会,除了强调扩大直接融资比重,还明确提出要建立多层次资本市场。会议指出,要"建立多层次资本市场体系,完善资本市场结构,丰富资本市场产品。规范和发展主板市场,推进风险投资和创业板市场建设。积极拓展债券市场,完善和规范发行程序,扩大公司债券发行规模。大力发展机构投资者,拓宽合规资金入市渠道。建立统一互联的证券市场,完善交易、登记和结算体系。加快发展土地、技术、劳动力等要素市场。规范发展产权交易。积极发展财产、人身保险和再保险市场。稳步发展期货市场"。这次会议对我国金融发展意义重大,自此,提高直接融资比重,建设多层次资本市场成为我国金融改革的不变方向。

(一) 债券市场发展

改革开放以来,我国债券市场从无到有,整个发展过程大致可以分成三个阶段。第一阶段从1981—1996年,是起步和探索时期。国债从1981年恢复发行以来,主要在交易所市场交易,规模不大。到1996年年末国债余额为4714亿元,是当年GDP的6.6%。金融债券和企业债券也都处于探索阶段,发行规模都不大。这一时期我国金融资源分配的主要方式是专业银行支持国有企业,债券市场发展存在很多体制障碍,中间也出现很多问题和错误。

第二阶段从1997—2014年,是改革和快速发展时期。亚洲金融危机后,我国对债券市场的重要性有了新的认识,开始着力发展本国债券市场。1997年中国人民银行设立银行间债券市场,为我国债券市场的长远发展奠定了基础。1998年我国为了应对亚洲金融危机增发国债,国债开始在宏观调控中发挥作用,规模也开始稳步增长。到

2014年年末，我国国债余额为9.6万亿元，是当年GDP的15%。1994年政策性金融和商业性金融分离后，我国金融债券发行规模开始迅速增长，发行主体主要是国家开发银行。到2014年年末我国金融债券余额为11.3万亿元，是当年GDP的17.5%。2004年，中国人民银行以市场化方式推动公司信用类债券市场发展，其中包括成立交易商协会，实行企业债务融资工具发行注册制。此后我国企业债券规模开始快速增长，到2014年年末企业债余额为11.7万亿元，是当年GDP的18.21%，超过国债和金融债。

第三阶段从2015年至今，是规范和调整时期。2014年10月2日，国务院印发《关于加强地方政府性债务管理的意见》（43号文），正式开启地方政府债务治理。43号文的核心是地方债务置换，即将此前以各种形式存在的地方政府债务，包括部分或有债务和隐性债务，置换为标准的低息地方政府债券。到2019年年末，整个置换过程基本完成，地方政府债券余额达到21.1万亿元，与当年GDP的比值为21.3%，超过了国债和金融债。地方政府债务置换并非鼓励地方政府大力举债，而是"开前门、堵后门"，将地方政府债务规范化、标准化，纳入金融部门监管框架。同时，地方债务置换也和企业部门去杠杆以及金融去杠杆进程密切相关。我国资本市场已经是一个复杂系统，任何改革都会牵一发而动全身，需要政府不同部门共同努力，协调不同经济主体和经济部门的利益。

（二）股票市场发展

我国股票市场从无到有，经历了飞速发展，为国有企业改革和经济发展做出了很大贡献。但是，相较于信贷市场和债券市场，股票市场牵涉面广、关注度高，其发展和改革头绪多、难度大，也暴露出很多弊端和问题。

在经历了一段时间酝酿和萌芽之后，我国在 1990 年先后建立上海证券交易所和深圳证券交易所，标志着我国股票市场发展正式起步。2004 年，深圳证券交易所开通中小板，鼓励自主创新的中小型企业挂牌上市。2009 年，深圳证券交易所又开通了创业板市场，鼓励高风险、高成长性的中小型高科技企业上市。2013 年，全国中小企业股份转让系统正式投入运营，"新三板"市场正式为无法满足银行信贷审核要求和 A 股上市条件的小微企业服务。2019 年，上海证券交易所建立科创板，成为我国首个实行注册制的场内市场，主要服务于符合国家战略、突破关键核心技术、市场认可度高的科技创新企业。至此，我国股票市场发展为以交易所交易为主、场外交易为辅，为企业提供全方位、多层次服务的融资和交易平台。

我国股票市场自建立起，经历了很多体制改革和制度创新。2004 年开始的股权分置改革，成功解决了国有股和法人股的上市流通问题，扫除了股市发展的最大体制障碍，是迄今为止我国股市影响最深远的改革举措。我国新股发行制度不断发展演变，逐步从行政管制走向市场化和法制化发行。[①] 2020 年证券法修订的重点之一，就是对证券发行注册制度作了比较全面和系统的规定。目前我国仍在实施的 T＋1 交易机制和10% 的涨跌停板制度，分别是在 1995 年 1 月 1 日和 1996 年 12 月开始实施的。另外，诸如融资融券、股指期货、熔断机制、ETF 基金等各种改革和创新举措，在我国股市不断被尝试和实行。其中，有些举措取得成功，有些举措遭遇失败而被取消，还有一些举措目前看仍然得失不明。

[①] 饶明、何德旭：《中国股票市场改革与创新发展的逻辑》，《当代经济科学》2015 年第 6 期。

在我国股票市场建立和发展的过程中，对外开放一直是不断推进的重要议题。首先，我国一直鼓励企业利用股市获取境外资金。我国股市建立之初即发行外资股（B股），鼓励境外投资者投资。此后，我国企业开始拓展海外上市渠道，实现了在香港、新加坡、伦敦和纽约等地上市。目前，我国累计已有一千多家企业在境外市场上市。其次，在资本项目开放程度不高的情况下，通过合规机构投资者、互联互通机制等制度，我国为境外投资者投资境内市场以及境内投资者投资境外市场建立了互通管道，包括 QFII、RQFII、QDII、中日 ETF 互通、沪港通、深港通、沪伦通、陆港基金互认等。再次，对境外机构来我国境内开展业务放宽准入限制，允许外资绝对控股合资证券公司、基金管理公司。目前我国已经有多家外资控股的证券公司和基金管理公司。最后，随着我国股票市场对外开放度的提升，国际股票指数开始将 A 股纳入样本，且因子逐步提高。例如，A 股于 2018 年 6 月纳入全球影响力最大的股票指数 MSCI 新兴市场指数，初始因子为 2.5%，到 2019 年 11 月提升至 20%；全球第二大指数公司富时罗素将 A 股纳入其全球股票指数体系，纳入比例逐步提升至 15%；2019 年 9 月，标普道琼斯指数（S&P DJI）纳入 A 股正式生效，纳入因子高达 25%。[1]

我国股票市场的一大问题，是波动过大。这不但使得投资者很难获取正常收益，也影响到我国的金融稳定和经济稳定。我国股票市场自建立以来，已经出现多次大幅波动，2001 年、2007 年和 2015 年的上涨，随后都出现了大幅下跌。以 2015 年"股灾"为例，当年 6—8 月的两轮断崖式下跌，引发一定程度的恐慌和社会的普遍担忧，最终

---

[1] 李永森：《中国股票市场对外开放进入下半场》，《中国外汇》2019 年第 20 期。

对我国货币政策、汇率、资本市场以及经济增长都造成影响。[①] 频繁爆发的股灾一方面表明我国股市存在内在缺陷,需要通过进一步的改革来消除和化解;另一方面也表明金融和资本市场发展本身就蕴藏着脆弱性,政策制定者需要时时警惕,守住不发生系统性金融风险的底线。

三 资本市场发展与国有企业改革

中国资本市场,尤其是股票市场,存在诸多问题。如果单纯从市场本身出发去找原因,往往会一无所获。理解中国资本市场,先要理解其产生、发展所服务的主要对象——国有企业。国有企业改革对中国资本市场发展产生了深远影响,或者也可以说,中国资本市场发展对推动国有企业改革发挥了很大作用。

资本市场发展推动国有企业改革,首先体现在其融资功能。在传统体制下,财政提供建设资金,银行提供流动资金,不存在真正的资本市场。改革开放后,在1999年前的专业银行主导时期,中长期贷款只占全部信贷总额的20%左右。在此后的银行商业化主导时期,中长期贷款占比才迅速攀升,到2010年占全部信贷总额的60%。股票融资成为国有企业筹集长期资金的渠道,始于20世纪80年代中期的"放权让利"。此后随着股票市场的建立,这一渠道开始稳定发挥作用。2004年以市场化方式推动公司信用类债券市场发展,企业债券融资开始快速增长,成为企业筹措长期资金的另一渠道。目前,在这

---

① 管涛:《凤凰涅槃——反思2015年中国股市异动》,《新金融评论》2016年第2期。

三个渠道中信贷资金占比在70%以上，仍然占据主要地位，未来还需要进一步发展直接融资。

在改革开放早期，以融资为主要目的发展资本市场，很快遇到了瓶颈。由于国有企业垄断发行额度，国有股不能上市流通等问题，使得股市规范公司治理，提升企业绩效的功能无从发挥，到2000年以后，上市公司经营绩效不彰、质量差的问题越来越突出。这就导致投资者积极性下降，股票市场交投清淡，甚至出现萎缩，其融资功能被极大削弱，亟须进行新的制度创新。[①]

此后，随着股权分置改革的完成，以及一系列监控大股东行为、监督内幕交易、强化资本市场定价功能的政策措施的推出，中国资本市场完善公司法人治理结构的功能逐步开始发挥作用。上市公司在上市前后，一方面要接受证券公司、会计事务所、律师事务所的服务和监督；另一方面又要接受证券交易所和政府部门的监管，在理念和行为上会发生根本性变化，成为有激励有约束的理性经济行为主体。2006年股权分置改革完成后，对沪深两市1014家A股上市公司16项指标的研究分析表明，这些企业的公司治理能力有了显著提升。[②] 同时，上市公司整体的经营绩效也有所改善。

然而，由于中国资本市场发展起步较晚，还有很多问题和短板需要弥补，以更好地服务于我国经济从高速增长阶段进入高质量发展阶段。这些问题包括市场分割（股票有A股、B股、香港红筹、H股，债券分为银行间债券和交易所债券），发行机制不健全，注册制还没

---

① 林义相：《证券市场的第三次制度创新与国有企业改革》，《经济研究》1999年第10期。

② 廖理、沈红波、郦金梁：《股权分置改革与上市公司治理的实证研究》，《中国工业经济》2008年第5期。

有完全到位，退市制度不健全，以及上市公司整体质量和治理水平仍需进一步提高，等等。另外，股份制和股份合作制是社会主义公有制的一种实现形式，未来资本市场发展也是探索高质量高效益地实现公有制的一个途径。

（黄群慧、汤铎铎）

第七章

土地制度改革

土地制度是国家的基础性制度。改革开放以来，中国立足自身国情，采取从分头推进到城乡统筹、从试点探索到全面推广、从单项突破到综合配套的改革路径，不断深化城市和农村土地制度改革，探索建立城乡统一的建设用地市场，加快完善土地管理体制与调控政策，逐步形成了以公有制为基础，以保护耕地、节约用地和改善生态为主线，以产权保护、用途管制和市场配置为主要内容的中国特色土地制度。[①] 未来中国的土地制度仍需要不断丰富完善和改革创新。

◇◇ 第一节 城市土地制度改革

经过40多年的探索实践，围绕市场化改革的大方向，中国城市土地制度改革迈出了坚实的步伐。城市土地使用制度从无偿使用转向有偿使用，在土地资源配置中引入了市场机制，提高了土地利用效

---

① 董祚继:《新中国70年土地制度的演进及其经验》,《中国土地》2019年第10期。

率；建立并不断完善土地储备制度，强化了政府对土地市场调控，促进了土地节约集约利用；实行城乡建设用地增减挂钩政策并不断扩大政策适用范围，有力推动了城乡和区域协调发展。

一 开展城市土地有偿使用

改革开放前，中国城市土地使用制度以行政划拨、无偿无限期使用、土地使用权禁止转让为主要特征。这种无偿划拨制度是计划经济体制的产物，它完全排斥价值规律和市场机制的作用，造成土地资源的巨大浪费和低效利用，也使国家对国有土地所有权不能得到充分体现，城市建设资金难以形成良性循环。在这种背景下，改革开放以后，中国开始酝酿城市土地使用制度改革，基本目标是实行城市国有土地有偿使用制度、全面开放城市国有土地使用权市场。[1]

城市土地有偿使用的最早尝试是向城市土地使用者征收土地使用费（税）。1979年，中国开始以场地使用权作为出资兴办中外合资企业或对中外合资企业征收场地使用费。1982年，深圳经济特区根据城市不同等级土地向土地使用者收取不同标准的使用费，抚顺、广州等城市从1984年起也先后推行这种有偿使用方式。1988年，国务院公布实施《城镇土地使用税暂行条例》，正式在全国范围内征收土地使用税。征收土地使用费（税），体现了城市国有土地有偿使用的原则，迈开了城市土地有偿使用制度改革的第一步。但仅限于向土地使用者收取地租，并未允许土地使用权转让，因而对传统城市土地使用

---

[1] 毕宝德主编：《土地经济学》（第七版），中国人民大学出版社2016年版，第172页。

制度触动不大。

1987年下半年，深圳经济特区率先开展土地使用权有偿出让和转让试点。其做法是，国家出让土地使用权，明确土地使用年限，一次性收取土地出让金，并允许受让方转让土地使用权或进行抵押。同年11月，国务院确定在深圳、上海、天津、广州、厦门、福州等沿海城市开展土地使用制度改革试点。同年12月1日，深圳敲响了新中国历史上土地使用权拍卖的"第一槌"（见图7-1）。在各地试点的基础上，1988年《宪法》修正案明确了"土地的使用权可以依照法律的规定转让"，随后修订的《土地管理法》增加了"国家依法实行国有土地有偿使用制度"条款，从法律上正式确立了城市土地有偿使用制度。1990年，国务院发布《城镇国有土地使用权出让和转让暂行条例》，对土地使用权出让、转让、出租、抵押、终止等做出具体规定，明确土地使用权出让可采取协议、招标、拍卖方式。1998年颁布的《土地管理法实施条例》规定国有土地有偿使用方式包括国

图7-1　1987年12月1日在深圳举办的全国第一宗土地拍卖会现场

图片来源：深圳博物馆。

有土地使用权出让、作价出资或入股和国有土地租赁。自此在全国范围内形成了国有土地使用权出让、转让、出租、抵押、作价出资在内的多层次市场体系。

然而，当时城市土地有偿出让方式仍以协议出让为主，底价随意性大，信息不透明，缺乏市场竞争。针对这种情况，2001年国务院下发《关于加强国有土地资产管理的通知》，对协议出让进行了严格规定，要求经营性用地必须依法以招标、拍卖方式提供。此后，国家出台一系列政策，细化划拨用地范围、明确"招拍挂"（招标、拍卖、挂牌）和协议出让土地类型、规范土地出让规程，并建立了土地出让的协调解决机制和价格争议裁决机制。2006年，国务院发布《关于加强土地调控有关问题的通知》，明确工业用地必须采用"招拍挂"方式出让，其出让价格不得低于公布的最低价标准。2007年实施的《物权法》从法律上对经营性国有土地出让实行强制的"招拍挂"制度。目前，中国城市土地有偿使用制度已经趋于成熟，充分体现了公开、公平、公正的市场经济原则，更大程度上发挥了市场配置土地资源的决定性作用。城市国有土地使用权出让收入快速增长，2017年合同价款达4.99万亿元[①]，为城市发展提供了重要的资金支持。

二 推进土地储备制度改革

为了加强土地市场调控，规范土地市场运行，促进土地节约集约

[①] 自然资源部：《2017中国土地矿产海洋资源统计公报》，2018年5月18日，http://gi.mnr.gov.cn/201805/t20180518_1776792.html。

利用，国家在总结各地实践经验的基础上建立了土地储备制度，对城镇闲置、空闲和低效用地等通过回收、收购等方式纳入储备库，进行必要的前期开发、整理和基础设施配套，具备供应条件后有计划地投入市场[①]。1996年，上海市成立土地发展中心，率先进行土地储备探索。1997年，杭州、青岛等地相继建立土地储备机构并出台相关地方性法规。1999年，国土资源部以内部通报的形式向全国推广了杭州、青岛两市的土地储备经验。随后，武汉等大中城市也相继成立了土地储备机构。各地对土地储备制度的探索，为全国推行土地储备制度提供了实践经验和理论支撑。2001年，国务院在《关于加强国有土地资产管理的通知》中首次提出建立土地储备制度，强调"有条件的地方政府要对建设用地试行收购储备制度"。此后，各地积极开展土地储备工作。截至2020年5月，全国纳入名录管理的土地储备机构达2484家[②]。土地储备制度的实施，在增强政府土地调控能力、规范土地一级市场运行、促进土地节约集约利用等方面发挥了积极作用。

然而，随着改革的不断深入，各地在探索土地储备制度过程中也暴露出诸多问题，如土地储备机构政企不分、职能定位模糊、组织管理混乱、融资不规范、财务风险凸显等。有鉴于此，政府开始出台相关文件对土地储备制度进行规范。2006年，国务院办公厅下发《关于规范国有土地使用权出让收支管理的通知》，要求加强国有土地储备管理，研究制定土地储备管理办法，建立土地储备资金财

---

① 姜大明：《中国特色土地制度的主要内容和改革实践》，《国土资源通讯》2017年第19期。

② 自然资源部办公厅：《土地储备机构名录（2020年版）》，2020年5月13日，http://gi.mnr.gov.cn/202005/t20200519_2514264.html。

务会计核算制度。随后,国土资源部、财政部等部门联合出台《土地储备管理办法》《土地储备资金财务管理暂行办法》等文件,对土地储备制度进行规范。2010年,国土资源部党组下发通知,要求土地储备机构必须与其下属和挂靠的从事土地开发相关业务的机构彻底脱钩,剥离了土地储备机构承担的融资、基建等职能。从2012年起,国土资源部建立并分批公布了土地储备机构名录,对土地储备机构实行名录制管理。2016年,财政部等4部门联合发出通知,对土地储备机构进行全面清理,规定县级以上行政单位原则上只能有一个进入名录管理的土地储备机构,而且不得再向银行业金融机构举借土地储备贷款,各类城投公司等其他机构一律不得再从事新增土地储备工作。2018年,国土资源部、财政部等联合印发新修订的《土地储备管理办法》,特别明确了土地储备实行名录制管理,深化和完善土地储备全流程管理,推进土地储备资金管理和融资方式调整,并要求构建多部门联合的监管体系。经过一段时期的清理整顿,中国土地储备制度逐步走向规范化,土地储备机构开始真正回归社会公益职能。

三 实行城乡建设用地增减挂钩

随着工业化和城镇化的不断推进,中国城镇建设用地需求快速扩张,同时农村建设用地又普遍存在闲置浪费的现象,对耕地保护带来了巨大的压力。为了处理好"吃饭"和"建设"的关系,国家开始探索实施城乡建设用地增减挂钩政策,通过城镇建设用地增加与农村建设用地减少相挂钩的方式,统筹利用城乡建设用地,缓解建设用地供需矛盾。

2004年，国务院在《关于深化改革严格土地管理的决定》中，首次提出"鼓励农村建设用地整理，城镇建设用地增加要与农村建设用地减少相挂钩"。为落实这一政策，2005年国土资源部启动了规范城镇建设用地增加与农村建设用地减少相挂钩试点工作，并于次年在全国部分发展改革试点小城镇以及山东、天津、江苏、湖北、四川五省市开展增减挂钩试点，增减挂钩结余指标只能在县域范围内使用。2007年，国务院办公厅下发《关于严格执行有关农村集体建设用地法律和政策的通知》，要求城乡建设用地增减挂钩试点必须严格控制在国家已经批准的试点范围内。在总结第一批五省市试点工作的基础上，2008年国土资源部印发《城乡建设用地增减挂钩试点管理办法》，明确提出增减挂钩的政策意涵以及项目具体实施的要点；同时批复下达了第二批试点项目。2009年，国土资源部又将城乡建设用地增减挂钩纳入年度计划统一管理。

增减挂钩试点对统筹城乡发展发挥了积极作用，但也出现了一些亟须规范的问题，如少数地方擅自开展城乡建设用地增减挂钩试点或扩大试点范围，擅自扩大挂钩周转指标规模，违背农民意愿强拆强建侵害农民利益，挂钩周转指标使用收益分配不规范，等等。针对这些问题，2010年国务院发出通知要求严格规范增减挂钩试点，坚决制止以各种名义擅自开展土地置换等行为，严禁突破挂钩周转指标、盲目大拆大建和强迫农民住高楼。随后，国土资源部陆续出台文件严格规范增减挂钩试点工作，并建设在线监管系统对增减挂钩试点实行动态监管，城乡建设用地增减挂钩进入规范整顿时期。到2013年，城乡建设用地增减挂钩试点扩大到除新疆、西藏之外的29个省份，基本在全国范围内推广开来。

随着精准扶贫的深入实施，城乡建设用地增减挂钩政策升级为助力脱贫攻坚的重要手段。2015年,中共中央、国务院在《关于打赢脱贫攻坚战的决定》中,明确"在连片特困地区和国家扶贫开发工作重点县开展易地扶贫搬迁,允许将城乡建设用地增减挂钩指标在省域范围内使用"。2017年,国土资源部拓展政策范围,允许省级贫困县的节余指标在省域内流转使用。2018年中央一号文件要求建立城乡建设用地增减挂钩节余指标跨省域调剂机制,将所得收益通过支出预算全部用于巩固脱贫攻坚成果和支持实施乡村振兴战略。同年,国务院办公厅印发《城乡建设用地增减挂钩节余指标跨省域调剂管理办法》,将增减挂钩政策范围再次扩大,允许"三区三州"及其他深度贫困县节余指标突破省域,实现国家统筹的跨省域调剂。2018年,全国19个深度贫困地区所在省份调出节余指标19.43万亩,获得调剂资金607.28亿元,为贫困地区拓展了资金筹措渠道[①]。2019年,国家发展改革委又明确在符合土地用途管制前提下,允许都市圈内城乡建设用地增减挂钩节余指标跨地区调剂。

第二节 农村土地制度改革

土地是农民的命根子。改革开放以来,中国实行最严格的耕地保护制度,加快推进农村土地流转制度和集体产权制度改革,赋予农民更多财产权利,为确保国家粮食安全、保障农民土地权益和促进现代农业发展奠定了坚实基础。

[①] 《尽锐出战,逐梦小康——自然资源部助力脱贫攻坚成果综述》,《国土资源》2019年第11期。

一 实行最严格的耕地保护制度

自1986年将"十分珍惜和合理利用每寸土地,切实保护耕地"作为一项长期坚持的基本国策以来,中国始终坚持实行最严格的耕地保护制度,逐步建立了以《土地管理法》为主体,以土地用途管制制度、基本农田保护制度、耕地占补平衡制度、耕地保护责任制度、土地开发整理复垦制度及其他相关制度相结合的最严格的耕地保护制度体系。

一是确立以耕地保护为核心的土地用途管制制度。1998年修订的《土地管理法》确立了以耕地保护为核心的土地用途管制制度,以此取代过去长期实行的分级限额审批制度,这是中国土地利用管理方式的重大变革。土地用途管制的主要内容包括:国家对土地按用途进行合理分类,通过土地利用规划规定土地用途和土地使用条件,土地登记注明土地用途,对用途变更实行审批许可制,实行土地利用监督管理,对违反土地利用规划的行为严格查处等。

二是建立和完善基本农田保护制度。1994年颁布的《基本农田保护条例》,确立了以耕地保护为目标的基本农田保护制度。2004年,国务院明确规定基本农田一经划定,任何单位和个人不得擅自占用,或者擅自改变用途,这是不可逾越的"红线"。党的十七届三中全会首次提出实行永久基本农田保护制度,要求"确保基本农田总量不减少、用途不改变、质量有提高"。2015年,国土资源部和农业部联合开展永久基本农田划定工作,至2017年6月底已总体完成,划定永久基本农田15.50亿亩。目前,中国已形成以永久基本农田保护责任、禁止性规定、占用补划、监督检查为主要内容的基本农田保护制度。

三是探索并改进耕地占补平衡制度。1997年，中共中央、国务院在《关于进一步加强土地管理切实保护耕地的通知》中，首次提出"实行占用耕地与开发、复垦挂钩政策"。1998年修订的《土地管理法》确立国家实行占用耕地补偿制度，并要求占用耕地与开发复垦耕地相平衡，标志着建设占用耕地补偿成为中国的一项法定制度。耕地占补平衡制度实施后，农用地的非农化现象得到遏制，有效抑制了耕地的减少；但早期占补平衡更多关注数量上的平衡，存在着"占优补劣""实占虚补"的问题。为了完善耕地占补平衡制度，从2004年开始，国家开始探索更为严格、精细的数量和质量平衡的管理机制，对补充耕地的数量、质量提出更高要求并实行"先补后占"政策。2017年，中共中央、国务院印发《关于加强耕地保护和改进占补平衡的意见》，确立了数量、质量、生态"三位一体"的耕地保护新格局，构建了管控、建设、激励多措并举的耕地保护新机制，形成了"明责任、算大账、差别化"的耕地占补平衡新方式。

四是实施耕地保护责任制度。2004年，国务院明确要建立耕地保护责任制度和考核体系，规定地方各级人民政府要对本行政区域内的耕地保有量和基本农田保护面积负责，政府主要领导是第一责任人。为此，2005年国务院办公厅印发《省级政府耕地保护责任目标考核办法》，2018年又制定实施了新的考核办法，将耕地保有量、永久基本农田保护面积和高标准农田建设任务作为耕地保护责任目标，并定期对各省（区、市）责任目标履行情况进行检查和考核。

二　农村土地流转制度改革

家庭承包责任制的实施，实现了农村土地所有权与承包经营权的

"两权分离"。然而，改革开放初期，农村土地流转无论在政策还是在法律层面都被禁止。1982年1月中共中央批转的《全国农村工作会议纪要》强调，"社员承包的土地，不准买卖，不准出租，不准转让，不准荒废，否则集体有权收回"。1982年全国人大通过的《宪法》也不允许土地出租。

随着家庭经营规模狭小、限制生产效率提高等问题日益凸显，对规模经营的呼声不断升高，国家开始逐渐放松对农村土地流转的限制。1984年中央一号文件"鼓励土地逐步向种田能手集中"，允许特定条件下农户可以对其承包经营的土地进行转包。1988年修订的《土地管理法》规定"国有土地和集体所有的土地的使用权可以依法转让"，由此确立了农村土地流转的合法性。但是，受农村人口和劳动力转移缓慢等外部条件制约，土地流转的程度一直很低。据农业部抽样调查数据，1992年全国共有473.3万户农户转包、转让农地1161万亩，分别仅占承包土地农户总数的2.3%和承包地总面积的2.9%[1]。

1993年，党的十四届三中全会明确指出，"允许土地使用权依法有偿转让"。1994年，国务院批转农业部《关于稳定和完善土地承包关系的意见》，首次提出建立土地承包经营权流转机制，允许承包方在承包期内，对承包标的依法转包、转让、互换、入股。2001年，中共中央印发《关于做好农户承包地使用权流转工作的通知》，对农户承包地使用权流转的有关问题做出了具体规定。2002年通过的《农村土地承包法》对土地承包经营权的流转专门做出规定，为土地流转提供了法律保障。2005年，农业部颁发《农村土地承包经营权

---

[1] 张红宇：《中国农村的土地制度变迁》，中国农业出版社2002年版，第68页。

流转管理办法》，细化了土地流转的具体要求，对流转当事人及其权利、流转方式、流转合同和流转管理等做了详细规定。2007年颁布实施的《物权法》把土地承包经营权界定为用益物权，进一步强化了土地承包经营权流转的法律地位。党的十七届三中全会明确提出建立健全土地承包经营权流转市场，允许农民以转包、出租、互换、转让、股份合作等形式流转土地承包经营权。在国家政策的支持下，农村承包地流转速度不断加快，流转面积从2007年的0.64亿亩增加到2012年的2.7亿亩，占家庭承包耕地总面积的比重由5.2%提高到21.5%。[1]

党的十八大以来，农地流转制度进入规范有序发展阶段。针对农村土地流转不规范、工商资本流转土地侵害农民利益等问题，国家出台了一系列政策，规范土地流转秩序。在健全土地流转机制方面，着重加强土地流转管理、服务和用途管制等；明确了引导农村产权规范流转和交易的有关要求，鼓励地方特别是县乡依托集体资源监督管理、土地经营权流转管理等平台，建立符合农村实际需要的产权流转交易市场。在风险防范机制方面，建立了工商资本租赁农户承包地上限控制、分级备案、审查审核、风险保障金和事中事后监管等制度。2018年修订的《农村土地承包法》，对土地经营权流转方式、期限、价款、收益归属、权益保护等进行了详细规定。这期间，农村承包地流转速度有所放缓。到2018年，全国家庭承包耕地流转面积超过5.3亿亩，占家庭承包耕地总面积的比重达到38%以上。[2]

---

[1] 魏后凯、闫坤主编：《中国农村发展报告2017》，中国社会科学出版社2017年版，第19页。

[2] 国家统计局农村司：《农业生产跃上新台阶　现代农业擘画新蓝图——新中国成立70周年农村经济社会发展成就报告》，《农村农业农民》（B版）2019年第9期。

三 农村土地产权制度改革

确权登记颁证是产权制度改革的基础。很长一段时期内，中国法律仅确立了对农村集体土地所有权登记制度，但并未对农村土地承包经营权登记制度做出相关安排。2003 年实施的《农村土地承包经营法》首次确立了农村土地承包经营权登记制度，规定"县级以上地方人民政府应当向承包方颁发土地承包经营权证或者林权证等证书，并登记造册，确认土地承包经营权"。然而，在农村土地承包管理过程中，一些地方长期存在承包地块面积不准、四至不清、空间位置不明、登记簿不健全等问题，导致农民土地权益依法保障程度低。针对这种情况，2009 年以来，国家启动了新一轮农地确权登记颁证工作，通过一系列"确实权、颁铁证"措施来强化农民土地权益保障。2013 年中央一号文件又提出全面开展农村土地确权登记颁证工作，并要求用 5 年时间基本完成农村土地承包经营权的确权登记颁证。目前，全国已基本完成农村土地承包经营确权登记颁证工作，农村承包地确权登记颁证率达到 96%。[①]

随着大量农业人口转移到城镇、农地流转规模不断扩大以及新型农业经营主体蓬勃发展，农地承包权主体与经营权主体相分离的现象越来越普遍，继续将承包权与经营权混为一体会带来法理上的困惑和政策上的混乱。2014 年中央一号文件将承包权和经营权分置，提出"在落实农村土地集体所有权的基础上，稳定农户承包权、放活土地经营权"。2014 年，中办、国办印发《关于引导农村土地经营权有序

[①] 《一项项农村改革为乡村振兴注入新动能》，《人民日报》2020 年 7 月 10 日。

流转发展农业适度规模经营的意见》，明确提出"坚持农村土地集体所有，实现所有权、承包权、经营权三权分置"。2016年，中办、国办又发布《关于完善农村土地所有权承包权经营权分置办法的意见》，提出了"落实集体所有权，稳定农户承包权，放活土地经营权"的推进思路，标志着"三权分置"改革进入全面推进和实践阶段。2018年修订的《农村土地承包法》将"两权分离"修改为"三权分置"，这是本次修法的核心内容。农地"三权分置"改革，既充分保障了农村集体经济组织和承包农户的合法权益，也更有利于促进土地适度规模经营，是继家庭联产承包责任制之后中国农村改革的又一重大制度创新。

四 农村集体经营性资产改革

改革开放后，计划经济时期遗留的集体经济核算体制下村集体资产权属关系模糊、份额不清、政经不分等问题较为突出并日益暴露出来。从20世纪80年代末起，部分经济发达地区开始对农村集体资产改革进行有益探索。各地开展的集体资产改革普遍采取股份合作制的方式，虽然具体模式并不统一，但这些股份合作制改革对增加农民的分红收益和财产性收入均发挥了重要作用。[1] 2007年，农业部印发《关于稳步推进农村集体经济组织产权制度改革试点的指导意见》，各地开始加快推进以股份合作为主要形式，以清产核资、资产量化、股权设置、股权界定、股权管理为主要内容的农村集体产权制度改革。

---

[1] 黄季焜、李康立、王晓兵、丁雅文：《农村集体经营性资产产权改革：现状、进程及影响》，《农村经济》2019年第12期。

农村集体产权制度改革的范围也逐渐从单纯的土地产权拓展到其他类型的资产产权。

党的十八届三中全会强调"赋予农民对集体资产股份占有、收益、有偿退出及抵押、担保、继承权",自此农村集体经营性资产改革进入加快推进的新时期。2014年,中央全面深化改革领导小组审议通过《积极发展农民股份合作 赋予农民对集体资产股份权能改革试点方案》。从2015年开始,中央农办、农业农村部等在全国分四批由点及面地开展了农村集体产权制度改革试点,试点单位包括15个省份、89个地市、442个县(市、区),其他省份还自主选择了部分县村开展省级试点,各级试点单位已覆盖全国80%左右的县(市、区)。2016年,中共中央、国务院印发《关于稳步推进农村集体产权制度改革的意见》,明确改革的目标是逐步构建归属清晰、权能完整、流转顺畅、保护严格的中国特色社会主义农村集体产权制度,并对集体经营性资产改革做出阶段性安排,即从2017年开始,力争用3年左右时间基本完成集体资产全面清产核资;在此基础上,力争用5年左右时间基本完成将经营性资产以股份或份额形式量化到集体成员,有序推进集体经营性资产股份合作制改革。农村集体经营性资产改革为农民增加财产性收入开辟了新的渠道。目前,全国农村集体资产清产核资工作已经基本完成,共清查核实账面资产总额6.5万亿元,其中经营性资产3.1万亿元,占总资产的47.7%;已有超过36万个村完成股份合作制改革,共确认集体经济组织成员6亿多人。[①]

[①] 韩长赋:《国务院关于农村集体产权制度改革情况的报告》,2020年5月12日,中国人大网,http://www.npc.gov.cn/npc/c30834/202005/434c7d313d4a47a1b3e9edfbacc8dc45.shtml。

◇ 第三节　建立城乡统一的建设用地市场

建立城乡统一的建设用地市场是深化土地管理制度改革的重要举措，更是社会主义市场经济体制的必然要求。党的十八届三中全会提出建立城乡统一的建设用地市场，对农村土地征收、集体经营性建设用地入市、宅基地制度改革等做出重要部署。近年来，农村土地制度三项改革试点取得显著成效，城乡统一的建设用地市场建设取得重要进展，农民土地财产收入明显增加。

一　土地征收制度改革

土地征收制度改革是中国土地制度改革中难啃的"硬骨头"。1982年，国务院公布施行《国家建设征用土地条例》，对征地范围、征地补偿、征地安置和征地程序等做出详细规定，构建了土地征收制度框架[①]。1986年通过的首部《土地管理法》，在有关土地征用方面，继承了《国家建设征用土地条例》的主要内容。1998年修订的《土地管理法》，在坚持上述框架的基础上，对农村土地征收制度具体内容作了大幅调整。在征地范围方面，明确扩大了征地的合法范围；在征地补偿方面，规定按照征收土地的原用途给予补偿；在征地安置方

[①] 2004年之前，中国法律上没有区分土地征收和土地征用两种不同的情形，统称为"土地征用"。2004年宪法修正案首次在法律上将"土地征收"和"土地征用"区分开来，即"土地征收"是国家将农村集体土地征为国有，而"土地征用"只是土地使用权的改变。

面，规定应当支持被征地的农村集体经济组织和农民从事开发经营，兴办企业；在征地程序方面，不再与被征地方商定征地方案、签署征地协议；在征地争议解决机制方面，规定征地补偿安置争议不影响征地方案的实施。①

随着征地规模和被征地农民数量逐年增加，征地引发的社会矛盾也逐年增多，暴露出现行土地征收制度的诸多弊端，尤其是征地范围过宽、补偿标准过低导致农民权益受损等问题引起社会高度关注。为了完善土地征收制度，从2001年开始，国家先后开展了两轮土地征收制度改革试点，围绕征地补偿安置、征地程序和缩小征地范围等内容展开。2004年，国务院提出"省、自治区、直辖市人民政府要制定并公布各市县征地的统一年产值标准或区片综合地价，征地补偿做到同地同价"。为落实这一政策，2005年国土资源部开展了制定征地统一年产值标准和征地区片综合地价工作，较大幅度提高被征地农民的补偿标准并建立定期调整机制。一些地方积极开展征地制度改革试点，探索缩小征地范围和留地安置等让被征地农民分享增值收益的多种方式，为改革征地制度奠定了基础。

党的十八大以来，土地征收制度改革进入了加快推进的新阶段。经全国人大常委会授权，2015年起国务院组织开展了农村土地征收制度改革试点。其主要内容是：缩小土地征收范围，探索制定土地征收目录，严格界定公共利益用地范围；规范土地征收程序，建立社会稳定风险评估机制，健全矛盾纠纷调处机制，全面公开土地征收信息；完善对被征地农民合理、规范、多元保障机制。至2018年年底，

---

① 张清勇：《中国农村土地征收制度改革：回顾与展望》，中国社会科学出版社2018年版，第23页。

农村土地征收制度改革试点全面结束，取得了显著的成效。2019年中央一号文件明确提出"全面推开农村土地征收制度改革"。当年修订的《土地管理法》在总结试点经验的基础上，在土地征收制度改革方面做出了多项重大突破，包括对土地征收的公共利益范围进行明确规定，明确征收补偿的基本原则是保障被征地农民原有生活水平不降低、长远生计有保障，完善了征收程序、将原来的征地批后公示改为征地批前公告等内容。

二 集体经营性建设用地制度改革

改革开放初期，国家在法律上允许农村集体经济组织以集体土地使用权与国有企业、城市集体企业共同投资举办联营企业，且允许依法转让。然而，1998年修订的《土地管理法》在法律层面确立了对集体建设用地流转的限制。一是实行以城乡企业、居民身份相挂钩的城乡建设用地二元分割管理；二是收窄了集体建设用地使用权的流转范围，规定除乡镇企业破产兼并外，禁止农村集体经济组织以外的单位或者个人直接使用集体建设用地。随着城镇建设用地供需矛盾不断加剧，农村集体经营性建设用地流转的需求在不断增加，巨额土地增值收益引发了农村集体经营性建设用地的自发流转，形成了巨大的土地隐形市场。由于相关法律政策滞后，对集体经营性建设用地的自发流转缺乏引导、规范和管理，造成土地市场秩序混乱、土地收益分配不公和规划管理失灵等一系列问题。[①]

[①] 张晓山、李周主编：《中国农村改革30年研究》，经济管理出版社2008年版，第177页。

党的十七届三中全会提出"逐步建立城乡统一的建设用地市场",明确了对农村集体经营性建设用地入市采取"统一市场、同地同权"的改革思路。党的十八届三中全会又提出"在符合规划和用途管制前提下,允许农村集体经营性建设用地出让、租赁、入股,实行与国有土地同等入市、同权同价",由此吹响了农村集体经营性建设用地改革的号角。2015年,围绕完善农村集体经营性建设用地产权制度、明确农村集体经营性建设用地入市范围和途径、建立健全市场交易规则和服务监管制度等内容,国务院启动了集体经营性建设用地入市改革试点,取得了显著成效。截至2018年12月,33个试点县(市、区)集体经营性建设用地已入市地块1万余宗,面积9万余亩,总价款约257亿元,收取调节金28.6亿元,办理集体经营性建设用地抵押贷款228宗、38.6亿元。[①]

根据改革试点的经验,2019年修订的《土地管理法》删除了原法第43条关于"任何单位和个人进行建设,需要使用土地,必须使用国有土地"的规定,允许集体经营性建设用地在符合规划、依法登记,并经本集体经济组织2/3以上成员或村民代表同意的条件下,通过出让、出租等方式交由集体经济组织以外的单位或者个人直接使用。同时,使用者取得集体经营性建设用地使用权后还可以转让、互换、出资、赠予或者抵押。这一重大制度突破,结束了多年来集体建设用地不能与国有建设用地同权同价同等入市的二元体制,为推进形成城乡统一的建设用地市场扫清了制度障碍,是新土地管理法的最大亮点。

---

① 韩长赋:《国务院关于农村土地征收、集体经营性建设用地入市、宅基地制度改革试点情况的总结报告》,2018年12月23日,中国人大网,http://www.npc.gov.cn/npc/c12491/201812/3821c5a89c4a4a9d8cd10e8e2653bdde.shtml。

三 宅基地制度改革

改革开放初期,中国农村宅基地制度延续了人民公社时期的基本框架,具有保障农民居住需求的福利性质。其基本特点是:宅基地集体所有权与农户使用权相分离;宅基地依成员资格无偿申请、无限期使用;宅基地与其上的房屋权利安排相分离,农民拥有房屋所有权并可以买卖、租赁、抵押、典当;宅基地使用权随着房屋的买卖、租赁而转移。[①]

改革开放以后,国家以保护耕地和节约用地、制止农民建房乱占滥用耕地为出发点,开始强化对农村宅基地的管制。在宅基地权利归属和结构方面,仍然坚持宅基地集体所有权、保障农户占有和使用权,但严禁买卖、出租、抵押和违法转让宅基地,宅基地使用权转让范围严格限制在本集体经济组织内部且禁止城镇居民在农村购置宅基地。在宅基地取得方面,确立了"一户一宅、面积法定"的原则。在宅基地与其附属房屋关系方面,允许通过继承、接受转让或购买房屋取得的宅基地以及非农业户口原在农村房屋产权没有变化而持有的宅基地确定其集体土地建设用地使用权。为遏制农村乱占滥用土地建房,1988—1992年各地相继开展了农村宅基地有偿使用试点工作。1993年,在清理农村税费、减轻农民负担过程中,国家取消了农村宅基地有偿使用收费、宅基地超占费等项目。

党的十八大以来,国家出台了一系列政策措施,稳步推进宅基地制度改革。2015年,针对农户宅基地取得困难、利用粗放、退出不畅等问题,国务院启动实施了宅基地制度改革试点,重点是完善宅基

[①] 刘守英:《土地制度与中国发展》,中国人民大学出版社2018年版,第104页。

地权益保障和取得方式，对超标准占用和一户多宅等情况实行有偿使用，探索进城落户农民在本集体经济组织内部自愿有偿退出或转让宅基地，改革宅基地审批制度。截至2018年12月，试点地区共腾退出零星、闲置的宅基地约14万户、8.4万亩，办理农房抵押贷款5.8万宗、111亿元。① 2018年中央一号文件提出了宅基地所有权、资格权、使用权"三权分置"改革思路，即落实宅基地集体所有权，保障宅基地农户资格权和农民房屋财产权，适度放活宅基地和农民房屋使用权，为宅基地制度改革指明了方向。2019年修订的《土地管理法》允许进城落户的农村村民自愿有偿退出宅基地；同时下放宅基地审批权限，明确农村村民住宅用地由乡镇人民政府审批。

第四节 完善土地管理体制与调控政策

改革开放以来，为适应发展战略、体制转轨和宏观调控的需要，中国稳步推进土地管理体制改革，不断完善土地调控政策，有力促进了国土资源优化配置和合理利用，土地管理工作逐步迈入制度化、法制化轨道。

一 推进土地管理体制改革

新中国土地管理体制经历了从统一到分散再到统一的转变。改革

---

① 韩长赋：《国务院关于农村土地征收、集体经营性建设用地入市、宅基地制度改革试点情况的总结报告》，2018年12月23日，中国人大网，http://www.npc.gov.cn/npc/c12491/201812/3821c5a89c4a4a9d8cd10e8e2653bdde.shtml。

开放以来，中国不断加强和规范土地管理，完善土地管理法律法规体系，逐步推动土地管理由分散多头管理转向集中统一管理，由单一的行政管理转向行政、经济和法律手段相结合的综合管理。土地管理体制改革主要集中在以下四个方面。

一是完善土地管理法律法规体系。改革开放以来，中国逐步建立起以《宪法》为统领，以《民法典》等民事基本法律为基础，以《土地管理法》《城市房地产管理法》《农村土地承包法》等专门法律为主体，以《土地管理法实施条例》《基本农田保护条例》《不动产登记暂行条例》等20多部行政法规为细化，以60多部部门规章和200多部地方性法规、政府规章为补充，相对完善的中国特色土地管理法律法规体系[①]，为依法管理土地资源奠定了法律基础。

二是推进土地管理机构改革。改革开放初期，中国土地管理主要采取分散管理的方式，导致各部门各自为政、政出多门。为改变这种分散多头管理状况，1986年国务院成立国家土地管理局，对全国土地和城乡地政实行统一管理。在1998年国务院机构改革中，国务院又新组建了国土资源部，对从陆地到海洋、从土地到矿产的全部国土资源实行集中统一管理，实现了由分部门向统一、集中管理的体制转变。2015年，中共中央、国务院制定的《生态文明体制改革总体方案》提出，"完善自然资源监管体制。将分散在各部门的有关用途管制职责，逐步统一到一个部门，统一行使所有国土空间的用途管制职责"。2018年，新一轮国务院机构改革组建了自然资源部，负责对自然资源开发利用和保护进行监管，建立空间规划体系并监督实施，履

---

① 姜大明：《中国特色土地制度的主要内容和改革实践》，《国土资源通讯》2017年第19期。

行全民所有各类自然资源资产所有者职责等。对自然资源集中统一管理，符合自然资源稀缺性、整体性、公共性、多功能的特点，为推进生态文明建设提供了制度保障。

三是建立国家土地督察制度。改革开放以来，开发区建设和城市扩张导致耕地大量减少，以地方政府和企事业单位为主体的土地违法案件不断增加。在上述背景下，2004年国务院提出建立国家土地督察制度，设立国家土地总督察，向地方派驻土地督察专员，监督土地执法行为。2006年，国务院办公厅印发《关于建立国家土地督察制度有关问题的通知》，正式设立国家土地总督察，并向地方派驻9个国家土地督察局，代表国家土地总督察履行监督检查职责。随着土地督察机构的设立和运行，土地督察制度实施效果逐步显现，建设占用耕地面积不断减少，一定程度上规范和约束了地方政府在土地资源市场配置中的行政干预行为，减少了地方政府在执行中央土地政策中的偏差。

四是调整中央和地方土地管理权限。1998年，为了约束地方政府盲目扩张建设用地、落实耕地保护目标，国家上收了县、市政府的用地审批权，主要由中央和省级政府来行使，实行集中化的分级管理。2004年，国家正式明确省以下国土资源管理机构实行垂直领导，将省以下国土资源管理部门的土地审批权和主要领导任免权上收至省级政府。同时，将市辖区国土资源主管部门的机构编制上收到市人民政府管理，将乡镇国土资源管理所的机构编制上收到县级人民政府管理。上述改革，在一定程度上约束地方政府依法行政，有利于保障耕地保护政策目标的落实，但也导致用地审批灵活性不足。为落实新《土地管理法》，2020年国务院发布《关于授权和委托用地审批权的决定》，大幅下放用地审批权，授权省级政府批准永久基本农田以外的农用地转为建设用地审批事项,委托北京、天津、上海、江苏、浙江、安徽、广东、重庆 8 个试点省(市)政府批准永久基本农田转为建设用地和国务院批准土地征收审批事项。自然资源部同步下放了相应的建设用地预审权。这次放权对于深化土地管理制度改革具有重要意义。

二 完善土地调控政策

1992 年以来,全国出现了"房地产热",乱占滥用、闲置土地现象突出,国家以加强土地使用管理为核心开展了土地调控。主要措施包括开征土地增值税、对非农业建设闲置土地和各类建设用地进行全面清理检查、严格建设用地的审批管理、严格控制城市建设用地规模等。2003 年以来,针对一些地方土地市场秩序混乱以及为了抑制经济过热,国务院及有关部门连续出台了一系列政策措施,开展了以促进经济平稳健康发展为目的的新一轮土地调控。这一轮土地调控主要是围绕"一条主线、三个重点"展开的。"一条主线"就是进一步治理整顿土地市场秩序,规范和完善农用地转用审批、国家统一征地和统一供地三位一体的农地非农化机制,促进土地要素市场健康发展;"三个重点"就是清理整顿并暂停审批设立各类开发区、严格建设项目用地审批管理、加强对房地产市场引导和宏观调控,实现对建设用地供应总量、供应结构以及不同区域土地供应的调控。总体上看,在这次土地调控中,国家实行多措并举、严把土地"闸门",土地市场治理整顿取得了明显成效,有力地促进了宏观调控政策的落实。例如,2003 年 7 月开始的开发区清理整顿工作有效遏制了违规违法占地势头,到 2006 年,全国各类开发区数量由 6866 个压到 1568 个,规划面积由3.86万平方千米减至9949平方千米，压缩的比例分别达到了77.2%和74.2%。①

党的十八大以来，国家通过土地供应制度和政策创新，不断优化土地供应结构，提高土地供应质量，推动供给侧结构性改革。一是创新产业用地政策支持实体经济发展。在土地供应方向上，优先安排新兴产业发展和传统产业改造升级用地，严控钢铁、煤炭等过剩产能和低水平重复建设项目用地；在土地供应方式上，探索先租后让、租让结合、弹性年期出让等新方式，拓展土地租赁和作价出资（入股）供应方式，降低企业用地成本。二是建立促进房地产健康发展的基础性土地制度。按照"房子是用来住的、不是用来炒的"定位，国家从实行住宅用地分类调控、强化供需双向调节、探索房地产多元化供地机制等方面出台了一系列措施，促进房地产市场平稳健康发展。在住宅用地分类调控方面，区分保障性住房和商品房，对保障性住房用地实行应保尽保，对商品房用地根据供需形势因城因地施策。在强化供需双向调节方面，通过规划管控，推动人口过多、房价过高的特大城市加快疏解部分城市功能；合理确定公租房、共有产权房（限价房）等政策性住房和商品住房用地比例与规模以优化供地结构。在探索房地产多元化供地机制方面，在符合城乡规划、土地利用规划和权属不变的前提下，探索将农村集体建设用地、企业自有建设用地用于建设租赁住房。

（魏后凯、李登旺）

---

① 《全国开发区数量和面积减少七成多》，《人民日报》2007年9月18日。

第八章

探索平衡、协调、可持续发展

改革开放以来，中国经济充分利用后发赶超优势，获得了快速发展。与此同时，也带来不稳定、不平衡、不协调、不可持续的结构性问题。探索平衡、协调、可持续性发展是直面经济发展中的问题、加快转变发展方式的关键所在，也是全面建成小康社会的题中应有之义。这既涉及发展观的演进与升华，也涉及宏观调控体系的探索和完善。

◇ 第一节 从"硬道理"到科学发展观

从改革开放之初邓小平同志提出发展是硬道理，到党的十七大提出以人为本的科学发展观，中国共产党在理论和实践层面对中国发展问题进行了富有建设性的探索。

一 发展是硬道理

1978年，全国农村有2.5亿人口未能解决温饱问题，人均年收入不足 100 元。1978 年以后，中国共产党迅速把工作重心转移到经济建设上来，并把"以经济建设为中心，坚持四项基本原则，坚持改革开放"作为贯彻社会主义初级阶段的基本路线。全党上下都认识到，经济是基础，发展是关键；只有把经济建设搞上去，才能把中国的事情办好，才能真正体现社会主义制度的优越性。从这个意义上说，在社会主义初级阶段，发展始终是硬道理。

（一）党的工作重心向经济建设转移

中华人民共和国成立的前三十年，经济建设取得了重要成就，并为改革开放以后的发展提供了物质基础。但是，高度集中的中央计划经济体制和一系列政治运动阻碍了经济效率的提升和经济结构的优化，使得中国未能赶上世界经济发展的潮流，人民生活水平未能得到显著改善。特别是在"文化大革命"期间，党的工作重心远离了经济建设。到了"文化大革命"后期，国民经济濒临崩溃的边缘，人民温饱问题尚未解决，国家建设百业待兴。而当时的世界经济正快速发展，科技进步日新月异。

粉碎"四人帮"之后，中国派出大批由领导干部组成的考察团，赴日本、香港、西欧和东欧等国家和地区考察。考察团成员看到的是中国同发达经济体令人吃惊的巨大差距，这使他们认识到，长期的停滞不前使中国大大地落后了；除了加快发展，中国再无其他出路。邓小平同志在 1978 年年底总结出国考察作用时指出："最近我们的同志出去看了一下，越看越感到我们落后。"[1] 穷则思变，巨大的差距使得中国领导层在加快发展和推动改革的问题上很快达成了共识。李先念同志在 1978 年 7—8 月间召开的国务院务虚会上提出：当务之急，

---

[1] 《邓小平思想年编（1975—1997）》，中央文献出版社 2011 年版，第 162 页。

是既要大幅度改变目前落后的生产力,也要多方面地改变生产关系,改变上层建筑。领导层加快发展和深化改革的紧迫感可见一斑。正如邓小平同志所说:"不改革不行,不开放不行。过去20多年的封闭状况必须改变。我们实行改革开放政策,大家意见都是一致的,这一点要归功于十年'文化大革命',这个灾难的教训太深刻了。"①

1978年12月,党的十一届三中全会胜利召开,实现了具有深远意义的伟大转折。习近平总书记指出,党的十一届三中全会是划时代的,开启了改革开放和社会主义现代化建设历史新时期。② 这次会议重新确立了解放思想、实事求是的思想路线,做出实行改革开放的决策。此后,全党的工作重心迅速从阶级斗争转向经济建设,发展成为时代的主题。

1979年10月,邓小平同志在省市自治区第一书记会议上强调:"经济工作是当前最大的政治,经济问题是压倒一切的政治问题。不止是当前,恐怕今后长期的工作重点都要放到经济工作上面。"③ 1980年1月,邓小平同志在中共中央召集的干部会议上发表了题为"关于目前的形势和任务"的重要讲话,进一步阐述了把经济建设作为工作中心的重要性:"说到最后,还是要把经济建设当作中心。离开了经济建设这个中心,就有丧失物质基础的危险。其他一切任务都要服从这个中心,围绕这个中心,绝不能干扰他,冲击它。"④

---

① 邓小平:《思想更解放一些,改革的步子更快一些》,《邓小平文选》第3卷,人民出版社1993年版,第265页。
② 《习近平主持召开中央全面深化改革委员会第六次会议强调 对标重要领域和关键环节改革 继续啃硬骨头确保干一件成一件》,《人民日报》2019年1月24日。
③ 邓小平:《关于经济工作的几点意见》,《邓小平文选》第2卷,人民出版社1983年版,第194页。
④ 邓小平:《目前的形势和任务》,《邓小平文选》第2卷,人民出版社1983年版,第250页。

上述论断充分体现了马克思历史唯物主义和辩证唯物主义的方法论和历史观。生产力是推动社会进步最活跃、最革命的要素。社会主义的根本任务是解放和发展社会生产力。只有通过解放和发展中国的社会生产力，逐步实现对资本主义国家经济社会发展水平的超越，才能真正彰显中国特色社会主义制度的优越性。要大力发展生产力，就必须在整个社会主义历史阶段中，始终坚持以经济建设为中心。抓住了经济建设这个中心，就抓住了中国社会主义现代化建设的"牛鼻子"。

物质生产是社会历史发展的决定性因素，但上层建筑也可以反作用于经济基础，生产力和生产关系、经济基础和上层建筑之间有着作用和反作用的现实过程，并不是单线式的简单决定和被决定逻辑。因此，邓小平同志指出："社会主义基本制度确立以后，还要从根本上改变束缚生产力发展的经济体制，建立起充满生机和活力的社会主义经济体制，促进生产力的发展。"[①] 也就是说，我们不仅要在社会主义条件下发展生产力，而且要通过改革解放生产力，清除发展生产力的障碍。因此，以经济建设为中心要贯穿中国的整个发展过程，坚持改革开放也要贯穿中国的整个发展过程。

发展是时代的主题，发展是硬道理。但我们到底要坚持什么样的发展？邓小平同志在1992年"南方谈话"中提出的"三个有利于"标准，即判断改革开放成败得失，应该主要看是否有利于发展社会主义社会的生产力，是否有利于增强社会主义国家的综合国力，是否有利于提高人民的生活水平。

（二）"翻两番"目标和"三步走"战略

改革开放之初，中国社会的主要矛盾是落后的社会生产力发展水

[①] 邓小平：《在武昌、深圳、珠海、上海等地的谈话要点》，《邓小平文选》第3卷，人民出版社1993年版，第370页。

平与人民群众日益增长的物质文化需求之间的矛盾。解决这一矛盾的根本办法就是以经济建设为中心，加快发展。1980年，邓小平等中央领导同志形成了从1981年到20世纪末的20年，实现工农业总产值"翻两番"的战略构想。翻两番目标就意味着国民经济年均增速要达到7.2%，高于之前30年5%左右的平均增速，这就给每年的国民经济发展设定了一个经过努力可以实现的较高目标，有利于凝聚全社会共识，集中精力搞经济建设。

在提出"翻两番"目标基础上，邓小平同志经过深入思考和精心设计，逐步提出了"三步走"发展战略。第一步，从1981—1990年，国民生产总值翻一番，实现温饱；第二步，从1991年到20世纪末，再翻一番，达到小康；第三步，到21世纪中叶，再翻两番，达到中等发达国家水平，人民生活比较富裕，基本实现现代化。

事实上，翻两番战略目标到1995年就已经提前五年实现，也就是说"三步走"战略的前两步已经提前走完，这为中国经济的重新崛起和人民生活水平的提高打下了坚实的物质基础。于是，中国终于在改革开放的进程中把自己在几个世纪"大分流"中的落后地位，逆转为向发达经济体的"大趋同"，开始了中华民族复兴的伟大征程。

（三）"发展是硬道理"与"台阶论"发展思想

邓小平同志在1992年"南方谈话"中指出："对于我们这样发展中的大国来说，经济要发展得快一点，不可能总是那么平平静静、稳稳当当。要注意经济稳定、协调地发展，但稳定和协调也是相对的，不是绝对的。发展才是硬道理。"[①] "发展是硬道理"，邓小平同志用

---

① 邓小平：《在武昌、深圳、珠海、上海等地的谈话要点》，《邓小平文选》第3卷，人民出版社1993年版，第377页。

简洁和朴素的语言生动、准确地概括了改革开放初期中国共产党发展观的本质特征。

与"发展是硬道理"的思想一脉相承，在1992年"南方谈话"中，邓小平同志还引人注目地提出抓住时机，加速发展，争取隔几年使国民经济上一个新台阶的经济发展思想。邓小平同志指出，从国际经验看，一些国家在发展过程中，都曾经有过高速发展时期，或者若干高速发展阶段。日本、韩国、东南亚一些国家和地区，就是如此。中国的经济发展，也要力争隔几年上一个台阶。比如广东，要上几个台阶，力争用二十年时间赶上亚洲"四小龙"。江苏、上海等发展比较好的地区，也完全有条件搞得更快一些。

日本和亚洲"四小龙"在第二次世界大战后的持续高速发展，被世界银行誉为"东亚奇迹"。诺贝尔经济学奖得主斯宾塞领导的"增长与发展委员会"2008年发布的一份研究报告显示，自第二次世界大战结束以来，在全世界一百多个发展中经济体里，只有13个经济体在25年或更长的时间段维持了年均7%及以上的持续增长。此后，其中的6个经济体继续稳定增长，步入高收入经济体行列，它们是日本、亚洲"四小龙"和欧洲的马耳他。

20世纪90年代初，从国际形势看，经济全球化浪潮席卷世界各国，和平与发展成为世界潮流，总体形势有利于搞经济建设。从国内形势看，中国把改革开放作为基本国策，全面融入全球化大潮，并确立了社会主义市场经济的改革目标，具备了出现若干高速发展阶段的可能性。因此，"争取国民经济隔几年上一个台阶"是一个既鼓舞人心，又实事求是的可行目标。事实胜于雄辩。中国发展的成就证明，邓小平同志的战略预言已经变成现实。仅以广东省为例，1992年，广东省GDP总量相当于新加坡的85%，不及香港的一半，仅为台湾的 1/5，韩国的 1/8。1993—2012 年，广东 GDP 年均增长 13%，远高于同一时期亚洲"四小龙"4%—6% 的水平，高速增长带来了经济实力的大幅提升。2012 年，广东 GDP 总量是香港和新加坡的三倍多，是台湾的近两倍，并且已达到韩国的 80%。邓小平同志提出的广东要上几个台阶，力争用二十年时间赶上亚洲"四小龙"的战略目标已如期实现。

二 转变经济增长方式

"萝卜快了不洗泥。"在强调快速增长的背后，不可避免地会带来对增长质量的忽视。这是苏联粗放式发展方式的教训，也是改革开放以来中国后发赶超式发展一直面临的困扰。

早在 1979—1980 年，国务院财经委员会就组织了一批经济学家对中国经济发展的历史和现实进行全面深入的调查研究。主要结论是：中国长期采取了一种依靠铺新摊子用高投入支持高速度的增长方式，增长率虽然不低，但是缺乏实效，当这种战略发挥到极致时，就会出现"大跃进"一类灾难，并致使"文化大革命"时期的国民经济走到了崩溃的边缘。所以，在制定"六五"计划和 1980—1990 十年规划时，许多经济学家建议，要实现从粗放（外延）增长方式到内涵（集约）增长方式的转变。[①]

江泽民同志在党的十四届五中全会闭幕时的讲话中指出，实现中国经济增长方式从粗放型向集约型的转变，是一个早已经明确提出的思想，可是这些年来，这一转变"虽然取得了一定进展，但总体效果

[①] 吴敬琏：《怎样才能实现增长方式的转变》，《经济研究》1995 年第 11 期。

还不明显"。这一论断表明，改革开放以来，虽然中国经济取得了不少进步，高速增长态势引起了世界关注，但是粗放增长的顽疾并未治愈，经济效率仍然比较低。

面对这种状况，党中央在制定国民经济和社会发展"九五"计划和 2010 年远景目标时，把"转变经济增长方式"置于国家战略高度来讨论。在 1994 年中央经济工作会议上，党中央首次明确使用了"转变经济增长方式"的提法，提出要实现经济增长方式从粗放型向集约型转变。1995 年，《关于国民经济和社会发展"九五"计划和 2010 年远景目标建议的说明》指出，资源消耗高、资金周转慢、损失浪费严重的，经济效益低的"粗放型的增长方式，是当前经济生活中许多矛盾和问题的症结所在"。因此，《中共中央关于制定国民经济和社会发展"九五"计划和 2010 年远景目标的建议》（以下简称《建议》）提出了今后 15 年中实现经济增长方式转变的重大任务。《建议》指出："实现今后 15 年的奋斗目标，关键是实现两个具有全局意义的根本性转变：一是从传统的计划经济体制向社会主义市场经济体制转变；二是经济增长方式从粗放型向集约型转变。"

从理论上说，一个国家的经济发展，决定其轨迹的，一是经济体制，二是经济增长方式。前者与生产关系相联系，后者与生产力相联系，两者之间相互依存、相互制约、相互促进，在不同条件下有不同的组合形态。一定的经济体制与一定的经济增长方式是对应的。在经济体制与经济增长方式相适应的情况下，经济发展比较顺利；当经济体制不适应经济增长方式转变要求时，就会出现这样或那样的矛盾和障碍。当出现后一种情况时，必须改革经济体制，才能进一步解放和发展生产力。我们经常把改革与发展并提，就是为了求得生产关系的完善，以促进生产力的发展。同时，发展本身，还有一个采取什么经济增长方式的问题。不同的经济增长方式,对发展经济也有不同的决定性影响,导致发展的不同成效。因此,在经济建设中,经济体制的选择和改革与经济增长方式的选择和更新,成为经济工作始终关注和决策的重要内容。粗放增长方式乃是集中计划经济的必然产物,要转变增长方式,就必须改革现有的经济体制,发挥市场机制的作用,建立社会主义市场经济体制。《建议》和《纲要》提出两个转变,既具有"全局意义",又具有"根本性",确实抓住了经济发展的关键。[①]

20 世纪 90 年代中后期,党中央对转变增长方式问题做了详细部署。"九五"计划提出,要靠经济体制改革,形成有利于节约资源、降低消耗、增加效益的企业经营机制,有利于自主创新的技术进步机制,有利于市场公平竞争和资源优化配置的经济运行机制。向结构优化要效益,向规模经济要效益,向科技进步要效益,向科学管理要效益。"十五"计划又强调,按原有结构和粗放增长方式发展经济,不仅产品没有市场,资源、环境也难以承受。必须在发展中调整结构,在结构调整中保持较快发展。

此后,转变经济增长方式取得了一定成效,比如 1980—2002 年,单位 GDP 能耗下降 66.8%,但尚未实现根本性转变。经济增长主要仍依靠增加投入和扩张规模来实现,资源约束增强且资源浪费严重,经济增长伴随着环境恶化,技术进步主要依赖引进。转变不理想的原因之一,是前一段粗放型经济增长还有一定的空间,尚未到达难以为继的地步。[②] 另外,社会主义市场经济体制还不完善,市场机制难以在

[①] 刘国光:《两种经济体制和两种经济增长方式》,载《刘国光文集》第 9 卷,社会科学文献出版社 2006 年版,第 15 页。

[②] 张卓元:《深化改革,推动粗放型经济增长方式转变》,《经济研究》2015 年第 11 期。

资源配置中充分发挥作用,从传统的计划经济体制向社会主义市场经济体制的根本性转变尚未实现,这也影响着经济增长方式的转变效果。

三 以人为本的科学发展观

20世纪90年代以来中国转变经济增长方式未达到"根本性转变"的效果,不平衡、不协调、不可持续问题依然突出。党的十六大之后,党中央对发展观问题又进行了深入思考;而"非典"疫情的暴发,则成为发展观演进的重要契机。

2003年年初,正当中国人民为实现全面建设小康社会宏伟目标而努力奋斗之时,中国遭遇了一场突如其来的非典型肺炎疫病灾害。尽管全党全国人民的共同努力,最终战胜了"非典",但也由此深切体会到发展中存在的问题。比如,中国的经济发展和社会发展、城市发展和农村发展还不够协调,突出表现在公共卫生事业发展滞后、突发事件应急机制不健全等。在"非典"疫情结束后不久,胡锦涛同志提出要树立"科学发展观"。2003年秋季,胡锦涛同志在党的十六届三中全会上明确提出,要树立和落实全面发展、协调发展和可持续发展的科学发展观。树立和落实科学发展观,十分重要的一环就是要正确处理增长的数量和质量、速度和效益之间的关系。增长是发展的基础,但增长并不简单地等同于发展,如果单纯扩大数量,单纯追求速度,而不重视质量和效益,就会出现增长失调、从而最终制约发展的局面。[1]

---

[1] 胡锦涛:《树立和落实科学发展观》,载《十六大以来党和国家重要文献选编》(上),人民出版社2005年版,第506页。

为贯彻落实科学发展观，2005年10月党的十六届五中全会通过的《中共中央关于制定国民经济和社会发展第十一个五年规划的建议》提出，要加快推进粗放型经济增长方式转变。这次全会提出的转变经济增长方式，其内涵不限于从粗放型转变为集约型，而是要从高投入、高消耗、高排放、低效率的粗放型经济增长方式，转变为低投入、低消耗、低排放、高效率的资源节约型经济增长方式，把提高自主创新能力和节约资源、保护环境作为重要内容。

此次全会还提出："发展既要有较快的增长速度，更要注重提高增长的质量和效益。"质量和效益被放在比速度更重要的战略地位。随后，2006年11月30日召开的中共中央政治局会议首次引人注目地提出：努力实现国民经济又好又快发展。2006年12月初召开的中央经济工作会议，在强调提出努力实现国民经济又好又快发展时，进一步指出：又好又快发展是全面落实科学发展观的本质要求。这表明，快速增长已不是难点，而如何让经济发展得更"好"，才是中国当时面临的最大问题。因此，要把工作重心放到全面提高经济增长的质量和效益上来，防止片面追求和盲目攀比增长速度。[1]

此后，"好"成为经济发展的首要目标。然而，经济发展要做到"好"，并非易事，需要从多方面发力。第一，要通过加强和改善宏观调控，增强经济运行的稳定性。第二，要通过加快转变经济增长方式来实现经济增长的可持续性，建设资源集约型和环境友好型社会。第三，要处理好国民经济中的重大比例关系，增强经济结构的协调性。除了以上三个方面之外，最为根本的是，要增强经济发展的包容性，让全体人民共享发展成果，这是中国共产党的宗旨和使命所决

---

[1] 刘树成：《论又好又快发展》，《经济研究》2007年第6期。

定的。这就要求我们更加重视教育、卫生、文化等各项社会事业发展，妥善处理经济增长和收入分配的关系，坚持积极的就业政策，注重为农村和城镇低收入者提供更好的基本公共服务，推动城乡一体化发展，解决人民群众最关心的实际问题。

在科学发展观的指引下，各级政府较大幅度地增加了对发展科教文卫体等社会事业的投入，并通过体制机制改革调动企业和社会各方面参与社会事业发展的积极性和主动性。与此同时，农村税费改革全面实施，农民工市民化战略开始破题，城市基础设施显著改善，公共服务水平明显提高。城乡一体化进程的推进，提高了城乡生产要素配置效率，带来了社会结构深刻变革，促进了城乡居民生活水平全面提升。社会发展水平的提升和城乡要素配置效率的改进为中国经济韧性的提升提供了重要支撑，构成21世纪初中国经济平稳发展的基础性动力。

2007年秋季召开的党的十七大，对科学发展观的要义进行了总结概括。科学发展观的第一要务是发展，核心是以人为本，基本要求是全面协调可持续发展，根本方法是统筹兼顾。第一，发展是硬道理，离开发展，就无所谓发展观。坚持科学发展观，根本上是要用新的发展思路实现更好更快的发展。第二，坚持科学发展观，就要把人民的利益作为一切工作的出发点和落脚点，促进人的全面发展。第三，科学发展是全面协调可持续的发展，是建立在优化结构、提高质量和效益基础上的发展，要实现速度、结构、质量、效益和可持续性相统一，促进现代化建设各个环节、各个方面相协调，促进生产关系与生产力、上层建筑与经济基础相协调。第四，要正确认识和妥善处理中国特色社会主义事业中的重大关系，统筹个人利益和集体利益、局部利益和整体利益、当前利益和长远利益，充分调动各方面积极性。从上述表述中可以看出,科学发展观在坚持发展是硬道理的基础上,凸显"以人为本"的重要性,强调人民利益至上,把促进人的全面发展作为发展的根本取向,采用统筹兼顾的办法通过调动各方面的积极性,进而实现全面协调可持续的发展。

在科学发展观的指导下,《"十二五"规划纲要》明确提出:"中国仍处于并将长期处于社会主义初级阶段,发展仍是解决中国所有问题的关键。坚持发展是硬道理的本质要求,就是坚持科学发展。以加快转变经济发展方式为主线,是推动科学发展的必由之路,是中国经济社会领域的一场深刻变革,是综合性、系统性、战略性的转变,必须贯穿经济社会发展全过程和各领域,在发展中促转变,在转变中谋发展。"总之,党中央认为,转变经济发展方式,应当成为坚持发展是硬道理、推动科学发展的主线,而这一转变是一场深刻变革。

由此可见,发展是硬道理的战略思想、"两个根本性转变"战略任务和科学发展观是一脉相承、与时俱进的思想体系。虽然这些发展思想的战略重点、具体目标和工作主线不尽相同,但都围绕如何解决社会主义初级阶段基本矛盾,如何解放和发展生产力这一核心命题进行探索,出发点和根本目的都是满足人民日益增长的物质文化需要,方法论内核都是辩证唯物主义和历史唯物主义,它们彼此之间是相互贯通的。

第二节　中国特色宏观调控体系逐步形成

邓小平同志"南方谈话"之后,中国特色社会主义市场经济蓬勃发展,市场经济条件下以计划(规划)、财政、金融"三位一体"

的间接调控模式逐步形成。从 1993—1996 年的"软着陆",到 20 世纪 90 年代末的亚洲金融危机;从 21 世纪初的大繁荣到 2008 年的国际金融危机,经济的起起落落挑战着"干中学"的宏观调控。通过近 20 年的实践探索,中国特色宏观调控体系经受住了考验,获得了发展。

一 宏观调控"三位一体"模式探索

在经历了三年治理整顿,以及随后的"南方谈话"和党的十四大后,中国经济在 1993—1994 年又迅速启动,并很快步入新一轮过热。这次过热被总结为"四热、四高、四紧、一乱"。"四热"是房地产热、开发区热、集资热、股票热;"四高"是高投资膨胀、高工业增长、高货币发行和信贷投放、高物价上涨;"四紧"是交通运输紧张、能源紧张、重要原材料紧张、资金紧张;"一乱"是经济秩序混乱,特别是金融秩序混乱。如何管控经济过热、重塑国内经济秩序又一次摆在了决策层的面前。

1993 年 6 月在大连召开的继巴山轮会议之后的又一次里程碑式的国际研讨会——"中国宏观经济管理研讨会",对当时的宏观调控取向产生了重要影响。大连会议提出了提高存贷款利率至正利率水平、推行信贷额度限制、价格改革以及确定中央与地方税收之间合理比例关系、整顿中央银行、汇率并轨、加入 IMF 等建议。在推进全面经济改革的关键时期,大连会议讨论形成的主导意见,成为制定政策的重要参考。

会议结束不久,国务院于 6 月 24 日下发《关于当前经济情况和加强宏观调控的意见》,即所谓"16 条"。"16 条"措施中有 13 条是经济手段，强调的是强化间接调控，更多地采取经济手段、经济政策和经济立法，是市场经济条件下宏观调控方式变革的实践。在社会主义市场经济体制目标确立后，这次以经济手段为主的间接调控可称为"第一次应试"。这是一个良好的开端，也为此后系列宏观领域改革方案的出台创造了条件。

1993年11月召开的党的十四届三中全会通过了《中共中央关于建立社会主义市场经济体制若干问题的决定》，进一步提出社会主义市场经济必须有健全的宏观调控体系，"近期要在财税、金融、投资和计划体制的改革方面迈出重大步伐，建立计划、金融、财政之间相互配合和制约的机制，加强对经济运行的综合协调"。其中，计划提出国民经济和社会发展的目标、任务，以及需要配套实施的经济政策；中央银行以稳定币值为首要目标，调节货币供应总量，并保持国际收支平衡；财政运用预算和税收手段，着重调节经济结构和社会分配。运用货币政策与财政政策，调节社会总需求与总供给的基本平衡，并与产业政策相配合，促进国民经济和社会的协调发展。由此，计划、财政、金融三位一体的宏观调控模式初现雏形。当然真正要发挥作用，还需要加快推进这三个领域的改革。

二 财税、金融、外汇改革

微观层面的改革取得进展后，宏观层面的约束凸显出来。1994年开始的财税、金融、外汇方面的改革，是从微观改革转向宏观改革的重要节点，催生出现代宏观调控政策体系。

实际上，在《中共中央关于建立社会主义市场经济体制若干问题的决定》起草过程中，强化宏观调控职能已经成为中央政策考量的一个重要维度。不过,在当时的环境下,宏观管理体制改革的方向还存在诸多争议。有十几个省、自治区、直辖市提出,要给省一级宏观调控权①。宏观领域的改革正是在这样的背景下展开的。

(一) 财政体制改革

在原有的财政包干制下,中央财政权力下放到地方,导致中央可支配财力减少,甚至一度"站在悬崖边上"。"两个比重(指财政收入占 GDP 的比重和中央财政收入占全国财政收入的比重)的逐年下降使中央财政到了捉襟见肘的境地,中央财政拿不出更多钱来安排重点支出……所以,中央财政除了发行国债外,还在 20 世纪 80 年代向地方财政借过款。"② 显然,财政领域包干制度已经严重削弱了财政对宏观经济的调控作用。另外,财政包干下任务已经定死,直接导致总量政策对微观经济活动的作用被削弱,结构性通胀的机制被强化,这也被认定为 20 世纪 80—90 年代初中国通货膨胀大起大落的一个重要原因。

1993 年年中,在朱镕基同志的主持下,国家税务总局起草了《关于税制改革的实施方案(要点)》。从 9 月 9 日开始起,朱镕基同志受江泽民同志和李鹏同志之托,率领由体改委、财政部、税务总局等有关人员组成的 60 余人的队伍,向地方领导做关于税制改革的"解释"工作。在经历了诸多计算、讨论、权衡、调整后,同年 12 月 25 日,国务院做出《关于实行分税制财政管理体制的决定》,决定从 1994 年 1 月 1 日起改革现行地方财政包干制,实行分税制财政管理体

---

① 王梦奎:《社会主义市场经济体制的首个总体设计》,《经济日报》2013 年 11 月 7 日。

② 楼继伟:《40 年重大财政改革的回顾》,中国财政经济出版社 2019 年版,第 70 页。

制。即根据事权与财权结合的原则，按税种划分中央与地方收入。将维护国家权益、实施宏观调控所必需的税种划分为中央税；将同经济发展直接相关的主要税种划分为中央与地方共享税；将适合地方征管的税种划分为地方税，充实地方税税种，增加地方税收收入。分设中央与地方两套税务机构，中央税务机构征收中央税和中央与地方共享税，地方税务机构征收地方税。

财税改革重新理顺了中央与地方分配关系，中央财力得到恢复，为增强中央的权威、发挥财政的宏观调控作用创造了条件。同时，通过这一轮税制改革，原有包干制下税收顺周期的问题得到解决，税收调控作用也得以发挥。

（二）金融体制改革

1993年11月，《国务院关于金融体制改革的决定》明确提出要把中国的专业银行办成真正的商业银行，实行政策性业务与商业性业务的分离。1994年，国家开发银行、中国进出口银行和中国农业发展银行相继成立，中国银行体系"第二财政"的色彩进一步淡化。金融监管方面，从1992年中国股市刚刚兴起开始，国务院证券委员会和证监会就已经相继成立。1995年，中国人民银行不再负责对证券公司的监管，交由证监会来行使。此后，又分别在1998年和2003年成立了保监会和银监会，将中国人民银行对保险、银行、资产管理公司、信托投资公司及其他存款类金融机构的监管职能分离出来。

至此，中国人民银行与商业银行、政策性银行以及金融监管职能都做了有效的"切割"，其职责得以进一步聚焦于宏观调控和金融稳定。1994年10月，中国人民银行印发《中国人民银行货币供应量统计和公布暂行办法》，正式推出货币供应量统计指标，为货币政策发挥宏观调控功能提供了必要的准备。1995年3月18日,《中华人民共和国中国人民银行法》正式颁布,并于同年5月审议通过了《中华人民共和国商业银行法》,以法律形式确认了中国金融体系改革的成果,中国金融体系发展步入法制化、规范化轨道。

(三) 外汇体制改革

汇率方面,此前中国汇率实行"官方挂牌价"和"调剂市场价"双轨制,价差长时间处于一倍左右水平。中国银行还发行了一种特殊的货币,名叫"兑换券",面值与人民币等值,专供持外币兑换后在中国国内指定的场所消费。而在一些可以使用兑换券的商店,用人民币购物和用兑换券购物是两种挂牌价,兑换券的购物价格大大低于人民币,因此,当时市场上存在大量人民币与外汇兑换券之间的黑市套利活动。

针对外汇领域双轨并存的情况,1994年1月1日起,中国实施了重大的外汇体制改革,官方汇率5.80一次性与市场汇率8.70并轨,建立了单一的、以市场供求为基础的、有管理的浮动汇率制度;并在市场化的大方向下,大胆采取了强制结汇的制度安排,要求中资企业经常项目外汇收入必须全额卖给银行。同时,宣布实现人民币经常项目有条件可兑换,集中外汇供给保证中资企业进口及与进口有关的运费、保费、佣金等贸易从属费用的购汇需求。为保持外汇政策的连续性,减轻改革带来的震荡,这次没有将外商投资企业纳入银行结售汇体系,而是保留了外汇调剂中心,继续为其办理外汇买卖。这些改革措施在三年后的亚洲金融危机中为人民币维持币值稳定发挥了不可替代的作用。

在一系列应接不暇的重大改革举措下,中国宏观调控体系框架也初见雏形,使得宏观经济学意义上的财政、货币政策的实施成为可能，初步形成了计委、财政当局和货币当局"三位一体"的中国特色宏观调控体系，政府调控能力得到进一步加强。

三　通货紧缩与扩大内需

1993年下半年以来，政府以治理通胀为首要任务的宏观调控到1996年取得显著成效，CPI走势趋于平稳，经济增长率仍维持在高位，国民经济成功实现了"软着陆"。然而，1997年爆发的亚洲金融风暴，从东南亚迅速蔓延至整个亚洲，给中国经济带来意想不到的外部冲击。中国政府面对金融风暴，保持定力，坚持人民币不贬值，积极扩大内需，使中国在这场危机中"站得笔直"。中国特色的宏观调控经受住了考验。

20世纪90年代末，就总需求关系而言，中国经济进入一个新阶段——阶段性有效需求不足。1979年之前，中国是典型的"短缺经济"，总需求大大超出总供给，导致"紧运行"与过热成为常态。经过20年的快速增长，中国基本上告别了"短缺经济"，大量资源处在利用不足状态。这时候叠加亚洲金融危机的冲击，使得1998年消费者价格指数（CPI）进入负值区域（-0.8%），出现了改革开放以来的首次通货紧缩。之后的1999年与2002年再次出现通缩。

面对通缩，"扩大内需"成为必然之选。（1）货币政策：从1998年3月直到2002年，央行不断调低存款利率，旨在刺激消费和投资。（2）财政政策：降低汽车、住房消费税水平；扩大财政赤字，从1998—2001年，中央共计发行5100亿元特别建设国债，中央政府财政赤字规模也从1997年的560亿元迅速上升到2001年的2598亿元，2002年继续增长至3098亿元。（3）投资政策：一方面配合"西部大开发",加大对西部地区的基础设施投资;另一方面,以1999年为分界线,在全国范围内结束了福利分房制度,全面加大了住房制度改革力度。(4)消费政策:1999年9月,国务院改革出台新的法定休假制度,每年国庆节、春节和"五一"法定节日加上倒休,全国放假7天,并开始鼓励旅游消费。

总体而言,扩大内需的政策是成功的,在当时亚洲金融危机后外需明显不振的情况下,1998—2001年中国经济增长率分别为7.8%、7.1%、8.0%、7.3%,维持了"七上八下"的较高增速。2002年,党的十六大报告明确提出"扩大内需是中国经济发展长期的、基本的立足点"。

四 宏观调控体制机制改革

为更好发挥中央政府宏观调控的作用,需要推进宏观调控体制机制改革,这也成为机构改革与政府职能转变的一条主线。从1998年、2003年、2008年三次大的机构调整来看,一方面,减少政府对微观企业的干预,实现政企分离,提高间接调控的有效性;另一方面,调整、整合经济管理部门职能,聚焦和强化宏观调控。

一是专门经济部门的大规模调整,突出政企分离。1998年,将煤炭工业部、机械工业部、冶金工业部、国内贸易部、轻工总会和纺织总会等10个原部级经济部门分别改组为国家局,交由国家经贸委管理。这一举措旨在尽快结束政府直接管理企业的体制,政企不分的组织基础在很大程度上得以消除。到2003年,国企改革的推进时机进一步成熟,于是将国家经贸委的指导国有企业改革和管理职能,中央企业工委的职能以及财政部有关国有资产管理的部门职能等整合起来，设立国资委，代表国家履行出资人职责。

二是宏观经济综合管理部门改革。1998年，"国家计划委员会"更名为"国家发展计划委员会"。同时，为了加强国务院对经济体制改革工作的领导，体改委的机构设置出现大幅度调整，国家经济体制改革委员会改为国务院高层次的议事机构，总理兼任主任，有关部长任成员，不再列入政府部门序列。2003年，国务院将国家计委改组为发展和改革委，随着市场经济的深入发展，"计划"最终转变为"发展"。同时，国务院体改办的职能，并入发展和改革委，国家经贸委的行业规划、产业政策、经济运行调节、技术改造投资管理、多种所有制企业的宏观指导、促进中小企业发展以及重要工业品、原材料进出口计划等职能也一并划归发展和改革委。2008年，国务院进一步要求发改委"减少微观管理事务和具体审批事项，集中精力抓好宏观调控"，将发改委在工业行业管理方面的有关职能和对国家烟草专卖局的管理，划入新组建的国家工业和信息化部。

三是金融、涉外等部门改革。1998年，中国保险业的监管由中国人民银行移交到新成立的中国保监会。2003年，将中国人民银行对银行、资产管理公司、信托投资公司及其他存款类金融机构的监管职能分离出来，并和中央金融工委的相关职能整合，设立银监会。至此，正式形成了由中国人民银行负责货币政策，银监会、证监会和保监会实施分业监管的"一行三会"格局。央行的监管功能基本上完全剥离，职责聚焦于宏观调控和整体金融稳定，并配合了当时银行乃至整个金融体系资产剥离和修复。另外，伴随着中国加入WTO和进一步对外开放的需要，2003年，中央决定将国家经贸委的内贸管理、对外经济协调和重要工业品、原材料进出口计划组织实施等职能，国家计委的农产品进出口计划组织实施等职能，以及外经贸部的职能整合起来,组建商务部。同时,财政部也做出相应调整,将统计评价司撤销,设立关税司。

经历多次改革之后,宏观经济管理机构得到进一步精简,同时宏观调控部门与专业经济管理部门进一步分离,发改委、财政部、中央银行等部门宏观职能得以强化,宏观调控体制机制不断改进。

五 经济过热与繁荣期调控

2001年11月10日,在经历长达15年的等待后,WTO第四次部长级会议正式通过了《关于中国加入世贸组织的决定》,中国对外开放进程迈入了一个全新的阶段。从中国加入WTO直到2008年国际金融危机爆发,这段时间全球经济大繁荣,中国充分享受了全球化红利。但问题也随之而来:一是经济过热,二是外部失衡,这些给宏观调控带来了新的挑战。

(一)控制投资与房地产过热

2003年尽管爆发了"非典",但经济强劲增长的势头并未减弱,2003年年底已经呈现过热态势,宏观调控措施相继出台,主要针对的是投资和房地产过热问题。

2003年年底,国务院办公厅下发文件,要求各地运用多种手段,迅速遏制盲目投资、低水平重复建设的势头。2004年2月4日,国务院专门举行关于严格控制部分行业过度投资的电视电话会议,明确要求对钢铁、电解铝、水泥三大行业进行清理检查。在这一过程中,民营企业江苏铁本钢铁有限公司未经国家有关部门审批,于2003年6月开建800万吨钢铁项目的违规事件"浮出水面"。国务院严肃处理这起事件,并责成江苏省和有关部门处理这起案件的有关责任人,切实维护了国家宏观调控的统一性、权威性和有效性。控制投资过热,是当时宏观调控的主要任务。2005年《政府工作报告》指出,要"严把土地审批和信贷投放两个闸门,控制投资需求膨胀,遏制部分行业盲目投资和低水平重复建设"。2007年《政府工作报告》指出,"加强和改善宏观调控。重点是控制固定资产投资和信贷规模,在优化结构中促进经济总量平衡"。

1998年住房开始商品化后,中国房地产市场取得了前所未有的发展,但与此同时,房地产市场也开始出现过热现象。总体来看,在房地产调控方面,这一阶段前期更多侧重于从地产供给端进行治理调控,着重针对地产信贷和土地供给进行了调整,后期则进一步加大力度,开始从信贷、税收、土地和住房销售转让等各个环节进行综合调控。2003年4月,央行出台121号文件,加强房地产信贷管理,提高了贷款的门槛,对于居民购买别墅等高档住房或者第二套房的情况,银行必须提高首付比例并且取消有关利率的优惠措施。银监会在2004年接连发布文件收紧房地产信托,同时规定房地产开发商在开发项目时自有资产在总投资中的比重不得低于35%。2004年10月国土资源部发布的《关于深化改革严格土地管理的决定》,针对圈占土地、乱占滥用耕地等问题,明确耕地必须得到最严格的保护。2005年的3月和5月,国务院接连发布"老国八条"和"新国八条",针对房价不断攀升的现实,有针对性地从信贷、税收、土地和住房供应结构等多个方面进行综合的宏观调控。2006年开年,部分城市的房价出现报复性的上涨,国务院出台促进房地产市场持续健康发展的六条措施,对住房的类型、面积和首次付款的具体细节做出量化的政策,提出"90/70政策"。同时,运用税收工具,征收二手房转让过程中的个人所得税;对外资参与中国房地产的开发做出严格的限制和规范。2007

年主要采取货币政策手段和公共住房政策措施，控制信贷，紧缩银根，政府加强廉租房和经济适用房的建设，将保障住房建设提升到新的高度。同时配合法律手段的实施，《物权法》和《土地储备管理办法》相继出台。

(二) 应对外部失衡

加入 WTO 使中国出口导向型经济获得了更快的发展。伴随着经常项目和资本项目"双顺差"而来的是中国外汇储备的快速增长。2000—2005 年，中国外汇储备余额从 1655.7 亿美元增加到 8188.7 亿美元。2006 年 2 月，中国的外汇储备首次超过日本，成为全球第一储备国。次贷危机后，中国外汇储备增速稍有放缓，但总量依旧不断刷新着纪录高点。2009 年 6 月外汇储备超过了 2 万亿美元；2011 年 3 月正式突破 3 万亿美元大关。外汇储备的迅速增加迫使央行不得不被动投放人民币，M2 增速在 2004 年后长时间维持在 17% 左右的高速增长水平。而这又造成了中央银行外汇占款在央行资产负债表中的占比从 2003 年的 48% 逐步上行至 2011 年的 83%，货币政策调控的灵活性因此而大大削弱。

在这种情况下，从 2003 年 9 月 21 日起，中国人民银行开始通过调整法定存款准备金率试图抑制流动性过剩的情况，至 2006 年中国法定存款准备金率已经由 6% 调高至 9%。2007 年 GDP 增速与 CPI 涨幅双双创下近十余年最高纪录，经济不平衡凸显，央行在一年被中共进行了 10 次调控，法定存款准备金率由年初的 9% 上调到年底的 14.5%。并在 2008 年年初到 6 月 25 日之间继续 6 次调高存款准备金率，提高到了 17.5%，创了历史的新高。与此同时，央行也不得不开始探索通过公开市场操作对巨额外汇储备进行冲销操作，在缺少足够的国债作为对冲工具条件下，2003 年开始在银行间市场发行中央银行票据，年发行量从 2003 年的 7200 亿元增长到 2008 年的 4.2 万亿元。

六　危机应对与"V"形复苏

2008 年国际金融危机的冲击是在国内经济过热背景下出现的。这也使得国内宏观调控政策经历了从"双防"到"一保一控"再到保持国民经济平稳较快增长为首要任务的一波三折。

为消除持续 5 年快速增长累积的风险和经济中存在的不健康、不稳定因素，2007 年 12 月中央经济工作会议确定了 2008 年的宏观调控任务，即"防止经济增长由偏快转为过热、防止价格由结构性上涨演变为明显通货膨胀"。着眼于"双防"目标，中国实施了稳健的财政政策和从紧的货币政策，紧缩银根，控制投资规模，严把土地闸门。2008 年上半年 5 次上调存款准备金率；年中，随着通胀压力逐渐释放，经济增长开始放缓，2008 年 7 月 25 日召开的中央政治局会议明确了下半年经济工作的任务，把保持经济平稳较快发展、控制物价过快上涨作为宏观调控的首要任务。进入四季度，国际经济金融形势急剧恶化，对实体经济的影响明显加大，中国政府明确提出宏观调控的重点是保持经济的平稳较快增长，并果断地把"稳健的财政政策和从紧的货币政策"调整为"积极的财政政策和适度宽松的货币政策"。积极的财政政策在新一轮宏观调控中再担重任，启动了以扩大投资为主的"四万亿计划"，并强调"出手要快，出拳要重，措施要准，工作要实"。

围绕"四万亿计划"，在中央统一调度之下，中国宏观经济调控机器开始全速运转：（1）减税降费：从 2008 年下半年到 2009 年，将证券交易印花税由双边征收改为单边征收，下调个人首次购买普通住房的契税税率并对个人销售或购买住房暂免征收印花税和土地增值税，对1.6升及以下排量小汽车减半征收车辆购置税等。降费方面，2009年取消100项行政事业收费。（2）货币政策：从2008年9月中旬到当年年底，央行在不到四个月的时间内，5次下调金融机构贷款基准利率和个人住房公积金贷款利率、4次下调金融机构存款基准利率、4次下调法定存款准备金率，2次下调法定和超额存款准备金利率、再贷款和再贴现利率。人民币对美元汇率一改2005年7月汇改以来单边上升的趋势，持续横盘至2010年6月央行重启汇改。（3）金融政策：2008年11月取消了对商业银行的信贷规模限制，各商业银行纷纷表态支持国家重点项目和基础设施建设；2009年3月，央行和银监会联合提出，"支持有条件的地方政府组建融资平台"，这也成为后来地方融资平台的滥觞。（4）产业政策：2009年年初，国务院部署发改委和工信部陆续联合推出十大产业振兴规划，这也成为当时应对国际金融危机下保增长的一项重要措施。此外，2008年国务院办公厅出台了关于促进房地产市场健康发展的若干意见，对房地产的态度也转变为"进一步鼓励普通商品住房消费"。（5）区域政策：从2008—2010年，国务院加快批复了一系列区域发展的规划纲要，地方区域建设开始大幅加速。例如，2009年4月，国务院正式批复上海关于建设国际金融中心和国际航运中心两个中心建设意见，随后又将南汇并入浦东新区，除此以外，在珠江三角洲、福建、江苏沿海地区、关中天水经济区、辽宁沿海经济带、横琴、图们江区域、中部地区、鄱阳湖生态经济区、黄河三角洲、广西和海南等均有区域建设批复。

在一系列政策组合拳之下，中国经济减速的势头迅速被扭转，实际GDP增速在2008—2009年一季度连续5个季度下行至6.4%后开始掉头向上，至2009年四季度实际GDP增速已经恢复到11.9%的水平，在全球范围内率先实现了"V"形复苏。

总体来看，危机应对有正反两方面的经验教训。正面经验就是：面对危机，政策出台"快准狠"，提振信心，中国经济率先复苏，这也是对世界经济的贡献。但与此同时，也产生了一些弊端和"后遗症"，如房地产价格过快上涨，影子银行扩张，融资平台债务积累，宏观杠杆率攀升，投资效率下降等。这表明，尽管经历了上一波"软着陆"和亚洲金融危机，我们积累了市场经济条件下实施宏观调控的成功经验，但面对来势凶猛的国际金融危机还是显得经验不足。

◇ 第三节　分税制改革开启财税体制新纪元

中国自1994年开始全面实行分税制，从总的情况看，分税制对市场经济下有效处理中央与地方的税收分配关系，加强宏观调控，调动中央与地方两个积极性，都发挥了积极效应。

一　核心是分权、分税、分征、分管

——分权，即合理划分中央和地方政府的事权范围。分税制根据中央政府与地方政府事权范围划分各级财政支出，中央财政负责国家安全、外交和中央国家机关运转所需经费，调整国民经济结构，协调地区发展。地方政府承担本地区政权机关所需支出以及本地区经济、事业发展所需支出。合理划分事权是实行分税制的前提。

——分税，即根据中央与地方的事权，按税种划分中央与地方的收入。将维护国家权益、实施宏观调控所必需的税种划为中央税；将

同经济发展直接相关的主要税种划为中央与地方共享税;将适合地方征管的税种划为地方税,并充实地方税种,增加地方税收入。中央固定收入包括关税,海关代征的增值税和消费税,消费税,中央企业所得税,非银行金融企业所得税,铁路、银行总行、保险总公司等部门集中缴纳的收入(包括营业税、所得税、利润和城市维护建设税),中央企业上交利润,外贸企业出口退税。地方固定收入包括营业税(不含银行总行、铁路、保险公司的营业税),地方企业所得税(不含上述非银行金融企业所得税),地方企业上交利润,个人所得税,城镇土地使用税,固定资产投资方向调节税,城市维护建设税,房产税,土地增值税,印花税,屠宰税,农牧业税,耕地占用税,契税,遗产和赠与税,车船使用税,国有土地有偿使用收入等。中央与地方共享收入包括增值税,资源税,证券交易税。增值税中央分享75%、地方分享25%;资源税按不同的资源品种划分,海洋石油资源税作为中央收入、其他资源税作为地方收入;证券交易税中央地方各半。

——分征和分管,主要是指分别设立国税局和地税局。国税局直属国务院,负责征收中央税和共享税,地税局隶属于地方政府,负责征收地方税。

——税收返还制度,这是一种符合我国当年实际情况的特殊的转移支付制度。中央财政对地方财政的转移支付,初步形成了体制补助、专项补助、结算补助、体制上解、专项上解和税收返还等政府转移支付体系。

分税制在分税方面,确定了中央税、地方税和中央地方共享税,使中央税收体系和地方税收体系初具规模,为建立一个合理科学的税种分布体系奠定了基础;在分权方面,对中央与地方之间税收管理权限的划分初具雏形,在税收立法权、解释权、减免权、政策调整权集中于中央前提下,中央与地方的征收管理权已有基本划分。突破了旧体制的束缚,对社会主义市场经济的发展起了积极作用:分税制的实施建立了正确处理中央与地方分配关系的有效机制,有利于调动中央与地方两个积极性,使中央与地方分配关系朝着良性循环的轨道迈进一步。同时分税制本着财权与事权相统一的原则,在一定程度上促进了中央与地方财权与事权上的统一。既有利于集中财力,健全中央财政,加强宏观调控;又使地方财政收入有比较稳定的来源,地方政府调控经济的力度明显增强。此外,分税制的实施为调整产业结构,建立统一市场提供了前提条件,适应了市场经济发展的客观要求。

二 为社会主义市场经济体制奠定基础

实践证明,分税制之前实行的财政包干体制并不符合市场经济体制的要求,必须进行改革。1992年党的十四大确定经济体制改革的目标是建立社会主义市场经济体制,市场经济体制要求财政体制能够节约交易费用、提高制度效率。财政包干体制采取的是中央政府与地方政府一对一谈判的方式,这样的制度安排缺乏稳定性,受到社会政治、经济、文化等变动因素的干扰,在频繁的制度变迁和"契约修订"中损失了制度成本和效率。具体来看,在经济增长条件下,"定额分成"使得中央财政收入出现实质性的累退,为保持应有的宏观调控能力,中央政府必须时常与各地方政府对分成额度进行讨价还价,既有失中央政府的权威又加大了制度成本,还有可能损害地方政府发展经济、组织税收的积极性。[①]"比例分成"所确定的比例在一定程

[①] 阎坤:《对我国分税制财政体制改革的分析》,《税务研究》2000年第11期。

度上相对稳定，与"定额分成"相比，中央地方的交易成本有所降低，但也弱化了地方政府组织收入的激励，提高了中央对地方征税的监督成本。可见，财政包干体制的制度成本较高、制度效率缺失，不符合市场经济体制的要求。

由于财政包干体制与市场经济体制之间存在着非适应性，财政管理体制改革便成为一系列经济体制配套改革的重要一环。建立怎样的财政管理体制能够符合社会主义市场经济体制的要求，这是财政管理体制改革首先要明确的问题。答案是必须同经济体制改革的指导思想和目标相一致，必须有中国特色、符合中国的国情。在这一原则的指导下，我国财政管理体制确立了分税制改革方向，并于1993年迅速进行改革前的各项准备工作，于1994年1月1日正式启动。分税制改革一方面调整了中央政府和地方政府的财政收入分配方式，划分了中央与地方的财权，按照税种统一界定了中央税、地方税、中央与地方共享税。一方面，这样的制度安排降低了制度交易成本和中央政府的监督成本，并形成中央、地方征税的双重激励，增强了中央宏观调控能力和地方发展经济的努力，提高了整体制度效率；另一方面，它有效地淡化过去一直实行的各级政府对企业的"条块分割"式的行政隶属关系控制，企业不再把税款只交给作为自己行政主管的特定一级政府（再由地方政府与中央政府分成），而是分别地把不同的税交给不同的各级政府，从而有助于消除政府对"自己的企业"的过多干预和过多关照，促使各企业自主经营，充分地展开公平竞争。可见，分税制弥补了财政包干体制的缺点，理顺政府和企业的关系，是符合市场经济体制要求的财政体制。同时，分税制改革使得国家税收快速增长、国家财力迅速充实（图8-1和图8-2），为其他领域的改革提

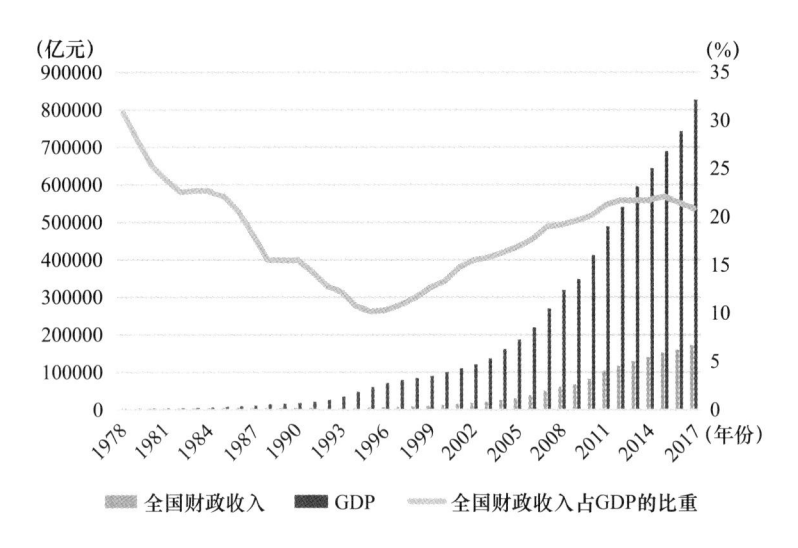

图 8-1 全国财政收入占 GDP 的比重

资料来源:《中国统计年鉴》(2018)。

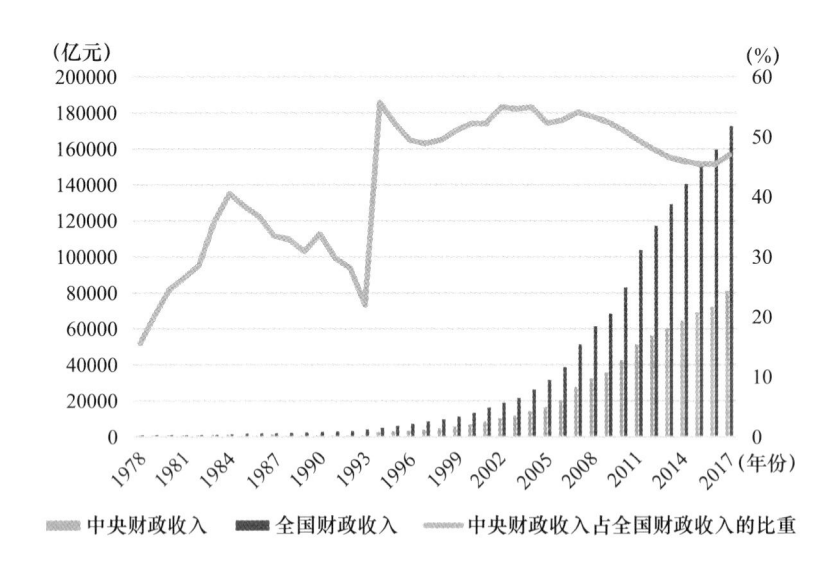

图 8-2 中央财政收入占全国财政收入的比重

资料来源:《中国统计年鉴》(2018)。

供物质支持，支付改革成本，是社会主义市场经济体制改革的坚实后盾。因此，分税制改革在中国由传统计划经济向市场经济转轨的道路上迈出了关键的一步，是我国经济体制改革的先锋，对于构建我国社会主义市场经济体制具有里程碑性意义。

三 为建立和完善转移支付制度提供基本条件

城乡、地区差距较大是我国经济发展的鲜明特点，而缩小差距的重要保障是科学的财政转移支付制度。改革后的十余年，转移支付制度在缓解地区财力不均衡方面发挥了重要的作用，特别是在落实科学发展观、和谐社会建设、公共服务均等化等大政方针下，转移支付制度更肩负起重要使命。如果没有完善的转移支付制度，科学发展、和谐发展、民生问题的解决均将成为空谈。我国现行的财政转移支付制度是随着分税制改革而建立的，因此，分税制改革为建立和完善转移支付制度提供了基本条件。

首先，分税制改革有效提高了中央财政收入的比重，在中央财力得到有效提高的基础上，扩展了中央财政转移支付的空间，尤其是为西部大开发、东北等老工业基地、老少边穷地区的发展提供了切实的保障。其次，随着分税制改革启动，我国于1995年建立了针对地方财力薄弱地区实施的一般性转移支付制度，其宗旨是，按照规范和公正的原则，使财政困难的地区得到更多的转移支付资金，虽然这一宗旨在实际执行中并没有被充分体现，但其仍不失为建立规范转移支付制度的基础性条件。再次，2002年的所得税收入分享改革建立了一般性转移支付总量增长机制，要求中央将因这项改革而增加的收入全部用于对地方主要是中西部地区的一般性转移支付，也就是说，随着所得税收入的不断增长,一般性转移支付规模会越来越大,对转移支付制度进一步完善提供了保证。最后,专项转移支付的不断完善也为转移支付制度的健全提供了条件,例如为配合农村税费改革实施的一系列的专项转移支付,包括"农村中小学现代远程教育工程"专项资金、"科技富民强县专项行动计划"专项资金、"村村通工程"专项资金、"送书下乡工程"专项资金等。

总之,我国经济改革不能脱离"渐进式"的基本路径,分税制改革当然也不会例外,改革后在新体制中仍能够找到大量旧体制的印迹,包括一些不合理的成分和一些稍作变通的方法。因此,我国目前的分税制仍然处于在基本框架下的不断深化完善中,与规范、彻底的分税制还有一定的差距。

◇◇ 第四节　金融改革开放提速

经过改革开放初期的高速发展之后,中国金融体系开启了从传统向现代的跨越进程,金融资产规模快速增长,动员资金和配置资金能力显著提升。与此同时,也暴露出改革不配套、间接性调控手段传导机制不畅、金融体系建设法治化程度不高、政策性金融与商业性金融不分、外汇管理体制不适应经济发展需要等一系列问题。

一　金融市场化改革攻坚阶段

在党的十四大确立社会主义市场经济改革目标之后,中国金融改革进入新阶段。1993年11月,党的十四届三中全会通过了《中共中央关于建立社会主义市场经济体制若干问题的决定》。同年12月，国务院发布《关于金融体制改革的决定》。自1994年起，中央政府根据上述文件精神，对金融机构体系、金融市场体系、外汇管理体系、金融监管体系和金融宏观调控体系实施了全面改革。在此前后，规范中国金融机构行为和金融活动的基本法规——《中国人民银行法》《商业银行法》《票据法》和《保险法》等相继颁行。这标志着中国的金融改革开始进入法治化、制度化、规范化轨道。

（一）金融宏观调控与中央银行制度建设

1993年，党的十四届三中全会通过的《关于建立社会主义市场经济体制若干问题的决定》详细阐述了宏观调控的主要任务、政策手段和机构体系："宏观调控的主要任务是：保持经济总量的基本平衡，促进经济结构的优化，引导国民经济持续、快速、健康发展，推动社会全面进步。宏观调控主要采取经济办法，近期要在财税、金融、投资和计划体制的改革方面迈出重大步伐，建立计划、金融、财政之间相互配合和制约的机制，加强对经济运行的综合协调。"至此，中国特色宏观调控体系总体设计初步成型。

在调控目标方面，除了总量平衡之外，还强调结构优化、经济发展和社会进步。在调控手段方面，强调市场化手段的主导作用，并注重运用体制改革的办法推动宏观调控质量的改善。在调控体系方面，明确要求建立计划、货币和财政分工明确、协调配合的三位一体宏观调控体系。

在中央银行基础性制度改革方面，在1984年改革中残留下的一般工商信贷业务被彻底从央行分离，中央银行的独立性得到增强。此外，中国人民银行成立货币政策委员会，并把保持币值稳定置于促进经济增长之前，作为货币政策的优先目标，并为中国人民银行的市场化调控积极创造条件。1998年，中国人民银行机构体系进行改革，撤销了32个省级分行，组建了九个大区分行和两个营业部。

1994年10月，我国确定并公布了第一套中国货币供应量的统计口径。1996年6月，中国人民银行放开了银行间同业拆借利率，标志着利率市场化进程正式启动。1998年，作为计划管理工具的信贷规模控制手段寿终正寝，中国开始拥有了市场化的金融宏观调控手段。从1999年起，我国每年公布货币政策调控的中间目标，计划调控工具从央行层面全面淡出。

1993年之后，我国在治理经济过热、推行金融整顿的过程中，开始实行金融机构与其所办的实体企业分开，银行业、证券业、保险业和信托业分开的"两个分开"新体制，并逐渐形成了分业经营、分业监管的金融体系。继1992年成立中国证券监督管理委员会之后，又于1998年将保险业监管职能从中国人民银行划出，设立中国保险监督管理委员会。

（二）金融机构

在1994年启动的新一轮金融改革中，国务院确立了政策性业务和商业性业务相分离，以及银行业、信托业和证券业分业经营和分业监管的改革原则。根据上述原则，长期包含在国有专业银行之中的政策性贷款业务被分离出来，交给了新成立的国家开发银行、国家进出口银行和国家农业发展银行三家政策性银行。同时，国有专业银行也明确了按照商业银行的规范进行改革的要求。1999年，我国从工农中建四大国有商业银行中剥离了13000亿元不良贷款；同时，从国家开发银行中剥离了1000亿元不良贷款。为了处置这些不良贷款，我国还组建了四家资产管理公司。

在总体的商业化、规范化的改革精神下，一直处于市场边缘上的城市信用社的进一步发展问题也进入了决策者的视野。中国人民银行要求，在治理整顿的基础上，有条件的原城市信用社将逐渐改造成为城市合作银行（后更名为城市商业银行）。根据这一精神，在经济比较发达的北京、深圳和上海，先后出现了以城市命名的现代商业银行。自那时开始，中国各主要城市掀起了新一轮建设地方商业银行的浪潮。

农村金融体制改革也在这一时期开启。1996年，全国农村金融体制改革工作会议召开。此次会议决定，中国农业银行不再领导管理农村信用社，农信社的业务管理由县联社负责，中国人民银行直接担负对农村信用社的监管职能。

（三）金融市场

20世纪90年代初期，我国形成了场内交易与场外交易并存的市场格局。1995年，国债期货3.27事件爆发，国家正式停止一切场外交易市场，证券交易所成为唯一合法的债券市场。

自1996年起，我国在整顿各地资金市场乱象之后，借助外汇交易市场的电子系统，建立了银行间交易市场。从最初的资金拆借发展到债券交易、债券回购交易等多种业务，成为我国主要的货币市场。

1999年，在合并之前三家期货交易所的基础之上，上海期货交易所正式开业。至此，以上海期货交易所、郑州商品交易所和大连商品交易所为主要支点的期货交易市场格局初步形成。

（四）金融开放

1994年，中国根据《关于进一步改革外汇管理体制的公告》，对行之多年的多重汇率制度进行了重大改革，原先的官方汇率、调剂汇率和黑市汇率并轨，同时，政府宣布中国正式实行有管理的浮动汇率制度，改进汇率形成机制。1996年12月，按照《国际货币基金组织协定》第八条款的要求，我国实现了人民币经常项目可兑换。这些改革，无疑为中国经济和金融业进一步融入全球经济和金融体系，创造了更为有效的条件。

二 中国金融体系走向国际化

经过长期艰苦努力，中国于2001年年底加入世界贸易组织。此后，我国加速融入全球经济金融体系，进一步有效利用两个市场、两种资源，实现了从政策性对外开放向制度性对外开放的历史性转变。我国政府按照既定的时间表，遵守世界贸易组织的一系列制度框架，并参考国际上的最佳实践，加快推动金融业对外开放进程，并以开放促改革，进一步发挥市场在金融资源配置中的基础性作用。

（一）金融机构

国有金融机构的改革是这一阶段中国金融改革最重要的内容。根本性的重大变化在2004年前后开始发生。

2003年12月，我国政府动用了450亿美元的外汇储备，分别向中国建设银行和中国银行注资225亿美元，完成了它们的"再资本化"。2005年6月，政府再次用300亿美元的外汇储备和300亿美元等值人民币向中国工商银行注资。此后，政府又陆续动用外汇储备向若干金融机构注资，机构范围也超出了银行业，覆盖了银行（含政策性银行）、保险、证券等几乎全部金融领域。在财务重组、引进战略投资者和机构重组的基础上，2005年，中国建设银行成功在香港上市；2006年7月，中国银行同时在香港和上海证券交易所上市；2006年10月，中国工商银行又在香港和上海两地成功上市，2010年7月，中国农业银行完成A+H股公开发行上市，实现由国有独资银行向股权多元化的公众持股上市银行的重大转变。继之，保险、证券等机构也踏上了上市之旅。在对建设银行和中国银行注资的同时，国家成立了中央汇金公司，专门代表政府行使对获得注资的国家控股银行的所有权职能。2007年，汇金又成为新组建的国家投资公司（CIC）的组成部分。

这一时期，我国金融机构补充资本金的渠道也越来越多样化。除了首次公开发行外，金融机构还可通过股票增发、发行次级债务和混合资本债来补充资本金。银行代客理财产品日益丰富，其他表外业务也得到了较快发展。通过这些途径，我国的金融机构开始积极介入资本市场交易。同时，基于推进中国金融机构综合经营的发展方向，银行系、保险系、证券系基金管理公司以及大型企业支撑的基金管理公司逐步成立。到2011年年底，我国银行业资产规模已达到113万亿元，中国工商银行、中国建设银行和中国银行跻身于世界十大银行之列。

（二）金融市场

从2001年6月起，中国股票市场开始大幅下跌。到2005年5月，股票价格指数下跌60%以上。就在当月，在股票市场持续大幅下跌的背景下，当局推出了"股权分置"改革，由非流通股股东提案，流通股股东表决的方式来确定非流通股股东对流通股股东的对价。经过艰苦努力，股权分置改革取得了决定性进展。

在股权分置改革的同时，我国的证券经营机构经历了再一次重整。经过注资、重组、上市等多种渠道，我国证券经营机构的整体实力大大加强。资本市场的投资者结构也得到较大改善。随着保险资金、社会保障基金、证券投资基金、私募基金渐次进入，随着合格境外投资机构（QFII）的引入，机构投资者逐渐成为中国资本市场中最活跃的中坚力量。

2012年9月,国务院批准设立全国中小企业股份转让系统(新三板),成为我国多层次资本市场体系中的重要场外市场。

(三) 金融宏观调控

2002年9月,在国债数量难以满足公开市场操作需要的情况下,中国人民银行开始发行债券(中央银行票据)。2003年9月,外汇持续增长的新形势下,中国人民银行运用法定存款准备金率机制,从金融机构获得人民币资金对冲外汇占款,有效防范了物价上涨和经济波动。

2004年10月,中国人民银行放弃存贷款法定利率制度,开始实行存贷款基准利率制度,为利率市场化的推进创造了条件。此后,中国金融机构人民币贷款利率已经基本过渡到上限放开,实行下限管理的阶段。2012年6月,存款利率的浮动区间上限调整为基准利率的1.1倍,贷款利率浮动区间下限调整为基准利率的0.8倍,利率市场化进程继续提速。

(四) 金融监管

2003年成立了中国银行业监督管理委员会,将原来由中国人民银行行使的对银行机构的监管职能分离出来。至此,中国分业经营、分业监管的制度框架确立,形成"一行三会"的金融监管格局。

这一时期内,我国基本上接受了国际清算银行(BIS)的制度框架,使得巴塞尔协议Ⅰ、巴塞尔协议Ⅱ成为中国银行业运行和监管的主要标准。在该框架中,资本监管和风险监管成为核心。为了满足新的监管要求,中国的银行业再次进行了重大调整,循着贷款分类、充足拨备、做实利润、资本充足率达标等重整的"四环节",中国的银行业用比较短的时间使自己的资本监管和风险管理接近了国际标准。

证券业监管也逐渐脱离了"为国企改革服务"的发展立场和以调控股指、调控市场为主要特色的监管路径，逐步建立了以保护投资者利益、提高透明度和完善上市公司治理结构为核心的监管框架。在保险监管方面，我国也逐步建立了以偿付能力、公司治理结构和市场行为监管为核心的监管框架。

（五）金融开放

早在 1994 年，我国就已建立了有管理的浮动汇率制度，后因亚洲金融危机爆发而中止。为稳定国内外局势，我们事实上恢复了钉住美元的固定汇率制度。这种状况显然不适应中国金融进一步对外开放的大势。2005 年 7 月 22 日，根据"自主性、可控性和稳定性"三原则，我国推出了汇率形成机制的进一步改革，恢复实行以市场供求为基础、参考一篮子货币计算人民币多边汇率指数的变化、有管理的人民币汇率制度，承诺了保持人民币汇率在合理、均衡水平上基本稳定的责任。与汇率管理体制改革相配套，我国同时启动了外汇市场改革，对外汇市场的产品、市场参与者、交易机制等方面进行了一揽子调整。在外汇管理体制改革的基础上，我国资本项目的市场化改革步伐也大大加快。

加入世界贸易组织之后，我国金融业对外开放水平和国际化程度有了很大提高。我国银行业积极推进海外布局，通过海外公开上市，增加资本补充渠道，加快轨迹接轨步伐。到 2011 年年底，五家大型国有商业银行已设立了 105 家海外机构，收购 10 家境外机构。与此同时，我们允许更多的外资金融机构进入中国经营，加入世贸组织 10 年来，我国的外资法人银行总行类机构增加 21 家，分行类机构增加 183 家，支行类机构增加 389 家。

2002 年，配合资本项目管制放松的步伐，中国政府以批准境外合格投资者（QFII）的方式，开放了外国投资者直接投资于中国证券市场的路径。2007年，境内合格投资者（QDII）正式启动，开放了中国投资者直接投资于境外证券市场的新渠道。

（张晓晶、闫坤、董昀）

第三编

新时代全面深化改革

第九章

经济建设和体制改革

以党的十八大召开为标志，中国进入中国特色社会主义建设的新时代。党的十八届三中全会通过《中共中央关于全面深化改革若干重大问题的决定》，成为新时代全面深化改革的纲领性文件，涉及经济、政治、文化、社会、生态文明、党建六大改革领域。其中，经济体制改革是全面深化改革的重点。

党的十八大以来，以习近平同志为核心的党中央始终坚持以人民为中心的发展思想，把握中国经济发展新常态的大逻辑，坚持和完善社会主义基本经济制度，贯彻新发展理念，以供给侧结构性改革为工作主线，推进经济高质量发展。国企国资改革进入以"分类改革"为基本框架的全面深化新阶段；构建宏观要稳、微观要活、社会政策要托底的政策框架，努力创新完善宏观调控，逐步形成新时代中国特色的宏观调控体系。

◇ 第一节 全面深化国企改革

2013年11月党的十八届三中全会通过了《中共中央关于全面深化改革若干重大问题的决定》，旗帜鲜明地提出以公有制为主体、多种所有制经济共同发展是中国的基本经济制度,是中国特色社会主义制度的重要之处,也是社会主义市场经济体制的根基。以此思想为指导,国企国资改革在分类改革的框架下,积极推进混合所有制改革、国有资本管理体制和国有经济战略性调整,而非公经济在随着营商环境的不断完善、垄断行业改革的深入以及混合所有制改革的步伐加快,也取得了快速发展。

2014年7月,根据党的十八届三中全会精神,国资委在竞争性领域启动了中央企业"四项改革"试点:发展混合所有制经济试点,改组国有资本投资公司试点,董事会行使高级管理人员选聘、业绩考核和薪酬管理职权试点,派驻纪检组试点。2015年9月13日,中共中央国务院发布《关于深化国有企业改革的指导意见》,以这个文件为指导,2016年2月国资委中央开始推挤中央企业"十项改革"试点,具体包括在部分重要领域进行混合所有制改革试点,混合所有制企业员工持股试点,中央企业兼并重组试点,国有资本投资公司和运用公司试点,推行职业经理人制度试点,企业薪酬分配差异化试点,落实董事会职权试点,市场化选派经营管理者试点,国有企业信息公开工作试点,剥离企业办社会职能和解决历史遗留问题试点。2018年8月国务院国有企业改革领导小组统一部署并组织开展的综合性国企改革示范行动——"双百行动",有超过400户央企所属企业和地方国有骨干企业作为综合改革试点入围"双百企业"名单。

自2015年中共中央国务院发布《关于深化国有企业改革的指导意见》以来,国家出台了一系列关于深化国有企业改革的政策文件,内容涉及国有企业功能定位与分类、混合所有制改革、国有资产管理体制和国有企业治理结构的规范等等,围绕着这个指导意义逐步形成

"1+N"的全面深化国有企业改革的政策体系。而且，这些改革文件内容随着时间推移而逐步具体化，操作性不断增强，2019年以后出台的文件多属于操作指引性质。在这些文件政策指导下，全面深化改革的各项任务"蹄疾而步稳"地推进。

表9-1　新时代国有企业全面改革"1+N"体系的相关文件列举

文件类别	文件名称	发布时间
"1"	《中共中央国务院关于深化国有企业改革的指导意见》	2015年9月
	《关于深化中央管理企业负责人薪酬制度改革的意见》	2014年11月
	《关于加强和改进企业国有资产监督防止国有资产流失的意见》	2015年6月
	《关于在深化国有企业改革中坚持党的领导加强党的建设的若干意见》	2015年6月
	《关于国有企业发展混合所有制经济的意见》	2015年9月
	《关于鼓励和规范国有企业投资项目引入非国有资本的指导意见》	2015年9月
	《关于改革和完善国有资产管理体制的若干意见》	2015年11月
	《关于国有企业功能界定与分类的指导意见》	2015年12月
	《加快剥离国有企业办社会职能和解决历史遗留问题工作方案》	2016年3月
	《国务院办公厅关于进一步完善国有企业法人治理结构的指导意见》	2017年4月
	《国务院国资委以管资本为主推进职能转变方案》	2017年4月
	《中央企业公司制改制工作实施方案》	2017年7月
	《关于深化混合所有制改革试点若干政策的意见》	2017年11月
	《关于推进国有资本投资、运营公司改革试点的实施意见》	2018年7月
	《中央企业混合所有制改革操作指引》	2019年10月
	《关于以管资本为主加快国有资产监管职能转变的实施意见》	2019年11月
	《"双百企业"推行经理层成员任期制和契约化管理操作指引》《"双百企业"推行职业经理人制度操作指引》	2020年2月

资料来源：作者整理。

一 国有企业分类改革

2015年12月7日国资委等部门颁布的《关于国有企业功能界定与分类的指导意见》，与之相配套的《关于完善中央企业功能分类考核的实施方案》于2016年8月正式颁布。国企国资改革进入到分类改革时代。将国有企业界定为商业类和公益类，商业类国有企业以增强国有经济活力、放大国有资本功能、实现国有资产保值增值为主要目标，按照市场化要求实行商业化运作，商业类又划分为主业处于一般竞争性行业的商业一类，以及主业处于关系国家安全、国民经济命脉的重要行业和关键领域的商业二类。公益类国有企业以保障民生、服务社会、提供公共产品和服务为主要目标。不同类型的国有企业，应该有不同的国资监管机制、混合所有制改革方案、公司治理机制以及国有经济战略性调整方向等。

在具体操作层面，采取了谁出资谁分类的原则，由履行出资人职责的机构负责制定所出资企业的功能界定和分类方案。从2014年开始，各地方政府普遍开展了对国有企业的功能界定工作，并积极研究制定和出台国有企业分类监管办法。有些地方采用了"两分法"，没有公益类企业，或者没有商业二类企业。从中央和地方整体国有企业数量上看，对国企分类的结果大致是：商业一类占比最大，大体在60%—70%，商业二类其次，大体在10%—30%，最少属于公益类大体低于10%。

从"抓大放小"到"分类改革"，基于功能定位对国有企业进行分类改革和分类治理，这是在新时代全面深化国企改革的一个重大进展，是探索国有企业与市场经济有机结合的不断创新。但是，无论是理论层面还是实践层面,"分类改革"有待进一步深化。一方面从理论上看,如何将三类企业对应到相应的功能定位和国家使命,如能否将公益性企业、竞争一类、竞争二类企业分别对应到市场经济国家弥补市场缺陷、转轨经济国家培育市场主体和社会主义公有制经济的主体地位等功能,还有待进一步论证;[①] 另一方面从实践上看,分类改革的透明度、分类改革后进行分类治理等有待进一步推进。而且分类改革是一个前提框架,未来需要在深化分类改革框架下,从系统协调推进分类改革、国有经济战略性调整、混合所有制改革深化、以管资本为主的资产监管体制构建、公司治理结构规范和中国特色现代国有企业制度建设。

二 混合所有制改革深化

从 1984 年北京天桥百货股份有限公司进行股份制改造,就已经揭开了中国混合所有制改革的大幕。之后随着思想不断解放,混合所有制改革不断深化。党的十四大指出,以公有制包括全民所有制和集体所有制经济为主体,个体经济、私营经济、外资经济为补充,明确了公有制经济与非公有制经济的主体和补充混合共存的关系。党的十五大提出以公有制为主体的条件下发展多种所有制经济,首次明确了混合所有制概念。之后党的十六大、十七大,都不断强调发展混合所有制经济的重要性,也不断要求深化国有企业混合所有制改革。

党的十八届三中全会更是将"积极发展混合所有制经济"提升至

[①] 黄群慧、戚聿东等:《中国国有企业改革 40 年研究》,广东经济出版社 2019 年版,第 36—39 页。

前所未有的重要地位。2015年9月，发改委牵头起草的《国务院关于国有企业发展混合所有制经济的意见》和《关于鼓励和规范国有企业投资项目引入非国有资本的指导意见》正式颁布。2016年，先后出台了《国有科技型企业股权和分红激励暂行办法》和《关于国有控股混合所有制企业开展员工持股试点的意见》。从2016年开始相继在石油、电力、电信、军工等重点行业和领域开展了三批50家试点，涵盖中央企业和部分地方国企。其中，2016年和2017年分别甄选的第一、二批试点企业改革工作推进良好，包括19家企业，涉及资产9400亿元，第三批试点企业涉及31家，包括10家央企集团下属子企业和21家地方国企。2017年9月，中国联通混合所有制改革方案正式实施。2017年党的十九大报告进一步强调："深化国有企业改革，发展混合所有制经济，培育具有全球竞争力的世界一流企业"，将发展混合所有制改革与培育世界一流企业的国企改革发展目标联系起来。2019年，在前三批试点的基础上，国家发改委等相关部门推出了第四批100家以上混改试点，进一步扩大了产业领域覆盖面。2018年国务院国资委监管的各级企业中，混合所有制企业的占比已接近70%，各省级国资委监管的混合所有制企业的占比也达到了46%。混合所有制改革覆盖领域日益广泛，不仅实现了电力、石油、天然气、铁路、民航、电信、军工七大重要领域全覆盖，还在重要领域取得了有序推进，延伸到国有经济较为集中的一些重要行业。例如，中航工业、中国黄金、中粮集团所属试点企业分别完成引入战略投资者、股份制改制、重组上市工作；国家电网首次在特高压直流工程等核心业务领域推行混改，引入保险、大型产业基金以及送受端地方政府所属投资平台等社会资本参股，以合资组建项目公司方式投资运营新建特高压直流工程。

虽然混合所有制改革已经有了日趋完善的政策体系，实践推进也有了积极进展，但是，无论是在理论认知层面，还是在实践操作层面，都存在这样那样的"误区"①，"混而未改"现象也被认为比较多见。例如将混合所有制改革等同于股权多元化改革，只强调多个法人持股，没有认识到混合所有制改革一定是不同性质的持股方的多元持股。又如，将混合所有制改革等同于国有资产流失，甚至等同于私有化，从而反对混合所有制改革，实际上国企混合所有制改革并不必然带来国有资产流失，关键是程序公正、交易公平、信息公开、法律严明。如果操作流程和审批程序规范、国有资产定价机制健全、第三方机构作用得到很好发挥、审计纪检及内部员工等各个方面监管到位，完全可以做到守住国有资产不流失的"红线"和"底线"。另外，从企业产权上看已经是混合所有制企业，但并未深入推进公司治理结构的改革，混改前后治理机制并无太大变化，使得混改失去了意义。针对这些"误区"，2019年9月国务院国资委颁布了《中央企业混合所有制企业改革操作指引》，从操作层面提出了具体深化混合所有制改革的指导性文件，为国有企业进一步深化混合所有制改革提供了很好的指引。

三　监管体制改革与国有企业重组

党的十八大以来，积极推进了国有资产监管体制改革从管人管事管资产相结合转向了以管资本为主。国务院于2015年11月印发了《关于改革和完善国有资产管理体制的若干意见》，对在以管资本为主

---

① 黄群慧：《破除混合所有制改革的八个误区》，《经济日报》2017年8月4日。

的要求下如何推进国有资产监管机构职能转变、改革国有资本授权经营体制、提高国有资本配置和运营效率、协同推进相关配套改革提出原则性的要求。时隔一年半，又发布了《国务院国资委以管资本为主推进职能转变方案》，明确了国资监管事项，迈出了从以管企业为主的国资监管体制向以管资本为主的国资监管体制转变的重要一步。党的十九大报告进一步要求：要完善各类国有资产管理体制，改革国有资本授权经营体制，加快国有经济布局优化、结构调整、战略性重组，促进国有资产保值增值，推动国有资本做强做优做大，有效防止国有资产流失。党的十九届四中全会又明确要求形成以管资本为主的国有资产监管体制，有效发挥国有资本投资、运营公司的功能作用。2019年11月国资委又出台了《关于以管资本为主加快国有资产监管职能转变的实施意见》，要求转变监管理念，从对企业的直接管理转向更加强调基于出资关系的监管；调整监管重点，从关注企业个体发展转向更加注重国有资本整体功能；改进监管方式，从习惯于行政化管理转向更多运用市场化法治化手段；优化监管导向，从关注规模速度转向更加注重提升质量效益。

为了实现国资监管体制向以管资本为主转变，党的十八届三中全会以来推进一批国有资本投资、资本运营公司试点，这些试点公司在战略、集团管控与业务板块授权等方面做了有益的探索。2014年7月国资委选择中粮集团、国家开放投资集团作为国有资本投资公司试点，2016年又明确了诚通集团、国新集团作为国有资本运营公司试点，神华集团、中国五矿、宝武集团等6家公司作为国有资本投资公司试点。各地方企业也在加大组建和改建国有资本投资和运营公司。由于有了国有资本投资、运营公司的存在，未来国有资产监管体制将演变为"国资委——国有资本投资、运营公司——公益类和商业类企业"的三层结构，国资委将和第三层企业直接经营隔离开来，从而实现从管人管事管资产向管资本为主的转变。

在构建管资本为主的国资监管体制的同时，党的十八大以来，国资委通过强强联合、优势互补、吸收合并、共建共享，推动了中央企业重组整合，加快进行国有经济战略性调整和国有经济布局优化，实现国有资本的做大做强做优。从2012年12月彩虹集团并入中国电子信息产业集团开始，截至2019年11月，国资委先后完成了21组39家中央企业的重组整合，中央企业户数从113家调整至96家。国有资本向关系国家安全、国民经济命脉和国计民生的重要行业和关键领域不断集中，在军工、电网电力、石油石化、交通运输、电信、煤炭等行业占比达80.1%。[①] 由于国有资本的战略性重组，国有企业规模不断增大，进入《财富》世界500强企业中数量不断增加，2018年有83家国有企业进入，国务院国资委所属中央企业上榜48家。

四 建设中国特色现代国企制度

党的十八大以后，国有企业继续深化公司制改革。2017年国务院办公厅先后发布《关于进一步完善国有企业法人治理结构的指导意见》《中央企业公司制改制工作实施方案》等文件，要求在2017年年底前，国有企业公司制改革基本完成，按照《中华人民共和国全民所有制工业企业法》登记的中央企业（不包括金融、文化企业）全部改为按照《中华人民共和国公司法》登记为有限责任公司或者股份有

[①]《〈中央企业高质量发展报告〉：十八大以来中央企业户数从113家调整至96家》，2019年11月2日，中证网，http://www.cs.com.cn/sylm/jsbd/201911/t20191102_5995158.html。

限公司，加快形成有效制衡的公司法人治理结构和灵活高效的市场化经营机制，到 2020 年，国有独资、全资公司全面建立外部董事占多数的董事会。2017 年 12 月 8 日到 2018 年 1 月 1 日，中国航天科技集团公司、中国核工业集团公司、中国铁路通信信号集团公司、中国铁路物资（集团）总公司、中国石化天然气集团公司、中国华电集团公司、中国化学工程集团公司、北京有色金属研究总院、中国东方航空集团公司、中国航空燃料集团公司等先后集中完成公司改制，全部转为国有独资的有限责任公司。到 2019 年 3 月，中央企业的公司制改革已全面完成，有 83 家央企建立了外部董事占多数的规范的董事会，中央企业所属二三级企业建立董事会的占比达到了 76%，各省级国资委所出资一级企业中建立董事会的占比达到了 90%，有 46 家央企对 3300 多名经理实现了契约化管理，在控股的 81 家上市公司实行了股权激励。①

在坚持现代企业制度这个国有企业改革方向的同时，党的十八大以来深化国有企业改革一以贯之地坚持党对国有企业的领导这个重大政治原则，努力把加强党的领导与完善公司治理统一起来，建设中国特色现代国有企业制度。2016 年 10 月，习近平总书记在全国国有企业党的建设工作会议上指出，中国特色现代国有企业制度，"特"就特在把党的领导融入公司治理各环节，把企业党组织内嵌到公司治理结构之中，明确和落实党组织在公司法人治理结构中的法定地位，做到组织落实、干部到位、职责明确、监督严格。中央企业集团全部实现了"党建进章程"，党组（党委）书记、董事长"一肩挑"，全部

---

① 《肖亚庆：央企公司制改革全面完成》，2019 年 3 月 27 日，新华网，http://www.xinhuanet.com/fortune/2019-03/27/c_1124291092.htm。

落实党组织研究讨论作为公司决策重大事项前置程序。党组（党委）的领导作用在国有企业切实得到落实和体现，党的领导制度上有规定、程序上有保障、实践中有落实。①

五 "两个毫不动摇"与民营企业发展

随着国有企业改革深入，在公有制经济发展壮大的同时，在党的政策支持鼓励和引导下，非公经济实现了从无到有、由小变大、从弱到强的发展过程。1979年，在邓小平同志的支持下，荣毅仁创办了中信公司，拉开了非公经济发展的序幕。党的十二大肯定了个体经济是社会主义公有制经济不可缺少的补充，党的十三大又明确了民营经济是公有制经济的必要和有益的补充，党的十五大进一步指出非公有制经济是中国社会主义市场经济的重要组成部分。2002年，党的十六大正式提出"两个毫不动摇"：毫不动摇巩固和发展公有制经济，毫不动摇鼓励、支持、引导非公有制经济发展。2005年2月，国务院《关于鼓励支持和引导个体私营等非公有制经济发展的若干意见》正式下发。这是第一部中央政府出台的全面促进非公有制经济发展的重要的政策性文件，对于推动非公有制经济实现更快更好的发展具有重要意义。党的十七大以后，《物权法》《企业所得税法》等规范平等竞争的法律相继出台，从法律层面确立了非公经济的平等市场地位，并搭建了全方位、多层次、可操作的支持非公经济发展的政策框架。2010年5月，国务院又出台了《关于鼓励和引导民间投资健康发展

---

① 《国资委：中国特色现代国有企业制度建设取得突破性进展》，2019年9月19日，新华网，http://www.xinhuanet.com//fortune/2019-09/19/c_1210286128.htm。

的若干意见》，进一步拓宽了民间投资的领域和范围，允许民间资本兴办金融机构，鼓励和引导民间资本进入基础产业和基础设施领域，支持和引导民间资本投资建设经济适用住房、公共租赁住房等政策性住房。

党的十八大提出坚持"两个毫不动摇"，进一步指明了坚持和完善基本经济制度、发展非公经济的方向和着力点。党的十八大以来，习近平总书记多次强调：公有制经济和非公有制经济都是社会主义市场经济的重要组成部分，非公有制经济在中国经济社会发展中的地位和作用没有变，我们鼓励、支持、引导非公有制经济发展的方针政策没有变，我们致力于为非公有制经济发展营造良好环境和提供更多机会的方针政策没有变。党的十九大报告再次重申"两个毫不动摇"，党的十九届四中全会进一步明确指出：健全支持民营经济、外商投资企业发展的法治环境，完善构建亲清政商关系的政策体系，健全支持中小企业发展制度，促进非公经济健康发展和非公经济认识健康成长。营造各种所有制主体依法平等使用资源要素、公开公正公平参与竞争、同等受到法律保护的市场环境。2019年12月，《中共中央国务院关于营造更好发展环境支持民营企业改革发展的意见》正式颁发，旨在进一步激发民营企业活力和创造力，充分发挥民营经济在推进供给侧结构性改革、推动高质量发展、建设现代化经济体系中的重要作用。

正是在党的政策支持引导下，中国非公经济发展取得伟大的成就，在稳定增长、促进创新、增加就业、改善民生、促进国有企业混合所有制改革等各方面都发挥了十分重要的作用。从企业数量上看，1978年全国个体工商户只有15万户，没有私营企业，到2017年，个体工商户增长至6579.37万户，私营企业增长至2726.28万户，全国企业法人单位数民营控股企业占比97.0%；从企业投资看，全社会投资中的民营企业、民间投资已经占60%以上。特别是在制造业投资中，国内民营企业已经占到了77.2%，成为名副其实的制造业投资大军；从税收贡献看，民营企业已经是政府税收和国家财力的主要贡献者，超过了50%。1985年，全国工商税收中，全民所有制占比71.7%，集体所有制占比24.1%，个体经济仅占3.0%；2019年1—7月，民营企业税收占比56.9%；从企业创新看，民营企业是中国科技创新的主力军。2000—2017年，中国规模以上工业企业专利申请数、发明专利申请数和有效发明专利数分别由2.62万、0.80万和1.53万件快速上升至81.70万、32.06万和93.40万件；从就业看，民营企业是城镇就业的最大保障，其就业存量占比近80%。1978年城镇就业人数9514万人，其中国有单位和城镇集体单位分别为7451万人和2048万人，而个体经济仅有15万人，占比0.16%。2017年城镇就业人数42462万人，其中私营企业和个体经济占比53.4%。[①]

◇◇ 第二节 以人民为中心的发展思想

党的十八大以来，以习近平同志为核心的党中央始终坚持以人民为中心的发展思想，把人民对美好生活的向往作为奋斗目标，依靠人民创造历史伟业，形成推动发展的强大合力。

[①] 任泽平、马家进、罗志恒：《2019年中国民营经济报告出炉：民营企业实现从0到56789的成就》，2019年10月14日，金融界网站，https://baijiahao.baidu.com/s?id=1647322086137116909&wfr=spider&for=pc。

我们党历来高度重视人民群众的地位和作用。毛泽东主席说："我们共产党人好比种子，人民好比土地。我们到了一个地方，就要同那里的人民结合起来，在人民中间生根、开花。"① 邓小平同志坚持从人民创造历史的活动中吸取思想营养和前进力量。他反复强调，要把人民拥护不拥护、赞成不赞成、高兴不高兴、答应不答应作为制定方针政策和做出决断的出发点和归宿。江泽民同志提出的"三个代表"重要思想和胡锦涛同志提出的科学发展观同样是马克思主义关于人民群众是历史的创造者这一基本原理的贯彻和升华。

党的十八大闭幕后，在十八届中央政治局常委同中外记者见面时，习近平总书记代表党中央庄严承诺："我们的责任，就是要团结带领全党全国各族人民，继续解放思想，坚持改革开放，不断解放和发展社会生产力，努力解决群众的生产生活困难，坚定不移走共同富裕的道路。"2015年秋季召开的党的十八届五中全会首次明确提出坚持以人民为中心的发展思想，强调"人民是推动发展的根本力量，实现好、维护好、发展好最广大人民根本利益是发展的根本目的。必须坚持以人民为中心的发展思想，把增进人民福祉、促进人的全面发展作为发展的出发点和落脚点，发展人民民主，维护社会公平正义，保障人民平等参与、平等发展权利，充分调动人民积极性、主动性、创造性"。

以人民为中心，这既是一个重大的理论问题，也是一个重大的实践问题，充分反映了我们党的执政规律、社会主义建设规律、人类社会发展规律的客观规律要求，而且具体体现了习近平总书记所论述的"遵循经济规律的科学发展，遵循自然规律的可持续发展，遵循社会

---

① 中央文献研究室编：《毛泽东著作专题摘编》（上），中央文献出版社2003年版，第288页。

规律的包容性发展"的本质要义，是马克思主义人民观、发展观的新飞跃、新境界。

以人民为中心的发展思想，体现了我们党全心全意为人民服务的根本宗旨。"治国有常，而利民为本。"我们党来自人民、服务人民，党的一切工作，必须以最广大人民根本利益为最高标准。人民群众是发展的主体，也是发展的最大受益者。坚持以人民为中心的发展思想，就要把增进人民福祉、促进人的全面发展作为发展的出发点和落脚点，发展人民民主，维护社会公平正义，保障人民平等参与、平等发展权利。

以人民为中心的发展思想，反映了坚持人民主体地位的内在要求，彰显了人民至上的价值取向，确立了新发展理念必须始终坚持的基本原则。着力践行以人民为中心的发展思想，把实现人民幸福作为发展的目的和归宿，做到发展为了人民、发展依靠人民、发展成果由人民共享，才能够把中国特色社会主义发展观与其他形形色色的发展观区分开来。

以人民为中心的发展思想，体现了逐步实现共同富裕的目标要求。共同富裕，是马克思主义的一个基本目标，也是自古以来中国千百万人民孜孜以求的一个基本理想。按照马克思、恩格斯的构想，共产主义社会将彻底消除阶级之间、城乡之间、脑力劳动和体力劳动之间的对立和差别，实行各尽所能、按需分配，真正实现社会共享、实现每个人自由而全面的发展。党的十八大以来，我们党根据现有条件把能做的事情尽量做起来，逐步落实好以人民为中心的发展，积小胜为大胜，不断朝着全体人民共同富裕的目标前进。

新时代以人民为中心的发展思想的贯彻落实，主要围绕以下三个方面展开：立足新的发展阶段，践行新的发展理念，解决新的社会矛盾。

一 经济新常态

2012年党的十八大召开后，中国宏观调控全面走出反危机的政策轨道，经济运行进入经济增速换挡期、结构调整阵痛期和前期政策消化期"三期叠加"的新轨道。其中，经济增长速度的下降引起了国内外广泛关注。自2011年起，中国经济告别两位数增速，在波动中持续下行，到2019年已降至6.1%。

新形势、新变化呼唤新理论。2014年5月，习近平总书记首次使用新常态概念来概括当前中国经济发展的特质："我们要增强信心，从当前中国经济发展的阶段性特征出发，适应新常态，保持战略上的平常心态。"[1] 同年11月，在APEC工商领导人峰会上，习近平总书记集中阐述了中国经济发展新常态下速度变化、结构优化、动力转化三大特点。2014年中央经济工作会议进一步明确："认识新常态，适应新常态，引领新常态，是当前和今后一个时期中国经济发展的大逻辑。"[2] 可见，新常态是决策者对中国经济发展新阶段的战略判断和精当概括。

经济发展的新常态概念，尽管从表述来看借鉴自西方[3]，但已经按照中国的语境进行过创造性转化，具有全新的内涵。它重在刻画一种趋势性、不可逆的发展状态，意味着中国经济已进入一个与过去三

---

[1] 《习近平在河南考察时强调：深化改革发挥优势创新思路统筹兼顾 确保经济持续健康发展社会和谐稳定》，《人民日报》2014年5月11日。

[2] 《中央经济工作会议在北京举行 习近平李克强作重要讲话 张德江俞正声刘云山王岐山张高丽出席会议》，《人民日报》2014年12月12日。

[3] 在国际上，新常态一词最初是与经济衰退联系在一起的。2008年国际金融危机后，这一概念迅速传播开来，成为诠释危机后世界经济特征的流行词汇。

十多年高速增长期不同的新阶段，因而是一个具有历史穿透力的战略概念。

首先，一个"新"字，将改革开放以来的中国经济发展划分出存在系统性差别的两个不同时期。在 2014 年中央经济工作会议上，习近平总书记从消费需求、投资需求、出口和国际收支、生产能力和产业组织方式、生产要素相对优势、市场竞争特点、资源环境约束、经济风险积累和化解、资源配置模式和宏观调控方式九个方面，详尽阐述了中国经济新常态的基本特征。[①] 进一步分析"新"字的内涵。就外在特征而言，两个时期的经济增长率存在高低之别，自然地，与之内洽的宏观经济变量，诸如就业、物价、利率、汇率、国际收支、财政收支、货币供求等等，均呈现出不同的水平。就内在根源而论，支持经济长期发展的实体基础，诸如科技创新及其产业化水平、人口结构、要素供给效率、储蓄与投资关系，以及储蓄投资均衡状态下的真实利率水平等，都彰显出不同的"新"性状。

其次，"常态"的判断，揭示出当前及未来一段时期中国经济发展的基本底色。习近平总书记秉持马克思主义的方法论，从长周期和大历史的高度对中国经济发展历程进行了战略思考："从历史长过程看，中国经济发展历程中新状态、新格局、新阶段总是在不断形成，经济发展新常态是这个长过程的一个阶段。这完全符合事物发展螺旋式上升的运动规律。"[②] 这表明经济新常态的出现符合事物发展的客

[①] 限于篇幅，本书不再详细引用原文。有关经济新常态在九个方面的具体表现，可参阅《中央经济工作会议在北京举行 习近平李克强作重要讲话 张德江俞正声刘云山王岐山张高丽出席会议》，《人民日报》2014 年 12 月 12 日。

[②] 习近平：《在省部级主要领导干部学习贯彻党的十八届五中全会精神专题研讨班上的讲话（2016 年 1 月 18 日）》，人民出版社 2016 年版，第 3 页。

观规律，并不意外，绝非偶然。

它提醒我们，"旧常态"在大概率上已经很难回归。因此，面向未来，我们必须全面调整理念、心态、战略和政策，主动适应新常态，学会在新常态下生产和生活。在此基础上，我们要积极地引领新常态向着设定的"形态更高级、分工更优化、结构更合理"[①] 的更高目标发展。毫无疑问，新常态蕴含着发展的新动力。发现、挖掘并运用好这些动力，需要我们对习以为常的发展方式进行革命性调整，必须对扭曲的经济结构进行壮士断腕式改革，也同样需要对既有政策体系中不适应新常态要求的部分进行及时调整。

二　新发展理念

2015年秋季，党的十八届五中全会通过的《中共中央关于制定国民经济和社会发展第十三个五年规划的建议》从全局性、根本性、方向性和长远性着眼，确立了"十三五"时期中国经济社会发展新理念，即实现创新发展、协调发展、绿色发展、开放发展和共享发展。新发展理念，来源于中国共产党全心全意为人民服务的根本宗旨和以人民为中心的发展思想，升华了国内国外发展的经验和教训，凝聚了关于发展的理论探索的先进共识，针对了中国发展中存在的不平衡、不协调和不可持续的问题，回应了广大人民群众对发展的殷切期待，是全面建成小康社会决胜阶段的行动先导，构成习近平新时代中国特色社会主义经济思想的主要内容。

---

① 习近平：《在省部级主要领导干部学习贯彻党的十八届五中全会精神专题研讨班上的讲话（2016年1月18日）》，人民出版社2016年版，第2页。

中国发展阶段变化的最突出特点及其最准确概括，是经济发展进入以增长速度换挡、结构调整加速和增长动力转换为特征的新常态。对经济形势的判断要统一到新常态特征上来，在新常态下理解五大发展理念的产生背景，充分认识到把五大理念贯穿发展过程始终的紧迫性和必要性。

创新发展着眼于培养新常态下经济增长新动力。在改革开放期间中国经济实现的长达30余年的高速增长，主要依靠体现在劳动力和土地的低成本优势和技术后发优势上的供给因素，以及居民收入提高、基础设施建设和对外开放带来的巨大需求因素。随着人均GDP进入中等偏上收入国家行列，同时，劳动年龄人口总量达到峰值，人口抚养比抵达从下降转而上升的拐点，经济发展阶段发生了根本性的变化，支撑高速增长的传统动力相应式微。

从国际经验和教训看，许多国家在类似发展阶段上，传统增长源泉逐渐消失，又未能培养出必要的创新能力，失去了经济增长的持续动力，因而陷入中等收入陷阱。从中国经济发展面临的问题和挑战看，创新能力不强仍是中国与发达国家差距所在。因此，使创新成为引领发展的第一动力，形成经济增长的长期可持续动力，才能保持中高速增长，跨越中等收入阶段。

协调发展着眼于发展的健康性。中国发展长期存在着不平衡、不协调和不可持续问题，已经成为阻碍新常态下保持中高速增长和实现分享、包容的障碍。国际经验和中国现实都表明，在从中等偏上收入向高收入跨越的阶段上，各种社会矛盾和社会风险，往往因区域、城乡、经济和社会、物质文明和精神文明、经济建设与国防建设等方面的不协调而产生和加深。一些国家也正是因此而落入中等收入陷阱。因此，坚持"四个全面"，促进发展的协调性，是持续健康发展的内在要求。

绿色发展着眼于发展的永续性，顺应人民对美好生活的追求。绿色发展理念认为，绿水青山就是金山银山，人民对优美环境和良好生态的追求，体现了发展的目的本身。而资源一旦枯竭，环境和生态一经遭到破坏，要么是不可修复的，要么须付出极高的代价。特别是，环境恶化对人的生活环境和人体健康造成的损害，代价尤其昂贵。全面建成小康社会，要让人民从发展中获得幸福感，必然不能以破坏资源环境和生态为代价。

开放发展着眼于用好国际国内两个市场、两种资源，实现内外发展联动。中国以往的经济发展，受益于经济全球化和自由贸易。在中国经济与世界经济深度融合，同时世界上出现逆全球化的条件下，我们不仅要不断提高利用国际市场、在全球范围配置产能和应对国际经贸摩擦的能力，还要努力发展更高层次的开放型经济，提高国际经贸等方面的制度性话语权，通过参与全球经济治理、提供国际公共产品和打造广泛的利益共同体，主动利用、扩大和引领经济全球化。

共享发展着眼于解决社会公平正义问题，体现中国特色社会主义本质要求和发展目的。中国发展中的不协调问题表现为城乡、区域和居民之间的收入差距以及享受基本公共服务方面的不均等。全面建成小康社会，必须以全体人民共同进入为根本标志。以人民为中心的发展思想，最终要落脚于共享发展理念和举措，具体体现为坚持普惠性、保基本、均等化、可持续方向，从解决人民最关心最直接最现实的利益问题入手，提供更充分、更均等的公共服务。

党的十九大报告强调，中国经济已由高速增长阶段转向高质量发展阶段。高质量发展，就是体现新发展理念的发展，是创新成为第一动力、协调成为内生特点、绿色成为普遍形态、开放成为必由之路、共享成为根本目的的发展。更明确地说，高质量发展，就是从"有没有"转向"好不好"[1]。

三 社会主要矛盾的转化与高质量发展

1981年召开的党的十一届六中全会指出，在社会主义初级阶段，中国社会的主要矛盾是人民日益增长的物质文化需要同落后的社会生产之间的矛盾。这个主要矛盾，贯穿于中国社会主义初级阶段的整个过程和社会生活的各个方面，决定了我们的根本任务是集中力量发展社会生产力。改革开放以来，全党上下团结一心，全国人民艰苦奋斗，中国社会生产力有了长足发展。

2017年秋季，习近平总书记在党的十九大报告中指出，中国特色社会主义进入了新时代，中国社会主要矛盾已经转化为人民日益增长的美好生活需要和不平衡不充分的发展之间的矛盾。中国稳定解决了十几亿人的温饱问题，总体上实现小康，不久将全面建成小康社会，人民美好生活需要日益广泛，不仅对物质文化生活提出了更高要求，而且在民主、法治、公平、正义、安全、环境等方面的要求日益增长。同时，中国社会生产力水平总体上显著提高，社会生产能力在很多方面进入世界前列，更加突出的问题是发展不平衡不充分，这已经成为满足人民日益增长的美好生活需要的主要制约因素。

不平衡不充分的发展就是发展质量不高的表现。解决中国社会的主要矛盾，必须推动高质量发展。习近平总书记指出，我们要在继续

---

[1] 习近平：《中国经济已由高速增长阶段转向高质量发展阶段》，载《十九大以来重要文献选编》（上），中央文献出版社2019年版。

推动发展的基础上,着力解决好发展不平衡不充分问题,大力提升发展质量和效益,更好满足人民在经济、政治、文化、社会、生态等方面日益增长的需要,更好推动人的全面发展、社会全面进步。这表明,我们要重视量的发展,更要重视解决质的问题,在质的大幅提升中实现量的有效增长。说到底,高质量发展,就是能够很好满足人民日益增长的美好生活需要的发展。

围绕高质量发展的要求来确定发展思路、制定经济政策,是解决中国社会主要矛盾的必然选择。为了实现这一战略目标,我们要按照党的十九大部署,以供给侧结构性改革为主线,以推动质量变革、效率变革、动力变革为基本路径,以建设实体经济、科技创新、现代金融、人力资源协同发展的产业体系为着力点,以构建市场机制有效、微观主体有活力、宏观调控有度的经济体制为制度保障,建设现代化经济体系。

总之,在中国特色社会主义进入新时代的背景下坚持以人民为中心的发展思想,最根本的是要在谋划发展时把增进人民福祉、促进人的全面发展放在首要地位,切实推动经济社会持续健康发展,朝着全体人民共同富裕的目标不断前进。

为了践行以人民为中心的发展思想,我们需要准确把握中国发展的阶段性特征,并根据新情况确定发展理念,制定发展战略。中国经济发展进入新常态的重大战略判断告诉我们,中国经济已经告别高速增长阶段,我们要认识、适应、把握并引领新常态,朝着"形态更高级、分工更优化、结构更合理"的目标迈进。在新的形势下,党中央提出的创新、协调、绿色、开放、共享五大发展理念为当前和今后一个时期的发展提供了行动指南和具体要求。把新发展理念落实到具体工作当中,就是要着力解决好发展不平衡不充分问题,大力提升发展质量和效益，实现高质量发展。这是满足人民日益增长的美好生活需要的根本保证。

简言之，在新时代坚持以人民为中心的发展思想，要求我们在中国经济发展进入新常态的背景之下，以创新、协调、绿色、开放、共享发展理念为指导，通过推动高质量发展来解决发展不平衡不充分问题，更好满足人民日益增长的美好生活需要。

◇◇ 第三节　供给侧结构性改革

2015 年 11 月，在中共中央财经领导小组第十一次会议上，习近平总书记首次提出供给侧结构性改革。之后，供给侧结构性改革成为中国经济工作的主线，供给侧结构性改革的政策内涵也在不断深化，有力地促进了中国经济的高质量发展。

一　供给侧结构性改革的提出

2014 年 5 月习近平总书记提出了中国经济发展进入经济新常态的基本判断，概括了中国经济运行呈现出增速趋缓、结构趋优、动力转换的基本特征。在经济新常态下，中国工业化步入后期阶段，面临着一系列结构性矛盾。工业化中期阶段的快速发展的钢铁、煤炭等传统重化工产业的产能严重过剩，而工业化后期和后工业化时期所需要的技术密集型的产业供给严重不足，经济杠杆率不断提高，实体经济企业成本过高，存在实体经济结构性供需失衡、金融和实体经济失衡、房地产和实体经济失衡的三大结构性失衡。从供给和需求两个市场经济的基本方面看，这些结构性失衡主要表现为供给侧的失衡，供给结构无法适应需求侧的变化，矛盾的主要方面在供给侧。从宏观经济调控手段看，需求侧管理主要侧重于在总量上调整消费、投资和出口，无法真正解决供给侧的结构性矛盾，需要加强供给侧管理化解供给侧矛盾，提供供给体系质量，培育经济增长新动能，实现经济增长的新旧动能转换，使得经济供给体系更好地满足于广大人民日益增长的、质量不断提升的物质文化和生态环境的需要。面对新常态下中国经济存在的供给结构性问题，改革开放经验表明，这是不能够通过政府之手直接调整经济结构来解决的，必须通过深化市场化改革的方法来实现供给结构性矛盾的化解。

正是在上述背景下，2015年11月10日召开的中央财经领导小组第十一次会议上，习近平总书记首次提出要在适度扩大总需求的同时，着力加强供给侧结构性改革。习近平总书记指出："供给侧结构性改革，重点是解放和发展社会生产力，用改革的办法推进结构调整，减少无效和低端供给，扩大有效和中高端供给，增强供给结构对需求变化的适应性和灵活性，提高全要素生产率。"[①] 这意味着供给侧结构性改革内涵可以归结为一个"问题—原因—对策"的典型的"三段论"逻辑：新常态下中国经济面临的主要问题集中表现为供给侧的有效和高度供给不足、无效和低端供给过剩导致全要素生产率低下，这个问题的本质在于供给结构不能适应需求结构变化的结构性矛盾，而产生这个矛盾的根源是体制机制问题束缚了生产力，因此，相应的对策是用体制机制改革的方法调整结构、化解结

---

① 习近平：《在省部级主要领导干部学习贯彻党的十八届五中全会精神专题研讨班上的讲话（2016年1月18日）》，人民出版社2016年版，第29—30页。

构性矛盾，最终实现解放和发展生产力、提高全要素生产率的经济发展目标。① 也就是说，供给侧结构性改革，是针对由于供给体系质量和效率不高、供给结构不适应需求结构变化的结构性矛盾而产生的全要素生产率低下问题所进行的旨在调整经济结构的体制机制改革。供给侧或者供给体系可以从生产要素、企业和产业三个层面具体划分，供给结构包括生产要素组合的结构、各种企业和产业（可按照技术性质、所有制、区域等划分）占比结构等，供给体系质量提升表现为供给结构优化和转型升级。通过深化市场化改革、不断完善市场体制和机制，来不断优化供给结构，促进产品、企业和产业转型升级，这是供给侧结构性改革的根本任务。因此，供给侧结构性改革的基本内涵是市场化改革，是围绕着提高供给体系质量和效率、满足需求最终目标的体制机制改革。从政策导向看，提出供给侧结构性改革，就是要在稳定总需求的同时，更多地采用改革的办法，更多地运用市场化、法制化的手段，提高供给体系质量。

供给侧结构性改革的提出，具有重要的理论创新意义和现实指导意义。从理论上看，供给侧结构性改革是一个系统的理论创新，构成了中国特色社会主义政治经济学的一个重要范畴，是习近平新时代中国特色社会主义经济思想的一项重要内涵。一个供给侧结构性改革，将复杂的供给与需求、改革与发展重大问题有机地联系在一起。在供给与需求的关系上，明确了供给是矛盾的主要方面，需要通过扩大有效供给、提高供给质量来适应需求结构变化；在改革与发展关系上，针对经济发展中存在的供给侧结构性问题，提出通过市场化改革的办法来解决经济新常态下的发展问题，直接回答了改革的"为何改、改

---

① 黄群慧：《论中国工业供给侧结构性改革》，《中国工业经济》2017年第9期。

什么、怎么改"等重大问题。这在理论上显然区别于西方经济学的凯恩斯主义,也不同于西方的供给学派。从实践上看,供给侧结构性改革是中国适应经济新常态、引领经济新常态下的重大的政策举措创新,其核心政策要义是在市场化改革政策,通过完善市场化体制机制来提高微观市场活力和资源配置效率,通过制度创新来促进科技创新,进而提高供给体系质量和效率,更好地满足需求变化,促进经济平稳健康发展。这显然也不同于西方的供给管理政策和结构主义政策。

二 供给侧结构性改革的政策演变

2015年12月中央经济工作会议将供给侧结构性改革作为2016年经济工作的主线,提出了"去产能、去库存、去杠杆、降成本、补短板"五大任务,即"三去一降一补"。"去产能"即化解产能过剩,主要是针对钢铁、煤炭、水泥、电解铝等高消耗、高排放传统行业长期产能过剩问题,按照企业主体、政府推动、市场引导、依法处置的原则,制定全面配套的政策体系,积极稳妥地推进市场化企业破产、兼并重组、产能压缩和转移;"去库存"主要是化解房地产库存;"去杠杆"指改善企业债务结构、增加权益资本比重,以可控方式和可控节奏逐步减少杠杆,防范金融风险压力;"降成本"是指帮助降低企业成本,包括降低制度性交易成本、企业税收负担、社会保险费、电力价格、物流成本等方面;"补短板"是指补齐城市基础设施和公共服务体系、科技创新进步和创新能力、城乡统筹发展、生态环境、人才建设等各方面发展的不充分。

2016年中央经济工作会议提出在2017年经济工作将深入推进"三去一降一补",推进农业供给侧结构性改革,着力振兴实体经济,促进房地产市场平稳健康发展；2017年中央经济工作会议明确2018年深化供给侧结构性改革重点要在"破""立""降"上下功夫：大力破除无效供给，把处置"僵尸企业"作为重要抓手，推动化解过剩产能；大力培育新动能，强化科技创新，推动传统产业优化升级，培育一批具有创新能力的排头兵企业，积极推进军民融合深度发展；大力降低实体经济成本，降低制度性交易成本，继续清理涉企收费，加大对乱收费的查处和整治力度，深化电力、石油天然气、铁路等行业改革，降低用能、物流成本。

2018年中央经济工作会议提出2019年经济工作还必须坚持以供给侧结构性改革为主线不动摇，更多采取改革的办法，更多运用市场化、法治化手段，在"巩固、增强、提升、畅通"八个字上下功夫：巩固"三去一降一补"成果，推动更多产能过剩行业加快出清，降低全社会各类营商成本，加大基础设施等领域补短板力度；增强微观主体活力，发挥企业和企业家主观能动性，建立公平开放透明的市场规则和法治化营商环境，发展更多优质企业；提升产业链水平，注重利用技术创新和规模效应形成新的竞争优势，培育和发展新的产业集群；畅通国民经济循环，加快建设统一开放、竞争有序的现代市场体系，提高金融体系服务实体经济能力，形成国内市场和生产主体、经济增长和就业扩大、金融和实体经济良性循环。2019年中央经济工作会议继续强调指出：坚持供给侧结构性改革的主线，把供给侧结构性改革的这个主线贯穿于整个宏观调控的全过程，在深化供给侧结构性改革上持续用力，坚持"巩固、增强、提升、畅通"的方针，全面提高经济竞争力，建设现代化经济体系，实现经济高质量发展。

推进供给侧结构性改革以来，"三去一降一补"取得了积极效果，一大批"散乱污"企业出清，工业企业资产负债率持续下降，宏观杠杆率总体趋于稳定，企业成本得到显著降低，2016、2017 和 2018 年三年降低企业成本超过 2.3 万亿，① 公共服务、创新能力等短板有明显改善。供给侧结构性改革效果的一个重要体现，是通过政府"放管服"改革，企业制度性交易成本不断降低，营商环境得到持续改善。世界银行发布的全球营商环境指数表明，近几年中国的营商环境改善非常显著。在全球近 200 个经济体中，中国的营商环境 2017 年排名第 78 位，2018 年排名第 46 位，2019 年排名第 31 位，中国在执行合同、获得电力、开办企业、登记财产、保护少数投资者和办理施工许可证等方面都表现突出。②

三　供给侧结构性改革与经济高质量发展

2017 年 10 月 18 日至 24 日，党的十九大在北京召开。习近平总书记在十九大报告中指出：中国经济已由高速增长阶段转向高质量发展阶段，正处在转变发展方式、优化经济结构、转换增长动力的攻关期，建设现代化经济体系是跨越关口的迫切要求和中国发展的战略目标。必须坚持质量第一、效益优先，以供给侧结构性改革为主线，推动经济发展质量变革、效率变革、动力变革，提高全要素生产率。这意味着实现高质量发展、建设现代化经济体系成为新时代中国经济的发展导向和战略目标。正如同改革开放一直是中国经济增长的动力机制一样，而供给侧结构性改革则成为实现这个发展导向和战略目标的动力机制、工作主线和推进手段。因此，深化供给侧结构性改革、建

---

① 全国干部培训教材编审指导委员会组织：《建设现代化经济体系》，人民出版社、党建读物出版社 2019 年版，第 32 页。
② World Bank, "Doing Business 2020: China", World Bank Group, 2019.

设现代化经济体系和推进经济高质量发展都是新时代经济改革发展的重大任务,具有内在逻辑一致性。具体而言,围绕着供给侧结构性改革、建设现代化经济体系和实现经济高质量发展,新时代重点推进一系列经济改革发展的重大战略和举措。

一是实施制造强国战略,提高实体经济供给质量。在2015年提出的制造强国战略基础上,加快发展先进制造业,推动互联网、大数据、人工智能和实体经济深度融合,进一步推进制造业高质量发展,加快新旧动能转换。尤其是在中美贸易摩擦的背景下,更加强调制造业基础的完善。2019年8月召开的中央财经委员会第五次会议研究提升产业基础能力和产业链水平问题,提出了实施产业基础再造工程。另外作为补短板的重要内容,积极推进水利、铁路、公路、水运、航空、管道、电网、信息等基础设施的建设,尤其是大力推进以新一代信息基础设施为主的"新型基础设施建设",在2020年新冠肺炎疫情影响背景下,"新基建"推进力度进一步加大。

二是完善科技创新体制机制,加快建设创新型国家。创新是引领发展的第一动力,是建设现代化经济体系的战略支撑。进入中国特色社会主义建设新时代以来,中国不断完善科技创新体制,出台了一系列调动科研人员积极性、完善创新生态的政策措施,同时也不断加大科技投入,健全国家实验室体系,努力构建社会主义市场经济条件下关键核心技术攻关新型举国体制,创新产出能力稳步提升。从世界知识产权组织(WIPO)、美国康奈尔大学和欧洲工商管理学院联合发布的全球创新指数排名看,中国科技创新能力显著增强,从2012年的第34位跃升至2017年的第22位、2018年的第17位、2019年的第14位,中国是中等收入经济体中唯一进入前30名的国家,在本国人专利数量、本国人工业品外观设计数量、本国人商标数量以及高技出口净额和创意产品出口等指标方面位居榜单前列。①

三是推进农业供给侧结构性改革，实施乡村振兴战略。在新型工业化、信息化、新型城镇化和农业现代化"四化同步"发展战略指导下，巩固和完善农村基本经营制度，深化农村土地制度改革，完善承包地"三权"分置制度，坚持农业农村优先发展，按照产业兴旺、生态宜居、乡风文明、治理有效、生活富裕的总要求，建立健全城乡融合发展体制机制和政策体系，加快推进农业农村现代化。

四是促进要素合理流动和高效集聚，实施区域协调发展战略。党的十八大以来，党中央提出了京津冀协同发展、长江经济带发展、共建"一带一路"、粤港澳大湾区建设、长三角一体化发展、黄河流域生态保护和高质量发展等一系列新的区域发展战略。中国区域发展格局呈现出发展分化态势明显、发展动力极化现象突出、中心城市和城市群正在成为承载发展要素的主要空间形式等主要特征。为了适应高质量发展需要，要进一步促进各类要素合理流动和高效集聚，增强中心城市和城市群等经济发展优势区域的经济和人口承载能力，增强其他地区在保障粮食安全、生态安全、边疆安全等方面的功能，形成优势互补、高质量发展的区域经济布局。为此要深化供给侧结构性改革，形成全国统一开放、竞争有序的商品和要素市场，实现养老保险全国统筹，改革土地管理制度使得建设用地资源向中心城市和重点城市群倾斜，全面建立生态补偿制度以及完善财政转移支付制度。②

---

① 柳鹏：《全球创新指数 2019：中国排名再创新高》，《知识产权报》2019 年 7 月 25 日。

② 习近平：《推动形成优势互补高质量发展的区域经济布局》，《求是》2019 年第 24 期。

五是加快完善社会主义市场经济体制,建设更高水平的开放型经济新体制。供给侧结构性改革的重点是解放和发展生产力,其根本途径就是深化改革开放。在市场经济体制建设方面,党的十八大以来围绕完善产权制度和要素市场化配置、建设高标准市场体系等重点出台一系列体制机制改革措施。尤其值得提及的是,2020年4月9日中共中央、国务院印发《关于构建更加完善的要素市场化配置体制机制的意见》,针对土地、劳动力、资本、技术、数据等生产要素,就扩大要素市场化配置范围、促进要素自主有序流动、加快要素价格市场化改革、健全要素市场运行机制等方面进行部署。这对于提高要素质量和配置效率、加快完善社会主义市场经济体制具有重大意义。在开放型经济新体制建设方面,围绕推动形成全面开放新格局,按照实现更大范围、更宽领域、更深层次的全面开放的要求,不断出台实行高水平的贸易和投资自由化便利化政策,健全全面实行准入前国民待遇加负面清单管理制度,推进规则、规制、管理、标准等制度型开放。具有标志性意义的一个事件是,2018年4月13日习近平总书记在庆祝海南建省办经济特区30周年大会上宣布,党中央决定支持海南全岛建设自由贸易试验区。2020年6月1日,中共中央、国务院印发了《海南自由贸易港建设总体方案》。按照中央部署,海南要努力成为中国新时代全面深化改革开放的新标杆,以供给侧结构性改革为主线,建设自由贸易试验区和中国特色自由贸易港,着力打造成为中国全面深化改革开放试验区、国家生态文明试验区、国际旅游消费中心、国家重大战略服务保障区。海南自由贸易港的实施范围为海南岛全岛,到2025年将初步建立以贸易自由便利和投资自由便利为重点的自由贸易港政策制度体系,到2035年成为我国开放型经济新高地,到21世纪中叶全面建成具有较强国际影响力的高水平自由贸易港。[①]

第四节　新时代的宏观调控创新

党的十九大报告指出，中国特色社会主义进入新时代，中国社会的主要矛盾已经转化为人民日益增长的美好生活需要和不平衡不充分的发展之间的矛盾。因此，新时代的宏观调控应坚持以人民为中心的发展思想，聚焦人民对美好生活的需要，着力深化供给侧结构性改革，全面实施创新驱动发展战略，大力推进生态文明建设，促进城乡区域协调发展，积极推动解决社会主要矛盾。

一　宏观调控大背景

在 2013 年上半年政治局讨论经济形势会上，习近平总书记首次提出中国当前经济正处于"三期叠加"阶段的重要判断。所谓"三期叠加"是指增长速度进入换挡期、结构调整面临阵痛期、前期刺激政策消化期。2014 年第二季度政治局经济形势分析会上，他对"三期叠加"进行了全面系统分析，并强调开展经济工作必须认清"三期叠加"阶段的特征和工作要求。增长速度进入换挡期，是由经济发展的客观规律所决定的；结构调整面临阵痛期，是加快经济发展方式转变的主动选择；前期刺激政策消化期，是化解多年来积累的深层次矛

[①] 《习近平对海南自由贸易港建设作出重要指示》，2020 年 6 月 1 日，新华社，http://www.gov.cn/xinwen/2020-06/01/content_5516550.htm。

盾的必经阶段。

在"三期叠加"基础上，中央进一步提出"新常态"的理念。2014年5月，习近平总书记在河南考察时首次使用新常态概念；11月10日，在北京召开的APEC工商领导人峰会上，习近平总书记集中阐述了中国经济发展新常态下速度变化、结构优化、动力转化等三大特点。到了2014年12月9日的中央经济工作会上，习近平总书记从消费需求、投资需求、出口和国际收支、生产能力和产业组织方式、生产要素相对优势、市场竞争特点、资源环境约束、经济风险积累和化解、资源配置模式和宏观调控方式等九大方面分析了中国经济新常态的表现、成因及发展方向后，明确指出："中国经济发展进入新常态是中国经济发展阶段性特征的必然反映，是不以人的意志为转移的。认识新常态，适应新常态，引领新常态，是当前和今后一个时期中国经济发展的大逻辑。"2016年1月习近平总书记又系统总结了新常态的基本特征：增长速度要从高速转向中高速，发展方式要从规模速度型转向质量效率型，经济结构调整要从增量扩能为主转向调整存量、做优增量并举，发展动力要从主要依靠资源和低成本劳动力等要素投入转向创新驱动。这些变化，是中国经济向形态更高级、分工更优化、结构更合理的阶段演进的必经过程。实现这样广泛而深刻的变化并不容易，对我们是一个新的巨大挑战[①]。

从"三期叠加"到"新常态"，是党的十八大以来党中央对于中国经济发展阶段的新概括，是一个不断探索、深化认识的过程。这是新时代宏观调控所面临的国内背景。习近平总书记在2018年6月中

[①] 习近平：《在省部级主要领导干部学习贯彻党的十八届五中全会精神专题研讨班上的讲话（2016年1月18日）》，人民出版社2016年版，第2页。

央外事工作会议上提出了一个重大论断,即"当前中国处于近代以来最好的发展时期,世界处于百年未有之大变局"。这是新时代宏观调控的国际语境。

百年未有之大变局的基本要义在于正在发生的"东升西降"的趋势以及由此带来的"东西"之间的角力与冲突。这里的"东"是以中国为代表的东方,主要是发展中经济体;"西"是以美国为代表的西方,主要是发达经济体。这一大变局悄然发生于改革开放以来中国综合国力的不断攀升,凸显于本轮的中美经贸摩擦,并将在"十四五"期间及今后较长一段时期进一步演化和深化。

百年未有之大变局蕴含着诸多变化。一是国际格局加速演变。制度竞争是国家间最根本的竞争。国际上两种趋势、两种力量进入全面较量的关键阶段,中美从合作与竞争逐步走向战略僵持阶段,两国将在经济发展、国家能力、科技、网络安全以及全球治理等领域展开全方位博弈。二是新工业革命背景下全球产业发展和分工格局出现重大变革。以美国为首的发达经济体对全球产业链和创新链的重构,将严重影响中国产业转型升级的进程和方向;自动化与智能机器人对于传统劳动力比较优势的削弱,以及越南等新兴经济体在劳动密集型产业方面的竞争,直接动摇中国在国际经贸大循环中连接发达经济体与发展中经济体的枢纽地位。三是世界经济发展的不确定性加大。关于全球长期停滞(seclular stagnation)的悲观论调不绝于耳。全球保护主义逆风叠加劳动力要素供给下降和生产技术水平停滞,导致各国潜在增长率不断下降;国际贸易增速前景堪忧,国际直接投资稳定性严重不足;全球债务水平持续攀高,特别是新兴经济体金融市场风险日益集聚;各个经济体增长周期出现分化,主要发达经济体货币政策负外溢性凸显。

二　宏观调控指挥棒

在经济发展进入新常态的大背景下，追求增长的质量和效益更为关键，推动社会发展、环境改善同样重要。这表明，主要以 GDP 作为宏观调控指挥棒的时代将成为过去。

2012 年 12 月，习近平总书记在中共中央召开的党外人士座谈会上指出，"增长必须是实实在在和没有水分的增长，是有效益、有质量、可持续的增长"。2013 年 6 月，在全国组织工作会议上，习近平总书记又强调：考核干部再不能简单以 GDP 论英雄。要坚持全面、历史、辩证看干部，注重一贯表现和全部工作。要改进考核方法手段，既看发展又看基础，既看显绩又看潜绩，把民生改善、社会进步、生态效益等指标和实绩作为重要考核内容，再也不能简单以国内生产总值增长率来论英雄了。

2015 年 10 月 29 日，习近平总书记在党的十八届五中全会第二次全体会议上的讲话鲜明提出了创新、协调、绿色、开放、共享的发展理念。新发展理念符合中国国情，顺应时代要求，对破解发展难题、增强发展动力、厚植发展优势具有重大指导意义。这五大发展理念，来源于中国共产党全心全意为人民服务的根本宗旨和习近平总书记系列重要讲话精神中一贯体现的以人民为中心的发展思想，升华了国内国外发展的经验和教训，凝聚了关于发展的理论探索的先进共识，针对了中国发展中存在的不平衡、不协调和不可持续的问题，回应了广大人民群众对发展的殷切期待。2016 年 1 月 29 日，习近平总书记在中共中央政治局第三十次集体学习时强调：新发展理念就是指挥棒、红绿灯。习近平总书记指出，坚持创新发展、协调发展、绿色发展、开放发展、共享发展,是关系中国发展全局的一场深刻变革。① 要顺利推进这场变革,首先就要充分意识到,这五大发展理念相互贯通、相互促进,是具有内在联系的集合体,要统一贯彻,不能顾此失彼,也不能相互替代。哪一个发展理念贯彻不到位,发展进程都会受到影响。

高质量发展是2017年党的十九大首次提出的新表述,表明中国经济由高速增长阶段转向高质量发展阶段。高质量发展是新时代的发展转型,即实现质量、效率、动力三方面的变革。这是一些经济体从中等收入阶段进入到高收入阶段所呈现的重要变化。这意味着:从增长动力角度看,消费将会成为增长的主动力,而且中高端的消费个性化、多样化将成为主流,中等收入群体将成为拉动消费的主体。从产业来看,服务业有更快的发展,这与服务消费成为主力相互匹配;同时新产业、新产品、新技术、新业态有更大发展。在价值链上主要居于中高端,而且主要依靠绿色、低碳的产业来推动。从要素来看,一方面将更多依靠科技、知识、人力资本等新的生产要素来推动;另一方面要依靠劳动、资本、土地、资源、能源、环境等传统要素的效率提高来提升。推动高质量发展,既是保持经济持续健康发展的必然要求,也是适应中国社会主要矛盾变化和全面建成小康社会、全面建设社会主义现代化国家的必然要求,更是遵循经济规律发展的必然要求。第一,高质量发展是适应经济发展新常态的主动选择。第二,高质量发展是贯彻新发展理念的根本体现。第三,高质量发展是适应中国社会主要矛盾变化的必然要求。第四,高质量发展是建设现代化经

---

① 习近平:《在党的十八届五中全会第二次全体会议上的讲话(节选)》,《求是》2016年第1期。

济体系的必由之路。

从挤水分、不以 GDP 论英雄，到新发展理念以及高质量发展，逐步形成了新时代宏观调控的新指挥棒。

三　宏观调控多维创新

党的十八大以来，面对国内外发展的新形势新任务新挑战，特别是面对"三期叠加"和"新常态"下经济结构性减速的压力，党中央、国务院保持战略定力，坚持稳中求进工作总基调，坚持宏观政策要稳、微观政策要活、社会政策要托底的总体思路，不断创新宏观调控思路和方式，保持宏观政策连续性和稳定性，先后创新实施区间调控、定向调控、相机调控，适时适度预调微调，有效稳定了市场信心和社会预期，有力促进了经济稳定运行和结构优化升级。

2013 年，中央提出"区间调控"的概念，要求把握好宏观调控的方向、力度、节奏，使经济运行处于合理区间，守住稳增长、保就业的"下限"，把握好防通胀的"上限"；在这样一个合理区间内，要着力调结构、促改革，推动经济转型升级。2014 年，进一步提出要在坚持区间调控的基础上，注重实施"定向调控"，也就是在调控上不搞"大水漫灌"、不采取短期强刺激措施，而是抓住重点领域和关键环节，更多依靠改革的办法，更多运用市场的力量，有针对性地实施"喷灌""滴灌"。2015 年以来，又提出要更加精准有效地实施"相机调控"，强调做好政策储备和应对预案，把握好调控措施出台的时机和力度，不断提高相机抉择的水平。2018 年，中央首次提出就业优先战略。2019 年中央经济工作会认真总结了我们在工作中形成的一些重要认识：必须科学稳健把握宏观政策逆周期调节力度，增强微观主体活力，把供给侧结构性改革主线贯穿于宏观调控全过程；必须从系统论出发优化经济治理方式，加强全局观念，在多重目标中寻求动态平衡。这些无疑都将是创新和完善宏观调控所遵循的基本原则。

(一) 就业优先战略

就业问题一直是宏观调控中需要考量的重要因素。当年"保8"，也是有很多理由，其中一个重要的理由就是只有实现8%的经济增长率，才能实现就业目标。不过，就业尽管非常重要，且往往作为宏观调控目标，但在具体政策出台过程中多大程度上将它纳入，却并不尽如人意。一个重要的原因恐怕在于，长期以来，统计部门公布的这类指标是城镇登记失业率，由于这个指标统计的范围较小，对劳动力市场状况的反映既不甚敏感也不够全面，十分有限的波动性使其难以作为宏观经济政策的依据，所以调控部门主要还是依据通货膨胀率和GDP增速等来判断宏观经济走势，有关就业状况的信息并没有直接进入宏观调控决策的考虑，导致宏观经济政策的不完善。但是，如果不能把就业政策纳入宏观经济政策层面，特别是货币政策的运用方向及出台时机未能把劳动力市场信号作为依据，就会导致稳就业措施在宏观调控政策工具箱中的位置不恰当，在实施中与货币政策和财政政策衔接不够紧密，就业目标的优先序也容易在实施中被忽略，有时甚至被保增长的要求所代替。因此，要在各项政府工作中给予就业更加突出的位置，在宏观政策中赋予就业更高的优先序。

2018年中央经济工作会强调"社会政策要强化兜底保障功能，实施就业优先政策，确保群众基本生活底线"，首次提出就业优先战略。把就业稳定作为宏观经济稳定的主要内容，宏观政策的目标更加明确，目标与手段更加统一，积极就业政策也更具可操作性。

（二）更加注重风险与安全维度

宏观调控中风险（及安全）维度的凸显也经历了一个过程。2014年中央经济工作会提出：关键是保持稳增长和调结构之间平衡，这时风险问题并没有直接体现在政策目标上。2015年中央经济工作会又提出：坚持稳增长、调结构、惠民生、防风险，首次提出防风险；而且2015年10月提出降杠杆，也是从风险角度着眼的。2017年党的十九大提出"三大攻坚战"，特别是提到打好防范化解重大风险攻坚战，重点是防控金融风险，防风险成为经济工作的重心。2019年中央经济工作会则提出"稳增长、促改革、调结构、惠民生、防风险、保稳定"，不仅重提防风险，而且，增加了"保稳定"，已经超越了经济金融层面，涵盖了全社会的安定团结，这可以从国家安全的角度来理解了。一般来说，风险与安全是一个硬币的两面，二者并没有根本的不同（比如我们说安全资产一般来说是指低风险的资产）。如果有什么细微差别的话，那么，风险一般是指市场经济中损失的概率；而安全，往往涉及国家主权，是指全球化时代一国的国民经济发展和经济实力处于不受根本威胁的状态。可以说，安全是比风险有了更鲜明的国家立场，有了更高的"政治站位"。尤其在中美经贸摩擦的大背景下，考虑粮食安全、能源安全、经济金融安全、网络安全、关键基础设施等，就不是杞人忧天，而是非常务实的考量了。

风险（及安全）维度的凸显，使得宏观政策框架的关注点由以前的就业与通胀的权衡，转向稳增长与防风险的平衡。把握好稳增长与防风险的动态平衡，一个基本前提是，认识到二者的主次关系，突出实体经济健康发展是防范化解风险的基础。有了主次之分，才能够更好地抓住主要矛盾，提出有针对性的对策。要注重在稳增长的基础上防风险，强化财政政策、货币政策的逆周期调节作用，确保经济运行在合理区间，在推动高质量发展中防范化解风险。如果增长稳不住，有可能引致并放大金融风险，危及金融稳定。特别是要坚持在稳增长的基础上防风险、治乱象，通过乱象整治解决和回应金融服务实体经济中的痛点和难点，不断完善金融服务，引导资金更好地服务于国家重大战略和支持民营企业及小微企业，实现防风险、治乱象和稳增长、调结构的有机统一。

（三）以结构性政策实施精准调控

中国经济的很多问题不单单是总量问题，还有结构性问题。归纳起来，一个是体制结构，涉及国有与非国有、体制转型与双轨过渡、中央地方关系、政府与市场关系等；另一个是经济社会结构，包括产业结构、地区结构、分配结构、增长动力结构、城乡二元结构、人口年龄结构等等。

正是因为存在着一系列的结构问题，并且还处于结构剧变的过程中，这使得结构性调控变得非常有必要：首先，结构剧变意味着宏观调控基础的变化以及政策传导机制的变化，这可能会导致总量调控的失效；其次，快速结构变动引起要素回报的变化以及要素的流动，在价格信号不准确、不完善的情况下，易导致结构性失衡，这使得结构性调控必不可少；最后，结构剧变与结构失衡，使得很多问题并不单纯是一个短期的宏观稳定问题，而是涉及短期宏观调控与中长期发展之间的协调，结构调整对于中长期的可持续发展而言尤为关键。一般认为，财政政策可以在结构调控上发挥更大作用，而货币政策主要是在总量调控上发挥作用。不过，近年来"结构性"货币政策也不断发力，即通过定向降准，引入特定目的支农再贷款、支小再贷款、扶贫再贷款等差异化信贷政策，创设抵押补充贷款（PSL）为开发性金融支持棚户区改造、重大水利工程贷款、人民币"走出去"项目贷款等提供长期稳定、成本适当的资金来源,解决地方法人金融机构合格抵押品相对不足的问题等方式,引导金融机构加大对实体经济部门重点领域和薄弱环节的金融支持力度,满足供给侧结构性改革中"补短板"和迈向高质量发展新阶段的要求。

不过,对于结构性调控需要辩证地看待。首先,结构性调控得以有效实施的一个假设前提是市场是可分割的。否则,政策的差异会导致政策套利。但是,在操作中能否真正做到市场分割,尚不能一概而论。其次,在市场异质性很强的情况下,采取定向、结构性政策是一种无奈之举。否则,就可能会强化这种异质性非均衡性,甚至导致人为地分割市场,不利于市场一体化的形成和市场发育程度的提高。最后,结构性政策的实施是以强调差异性为前提的,这就导致了政策的有偏性、歧视性,既有悖于公平原则,也扭曲了市场,阻碍着资源配置效率的提升。因此,结构性宏观政策以及精准调控也需要注意适用范围,不宜过于强调。

(四) 加强财政政策、货币政策协调配合

财政政策与货币政策需要协调配合,至少源于三点:(1) 时滞问题。这里又有两个层面的不同含义。从法律与政策程序上看,财政政策(比如审议赤字规模、调整税基税率等)时滞更长,而货币政策(如利率、存款准备金率以及其他的创新工具)却可以应势而动,时滞较短,较为灵活。但就实施效果来说,财政政策相对来说时滞更短。比如减税降费,定向补贴等,一般会很快见效,而货币政策,却因为传导渠道很长,加上传导机制还可能不畅,最终发挥效用的时滞就会很长。一个典型的例子,2020 年暴发的新冠肺炎疫情,财政政策就被认为可以发挥速度快精准度高的特点,因而是主导性的政策,而货币政策则起一个辅助性的作用。(2) 功能问题。通常来说,相较于货币政策，财政政策在结构性调整方面更具优势。这是因为货币调控政策对应的是资金，其具有高度流动的特征，这就决定了对资金的定向流动进行监控，难度大且成本高，容易产生套利的空间。宏观政策中的结构性工具，更多体现在财政政策上，包括定向减税、减负和财政补贴等，可以通过政策的差别设计，实现对经济结构的调控。因此财政政策比货币政策更适合定向发力，其作用更加直接有效，受益的目标更加明确，偏离度更小。此外，在特定的宏观环境比如说面临零利率下限的时候，常规货币政策往往起不了作用（只能变成"非常规"），而财政政策则能够发挥更大效用。（3）成本问题。这个问题理论界探讨得较少。比如到底是通过发债还是发货币来拯救经济危机，一直存在着不同的看法。根据现代货币理论（MMT），发债还是发货币本质上是一回事。因为财政当局扩大债务发行提高财政赤字，最终可以通过货币当局的"赤字货币化"来实现。但在现实中，一方面，在讲求央行独立性的情况下，财政赤字货币化是否可行值得探讨；另一方面，发债与发货币，可能还存在成本上的差异。比如，自2008年以来，中国宏观杠杆率急剧攀升，这里主要是信贷扩张引起，而政府发债所形成的债务积累并不是很多。实际上，相对于地方融资平台通过影子银行等渠道获得资金的成本，中央政府发债成本要低得多。仅从成本角度，财政多发债而央行少发货币（降低信贷扩张增速），可能于稳增长和防风险更有利。一段时间以来关于"财政风险金融化"和"金融风险财政化"的讨论往往成为货币与财政当局相互指责的依据。这实际上也表明，财政与金融二者是难以分开的，"相互指责"不过是相互配合不力的镜像而已。当然，发展到今天，财政与货币（金融）政策的协调配合已经有了很多升级版。现代货币理论的启示正在于以其主张的极端性即财政央行合二为一，突出了财政、货币政策千丝万缕的联系以及充分协调的重要性；仅仅强调央行的独立性是远远不够的，现实经济的复杂性、关联性要求央行与财政更加紧密地合作，共同应对经济运行中的问题和挑战。

（五）重视开放条件下的大国政策溢出效应

一方面，全球价值链的崛起形成了国际政策溢出效应的新式，因为对国际生产链的国内组成部分产生影响的政府政策也会对生产链的整体价值产生影响；另一方面，在全球金融周期背景下，尤其是中心大国金融市场的波动恐怕会引起全球性避险情绪的一致性波动，使得中心大国的货币政策具有很强的溢出效应。这两者使得国际政策协调变得越来越重要。（1）加快形成参与国际宏观经济政策协调的机制。密切跟踪国际经济金融形势和主要经济体宏观经济政策变化，认真评估分析其对中国宏观经济和政策实施的影响，主动加强与主要经济体的政策协调和沟通，更加积极地参与多双边国际经济合作，提升国际话语权，推动国际宏观经济治理结构改革，促进国际经济秩序更加公正合理，营造于我有利的制度环境，拓展发展空间，维护开放利益。例如，近年来中国已经参与了 IMF 的第四条款磋商和金融部门评估项目（FSAP），这是与国际组织之间进行沟通协调、开展合作的有益尝试。（2）敦促各国践行负责任的经济政策。一方面，关注世界发展的中国因素，即中国无论是发展规划还是宏观政策的制定，都需要将其对外部世界的潜在影响考虑进去。这是一个负责任大国的自觉意识。新时代的宏观调控要有全球视野、合作精神，采取负责任的经济政策。另一方面，关注外部因素对中国的影响和冲击，要求相关国家也要采取负责任的经济政策。比如美国，就要关注本国经济金融政策的外溢性影响（如货币政策正常化可能带来的全球性冲击），采取负责任的经济政策。这就需要自我约束，也需要一定的机制（如 G20 等）

相互监督和协调。

四 将供给侧结构性改革贯穿于宏观调控全过程

2019年年底的中央经济工作会提出要将供给侧结构性改革贯穿于宏观调控全过程。这充分体现了宏观调控与体制改革的辩证统一。

首先，高质量发展是宏观调控的基本指引。"十四五"时期将紧紧围绕高质量发展来展开。因此，高质量发展是宏观调控的基本指引。如果偏离了高质量发展，宏观调控政策的效果很可能南辕北辙，适得其反。比如随着中国经济进入新常态，增长也有所放缓。如果置高质量发展于不顾，宏观政策就容易偏向于采用刺激性手段，政府越俎代庖配置资源，用补贴引导企业投资，融资平台债务及国企债务就会大幅攀升。这样刺激出的增长，带来的可能是投资效率的下降，僵尸企业的增加，宏观杠杆率的提高，是有数据没有质量的增长。因此，宏观调控政策的出台，必须要着眼于高质量发展目标，坚持创新、绿色、协调、开放、共享五大发展理论，把政策着眼点放在经济的结构性失衡、发展方式偏颇和创新能力缺失等深层次问题上，将转变经济发展方式和大力发展实体经济视为"十四五"时期甚至未来更长时期发展的真正基础。由此，我们的宏观政策就应当及早转型，以刺激性手段为主要抓手的需求管理应当缓行、慎行，而供给面的体制机制改革则应加快推出、落实到位。

其次，供给侧结构性改革保证宏观调控有效性。宏观调控效果不彰根本问题在于体制和结构。因此，宏观调控必须要将改革贯穿其中。以杠杆率为例。杠杆问题自然与周期相关（比如说应对危机的4万亿），但背后却有着深层的体制原因，即公共部门以更快的速度扩张（典型的是国企与融资平台），其占比越来越高。这样一来，去杠杆就需要在结构上、在公共部门改革上做文章，比如取消隐性担保，硬化预算约束，以及坚持竞争中性，纠正金融机构的所有制偏好等。没有这些方面的体制改革，结果就是企业部门去杠杆似乎取得了成绩，但只是民营企业去了杠杆，国有企业债务占比却在不断上升。有人用微观杠杆率来衡量，认为国有企业资产负债率在下降，而民企资产负债率在上升。这实际上是一种片面的认识。国企资产负债率的下降，是因为其资产扩张速度更快（并不是其负债扩张下降了）；同样的，民企资产负债率上升，是因为其资产出现了收缩。再有就是货币政策的传导机制。由于传导机制不畅通，央行再发力，无论是降准或降息，作用可能都到不了中小企业，于是出现了"结构性货币政策"。从根本上说，结构性货币政策是不得已而为之，重要的是通过改革，打通货币政策传导机制的梗阻。

最后，从总供求关系而言，主要矛盾在供给侧。当前中国经济面临的主要矛盾是结构性减速、潜在增长率下滑，因此，供给管理思维更显重要。中长期看，中国经济在人口与劳动、资本和金融，资源和产权、技术与创新、制度与分工等方面都存在各种"供给抑制"。通过放松人口生育控制、放松户籍制度、减少资本与金融管制、优化土地与资源产权结构、推动国有企业等低效率领域的制度改革等措施，解除"供给抑制"，方可提高经济的长期潜在增长率。因此，要着力改善中长期供给能力，通过强化创新驱动发展和经济结构优化升级，不断提高要素产出效率，提高经济潜在增长能力，提高经济发展质量和效益。虽然宏观调控中供给和需求两手都要抓，但主次要分明。当前，要把改善供给结构、提高供给体系质量作为主攻方向，把供给侧结构性改革贯穿宏观调控全过程。

五　加强党中央对宏观调控的集中统一领导

中国共产党是中国特色社会主义事业的坚强领导核心，是最高政治领导力量，各个领域、各个方面工作都必须坚定自觉坚持党的领导。经济建设是党的中心工作，党的领导必然要在经济工作中得到充分体现。加强党对经济工作的领导，提高党在宏观调控等经济工作中把方向、谋大局、定政策、促改革的能力和定力，有利于达成共识，统一方向，增强宏观调控的战略性、协调性和权威性，避免宏观调控的碎片化，不同政策间相互冲突，以及部门或地方执行不力、不到位的情况。

首先，党的集中统一领导是高质量宏观调控的根本保障。一是坚持以人民为中心，协调各方利益，不断保障和改善民生，增进人民福祉。中国经济发展进入新时代，宏观调控不仅要关注稳增长，而且要关注促改革、调结构、惠民生、防风险、保稳定；不仅要调整一般市场主体的经济关系，而且要从制度层面调节各种利益关系。只有进一步加强党对宏观调控的集中统一领导，才能超越部门局限，协调各方利益，统筹各项目标，形成调控合力，促进经济社会持续健康发展。二是加强调控的权威性，做到令行禁止，保证宏观调控更有效果。尤其要重视宏观调控执行过程中的地方政府角色。地方有自己的利益诉求，因此在执行中央政策过程中，可能会出现选择性执行，或者"上有政策，下有对策"，宏观调控的效果就会大打折扣。因此，加强党的集中统一领导，通过制度化、法制化增强中央政府权威，克服本位主义、山头主义、地方保护主义，使得政令畅通，宏观调控更有效。三是能够从容应对复杂局面和防范化解风险。面对国内外风险挑战明显上升的复杂局面，坚持稳中求进工作总基调，高瞻远瞩、科学决策，充分发挥党对宏观调控领导的优势。

其次，党对宏观调控集中统一领导的重要体现。一是每五年召开的党代会，确定未来经济发展所处的历史方位、主要方向、重大战略。二是中央全会提出五年规划（计划）的建议（如即将召开的党的十九届五中全会将会做出《关于制定国民经济和社会发展第十四个五年规划的建议》），明确未来五年经济社会发展的指导思想、基本理念、主要目标、重点任务、重大举措等。三是中央政治局会议，专题研究经济工作，每年七月底专题研究当前经济形势和下半年经济工作，每年年底专题研究下一年的经济工作，为召开中央经济工作会议做准备。四是每年年底召开中央经济工作会议，通常由总书记做主旨报告，总结本年度经济发展情况，部署下一年度经济工作，并由中央政治局常委、国务院总理对下一年经济工作做出具体部署。五是中央财经领导小组（委员会）会议制度，每年召开若干次讨论专题性经济决策。党的十九大之后，为加强党中央对经济工作的集中统一领导，强化决策和统筹协调职责，党中央将中央财经领导小组改为中央财经委员会，负责经济领域重大工作的顶层设计、总体布局、统筹协调、整体推进、督促落实。中央财经委员会第一次会议已审议通过了《中央财经委员会工作规则》，为全面提高党领导经济工作水平，履行党领导经济工作的职能，为创新和完善中国特色社会主义宏观调控提供了更为有力的制度保障。

最后，进一步加强和完善党对宏观调控的集中统一领导。加强党对宏观调控的集中统一领导，就是要坚持和完善党中央在宏观调控决策中的领导核心作用，加强制度化建设，提高决策科学化水平，健全决策咨询机制，完善信息发布制度。一是健全决策机制。完善党委研究经济社会发展战略、研究重大方针政策的工作机制，形成定期分析经济形势、研究重大经济问题的制度，切实提升决策科学化水平。建立健全民主决策机制，在重大政策研究出台的过程中，完善社会听证、信息公开、公众参与、专家咨询等各类程序，充分反映社情民意。建立健全政策评估和调整机制，适时预调微调，把握好政策的方向、力度和节奏，提高相机抉择水平。二是完善协调机制。统筹协调好与人大、政府、政协等部门之间的关系，统筹安排好组织、宣传、纪检、统战、政法等各个方面的工作，形成党委统筹全局，各方各司其职、各负其责、密切配合，合力促发展的工作格局。宏观调控部门之间、宏观调控部门与其他有关部门之间均要建立多层面的政策沟通协调机制，统筹进行政策特别是重大政策调整的综合评估和协调，避免单项政策各自为政，政策之间效力相互抵消或过度叠加。同时，为防止协调或"会签"过程中出现某些部门不配合从而延误政策出台的情况，应由足够权威和拍板能力的机构来负责协调沟通，提高决策的效率。

◇ 第五节　构建现代财政制度

在由计划经济向市场经济转轨的大背景下，改革开放作为中国发展的主要动力，不断将历史的车轮向前推进。财税改革作为改革开放的先锋兼后盾，为中国发展取得举世瞩目的成就提供了基础性保障。正因如此，党的十八届三中全会正式将财政定位提升到国家治理基础和重要支柱的高度。在中国特色社会主义新时代，改革开放步入崭新阶段，财税体制也需要随之进一步健全和完善，一方面为改革"开路清障";另一方面为开放"铺路搭桥",牢牢巩固目前我国经济发展在世界经济深度调整过程中的领先优势。

一 新一轮财税改革全面开启

回顾40年财税体制改革的实践历程：1978—1993年,在改革开放的背景下,我国开始了以"分灶吃饭"为基本取向的财税体制改革,具体经历了"划分收支,分级包干""划分税种,核定收支,分级包干""多种形式包干"等几个改革阶段。1994年开始分税制财政体制改革,进行了中央与地方的事权、支出范围、收入的划分,还建立了中央财政对地方税收返还和转移支付制度。从1994年至今,在分税制框架内推进了一系列具体的改革,包括出口退税机制改革、农村税费改革、财政支出管理体制改革、所得税分享改革、《预算法》修订、"营改增"改革、国地税征管体制改革、中央与地方财政事权和支出责任划分改革、地方政府性债务管理改革、转移支付制度改革、资源税改革,以及开征车辆购置税、出台环境保护税法、推动政府和社会资本合作、推进财政资金统筹使用、调整相关税种收入中央地方划分比率。

这些改革紧紧围绕着市场化改革的顶层设计和具体要求,对改革开放全局产生了深远的影响。但也要看到,我国地区经济发展和基本公共服务供给的差异扩大、基层财政困难带来地方财政债务风险加剧、土地财政问题日益严峻,究其根源,在于中央与省级财政关系不完善、地方各级政府间财政关系不稳定、不规范。这与改革选择"渐进式"路径有关,与其他改革相比,财政管理体制的改革最难,所以放在了最后,因而导致了上述种种问题。2014年中共中央政治局会议审议通过《深化财税体制改革总体方案》，对建立现代财政制度所须推动的三项改革设立不同的目标要求，对预算管理制度改革要求"取得决定性进展"，对税制改革要求在立法、推进方面"取得明显进展"，在事权和支出责任划分改革方面要求"基本达成共识"。可见，对财政管理体制改革的要求是三项改革中程度最轻的，足见其难度。方案要求2020年各项改革基本到位，可以说，另外两项改革的目标要求已经基本实现，要再向纵深推进，需要依靠三项改革联动。从目前来看，财政管理体制改革相对滞后，已经成为"木桶的短边"，必须奋起直追，直到满足可以发起三项改革联动的条件。[①] 因此，未来的财税改革需要更加突出财政管理体制改革的主线，理顺央地财政关系，才能早日实现建立现代财政制度的财税改革目标。

从党的十八大以来中央对财税改革的部署来看，财税改革的主线日益突出。党的十八大对财税改革的三方面要求是：加快财税体制改革的步伐，健全中央和地方财力与事权相匹配的体制；完善促进基本公共服务均等化和主体功能区建设的公共财政体系；构建地方税体系，形成有利于结构优化、社会公平的税收制度。其中每一项要求的落脚点都是政府间的财政关系。党的十八届三中全会公报指出，"必须完善立法、明确事权、改革税制、稳定税负、透明预算、提高效率，建立现代财政制度，发挥中央和地方两个积极性。要改进预算管理制度，完善税收制度，建立事权和支出责任相适应的制度"。从中可见，建立现代财政制度的落脚点是发挥中央和地方两个积极性，对预算、税收、财政管理体制的改革要求分别是改进、完善、建立，说

[①] 闫坤、于树一：《新中国政府间财政关系研究70年：分级财政从萌芽到兴盛》，《财贸经济》2019年第10期。

明中央看到财政管理体制的改革的滞后性和紧迫性，明确了"事权和支出责任相适应"的改革主题。《深化财税体制改革总体方案》中进一步明晰了调整中央和地方政府间财政关系的路线图：在保持中央和地方收入格局大体稳定的前提下，进一步理顺中央和地方收入划分，合理划分政府间事权和支出责任，促进权力和责任、办事和花钱相统一，建立事权和支出责任相适应的制度。党的十九大将中央和地方财政关系改革提到了预算改革、税收制度改革之前，置于深化财税体制改革的首位，为深化中央与地方事权与支出责任划分提供了最好的时机，改革内容被明确为"建立权责清晰、财力协调、区域均衡的中央和地方财政关系"。

此后，国务院相继推出"指导意见"和"改革方案"，财政管理体制改革在中央与地方财政事权和支出责任划分方面取得阶段性成果。"指导意见"属于改革的顶层设计，有明确的时间表、任务书，但其所明确的改革事项仍是抽象的，难以对接到执行层面，而且其最重要的部分是划分原则，但这些原则均是财政事权划分原则，而对于支出责任划分，仅仅提出"做到支出责任与财政事权相适应，谁的财政事权谁承担支出责任"，在现实中，这对于指导支出责任的划分是远远不够的。[①]"改革方案"只针对中央与地方共同财政事权和支出责任，其中的划分方案和比例实际是《"十三五"推进基本公共服务均等化规划》（国发〔2017〕9 号）中的一部分，而后者是一份综合性的发展规划，涵盖很多部门，没有突出强调财政性，相应的测算也相对粗略。因此，只能说改革的进展还是很缓慢的，需要加大改革力

---

① 于树一：《现阶段我国财政事权与支出责任划分：理论与实践探索》，《地方财政研究》2017 年第 4 期。

度，早日推出具有可靠理论依据、更具实践价值的详细划分方案。

二 建立权责清晰、财力协调、区域均衡的央地财政关系

在国家治理体系的诸多要素中，制度发挥着根本性、全局性、长远性的作用，国家治理的一切工作都需依照制度展开。党的十九届四中全会对如何坚持和完善各项制度体系，推进国家治理体系和治理能力现代化做出了系统化的安排。其中，将理顺中央和地方权责关系、健全充分发挥中央和地方两个积极性的体制机制作为构建政府治理体系的重要抓手。而作为国家治理基础和重要支柱的财政是破题的关键。未来须以现代财政制度推进国家治理现代化，深化财政体制改革的任务更加艰巨。

要发挥财政以点带面的效能，需抓住一条隐含的逻辑线索：通过优化政府间事权和财权划分"形成稳定的各级政府事权、支出责任和财力相适应的制度"，进而"建立权责清晰、财力协调、区域均衡的中央和地方财政关系"，形成运行高效的财政体制。而这样的财政体制是发挥"两个积极性"、完善政府治理体系的基础，也是能够激发中国特色社会主义制度优势、提高我国国家治理效能的重要制度之一。

以建立"权责清晰的政府间财政关系"为目标，设计并制订政府间事权与支出责任划分的优化方案。在巩固事权与支出责任划分改革成果的基础上，可以分级财政为载体优化划分方案。在路径上实现"上下结合"，即由上至下提出划分方案之后，从下到上逐级进行反馈，对没有划分清楚，或者划分不合理的事权和支出责任，进行再探讨，直至各级政府权责均实现对等。此外，财政事权和支出责任划分还需充分考虑各项公共服务的特殊性，不同性质的公共服务划分方案

应有所区别。因此，需继续出台分领域划分方案，并且遵循定性划分与定量划分相结合的原则，以提升事权与支出责任划分的科学性和精确性。

以建立"财力协调的政府间财政关系"为目标，设计并制订政府间财政收入划分的优化方案。由于各级政府财力形成的基础是政府间财权划分，在当前经济增长速度回落与积极财政政策大规模减税降费的双重压力下，需遵循以收定支原则，形成优化收入划分的思路。在经济新常态和世界经济变局之中，我国要建立财力协调的政府间财政关系，保障财政可持续发展，需要尽快建立稳定且可持续的地方税体系。一方面，建立地方税体系是巩固分税制改革成果并推进分税制改革进一步深化的基本条件之一；另一方面，通过赋予地方一定的税权，为地方培育稳定的税源，这也是分级财政的内在要求之一。建立地方税体系的基本思路是：将流动性较弱、便于地方征管的税种确定为地方税，根据权责对等的原则重新确定共享税的划分比例。

以建立"区域均衡的政府间财政关系"为目标，设计并制定财政转移支付制度的优化方案。在优化政府间事权和财权划分的基础上，充分发挥转移支付制度在均衡财力方面的优势。以区域均衡为导向的财政转移支付制度优化的具体思路为：以一般性转移支付弥补各级财力缺口，以专项转移支付和上解收入弥补履行委托性事权支出责任所需的财力，且在职责履行完毕之后适时退出。

三 深化税收制度改革

2014年的《深化财税体制改革总体方案》提出完善税制改革的目标是建立"有利于科学发展、社会公平、市场统一的税收制度体系"。深化税收制度改革的目标是形成税法统一、税负公平、调节有度的税收制度体系，促进科学发展、社会公平和市场统一。要围绕优化税制结构，加强总体设计和配套实施，推进所得类和货物劳务类税收制度改革，逐步提高直接税比重，加快健全地方税体系，提升税收立法层次，完善税收法律制度框架。

第一，六大体系点明改革思路。2013年12月26日，全国税务工作会议上国家税务总局首次提出2020年基本实现税收现代化的总目标，并将其细化为"六大体系"建设。即"完备规范的税法体系、成熟定型的税制体系、优质便捷的服务体系、科学严密的征管体系、稳固强大的信息体系、高效清廉的组织体系"。六大体系相互促进，互为因果，不是解一时之弊，应一时之需的权宜之计，而是着眼长远的系统性重构，相比以往的税收改革，其内涵更有时代性，更富创造性，更具先进性和引领性。它既是对既往改革探索实践的继承和总结，更是积极应对各种挑战，推动税收事业实现大变革和大发展的目标和方向。

第二，着力完善直接税体系。建立综合与分类相结合的个人所得税制度，优化税率结构，完善税前扣除，规范和强化税基，加强税收征管，充分发挥个人所得税调节功能。实行代扣代缴和自行申报相结合的征管制度，加快完善个人所得税征管配套措施，建立健全个人收入和财产信息系统。密切关注国际税改动态，审慎评估和研判国际税制发展趋势，进一步完善企业所得税制度。适应经济全球化发展和"一带一路"建设的需要，加强国际税收协调，提升我国税制的国际竞争力。按照"立法先行、充分授权、分步推进"的原则，推进房地产税立法和实施。对工商业房地产和个人住房按照评估值征收房地产税，适当降低建设、交易环节税费负担，逐步建立完善的现代房地产税制度。

第三，健全间接税体系。按照税收中性原则，深入推进增值税改革，进一步健全抵扣链条，优化税率结构，完善出口退税等政策措施，构建更加公平、简洁的税收制度。结合增值税改革进程，推进增值税立法，最终形成规范的现代增值税制度。结合实施中央和地方收入划分改革，研究调整部分消费税品目征收环节和收入归属。

第四，积极稳妥地推进健全地方税体系改革。调整税制结构，培育地方税源，加强地方税权，理顺税费关系，逐步建立稳定、可持续的地方税体系。一是完善地方税种。根据税基弱流动性、收入成长性、征管便利性等原则，合理确定地方税税种。在目前已实施的城镇土地使用税、房产税、车船税、耕地占用税、契税、烟叶税、土地增值税等地方税的基础上，继续拓展地方税的范围，同时逐步扩大水资源费改税改革试点，改革完善城市维护建设税。二是扩大地方税权。在中央统一立法和税种开征权的前提下，根据税种特点，通过立法授权，适当扩大地方税收管理权限，地方税收管理权限主要集中在省级。三是统筹推进政府非税收入改革。加快非税收入立法进程。深化清理收费改革，继续推进费改税。在规范管理、严格监督的前提下，适当下放部分非税收入管理权限。[①]

2016年3月，第十二届全国人民代表大会第四次会议批准了《中华人民共和国国民经济和社会发展第十三个五年规划纲要》，其中提出了"十三五"期间税制改革的任务。明确指出税制改革应当以适应促进经济结构转型、鼓励大众创新创业、转变经济发展方式的需要为目标：一是适当降低间接税比重，提高直接税比重，使税制结构由

---

① 肖捷：《加快建立现代财政制度》，《中国总会计师》2018年第1期。

投资激励向消费激励转型。二是有针对性地对技术创新的不同环节进行税收激励，创新税收激励方法，鼓励事前研发、基础研究、合作创新，重视技术转让和转化，激励高科技创业风险投资企业。三是理顺环境税费制度，扩大资源税征收范围，使税收制度向集约型、环境友好型转变。同时，从培育税源的角度来讲，新兴产业将成为未来税收新的增长点。在加强税源监管的基础上，制定有利于新兴产业发展的税制改革措施。特别是对技术要求较强、研发成本较高、技术转化风险较大的产业在研发环节和生产运营环节实施一系列的税收优惠措施，做大做强产业，培育优良税源。①

总体来看，有别于以往围绕税收总量增减而定改革方案的做法，新一轮税制改革设定的前提是"稳定税负"。其目标，就是在"稳定税负"的前提下，通过"逐步增加直接税比重"优化税收收入结构，建立现代税收制度。② 准确把握财政在国家治理中的基础和重要支柱作用，顺应时代潮流，适应我国社会主要矛盾变化，聚焦当前深化财税体制改革面临的突出重点难点，坚持系统集成、协同高效，有序推出新的财税体制改革举措，推进现代财政制度在更加成熟、更加定型上取得明显成效。③

四 完善标准科学、规范透明、约束有力的预算制度

党的十九大报告明确提出："要建立全面透明、标准科学、约束

---

① 刘蓉、罗帅：《"十三五"时期税制改革取向》，《税务研究》2015 年第 11 期。
② 高培勇：《中国财税改革 40 年：基本轨迹、基本经验和基本规律》，《经济研究》2018 年第 3 期。
③ 刘昆：《坚持不懈深化财税体制改革　加快建立完善现代财政制度》，《旗帜》2020 年第 2 期。

有力的预算制度，全面实施绩效管理。"2018年7月6日，中央全面深化改革委员会审议通过《关于全面实施预算绩效管理的意见》，为进一步深化预算绩效管理改革指明了方向，标志着我国由此步入了全面绩效管理的预算改革时代。

全面实施预算绩效管理，实现预算制度的标准科学。在构筑预算绩效目标管理体系，突出优先次序方面：首先，保证绩效目标的一致性。各部门可依据国民经济和社会发展五年规划纲要、中期财政规划及本部门的工作职责，制订本部门的绩效计划，并从中分解出绩效目标。其次，保证绩效目标的连贯性。各部门依据上一年度的绩效报告或绩效审计结果制定本年度的绩效目标，一般采用合理的增量模式，从而避免绩效的倒退和绩效的跳跃。再次，加强对绩效目标的审核，并突出其优先次序。可考虑将绩效目标的申报融入预算编制"两上两下"的流程中，这样既可简化绩效目标单独申报的流程，又可强化预算编制与绩效目标之间的联系。最后，推动绩效目标的公开。可考虑在预算文件中公开或设立专门的网站平台予以公开，公开的内容应包括绩效目标的名称及内容、实现绩效目标的行动计划、绩效目标的负责部门、绩效目标的考核指标及标准等内容。在加速政府会计改革，夯实预算管理的技术支撑基础方面：首先，遵循预算会计优先采用权责发生制的改革次序。严格讲，我国仍未建立起真正意义上的预算会计，这导致难以对政府支出进行全过程的监控，从而留下监控盲区。从国际经验看，发达国家的权责发生制改革大多是建立在完善的预算会计体系基础之上，如荷兰和意大利。因此，当务之急是建立涵盖支出周期四个阶段（授权—承诺—核实—支付）的预算会计，以提供全过程支出信息监控。其次，考虑到政府部门的差异性和政府活动的多元性，可依据不同的政府会计主体，设定对应的目标、成本核算对象、成本归集方式和成本信息披露要求，并将其整合成为一个多元的政府成本会计信息系统，从而为不同主体的绩效评价提供最贴合的数据信息，保证绩效评价的准确性。最后，现阶段可考虑使用收付实现制和权责发生制并行的双轨制作为过渡。权责发生制改革是政府会计基础的重大变革，其改革的平稳性格外重要，因此，先采用预算领域应用收付实现制、政府财务报告领域应用权责发生制的并行体制，随后过渡到预算和政府财务报告均采用权责发生制，是较为稳妥的改革方式。

持续编制中期财政规划，实现预算制度的规范透明。在模式选择上，采取"自上而下"为主、"自下而上"为辅的集中型预算模式。首先，由财政部门设定总支出限额和各部委的支出限额，且限额一经确定不可随意突破。限额的设定一方面要反映政府政策的优先次序；另一方面要发挥控制部门支出"自动"增长的作用。其次，在增进预算能力的同时，下放部门的预算编制权，赋予各支出部门更大的预算管理权限和责任，即授权各部委在支出限额内，可自主决定资金在各项具体活动间的最终分配；在制度构建上，严格编制周期、编制主体和从属地位的规范。首先，在编制周期上，可考虑将中期财政规划的编制周期延长至五年，以提高其与国民经济和社会发展规划的贴合度。其次，在编制主体上，可考虑建立财政部门和发展改革部门的沟通平台，使双方在编制时就一些具体的目标和战略达成一致。最后，在从属地位上，可考虑在拟议中的《预算法》实施条例中，增加要求各级人大审议中期财政规划的相关条款，并要求各级政府依据中期财政规划编制年度预算。

整合规范预算监督机制，实现预算制度的约束有力。严格落实预算法，切实硬化预算约束。坚持先预算后支出，年度预算执行中，严格执行人民代表大会批准的预算，严控预算调整和调剂事项，强化预算单位的主体责任。① 现实中的绩效审计与绩效评价之间，在指标设计、方法选择、结果应用等方面，均缺乏相应的接口，总体呈现"各自为政""不相往来"的局面，这难免会造成有限监督资源的浪费。在未来中国预算监督体系的重塑中，需要将各类监督资源和监督手段加以必要的整合，以更好地加强财政问责，实现政府公共受托责任。

第六节　金融改革开放新时代

党的十八大之后，中国经济发展进入新时代，中国金融改革开放也迈出新步伐。2013年11月，十八届三中全会通过了《关于全面深化改革若干重大问题的决定》，明确提出让市场在资源配置中发挥决定性作用和更好发挥政府作用的经济体制改革目标。党中央把完善金融市场体系作为加快完善现代市场体系，使市场在资源配置中起决定性作用的重要动力，提出了扩大金融业对内对外开放，允许具备条件的民间资本依法发起设立中小型银行，健全多层次资本市场体系，推进利率、汇率和国债收益率形成机制改革，完善监管协调机制，加强金融基础设施建设等多项重大改革战略。此后，各地各部分在落实中央决定、推动金融改革开放方面做了大量卓有成效的工作。

---

① 肖捷：《加快建立现代财政制度》，《人民日报》2017年12月20日。

一　金融监管

在经济发展进入新常态的大背景之下，高增长时期积累的诸多深层次、结构性问题充分暴露出来，由此引发的巨量的、复杂的震荡可能会导致各种经济风险的不断积累。主要风险隐患包括：金融体系内部、金融与实体经济之间、实体经济内部均出现扭曲，企业部门和地方政府债务风险加大，等等。这一时期，防范重大风险成为金融监管的主基调。

2013年之后，互联网金融领域风险点迅速增多，严重影响金融稳定。自2015年起，国家启动互联网金融风险转向整治工作，标志着中国互联网金融发展进入规范化、法治化轨道。2017年，针对银行业金融创新中出现的风险问题，中国银监会开展了"三违反"（违法、违规、违章）、"三套利"（监管套利、空转套利、关联套利）、"四不当"（不当创新、不当交易、不当激励、不当收费）专项检查，重点解决金融风险高企和金融脱实向虚问题。到2018年年底，银行系统风险资产规模减少了12万亿元，金融风险治理工作取得重大进展。2017年7月，习近平总书记在全国金融工作会议上强调，防止发生系统性金融风险是金融工作的永恒主题。这次会议决定，设立国务院金融稳定发展委员会，强化中国人民银行宏观审慎管理和系统性金融风险防范职责。2017年11月，国务院金融稳定发展委员会成立。2018年3月，中国银监会和中国保监会合并，设立中国银行保险监督管理委员会。中国金融监管框架从原先的"一行三会"调整为"一行两会"。这为我国金融监管从以机构监管为主向以行为监管为主提供了制度基础。

二　金融宏观调控

这一时期货币政策的灵活性和针对性有所增强。国务院于 2014 年出台了一系列降低企业融资成本的新举措。央行采取定向降准、运用常备借贷便利等措施，及时调控流动性，有效缓解了流动性紧张状况。

在利率市场化改革方面，央行于 2014 年 11 月再次下调人民币存贷款基准利率，并放开贷款利率的上限和下限。2015 年 10 月，央行在下调贷款基准利率过程中，放开了存款利率下限。这标志着人民币存贷款利率的浮动空间全部放开。

在金融调控双支柱框架形成方面，2016 年起，央行将差别准备金动态调整机制上升为宏观审慎评估机制（MPA），从资本和杠杆情况、资产负债情况、流动性情况等七个方面对金融机构行为进行多维度引导。2017 年，央行将表外理财纳入宏观审慎评估体系中的广义信贷指标范围；2018 年，同业存单被纳入 MPA 同业负债占比指标考核，跨境资本流动被纳入宏观审慎管理范畴。

三　金融机构

在党的十八届三中全会精神指引下，2015 年 5 月，《存款保险条例》开始实施。这既为构建完善的金融安全网提供了保障，也推动了民营银行的设立。2015 年 6 月，《关于促进民营银行发展的指导意见的通知》发布，明确了民营银行建设的指导思想、基本原则、准入条件、许可程序和监管机制等。2016 年，新批准设立的民营银行达到

14家。

这一时期，政策性银行按照现代金融企业制度和商业银行运行管理要求进一步完善公司治理机制和内部控制机制。银行资本管理机制更加健全，风险管理能力显著提升。2016年，国务院审定了《国家开发银行章程》《中国进出口银行章程》和《中国农业发展银行章程》修订版，对发展战略、组织形式、集团架构、公司治理、议事规则等进行了明确规定。

四　金融市场

2014年5月，国务院发布《关于进一步促进资本市场健康发展的若干意见》，为深化资本市场改革指明了方向。此后，股市经历了2016年6—7月间的踩踏性恐慌抛售，随着国家有关部门的紧急出手干预，一场股灾蔓延可能引致的金融波动得以避免。此后，提高上市公司质量、建设上市公司合理分红制度、推进市场化并购重组、完善退市制度、建设多层次股权市场等改革持续深入推进。

这一时期，我国债券市场逐步完善，债券品种不断丰富。地方政府债券市场进一步规范发展，绿色债券发行规模逐步扩大，信用类债券品种不断增加，发行流程优化，为市场提供了新的融资模式，提高了服务实体经济效率。同时，债券发行注册制开始实施，债券市场基础设施逐步完善。

2018年11月，习近平总书记宣布，将在上海证券交易所设立科创板并试点注册制。这将增加资本市场包容性，有力推动自主创新，优化公司融资结构，提高股票市场定价效率。这标志着中国资本市场将朝着市场化、法治化的方向持续前进。

五　金融开放

在汇率形成机制方面，2014 年 3 月，人民币对美元的汇率浮动区间由每日的 1% 扩大到 2%，人民币汇价形成机制当中的市场力量得到进一步强化，人民币汇价的双向波动幅度总体上有所扩大。

2016 年 10 月，人民币被纳入国际货币基金组织 SDR 的一篮子货币，成为继美元、欧元、日元、英镑之后的第五种入篮货币。这是 SDR 创建以来首次纳入发展中国家的货币，反映了国际社会对中国金融改革成就的认可。

2015 年以来，债券市场双向开放不断提速，债市对外开放在便利投资者"引进来"和"走出去"方面取得进展，尤其是在"引进来"方面，大幅放开了对境外机构的限制。

2015 年以来，金融开放进程中的金融基础设施建设提速。2015 年 7 月，跨境银行间支付清算（上海）有限责任公司注册成立；同年 10 月 8 日，人民币跨境支付结算体系 CIPS 一期上线运行，旨在满足人民币跨境使用需求，建立符合国际标准和通行做法的整体制度框架和基础性安排。2018 年 5 月，CIPS 二期正式全面投产运行，在一期的基础上做出了改进与完善进一步提高了人民币跨境清算效率，更好地支撑了人民币跨境结算不断增长的需求。

2017—2018 年，我国金融对外开放步伐进一步加快。2017 年 11 月，我国政府宣布，将大幅放宽金融业的外资市场准入限制。2017 年 12 月，经国务院批准，中国银行业监督管理委员会放宽对除民营银行之外的中资银行和金融资产管理公司的外资持股比例限制，实施内外一致的股权投资比例规则。

2018年4月,习近平总书记在博鳌论坛上宣布,要进一步放宽银行、证券、保险行业外资持股比例,放宽外资进金融机构设立限制,扩大外资金融机构在华业务范围,拓宽中外金融市场合作空间。随后,中国人民银行发布了进一步扩大金融业对外开放的时间表和具体措施,明确11项金融开放政策。这标志着我国金融业对外开放进入新阶段。

(黄群慧、张晓晶、闫坤、董昀)

第 十 章

政治建设和体制改革

党的十一届三中全会开启了中国改革开放新时期,也开始了政治体制改革。因此,邓小平同志说:"我们提出改革时,就包括政治体制改革。"① 正是在党的十一届三中全会精神指引下,中国对妨碍社会主义制度优越性发挥的具体制度、体制和机制进行不断改革,发展社会主义民主政治,党和国家领导体制日益完善,全面依法治国深入推进,人民当家作主的制度保障和法治保障更加有力。

◇ 第一节 积极推进民主政治建设

中国的根本政治制度、基本政治制度在改革开放中,不断完善和发展,推进了社会主义民主政治制度化、规范化、法治化、程序化,保证了人民当家作主,巩固和发展了生动活泼、安定团结的政治局面。

---

① 《邓小平文选》第 3 卷,人民出版社 1993 年版,第 176 页。

一　各级人民代表大会制度的不断完善

人民代表大会制度是符合中国国情和实际、体现社会主义国家性质、保证人民当家作主、保障实现中华民族伟大复兴的根本政治制度。改革开放后，人民代表大会制度进入不断完善发展的新阶段。

全国人大及其常委会的职权进一步完善，加强人大及其常委会组织建设，完善人大专门委员会设置，优化人大常委会和专门委员会组成人员结构，健全人大工作机制，推动国家权力机关的工作逐步制度化、程序化、规范化。在县级以上地方各级人大设立常委会，赋予省级人大及其常委会、设区的市人大及其常委会地方立法权。县级以上地方人大设立常委会是我国社会主义民主法治建设的一件大事，是人民代表大会制度的一次重大发展和完善，也是健全地方政权体制、巩固党的执政地位的重要举措，有力推动了人大工作、立法工作，具有重大的政治意义和法治意义。

党的十八大以来，党中央又先后出台有关人大工作的重要指导性文件 20 余件，对人大立法、监督、代表、自身建设等方面工作提出了新的更高要求。党领导人大工作的体制机制更加健全，中共中央建立定期听取全国人大常委会党组工作汇报、研究人大工作中的重大问题和重要事项的制度，每年的中共中央政治局常委会工作要点都对需要中央研究的重大立法事项做出明确部署，批准全国人大常委会党组在各专门委员会设立分党组，确保党的领导贯彻于人大工作全过程和各方面。2014 年，中共中央审议通过了《关于改进完善专题询问工作的若干意见》，人大专题询问工作更加规范化、机制化和常态化。2015 年，中共中央首次以文件的形式转发了《关于加强县乡人大工作和建设的若干意见》，为各地积极开展县乡人大建设指明了方向。此外，在推进人民代表大会制度理论和实践创新，完善中国特色社会主义法律体系，健全立法起草、论证、协调、审议机制，提高立法质量，防止地方保护和部门利益法制化等方面，也取得了新成就。

立法主动适应改革发展需要，是人民代表大会制度与时俱进的重要体现。2015年十二届全国人大三次会议，对有"管法的法"之称的《中华人民共和国立法法》做出重要修改，进一步明确立法权限，赋予设区的市地方立法权。这对于更好发挥立法引领和推动改革的作用、建设社会主义法治国家意义深远。全国人大常委会依法行使立法、监督、决定、任免等职权，充分履行最高国家权力机关职责。各级人大充分发挥权力机关和人大代表作用，不断加强和改进监督工作，不断拓宽人民监督权力的渠道，人民通过人大行使国家权力的制度化保障更加完善，实践方式不断创新，展示了社会主义民主政治的蓬勃生机。进一步健全立法工作向党中央请示报告制度，党的主张和人民的意愿通过法定程序转化为国家意志，立法引领和推动改革的路径越来越清晰。

实现选举权的平等是人民当家作主的一个重要标志。我国选举制度不断健全完善，直接选举的范围扩大到县，实行普遍的差额选举。2010年，十一届全国人大三次会议对选举法进行了修改，规定要按城乡同比例选举人大代表。按城乡同比例选举人大代表的这一规定，促成了宪法规定的平等原则的充分实现。

全国人大和地方各级人大在社会主义法治国家建设中发挥着重大作用。通过人民代表大会制度，大力弘扬社会主义法治精神，推进科学立法、严格执法、公正司法、全民守法，依照人大及其常委会制定的法律法规展开和推进国家各项事业与各项工作，实现国家各项工作法治化。改革开放以来，全国人大常委会累计检查百余部法律实施情况，听取审议"一府两院"专项工作报告300多个，保证了宪法法律有效实施。全国人大批准了8个国民经济和社会发展五年计划、规划，推动经济社会持续快速发展。自1985年以来，全国人大常委会在每个五年普法规划实施之际，都做出有关开展法治宣传教育的决议，同时听取和审议有关普法决议实施情况的专项工作报告，推动全社会法治观念明显增强，社会治理法治化水平明显提高。[1]

在人民代表大会制度完善发展的实践中，始终坚持中国共产党的领导特别是党中央集中统一领导。始终坚持人民当家作主，保证人民依照法律规定，通过各种途径和形式，管理国家事务，管理经济文化事业，管理社会事务。始终坚持以宪法为根本活动准则，坚持立法先行，抓住提高立法质量这个关键，不断完善中国特色社会主义法律体系，加强对宪法法律实施的监督。始终坚持民主集中制，通过人民代表大会代表人民决定国家和地方的大事。始终把坚定制度自信和不断改革创新统一起来，不断推进人民代表大会制度理论和实践创新。

二 政治协商制度的改革和扩大

"中国共产党领导的多党合作和政治协商制度作为我国一项基本政治制度，是中国共产党、中国人民和各民主党派、无党派人士的伟大政治创造，是从中国土壤中生长出来的新型政党制度。"[2]

---

[1] 参见全国人大常委会机关党组《长期坚持、不断完善人民代表大会制度》，《求是》2018年第22期。

[2] 中共中央宣传部：《习近平新时代中国特色社会主义思想学习纲要》，学习出版社、人民出版社2019年版，第128页。

改革开放以来，多党合作在实践中不断完善和发展。1987年党的十三大把完善"共产党领导下的多党合作和政治协商制度"列为政治体制改革的一项重要内容。1989年中共中央制定了《中共中央关于坚持和完善中国共产党领导的多党合作和政治协商制度的意见》（以下简称《意见》），《意见》明确指出："各民主党派是各自所联系的一部分社会主义劳动者和一部分拥护社会主义爱国者的政治联盟，是接受中国共产党领导的，同中共通力合作、共同致力于社会主义事业的亲密友党，是参政党。"[1] 首次提出了参政党的科学概念；明确提出"长期共存、互相监督、肝胆相照、荣辱与共"是中国共产党同各民主党派合作的基本方针，体现了中国共产党领导的多党合作和政治协商制度的深刻内涵，成为新时期中国共产党领导的多党合作的基本方针和处理统一战线内部关系的重要准则。《意见》的颁发，推进了政治协商和民主党派的参政议政、民主监督走向内容具体化、运行机制化、操作规范化，标志着中国多党合作走上制度化、规范化的轨道。

党的十四大后，多党合作和政治协商的制度化、规范化和程序化向前推进。1993年通过的宪法修正案将"中国共产党领导的多党合作和政治协商制度将长期存在和发展"载入宪法，成为国家意志。1997年党的十五大把坚持和完善中国共产党领导的多党合作和政治协商制度，列入社会主义初级阶段基本纲领。进入21世纪，中共中央先后颁发《关于进一步加强中国共产党领导的多党合作和政治协商制度建设的意见》（2005年）、《关于加强人民政协工作的意见》（2006年）和《关于巩固和壮大新世纪新阶段统一战线的意见》（2006年）等文件，

---

[1] 《十三大以来重要文献选编》（中），中央文献出版社2011年版，第244页。

又指出:"民主党派是各自所联系的一部分社会主义劳动者、社会主义事业建设者和拥护社会主义爱国者的政治联盟,是接受中国共产党领导、同中国共产党通力合作的亲密友党,是进步性与广泛性相统一、致力于中国特色社会主义事业的参政党。"[1] 这种对民主党派性质内涵的新表述,为各民主党派和无党派人士发挥作用创造了更为广阔的空间。越来越多的党外人士在各级人大、政府、政协和司法机关担任领导职务。中国共产党在做出重大决策之前和决策执行过程中,都坚持同党外人士进行充分协商,通报情况、听取意见,广集民智、广求良策。从中国共产党全国代表大会、中央委员会重要文件到宪法和重要法律修改建议,从国家领导人建议人选到推进改革开放的重要决定,从国民经济和社会发展中长期规划到关系国家全局的重大问题,中共中央与民主党派进行协商和听取建议的形式丰富多样、通畅高效,有力地推动了科学决策、民主决策。人民政协作为实现中国共产党领导的多党合作和政治协商制度的重要组织形式,通过政治协商和民主监督,组织参加人民政协的各党派、团体和各族各界人士参政议政,在国家的政治生活、社会生活和对外友好活动中,在进行现代化建设,维护国家的统一和加强各民族的团结中,发挥了重要作用。2007年11月15日,我国首次发表《中国的政党制度》白皮书,全面阐发了多党合作制度在中国基本政治制度框架中的地位和作用,首次概括了多党合作制度的价值和功能:政治参与、利益表达、社会整合、民主监督、维护稳定。

党的十八大以来,中国政党制度不断发展和完善。2015年5月,在中央统战工作会议上,习近平总书记对中国新型政党制度做出了重

---

[1] 《十六大以来重要文献选编》(中),中央文献出版社2006年版,第674页。

大论断，他指出：几十年的实践证明，这个制度是适合我国国情的，植根于我国土壤，构成了中国特色社会主义制度的一个鲜明特色。2018年2月6日，习近平总书记强调，中国特色社会主义进入新时代，多党合作要有新气象，思想共识要有新提高，履职尽责要有新作为，参政党要有新面貌。2018年3月4日，习近平总书记对中国政党制度作了历史性的阐述，首次提出了"新型政党制度"概念。

党的十八大将协商民主和选举民主作为中国特色社会主义民主的两种重要形式，开辟了我国社会主义民主政治新境界。党的十八大后，中共中央先后印发了《关于加强社会主义协商民主建设的意见》《中国共产党统一战线工作条例（试行）》《关于加强人民政协协商民主建设的实施意见》《关于加强政党协商的实施意见》《关于加强和改进人民政协民主监督工作的意见》等规范性文件，对统一战线及多党合作做出了一系列新的规定。它们主要包括：明确了社会主义协商民主的基本内涵和本质属性，阐明加强社会主义协商民主建设的指导思想、基本原则、渠道程序和重要意义，对新形势下开展政党协商、人大协商、政府协商、政协协商、人民团体协商、基层协商、社会组织协商进行部署；对统一战线的性质、地位作用做出新概括，对统战工作的指导思想、主要任务、范围和对象进行新完善；明确各民主党派是"中国特色社会主义参政党"的性质定位；首次将"参加中国共产党领导的政治协商"作为民主党派基本职能之一，将民主党派原来的两项职能，拓展为参政议政、民主监督、政治协商三项基本职能；明确了加强人民政协协商民主建设的重要意义、指导思想、重要原则、内容和形式；详细规定政党协商的指导思想和重要意义、内容、形式、程序、保障机制，提出了政党协商的三种主要方式——会议协商、约谈协商和书面协商；规定人民政协协商式监督八个方面的主要内容、主要形式以及程序机制等。2018年3月15日，中国人民政治协商会议第十三届全国委员会第一次会议通过了《中国人民政治协商会议章程（修正案）》。这次政协章程修改的重要成果是以习近平新时代中国特色社会主义思想为指导，充分体现党的十九大提出的重要思想、重要观点、重大判断、重大举措。

实践中，中国努力推进协商民主广泛多层制度化发展，构建程序合理、环节完整的协商民主体系，拓宽国家政权机关、政协组织、党派团体、基层组织、社会组织的协商渠道，深入开展立法协商、行政协商、民主协商、参政协商、社会协商，加强中国特色新型智库建设，建立健全决策咨询制度；积极发展基层民主，畅通民主渠道，健全基层选举、议事、公开、述职、问责等机制，开展形式多样的基层民主协商，推进基层协商制度化。

从参政党概念的提出，到明确各民主党派是"中国特色社会主义参政党"的性质定位；从多党合作"十六字方针"正式确立到"中国共产党领导的多党合作和政治协商制度将长期存在和发展"被写入宪法；从首次就政党制度发表白皮书到在全国"两会"世界瞩目的场合提出"新型政党制度"论述，中国共产党领导的多党合作和政治协商制度，不断在制度化、规范化、程序化方面迈出新步伐，其制度效能独特优势日益彰显，中国共产党同各民主党派既亲密合作又互相监督，中国共产党依法执政，各民主党派依法参政，共同推动社会主义建设事业的发展。

三 健全民族区域自治制度

民族区域自治制度是我国的一项基本政治制度，是中国特色解决民族问题的正确道路的重要内容和制度保障。这个制度的基本内涵是，在国家统一领导下，各少数民族聚居的地方实行区域自治，设立自治机关，行使自治权。实行这种制度，体现了我国坚持实行各民族平等、团结、合作和共同繁荣的原则。1949年中华人民共和国成立时，民族区域自治制度在起临时宪法作用的《中国人民政治协商会议共同纲领》中得到确立，后来被明确载入《中华人民共和国宪法》。

改革开放后，我国民族区域自治制度不断完善，1982年宪法，不仅恢复了1954年宪法中关于民族区域自治的一些重要原则，而且在总结实行民族区域自治正反两方面经验的基础上，增加了新的内容。宪法第四条明确规定："中华人民共和国各民族一律平等。国家保障各少数民族的合法的权利和利益，维护和发展各民族的平等团结互助和谐关系。禁止对任何民族的歧视和压迫，禁止破坏民族团结和制造民族分裂的行为。国家根据各少数民族的特点和需要，帮助各少数民族地区加速经济和文化的发展。各少数民族聚居的地方实行区域自治，设立自治机关，行使自治权。各民族自治地方都是中华人民共和国不可分离的部分。各民族都有使用和发展自己的语言文字的自由，都有保持或者改革自己的风俗习惯的自由。"[①]

1984年5月，六届全国人大二次会议通过了《中华人民共和国民族区域自治法》。这是实施宪法规定的民族区域自治制度的基本法律，是对中华人民共和国成立三十多年来实行民族区域自治的经验的科学总结。它阐明了民族区域自治是中国共产党解决我国民族问题的基本政策，又是国家的一项基本政治制度。2001年2月，根据第九届

---

① 《中华人民共和国宪法》，人民出版社2018年版，第9页。

全国人大常委会第二十次会议决定,《中华人民共和国民族区域自治法》进行了修改。2005年5月,国务院第八十九次常务会议通过了《国务院实施〈中华人民共和国民族区域自治法〉若干规定》。《中华人民共和国民族区域自治法》颁布以来,自治州和自治县制定了自治条例,一些省区还制定了促进民族经济发展和维护民族团结等方面的地方性法规,取得了显著的成效。

党的十八大以来,中央对民族区域自治制度高度重视。2014年9月,习近平总书记在中央民族工作会议上发表重要讲话,全面分析我国民族工作面临的国内外形势,深刻阐述当前和今后一个时期我国民族工作的大政方针,为做好中国特色社会主义新时代的民族工作指明了方向。2017年10月,党的十九大修改的党章中,增写"铸牢中华民族共同体意识"。2019年10月,党的十九届四中全会站在坚持和完善中国特色社会主义制度、推进国家治理体系和治理能力现代化的历史高度,适应坚持和完善人民当家作主制度体系、发展社会主义民主政治的时代要求,对未来一个时期坚持和完善民族区域自治制度做出了部署。

在中国共产党的领导下,民族区域自治制度不断坚持和完善,民族团结事业不断发展,平等团结互助和谐的社会主义民族关系不断向前推进,民族地区经济社会发展水平不断跃升,各族人民生活水平和质量不断提高,平等、团结、互助、和谐的社会主义民族关系不断巩固和发展,少数民族和民族地区经济繁荣、政治安定、文化发展、社会和谐、民族团结。根据有关部门统计,全国共有5个自治区、30个自治州、120个自治县(旗),还有将近1000个民族乡作为民族区域自治的重要补充形式。2018年,民族8省区生产总值突破9万亿元,与1952年相比年均增长8.7%;城乡居民人均可支配收入分别达到

33983元、11426元，与1978年相比年均增长分别为12.6%、12.1%。特别是党的十八大以来，民族8省区贫困人口从3121万人减少到603万人。①

历史证明，民族区域自治制度把民族因素与区域因素相结合，把政治因素与经济因素相结合，促进了新型社会主义民族关系的确立和发展，有利于维护国家统一和社会稳定，有利于加强民族团结和经济发展。实行民族区域自治，代表了中华民族的根本利益，是合乎中国国情的正确选择，具有重要的意义和作用。

四 基层民主制度的确立和实施

基层群众自治制度，是指城乡居民群众以相关法律法规政策为依据，在城乡基层党组织领导下，在居住地范围内，依托基层群众自治组织，直接行使民主选举、民主决策、民主管理和民主监督等权利，实行自我管理、自我服务、自我教育、自我监督的制度与实践。基层群众自治是人民当家作主最有效、最广泛的途径。党的十七大将"基层群众自治制度"首次写入党代会报告，正式与人民代表大会制度、中国共产党领导的多党合作和政治协商制度、民族区域自治制度一起，纳入了中国特色政治制度范畴。

基层群众自治制度是在中华人民共和国成立后的民主实践中逐步形成的，首先发育于城市。1954年12月31日，第一届全国人民代表大会常务委员会第四次会议通过《城市居民委员会组织条例》。改革开放以来，我国城市居民委员会的组织建设得到了全面的恢复和发

---

① 张来明：《坚持和完善民族区域自治制度》，《光明日报》2019年12月5日。

展。1980年1月，全国人大常委会重新公布了《城市居民委员会组织条例》《人民调解委员会暂行组织通则》和《治安保卫委员会暂行组织条例》。1982年宪法在总结我国居民委员会实行群众自治经验的基础上，首次以根本法的形式明确规定了居民委员会的性质、任务和作用。根据宪法的规定，全国各地对城市居民委员会的组织进行了整顿，并建立了符合宪法规定的体现城市居民自我管理、自我教育和自我服务精神的城市居民委员会，健全了城市居民委员会的组织机构和各项规章制度。

为了充分保障城市居民的自治和各项民主权利，在总结《城市居民委员会组织条例》实施经验和教训的基础上，1989年12月26日，第七届全国人大常委会第十一次会议通过了《城市居民委员会组织法》。这标志着我国城市居民委员会的组织建设进入了一个新的全面发展的时期。截至2006年年底，全国共有居委会80717个，居民小组123.5万个。

村民委员会是在改革开放后农村实行联产承包责任制的过程中逐步形成的。1982年，全国人大常委会在起草宪法修改草案时，总结和吸收了城市居民委员会的经验和广大农民群众创造的新鲜经验，把村民委员会和居民委员会一起写进了宪法，并对村民委员会的性质、任务和组织原则都作了具体规定。随后，全国普遍开展了由生产大队改建村民委员会的活动。1987年11月24日，第六届全国人大常委会第二十三次会议通过了《村民委员会组织法（试行）》。1998年11月4日，第九届全国人大常委会第五次会议通过《村民委员会组织法》。2010年10月28日，第十一届全国人民代表大会常务委员会第十七次会议通过修订的《村民委员会组织法》。农村基层群众自治组织在实践中不断发展壮大。截至2007年年底，我国农村共有61万多个村民委员会。

职工代表大会制度是广大公有制企业职工在长期生产实践中创造的民主管理企业的基本形式,是中国基层民主制度的重要组成部分。早在新民主主义革命时期,革命根据地公有制企业中就通过"职工大会""工人代表会议"等形式,实行企业民主管理。中华人民共和国成立后,全国公有制企业中普遍实行了工厂管理委员会和职工代表会议制度。1957年职工代表大会实行常任职工代表制度,使职工代表会议制度基本定型。经过几十年曲折发展,1981年7月,中共中央、国务院发布了《国营工业企业职工代表大会暂行条例》,1982年宪法确认,在国营企业,通过职工代表大会等形式实行民主管理,在集体经济组织中也要实行民主管理。此后,职工代表大会制度在全国公有制企业中普遍建立了起来。1986年9月,中共中央、国务院正式颁布了《全民所有制工业企业职工代表大会条例》,1988年4月,全国人大通过了《中华人民共和国全民所有制工业企业法》,1991年6月,国务院颁布了《中华人民共和国城镇集体所有制企业条例》。这些法律、法规,使职工代表大会制度作为一种企业民主管理制度得到进一步巩固和完善。

2007年,党的十七大根据以农村村民委员会、城市居民委员会和企业职工代表大会为主要内容的基层民主自治体系逐步建立的事实,正式将基层群众自治制度作为我国一项基本政治制度。把国家层面的民主制度与基层范畴的民主制度有机地结合在一起,有力地推动了民主政治的发展,中国特色社会主义政治制度体系的内容更全面丰富,结构更完整,功能更强大。

党的十八大以来,根据基层民主发展的新形势,2018年12月29日,第十三届全国人大常委会第七次会议表决通过《关于修改〈村民委员会组织法〉的决定》，村民委员会每届任期五年，届满应当及时举行换届选举。村民委员会成员可以连选连任。同时，表决通过修改城市居民委员会组织法的决定，居民委员会每届任期五年，其成员可以连选连任。2019年党的十九届四中全会审议通过的《中共中央关于坚持和完善中国特色社会主义制度、推进国家治理体系和治理能力现代化若干重大问题的决定》，做出"健全充满活力的基层群众自治制度"的重大部署，既是对这一制度重要作用的充分肯定，也为在新时代完善这一制度提出了新要求。

基层民主犹如一所民主的"大学校"，广大群众在一次次民主实践活动中经受了锻炼，有序政治参与热情高涨，民主意识不断增强，参与管理、依法维权的能力不断提高。经过长期的发展，我国基层群众自治制度体系已经确立，组织载体日益健全，内容不断丰富，形式更加多样，城乡基层群众自治正在社会主义民主政治建设中发挥着越来越大的作用。

五 "一国两制"的确立和实践

中华人民共和国成立以来，中国共产党关于祖国统一问题逐步形成一个中国、两种方式、高度自治等基本原则和"一纲四目"的方针，为"一国两制"方针的形成做了重要准备。

党的十一届三中全会把和平统一祖国明确地肯定了下来。1979年元旦，时任全国人大常委会委员长叶剑英发表《告台湾同胞书》，表明了解决台湾问题的基本原则，宣告停止持续20年之久的对金门等岛屿的炮击，对"一国两制"的形成做了准备。同年12月6日，邓小平同志在谈到台湾问题时说：对台湾，我们的条件是很简单的，那就是，台湾的制度不变，生活方式不变，台湾与外国的民间关系不变……台湾作为一个地方政府，可以拥有自己的自卫力量、军事力量。条件只有一条，那就是，台湾要作为中国不可分割的一部分。[①]

1981年9月30日，叶剑英发表《关于台湾回归祖国实现和平统一的方针政策》，提出九条意见，构建了"一国两制"的基本框架。1982年1月11日，邓小平同志就九条意见，明确指出："这实际上就是'一个国家，两种制度'，在国家实现统一的大前提下，国家主体实行社会主义制度，台湾实行资本主义制度。"[②] "一国两制"的构想基本形成。1983年6月26日，邓小平同志在九条意见的基础上，提出了六点办法[③]。后来，邓小平同志又进一步概括指出："我们的政策是实行'一个国家，两种制度'，具体说，就是在中华人民共和国内，十亿人口的大陆实行社会主义制度，香港、台湾实行资本主义制度。"[④] 1984年5月，六届全国人大二次会议通过的《政府工作报告》正式提出"一个国家，两种制度"的构想，使"一国两制"成了具有法律效力和法律保证的国策。

"一国两制"的主要内容有四：第一，前提是一个中国，祖国统一是问题的核心。"一国两制"必须坚持一个中国，这就是中华人民共和国，坚持国家的主权、统一和领土完整的基本原则。第二，国家的主体即大陆实行共产党领导下的社会主义制度，台湾、香港、澳门保持资本主义制度不变。两种制度并存，不是你吃掉

[①] 中共中央文献研究室编：《邓小平思想年谱》，中央文献出版社1998年版，第140页。
[②] 《台湾问题与中国的统一》白皮书，见1993年《新华月报》第9号，第36页。
[③] 《邓小平文选》第3卷，人民出版社1993年版，第30页。
[④] 同上书，第58页。

我，也不是我吃掉你，而是互惠互利，共同繁荣，并坚持长期不变。第三，设立特别行政区。祖国统一后，台、港、澳地区根据宪法和法律规定设立特别行政区，实行高度自治。特别行政区是中央统一领导下的享有高度自治权的地方行政区域，它们和中央的关系，是地方和中央的关系。第四，坚持长期不变。"一国两制"不是一种权宜之计和过渡性措施，"不是搞一段时间，而是搞几十年，成百年"①。

根据"一国两制"的构想，中英两国政府于1984年12月签署了关于香港问题的联合声明，中葡两国政府于1987年4月签署关于澳门问题的联合声明。1990年4月4日，七届全国人大三次会议通过了《中华人民共和国香港特别行政区基本法》，1993年3月31日，八届全国人大一次会议通过《中华人民共和国澳门特别行政区基本法》，两部《基本法》落实了"一国两制"的构想。根据两部《基本法》，中国于1997年、1999年先后顺利收回了香港、澳门，分别成立了首届特区政府。香港、澳门顺利、平稳地脱离殖民统治，为国际上以和平方式解决争端和历史遗留问题开创了典范，是中国政府为维护世界和平做出的重大贡献。

"一国两制"原来是为解决台湾问题提出的，却首先在香港和澳门结出了丰硕的果实。香港、澳门问题的圆满解决，使"一国两制"由理论变为现实，也充分证明了"一国两制"构想的高度科学性和现实可行性，为最终解决台湾问题创造了条件，积累了经验。

港澳回归后，祖国完全统一的历史进程，步入到了解决台湾问题的新阶段。为了实现台湾早日和平统一，根据"一国两制"理论，

---

① 《邓小平文选》第3卷，人民出版社1993年版，第219页。

1995年1月30日，江泽民同志提出现阶段发展两岸关系、推进祖国和平统一进程的八项主张，重申坚持一个中国的原则，是实现和平统一的基础和前提；进行海峡两岸和平统一谈判，是我们的一贯主张。中国共产党希望台湾当局认真回应这一建议和主张，及早进行两岸政治谈判。2001年他在中国共产党建党80周年的讲话中，将完成祖国统一大业作为中国共产党在21世纪的三大任务之一。2004年10月7日，胡锦涛同志又强调，中国政府愿以最大的诚意、尽最大的努力争取以和平方式解决台湾问题，但绝不容忍"台独"，绝不允许任何人以任何方式把台湾从中国分割出去。所有这些，充分表达了中国共产党对于早日实现祖国统一的真诚愿望和基本原则，充分体现了中国共产党崇高的民族责任感和历史使命感，充分显示了中国共产党必将把祖国统一事业进行到底的坚强决心，也是"一国两制"理论在台湾问题上的进一步具体化。

党的十八大后，以习近平同志为核心的党中央坚持"一国两制"基本方针的坚定立场，坚定不移地推进"一国两制"实践在香港、澳门行稳致远，坚定不移地推进祖国和平统一进程。2014年，习近平总书记在庆祝澳门回归祖国15周年大会暨澳门特别行政区第四届政府就职典礼上的讲话中指出："继续推进'一国两制'事业，必须牢牢把握'一国两制'的根本宗旨，共同维护国家主权、安全、发展利益，保持香港、澳门长期繁荣稳定；必须坚持依法治港、依法治澳，依法保障'一国两制'实践；必须把坚持一国原则和尊重两制差异、维护中央权力和保障特别行政区高度自治权、发挥祖国内地坚强后盾作用和提高港澳自身竞争力有机结合起来，任何时候都不能偏废。只有这样，才能把路走对了走稳了，否则就会左脚穿着右脚鞋——错打错处来。""无论遇到什么样的困难和挑战，我们对

'一国两制'方针的信心和决心都绝不会动摇,我们推进'一国两制'实践的信心和决心都绝不会动摇。"① 2017年7月1日,习近平总书记又强调指出,"一国两制"是一个完整的概念。"一国"是实行"两制"的前提和基础,"两制"从属和派生于"一国",并统一于"一国"之内。"'一国'是根,根深才能叶茂;'一国'是本,本固才能枝荣。"必须"全面准确贯彻'一国两制'方针,坚守'一国'之本,善用'两制'之利,扎扎实实做好各项工作"②。2019年1月2日,习近平总书记在《告台湾同胞书》发表40周年纪念会上发表重要讲话。科学回答了在民族复兴新征程中如何推进祖国和平统一的时代命题,郑重宣示了新时代坚持"一国两制"和推进祖国和平统一的五项重大主张:携手推动民族复兴,实现和平统一目标;探索"两制"台湾方案,丰富和平统一实践;坚持一个中国原则,维护和平统一前景;深化两岸融合发展,夯实和平统一基础;实现同胞心灵契合,增进和平统一认同。为新时代推进祖国和平统一进程指明了方向。

中共中央将"一国两制"实践有机融入实现中华民族伟大复兴中国梦的宏图伟业之中,推动"一国两制"事业不断取得新进展。在"一国两制"之下,香港、澳门特别行政区享有的高度自治权受到充分保障,港澳同胞当家作主、依法享有广泛自由和民主权利。祖国必须统一,也必然统一,这是新时代中华民族伟大复兴的必然要求。

---

① 习近平:《在庆祝澳门回归祖国15周年大会暨澳门特别行政区第四届政府就职典礼上的讲话》,《人民日报》2014年12月21日。

② 习近平:《在庆祝香港回归祖国二十周年大会暨香港特别行政区第五届政府就职典礼上的讲话(2017年7月1日)》,人民出版社2017年版,第10页。

◇ 第二节　全面推进依法治国和法治建设

全面依法治国是中国特色社会主义的本质要求和重要保障，改革开放以来特别是党的十八大以来，科学立法、严格执法、公正司法、全民守法深入推进，法治国家、法治政府、法治社会建设相互促进，中国特色社会主义法治体系日益完善，全社会法治观念明显增强，权力运行制约和监督体系建设有效实施，全面依法治国取得了新成就。

一　法治地位的不断提高

改革开放揭开了法治建设新篇章。党的十一届三中全会公报明确指出："为了保障人民民主，必须加强社会主义法制，使民主制度化、法律化，使这种制度和法律具有稳定性、连续性和极大的权威，做到有法可依，有法必依，执法必严，违法必究。"[①] 从党的十一届三中全会到党的十二大前后，中国法治建设在恢复中逐步发展。立法方面，1979年6月，五届全国人大二次会议通过《中华人民共和国刑法》和《中华人民共和国刑事诉讼法》等7部重要法律，创下中华人民共和国成立后全国人大一次通过法律最多的纪录，结束了新中国长期没有刑法的历史。司法和司法行政工作得到恢复和开展。1978年3月，重新设立检察院。1979年9月，恢复设立司法部，12月，

[①]《中国共产党第十一届中央委员会第三次全体会议公报》，《人民日报》1978年12月24日。

恢复律师制度。1982年宪法的制定与施行，标志着法治建设恢复工作的基本完成。

党的十二大后，中国法治建设进入全面发展时期。从1985年起，开始实施"一五"普法规划，展开了一场持续至今的全民普法活动。1986年4月通过的《民法通则》，为民事活动提供了基本的规范。1989年4月，《行政诉讼法》颁布，标志着"民告官"制度的正式确立，这是我国民主政治建设的一个重大进步。

党的十四大后，为适应建立社会主义市场经济体制的需要，中国法治建设进入快车道。立法步伐明显加快，一批保障改革开放、加强宏观经济管理、规范微观经济行为的法律法规及时制定出来。1993年12月，第八届全国人大常委会第五次会议通过《中华人民共和国公司法》，确立公司这个市场主体的法律地位，加快了国有企业建立现代企业制度的进程。

党的十五大明确提出"继续推进政治体制改革，进一步扩大社会主义民主，健全社会主义法制，依法治国，建设社会主义法治国家"[①]。1999年九届全国人大二次会议将"依法治国，建设社会主义法治国家"写入宪法，使之成为党领导人民治理国家的基本方略。此后，中国法治建设进入以贯彻和实施依法治国基本方略为主要内容、以建设社会主义法治国家为奋斗目标的新的发展阶段。提出"依法治国，建设社会主义法治国家"的目标和任务，是政治体制改革一个重大突破性进展，反映了市场经济发展的客观要求。市场经济本质上是法制经济，它内在地要求法治国家的建立，没有法制的市场经济不是真正意义上的市场经济。

[①]《十五大以来重要文献选编》（上），中央文献出版社2000年版，第30页。

进入21世纪,法治建设继续向前推进。党的十六大提出发展社会主义民主政治,最根本的是要把坚持党的领导、人民当家作主和依法治国有机统一起来。党的十七大提出依法治国是社会主义民主政治的基本要求,强调要全面落实依法治国基本方略,加快建设社会主义法治国家。中国特色社会主义法律体系如期形成,司法体制和工作机制改革不断深化。中共中央和全国人大常委会举办法制讲座,带头学法,提高了领导干部的法治观念和依法办事能力。

党的十八大以来,以习近平同志为核心的党中央把全面依法治国放到"四个全面"战略布局中去谋划,提出建设法治中国的重大命题,开创了全面依法治国新局面。党的十八届四中全会专题研究全面推进依法治国问题并做出《中共中央关于全面推进依法治国若干重大问题的决定》,提出了全面推进依法治国的指导思想、总体目标、基本原则和各项具体措施,这在党的历史上是第一次。

党的十九大把坚持全面依法治国纳入新时代中国特色社会主义的基本方略,对深化依法治国实践做出全面部署,为法治中国建设描绘了宏伟蓝图:到2035年,基本建成法治国家、法治政府、法治社会,基本实现国家治理体系和治理能力现代化;到21世纪中叶,实现国家治理体系和治理能力现代化。党的十九届二中全会专门讨论宪法修改问题,并对维护宪法权威、捍卫宪法尊严、保证宪法实施提出明确要求,这在党的历史上也是第一次,对新时代中国法治建设起到了重要的推动作用。

改革开放以来特别是党的十八大以来,党中央深刻总结社会主义法治建设正反两方面的经验,将依法治国确立为党领导人民治理国家的基本方略,将依法执政确立为党治国理政的基本方式。为了健全党领导全面依法治国的体制机制,加强党对法治中国建设的集中统一领导,党的十八大后专门成立中央全面依法治国领导小组(委员会),负责研究解决依法治国重大事项、重大问题。为了维护宪法权威,推动宪法实施,2014年11月,全国人大常委会通过决定,将每年的12月4日确立为国家宪法日。2015年7月,全国人大常委会通过《关于实行宪法宣誓制度的决定》。2017年10月,党的十九大明确提出要推进合宪性审查工作。2018年3月,十三届全国人大一次会议决定设立宪法和法律委员会。为了加强法治政府建设,2015年12月,中共中央、国务院印发《法治政府建设实施纲要(2015—2020年)》,政府依法履职的意识不断增强,依法决策机制不断健全,对行政权力的制约和监督进一步加强,政府工作人员依法行政能力明显提高,职能科学、权责法定、执法严明、公开公正、廉洁高效、守法诚信的法治政府正在逐步建成。为了完善公正高效权威的社会主义司法制度,有序推进司法管理体制改革,逐步推开司法权运行机制改革,人权司法保障机制建设取得积极成果,司法便民利民举措陆续出台。为了增强全民法治观念,不断强调普法、守法,努力培养增强全社会厉行法治的自觉性和积极性。为中国特色社会主义的长远发展奠定了重要的法治和制度基础。

二 立法工作的快速推进

改革开放以来,以宪法为核心的中国特色社会主义法律体系逐步形成并不断完善,科学立法、民主立法、依法立法深入推进,立法工作取得了重大成就。

宪法是根本法。改革开放的创新成果,党的领导和社会主义制度的根本,都需要通过宪法予以确认和保障。1982年12月4日,五届全国人大五次会议通过并公布施行现行宪法。之后，全国人大先后于1988年、1993年、1999年、2004年、2018年通过5个宪法修正案，把党和人民在实践中取得的重大理论创新、实践创新、制度创新成果写入宪法。

我国宪法确认了中国共产党领导中国人民进行革命、建设、改革的伟大斗争和根本成就，确立了工人阶级领导的、以工农联盟为基础的人民民主专政的社会主义国家的国体和人民代表大会制度的政体，确认了中国共产党的领导地位，确定了国家的根本任务、指导思想、发展道路、奋斗目标，规定了国家基本政治制度、基本经济制度和一系列大政方针等，是党和人民意志的集中体现，是党和国家各方面工作的根本准则。

在宪法的制定和修正过程中，全国人大及其常务委员会还制定了一大批法律，包括刑事、民事等方面的基本法律，《香港特别行政区基本法》和《澳门特别行政区基本法》，以及经济、文化、教育、科技、行政、国防、民族、环保等方面的法律。截至2011年8月底，我国制定现行宪法和有效法律共240部、行政法规706部、地方性法规8600多部，形成了以宪法为核心，以刑事、民事、行政、经济、诉讼等方面的基本法律为支柱的中国特色社会主义法律体系。[1] 这些法律在国家政治、经济和社会生活等方面发挥了重要作用。

党的十八大以来，立法工作不断加强。2017年3月，十二届全国人大五次会议通过《民法总则》，完成民法典开篇之作，为编纂一部具有中国特色、体现时代精神、反映人民意愿的民法典打下了坚实基

---

[1] 国务院新闻办公室：《中国特色社会主义法律体系》（白皮书），2011年10月27日，国务院新闻办公室网站，http://www.scio.gov.cn/ztk/dtzt/62/3/Document/1035422/1035422.htm。

础。2018年3月,十三届全国人大一次会议通过《监察法》,为深化国家监察体制改革提供了法治保障。

全国人大常委会不断加强宪法实施和监督,做出设立国家宪法日、建立宪法宣誓制度的决定,健全宪法解释程序机制,加强合宪性审查工作,大力弘扬宪法精神,树立宪法权威,维护宪法尊严。截至2018年10月,我国现行有效的法律269件、行政法规750多件、地方性法规12000多件,国家和社会生活各方面已经实现了有法可依。[①]

赋予和扩大地方立法权,是形成符合我国国情、科学有效的立法体制的重要举措,是宪法关于在中央统一领导下充分发挥地方的主动性、积极性原则的有效实施,是我国立法体制发展的里程碑。2015年《中华人民共和国立法法》的修改,赋予了所有设区的市地方立法权,2018年修改的宪法为这一规定提供了根本法依据。我国地方立法主体从无到有、从少到多,至2019年,增加到353个,包括31个省(区、市),288个设区的市、30个自治州、4个不设区的地级市。地方人大结合当地实际,在梳理集合中央有关精神、法律有关规定、国家有关政策的基础上制定地方性法规,为地方治理提供经济、政治、文化、社会、生态环境等方面的制度依循,有利于地方治理纳入规范化、法治化轨道。地方立法在加强和完善地方治理、推动地方各项事业发展中发挥着重要作用。

维护社会公平正义、保障公民权利的法律制度不断完善。宪法明确规定国家尊重和保障人权,全国人大常委会制定民事、刑事、经

---

① 全国人大常委会机关党组:《长期坚持、不断完善人民代表大会制度》,《求是》2018年第22期。

济、社会等方面的一系列法律，切实保证人民依法享有广泛的权利和自由。

三　司法制度改革和法治化

改革开放以来，中国经济社会快速发展，社会公众的法治意识显著增强，司法环境发生深刻变化，司法工作遇到许多新情况、新问题，司法制度在改革中逐步完善和发展。

1978年开始，司法和司法行政工作得到恢复和开展。1978年3月，重新设立检察院。1979年9月，恢复设立司法部，同年12月，恢复律师制度。随后，开始了以强化庭审功能、扩大审判公开、加强律师辩护、建设职业化法官和检察官队伍等为重点内容的审判方式改革和司法职业化改革。

2004年开始，司法改革进入整体统筹、有序推进的阶段。从民众反映强烈的突出问题和影响司法公正的关键环节入手，按照公正司法和严格执法的要求，完善司法机关的机构设置、职权划分和管理制度，健全权责明确、相互配合、相互制约、高效运行的司法体制。

2008年开始，司法改革进入重点深化、系统推进的新阶段。改革从优化司法职权配置、落实宽严相济刑事政策、加强司法队伍建设、加强司法经费保障四个方面提出具体改革任务。

党的十八大以来，党中央对司法在法治中国建设中的重要地位和作用的认识前所未有，对司法改革的重视程度和坚定决心前所未有。习近平总书记强调司法体制改革是政治体制改革的重要组成部分，明确要求加快建设公正高效权威的社会主义司法制度。党的十八届三中全会提出，建设法制中国，必须深化司法体制改革，加快建设公正高效权威的社会主义司法制度，维护人民权益。要维护宪法法律权威，深化行政执法体制改革，确保依法独立公正行使审判权检察权，健全司法权力运行机制，完善人权司法保障制度。

2014年6月6日，中央全面深化改革领导小组审议通过《关于司法体制改革试点若干问题的框架意见》，从推进政治体制改革，实现国家治理体系和治理能力现代化的高度对司法体制改革做出重大战略部署，正式启动了我国新一轮司法体制改革。

司法改革的根本目标是保障人民法院、人民检察院依法独立公正地行使审判权和检察权，建设公正高效权威的社会主义司法制度，为维护人民群众合法权益、维护社会公平正义、维护国家长治久安提供坚强可靠的司法保障。

完善司法人员管理制度，在深化司法体制改革中居于基础性地位。党的十八届三中全会提出：要建立符合职业特点的司法人员管理制度，完善司法人员分类管理制度。与改革相配套，中央全面深化改革领导小组第十六次全体会议通过的《法官、检察官单独职务序列改革试点方案》《法官、检察官工资制度改革试点方案》强调，要突出法官、检察官的职业特点，对法官、检察官队伍给予特殊政策，建立有别于其他公务员的单独职务序列。要实行全国统一的法官、检察官工资制度，在统一制度的前提下，体现职业特点，建立与法官、检察官单独职务序列设置办法相衔接、有别于其他公务员的工资制度。

司法责任制改革是司法改革的关键。"让审理者裁判，由裁判者负责"是司法改革的目标。十八届三中全会指出，要健全司法权力运行机制，优化司法职权配置。改革审判委员会制度，完善主审法官、合议庭办案责任制，让审理者裁判、由裁判者负责。中央全面深化改革领导小组第十五次全体会议通过的《最高人民法院关于完善人民法院司法责任制的若干意见》指出，完善人民法院司法责任制，就是要以严格的审判责任制为核心，以科学的审判权力运行机制为前提，以明晰的审判组织权限和审判人员职责为基础，以有效的审判管理和监督制度为保障，让审理者裁判、由裁判者负责，确保人民法院依法独立公正行使审判权。与司法责任制相关的是员额制改革。员额制改革是按照司法规律配置司法人力资源、实现法官检察官正规化专业化职业化的重要制度，是司法责任制的基石。2017年7月3日，最高人民法院首批367名入额法官完成宪法宣誓仪式；7月17日，最高人民检察院首批227名入额检察官完成宪法宣誓仪式，标志着员额制改革在全国法院、检察院已全面落实。[1]

司法责任制改革全面推开后，以审判为中心的刑事诉讼制度改革、认罪认罚从宽、刑事案件速裁等试点有序推进，知识产权法院、最高法院巡回法庭、跨行政区划法院检察院相继设立，立案登记制开启，劳教制度废止。

司法改革始终坚持从国情出发，既博采众长，又不照抄照搬，既与时俱进，又不盲目冒进；坚持群众路线，充分体现人民的意愿，着眼于解决民众不满意的问题，自觉接受人民的监督和检验，真正做到改革为了人民、依靠人民、惠及人民；坚持依法推进，以宪法和法律规定为依据，凡是与现行法律相冲突的，应在修改法律后实施；坚持统筹协调、总体规划、循序渐进、分步推进。

司法体制改革积极推进并取得突破性进展。司法管理体制改革有序推进，司法权运行机制改革逐步推开，人权司法保障机制建设取得

---

[1] 黄永维：《改革司法体制 建设法治中国——学习习近平总书记关于司法改革的重要论述》，《人民法院报》2017年7月31日。

积极成果,司法便民利民举措陆续出台,公正高效权威的社会主义司法制度逐步完善。

四 国家监察制度的建立和不断完善

注重维护自身肌体的纯洁性,不断加强拒腐防变机制建设,是中国共产党的光荣传统。早在1927年,党的五大就建立了中央监察委员会。在中央苏区、延安时期,党探索了一套对苏维埃政府、边区政府和革命根据地人民政权组织及其工作人员的监督办法。中华人民共和国成立后,中央人民政务委员会第三次会议决定成立中央人民政府政务院人民监察委员会。党的十一届三中全会决定恢复组建党的纪律检查委员会。1986年12月,第六届全国人大常委会第十八次会议决定设立监察部。1987年7月1日,监察部正式挂牌办公。1993年1月,中央纪律监察委员会与监察部合署办公,实行"一套工作机构、两个机关名称"的体制。

党的十八大以来,深化国家监察体制改革,作为最重要的政治体制改革被提上日程。由于我国80%的公务员、95%以上的领导干部都是共产党员。党内监督与国家监察是一体两面,既具有高度内在一致性,又具有高度互补性。党的纪律检查是全面从严治党的利器,国家监察是对公权力最直接最有效的监督。国家监察体制改革是在继承和借鉴党的纪律检查体制改革经验的基础上进行的。改革构建国家监察体系,有利于对党内监督达不到的地方,或者不适用执行党的纪律的公职人员,依法实施监察,真正把公权力关进制度的笼子,完成与党内监督全覆盖相匹配的国家监察全覆盖,实现依法治国与依规治党、党内监督与国家监察有机统一。

深化国家监察体制改革的总目标是建立党统一领导下的国家反腐败工作机构，形成权威高效的国家监察体制。党的十八届六中全会公报明确指出："各级党委应当支持和保证同级人大、政府、监察机关、司法机关等对国家机关及公职人员依法进行监督，人民政协依章程进行民主监督，审计机关依法进行审计监督。"监察机关被前所未有地放置于政府和司法机关之间。

国家监察体制改革在试点基础上推开。2016年11月4日，中共中央办公厅印发《关于在北京市、山西省、浙江省开展国家监察体制改革试点方案》，部署在三个省（市）设立省、市、县三级监察委员会。12月25日，第十二届全国人大常委会第二十五次会议通过关于在北京市、山西省、浙江省开展国家监察体制改革试点工作的决定。2017年4月，试点地区全面完成省、市、县三级监察委员会组建和转隶工作。2017年10月，党的十九大做出重大决策部署，将改革试点工作在全国推开。2018年2月，全国31个省市区三级监察委员会组建工作全部完成。3月，国家监察委员会正式挂牌。国家监察委员会的成立，使中国的国家机构序列发生重大变化，一府两院被一府一委两院代替。国务院是最高行政机关，国家监察委员会是最高监察机关，最高人民法院是最高审判机关、最高人民检察院是最高检察机关。一府一委两院都由全国人民代表大会产生，对全国人大负责，受其监督。

在国家监察体制改革中，中共中央确定了先转隶、再成立、再挂牌的原则，并将省市县人民代表大会换届工作与试点工作紧密结合，确保各级监察委员会如期成立并及时开展监察工作。注重把自上而下和自下而上结合起来，鼓励试点地区对试点方案中未明确规定的地方，结合实践中遇到的具体问题先行先试。中共中央部署改革试点任务，全国人大及时召开会议，通过三地改革试点方案和在全国推开改革试点工作的决定草案，做到了立法和改革决策紧密衔接，使重大改革于法有据、立法主动适应改革需要。试点地区围绕改革试点方案提出的目标任务，积极探索实践、认真归纳总结，形成了可复制可推广的经验，为改革全面推开和制定国家监察法提供了实践支撑。

2018年的全国人大通过宪法修正案和监察法，使党的主张通过法定程序成为国家意志，将中共中央关于创新和完善国家监察体制的改革决策转化为法律制度。

◇ 第三节 政府机构改革和行政管理现代化

政府机构是国家治理体系的重要组成部分，改革开放以来，为了精简政府机构，降低行政成本，提高行政效率，适应社会主义市场经济体制建设的需要，先后集中进行了八次政府机构改革，取得了重要成就。

一 各级政府机构的不断调整与改革

改革开放后，党和国家领导制度的改革成为政治体制改革最核心的内容。中央和地方国家机关进行了不断改革，按照干部"四化"的方针，调整了各级领导班子，建立了老干部的离、退休制度，逐渐废除实际上长期存在的领导职务终身制。在政府机构改革方面，以国务院为例，1978年至党的十八大前，先后于1982年、1988年、1993年、1998年、2003年、2008年，集中进行了6次机构改革。

通过1982年的改革，国务院各部门从100个减为61个，人员编制从原来的 5.1 万人减为 3 万人；明确规定了各级各部的职数、年龄和文化结构，减少了副职，提高了素质。通过 1988 年的改革，国务院部委由 45 个减为 41 个，直属机构从 22 个减为 19 个，非常设机构从 75 个减到 44 个。在国务院 66 个部、委、局中，有 32 个部门共减少 1.5 万多人，有 30 个部门共增加 5300 人。机构改革后的国务院人员编制比原来减少了 9700 多人。国有企业、高校、科研院所也逐步确立行政首长负责制。

通过 1993 年的改革，国务院组成部门、直属机构从原有的 86 个减少到 59 个，人员减少 20%。国务院不再设置部委归口管理的国家局，国务院直属事业单位调整为 8 个。通过 1998 年的改革，国务院组成部门从 40 个减少到 29 个，部门内设机构精简 1/4，移交给企业、社会中介机构和地方的职能 200 多项，人员编制总数减少一半。

2003 年的国务院机构改革是在加入世贸组织的大背景之下进行的，改革的目标是"实现行为规范、运转协调、公正透明、廉洁高效"，提出了"决策、执行、监督三权相协调"的要求。改革后，除国务院办公厅外，国务院由 28 个部门组成。2008 年，国务院机构改革的中心思想是转变政府职能和理顺部门职责关系，探索实行职能有机统一的大部门制。新组建工信部、交通运输部等 5 个部委，国务院组成部门改革为 27 个。国务院共取消和调整行政审批事项 2183 项。

党的十八大以来，党和国家机构改革不断推进并取得新成效。党的十八届三中全会提出："完善党和国家领导体制，坚持民主集中制，充分发挥党的领导核心作用。"[①] 确定国务院机构改革的主要思路是以职能转变为核心，重点围绕转变职能和理顺关系，稳步推进大部制

---

① 《十八大以来重要文献选编》（上），中央文献出版社 2014 年版，第 531 页。

改革。党的十九大报告要求转变政府职能，建设人民满意的服务型政府，将内设机构改革、编制资源使用以及党政机关合并设立或合署办公作为改革任务。党的十九届三中全会强调统筹设置党政机构，统筹推进党政军群机构改革。

中共中央部门于2018年集中进行了改革，国务院机构于2013年、2018年集中进行了两次改革。国务院机构改革，针对制约使市场在资源配置中起决定性作用、更好发挥政府作用的体制机制弊端，围绕推动高质量发展，建设现代化经济体系，加强和完善政府经济调节、市场监管、社会管理、公共服务、生态环境保护职能，调整优化政府机构职能。改革的核心是从"行业管理"到"功能管理"，适度分拆规划权、执行权、监督权，升格退役军人事务部，合并国税地税。政府工作机构改革，按照经济体制改革和政企分开的要求，合并裁减专业管理部门和综合部门内部的专业机构，使政府对企业由直接管理为主转变到间接管理为主。加强决策咨询和调节、监督、审计、信息部门，转变综合部门的工作方式，提高政府对宏观经济活动的调节控制能力。提高领导机关活动的开放程度，重大事情让人民知道，重大问题经人民讨论。进一步简政放权，深化行政审批制度改革，最大限度减少中央政府对微观事务的管理，一律取消市场机制能有效调节的经济活动的审批，对保留的行政审批事项，规范管理、提高效率；优化政府组织结构，优化政府机构设置、职能配置、工作流程，完善决策权、执行权、监督权既相互制约又相互协调的行政运行机制；统筹党政群机构改革，理顺部门职责关系，优化行政区划设置，推进机构编制管理科学化、规范化、法制化。

改革后，党中央机构共计减少6个，其中，正部级机构减少4个、副部级机构减少2个。党的纪律检查体制改革，使党内监督得到有效加强，特别是党的十八届六中全会通过党内监督条例，进一步完善了党内监督体系，实现了党内监督全覆盖。国务院机构共计减少15个，其中，正部级机构减少8个，副部级机构减少7个。党政合计，共计减少21个部级机构，其中，正部级12个，副部级9个。全国人大和全国政协各增加1个专门委员会。①

政府机构改革增强了政府机构应对环境和目标变化的弹性和韧性，健全了政府治理体系，助推了行政现代化进程。政府机构数量和规模在改革中不断得到动态调整和优化，行政效能有效提升，市场经济条件下的政府基本职能定位得以明确，为提高政府执行力、推进国家治理现代化打下了坚实基础。通过改革，政府职能转变、法治政府建设、政府管理方式等，都取得了不同程度的成效。

二 公务员制度的确立和不断完善

建立和推行国家公务员制度，是社会主义政治文明建设的重要任务，是改革开放进程中干部人事制度的重要内容，是机关人事管理制度由适应社会主义计划经济体制到适应社会主义市场经济体制的一个跨越。改革开放后，公务员制度的确立和不断完善，大体经历了三个阶段。

一是建立和推行国家公务员制度阶段。

改革开放后，一些地区和部门在干部的录用、考核、交流、培训等方面进行了改革探索。1984年，党中央提出要制定《国家机关工

---

① 《〈中共中央关于深化党和国家机构改革的决定〉〈深化党和国家机构改革方案〉辅导读本》，人民出版社2018年版。

作人员法》。1988年3月，为进一步加强政府人事工作、更好地推行公务员制度，中央决定成立国家人事部。从1989年起，人事部开始组织公务员制度的试点工作，首先在审计署、海关总署、国家统计局、国家环保局、国家税务局、国家建材局六个部门进行了部门性试点。1990年，又在哈尔滨市和深圳市进行了地区性的试点。在此基础上，1993年8月14日，国务院颁布《国家公务员暂行条例》，并提出争取用三年或更多一些时间在全国基本建立起公务员制度，然后再逐步加以完善。

按照中共中央、国务院的部署，各级组织人事部门采取了"整体推进，突出重点，分步到位"的方法，稳步推进制度建设。1994年重点抓考试录用制度的建立实施，严把队伍"进口"；1995年重点抓辞职辞退制度的实施，畅通队伍"出口"；1996年重点抓交流轮岗和回避制度的实施，强化内部管理，增强机关活力；1997年重点对竞争上岗及相关制度进行试点和探索，为优秀人才脱颖而出创造条件；1998年以后重点在制度完善、创新和提高队伍素质上下功夫。《国家公务员暂行条例》颁布实施后，人事制度改革不断深化、人才队伍不断壮大、人事人才工作实现较快发展，国家公务员制度推行取得了显著成绩。

管理法规体系初步形成。1993—2003年，围绕《国家公务员暂行条例》，制定了与之相配套的13个《暂行规定》、13个《办法》和一系列实施方案、实施细则。各地各部门根据实际，也制定了具体实施办法和细则。基本形成了以《条例》为主体的法规体系，公务员管理的主要环节实现了有章可循、有法可依。[1]

---

[1] 《张柏林在纪念〈国家公务员暂行条例〉颁布10周年座谈会上的发言》，2003年8月13日，中国网，http://www.china.com.cn/chinese/zhuanti/gwy/385819.htm。

凡进必考机制基本建立。实行公开考试，择优进人，是公务员制度的一个显著特点，是对传统机关进人方式的重大改革。激励机制开始运行。对公务员的"德、能、勤、绩"进行评价，并将考核结果同奖惩、工资、职务升降、辞退等环节挂钩，有效地激发了公务员的潜力。竞争上岗制度逐步推开。国务院部门从1998年机构改革开始，有30多个部委局的近2000个职位实行竞争上岗，其中司局级职位达236个。轮岗、回避初见成效。"出口"初步畅通。退休制度得到进一步贯彻，特别是实行辞职辞退制度，机关告别"铁饭碗"，开始打破"能进不能出"的局面。培训工作越来越受到重视。公务员纪律、处分制度的实行和《国家公务员行为规范》的颁布实施，加强了对公务员的有效监督和约束。公务员权利有了保障。

国家公务员制度的推行，增强了机关的生机与活力，提高了公务员队伍素质；促进了机关勤政廉政建设，树立了党和政府在人民群众中的良好形象。同时，促进了干部人事制度改革的深化，对企事业单位人事制度改革起到了良好的带动作用，给社会生活带来了深刻的影响，使公开、公平、公正的选人用人观念日益深入人心。

二是健全公务员制度阶段。

随着各项改革的不断深入，党的十六大提出"改革和完善干部人事制度，健全公务员制度"的要求，大力实施人才强国战略，贯彻党管人才的原则，从完善法制、增强制度活力、提高队伍素质、改进公共服务等方面着手，以能力建设统揽公务员培养工作，以机制创新集聚机关需要的优秀人才，通过用人环境的改善激发公务员的潜能，通过作风建设改进公务员的服务，力争用5—10年的时间，建立起充满生机活力、法制体系完备的公务员制度，造就一支政治坚定、业务精通、纪律严明、作风过硬的公务员队伍。

为进一步贯彻落实党的十六大精神,2006年1月1日,《中华人民共和国公务员法》颁布施行。随后,以公务员法为主体,先后制定涵盖公务员录用、考核、职务任免与升降、奖励、惩戒、回避、培训、调任、辞职、辞退、申诉、聘任等30多个配套政策法规,逐步形成较为完整的公务员管理制度体系,公务员的进入退出机制、教育培训机制、考核评价机制、激励约束机制不断完善。公务员管理基本实现了有法可依、有章可循。

公务员制度的逐步健全,极大地促进了公务员队伍结构优化。实施公务员法后,数十万人通过竞争上岗走上了领导岗位,中央国家机关公开遴选公务员的制度正式实施,对建设高素质专业化公务员队伍发挥了重要作用。公务员考录制度坚持"凡进必考",从源头上确保了公务员队伍的高素质,公务员队伍的来源、经历、专业、学历结构得到极大优化。与2006年相比,2017年具有大学本科以上学历人员占公务员总数的比例由43%提高到71.9%;35岁以下的比例由25.6%提高到27.8%;女性的比例由22.8%提高到26.5%。[1]

公务员培训极大地促进了公务员素质能力提升。持续开展公务员初任培训、任职培训、专门业务培训、在职培训,突出加强政治理论培训和专业能力培训,组织公务员深入学习贯彻习近平新时代中国特色社会主义思想、中央重大战略决策部署和重要法规制度。大力开展政策理论、业务知识、科技人文知识等方面的培训。持续推进公务员交流工作,积极选派公务员到基层一线培养锻炼,加大对口援派干部工作力度,公务员队伍的政治素质和专业能力不断提高。

---

[1] 《中国公务员制度的重大改革和完善——中共中央组织部负责人就修订公务员法答记者问》,《人民日报》2018年12月30日。

三是公务员制度重大改革和完善阶段。

随着中国特色社会主义进入新时代，党的十八届三中全会将推行公务员职务与职级并行制度确定为一项重大改革任务，进行改革试点。同时，深入推进干部选拔任用制度、公务员分类管理、公务员聘任制改革等，取得明显成效。党的十九大和全国组织工作会议对建设忠诚干净担当的高素质专业化干部队伍提出了明确要求。

为了巩固改革成果，针对新形势下公务员队伍建设中存在的突出问题，2017年3月启动了公务员法的修订，2019年6月1日起正式实施。新修订的公务员法由原来的18章107条调整为18章113条，主要突出了政治要求，调整完善公务员职务、职级等有关规定，调整充实从严管理干部有关规定，贯彻落实党中央关于加强正向激励的要求，健全完善公务员激励保障机制，加强了对公务员合法权益的保护，根据公务员管理实践需要，对分类考录、分类考核、分类培训等进一步提出明确要求，对公务员考核方式、宪法宣誓、公开遴选等方面作了修改。

公务员法的修订是公务员制度的重大改革和完善，为贯彻落实建设高素质专业化干部队伍决策部署，提供了更有力的法律保障。

三　国家机关的依法行政和问责制

依法行政是法治国家、法治政府和法治社会一体建设的重要内容，是全面增强党的执政本领的必然要求，是党的长期执政能力建设的重要组成部分。改革开放后，特别是在建立社会主义市场经济的过程中，依法行政成为党和国家关于行政权力行使的基本原则和基本思路。1999年，国务院发布了《关于全面推进依法行政的决定》，2004

年又发布了《全面推进依法行政实施纲要》。

2014年,党的十八届四中全会提出,依法行政是全面推进依法治国的重要组成部分。2015年12月,中共中央、国务院印发《法治政府建设实施纲要（2015—2020年）》,对依法行政提出了新要求、新办法,规划了与全面建成小康社会相适应的法治政府建设阶段性目标,推动依法行政从软任务变成硬约束。党的十九大报告进一步强调了深入推进依法行政、增强党的依法执政本领的重大意义,将依法行政作为建设社会主义现代化强国的重要安排。党的十九大报告提出,领导13亿多人的社会主义大国,我们党既要政治过硬,也要本领高强。国家机关及其工作人员在党的领导下依法行政,领导干部提升依法行政能力,有利于加强党的全面领导,增强党的长期执政能力。

党的十八大以来,依法行政、法治政府建设的节拍越来越清晰,脚步越来越坚实。

一是推进依法决策,提升决策公信力。为了规范政府决策,预防和减少行政复议、行政诉讼等风险,实现政务活动的高效运转,2016年,中共中央办公厅、国务院办公厅印发《关于推行法律顾问制度和公职律师公司律师制度的意见》。各省级政府普遍设立政府法律顾问,党政机关、人民团体普遍设立了公职律师,为依法决策守门把关。

二是深化"放管服"改革,优化政务服务。各地方各部门持续深化"放管服"改革,在"刀刃向内"的自我革命上积极探索、主动作为,简化审批、加强监管、优化服务。以"减证"促"简政",2018年6月,国务院办公厅印发《关于做好证明事项清理工作的通知》,要求各地区、各部门对法律、行政法规设定的证明事项进行梳理,逐项提出取消或保留的建议；对自行设定的证明事项,最迟要于2018年年底前取消。

三是将权力关进笼子，规范行政执法。2017年，国务院办公厅印发《推行行政执法公示制度执法全过程记录制度重大执法决定法制审核制度试点工作方案》，规范行政执法程序，遏制乱执法和执法不作为等突出问题。

四是加大问责力度，推动依法履职。针对政策落实中存在的突出问题，从2014年起，国务院连续部署开展全国大督查，推动各地方各部门依法履职，加大问责力度。全国各级行政复议机关通过做出撤销、变更、确认违法和责令履行决定等方式依法纠正违法或不当行政行为，促进行政机关依法行政。

行政机关依法履行经济、社会和文化事务管理职责，要由法律、法规赋予其相应的执法手段。行政机关违法或者不当行使职权，应当依法承担法律责任，实现权力和责任的统一。问责、追责、赔偿成为行政权力运行的必要内容。

中华人民共和国成立后，在行政问责制的建设方面比较薄弱，行政问责制未形成制度化的法规，只是散见于一些规定和条例中。改革开放后，特别是2003年"非典"后，为了使问责制真正做到制度化，在各地探索新途径的同时，中央积极加快推进问责制度化的步伐。

2003年5月12日，《突发公共卫生事件应急条例》明确规定了处理突发公共卫生事件的组织领导、遵循的原则和各项制度和措施，明确了各级政府及有关部门、社会有关组织和公民在应对突发公共卫生事件中应承担的责任和义务及违法行为的法律责任。2003年8月27日通过的《行政许可法》，规定了政府的行政许可行为，也明确规定了违反本法应承担的法律责任。2004年2月18日，《中国共产党党内监督条例（试行）》中有了关于"询问和质询""罢免或撤换"的规定；《中国共产党纪律处分条例》专门规定了对有失职、渎职行为的党员干部给予相应处分。2004年4月,《全面推进依法行政实施纲要》明确提出"权责统一"是依法行政的基本原则,对决策责任追究、行政执法责任制以及完善行政复议责任追究制度等作了明确的规定。2006年1月1日,《中华人民共和国公务员法》对公务员向上级承担责任的条件和公务员辞职辞退作了明确规定,进一步将行政问责法制化和规范化。2008年《国务院关于加强市县政府依法行政的决定》指出:加快实行以行政机关主要负责人为重点的行政问责制。2009年《关于实行党政领导干部问责的暂行规定》中指出,在决策严重失误、失职、管理和监督不力、滥用职权、处置群体性事件失当、用人失察等7种情形时,对党政领导干部实行问责。2016年出台的《中国共产党问责条例》规定,由党组织按照职责权限,追究在党的建设和党的事业中失职失责党组织和党的领导干部的主体责任、监督责任和领导责任。党的十九大报告则进一步提出健全党和国家监督体系,让人民监督权力,让权力在阳光下运行,把权力关进制度的笼子。

2003年下半年,我国天津、重庆、海南、长沙、大连、湘潭、广州等地的地方政府也相继出台了针对不同的问责对象的行政问责规章制度。这些规章既对部门行政首长进行问责,也对行政机关及其工作人员,法律、法规授权行使行政权力和受行政机关依法委托履行行政管理职能的组织及其工作人员的行政过错进行责任追究。

四 推进国家治理体系现代化

国家治理体系和治理能力是一个国家的制度完备程度和执行能力的集中体现。衡量一个国家的治理体系是否现代化,至少有五个标准:一是公共权力运行的制度化和规范化;二是民主化;三是法治;

四是效率；五是协调。改革开放以来，国家治理体系不断完善和发展，主要领域基础性制度体系基本形成，总体上形成了具有独特优势的国家治理体系。

党的十八大后，党把完善和发展中国特色社会主义制度作为重大政治任务，明确宣布全面深化改革的总目标是完善和发展中国特色社会主义制度，推进国家治理体系和治理能力现代化。党的十九大制定了国家治理体系的建设目标，明确规定：到 2035 年，国家治理体系和治理能力现代化基本实现；到 21 世纪中叶，实现国家治理体系和治理能力现代化。党的十九届四中全会审议通过《中共中央关于坚持和完善中国特色社会主义制度、推进国家治理体系和治理能力现代化若干重大问题的决定》。

党的十八大以来，我国努力推进国家治理体系和治理能力的现代化，特别是 2018 年深化党和国家机构改革，是推进国家治理体系和治理能力现代化的一次集中行动，是一次以国家治理现代化为导向的重构性、系统性变革。

一是全方位改革党的领导体制。确立了习近平总书记在党中央的核心和全党的核心地位，建立健全党对一切工作的领导体制机制，深化党内治理制度改革。中国共产党在政治体制中的核心地位，体现在各个方面和各个环节、各个层面，既控制着从中央到地方各级政府的权力，也控制着经济、社会、军事、司法等各个领域的权力，决定着政府政策的制定和执行、干部的选拔和任用以及人们的政治价值观念等。

二是提高高层权力协调性。党的十八大以来中央成立了 20 多个专门的领导小组（委员会），由中共中央政治局常委亲自挂帅，以协调各个副国级、部级单位。其中国家安全委员会、中央全面深化改革领导小组、中央网络安全和信息化领导小组、中央军委深化国防和军队改革领导小组、中央党的群众路线教育实践领导小组、中央海洋权益工作领导小组、中央统战工作领导小组为党的十八大后新创建的。中央全面深化改革领导小组、中央网络安全和信息化领导小组、中央军委深化国防和军队改革领导小组、中央财经领导小组四个领导小组（党的十九大之后改为"委员会"）由习近平同志任组长。设立中央领导小组，有利于整合职能部门的资源，从最高层统一配置资源，有助于冲破原有的利益格局，实现工作的快速推进。

三是建立健全党对一切工作的领导体制机制。强化党的组织在同级组织中的领导地位。确立"以党领政"的思路，突出加强党的领导、理顺党政关系。统筹设置党政机构，党的相关机构同职能相近、联系紧密的其他部门统筹设置，实行合并设立或合署办公。2018年的党和国家机构改革，把党和国家的机构整合在一起改革，统筹谋划党和国家机构设置，科学配置党政机构职责，理顺同群团、事业单位的关系，协调并发挥各类机构职能作用，形成适应新时代发展要求的党政群、事业单位机构新格局。2018年机构改革健全了政府治理体系，为提高政府执行力、推进国家治理现代化打下坚实基础。

与以往机构改革主要涉及政府机构和行政体制不同，党的十八大以来机构改革包括党、政府、人大、政协、司法、群团、社会组织、事业单位、跨军地以及中央和地方各层级机构的改革。统筹设置党政机构，坚持一类事项原则上由一个部门统筹，一件事情原则上由一个部门负责，避免政出多门、责任不明、推诿扯皮。改革既注意解决当前最突出矛盾和短板，又关注基础性和长远性的体制和框架建设，既深化党政机构改革，又同步推进群团组织、企事业单位、社会组织的机构改革，既推动中央层面的改革，又促进地方和基层的改革。这场统筹推进党政军群机构的改革,是推进国家治理体系和治理能力现代化的一场深刻变革,是系统性、整体性、重构性的变革①,力度规模之大、涉及范围之广、触及利益之深前所未有。这一改革,有助于理顺党政机构职责关系,统筹调配资源,减少多头管理,减少职责分散交叉,使党政机构职能分工合理、责任明确、运转协调,形成统一高效的领导体制,保证党实施集中统一领导。

展望未来,面对深层次体制机制问题,全面深化改革,必须认真总结深化党和国家机构改革取得的重大成效和宝贵经验,巩固机构改革成果,继续完善党和国家机构职能体系。必须把制度建设和治理能力建设摆到更加突出的位置,继续深化各领域各方面体制机制改革,推动各方面制度更加成熟更加定型,必须"牢牢把握改革开放的前进方向。改什么、怎么改必须以是否符合完善和发展中国特色社会主义制度、推进国家治理体系和治理能力现代化的总目标为根本尺度"②。

第四节 对外开放格局下的政府管理改革

为适应对外开放新格局,中国积极优化政府监管职能,改革创新政府管理方式,加快政府职能转变,推进国家治理体系和治理能力现代化,以对标国际经贸新规则、适应全球治理演变,构建全面开放新格局。

---

① 《〈中共中央关于深化党和国家机构改革的决定〉〈深化党和国家机构改革方案〉辅导读本》,人民出版社 2018 年版。
② 习近平:《在庆祝改革开放 40 周年大会上的讲话(2018 年 12 月 18 日)》,人民出版社 2018 年版,第 28 页。

一 对标国际经贸规则的政府管理改革

21世纪以来，国际经贸规则进入加速重构期，新规则所涉及的贸易投资开放标准逐步提升，贸易规则由以降低关税为主的边境规则，向促进生产一体化的边境内规则扩展。这一变化体现了全球贸易模式的新特点，即由传统的以商品交换为特点的贸易，向以全球价值链为特点的贸易模式转变。新的边界内规则规范的对象通常涉及一国国内政策，如竞争政策、知识产权保护、劳工、透明度以及监管政策等。对接高标准国际贸易投资规则，需要按法治化、便利化、国际化要求，改革创新政府管理方式，加快政府职能转变。

建立负面清单管理模式是促进政府管理改革的重要一环。传统的国际投资协定中采用"准入后国民待遇"，随着全球化不断深入发展，以美国2012年双边投资协定和跨太平洋伙伴关系协定为代表的高标准国际贸易投资协定实施"准入前国民待遇"，将国民待遇从准入后阶段延伸至准入前阶段，同时采用"准入前国民待遇＋负面清单"方式对贸易投资协定谈判。2013年，中国同意与美国采用此方式进行双边投资协定谈判，并于当年在中国（上海）自由贸易试验区探索"准入前国民待遇＋负面清单"外资管理方式。2015年10月，《国务院关于实行市场准入负面清单制度的意见》发布，中国开始全面推行市场准入负面清单制度。此后，负面清单管理制度逐步从外资管理领域推进到其他领域，形成了负面清单管理模式。负面清单管理模式体现了社会管理理念的根本性转变，即政府管理的重心从事前审批为主转向事中事后监管为主。这一转变有利于深化行政审批改革，创新政府监管方式，推进市场监管的制度化、规范化、程序化。

同时，区域贸易投资协定对各成员国规制协调的要求不断提升。例如，2018年年底生效的CPTPP协定，在"监管一致性"章节中，提出在不同经济发展程度国家之间构建国际监管协调的框架，并对"良好监管实践与监管合作"进行规定。中国的自由贸易试验区建设方案中体现了国际规则提出的"监管一致性"的基本思想。例如，在国务院发布的《中国（河南）自由贸易试验区总体方案》中明确提出了"营造法制化、国际化、便利化营商环境，促进监管高效便捷"。在机制建设方面，2018年，党的十九届三中全会审议通过《中共中央关于深化党和国家机构改革的决定》，提出组建市场监督管理总局，改革市场监管体系，实行统一的市场监管。

此外，信息共享和综合执法制度、社会力量参与市场监督、社会信用体系建设、反垄断审查制度、国家安全审查制度等制度的推进，有效地对标了透明度与反腐败、竞争政策等高标准贸易投资规则。

二 适应全球治理演变的政府管理改革

当今世界正处于百年未有之大变局，国际形势复杂多变，全球政治经济格局迈入深刻转型期，全球治理体系和国际秩序变革加速推进，一些国家民粹主义和民族主义思潮相互交织。随着国家实力的不断增强，中国已经由全球治理参与者向引领者转变，中国面临的国际竞争和摩擦显著上升，风险挑战严峻。加强国家治理体系建设，是适应全球治理演变的重要保证。2019年11月，习近平总书记在《〈中共中央关于坚持和完善中国特色社会主义制度，推进国家治理体系和治理能力现代化若干重大问题的决定〉的说明》讲话中指出，"我们要打赢防范化解重大风险攻坚战，必须坚持和完善中国特色社会主义制度、推进国家治理体系和治理能力现代化，运用制度威力应对风险挑战的冲击"。

在中国逐步走向世界舞台中央的过程中，中国积极加强国家治理体系建设，构建与全球治理地位相适应的国家治理能力。例如，通过政府管理改革，推进法治政府建设。2019年7月1日起，我国开始实施《政府投资条例》，要求政府投资遵循科学决策、规范管理、注重绩效和公开透明的原则，这一条例有助于规范政府投资行为，激发社会投资活力。

与此同时，中国通过优化政府组织结构，推进国家治理机制完善，为参与全球治理提供支撑。2018年3月国务院机构改革方案公布，国务院将组成部门调整为26个，新的组织架构适应中国参加全球治理的需要。例如，设置国家国际发展合作署，拟定对外援助战略方针、规划、政策，统筹协调援外重大问题并提出建议，推进援外方式改革，编制对外援助方案和计划，确定对外援助项目并监督评估实施情况，相应的机构设置有助于践行中国倡导的共商、共建、共享的全球治理观。

三　构建全面开放新格局的政府管理改革

党的十九大报告提出，推动形成全面开放新格局。新一轮高水平开放与深化包括政府管理改革在内的国内改革相互促进。2018年年底，中央经济工作会议首次提出"推动全方位对外开放，要适应新形势、把握新特点，推动由商品和要素流动型开放向规则等制度型开放转变"。制度型开放通过政策、制度调整，来形成与国际投资、贸易通行规则相衔接的基本制度体系和监管模式。

中国积极通过优化政府监管职能，促进制度型开放。例如，完善的知识产权保护制度是构建良好环境，促进开放的重要一环。为了改变知识产权管理多头分散、效率低下的问题，国家知识产权局通过推进地方知识产权综合管理改革试点，提高知识产权管理效能，降低制度性交易成本。各地通过知识产权领域"放管服"改革，以持续优化营商环境目标，提升知识产权公共服务质量，为促进经济高质量发展提供有力支撑。根据2020年4月发布的《中国知识产权公共服务发展报告（2019）》，全国已有42个副省级以上省市设立了知识产权信息公共服务机构，占比达到91%。全国70个地级市设立了综合性知识产权公共服务机构，占比达到21%。

2020年1月1日实施的《中华人民共和国外商投资法》，是中国推进制度型开放的重要举措。其中不仅对企业行为进行了规范，也对政府行为提出了要求。要求建立健全外商投资服务体系，政府创新管理方式，如加强外资安全审查、实行外商投资信息报告制度等，并促进中国外商投资由事前监管的审批管理向事中事后监管的备案制管理转变。

（李正华、东艳）

第十一章

文化建设和体制改革

党的十一届三中全会以来，党中央和国务院坚持"两手抓，两手都要硬"的方针，不断推进文化体制机制改革，持续推进社会主义精神文明建设，大力发展中国特色社会主义先进文化，社会主义文化强国建设不断取得新的重大进展。特别是党的十八大以来，以习近平总书记为核心的党中央坚定文化自信，进一步推进文化体制机制改革，不断完善文化繁荣发展制度，社会主义文化强国建设不断取得新的重大进展。

◇◇ 第一节　文化建设道路的探索与改革

随着改革开放的不断深入，党关于文化建设的认识也逐渐深化，对文化战略地位的认识不断提升，对文化建设的方向更加坚定，对文化发展道路的改革更加自信。党的十五大以后，文化建设纳入国家发展战略，形成了有中国特色的社会主义文化发展道路。

一 改革与精神文明建设

改革开放使文化发展的经济社会环境发生了深刻变化,原有文化体制与人民群众日益增长的精神文化需求越来越不相适应,与科学技术的迅猛发展也不相适应。因此,文化事业和文化产业的繁荣发展,都迫切需要深化文化体制改革,不断推动精神文明建设,不断解放和发展文化生产力。

文化领域的拨乱反正。1978年,中国共产党召开了十一届三中全会,标志着中国进入改革开放和社会主义现代化建设的新时期。从此次全会开始,以邓小平同志为核心的党的第二代中央领导集体全面开启了党在思想路线上的拨乱反正,文化领域方面,提出一系列整顿措施:文艺工作方面,重新提出要贯彻执行"双百方针",解禁优秀文艺作品;科技工作方面,提出科学技术也是生产力,提高科技工作人员的地位;教育方面,推翻错误的"两个估计"[1],为批判"两个凡是"找到了突破口,提出"教育要面向现代化,面向世界,面向未来"[2]。1979年,邓小平同志在中国文学艺术工作者第四次代表大会上强调继续坚持文艺为人民服务,坚持百花齐放、推陈出新、洋为中用、古为今用的方针,为我国新时期文化发展指明方向。由此,我国

---

[1] 所谓"两个估计",指的是1971年《全国教育工作会议纪要》中的两个政治结论,即"文化大革命"前十七年教育战线是资产阶级专了无产阶级的政,是"黑线专政";知识分子的大多数世界观基本上是资产阶级的,是资产阶级知识分子。1977年8月和9月,邓小平同志做了两次重要谈话:《关于科学和教育工作的几点意见》和《教育战线的拨乱反正问题》。这两篇谈话,中心就是要推翻"两个估计"。参见中共中央文献研究室《文献和研究(一九八三年汇编本)》,人民出版社1993年版,第387页。

[2] 《邓小平文选》第3卷,人民出版社1993年版,第35页。

文化体制改革逐步开始启动,文化建设也进入新的发展阶段。

培育"四有"公民。1986年9月,党的十二届六中全会通过《中共中央关于社会主义精神文明建设指导方针的决议》,第一次正式将中国特色社会主义文化建设的根本任务明确表述为"培育有理想、有道德、有文化、有纪律的社会主义公民"的"四有"新人,从此开启了中国特色社会主义文化建设,丰富和发展了马克思主义文化理论。

两手抓,两手都要硬。1978年改革开放,党和国家工作的重心转移到经济建设,短短几年就带来了经济腾飞。但是,一些问题也开始显现,道德滑坡、贪污腐败以及各种犯罪现象增多。党中央敏锐地发现了这个问题。1980年12月,邓小平同志在中央工作会议上指出:"我们要建设的社会主义国家,不但要有高度的物质文明,而且要有高度的精神文明。"① 此后,他多次强调,我们要有两手:一手坚持对外开放和对内搞活经济的政策,一手坚决打击经济犯罪活动(1982年)②;一手抓建设,一手抓法制(1986年)③。在1992年年初的"南方谈话"中,邓小平同志进一步强调指出:"要坚持两手抓,一手抓改革开放,一手抓打击各种犯罪活动,这两只手都要硬。"④ 1996年第九个五年计划首次提出物质文明建设与精神文明建设相促进。⑤ 以后党中央一直强调将物质文明和精神文明建设都搞好,这才

---

① 《邓小平文选》第2卷,人民出版社1994年版,第367页。
② 《中共党史大事年表》,人民出版社1987年版,第456页。
③ 《十一届三中全会以来重要文献选读(下册)》,人民出版社1987年版,第1000页。
④ 《邓小平文选》第3卷,人民出版社1993年版,第378页。
⑤ 宁吉喆:《九五计划与2010年远景目标纲要的主要特点》,《经济与信息》1996年第7期。

是有中国特色的社会主义,不能以牺牲精神文明为代价求经济的暂时发展,也不能离开经济建设这个中心抓精神文明,要一手抓物质文明,一手抓精神文明,做到两手抓、两手都要硬。

文化事业单位转制"破冰"。1978年,人民日报社等8家报刊单位提出事业单位实行"事业体制,企业化管理"①,这就拉开了我国事业单位改革的序幕。1989年1月,我国财政部发文,根据事业单位是否有"稳定的经常性业务收入",将预算内事业单位区分为"全额预算管理""差额预算管理"和"自收自支管理"三种类型②,为进一步推动文化体制分类改革进行了有益探索。2003年12月,国务院办公厅印发《关于文化体制改革试点中支持文化产业发展和经营性文化事业单位转制为企业的两个规定的通知》。此后,一系列的改革措施使文化事业单位转制逐渐走向规范化、制度化,有力推动了我国文化生产领域市场化的进程,更让全国的文化事业发展从经济效益上有了显著提升。2002年,党的十六大明确提出文化体制改革的目标、方向和任务,并首次将文化分为文化事业和文化产业。

文化市场的初步建立。1988年,文化部、国家工商总局发布《关于加强文化市场管理工作的通知》。文化部在国务院机构改革中设立了文化市场司,同时明确了文化市场的管理范围、任务、原则和方针,我国"文化市场"合法化。1989年,国务院批准在文化部设置文化市场管理局,相关部门陆续出台文化市场管理法规,我国文化市场管理体系初步建立,文化市场发展提速并逐渐规范化。2003年,党的十六届三中全会通过《中共中央关于完善社会主义市场经济体制

---

① 李媛媛:《深化文化体制改革问题研究》,人民出版社2017年版,第22页。
② 同上书,第78页。

若干问题的决定》,提出文化体制改革总目标,明确文化事业和文化产业改革方向。

二 中国特色社会主义文化发展道路

2011年10月,党的十七届六中全会通过《中共中央关于深化文化体制改革 推动社会主义文化大发展大繁荣若干重大问题的决定》,阐明了中国特色社会主义文化发展道路,全面部署了社会主义文化建设的目标和任务,提出了建设"文化强国"的长远战略。

建设"有中国特色社会主义的文化"。1997年,党的十五大进一步提高文化的主体性地位,创造性地提出建设中国特色社会主义文化的概念。党的十五大报告指出:"建设有中国特色社会主义的文化,就是以马列主义为指导,以培育有理想、有道德、有文化、有纪律的公民为目标,发展面向现代化、面向世界、面向未来的,民族的科学的大众的社会主义文化。""有中国特色社会主义的文化"概念的确立,明确规定了有中国特色社会主义文化的性质、方向、目标与任务,充分反映了我国社会主义现代化建设中政治、经济、文化等全面发展的客观要求。

"文化产业"概念的首次提出。21世纪初,随着我国全面建设小康社会进入新阶段,人民群众的精神文化需求不断增长,文化产品消费不断丰富。2000年10月,在党的十五届五中全会通过的《中共中央关于制定国民经济和社会发展第十个五年计划的建议》中,我国第一次在中央正式文件里提出"文化产业"这一概念,要求完善文化产业政策,加强文化市场建设和管理,推动有关文化产业发展。"文化产业"概念的提出,反映了社会主义市场经济对文化发展的必然要求，对于推进文化体制改革具有深远意义。

新闻出版广播影视业的市场化改革。2001年，中共中央批转了中宣部、国家广电总局、国家新闻出版总署《关于深化新闻出版广播影视业改革的若干意见》，提出文化体制改革要以发展为主题，以结构调整为主线，以集团化建设为重点和突破口，着重在宏观管理体制、微观运行机制、政策法律体系、市场环境、开放格局五个方面积极进行探索创新，在总结当时我国文化体制改革经验教训的基础上，提出了新闻出版广播影视业市场化改革的方向和内容。

文化企业的股份制改革与"上市"。2004年12月22日，作为全国文化体制改革试点单位之一的北青传媒在香港联交所正式挂牌交易。2005年12月，中共中央、国务院发出《关于深化文化体制改革的若干意见》，首次阐述了我国文化体制改革的基本框架，允许文化企业通过吸收社会资本来实现投资主体多元化的股份制改革。2011年10月，党的十七届六中全会在《中共中央关于深化文化体制改革 推动社会主义文化大发展大繁荣若干重大问题的决定》中提出：以建立现代企业制度为重点，加快推进经营性文化单位改革，培育合格市场主体；创新投融资体制，支持国有文化企业面向资本市场融资，支持其吸引社会资本进行股份制改造。

树立社会主义荣辱观。2006年3月4日，胡锦涛同志在参加全国政协十届四次会议民盟、民进界委员联组讨论时提出，要引导广大干部群众特别是青少年树立以八荣八耻为主要内容的社会主义荣辱观。社会主义荣辱观是中华民族传统美德与时代精神的有机结合，体现了社会主义基本道德规范和社会风尚的本质要求，为我国公民道德建设树起了新的标杆。

建设公共文化服务体系。2005年10月，《中共中央关于制定国

图 11-1　社会主义荣辱观

民经济和社会发展第十一个五年计划的建议》中提出，"加大政府对文化事业的投入，逐步形成覆盖全社会的比较完备的公共文化服务体系"的战略规划。从此，中国公共文化服务发展出现历史性的转折。2007年8月，中共中央办公厅、国务院办公厅印发《关于加强公共文化服务体系建设的若干意见》，同年10月，党的十七大把建设"覆盖全社会的公共文化服务体系"作为实现全面建设小康社会的重要目标之一，标志着公共文化服务体系建设已经成为国家文化发展的重要战略。

中华文化"走出去"。2007年，党的十七大报告首次提出"国家文化软实力"概念。2016年11月，中央全面深化改革领导小组审议通过《关于进一步加强和改进中华文化走出去工作的指导意见》，提出加强和改进中华文化走出去工作的路径、方法及目标。2016年12

月，中央全面深化改革领导小组第三十次会议审议通过《关于加强"一带一路"软力量建设的指导意见》，指出"软力量"是"一带一路"建设的重要助推器。2012年1月，新闻出版总署出台《关于加快我国新闻出版业走出去的若干意见》，首次从国家层面对新闻出版业走出去进行全方位部署。这一系列政策的颁布是我国应对国际形势变化、维护国家文化安全、增强国际话语权的重要举措。

推动社会主义文化大发展大繁荣。党的十八大前夕，我国文化体制改革阶段性任务基本完成，文化生产力进一步解放发展，文化财政投入持续增加，文化的整体实力和竞争力明显提升。2011年10月，党的十七届六中全会通过《中共中央关于深化文化体制改革 推动社会主义文化大发展大繁荣若干重大问题的决定》（以下简称《决定》），深入分析了我国文化改革发展面临的国内外形势，明确提出建设社会主义文化强国的战略目标和中国特色社会主义文化发展道路的基本要求。《决定》成为我国文化改革的重要指导思想，也不断推动社会主义文化繁荣发展。据统计，2005—2012年，我国文化产业法人单位增加值年均增长超过23%，大大高于同期国内生产总值年均增速。[1]

第二节 新时代文化发展新格局

没有中华文化的繁荣兴盛，就没有中华民族的伟大复兴。党的十八大以来，党中央在建设社会主义文化强国的蓝图上，用如椽巨笔，

---

[1] 当代中国研究所：《新中国70年》，当代中国出版社2019年版，第309页。

勾画了新时代文化繁荣发展的一幅幅壮丽图景。

一 新时代文化发展方略

党的十九大阐明了新时代中国特色社会主义文化繁荣发展的基本方略，即必须坚持马克思主义，牢固树立共产主义远大理想和中国特色社会主义共同理想，培育和践行社会主义核心价值观，不断增强意识形态领域主导权和话语权，推动中华优秀传统文化创造性转化、创新性发展，继承革命文化，发展社会主义先进文化，不忘本来、吸收外来、面向未来，更好构筑中国精神、中国价值、中国力量，为人民提供精神指引。[①]

意识形态阵地"保卫战"。2013年习近平总书记在全国宣传思想工作会议上强调，意识形态工作是一项极端重要的工作，并进一步指出："宣传思想工作就是要巩固马克思主义在意识形态领域的指导地位，巩固全党全国人民团结奋斗的共同思想基础。"[②] 意识形态工作具有根本性、战略性意义。面对日趋复杂的国际国内环境，我们要保持党的思想宣传优势，守住意识形态领域阵地，巩固壮大主流思想舆论。今天的中国，对外开放全面深入，新旧矛盾叠加凸显，思想意识争锋的形势愈发严峻，巩固马克思主义在意识形态领域的指导地位，巩固全党全国人民团结奋斗的共同思想基础是当前的紧迫任务。

[①] 习近平：《决胜全面建成小康社会 夺取新时代中国特色社会主义伟大胜利——在中国共产党第十九次全国代表大会上的报告（2017年10月18日）》，人民出版社2017年版，第23页。

[②] 习近平：《胸怀大局把握大势着眼大事 努力把宣传思想工作做得更好》，《人民日报》2013年8月20日。

中华民族伟大复兴的"中国梦"。2012年11月29日,中共中央总书记习近平在国家博物馆参观"复兴之路"展览时,第一次阐释了"中国梦"的概念。他说:"大家都在讨论中国梦。我认为,实现中华民族伟大复兴,就是中华民族近代以来最伟大的梦想。"[1] 2017年10月18日,习近平总书记在党的十九大报告中再次重申了这个观点。"中国梦"的核心目标可以概括为"两个一百年"的目标——到2021年中国共产党成立100周年,全面建成小康社会,到2049年中华人民共和国成立100周年时,实现中华民族的伟大复兴;其具体表现是国家富强、民族振兴、人民幸福;实现途径是走中国特色的社会主义道路,坚持中国特色社会主义理论体系,弘扬民族精神,凝聚中国力量;实施手段是政治、经济、文化、社会、生态文明五位一体建设。

社会主义核心价值体系。2006年10月,党的十六届六中全会提出并阐述了建设社会主义核心价值体系这个重大命题和战略任务,指出"马克思主义指导思想,中国特色社会主义共同理想,以爱国主义为核心的民族精神和以改革创新为核心的时代精神,社会主义荣誉观,构成社会主义核心价值体系的基本内容"[2],要求把社会主义核心价值体系融入国民教育和社会主义精神文明建设全过程,贯穿社会主义现代化建设各方面。

2007年,胡锦涛同志在"6·25"重要讲话中强调,要大力建设社会主义核心价值体系,巩固全党全国人民团结奋斗的共同思想基础。

2011年10月,党的十七届六中全会把建设社会主义核心价值体

---

[1] 习近平:《承前启后继往开来 朝着中华民族伟大复兴目标奋勇前进》,2012年11月29日。

[2] 《十六大以来重要文献选编》(下),中央文献出版社2008年版,第661页。

系作为文化改革发展的根本任务,并提出了"在全党全社会形成统一指导思想、共同理想信念、强大精神力量、基本道德规范"的重大战略任务。

2017年,党的十九大把"坚持社会主义核心价值体系"作为新时代坚持和发展中国特色社会主义的第七个基本方略进行强调。

在新时代推进社会主义核心价值体系建设具有重大而深远的意义,凝聚了全国各族人民的思想和精神,推动了良好社会风气的形成,在全面建成小康社会的进程中发挥了重要作用。

中华优秀传统文化的创造性转化与创新性发展。党的十八大以来,在波澜壮阔的文化建设实践中,对中华优秀传统文化的溯源是力透纸背、意味深远的篇章。2017年,由中宣部支持指导、文化部委托国家图书馆组织实施的《中华传统文化百部经典》编撰工作首批10部图书出版,秉持"激活经典,熔古铸今,立足学术,面向大众"的编选理念,学术界潜心研究、钩沉发覆、辨伪存真,对历代典籍中最精髓、最精彩的部分进行深入阐释,让《周易》《尚书》《诗经》《论语》等经典焕发时代华彩。党的十九大也强调要"推动中华优秀传统文化创造性转化、创新性发展,继承革命文化,发展社会主义先进文化,不忘本来、吸收外来、面向未来,更好构筑中国精神、中国价值、中国力量,为人民提供精神指引"[1]。

文化与文艺的"社会效益"。党的十八大以来,新一届中央领导集体十分重视文化工作,尤其强调要坚持正确导向,始终坚持把社会效益放在首位。习近平总书记在主持召开文艺工作座谈会时强调,一

---

[1] 习近平:《决胜全面建成小康社会 夺取新时代中国特色社会主义伟大胜利——在中国共产党第十九次全国代表大会上的报告(2017年10月18日)》,人民出版社2017年版,第23页。

部好的作品，应该是把社会效益放在首位，同时也应该是社会效益和经济效益相统一的作品。[①] 近年来，无论是电影、小说还是电视剧，在社会影响和经济效益上都取得了不俗的成绩。2012年，作家金宇澄的作品《繁花》入选"新中国70年70部长篇小说典藏"；2015年，毛卫宁导演的电视剧《平凡的世界》荣获第七届金牛奖最佳作品奖、最佳编剧奖，第十四届精神文明建设"五个一工程"优秀作品奖；2017年，吴京导演并主演的电影《战狼2》以56.8亿元刷新了国产电影最高票房纪录，并在中国市场创下累计观影1.4亿人次的成绩。这些成就，不仅反映了文化与文艺的蓬勃发展，也体现了人民的精神生活得到了更加多元化的满足。

构建哲学社会科学学科体系、学术体系、话语体系。2004年，党中央印发《关于进一步繁荣发展哲学社会科学的意见》，强调进一步繁荣发展哲学社会科学，并提出实施马克思主义理论研究和建设工程。之后，中共中央办公厅转发《中央宣传思想工作领导小组关于实施马克思主义理论研究和建设工程的意见》，对实施工程做出部署。2004年4月27—28日，中央召开工程工作会议，标志着工程正式启动。

2016年12月30日，中央全面深化改革领导小组第三十一次会议审议通过了《关于加快构建中国特色哲学社会科学的意见》（以下简称《意见》）。《意见》指出，要坚持马克思主义在哲学社会科学领域的指导地位；加快构建中国特色哲学社会科学学科体系；加快构建中国特色哲学社会科学学术体系；加快构建中国特色哲学社会科学话语

---

① 习近平：《在文艺工作座谈会上的讲话（2014年10月15日）》，人民出版社2015年版，第20页。

体系。① 加快构建中国特色哲学社会科学，强调牢牢把握马克思主义指导地位，立足中国、借鉴国外，挖掘历史、把握当代，关怀人类、面向未来，构建有中国特色、中国风格、中国气派的学科体系、学术体系、话语体系；强调从我国改革发展实践中提出新观点、构建新理论，加强对实践经验的总结；加强和改善党对哲学社会科学的领导，建设种类齐全、梯队衔接的哲学社会科学人才队伍，实施哲学社会科学创新工程。

《意见》的落实与哲学社会科学创新工程的实施，极大地推动了中国特色哲学社会科学学科体系、学术体系、话语体系的建设。

坚定文化自信。文化自信是一个民族、一个国家以及一个政党对自身文化价值的充分肯定和积极践行，并对其文化的生命力持有的坚定信心。2014年2月24日，在中共中央政治局第十三次集体学习中，习近平总书记提出要"增强文化自信和价值观自信"。之后，习近平总书记对此有过多次论述："增强文化自觉和文化自信，是坚定道路自信、理论自信、制度自信的题中应有之义。"② "中国有坚定的道路自信、理论自信、制度自信，其本质是建立在5000多年文明传承基础上的文化自信。"③ 2016年5月和6月，习近平总书记又连续两次对"文化自信"加以强调，指出"我们要坚定中国特色社会主义道路自信、理论自信、制度自信，说到底是要坚持文化

---

① 中共中央：《关于加快构建中国特色哲学社会科学的意见》，2020年5月10日，中华人民共和国中央人民政府，http://www.gov.cn/zhengce/2017-05/16/content_5194467.htm。
② 习近平：《在文艺工作座谈会上的讲话（2014年10月15日）》，人民出版社2015年版，第25页。
③ 习近平：《阔步走在中华民族伟大复兴的历史征程上》，《人民日报》2016年1月5日。

自信"①；要引导党员特别是领导干部"坚定中国特色社会主义道路自信、理论自信、制度自信、文化自信"②。在庆祝中国共产党成立95周年大会的讲话上，习近平总书记对文化自信特别加以阐释，指出"文化自信，是更基础、更广泛、更深厚的自信"③。

二　新时代文化体制机制发展创新

健全的文化体制机制是文化繁荣发展的重要保证。党的十八届三中全会指出，"建设社会主义文化强国，增强国家文化软实力，必须坚持以人民为中心的工作导向，坚持把社会效益放在首位、社会效益和经济效益相统一，以激发全民族文化创造活力为中心环节，进一步深化文化体制改革"④。这无疑吹响了新时代文化体制机制改革创新的号角。

文化管理体制改革。完善文化管理体制，是新时代文化体制改革的首要目标。2013年11月，党的十八届三中全会明确指出，要加快完善文化管理体制，"按照政企分开、政事分开原则，推动政府部门由办文化向管文化转变，推动党政部门与其所属的文化企事业单位进一步理顺关系，建立党委和政府监管国有文化资产的管理机构，实行

---

① 习近平：《在哲学社会科学工作座谈会上的讲话（2016年5月17日）》，人民出版社2016年版，第17页。
② 习近平：《中央政治局第三十三次集体学习和纪念中国共产党成立95周年讲话》，《人民日报》2016年7月2日。
③ 习近平：《庆祝中国共产党成立95周年大会上的讲话（2016年7月1日）》，人民出版社2016年版，第13页。
④ 《中共中央关于全面深化改革若干重大问题的决定》，人民出版社2013年版，第39页。

管人管事管资产管导向相统一",同时"健全坚持正确舆论导向的体制机制,健全基础管理、内容管理、行业管理以及网络违法犯罪防范和打击等工作联动机制,健全网络突发事件处置机制,形成正面引导和依法管理相结合的网络舆论工作格局",明确了新时代文化管理体制改革的目标和方向。[①] 2014年2月,中央全面深化改革领导小组审议通过了《深化文化体制改革实施方案》,进一步明确了文化管理体制改革的顶层设计,文化管理体制改革进入全面实施阶段。2015年9月,中共中央、国务院印发了《关于推动国有文化企业把社会效益放在首位、实现社会效益和经济效益相统一的指导意见》,要求分类推进国有文化企业改革,探索建立健全有文化特色的现代企业制度。2017年,国家相继颁布了《互联网新闻信息服务管理规定》《互联网新闻信息服务许可管理实施细则》《政务信息系统整合共享实施方案》《互联网信息内容管理行政执法程序规定》《信息安全技术公共及商用服务信息系统个人信息保护指南》《网络产品和服务安全审查办法(试行)》等网络信息管理规定,网络文化管理体制逐步建立健全。

建立现代文化市场体系。随着社会主义市场经济体制的不断完善,文化繁荣发展越来越离不开市场,越来越需要发挥市场在文化资源配置中的重要作用。党的十八届三中全会提出建立健全现代文化市场体系,"完善文化市场准入和退出机制,继续推进国有经营性文化单位转企改制,推动文化企业跨地区、跨行业、跨所有制兼并重组,鼓励非公有制文化企业发展,支持各种形式小微文化企业发展,在坚持出版权、播出权特许经营前提下,允许制作和出版、制作和播出分

---

① 《中共中央关于全面深化改革若干重大问题的决定》,人民出版社2013年版,第39页。

开，建立多层次文化产品和要素市场，完善文化经济政策，健全文化产品评价体系"①，明确了建立竞争有序、开放统一的现代文化市场体系的目标任务。2014年3月，国务院发布《关于推进文化创意和设计服务与相关产业融合发展的若干意见》，为推动文化产业成为国民经济支柱性产业和促进经济持续健康发展发挥重要作用，文化部、中国人民银行和财政部联合下发《关于金融支持文化产业振兴和发展繁荣的指导意见》，提出建设文化金融合作部际会商机制、完善文化金融中介服务体系、加大财政对文化金融的扶持力度、重视金融支持小微文化企业发展等政策措施，为文化产业发展振兴提供了有力的金融支撑。2014年4月，国家制定《关于印发文化体制改革中经营性文化事业单位转制为企业和进一步支持文化企业发展两个规定的通知》等系列政策文件，进一步为经营性文化事业单位转制扫清了障碍。2014年7月，国家制定《关于大力支持小微文化企业发展的实施意见》，出台支持小微文化企业发展的相关政策，进一步增强了文化市场的创造活力。

建构现代公共文化服务体系。完善的公共文化服务体系是人民享有基本文化权益的根本保障。党的十八届三中全会提出，要"促进基本公共文化服务标准化、均等化，推动文化惠民项目与群众文化需求有效对接，建设综合性文化服务中心，吸纳有关方面代表、专业人士、各界群众参与公共图书馆、博物馆、文化馆、科技馆等公共文化设施的管理，鼓励社会力量、社会资本参与公共文化服务体系建设，推动公共文化服务社会化发展"②。2015年1月，中共中央和国务院

---

① 《中共中央关于全面深化改革若干重大问题的决定》，人民出版社2013年版，第40页。

② 同上书，第41页。

印发《关于加快构建现代公共文化服务体系的意见》和《国家基本公共文化服务指导标准（2015—2020）》，首次把标准化均等化作为重要制度设计和工作抓手，确定了14个小类22条基本公共文化服务具体标准，并提出到2020年，基本建成覆盖城乡的现代公共文化服务体系。2015年10月，国家制定《关于推进基层综合性文化服务中心建设的指导意见》，提出把乡镇和村级的党员教育、科学普及、普法教育、体育健身等设施资源整合起来，把各类重点文化惠民工程整合起来，建设基层综合性文化服务中心，推动基层文化资源互联互通、共建共享。2015年12月，国家制定《"十三五"时期贫困地区公共文化服务体系建设规划纲要》，提出把资金、资源更多向贫困地区倾斜，实施百县万村综合文化中心工程，助推贫困地区与全国同步实现文化小康。2016年12月，国家颁布《公共文化服务保障法》，首次以法律形式规范和界定了各级政府及有关部门在公共文化服务中的责任和义务，将公共文化建设纳入法治化、规范化轨道。2017年7月，文化部先后印发《"十三五"时期全国公共图书馆事业发展规划》《"十三五"时期公共数字文化建设规划》，有力地推动了现代公共文化服务体系的实践建设。

提升文化开放水平。扩大文化领域的对外开放是推动中华文化走出去、提升国家文化软实力的迫切需要，也是吸收各国优秀文明成果、促进文化繁荣发展的必然选择。党的十八届三中全会提出，要"坚持政府主导、企业主体、市场运作、社会参与，扩大对外文化交流，加强国际传播能力和对外话语体系建设，推动中华文化走向世界"，要"培育外向型文化企业，支持文化企业到境外开拓市场，鼓励社会组织、中资机构等参与孔子学院和海外文化中心建设，承担人文交流项目"①。2014年3月，国务院印发《关于加快发展对外文化贸易的意见》，对加快发展对外文化贸易、推动文化产品和服务出口做出全面部署。2017年1月，文化部印发《"一带一路"文化发展行动计划（2016—2020年）》，积极加强中国与"一带一路"沿线国家和地区的文明互鉴与民心相通，切实推动文化交流、文化传播、文化贸易创新发展。2017年9月，中国在甘肃敦煌成功举办了第二届丝绸之路国际文化博览会。2017年8月，第九次中日韩文化部长会议在日本京都召开，此次会议通过了《京都共同文件》，进一步明确三国重点文化合作领域与项目，开创了三国加强文化领域交流与合作的新篇章。

第三节 中国特色社会主义文化繁荣发展

文化是一个国家和民族的灵魂，没有文化的繁荣兴盛，就没有民族的伟大复兴。党的十九大立足新时代中国特色社会主义伟大实践，坚持中国特色社会主义文化发展道路，着眼建设社会主义文化强国，提出了"坚定文化自信，推动社会主义文化繁荣兴盛"②的新任务。党的十九届四中全会强调"全体人民在思想上精神上紧紧团结在一起的显著优势"③，"坚持和完善繁荣发展社会主义先进文

---

① 《中共中央关于全面深化改革若干重大问题的决定》，人民出版社2013年版，第42页。

② 习近平：《决胜全面建成小康社会 夺取新时代中国特色社会主义伟大胜利——在中国共产党第十九次全国代表大会上的报告（2017年10月18日）》，人民出版社2017年版，第40页。

③ 《中共中央关于坚持和完善中国特色社会主义制度 推进国家治理体系和治理能力现代化若干重大问题的决定》，人民出版社2019年版，第4页。

化的制度"①，为新时代中国特色社会主义文化建设提供了制度遵循。总的来看，党的十九大以来，中国特色社会主义文化内涵日益丰富，文化载体日趋多样，文化制度日渐定型，为新时代经济社会发展和国家治理现代化构筑了强大的中国精神、中国价值和中国力量。

一 增强社会主义意识形态凝聚力与引领力

意识形态决定文化发展方向。改革开放以来，在社会主义市场经济条件下，不同文明文化激烈交锋，不同思想思潮相互激荡，导致我国思想文化领域一度出现被动局面。党的十八大以后，在党中央的坚强领导下，历经宣传阵地、教育阵地、网络阵地等多场意识形态阵地"保卫战"，虽然局部领域的斗争和较量有时还比较尖锐，但意识形态领域已然发生根本性和全局性转变，主阵地基本"打扫干净"。党的十九大立足我国意识形态领域新变化，提出"建设具有强大凝聚力和引领力的社会主义意识形态"②。党的十九届四中全会进一步提出"坚持马克思主义在意识形态领域指导地位的根本制度"③，首次把马克思主义指导思想确认为根本制度，社会主义意识形态的主导地位得到进一步巩固。

党的十九大以来，社会主义意识形态的凝聚力和引领力不断增

---

① 《中共中央关于坚持和完善中国特色社会主义制度 推进国家治理体系和治理能力现代化若干重大问题的决定》，人民出版社2019年版，第22页。

② 习近平：《决胜全面建成小康社会 夺取新时代中国特色社会主义伟大胜利——在中国共产党第十九次全国代表大会上的报告（2017年10月18日）》，人民出版社2017年版，第41页。

③ 《中共中央关于坚持和完善中国特色社会主义制度 推进国家治理体系和治理能力现代化若干重大问题的决定》，人民出版社2019年版，第23页。

强,一靠理论创新与思想武装。党的十八大以后,形成了马克思主义中国化的最新理论成果——习近平新时代中国特色社会主义思想。习近平新时代中国特色社会主义思想科学架构了未来三十年中华民族伟大复兴的宏伟蓝图,被写入《党章》和《宪法》,成为统摄全局的指导思想,激活了中国特色社会主义意识形态的理论生命力。中宣部陆续主持出版了《习近平新时代中国特色社会主义思想三十讲》《习近平新时代中国特色社会主义思想学习纲要》《习近平谈治国理政》(三卷)等重要文献,全国迅速掀起了学习习近平新时代中国特色社会主义思想的热潮,有力地推动了习近平新时代中国特色社会主义思想深入人心,成为全党全国各族人民武装头脑、指导工作、推动实践的强大思想武器。二靠全面领导与压实责任。党的十九大以后,意识形态工作责任制全面落实,加强对意识形态工作的全面领导、牢牢掌握意识形态工作领导权成为各级党委的政治责任与领导责任,各级党员领导干部成为各级各类意识形态阵地的"守门员"与"把关人",主流意识形态阵地更加巩固。

二 培育和践行社会主义核心价值观

核心价值观是文化中最持久最深沉的力量。2012 年 11 月,党的十八大明确提出"三个倡导",即"倡导富强、民主、文明、和谐,倡导自由、平等、公正、法治,倡导爱国、敬业、诚信、友善,积极培育社会主义核心价值观"[①]。为了推动社会主义核心价值观内化于

---

① 胡锦涛:《坚定不移沿着中国特色社会主义道路前进 为全面建成小康社会而奋斗》,人民出版社 2012 年版,第 31 页。

心、外化于行，习近平总书记在党的十九大报告中指出，要"培育和践行社会主义核心价值观"，要"发挥社会主义核心价值观对国民教育、精神文明创建、精神文化产品创作生产传播的引领作用，把社会主义核心价值观融入社会发展各方面，转化为人们的情感认同和行为习惯"①。

社会主义核心价值观是社会主义核心价值体系的内核，体现社会主义核心价值体系的根本性质和基本特征，反映社会主义核心价值体系的丰富内涵和实践要求，是社会主义核心价值体系的高度凝练和集中表达。② 培育和践行社会主义核心价值观要以培养担当民族复兴大任的时代新人为着眼点，强化教育引导、实践养成、制度保障。党的十九届四中全会进一步提出，要"坚持以社会主义核心价值观引领文化建设制度"③，推动社会主义核心价值观培育践行常态化、长效化，为培育践行社会主义核心价值观提供了制度遵循。

党的十九大以来，社会主义核心价值观的培育与践行正向国民教育、精神文明创建与文化产品创作生产全过程渗透，依托新时代公民道德建设工程、中华优秀传统文化传承发展工程、社会征信体系建设工程、文明创建与示范工程、乡村文化振兴工程、志愿服务公益项目等一系列鲜活的文化建设实践浸润人民大众心灵，为新时代民族伟大复兴和国家治理现代化提供了重要的价值支撑。

---

① 习近平：《决胜全面建成小康社会 夺取新时代中国特色社会主义伟大胜利——在中国共产党第十九次全国代表大会上的报告（2017年10月18日）》，人民出版社2017年版，第42页。

② 本书编写组：《培育和践行社会主义核心价值观》，人民出版社2014年版，第3页。

③ 《中共中央关于坚持和完善中国特色社会主义制度 推进国家治理体系和治理能力现代化若干重大问题的决定》，人民出版社2019年版，第23页。

三 建立健全社会主流舆论引导机制

舆论是意识形态斗争的最前沿。"舆论导向正确,就能凝聚人心、汇聚力量,推动事业发展;舆论导向错误,就会动摇人心、瓦解斗志,危害党和人民事业。"[1] 我们党和国家历来重视以正确的舆论引导人。党的十九大明确提出,要"坚持正确舆论导向,高度重视传播手段建设和创新,提高新闻舆论传播力、引导力、影响力、公信力","加强互联网内容建设,建立网络综合治理体系,营造清朗的网络空间","注意区分政治原则问题、思想认识问题、学术观点问题,旗帜鲜明反对和抵制各种错误观点"[2],这就指明了新时代新闻舆论工作的出发点、切入点和落脚点。

党的十九届四中全会进一步提出,要"完善坚持正确导向的舆论引导工作机制",坚持"党管媒体","构建网上网下一体、内宣外宣联动的主流舆论格局","建立全媒体传播体系","健全重大舆情和突发事件舆论引导机制","建立健全网络综合治理体系"[3],进一步明确了新闻舆论工作的目标、内容与路径。党的十九大以来,面对国际国内舆论场新动向,党和国家的舆论议程设置能力和主流舆论引导能力显著增强,对新媒体的理解、掌握和运用也达到了新的高度,

---

[1] 《习近平新闻舆论思想要论》,转引自李扬《打好舆论引导"主动仗"》,《红旗文稿》2020年第2期。

[2] 习近平:《决胜全面建成小康社会 夺取新时代中国特色社会主义伟大胜利——在中国共产党第十九次全国代表大会上的报告(2017年10月18日)》,人民出版社2017年版,第42页。

[3] 《中共中央关于坚持和完善中国特色社会主义制度 推进国家治理体系和治理能力现代化若干重大问题的决定》,人民出版社2019年版,第24页。

2019年11月，我国首个国家级5G新媒体平台——中央广播电视总台"央视频"5G新媒体平台正式上线，堪称综合性视听新媒体旗舰。

四　建立健全文化创作生产体制机制

文化创作生产关乎人民群众美好生活需要。改革开放以来，随着我国文化体制改革的逐步深入，文化市场发展壮大，文化产业突飞猛进，文化创作生产活动已经成为兼具经济属性、政治功能、文化特征的社会生产活动。党的十九大报告提出，"要深化文化体制改革，完善文化管理体制，加快构建把社会效益放在首位、社会效益和经济效益相统一的体制机制，健全现代文化产业体系和市场体系，创新生产经营机制"[1]，为新时代文化体制改革和文化创作生产奠定了基础。2018年3月，中共中央印发《深化党和国家机构改革方案》，中共中央宣传部挂牌国家新闻出版署（国家版权局）和国家电影局，新组建文化和旅游部、国家广播电视总局和中央广播电视总台，接受中央宣传部领导，由文化市场综合执法队伍统一行使文化、文物、出版、广播电视、电影、旅游市场行政执法职责，我国文化管理新体制走向成熟。

2019年12月，由新华社承建的媒体融合生产技术与系统国家重点实验室正式揭牌运行，这是在中央宣传部指导下、科技部批准建设的媒体融合生产领域首个国家重点实验室。党的十九届四中全会指出，要"完善文化企业履行社会责任制度，健全引导新型文化业

---

[1] 习近平：《决胜全面建成小康社会　夺取新时代中国特色社会主义伟大胜利——在中国共产党第十九次全国代表大会上的报告（2017年10月18日）》，人民出版社2017年版，第44页。

态健康发展机制。完善文化和旅游融合发展体制机制。加强文艺创作引导，完善倡导讲品位讲格调讲责任、抵制低俗庸俗媚俗的工作机制"①，进一步优化我国文化创作生产领域的体制机制，激活了文化创新创造活力。根据国家统计局最新数据显示，"2019年我国文化产业继续保持平稳较快发展，全国规模以上文化及相关产业企业实现营业收入86624亿元，比上年增长7.0%，结构不断优化。文化新业态发展势头强劲。其中，互联网其他信息服务、可穿戴智能文化设备制造的营业收入增速超过30%"②。

五 坚持和完善繁荣发展中国特色社会主义文化制度

文化制度完善是文化繁荣发展的标志。一种文化只有走向成熟，才能形成自己的文化特色与文化制度，彰显自身的文化优势与文化境界。文化制度是繁荣发展中国特色社会主义文化的重要制度保障。作为社会主义国家，我国文化内容与西方资本主义文化内容有着本质区别，把中国特色社会主义文化的显著优势制度化，是维护国家文化安全的现实需要。

党的十九届四中全会立足于全国人民"坚持共同的理想信念、价值理念、道德观念，弘扬中华优秀传统文化、革命文化、社会主义先进文化，促进全体人民在思想上精神上紧紧团结在一起的显著

---

① 《中共中央关于坚持和完善中国特色社会主义制度 推进国家治理体系和治理能力现代化若干重大问题的决定》，人民出版社2019年版，第25页。
② 国家统计局：《2019年规模以上文化及相关产业企业营业收入平稳增长 结构持续优化》，2020年2月14日，国家统计局官网，http://www.stats.gov.cn/tjsj/sjjd/202002/t20200214_1726366.html。

优势"①,提出"坚持和完善繁荣发展社会主义先进文化的制度,巩固全体人民团结奋斗的共同思想基础"② 的文化方略,系统推进"马克思主义在意识形态领域指导地位的根本制度、以社会主义核心价值观引领文化建设制度、人民文化权益保障制度、社会主流舆论引导机制、文化创作生产体制机制"③ 五项文化制度体制机制建设,开启了坚持和完善繁荣发展中国特色社会主义文化制度建设的新篇章,在文化繁荣发展的光辉历程中具有重要意义。

(冯颜利)

---

① 《中共中央关于坚持和完善中国特色社会主义制度 推进国家治理体系和治理能力现代化若干重大问题的决定》,人民出版社 2019 年版,第 4 页。
② 同上书,第 22 页。
③ 同上书,第 25 页。

第十二章

社会建设和民生事业

民生是人民幸福之基、社会和谐之本。① 增进民生福祉是发展的根本目的。改革开放以来，中国在发展中保障和改善民生，探索建立了覆盖城乡的社会保障体系，构建了保障民生的社会安全网。与此同时，教育事业加速发展，公共服务水平不断提升，医疗卫生改革稳步推进，社会治理能力持续增强，收入分配格局逐步优化。

伴随着改革开放，人民群众的幸福感、获得感显著增强。党的十八大以来，以习近平同志为核心的党中央坚持以人民为中心的发展思想，着眼于在发展中补齐民生短板，在幼有所育、学有所教、劳有所得、病有所医、老有所养、住有所居、弱有所扶上取得一系列开创性成就，改革发展成果更多更公平惠及全体人民，正朝着实现全体人民共同富裕的目标不断迈进。②

---

① 《习近平总书记系列重要讲话读本》，学习出版社、人民出版社2016年版，第212页。
② 《习近平新时代中国特色社会主义思想三十讲》，学习出版社2018年版，第223页。

◇ 第一节　社会保障制度和体系

改革开放前期，中国的城镇和农村普遍缺乏社会化的保障体系。农村居民主要依靠家庭保障，缺少社会化的保障制度；城镇居民则由所在的工作单位提供各项保障，但保障水平总体上有限。随着社会主义市场经济体制逐步建立和完善，与市场经济体制相适应的各项社会化的保障制度逐步得以建立，实现了由"单位保障"向统筹城乡的"社会保障"的根本性转变，逐步建立起世界上规模最大、覆盖人口最多的社会保障体系。[①]

一　养老保险体系改革

20世纪80年代，社会化的养老保险体系开始恢复和探索。1984年，城镇启动退休费用社会统筹试点，但覆盖范围有限。到1990年年末，全国参加城镇职工养老保险在职职工人数仅为5200万人，参保的离退休人数不到1000万人。这一时期，国务院提出要建立多层次的、社会化的养老保险体系，实行基本养老保险、企业补充养老保险和职工个人储蓄性养老保险相结合。与此同时，农村养老保险制度的改革也开始探索，民政部在全国选择了20个县开展农村养老保险制度改革试点。

---

① 人力资源和社会保障部党组：《让改革发展成果更多更公平惠及全体人民——改革开放40年社会保障体系建设的显著成就及其宝贵经验》，《工会信息》2018年第24期。

20世纪90年代,城镇养老保险制度基本框架确立。1993年,党的十四届三中全会提出,城镇职工养老保险金由单位和个人共同负担,实行社会统筹和个人账户相结合。[①] 城镇养老保险制度作为国有企业改革的配套措施,国家鼓励各地试点并加快建立全国统一制度。1997年,国务院颁布《关于建立统一的企业职工基本养老保险制度的决定》,标志着城镇养老保险制度全面实施,当年年末全国参加城镇职工基本养老保险人数达到1.1亿人。农村养老保险采用个人账户积累方式(后来称之为"老农保"),到1997年年末,全国2008个县、285个地市开展试点工作,参保农民达到8000万人。[②] 但是,由于政府投入不足,农村集体经济弱化,"老农保"的保障水平较低,发展步伐缓慢。

进入21世纪,覆盖城乡的养老保险制度改革加快推进。2003年,党的十六届三中全会提出,要加快建设与经济发展水平相适应的社会保障体系,完善企业职工基本养老保险制度,将城镇从业人员纳入基本养老保险。[③] 解决个人账户空账和历史欠债、提高统筹层次和扩大覆盖面是这一时期城镇养老保险制度改革的重点。2001—2003年东北三省率先启动改革试点,2005年国务院决定将试点经验向全国推开,新的改革举措有利于养老保险制度的可持续发展。随着政策逐步完善,城镇个体劳动者和灵活就业人员也纳入制度范围。根据国家统计局公布数据显示,到2007年年末,全国城镇职工基本养老保险参保人数突破2亿人,其中在职职工1.5亿人,离退休人

[①] 《改革开放以来历届三中全会文件汇编》,人民出版社2013年版,第74页。
[②] 蔡昉、高文书:《中国劳动与社会保障体制完善与发展道路》,经济管理出版社2013年版,第272页。
[③] 《改革开放以来历届三中全会文件汇编》,人民出版社2013年版,第134页。

员近5000万人。① 农村养老保险改革进入新阶段，2008年，党的十七届三中全会提出，按照个人缴费、集体补助、政府补贴相结合的要求，建立新型农村社会养老保险制度（即"新农保"）②。2009年"新农保"制度开始试点实施，2011年城镇居民养老保险制度开始实施，在短短几年时间实现了全覆盖。

党的十八大以来，更加公平、可持续的养老保险制度逐步完善。2013年，党的十八届三中全会提出，要建立更加公平、可持续的社会保障制度，坚持社会统筹和个人账户相结合的基本养老保险制度，整合城乡居民养老保险制度，推进机关事业单位养老保险制度改革③。2014年，城镇职工养老保险"双轨制"改革取得突破，机关事业单位与企业等城镇从业人员统一实行社会统筹和个人账户相结合的基本养老保险制度，并同步建立了职业年金制度。随着人口老龄化速度加快、程度加深，养老保险基金运行地区失衡矛盾逐步显现，养老保险全国统筹步伐正在加快推进。

经过改革开放以来40多年的探索，以城乡居民养老保险制度和城镇职工基本养老保险制度为主体的社会养老保险体系，已经成为世界上最大的养老保险体系。人力资源和社会保障部公布数据显示，截至2019年年末，全国参加基本养老保险人数达到9.67亿人，城乡居民基本养老保险参保人数达到5.33亿人，其中1.6亿城乡老年居民享受待遇，城镇职工基本养老保险参保人数达到4.35亿人。④ 养老金

---

① 国家统计局：《中国统计年鉴2019》，中国统计出版社2019年版。
② 《改革开放以来历届三中全会文件汇编》，人民出版社2013年版，第167页。
③ 同上书，第210页。
④ 人力资源和社会保障部：《2019年度人力资源和社会保障事业发展统计公报》，2020年6月8日，http://www.mohrss.gov.cn/SYrlzyhshbzb/zwgk/szrs/tjgb/202006/t20200608_375774.html。

待遇水平不断提高，2018年全国企业退休人员平均养老金水平已经达到2480元/月，城乡居民养老保险基础养老金标准从最初的每月55元逐步提高到每月88元。

养老保险体系发展有效地保障了城乡老年人的基本生活水平，为经济体制改革平稳推进发挥了辅助功能，在消除老年贫困、调节收入分配、促进社会和谐稳定等方面发挥了积极作用，推动了养老模式从传统的家庭养老为主转向社会与家庭养老相结合。

二 医疗保险制度改革

改革开放前建立的公费医疗制度和半公费的劳动保险制度，具有很强的福利性质。由于企业之间的业务性质、经营状况和职工结构差异较大，劳动保险费用负担畸重畸轻问题突出，医疗费用和资源的浪费现象严重，风险分散能力较差。经济体制改革的取向是要使企业成为自主经营、独立核算、自负盈亏的经济实体，因此，改革开放前的劳动保险制度与市场经济发展的客观要求不相适应。1985年，国务院提出对卫生医疗机构实行放权、让利、搞活，实行鼓励创收和自我发展的政策。1998年，城镇职工基本医疗保险制度开始在全国推进，职工医疗费用由国家和单位包揽转向国家、单位和个人共同负担，医疗保障有了稳定的筹资机制和来源，并有效控制了医疗费用过快增长。根据国家统计局公布数据显示，全国城镇职工基本医疗保险参保人数从1994年年末的约400万人增长到1999年年末的2065万人。[1]

进入21世纪，城乡统筹发展加快推进，农村医疗保障事业发展

---

[1] 国家统计局：《中国统计年鉴2019》，中国统计出版社2019年版。

提上日程。2003 年，覆盖广大农村居民的新型农村合作医疗制度（即"新农合"）开始试点，2007 年，覆盖老年人、儿童和灵活就业人员的城镇居民医保制度试点实施，随后大学生也被纳入其中，医疗保险事业实现制度上的全覆盖。到 2010 年年末，全国新型农村合作医疗保险参保人数达到 8.3 亿人，城镇居民基本医疗保险参保人数接近 2 亿人，城镇职工基本医疗保险参保人数达到 4.2 亿人。①

党的十八大以来，医疗保险制度不断完善，保障水平持续提高。党的十八届三中全会提出，要统筹推进医疗保障、医疗服务、公共卫生、药品供应、监管体系综合改革，改革医保支付方式，健全全民医保体系。② 城乡居民基本医疗保险制度进一步完善，基本医疗财政补助标准和住院费用报销比例逐步提高，大病保险制度全面实施。2017 年，异地就医基本医保直接结算启动实施，逐步解决异地就医报销问题。2018 年 5 月，新组建的国家医疗保障局正式成立，实现了城镇职工基本医疗保险、城镇居民医疗保险、新型农村合作医疗的"三保合一"，同时生育保险并入城镇职工基本医疗保险。2019 年，医保目录动态调整机制建立，医疗战略购买者的作用得以更好的发挥，更多救命救急的好药纳入医保。疾病诊断相关分组（DRG）付费③国家试点也在全国 30 个城市启动，促进了合理配置医疗资源、推动优化医院管理、规范诊疗行为。

2016 年，中国政府获国际社会保障协会颁发的"社会保障杰出成就奖"，以表彰中国为世界社会保障事业发展做出的突出贡献。改

---

① 国家统计局：《中国统计年鉴 2019》，中国统计出版社 2019 年版。
② 《改革开放以来历届三中全会文件汇编》，人民出版社 2013 年版，第 211 页。
③ DRG 付费是按照临床治疗相近、医疗资源消耗相近的原则对住院病例进行分组，医保基金和患者按照同病组同费用原则，向医院支付医疗费用的付费方式。

革开放以来，中国逐步建成世界上涉及人口规模最大、覆盖全民的社会医疗保险体系。国家医保局公布的数据显示，2018年年末基本医疗保险参保人数13.44亿人，参保覆盖面稳定在95%以上。其中，参加职工基本医疗保险人数3.17亿人，参加城乡居民基本医疗保险人数8.97亿人，参加新型农村合作医疗人数1.3亿人。2003年"新农合"人均筹资水平为30元，2012年提高到300元左右，2019年城乡居民医保人均财政补助标准提高到每人每年不低于520元，政策范围内住院费用报销比例提高到75%左右，大病保险报销比例提高到60%。[①]

医疗保险制度实现了人人能够享有基本的医疗卫生服务，有效缓解了城乡居民"看病难""看病贵"问题，提高了人民健康水平，改善了健康公平，对于全面脱贫攻坚也发挥了积极作用。婴儿死亡率从改革开放初期的34.7‰（1982年）下降到2018年的6.1‰，人口平均预期寿命从改革开放初期的67.8岁（1981年）提高到2018年的77岁。[②]

三 其他社会保险制度改革

除了养老保险、医疗保险体系的改革以外，失业保险、工伤保险、生育保险等制度的建立和完善，使民生安全网更加严密。失业保

[①] 国家医疗保障局：《2019年全国医疗保障事业发展统计公报》，2020年6月24日，http://www.nhsa.gov.cn/art/2020/6/24/art_7_3268.html。

[②] 国家统计局：《统筹人口发展战略 实现人口均衡发展——改革开放40年经济社会发展成就系列报告之二十一》，2018年9月18日，http://www.stats.gov.cn/ztjc/ztfx/ggkf40n/201809/t20180918_1623598.html。

险制度1986年开始建立,但覆盖范围有限。20世纪90年代,为妥善解决下岗失业人员基本生活保障问题,失业保险制度作为"三条保障线"[①]的重要内容之一,加速了其改革的进程。国务院于1999年颁布实施《失业保险条例》,当年年末全国参加失业保险人数接近1亿人,为缓解20世纪90年代中后期下岗失业高峰带来的冲击做出了积极的贡献。根据经济发展和劳动力市场变化,失业保险制度适时进行调整,逐步降低失业保险缴费率,将失业保险结余基金用于援企稳岗和技能培训。人力资源和社会保障部公布数据显示,到2018年年末,全国参加失业保险人数达到2亿人,全年共为452万名失业人员发放了失业保险金,失业保险金月人均水平1266元,全年发放稳岗补贴惠及职工6445万人。[②]

2020年年初暴发的新冠肺炎疫情对就业带来巨大冲击,失业保险政策及时进行调整,继续强化援企稳岗政策,延长了享受失业保障待遇的期限,扩大了保障范围,阶段性实施失业补助金政策和提高价格临时补助,向失业农民工发放一次性生活补助,并考虑疫情防控,及时开通网上申领平台。按照人力资源和社会保障部公布数据,2020年1—3月,全国已经向230万名失业人员发放失业保险金93亿元,代缴医疗保险费20亿元,发放价格临时补贴6亿元,向6.7万名失业农民合同制工人发放了一次性生活补助4.1亿元,失业保险基金发

---

① 为应对国企改制带来的下岗问题,党中央、国务院提出建立国有企业下岗职工基本生活保障制度、失业养老保险制度、城镇居民最低生活保障制度"三条保障线","确保国有企业下岗职工的基本生活,确保企业离退休人员养老金的按时足额发放"(即两个"确保")。

② 人力资源和社会保障部:《2019年度人力资源和社会保障事业发展统计公报》,2020年6月8日,http://www.mohrss.gov.cn/SYrlzyhshbzb/zwgk/szrs/tjgb/202006/t20200608_375774.html。

挥了社会安全网的兜底作用。①

1996年工伤保险制度开始建立,由用人单位缴费。2003年,国务院颁布《工伤保险条例》,在覆盖面和工伤认定方面均有所扩大,更好地保障了劳动者的职业安全。不少农民工从事高风险行业,相关部门对农民工参加工伤保险和工伤认定做出了特别规定,在工程建设领域采取按项目参保的方式,全面加强农民工的工伤保险保障。随着新经济、新就业、新职业不断涌现,面向平台企业用工和灵活就业等从业人员的职业伤害保障试点也在加快推进。到2018年年末,全国参加工伤保险人数达到2.4亿人,其中农民工参加人数超过8000万人。②

改革开放之前建立的生育保险作为劳动保险的一部分,由企业负担各项费用,保障水平较低。20世纪90年代,生育保险作为社会保险体系的组成部分,要求以社会保险的形式提供生育保障,以生育津贴的方式保障女性职工权益。国家医保局公布数据显示,到2018年年末全国参加生育保险人数达到2亿人。③

住房公积金制度是住房政策改革的一项成果。1999年,住房公积金制度纳入法制化轨道。党的十八届三中全会提出,要建立符合国情的住房保障和供应体系,建立公开规范的住房公积金制度④。住房和城乡建设部公布数据显示,到2018年年末,住房公积金实缴职工

---

① 《人社部:截至3月底已向230万名失业人员发放失业保险金93亿元》,2020年4月10日,中国网,http://finance.china.com.cn/news/20200410/5245576.shtml。

② 人力资源和社会保障部:《2019年度人力资源和社会保障事业发展统计公报》,2020年6月8日,http://www.mohrss.gov.cn/SYrlzyhshbzb/zwgk/szrs/tjgb/202006/t20200608_375774.html。

③ 国家医疗保障局:《2019年全国医疗保障事业发展统计公报》,2020年6月24日,http://www.nhsa.gov.cn/art/2020/6/24/art_7_3268.html。

④ 《改革开放以来历届三中全会文件汇编》,人民出版社2013年版,第210页。

1.44 亿人，缴存总额达到 14.6 万亿元，提取总额 8.8 万亿元，发放个人住房贷款总额 8.6 万亿元，为满足职工的住房需求起到了积极的作用。①

改革开放以来，通过构建全覆盖、保基本、多层次、可持续的社会保险体系，不断加强社会保险体系的覆盖范围，逐步提高保障水平，社会安全网逐步建立和完善，对改善和保障民生、应对各种风险和突发事件冲击，发挥了积极的作用，让改革成果更多更公平地惠及全体人民，人民群众的幸福感、获得感和安全感显著增强。

四　社会保障制度的一体化

由于社会保障制度改革的渐进性，各个地区、不同领域的改革进程难以同步，不可避免地造成了社会保障制度的碎片化。推进社会保障制度一体化改革，有利于提高保障水平，均衡地区、企业、个人的负担，促进劳动力合理流动。② 党的十八大以来，社会保障制度一体化改革的进程明显加快，致力于实现城乡之间、区域之间、部门之间的制度统一和有效衔接。

2011 年，《社会保险法》正式颁布实施，这是中国第一部社会保险综合性法律，是社会保障法制建设的一个里程碑。根据《社会保险法》的规定，进城务工的农村居民依法参加社会保险，城镇社会保险体系破除了户籍制度限制。2014 年，国务院决定将"新农保"和"城居保"两项制度合并实施，建立统一的城乡居民基本养老保险。

---

① 《三部门关于印发〈全国住房公积金 2018 年年度报告〉的通知》，2019 年 6 月 2 日，政府网，http://www.gov.cn/xinwen/2019-06/02/content_5396860.htm。

② 《党的十九大报告辅导读本》，人民出版社 2017 年版，第 346 页。

新型农村合作医疗保险与城镇居民医疗保险两项制度也逐步合并实施。社会保障体系从城乡分割走向了城乡一体化。

社会保险账户不能与劳动力流动同步转移是一个突出矛盾,既影响劳动者的保险权益,也阻碍劳动力在地区间流动。2010年,相关部门制定出台了基本养老保险关系转移接续办法,包括农民工在内所有参加城镇企业职工基本养老保险的人员,其基本养老保险关系可在跨省就业时随同转移。城镇职工基本养老保险基本实现省级统筹,2018年7月开始,国务院决定实施建立基本养老金中央调剂制度,养老保险制度全国统筹迈出重要一步。基本医疗保险正在从地市级统筹向省级统筹过渡。

社会保障制度从部门和行业之间的"碎片化"管理走向一体化管理。1998年,国家取消了行业统筹,将铁道、邮政、石油、化工等养老保险行业统筹移交地方管理。养老保险"双轨制"也于2014年退出历史舞台。医疗保险与生育保险制度合并,2018年生育保险正式并入城镇职工基本医疗保险。为更积极地应对人口老龄化,2016年全国15个城市和两个重点省份启动长期护理保险制度试点。全国统一的社会保险公共服务平台建立并完善,到2019年年末,全国社会保障卡持卡发行量超过10亿张。

五 构建与完善社会救助体系

社会救助是社会保护体系的重要组成部分,是解决弱势群体生活困难、维护社会底线公平的重要制度安排。[①] 经过多年来的探索和发

---

① 《党的十九大报告辅导读本》,人民出版社2017年版,第349页。

展,"8+1"的社会救助体系逐步建立,即最低生活保障、特困人员供养、医疗救助、教育救助、住房救助、就业救助、临时救助、自然灾害救助八个项目,鼓励社会力量广泛参与。党的十九大报告进一步提出"弱有所扶",要求完善社会救助、社会福利、慈善事业、优抚安置等制度。社会救助体系是社会安全网的最后一道防线,发挥了重要的民生兜底作用。

最低生活保障制度是社会救助体系的核心和基础。1999年,全国范围开始建立城市最低生活保障制度,农村最低生活保障制度起步相对较晚,2007年开始在全国范围建立。民政部公布的数据显示,城市最低生活保障覆盖人数于2009年达到约2300万人的顶峰之后开始下降,2018年减少到1000万人。农村最低生活保障制度覆盖人数从2007年建立之初的约3600万人,增长到2013年的约5400万人,之后开始下降,2018年减少到3500万人,覆盖人数减少意味着贫困人口逐步脱贫。①

面向城乡的特殊困难人群,中国先后建立了农村五保供养、特困人员救助、城市"三无"人员救济和福利院供养制度。针对农村"三无"人员提供吃、穿、住、医、葬五个方面(即"五保供养")的生活照顾和物质帮助。2006年,农村特困人员救助方式进行调整,部分人员纳入最低生活保障制度。2014年,城乡"三无"人员保障制度统一并入特困人员供养制度。截至2017年年末,农村五保供养人员减少到467万人。②

医疗救助是应对城乡低收入群体因病致贫、因病返贫的重要制

---

① 《中国民政统计年鉴2019》,中国社会出版社2019年版,第7—8页。
② 同上。

度。救助对象主要包括最低生活保障家庭成员、特困供养人员、低收入家庭的老年人、未成年人、重度残疾人和重病患者以及其他特殊困难人员和优抚人员,通过直接医疗救助和资助参加医疗保险两种方式救助。2003年,农村医疗救助制度与"新农合"制度同步试点实施,2005年启动城市医疗救助制度试点工作。国家医保局公布的数据显示,2018年全国资助参加基本医疗保险人数接近5000万人,实施门诊和住院救助达到3800万人次。[1]

教育救助保障了适龄人口获得公平教育的机会。2006年,国务院决定全面实施"两免一补"政策[2],2008年实现城乡义务教育全部免费,确保所有义务教育适龄儿童都能"不花钱、有学上"[3]。对于高中教育阶段家庭困难的学生,国家和地方政府设立助学金对其进行资助。对于中等职业教育,建立以免学费、国家助学金为主,学校和社会资助及顶岗实习等为补充的学生资助制度。对于高等教育阶段家庭经济困难的学生,以奖学金、学生贷款、勤工俭学等方式进行救助。教育部公布的数据显示,2008年全国资助各类教育7300万人次,2018年资助9800万人次,2008—2018年累计资助金额达到1.4万亿元。[4] 教育救助计划有效地保障了受教育机会的公平。

住房救助政策起步于城市住房制度改革。住房救助主要包括公共

---

[1] 国家医疗保障局:《2019年全国医疗保障事业发展统计公报》,2020年6月24日,http://www.nhsa.gov.cn/art/2020/6/24/art_ 7_ 3268.html。

[2] "两免一补"是指国家全面免除义务教育阶段(小学和初中)学生的学杂费,对农村义务教育阶段学生免费提供教科书,对农村家庭经济困难寄宿生补助生活费的一项资助政策。

[3] 当代中国研究所:《中华人民共和国简史(1949—2019)》,当代中国出版社2019年版,第127页。

[4] 《2018年中国学生资助发展报告》,2019年7月10日,全国学生资助管理中心网站,http://www.xszz.cee.edu.cn/index.php/shows/70/3716.html。

租赁住房、城镇棚户区住房改造以及农村危房改造三种方式。政府以租金补贴或实物配租的方式向住房困难家庭提供保障性住房，面向城镇中等偏下收入的住房困难家庭、新就业无房职工和稳定就业的外来务工人员出租保障性住房，2014年开始，公共租赁房与廉租房并轨运行。住房和城乡建设部公布资料显示，"十三五"期间全国计划开工改造各类棚户区住房2000万套，开工改造各类农村危房585万套，对解决低收入群体的住房问题起到了积极作用。①

就业援助既是社会救助的范畴，也是就业工作的内容。就业援助对象主要包括就业困难人员和"零就业"家庭成员。通过开发公益性岗位、为就业困难人员实施就业援助，使很多家庭获得了收入来源，防止了贫困的发生。

临时救助是一种应急性、过渡性的救助政策，主要救助突发性、紧迫性、临时性的生活困难群众。2010年，国务院要求将自然灾害救助工作纳入国民经济和社会发展规划。同时，政府鼓励社会力量广泛参与社会救助，2016年《慈善法》正式实施，对于鼓励社会力量参与救助活动发挥积极作用。

◈ 第二节 教育发展与改革

教育兴则国家兴，教育强则国家强。② 教育是提高人民综合素质、

---

① 《住房城乡建设部印发住房城乡建设科技创新"十三五"专项规划》，2017年8月28日，政府网，http://www.gov.cn/xinwen/2017-08/28/content_5220974.htm。

② 习近平：《在北京大学师生座谈会上的讲话（2018年5月2日）》，人民出版社2018年版，第4页。

促进人的全面发展的重要途径,是民族振兴、社会进步的重要基石,是对中华民族伟大复兴具有决定性意义的事业。① 改革开放以来,党和国家加快教育事业发展,实施科教兴国和人才强国战略,全面普及九年义务教育。青壮年全面扫除文盲,国民教育程度大幅提升,高等教育即将进入普及化阶段,中国正在由人口大国向人才资源强国转变。

一 恢复高考制度

1977年8月,邓小平同志在北京主持召开了科学与教育工作座谈会,决定改变"文化大革命"时期推荐上大学的高校招生办法,恢复高考制度。1977年9月,教育部召开全国高等学校招生工作会议,决定以统一考试、择优录取的方式选拔人才上大学。恢复高考的招生对象包括工人、农民、上山下乡和回乡知识青年、复员军人、干部和应届高中毕业生。这是具有转折性意义的重大改革举措,成为改革开放的先声。

1977年不仅恢复了高考制度,还有所突破。当年10月公布的报考政治条件为:"政治历史清楚,拥护中国共产党,热爱社会主义,热爱劳动,遵守纪律,决心为革命学习。"② 这一由邓小平同志亲自修改后的报考政审条件,放宽了政审条件、家庭出身等方面的限制,破除了血统论和成分论,为许多因家庭出身被挡在大学之外的人提供了公平竞争的机会。恢复高考,不仅仅是恢复了一种考试制度,也成

---

① 《党的十九大报告辅导读本》,人民出版社2017年版,第339页。
② 《国务院批转教育部关于一九七七年高等学校招生工作的意见》,国发〔1977〕112号,1977年10月12日。

为全国思想解放的先导,是中国走向改革开放的伟大起点。

图 12-1　1977 年恢复高考的考试现场

图片来源:搜狐网,https://www.sohu.com/a/127811411_215308。

恢复高考制度产生了深远的影响。1977 年的高考在冬天举行,全国约有 570 万青年参加高考,27.3 万人被录取,在全国激起了强烈反响,激励了成千上万的人重新拿起书本,学习积极性空前高涨,尊重知识、尊重科学、尊重人才迅速成为社会风尚,对社会主义现代化建设也产生了深远影响。[①] 恢复高考提升了教育水平,选拔培养了一大批刻苦钻研、富有创造力和求学精神的人才,为改革开放储备了重

---

① 当代中国研究所:《中华人民共和国简史(1949—2019)》,当代中国出版社 2019 年版,第 66 页。

要人才,使人才培养重新步入了健康发展的轨道。

二 普及九年义务教育与高校扩招

义务教育是提升国民素质的基础,实现社会公平的起点。1982年《中华人民共和国宪法》规定:"国家举办各种学校,普及初等义务教育。"1983年,邓小平同志提出"教育要面向现代化,面向世界,面向未来"的战略思路①,为开辟中国特色社会主义教育发展道路定下了重要基调。1986年,《中华人民共和国义务教育法》颁布实施,标志着中国正式确立义务教育制度。

进入21世纪,教育事业更加重视巩固义务教育成果,提高义务教育质量,促进教育公平和均衡发展。国家要求保证农村义务教育投入,让更多农村学生接受九年义务教育,并从法律层面确立了义务教育经费保障机制,推动义务教育向着均衡、公平方向发展。习近平总书记强调,"教育公平是社会公平的重要基础,要以教育公平促进社会公平正义,推进教育精准脱贫,阻断贫困代际传递,让每一个孩子都对自己有信心、对未来有希望"②。教育部公布数据显示,全国小学学龄儿童净入学率从1978年的94.0%提高到2018年的99.95%,初中阶段毛入学率从1978年的66.4%提高到100.9%,2018年九年义务教育巩固率③达到94.2%。④

---

① 《邓小平文选》第3卷,人民出版社1993年版,第209页。
② 《习近平谈治国理政》(第二卷),外文出版社2017年版,第365—366页。
③ 教育巩固率指学校入学人数与毕业人数的百分比,国家"十二五"规划纲要新增义务教育巩固率指标。
④ 《2019年全国教育事业发展统计公报》,2020年5月20日,教育部网站,http://www.moe.gov.cn/jyb_sjzl/sjzl_fztjgb/202005/t20200520_456751.html。

经济快速发展需要更多高素质人才。1999年高等教育招生总人数增加到153万，增幅达到42%，此后，高校继续扩招，扩招比例向西部地区倾斜。教育部公布的数据显示，1978年高等教育在校总规模为228万人，毛入学率仅为2.7%，2018年高等教育在校总规模增加到3833万人，毛入学率提高到48.1%，高等教育即将进入普及化阶段。[①] 高校扩招是高等教育事业的一项重大改革举措，让更多城乡青年有机会接受高等教育。2019年，国家决定高职院校大规模扩招100万人，进一步推动教育结构优化，储备高素质技术技能人才。

三 实施科教兴国战略

科教兴国战略的理论基础来源于邓小平同志关于"科学技术是第一生产力"的论述。1995年，中共中央、国务院颁布《关于加速科学技术进步的决定》，提出实施科教兴国战略。1997年，党的十五大报告把发展教育和科学作为文化建设的基础工程，专门论述了实施科教兴国战略，要求把科技和教育纳入优先发展的战略地位，致力建设国家创新体系，优化教育结构，大力加强基础教育，增强高等教育综合实力，并促进教育同经济、科技密切结合，积极探索建设面向21世纪的中国特色社会主义科技与教育体系。[②] 作为推动科教兴国战略的重要举措，国家加大财政投入，实施国家重点基础研究发展规划

---

① 《2019年全国教育事业发展统计公报》，2020年5月20日，教育部网站，http://www.moe.gov.cn/jyb_ sjzl/sjzl_ fztjgb/202005/t20200520_ 456751.html。

② 当代中国研究所：《中华人民共和国简史（1949—2019）》，当代中国出版社2019年版，第104页。

（973计划），启动"211工程""985工程"①。

人才强国战略与科教兴国战略相互促进。党的十七大做出"优先发展教育、建设人力资源强国"的重大决策。根据国家中长期教育改革和发展规划目标，到2020年，中国基本实现教育现代化，基本形成学习型社会，进入人力资源强国行列。为了保障国家对教育和人才培养的投入，财政性教育经费逐年增加，并从制度上明确了公共财政性教育经费占国内生产总值4%的目标。国家统计局公布数据显示，2012年，国家财政性教育经费首次突破2万亿元，占GDP比例首次超过4%。

科教兴国战略与创新驱动发展战略紧密关联。党的十九大报告对于优先发展教育、促使教育全面服务于实现中华民族伟大复兴中国梦的大局提出明确要求。② 2015年，国家开始建设"双一流"高校，高等教育的国际影响力不断提升。一大批具有国际水平的战略科技人才、科技领军人才、青年科技人才和高水平创新团队正在加快成长，天宫、蛟龙、天眼、大飞机等重大科技成果相继问世。中国科学论文产出实现快速增长，论文质量持续提升，根据基本科学指标数据库（ESI）论文被引用情况，2017年中国学位论文被引用次数已经超过德国、英国，上升到世界第二位。国家统计局公布数据显示，2018年全国共投入研究与试验发展（R&D）经费约2万亿元，R&D经费投入强度（与国内生产总值

---

① "211工程"，即面向21世纪、重点建设100所左右的高等学校和一批重点学科的建设工程。1998年5月，江泽民同志在北京大学百年校庆大会上提出"为了实现现代化，我国要有若干所具有世界先进水平的一流大学"，分批将39所国内知名高校列入国家跨世纪重点建设的高水平大学名单，即"985工程"。

② 《党的十九大报告辅导读本》，人民出版社2017年版，第340页。

之比）在2002年首次突破1%，2014年迈上2%的新台阶，2018年提高到2.19%，整体上已经超过欧盟15国平均水平，达到中等发达国家水平。①

四 完善国民教育体系

国民教育体系是使全体社会成员都能享有接受良好教育机会和条件的重要保障。2006年，党的十六届六中全会提出要建设现代国民教育体系。现代国民教育体系以终身教育思想为导向，以普通教育和职业教育为基础，以初等、中等、高等教育为主体，以成长教育和继续教育为补充，以提高全民族思想道德素质和科学文化素质，形成全民学习、终身学习的学习型社会为目标。

国民教育体系在改革发展中不断完善，各级各类教育实现协调发展。教育部公布数据显示，15岁及以上人口平均受教育年限由1982年的5.3年提高到2017年的9.6年，劳动年龄人口平均受教育年限达10.5年。学前教育毛入园率从1978年的10.6%提高到2018年的81.7%。义务教育普及程度已达到世界高收入国家的平均水平。基本普及了高中阶段教育，高中阶段毛入学率从1978年的35.1%提高到2018年的88.8%，超过世界中上收入国家平均水平。高等教育迈向高质量发展阶段，2018年全国共有普通高等学校2663所，在校生规模达3833万人，在学研究生273万人，其中在学博士生39万人。民办教育充分发展，2018年全国共有各级各类民办学校18.4万所，占

---

① 《科技进步日新月异 创新驱动成效突出——改革开放40年经济社会发展成就系列报告之十五》，2018年9月12日，国家统计局，http://www.stats.gov.cn/ztjc/ztfx/ggkf40n/201809/t20180912_1622413.html。

全国 35.4%。①

建设教育强国是中华民族伟大复兴的基础工程，要努力构建德智体美劳全面培养的教育体系，形成更高水平的人才培养体系。② 2019年，党中央、国务院印发《中国教育现代化 2035》，提出到 2035 年总体实现教育现代化，迈入教育强国行列，推动中国成为学习大国、人力资源强国和人才强国的总体目标，建成服务全民终身学习的现代教育体系。

◇ 第三节 社会建设与完善公共服务体系

加强社会建设必须以保障和改善民生为重点。习近平总书记指出："要抓住人民最关心最直接最现实的利益问题，抓住最需要关心的人群，一件事情接着一件事情办、一年接着一年干。"③ 保障和改善民生是一项长期工作，没有终点站，只有连续不断的新起点。党和国家根据经济社会发展阶段变化以及人民群众对美好生活向往的需要，不断推进各个领域的改革。通过调整优化人口政策、加快户籍制度改革、深化医疗卫生体制改革、推动基本公共服务均等化等举措，让改革开放和发展的成果更广泛、更公平地惠及全体人民。

---

① 《2019 年全国教育事业发展统计公报》，2020 年 5 月 20 日，教育部网站，http://www.moe.gov.cn/jyb_sjzl/sjzl_fztjgb/202005/t20200520_456751.html。
② 《坚持中国特色社会主义教育发展道路 培养德智体美劳全面发展的社会主义建设者和接班人》，《人民日报》2018 年 9 月 11 日。
③ 《习近平总书记系列重要讲话读本》，学习出版社、人民出版社 2016 年版，第 215 页。

一　人口转变与人口政策

中华人民共和国成立特别是改革开放以来，人口转变的加速推进成为经济社会发展的重要基础，以降低生育率为主旨的人口政策贯穿其中。[①] 进入21世纪，人口发展格局发生深刻变化，人口政策顺应经济社会发展变化和人口转变逐步调整完善。政策目标从最初的控制人口数量逐步转向更加关注人口结构和人口质量，旨在提高人口素质，改善人口结构，引导人口合理分布，促进人口与经济、社会、资源、环境协调和可持续发展。

1980年，中共中央发布《关于控制我国人口增长问题致全体共产党员、共青团员的公开信》，提倡一对夫妇只生一个孩子。1982年，计划生育成为基本国策。1984年起，逐步形成城市"一孩"、农村"一孩半"，少数民族和个别人群有照顾，城乡间、区域间、民族间存在差异的生育政策体系。随着社会经济的快速发展，人们婚育观念逐步转变，20世纪90年代开始，人口出生率稳定下降，迎来了低生育率、低自增率和低死亡率的局面，人口增长进入平稳低速增长阶段，人口政策理念也从"控制"转向"服务"。

人口政策适时调整，更加注重人口均衡发展。人口政策更加强调提高人口质量，促进人口与经济社会协调、均衡、可持续发展。2013年党的十八届三中全会明确提出，启动实施一方是独生子女的夫妇可生育两个孩子的政策，"单独二孩"政策正式实施，两年后党的十八届五中全会提出了"全面实施一对夫妇可以生育两个子女的政策"，

[①] 田雪原：《新中国人口政策回顾与展望》，《人民日报》2009年12月4日。

即过渡到"全面二孩"。国家统计局公布数据显示，2016年和2017年全国出生人口分别为1786万人和1723万人，是进入21世纪以来出生人口最多的两个年份，二孩占比达到51%，"全面二孩"政策发挥了一定的作用。①

二 户籍制度改革

改革开放以来，经济快速发展，城乡人口大规模流动，城镇化步伐加快。推进户籍制度改革是保障城乡人口自由、有序流动和公平权益的重要举措。20世纪80年代中期，小城镇的户籍伴随着农村经济改革开始逐步放开。在城镇有固定住所、有经营能力或在乡镇企事业单位长期务工、经商、办服务业的农民和家属可以在城镇落户。流动人口管理政策也由"控制盲目流动"调整为"鼓励、引导和实行宏观调控下的有序流动"。到20世纪90年代，介于正式户口与暂住户口之间的"蓝印户口"出现，小城镇户籍管理放宽，允许已经在小城镇就业、居住并符合一定条件的农村人口在小城镇办理城镇常住户口。

进入21世纪，国家加快清理和废止针对流动人口的歧视性法规、规章和政策，为流动人口的社会融合扫清障碍。一系列政策文件要求放宽农民进城就业和定居的条件，户籍政策改革范围从中小城镇扩大到大中城市。一些地方也有自身经济发展和吸引劳动力的内在动力，加快户籍制度改革探索实践。例如，成都市作为全国统筹城乡综合配套改革试验区，于2010年率先实现城乡统一户籍，同年广东省开始

---

① 国家统计局：《人口总量平稳增长 人口素质显著提升——新中国成立70周年经济社会发展成就系列报告之二十》，2019年8月22日，国家统计局官网，http://www.stats.gov.cn/tjsj/zxfb/201908/t20190822_1692898.html。

实施积分制入户政策。

党的十八大以来,户籍制度改革进入全面实施阶段。2013年,中央城镇化工作会议召开,提出了"三个一亿人"目标,要求到2020年,实现约1亿农业转移人口落户城镇目标,户籍人口城镇化率提高到45%。同时,国家要求建立城乡统一的户口登记制度,取消农业户口与非农业户口性质区分。经过坚持不懈的改革,建制镇和小城市落户限制全面放开,城区常住人口300万以下的城市已经全面取消落户限制,300万—500万人的大城市全面放宽落户条件、全面取消重点群体落户限制,500万人以上的超大特大城市继续调整完善积分落户政策,全面实施居住证制度。国家统计局公布数据显示,到2019年年末,全国户籍人口城镇化率提高到44.4%,较2013年提高了8.7个百分点。①

三 医药卫生体制改革

改革开放初期,医疗卫生事业改革以激活微观机制为重点,调整工资分配制度。随着市场经济体制改革深入,要求医疗卫生体制必需同步改革,构建符合社会主义市场经济要求的医疗卫生体系。1998年国家开始推行"三项改革",即医疗保险制度改革、医疗卫生体制改革以及药品生产流通体制改革,以保障人民群众的医疗卫生健康需求。2003年,"非典"疫情蔓延,公共卫生体系承受严峻考验,党中央决定加快医改步伐。2007年,党的十七大报告首次提出医疗卫生

---

① 《中华人民共和国2019年国民经济和社会发展统计公报》,2020年2月28日,国家统计局,http://www.stats.gov.cn/tjsj/zxfb/202002/t20200228_1728913.html。

领域的"四大体系",即覆盖城乡居民的公共卫生服务体系、医疗服务体系、医疗保障体系以及药品供应保障体系。2009 年,新一轮医药卫生体制改革方案正式出台,提出建立健全覆盖城乡居民的基本医疗卫生制度,促进公共医疗卫生事业落实公益性质,国家基本药物制度正式实施。

没有全面健康,就没有全面小康,人民健康是民族昌盛和国家富强的重要标志。[①] 新形势下要坚持正确的卫生与健康工作方针,以基层为重点,以改革创新为动力,预防为主,中西医并重,把健康融入所有政策,人民共建共享。[②] 党的十九大报告提出,实施健康中国战略,全面建立中国特色基本医疗卫生制度,更加注重医疗、医保、医药"三医"联动,加快五项基本医疗卫生制度建设,[③] 促进医疗卫生工作重心下移资源下沉,努力用中国式办法破解医改世界性难题。[④] 2020 年年初,在抗击新冠肺炎疫情背景下,党中央和国务院要求进一步深化医疗保障制度改革,完善重大疫情医疗救治费用保障机制,探索建立特殊群体、特定疾病医药费豁免制度。

医疗卫生体制改革的持续推进,对于提高医疗卫生和人民健康水平发挥了积极作用。2017 年,全国所有公立医院取消了实行 60 多年的药品加成政策,开展按疾病诊断相关分组(DRG)付费国家试点,推进多元复合式支付方式改革。《国家基本药物目录(2018 年版)》

[①] 《习近平新时代中国特色社会主义思想三十讲》,学习出版社 2018 年版,第 227 页。

[②] 《把人民健康放在优先发展战略地位 努力全方位全周期保障人民健康》,《人民日报》2016 年 8 月 21 日。

[③] 即分级诊疗制度、现代医院管理制度、全民医保制度、药品供应保障制度和综合监管制度。

[④] 《党的十九大报告辅导读本》,人民出版社 2017 年版,第 360 页。

中，基本药物数量增加到685种，开展国家药品集中采购和使用试点，大幅降低了药品价格。国家卫生健康委员会公布的数据显示，个人卫生支出费用占卫生总费用的比重从2001年的60%下降到2018年的28%，居民医疗卫生负担显著下降，婴儿死亡率、孕产妇死亡率大幅下降，重大疾病防治成效显著，平均预期寿命明显延长，主要健康指标总体上优于中上收入国家平均水平。①

四 公共服务均等化

公共服务均等化是发展成果更多更公平地惠及全体人民的具体体现。推进公共服务均等化改革，是解决发展中面临的"不平衡、不充分"矛盾的重要手段。国家基本公共服务涵盖幼儿服务、公共教育、劳动就业、医疗卫生等领域，聚焦人民最关心、最直接、最现实的利益问题。国家基本公共服务制度为公共服务均等化提供了重要的政策保障，要求坚持以人为本的原则，围绕从出生到死亡各个阶段和不同领域，以促进城乡、区域、人群基本公共服务均等化为主线，保障全民基本生存发展需求。

进入21世纪，城乡统筹发展步伐加快，公共服务体系逐步完善。从"十一五"时期基本公共服务供给问题的提出，到"十二五"时期明确提出向全民提供基本公共服务，再到"十三五"时期推进和实践基本公共服务均等化，国家基本公共服务制度和体系逐渐走向成熟。2012年，国务院印发实施《国家基本公共服务体系规

---

① 《2018年我国卫生健康事业发展统计公报》，2019年5月22日，规划发展与信息化司，http://www.nhc.gov.cn/guihuaxxs/s10748/201905/9b8d52727cf346049de8acce25ffcbd0.shtml。

划》，明确了44类80项基本公共服务项目及国家基本标准，基本公共服务清单制建立并逐步完善，城镇基本公共服务逐渐实现常住人口全覆盖。

与人民群众日益增长的美好生活需要相比，基本公共服务均等化发展仍然面临一些困难和障碍。党的十九大报告提出，要坚持在发展中保障和改善民生。这要求全面推动基本公共服务补短板、非基本公共服务强弱项，提高公共服务质量。根据规划目标，到2020年，基本公共服务体系更加完善，在学有所教、劳有所得、病有所医、老有所养、住有所居等方面持续取得新进展，基本公共服务均等化总体实现，不断促进社会公平正义。2020—2035年，基本公共服务均等化基本实现。

第四节 社会治理体制改革

加强和创新社会治理，是完善和发展中国特色社会主义制度、推进国家治理体系和治理能力现代化的重要内容。[①] 改革开放以来，社会治理体系不断完善，社会安全稳定形势持续向好，人民生命财产安全得到有效维护，广大人民群众的获得感和幸福感不断增强。

一 社会治理方式改革

经济社会加速转型产生了各类社会矛盾和利益冲突，社会管理面

[①] 《习近平新时代中国特色社会主义思想三十讲》，学习出版社2018年版，第234页。

临更多挑战。社会更加和谐是全面建设小康社会的一个重要目标,社会管理被纳入政府四项主要职能之一。进入21世纪,新农村建设和城乡统筹发展步伐加快,完善农村社会管理体系被提上日程,社会管理的内涵更加丰富。2011年,中共中央、国务院专门出台了关于创新社会管理的正式文件,将社会秩序和社会发展贯通起来,实现社会建设与社会管理并举。①

党的十八大以来,社会治理的新思想新理念创新发展,社会治理方式不断完善。习近平总书记指出:"治理和管理一字之差,体现的是系统治理、依法治理、源头治理、综合施策。"② 党的十九大报告提出,打造共建共治共享的社会治理格局,加强社会治理制度建设,提高社会治理社会化、法治化、智能化、专业化水平,实现政府治理和社会调节、居民自治良性互动。社会治理的重点在基层,难点也在基层,党中央要求必须把社会治理的重心落到城乡基层,健全基层综合服务管理平台,及时反映和协调人民群众各方面各层次的利益诉求,从源头上解决影响社会和谐稳定的各种深层次问题。③ "枫桥经验"在全国学习推广,争取做到"小事不出村、大事不出镇、矛盾不上交"。

2003年8月,国务院决定将收容遣送制度正式废止。流动人口服务管理是社会治理的一项极为重要的工作。治理方式从初期的管理为主转向服务为主,更多运用市场化、法治化手段,促进人口有序流

---

① 当代中国研究所:《中华人民共和国简史(1949—2019)》,当代中国出版社2019年版,第129页。
② 《习近平总书记系列重要讲话读本》,学习出版社、人民出版社2016年版,第224页。
③ 《党的十九大报告辅导读本》,人民出版社2017年版,第369—370页。

动。21世纪以来，国家陆续取消针对进城务工人员的行政事业性收费，取消流动儿童借读费、赞助费，取消流动人口就业证制度等，社会治理方式改革与管理服务体系创新推动了流动人口社会融合，保障了流动人口权益。教育部公布数据显示，2018年全国义务教育阶段在校生中进城务工人员随迁子女共1424万人，流动人口子女在城镇享受义务教育权利。①

二 社会组织的发展

社会组织是中国共产党联系群众的载体，是党执政的重要社会基础。社会组织采取双重管理制度，在改革过程中注重妥善处理政府、市场、社会三者关系，激发社会组织内在活力和发展动力。国家统计局公布数据显示，1990年全国各类社会团队和社会组织仅有1万个，到2000年增长到15万个。②

2013年，党的十八届三中全会提出，要激发社会组织活力，加快实施政社分开，重点培育和优先发展行业协会商会类、科技类、公益慈善类、城乡社区服务类社会组织，并实行直接申请登记制。改革目标是要进一步厘清政府、市场、社会关系，改进公共服务供给方式，规范社会组织行为，充分发挥社会组织服务国家、服务社会、服务群众、服务行业的作用。同时，党中央要求坚持党对群团工作的统一领导，发挥桥梁和纽带作用。

2016年，《慈善法》《境外非政府组织境内活动管理法》陆续颁

---

① 《2018年全国教育事业发展统计公报》，2019年7月24日，教育部网站，http://www.moe.gov.cn/jyb_sjzl/sjzl_fztjgb/201907/t20190724_392041.html。

② 民政部：《2019年中国民政统计年鉴》，中国社会出版社2019年版。

布施行，社会组织发展的法治环境持续改善。走中国特色社会主义社会治理之路，要打造共建共治共享的社会治理格局，形成人人有责、人人尽责的社会治理共同体。① 到 2018 年年末，全国各类社会组织达到 81.7 万个，其中社会团体达到 36.6 万个，民办非企业单位 44.4 万个，基金会单位超过 7000 个。②

三　有效预防和化解社会矛盾

正确处理人民内部矛盾特别是涉及广大人民群众切身利益的矛盾，是保持社会安定团结良好局面的关键。改革开放以来，经济体制、社会结构、利益格局和人们的思想观念都发生了深刻变化，面对复杂多变的国际形势和艰巨繁重的改革发展任务，人民内部矛盾不时表现出来，有效预防和化解社会矛盾对于保持社会的和谐稳定，为改革、开放和发展创造良好的社会环境具有重要的意义。

有效预防和化解社会矛盾要从体制机制上创新。针对社会矛盾和民众诉求变化，党中央要求健全重大决策社会稳定风险评估机制，建立畅通有序的诉求表达、心理干预、矛盾调处、权益保障机制，使群众问题能反映、矛盾能化解、权益有保障。改革行政复议体制，建立调处化解矛盾纠纷综合机制，改革信访工作制度，健全及时就地解决群众合理诉求机制。③

---

① 《习近平新时代中国特色社会主义思想学习纲要》，学习出版社、人民出版社 2019 年版，第 164 页。
② 民政部：《2019 年中国民政统计年鉴》，中国社会出版社 2019 年版。
③ 《改革开放以来历届三中全会文件汇编》，人民出版社 2013 年版，第 212—213 页。

预防和化解社会矛盾本质上是正确处理人民内部矛盾。党中央要求完善社会矛盾排查预警机制，努力做到早发现、早预防、早处置，建立规范完善的公众参与规则程序、顺畅依法有序的信息公开和民意表达渠道。① 2019年，党的十九届四中全会对完善正确处理新形势下人民内部矛盾有效机制提出了新要求，不断提高从源头上、根本上预防化解人民内部矛盾的能力水平。党的十八大以来，人民法院通过审判监督程序纠正重大刑事冤假错案46起，提振了全社会对司法公正的信心，最高人民法院建设网上申诉信访平台，开通远程视频接访系统，贯通全国四级法院，涉诉进京上访数量降低约30%。②

◇ 第五节 完善收入分配制度

共同富裕是中国特色社会主义的根本原则，实现共同富裕是中国共产党的重要使命。③ 收入分配格局变化具有与经济社会发展关联的阶段性特征和一般规律，生产方式变革是决定收入分配变化的关键因素。④ 改革开放以来，经济快速发展的同时，收入差距也在扩大。收入分配是民生之源，是改善民生、实现发展成果由人民共享最重要最

---

① 《党的十九大报告辅导读本》，人民出版社2017年版，第367页。
② 最高人民法院：《中国法院的司法改革（2013—2018）》，人民法院出版社2019年版，第21、33页。
③ 《习近平新时代中国特色社会主义思想学习纲要》，学习出版社、人民出版社2019年版，第45页。
④ 蔡昉等：《中国收入分配问题研究》，中国社会科学出版社2016年版，第261页。

直接的体现。①

一 人民收入不断提高

城乡居民收入水平提高是改革开放的最大成果之一。改革开放以来，人民生活发生翻天覆地的巨大变化，总体上经历了三个阶段：1978—1991 年稳定解决温饱，1992—2012 年实现总体小康，2013 年以来迈向全面小康。国家统计局公布数据显示，1978 年全国居民人均可支配收入只有 171 元，2009 年突破万元大关，2014 年突破 2 万元大关，2018 年全国居民人均可支配收入达到 28228 元，扣除物价因素，比 1978 年实际增长 24.3 倍，其中，城镇居民人均可支配收入增长到近 4 万元，农村居民人均可支配收入增长到近 1.5 万元。2018 年城镇和农村居民恩格尔系数分别下降到 27.7% 和 30.1%，分别较 1978 年下降了 29.8 个百分点和 37.6 个百分点。②

城乡居民的收入来源更加多元化，城乡居民通过多种方式获得收入，也有助于保持收入的持续、稳定增长。城镇居民工资性收入持续增长，经营收入、财产收入和转移收入逐步提高。2018 年，城镇居民人均工资性收入占人均可支配收入的比重为 60.6%，财产净收入的占比为 10.3%，转移净收入的占比为 17.8%。工资性收入已经成为农村居民家庭收入最主要的来源，转移性收入呈现快速增长。2018 年，农村居民人均工资性收入占人均可支配收入的比重达到 41.0%，

---

① 《习近平新时代中国特色社会主义思想三十讲》，学习出版社 2018 年版，第 226 页。
② 国家统计局：《中国统计年鉴 2019》，中国统计出版社 2019 年版。

经营净收入占比为36.7%，转移净收入占比提高到20.0%。①

持续增加贫困人民的收入是脱贫攻坚的关键。党的十八大以来，脱贫攻坚取得了重要进展，贫困地区农村人口收入持续较快增长，2018年，贫困地区农村居民人均可支配收入达到10371元，约为2012年的2倍，扣除价格因素，年均实际增长10.0%，比全国农村居民平均增速快2.3个百分点。②

二 城乡居民收入差距变化

城乡居民收入差距是总体收入差距的主要来源，不断缩小城乡收入差距也是完善收入分配的重要途径。

改革开放初期，家庭联产承包责任制全面实施，极大释放了农民积极性，农产品产量大幅增长，同时大量农业劳动力从土地上分离出来，进入城市或乡镇企业工作，获得工资性收入，农民收入增长一度超过了城市居民收入增长，带动了城乡居民收入差距缩小，城乡居民收入差距从1978年的2.57∶1（城市∶农村）缩小到1983年的1.82∶1。在一段时期内，城乡居民收入差距一度扩大。随着城镇市场经济改革推进，一系列收入分配制度改革措施出台，城镇居民收入加快增长，城乡居民收入差距到1994年再度扩大到2.86∶1。

20世纪90年代中期，市场经济体制建立并逐步完善，为商品流通特别是农副产品交换提供了便利条件，农产品价格提高为农民增收带来实惠，农民收入出现一个短期的快速增长，城乡居民收入差距也

---

① 国家统计局：《中国统计年鉴2019》，中国统计出版社2019年版。
② 国家统计局：《中华人民共和国2018年国民经济和社会发展统计公报》。

短暂地缩小。但是，城乡分割的二元结构尚未彻底破除，农民负担较重问题突出，农民工工资增长相对缓慢，制约了农民收入增长。另外，城镇市场经济体制改革全面推进，企业利润分配更多向居民倾斜，机关事业单位工资制度改革深化，城镇个体和私营经济加快发展，收入来源日益多元化，城镇居民收入快速增长，城乡居民收入差距持续拉大，进入21世纪，城乡居民收入差距突破3∶1。

进入21世纪，党中央强调要把解决好"三农"问题作为全党工作的重中之重，先后提出了多予少取放活、统筹城乡发展、城乡发展一体化等重大方针。2004年，中共中央、国务院决定从当年开始逐步降低农业税税率，2005年12月29日，十届全国人大常委会第十九次会议决定，自2006年1月1日起国家不再针对农业单独征税，"农业税"一个在中国存在两千多年的古老税种宣告终结。通过实施工业反哺农业、农业直接补贴等一系列惠农政策，切实减轻了农民负担。通过推动农村劳动力转移就业，大大拓宽了农民的收入来源。这一时期，劳动力市场供求关系发生显著变化，劳动力供给出现相对短缺，农民工工资持续大幅增长，工资性收入逐渐成为农村居民收入的主要来源。各项惠农政策和社会保障制度逐步建立完善，各级政府转移支付力度的不断加大，来自政府的各项转移收入成为农村居民收入的重要来源之一，农村居民收入保持较快增长，逐渐遏制了城乡居民收入差距扩大的趋势。

城乡居民收入差距在2008年实现了转折，此后度量收入差距的各项指标逐步改善。国家统计局公布的数据显示，城乡居民收入差距在2008年达到3.3∶1的高峰之后开始逆转，2019年城乡居民收入差距已经缩小到2.64∶1。全国居民收入的基尼系数在2008年达到0.49的历史高点之后，也开始逐步下降，"十三五"以来保持在0.46左右。从收入差距的构成看,全国总体收入差距缩小主要得益于城乡居民收入差距缩小。①

三 初次分配注重效率再分配注重公平

经济体制改革引入市场竞争机制,提升收入分配的效率,调动劳动者的积极性,但同时也出现了收入差距扩大问题。收入分配制度是经济社会发展中一项带有根本性、基础性的制度安排,是社会主义市场经济体制的重要基石。处理公平与效率的关系是收入分配制度改革的核心,分配政策既要合理拉开收入差距,又要防止贫富悬殊,坚持共同富裕的方向,在促进效率的前提下体现公平。党的十五大提出,初次分配注重效率,再分配注重公平。党的十七大对公平与效率关系的表述进行了调整,首次提出"初次分配和再分配都要处理好效率和公平的关系",并强调"再分配要更加注重公平"。

初次分配的改革方向是提高居民收入在国民收入分配中的比重,提高劳动报酬在初次分配中的比重。党中央、国务院采取了一系列改革举措,加快生产要素市场改革和发育,规范初次分配秩序,例如完善技术工人激励政策、实行以增加知识价值导向的分配政策,鼓励专业技术人员创新创业,健全劳动密集型行业低收入劳动者的工资增长机制和支付保障机制,建立公共资源出让收益的全民共享机制等。同时,加强对垄断部门不合理高收入的调节,2014年中央审议通过的《中央管理企业负责人薪酬制度改革方案》,进一步规范了中央管理企业收入分配秩序。

---

① 李实:《中国特色社会主义收入分配问题》,《政治经济学评论》2020年第1期。

收入分配理论和制度更加强调公平正义、共同富裕和人民的获得感，共享被作为新发展理念的重要组成部分。党的十八大提出，初次分配和再分配都要兼顾效率和公平，再分配更加注重公平。深化收入分配改革要求坚持共同发展、成果共享，2013年国务院批转的收入分配改革方案对今后一段时期收入分配改革的总体目标、路径和政策举措等做出了具体部署。[①] 以税收、社会保障、转移支付为主要手段的再分配调节框架基本形成并逐步完善。从1980年《个人所得税法》出台以来，个人所得税起征点经历了4次调整，从1980年的800元，调整为2006年的1600元、2008年的2000元，再到2011年的3500元，2018年《个人所得税法》第七次修改，个人所得税起征点再次提高到5000元，开启分类与综合相结合的新税制改革，首次实施个人所得税专项扣除，增加子女教育支出、继续教育支出、大病医疗支出、住房贷款利息和住房租金等专项附加扣除。2005年以来，国家连续较大幅度调整企业退休人员基本养老金水平，全国企业退休人员月人均养老金从2005年的700元左右提高到2019年的2700元左右。城乡最低生活保障标准和扶贫标准也大幅提升，城乡居民财政转移性收入大幅增加，有效地改善了收入分配格局。

收入分配制度随着社会主义市场经济体制改革深入而不断发展和完善。党的十九大提出，社会主要矛盾已经转化为人民日益增长的美好生活需要和不平衡不充分的发展之间的矛盾，这要求坚持和完善社会主义基本经济制度和分配制度。2019年，党中央、国务院实施更大规模减税降费，进一步减轻企业负担、激发市场活力。减税降费及相关配套措施主要包括：实施更大规模的减税；明显降低企业社保缴

---

① 《十八大以来重要文献选编》（上），中央文献出版社2014年版，第139页。

费负担,将城镇职工基本养老保险单位缴费比例下调至16%;增加特定国有金融机构和央企上缴利润;划转部分国有资本充实社保基金。这一重大举措有利于进一步完善收入分配秩序,改善收入分配格局。

在宏观收入核算中,参与收入分配的主体由企业、政府和居民三大部门组成,三者的比例关系是国民收入分配格局的重要体现。党的十八大以来,居民收入在宏观收入分配中的比重稳步提高,居民收入在国民收入分配中的占比从2008年的58.3%提高到2018年的60.7%。[①] 进入新时代,收入分配改革被赋予新的时代内涵,要求建立体现效率促进公平的收入分配体系,既要着眼于解决当前的收入分配问题,决胜全面建成小康社会,又要着眼于到21世纪中叶基本实现共同富裕,全面建成社会主义现代化强国。

四 完善按劳分配的基本分配制度

收入分配制度改革始终围绕按劳分配这一主线展开。改革开放初期,家庭联产承包责任制第一次赋予了农民获得经济"剩余索取权","交足国家的、留够集体的、剩下的全是自己的"是农村收入分配方式的通俗概括。城市出现了个体经济、私营经济、股份制等所有制形式和成分,收入分配制度发生了重大变化,以打破平均主义为突破口,推进落实按劳分配,逐步确立以按劳分配为主体、其他分配形式为补充的分配制度。

社会主义市场经济体制改革要求建立与其相适应的分配制度。党

[①]《居民生活水平不断提高 消费质量明显改善——改革开放40年经济社会发展成就系列报告之四》,2018年8月31日,国家统计局,http://www.stats.gov.cn/ztjc/ztfx/ggkf40n/201808/t20180831_ 1620079. html。

的十四大提出坚持以按劳分配为主体、多种分配方式并存的分配制度,党的十六大要求完善以按劳分配、多种分配方式并存的分配制度,强调劳动、资本、技术和管理等生产要素按贡献参与分配的原则。21世纪以来,为缓解收入差距扩大,政府不断完善再分配机制,彻底取消农业税、大幅增加惠农补贴、完善社会保障和救助制度等政策,合理提高最低工资标准,出台了《劳动合同法》和《就业促进法》等相关的法律、法规,保护普通劳动者权益。根据人力资源与社会保障部公布数据显示,2019年全国企业劳动合同签订率达90%以上,全国经人力资源和社会保障部门审查并在有效期内的集体合同累计为175万份,覆盖职工1.5亿人,年末全行业共有人力资源服务机构3.96万家,为4211万家次用人单位提供服务,帮助2.55亿人次劳动者实现就业、择业和流动服务。① 国务院公布的《保障农民工工资支付条例》于2020年5月起正式实施,更好地保障农民工权益。

基本分配制度始终强调维护普通劳动者权益。2013年,党的十八大提出了"两个同步""两个提高"的目标,即努力实现居民收入增长和经济发展同步、劳动报酬增长和劳动生产率提高同步,提高居民收入在国民收入分配中的比重,提高劳动报酬在初次分配中的比重。党中央强调要着重保护劳动所得,健全资本、知识、技术、管理等由要素市场决定的报酬机制,要求清理规范隐性收入,取缔非法收入,增加低收入者收入,扩大中等收入者比重,努力缩小城乡、区域、行业收入分配差距,逐步形成橄榄型分配格局。②

---

① 《2019年度人力资源和社会保障事业发展统计公报》,2020年6月8日,人社部网站,http://www.mohrss.gov.cn/SYrlzyhshbzb/zwgk/szrs/tjgb/202006/t20200608_375774.html。

② 《改革开放以来历届三中全会文件汇编》,人民出版社2013年版,第210页。

2019年，党的十九届四中全会提出，将公有制为主体、多种所有制经济共同发展，按劳分配为主体、多种分配方式并存，社会主义市场经济体制三项制度并列，都作为社会主义基本经济制度，这是习近平新时代中国特色社会主义经济思想的重要创新和发展。[1]

（都阳、程杰）

---

[1] 刘鹤：《坚持和完善社会主义基本经济制度》，《人民日报》2019年11月22日。

第十三章

生态文明建设和体制改革

中国的生态文明建设过程，就是中国共产党领导全国人民不断探索可持续现代化道路的过程。中国在不同时期为解决环境问题而采取的不同政策及其经验教训，是对环境与发展关系的认识不断深化的过程。本章以中国关于环境与发展关系认识论的深刻转变过程为主线，对相关重大政策、重大事件背后的成因进行分析，揭示中国生态文明的探索过程及其世界性意义。中国提出生态文明和新发展理念，不只是源于中国发展模式面临的特殊问题，背后更是工业革命后传统发展模式不可持续的普遍问题。如果说工业革命是西方工业化国家对人类做出的重大贡献，那么生态文明的提出及其实践探索，则是中国在自身 5000 年深厚文化基础上吸纳工业文明的优点，为人类发展做出的重大贡献。

◇ 第一节 生态文明概念的孕育

生态文明概念的提出，始于生态环境问题，但背后的根源，却是传统发展理念下形成的发展模式的不可持续。在党的十八大后形成完整的生态文明思想之前,中国关于环境与发展之间关系的认识,经历了曲折的探索过程。

一 社会主义也有环境问题

中华人民共和国成立后很长一段时间,由于工业化水平低下,工业污染还未普遍出现,加上受经典教科书影响,人们认为只有资本主义才有环境问题,社会主义不存在环境污染问题,环境问题也就未引起人们足够重视。作为一个生产力落后的农业国家,当时的主要任务是"抓革命、促生产",在"一穷二白"的基础上,加快进行社会主义建设。同生态环境保护相关的工作,主要是节约资源、爱国卫生、水土保持、植树造林、兴修水利、防灾减灾等。

"大跃进"时期是中华人民共和国成立后生态环境第一次出现集中污染与破坏。1957年,毛泽东同志在《关于正确处理人民内部矛盾的问题》中提出,"今后的主要任务是正确处理人民内部矛盾,以便团结全国各族人民进行一场新的战争——向自然界开战,发展我们的经济,发展我们的文化"。为大炼钢铁,各地大办"五小工业",建成了大量简陋的炼铁、炼钢炉、小炉窑、小电站、小水泥厂、农具修造厂。技术落后、污染密集的小企业数量迅速增加。在农业领域,为养活4亿人口,推行"以粮为纲"政策,全国范围内出现大量毁林、弃牧、填湖开荒种粮的现象。这些违背自然规律的活动,对生态环境产生了很大冲击。

在1972年中国派代表团参加在瑞典举行的联合国人类环境大会之前,中国接连发生严重环境污染事件,包括大连海湾、渤海湾、上海港口、南京港口出现较严重污染;官厅水库遭污染,威胁北京饮用水安全①，等等。一些人开始认真关注环境问题。参加联合国人类环境大会，对中国后来的环境政策影响深远。这次大会也是世界各国政府第一次就保护全球环境战略召开的国际会议。会议通过了《联合国人类环境会议宣言》，呼吁各国政府和人民为维护和改善人类环境，造福全体人民，造福后代而共同努力。

1973年8月5日，中国以国务院名义召开第一次全国环境保护会议。会上披露了中国鲜为人知的环境污染和生态破坏问题，包括一些主要河流和地下水污染、城市烟雾、工业污染、农业污染，以及森林、草原和珍稀野生动植物遭破坏的情况。由于会议披露的环境污染问题大大超出人们的认知，周恩来总理决定在人民大会堂召开有党、政、军、民、学各界代表出席的万人大会，让公众了解中国存在环境保护问题。②

在中国生态文明建设史上，参加联合国人类环境大会和召开第一次全国环境保护会议，具有启蒙和里程碑意义。中国开展环境保护方面的工作，大体上同国际同步，均始于1972年的联合国人类环境大会。此后，环境问题开始进入政府工作议程，国务院环境保护领导小组随之成立。第一次全国环保大会正式提出了"全面规划，合理布局，综合利用，化害为利，依靠群众，大家动手，保护环境，造福人民"的"32字方针"，是我国第一个关于环境保护的战略方针。③

---

① 《环境史话：那些影响中国环境保护进程的重要会议》，2018年5月18日，国际环保在线网，https://www.huanbao-world.com/a/zhengce/2018/0518/16543.html。

② 同上。

③ 解振华：《中国改革开放40年生态环境保护的历史变革——从"三废"治理走向生态文明建设》，《中国环境管理》2019年第4期。

二 社会主义优越性与环境治理信心

虽然认识到社会主义也存在环境问题,但中国当时普遍相信,社会主义的优越性可以解决发展中出现的环境问题。这种信心,很大程度上来源于经典教科书关于环境问题的论述。资本主义无法解决经济危机和环境问题,是因为其社会化大生产与生产资料私有制之间的根本矛盾,而社会主义则可以通过公有制和计划手段解决环境问题。资本主义发展的驱动力,不是为了人们的需求或社会福祉,而是为了追逐利润和资本积累,故会无视环境。[1]

改革开放后,中国的工作重点转入以经济建设为中心。很长一段时期,由于经济规模不大,上述认识并没有受到真正严峻的考验。虽然第一次全国环保大会披露的中国环境问题超出很多人的认知,但由于当时生产力水平低下,中国生态环境总体状况并不差。大部分的环境污染仍然被认为是局部和偶发事件,不至于会到失控的地步。

从当时很多重大政策的制定来看,当时的基本认识是,环境和发展是可以兼顾的。1987年10月,党的十三大提出的经济现代化"三步走"战略。显然,由于当时对工业化模式下环境与发展之间的矛盾并没有切身的经历,中国对环境保护仍然深具信心。具体表现则是,一方面制定宏伟的经济发展目标;另一方面加大实施严格的环境保护政策。

---

[1] 中国代表团团长在1972年联合国人类发展大会的发言,反映了当时中国政府对环境问题成因的基本看法:"我们认为,当前,某些地区的公害之所以日益严重,成为突出的问题,主要是由于资本主义发展到帝国主义,特别是由于超级大国疯狂推行掠夺政策、侵略政策和战争政策造成的。"

——经济"三步走"总体战略:为了规划中国现代化发展的蓝图,邓小平同志设想了著名的现代化发展"三步走"战略:第一步,从 1981 年到 1990 年,国民生产总值翻一番,实现温饱;第二步,从 1991 年到 20 世纪末,再翻一番,达到小康;第三步,到 21 世纪中叶,再翻两番,达到中等发达国家水平。党的十三大,正式确定了这一战略。

——在 1983 年召开的全国第二次环保会议正式将环境保护确立为基本国策后,接下来又实施了严格的污染物总量控制政策。1996 年 7 月召开的第四次全国环境保护会议,确定实施《污染物排放总量控制计划》和《跨世纪绿色工程规划》两大举措。1996 年,在《国务院关于环境保护若干问题的决定》中,确定 2000 年要实现"一控双达标"的环保目标。"一控"指的是污染物总量控制,要求到 2000 年年底,主要污染物的排放量控制在国家规定的排放总量指标内;"双达标"是指工业污染源要达到国家或地方规定的污染物排放标准,空气和地面水按功能区达到国家规定的环境质量标准。

三 经济迅猛发展与环境问题全面爆发

(一)经济迅猛增长带来严重环境问题

随着改革开放成效日益显现,尤其 1992 年邓小平南方谈话和加入 WTO 后,中国经济迅猛发展,并成为"世界工厂",之前设定的污染物总量下降目标不仅已无法实现,而且环境问题即使下再大力气也难以遏制。鉴于这些现实和西方工业化国家的发展经验,中国开始切身体会到环境与发展之间的两难。

——1992 年后中国经济迅猛增长。1992 年,邓小平同志发表南方谈话，提出"要抓紧有利时机，加快改革开放步伐，力争国民经济更好地上一个新台阶"的要求，为中国走上有中国特色社会主义市场经济发展道路奠定了思想基础。之后，全国掀起新一轮改革开放热潮。浦东新区、长三角经济发力，经济开发区、工业园区大量出现。1992—1995年，中国GDP年增长率均超过10%，分别高达14.20%、13.50%、12.60%和10.50%[1]。

——加入世贸组织开启中国经济增长新阶段。2001年12月11日，中国正式成为世贸组织成员。2009年，中国由2001年的世界第六大出口国跃居世界第一大出口国。中国的经济规模，先后超过英国、法国、德国、日本，2009年后成为世界第二大经济体。在出口猛增的同时，2001—2017年中国货物贸易进口额年均增长13.5%，高出全球平均水平6.9个百分点，已成为全球第二大进口国。[2]

——生态环境问题大量涌现，如生态破坏、水土流失、荒漠化等，北京地区沙尘暴、黄河断流、长江特大洪水等。"1978年12月中央批准了五年控制、十年基本解决环境问题的计划。当时大家雄心勃勃，可是污染发展也很快，对环境问题严重性了解不够，对困难估计不足，导致计划落空。1996年提出'一控双达标'，要求到2000年所有企业污染物排放达标，各地方按功能区达标，过于超前，也未能实现。"[3]

（二）认识论的微妙变化

虽然中国政府从来没有明确提出过走"先污染、后治理"的发展

---

[1] 国家统计局：《中国统计年鉴1996》。
[2] 于永军、温建伦：《加入世贸组织让中国与世界实现共赢：纪念改革开放40周年》，2018年8月6日，宣讲家网，http://www.71.cn/2018/0806/1012236.shtml.
[3] 王玉庆：《中国环境保护政策的历史变迁》，《环境与可持续发展》2018年第4期。

模式，但随着 20 世纪 90 年代经济全面加速带来环境问题的日益加剧，以及国际学术界、政策界关于"发展与环境难以兼得"（所谓倒 U 形环境库兹涅茨曲线）的认识，中国开始认为经济发展成熟之前，很难避免环境问题。这种认识论的微妙变化，反映在国内和国际两方面的政策上。

——在国内，环境政策目标发生变化。五年计划中，一些污染物排放总量目标不降反升，或虽将污染物强度下降设为约束性指标，但排放总量目标却上升。中国"十五"计划（2001—2005）的主要目标中，二氧化硫总量控制目标不降反升。比如，"十一五"期间（2006—2010），节能减排的强度成为约束性指标，要求单位 GDP 能源强度下降；"十二五"规划（2011—2015）进一步纳入能耗强度、碳排放强度、资源产出率等指标。强度约束指标意味着，生产一单位 GDP 消耗的能源、排放和资源会降低，但由于 GDP 总量扩大，能耗、排放和资源消耗的总量仍然会继续上升。

——在国际上，强调发展中国家的发展权，为碳排放增长提供正当性，以争取发展空间。在气候变化谈判中，强调发达国家对全球环境破坏负有主要责任，同时也强调经济发展是发展中国家的首要任务，减排不能影响其发展。这些无疑非常正确。这里面也隐含一个认识前提，即发展必然会牺牲环境，二者不可兼得。

四　生态文明概念的提出

随着经济迅猛增长带来环境问题不断恶化，中国对环境问题的认识也在不断提升。2002 年，党的十六大从经济、政治、文化、可持续发展四个方面，界定了全面建设小康社会的具体内容，其中特别包含了可持续发展能力的要求。2003年，党的十六届三中全会提出了全面、协调、可持续的科学发展观。2006年，党的十六届六中全会提出了构建和谐社会、建设资源节约型社会和环境友好型社会的概念。2007年，党的十七大首次正式提出生态文明概念，将其作为全面建设小康社会的新要求之一："基本形成节约能源资源和保护生态环境的产业结构、增长方式、消费方式。……生态文明观念要在全社会牢固树立。"这意味着，虽然经济发展带来了严重的生态环境问题，但只要坚持科学发展，环境问题同经济发展是可以同时兼得的。这是中国关于环境与发展认识论的一大进步。

重大现实问题背后，往往孕育着重大的理论突破。环境和发展之间的矛盾长期得不到解决，背后必有重大的理论问题需要解决。中国和全世界范围环境危机的根源，乃是工业革命后建立的传统工业化模式的内在局限。但是，现有发展理念、发展模式以及相应的体制机制，均是在工业时代建立并为其服务的。彻底解决环境问题，不仅需要从根本上建立新的发展理念和发展模式，也有赖于系统全面的深层体制改革。

至此，关于环境与发展的关系问题，中国在认识论上经过了几个阶段的不断深化：最早认为社会主义国家没有环境问题；后来发现社会主义也有环境问题，但认为社会主义的优越性可以解决环境问题；在经历了经济高速发展带来的环境恶化后，认识到传统发展模式同环境难以两全的事实；为了解决传统发展模式带来的严重生态环境问题，党的十七大提出生态文明概念，强调以"全面、协调、可持续"的科学发展观实现环境与发展的兼容。这是认识论上的巨大进步，为之后新发展理念的提出和生态文明内涵的丰富，奠定了坚实的基础。

第二节 生态文明思想确立

党的十八大后，中国关于环境与发展关系的认识，从之前的相互兼容，进一步提升到二者可以相互促进。认识论的重大提升，带来行动上的重大变化。中国环境保护力度空前加大，并在环境和发展两方面都取得显著成效。基于这些认识和实践，习近平生态文明思想的确立，也就水到渠成。

一 党的十八大后生态文明概念的新内涵

党的十八大之后，中国开启了全面深化改革的大幕。在环境与发展方面，不仅生态文明概念被赋予新的内涵，而且生态文明作为"五位一体"总体布局的重要内容，被提到前所未有的高度。2015 年 10 月，习近平总书记在党的十八届五中全会上，进一步提出了创新、协调、绿色、开放、共享的新发展理念。绿色发展成为新发展理念的核心内容。

生态文明新内涵的核心，就是"绿水青山就是金山银山"。这意味着，发展背后的价值观念发生了重大转变，不再过于强调传统的物质发展为核心内容的 GDP。环境保护和经济发展之间的关系，就从过去的对立转变为相互促进。随着发展观念或价值观念的改变，良好的自然生态环境本身，亦成为发展必不可少的内容。

尤其是，党的十九大提出中国社会主要矛盾发生转变的论断，即"人民群众日益增长的对美好生活的需要与不平衡不充分发展之间的矛盾",进一步推动了人们发展观念或价值观念的转变。发展的根本目的,是让人们过上美好生活,而什么是"美好生活",则很大程度上取决于价值观念。由于良好的自然生态环境是"美好生活"的重要内容,是人民群众最普惠的民生需求,当然也是发展的重要内容。此外,基于良好的生态环境,还可以催生大量市场化新兴服务经济。这意味着,保护生态环境不仅可以提高人们福祉,也会成为经济增长新的重要来源,增长和保护就会相互促进。

二 大刀阔斧"向污染宣战"

随着认识论的重大转变,一直以来关于治理污染会影响经济发展的顾虑,很大程度上被消除。党的十八大之后,中央和地方采取了前所未有的环境治理和生态修复行动,包括污染防治攻坚战、水环境治理、土壤治理、农业面源污染治理、长江大保护战略、黄河流域大保护、生态红线、国家公园、清洁能源、节能减排等等。

尤其是,党的十九大将污染防治攻坚战,同打好防范化解重大风险、精准脱贫一起,作为全面建成小康社会的三大攻坚战。2018 年 6 月 24 日,中共中央、国务院发布《关于全面加强生态环境保护 坚决打好污染防治攻坚战的意见》,明确要求着力解决一批民众反映强烈的突出生态环境问题,打好蓝天、碧水、净土三大保卫战和七大标志性战役,即打赢蓝天保卫战、打好柴油货车污染治理、水源地保护、黑臭水体治理、长江保护修复、渤海综合治理、农业农村治理攻坚战等。《意见》以 2020 年为时间节点,兼顾 2035 年和 21 世纪中叶,制定了污染防治攻坚战和生态环境保护的具体目标。

——到 2020 年,生态环境质量总体改善,主要污染物排放总量大幅减少，环境风险得到有效管控，生态环境保护水平同全面建成小康社会目标相适应。

——到2035年节约资源和保护生态环境的空间格局、产业结构、生产方式、生活方式总体形成，生态环境质量实现根本好转，美丽中国目标基本实现。

——到21世纪中叶，生态文明全面提升，实现生态环境领域国家治理体系和治理能力现代化。

"向污染宣战"收到了很大的成效，不仅改变了人们的发展观念，让人们看到了政府保护环境的坚定决心，生态环境质量也得到明显改善。

三 "绿水青山就是金山银山"

随着认识的不断深化和生态文明实践的成功探索，习近平生态文明思想的形成也就水到渠成。在2018年5月18日的第八次全国生态环境保护大会上，习近平总书记做了《推动我国生态文明建设迈上新台阶》的报告，标志着习近平生态文明思想正式确立。这一思想的精髓，就是"绿水青山就是金山银山"，以及"人与自然和谐共生"。其中，"绿水青山就是金山银山"的思想，是习近平总书记2005年8月15日在浙江省委书记任上考察浙江安吉县时首次提出，后来他又进一步阐述了绿水青山与金山银山之间三个发展阶段的问题。

具体而言，生态文明思想集中体现为"生态兴则文明兴"的深邃历史观、"人与自然和谐共生"的科学自然观、"绿水青山就是金山银山"的绿色发展观、"良好生态环境是最普惠的民生福祉"的基本民生观、"山水林田湖草是生命共同体"的整体系统观、"实行最严格生态环境保护制度"的严密法治观、"共同建设美丽中国"的全民行动观、"共谋全球生态文明建设之路"的共赢全球观。生态文明建设的五大体系，包括生态文化体系、生态经济体系、目标责任体系、生态文明制度体系、生态安全体系。

尤其是，"人与自然"和谐共生，反映了新的现代化观念。在党的十九大报告中，习近平总书记从生态文明的高度，对中国要建立的现代化进行了不同于西方现代化标准的定义："我们要建设的现代化是人与自然和谐共生的现代化，既要创造更多物质财富和精神财富以满足人民日益增长的美好生活需要，也要提供更多优质生态产品以满足人民日益增长的优美生态环境需要。必须坚持节约优先、保护优先、自然恢复为主的方针，形成节约资源和保护环境的空间格局、产业结构、生产方式、生活方式，还自然以宁静、和谐、美丽。"[①] 这意味着，未来现代化中国的发展内容，也将大不同于今日欧美在传统工业时代形成的发展内容。

◇ 第三节　生态文明体制改革

为实现"五位一体"总体布局的战略目标，中国不仅大刀阔斧推动生态文明体制改革和法治建设，建立生态文明制度的"四梁八柱"，更将生态文明建设写入党章和宪法，为其奠定了无可撼动的法律地位。

---

① 习近平：《决胜全面建成小康社会　夺取新时代中国特色社会主义伟大胜利——在中国共产党第十九次全国代表大会上的报告（2017年10月18日）》，人民出版社2017年版，第50页。

一　建立新体制是生态文明建设的关键

生态文明目标能否自我实现，有赖于相应体制机制的建立。实现生态文明建设目标，就必须让众多利益相关主体，包括政府、企业、个人、社会组织、学校等都有内在激励。习近平总书记强调，要深化生态文明体制改革，尽快把生态文明制度的"四梁八柱"建立起来，把生态文明建设纳入制度化、法治化轨道，用最严格的制度、最严密的法治，为生态文明建设提供保障。

由于现有发展方式和体制机制很大程度是在传统工业时代形成并为其服务的，尽管认识论（头脑）上有了重大转变，但发展内容和运行机制（身体）很大程度还停留在传统工业时代，不适应生态文明的内在要求。作为一种新的文明形态，生态文明对体制的要求，同工业文明对体制的要求有很多内在区别。因此，建立具有"自我实现"功能的生态文明体制机制，就成为生态文明能否得到贯彻落实面临的一个重大挑战。这不仅需要远见卓识，还需要大无畏的改革勇气。

二　里程碑式的体制改革

2012年之后，是中国全面深化改革措施出台的高峰期，生态文明建设方面也出台了一系列里程碑式的改革，主要包括：2012年，党的十八大将生态文明作为"五位一体"总体布局的重要部分；2014年以来，相继出台《关于加快推进生态文明建设的意见》《生态文明体制改革总体方案》等涉及生态文明建设的改革方案；党的十九大确立美丽中国战略，2035年生态环境根本好转、美丽中国目标基本实现；到

21 世纪中叶，建成富强民主文明和谐美丽的社会主义现代化强国。

其中，《生态文明体制改革总体方案》提出的八项制度，构成生态文明体制建设的基本框架。方案明确了生态文明体制改革的任务书、路线图，为加快推进改革提供了重要遵循和行动指南。八项制度包括：健全自然资源资产产权制度、建立国土空间开发保护制度、建立空间规划体系、完善资源总量管理和全面节约制度、健全资源有偿使用和生态补偿制度、建立健全环境治理体系、健全环境治理和生态保护市场体系、完善生态文明绩效评价考核和责任追究制度。

在机构改革方面，2018 年在环境保护部基础上组建生态环境部，标志着生态环保事业开启新征程，进入"大生态"监管时代，并在监管上实现"五个打通"，即打通地上和地下、岸上和水里、陆地和海洋、城市和农村、大气污染防治和气候变化应对。

2019 年 10 月，生态文明制度建设迎来新的里程碑。党的十九届四中全会审议通过《中共中央关于坚持和完善中国特色社会主义制度　推进国家治理体系和治理能力现代化若干重大问题的决定》。其中，将"坚持和完善生态文明制度体系、促进人与自然和谐共生"，作为国家治理体系和治理能力现代化中必须坚持的内容进行了具体规范，包括实行最严格的生态环境保护制度、全面建立资源高效利用制度、健全生态保护和修复制度、严明生态环境保护责任制度。

三　环境立法理念重大转变和法治建设

随着新发展理念的贯彻和生态文明的推进，环境立法价值取向实现了从发展优先到保护优先的根本转变，相应的环境立法也按照这一新的价值取向加快完善。

2014年4月,按照新的理念完成《环境保护法》修订,首次明确了《环境保护法》的综合法地位和"保护优先"原则。该法被称为史上最严环保法,并首次将生态保护红线写入法律,在重点生态保护区、生态环境敏感区和脆弱区等区域,划定生态保护红线,实行严格保护。

2016年1月1日,被称为"史上最严"的新《大气污染防治法》正式施行。该法将排放总量控制和排污许可的范围扩展到全国。同时,全国碳排放权交易市场也加快建设抓紧出台。2018年1月1日,新修订的《水污染防治法》和《环境保护税法》正式实施。《中华人民共和国土壤污染防治法》2019年1月1日施行。

2017年10月,党的十九大审议通过《中国共产党章程(修正案)》,把"中国共产党领导人民建设社会主义生态文明"写入党章。社会主义民主政治,最根本的是要坚持党的领导、人民当家作主和依法治国的有机统一。因此,作为执政党,将"生态文明"写入党章,就成为国家建设生态文明的重要保证。

2018年3月11日,第十三届全国人民代表大会第一次会议通过《中华人民共和国宪法修正案》,生态文明正式被写入国家根本法。修正案中将宪法序言第七自然段一处表述修改为:"推动物质文明、政治文明、精神文明、社会文明、生态文明协调发展,把我国建设成为富强民主文明和谐美丽的社会主义现代化强国,实现中华民族伟大复兴。"至此,生态文明发展在中国具有了无可撼动的法律地位。

◇◇ 第四节 中国经济的绿色转型

生态文明思想的核心内涵,是"绿水青山就是金山银山"。它意味着,绿色转型代表发展的机遇,而不是过去被认为的负担。基于这一新认识的系列战略举措，推动了中国绿色生产方式和绿色生活方式的转变。

一 从绿色负担论到绿色机遇论

由于传统工业化模式下环境和发展之间的对立关系，长期以来绿色发展都被视为一个负担，良好的生态环境被认为是只有在经济发展到一定阶段后才能负担得起的奢侈品。因此，环境库滋涅茨倒 U 形曲线，或"先发展（或先污染）、后治理"模式，被作为一个发展规律被广泛接受，治理污染则被视为一个负担。

但是，一旦从传统工业时代"人与商品"的狭隘视野，转变到"人与自然"更宏大的生态文明视野，将传统工业化模式下的外部成本、隐性成本、长期成本、机会成本等考虑在内，则原先被认为是低成本、高收益的经济活动，可能就成为高成本、低收益；反之亦然。如果进一步考虑生态环境破坏带来的非货币化的健康和福利损失，则传统工业化模式的代价就更加高昂。

理解绿色发展的机遇需要新的思维和愿景。国家领导人的发展理念和远见卓识，就成为认识并抓住绿色发展机遇的关键。继 2005 年 8 月 15 日在安吉提出"绿水青山就是金山银山"后，2006 年，习近平总书记在实践中又进一步深化"两山论"，深刻阐述了"两山"之间内在关系的三个阶段，明确提出生态优势可以转变成经济优势，即保护生态环境同经济发展可以成为一种相互促进关系。

2006 年 3 月 8 日，习近平总书记在中国人民大学的演讲中指出："第一个阶段是用绿水青山去换金山银山，不考虑或者很少考虑环境的承载能力，一味索取资源。第二个阶段是既要金山银山，但是也要保住绿水青山，这时候经济发展和资源匮乏、环境恶化之间的矛盾开始凸显出来，人们意识到环境是我们生存发展的根本，要留得青山在，才能有柴烧。第三个阶段是认识到绿水青山可以源源不断地带来金山银山，绿水青山本身就是金山银山，我们种的常青树就是摇钱树，生态优势变成经济优势，形成了浑然一体、和谐统一的关系，这一阶段是一种更高的境界。"[1]

绿色发展从负担论到机遇论，最为显著的变化，就是政府不再像过去那样，顾虑加大环境保护会影响经济发展，环境目标从强度控制部分地回归到总量控制目标。之前为了发展，政府更多地强调控制环境强度目标。正是有了新的发展理念，中国政府走出了过去对环境保护可能影响经济增长的顾虑，进而采取了大胆的环保和应对气候变化行动。

——以应对气候变化和促进低碳发展为例。最初中国的减排行动，很大程度缘于应对气候变化的国际压力；现在，中国的绿色发展更多的是基于自身转型发展的内在动力，因为传统发展模式已不可行，而新的绿色发展机遇已被认识，且正在大量出现。[2]

——在 2009 年哥本哈根气候变化大会之前，中国宣布了 2020 年碳排放强度在 2005 年的基础上下降 40%—45% 的目标。在"十一五""十二五"时期，能耗强度、碳排放强度分别设定为下降 20%、17%。在 2015 年中国向联合国提交的国家自主贡献承诺中，2030 年

---

[1] 李红梅主编：《中国特色社会主义生态文明建设理论与实践研究》，人民出版社 2017 年版，第 110 页。

[2] 国务院发展研究中心、世界银行联合课题组：《2030 年的中国》，中国财政经济出版社 2012 年版。中国环境与发展国际合作委员会：《绿色发展新时代——中国绿色转型 2050》，2017 年。

碳强度在 2005 年基础上进一步下降 60%—65%。

——在"十二五"规划中,中国实行了能源总量控制目标,以控制碳排放。同时,由于煤炭是空气污染的重要来源,在国务院制定的《大气污染防治行动计划》中,采取前所未有的措施削减煤炭消费总量。在一些空气污染严重的地区(京津冀、长三角、珠三角地区),煤炭消费必须绝对下降。

特别要指出,中国环境总量控制目标的回归,不同于发达国家的污染物控制总量和温室气体排放量绝对下降的概念。发达国家是在传统工业化到排放峰值后(通过全球产业转移)实现绝对量下降,而中国虽然也有发展水平提高到新阶段的因素,但更重要的是因为发展理念转变,不再担心严格治理污染会影响发展。

中国严厉的环保行动,并没有像一些人担心的影响经济发展。在 2013—2019 年,中国 GDP 增长率分别为 7.8%、7.3%、6.9%、6.7%、6.8%、6.6%。改革开放以来,中国对世界经济的贡献作用明显加强,1979—2012 年,中国对世界经济增长的年均贡献率达到 15.9%,仅次于美国,位居世界第二位。2013—2018 年,中国对世界经济增长的年均贡献率更是达到 28.1%,居世界第一位。自 2006 年以来,中国对世界经济增长的贡献率已经连续 13 年稳居世界第一位,成为世界经济增长的第一引擎。[1] 考虑到中国经济从高速增长阶段向中高速增长阶段转换的新常态[2],这一增长率的取得就殊为不易。

---

[1] 《国际地位显著提高 国际影响力持续增强——新中国成立 70 周年经济社会发展成就系列报告之二十三》,2019 年 8 月 29 日,国家统计局,http://www.stats.gov.cn/tjsj/zxfb/201908/t20190829_1694202.html。

[2] Huang, Y., Cai, F., Peng, X., & Gou, Q., "The New Normal of Chinese Development", In R. Garnaut, F. Cai, & L. Song Eds., *China: A New Model for Growth and Development*, Canberra: Australian National University e-Press, 2013, pp. 35–54.

二 绿色创新和绿色生产的巨大机遇

习近平总书记在 2018 年全国生态环境保护大会指出,加快形成绿色发展方式,是解决污染问题的根本之策。绿色生产"重点是调结构、优布局、强产业、全链条"。"培育壮大节能环保产业、清洁生产产业、清洁能源产业,发展高效农业、先进制造业、现代服务业。推进资源全面节约和循环利用,实现生产系统和生活系统循环链接。"①

难能可贵的是,中国不仅有绿色发展的新理念和优势,而且有决心将这种优势转化成实实在在的行动。在"十二五"规划中,中国政府确立了七大战略性新兴产业,分别是节能环保、新兴信息产业、生物产业、新能源、新能源汽车、高端装备制造业和新材料。本质上,这七大战略性新兴产业均具有绿色技术高附加值的特征。这些领域的增长,将大幅提高中国经济的竞争力。根据"十二五"规划,这些产业将实现年均 20% 的增长率,2020 年占 GDP 的比重提升到 15%,成为国民经济支柱产业。

新型绿色产业在中国快速发展,尤以互联网经济为甚。根据麦肯锡全球研究院 2016 年的报告,到 2030 年,中国传统行业的效率提升将提供 5 万亿美元的巨大创新空间;互联网对中国 GDP 的贡献,2025 年有望提高到 22%。互联网经济不仅促进知识经济和提高效率,亦促进服务经济的发展。可再生能源也成为中国经济增长的重要来源。以风电为例,根据国家发改委能源研究所《中国风电发展路线图 2050》的预测,

---

① 中共中央宣传部编:《习近平新时代中国特色社会主义思想学习纲要》,学习出版社、人民出版社 2019 年版,第 172 页。

2020年、2030年和2050年的装机容量分别达到2亿瓦、4亿瓦和10亿瓦。在中美双方2014年11月12日在北京发布的应对气候变化的联合声明中，中国首次正式提出计划2030年碳排放达到峰值且将努力早日达峰，并于2030年将非化石能源在一次能源中的比重提升到20%。

中国推行绿色发展有很多优势。第一，高层领导人对绿色发展的政治共识、快速有效的政府决策体系，以及强大的政府执行力。第二，庞大的国内市场。第三，后发优势。由于同发达国家相比发展水平相对低，中国转型成本相对较低。第四，传统部门的技术改造空间巨大。第五，新能源资源禀赋。中国拥有较丰富的风能、太阳能、页岩气、沼气等资源。第六，中国强大的制造能力，有可能成为全球绿色技术产业化的洼地。无论绿色技术是否在中国发明，都可以在中国生产、应用和销售。这样，中国的绿色发展就成为全球的机遇。[①]

三 绿色生活方式的兴起

"绿水青山"转化为"金山银山"，一个重要前提就是新的绿色生活方式。目前全球普遍接受的关于"美好生活"的概念，很大程度上是传统工业时代的产物，是以发达工业化国家生活方式为默认标准。这种"美好生活"方式，虽然大幅提高了物质生活水平，但却不可持续，还出现很多所谓的现代社会病。以美国为例，其人口占全球5%，却消耗全世界20%的能源，消费全球15%的肉类，产生全球40%的垃圾。全球生态足迹网络（https://www.footprintnetwork.org）

[①] 国务院发展研究中心、世界银行联合课题组：《2030年的中国》，中国财政经济出版社2012年版。

做过测算，如果地球上每个人都像欧美发达国家那样生活，则需要几十个地球才能满足。

随着环境污染问题日益渗入百姓的日常生活，公众的生活方式开始明显改变。党的十九大报告指出，中国社会主要矛盾，已经转化为"人民日益增长的美好生活需要和不平衡不充分的发展之间的矛盾"。发展的根本目的，是过上"美好生活"①。不同的"美好生活"概念，对应着不同的发展内容和不同的资源概念。因此，"美好生活"概念是否崇尚过度物质消费，就直接决定发展的内容及是否可持续。

绿色生活方式背后，是新的价值理念。习近平总书记在党的十九大报告中指出，要提供更多优质生态产品，以满足人民日益增长的优美生态环境需要。在2018年全国生态环境保护大会的讲话中，他对绿色生活方式的理念和内容进一步做了生动阐释。"绿色生活方式涉及老百姓的衣食住行。要倡导简约适度、绿色低碳的生活方式，反对奢侈浪费和不合理消费"，"通过生活方式绿色革命，倒逼生产方式绿色转型"。2019年9月中央审议通过了《绿色生活创建行动总体方案》。该方案通过开展节约型机关、绿色家庭、绿色学校、绿色社区、绿色出行、绿色商场、绿色建筑等创建行动，广泛宣传推广简约适度、绿色低碳、文明健康的生活理念和生活方式。

2018年6月5日世界环境日，生态环境部、中央文明办、教育部、共青团中央、全国妇联五部门联合发布《公民生态环境行为规范（试行）》，倡导简约适度、绿色低碳的生活方式，包括关注生态环境、节约能源资源、践行绿色消费、选择低碳出行、分类投放垃圾、

---

① 习近平：《决胜全面建成小康社会　夺取新时代中国特色社会主义伟大胜利——在中国共产党第十九次全国代表大会上的报告（2017年10月18日）》，人民出版社2017年版，第11页。

减少污染产生、呵护自然生态、参加环保实践、参与监督举报、共建美丽中国"十条"行为规范。目前，新的生活方式逐渐成为中国百姓"美好生活"的重要内容。

◇ 第五节 生态文明走向世界

中国提出的生态文明和新发展理念，不只是源于中国发展模式面临的特殊问题，背后更是工业革命后人类建立的传统发展模式不可持续的普遍问题。因此，中国探索生态文明的意义，就不限于国内，而是具有全球性。

一 生态文明的世界意义

由于传统发展模式不可能实现全球共享繁荣，占全球人口少数（低于20%左右）的工业化国家，长期处于全球价值链顶端，而占人口大多数的发展中国家（80%），则长期处于价值链低端，处于低收入状态。当更多世界人口试图加入"现代化"行列时，传统工业化模式不可持续的弊端就暴露无遗。以"绿水青山就是金山银山"为核心思想的生态文明新发展范式，也就成为实现人类可持续发展的必然选择，成为构建人类命运共同体的前提。

2013年9月7日，习近平主席首次在国际场合介绍"绿水青山就是金山银山"的理念。在哈萨克斯坦纳扎尔巴耶夫大学发表演讲的提问环节，习近平用生动的语言，向在场师生介绍了中国生态文明理念，强调既要绿水青山，也要金山银山。宁要绿水青山，不要金山银山,而且绿水青山就是金山银山。① 习近平主席关于生态文明的阐述,激起了强烈共鸣。

2015年11月30日,在巴黎气候变化大会开幕式上,习近平主席发表题为"携手构建合作共赢、公平合理的气候变化治理机制"的演讲,明确提出了两个"共赢"。一是经济发展和应对气候变化之间的双赢,"推动各国走向绿色循环低碳发展,实现经济发展和应对气候变化双赢";二是各国之间的共赢。他呼吁,"我们应该创造一个各尽所能、合作共赢的未来","巴黎大会应该摒弃'零和博弈'狭隘思维,推动各国尤其是发达国家多一点共享、多一点担当,实现互惠共赢"②。

中国绿色转型的成功,对解决包括气候变化在内的全球环境问题,以及建立公平可持续的全球环境治理体系具有重要作用。如果中国能够探索一条绿色发展新路径,则对欠发达国家的现代化就有重大借鉴意义。在2016年5月召开的第二届联合国环境大会期间,联合国环境规划署还发布了《绿水青山就是金山银山:中国生态文明战略与行动》报告。中国经验受到普遍好评。利用新的发展理念和新技术,欠发达国家可以蛙跳式地通过绿色发展路径实现现代化,从而避免走工业化国家"先污染、后治理"的传统不可持续老路。

二 生态文明蕴含的中国文化

工业革命后,大多数国家都在试图实现现代化,但只有少数国家

---

① 《习近平在哈萨克斯坦纳扎尔巴耶夫大学发表重要演讲》,2013年9月7日,中国政府网,http://www.gov.cn/ldhd/2013-09/07/content_2483425.htm。
② 习近平:《携手构建合作共赢、公平合理的气候变化治理机制——在气候变化巴黎大会开幕式上的讲话(2015年11月30日)》,人民出版社2015年版,第3—4页。

能够成功。这意味着，中国取得的巨大成就，不只是简单地学习西方工业化国家的结果，其中5000多年独特文化底蕴亦发挥着重要作用。相对于有形的器物和制度，这种无形的文化底蕴对经济的作用，却往往被忽视。随着传统工业化模式的弊端日益暴露，中国传统文化的价值，就开始显现其巨大的生命力。

2019年5月，习近平主席在亚洲文明对话大会开幕式上指出，交流互鉴是文明发展的本质要求。[①] 建设社会主义文化强国，文化必须走向世界。一种文化只有反映时代精神、回应时代呼声，才有活力和生命力。中国文化和生态文明思想，均是中国最能为世界广泛接纳的全球共同财富，是推动中国走向世界舞台中央的重要力量。中国探索生态文明实践的生动故事，就可以成为中国文化走向世界的载体。

生态文明正是基于中国5000年传统文化与现代结合、孕育出的新的文明形态。生态文明在中国的诞生，有其深厚的哲学和文化基础。中国自古就对大自然充满敬畏，有着"天人合一"的哲学思想。这种传统，不同于工业化征服自然的逻辑。在此基础上产生的新发展理念，对人类社会现代化进程具有重要价值。随着中国的崛起和生态文明影响的加大，生态文明思想中蕴含的中国文化，也越来越被世界接受。

三　生态文明成为国家软实力

生态文明代表人类文明的重要方向。它为解决各种全球性问题提

[①] 《习近平在亚洲文明对话大会开幕式上的主旨演讲》，2019年5月15日，中央广播电视总台央视网，http://news.cnr.cn/native/news/20190515/t20190515_524613615.shtm。

供了解决方案。在推动联合国可持续发展目标（SDGs）、国际气候谈判、绿色"一带一路"、南南合作、联合国生物多样性大会等方面，生态文明正成为中国的国家软实力。

——帮助发展中国家实现低碳发展。2015年9月，中国宣布出资200亿元人民币建立"中国气候变化南南合作基金"，帮助发展中国家应对气候变化，为全球气候治理做出实实在在的努力。2015年年底，中国进一步宣布2016年启动在发展中国家开展10个低碳示范区、100个减缓和适应气候变化项目，以及1000个应对气候变化培训名额的合作项目。这些合作倡议是中国在气候治理领域提供的公共产品，是无私帮助其他发展中国家的义举。[①]

——生态文明为联合国可持续发展目标（SDGs）提供根本解决之道。联合国2030年17大类可持续发展目标，致力于全面消除贫困、不平等和应对气候变化。SDGs面临的最大挑战是，在传统工业化模式下，这17大类目标，很多都是难以兼顾的关系；只有基于生态文明的逻辑，对发展范式进行系统性转变，才有望建立起这些目标相互促进的关系。因此，生态文明是实现联合国可持续发展的根本之道。

——全球气候治理。中国推动全球气候治理的战略，也从最开始的各国减排负担分担，逐渐转向促进绿色发展机遇共享。2015年11月30日，国家主席习近平在巴黎参加联合国气候变化大会开幕式，发表题为"携手构建合作共赢、公平合理的气候变化治理机制"的演讲，强调各方面应展现诚意、坚定信心、齐心协力，推动建立公平有

[①] 杨威、董志成：《习近平厚植绿水青山 世界点赞美丽中国》，2017年6月7日，中青在线，http://theory.cyol.com/content/2017-06/07/content_16159017.htm。

效的全球应对气候变化机制，实现更高水平全球可持续发展，构建合作共赢的国际关系。

——成为联合国生物多样性大会的主题。2021年，《生物多样性公约》第十五次缔约方大会（COP15）在中国昆明举行，主题确定为"生态文明：共建地球生命共同体"。这是联合国各环境公约缔约方大会首次以"生态文明"为主题，彰显了生态文明思想的世界意义。COP15将审议"2020年后全球生物多样性框架"，确定2030年全球生物多样性新目标。

——绿色"一带一路"。2017年，环境保护部、外交部、发展改革委、商务部联合发布了《关于推进绿色"一带一路"建设的指导意见》，系统阐述了建设绿色"一带一路"的重要意义，牢固树立"创新协调绿色开放共享"的新发展理念，坚持各国共商、共建、共享，遵循平等、追求互利，全面推进"政策沟通""设施联通""贸易畅通""资金融通"和"民心相通"的绿色化进程。

——以绿色发展实践为世界贡献"中国方案"。在2015年巴黎气候大会上，《中国库布其生态财富创造模式和成果报告》被郑重推向世界。2017年12月，把荒漠变林海的塞罕坝与库布其一起被联合国环境大会授予"地球卫士奖"。

——2018年，首届中国国际进口博览会上，中国馆里一幅山水长卷成为焦点。该画卷用动态版绿水青山图，呈现出"两山论"诞生地浙江省安吉县生态环境带来的繁荣景象，成为阐释"绿水青山就是金山银山"的生动案例。

（张永生）

第十四章

国防和军队改革

伴随着国家改革开放的伟大进程,中国共产党领导人民解放军不断推进自身改革,从多次精简整编到新时代深化国防和军队改革,一路走来,军队改革创新从未止步,领导指挥体制、力量规模结构等主要领域改革迈出历史性步伐。改革开放40多年来,人民解放军先后经历了1980年、1982年、1985年、1992年、1997年、2003年、2010年、2015年八次大的改革。其中,力度最大、影响最深、具有里程碑意义的有两次:第一次是20世纪80年代中期的百万大裁军,第二次是从2015年正式拉开序幕的新时代深化国防和军队改革。

◇ 第一节 开创有中国特色的精兵之路

改革开放以来到20世纪90年代初期,中国共产党及时对军队建设指导思想实行战略性转变,领导人民解放军有计划、有步骤地进行以减少数量、提高质量为主要内容的调整改革,成功开创有中国特色的精兵之路。

一 "消肿"以及国家军事体制的重大改革

"文化大革命"期间,人民解放军在组织编制上存在的一个突出问题就是"臃肿"。为了改变这种状况,中央军委把"消肿"和编制体制改革作为改革开放之初军队整顿的重要任务。1980年3月,中央军委召开常委扩大会议,集中讨论军队精简整编问题。这次整编,在压缩编制员额同时,着重加大了技术兵种的比例。1982年2月,中央军委成立体制改革、精简整编领导小组,随后确立对军队体制改革、精简整编的四项原则:精兵、合成、平战结合、提高效能。这次主要是精简陆军步兵,技术兵种比例继续增大;将原直属中央军委建制的炮兵、装甲兵、工程兵领导机关缩编为总参谋部的业务部,各大军区也作了相应改变;将铁道兵与铁道部合并,撤销基建工程兵;以人民解放军移交给公安部门的内卫部队及公安部原有的边防、消防民警为基础,重新组建中国人民武装警察部队。1982年3月,预备役制度得到恢复,沈阳军区率先组建了一个预备役步兵师;1984年5月,全国人大审议通过新的《兵役法》,规定中国实行义务兵与志愿兵相结合、民兵与预备役相结合的兵役制度。到1985年中央军委扩大会议召开时,人民解放军"消肿"和编制体制改革调整已经取得了重大成绩。

改革开放初期,中国共产党着眼系统总结历史经验教训,为改革开放和国家长治久安奠定制度基础,探索建立了党和国家相统一的最高军事领导体制,以宪法形式确立了军委主席负责制。这是新的历史条件下国家政治体制和军事体制的重大改革。1982年12月,第五届全国人民代表大会第五次会议修改通过的《中华人民共和国宪法》规定,"中华人民共和国中央军事委员会领导全国武装力量""中央军事委员会实行主席负责制"。中华人民共和国中央军事委员会和中国共产党中央军事委员会，其组成人员、领导机构和领导职能都是统一的，均简称中央军委，两个机构融为一体，充分体现党和国家对军队领导的一致性。正如邓小平同志所指出的，"我们的军队能够始终不渝地坚持自己的性质。这个性质是，党的军队，人民的军队，社会主义国家的军队"[①]。1983年6月以来，邓小平、江泽民、胡锦涛、习近平先后任中央军委主席。

二 百万大裁军

1985年五六月间召开的中央军委扩大会议做出军队建设指导思想实行战略性转变的重大决策，即从立足于"早打、大打、打核战争"的临战状态转到和平时期建设轨道上来。据此，中央军委扩大会议做出减少军队员额100万的决策，通过了《军队体制改革、精简整编方案》。1985年开始的百万大裁军，到1987年年底基本完成。

这次百万大裁军，共减少师、团单位4052个，军级单位31个，大军区4个，县市人民武装部归地方建制2592个，同时降低部分单位的等级。[②]将大军区数量由原来的11个调整为7个，即将福州军区与南京军区合并、武汉军区与广州军区合并、昆明军区与成都军区合并、乌鲁木齐军区与兰州军区合并，其他未变。裁减的重点是总部、大军区、军兵种机关及直属单位，其中总部和各大军区机关都在原定额基础上精简近一半。军事学院、政治学院、后勤学院合并为国防大

[①]《邓小平文选》第3卷，人民出版社1993年版，第334页。
[②]《中国人民解放军》（上册），当代中国出版社1994年版，第312页。

图 14-1　从 1985 年开始，中国进行百万大裁军

图片来源：中国军网、国防部网，2018 年 11 月 12 日，http://www.81.cn/jfjbmap/content/2018-11/12/content_220459.htm。

学，撤并部分其他军队院校。减少各级领导班子的副职干部，将机关、部队 76 种职务由军官改为士兵，官兵比例趋于合理。陆军组建合成集团军，将装甲兵、炮兵和野战工兵大部，编入陆军合成集团军序列，成为人民解放军建设现代化合成军队的重要一步。为适应未来反侵略战争的需要，在全军减少员额的情况下，中央军委决定恢复总参谋部第四部，增加电子对抗部队的编制；组建陆军航空兵，使其作为一个新的兵种正式诞生。从 1985 年起，3 年内有 60 多万军队干部退出现役，转业地方工作。一次整编、撤并、移交这么多单位，安置这么多干部，这是过去没有的。通过百万大裁军，使人民解放军朝着机构精干、指挥灵便、反应快速、效率很高、战斗力很强的目标又前进了一大步。

此后,根据形势和任务的要求,军队编制体制又进行了一些小的调整,并继续裁减了一些员额。到 1990 年,全军员额已减少到 319.9 万人。①

三 实行新的军衔制度

实行新的军衔制是中共中央、中央军委加强新时期军队建设的一项重大决策,是搞好军队干部和士兵管理的一项重大改革。1982 年年初,中央军委常务会议就正式做出实行新的军衔制的决定。1984 年,新修订的《兵役法》规定,"中国人民解放军实行军衔制度"。1988 年 7 月,七届全国人大常委会二次会议通过《中国人民解放军军官军衔条例》;同年 9 月,国务院和中央军委颁布《中国人民解放军现役士兵服役条例》。这两个条例的颁布,标志着中国人民解放军新军衔制的诞生。1988 年 9 月 14 日,中央军委授予 17 名军官上将军衔;10 月 1 日,人民解放军正式实施新的军衔制度,全军更换新的制式服装。军衔制度的再度实行,标志着人民解放军现代化、正规化建设进入一个新的阶段。

中华人民共和国成立后的相当长时间内,一直把从士兵中直接选拔干部作为基层干部的首要或主要来源。从 1980 年起,不再从士兵中直接提拔干部。1988 年颁布的《中国人民解放军现役军官服役条

---

① 中华人民共和国国务院新闻办公室:《中国的军备控制与裁军》,《解放军报》1995 年 11 月 17 日。

例》规定，人民解放军实行经院校培训提拔军官的制度，这就使院校培训干部规范化和制度化了。

1980—1984 年，洲际导弹、潜地导弹和通信卫星三项重点国防尖端武器研制试验任务相继完成，使中国国防现代化达到了一个新的水平。这一时期的军队改革，完成了军队建设的拨乱反正，使军队建设重新走上正确的发展轨道，以"革命"的决心进行体制编制改革，并取得重大成就，为后来的军队改革创造了有利条件。

◇◇ 第二节　积极推进中国特色军事变革

1991 年年初爆发的海湾战争，是机械化战争迈向信息化战争的转折点，引发了世界性军事变革浪潮。20 世纪 90 年代以来，党中央顺应世界军事变革发展趋势，积极推进中国特色军事变革，推动军队建设逐步走上以信息化带动机械化、以机械化促进信息化的复合式发展道路，开始进行一次新的重大变革。

一　裁减军队员额 50 万

由于编设部分临时机构等原因，1991 年年底全军规模有所增加，官兵比例也相应提高。1992 年下半年至 1994 年年底，全军体制编制进行初步调整精简，重点精简部分机关部门，撤并部分单位，收缩摊子，调整部队编制，淘汰老旧装备。1997 年 9 月，党的十五大宣布中国在 20 世纪 80 年代裁减军队员额 100 万的基础上，将在 3 年内再裁减军队员额 50 万。重点精简各级机关及直属单位和保障人员，优化部队组织结构，加强重点部队建设，组建部分技术含量较高的部队。通过精简和调整，陆军部队的比重下降，海军、空军、第二炮兵部队的比重上升，初步达到精简员额、收缩摊子、优化结构的目的，为进一步实现"精兵、合成、高效"创造了条件。

1998年4月，中央军委决定成立总装备部。总装备部组建后，军区和军兵种机关以及部队的装备部门也做出相应调整，逐步建立起新的武器装备管理体系。这次调整后，形成总参谋部、总政治部、总后勤部、总装备部四总部体制。1998年，中央军委做出先实行军区联勤体制，再逐步向大联勤体制过渡，最终建立三军后勤保障一体化体制的战略决策。全军从2000年1月1日起试行三军联勤体制。

为培养高素质军事人才，中央军委对全军院校体系进行了重大调整：建立新型院校结构，完善干部培训体制，构建与军事、科技、教育发展相适应的教学体系，军地并举、开放办学。军事人才培养逐步走上军队培养和依托国民教育并行的道路，使全军各级指挥员的专业文化素质大为提高。

适应改革开放和社会主义市场经济新形势，对兵役制度和士官制度进行了改革。1998年12月，九届全国人大常委会六次会议通过关于修改兵役法的决定，对兵役制度作了重大调整，把志愿兵制度提升到与义务兵制度同等重要的地位，缩短了义务兵服现役期限，完善了预备役制度。这是保证新形势下兵役工作顺利进行的重大决策。1999年6月颁布新修订的《中国人民解放军现役士兵服役条例》，对现役士兵服役制度特别是士官制度进行了重大改革。1999年12月1日起，新的士官制度开始实施，人民解放军士兵队伍专业化程度不断提升，士官成为军队建设的一支重要力量。

军队从20世纪80年代中期开始从事生产经营活动，在当时条件下对于弥补军费不足起到了一定作用，但随着实践的推移带来许多严重问题，弊端逐渐显现。1993年，中央军委做出整顿军队生产经营的决定，收缩生产经营的摊子，控制范围。1998年7月，中共中央做出决定，坚决彻底地停止军队、武警部队的一切经商活动。这是从军队长远建设和国家大局出发做出的重大决策，对于维护军队良好形象、密切军政军民关系、提高军队的凝聚力和战斗力，具有十分重要的意义。

国防建设领导体制不断健全完善。1991年，成立国家边防委员会，后改为国家边海防委员会，作为边海防工作的指导协调机构。1994年11月，国家国防委员会成立，是主管全国国防动员工作的组织协调机构。

二 完成裁军20万

2003年9月，中共中央批准《2005年前军队体制编制调整改革总体方案》，决定2005年前再裁减军队员额20万，军队总员额控制在230万以内。这次调整改革的任务是：压缩规模，改革体制，优化结构，调整编组，完善制度，从编成结构上提升军队战斗力。重点精简陆军部队，减少机关、直属单位和院校，适当提高海军、空军和第二炮兵员额比例，总体压缩军队规模。优化军兵种内部编成，提高各军兵种高新技术部队的比例，陆军增加实行军—旅—营体制集团军的数量，海军、空军组建了一些技术含量较高的水面舰艇、航空兵、地空导弹部队。2010年，中央军委决定组建总参谋信息保障基地，战略预警、信息攻防、远海防卫等一批新型作战力量得到加强。2005年6月，国务院、中央军委颁布《中国人民解放军文职人员条例》，决定在军队实行文职人员制度，将部队部分保障岗位改由非现役人员担任，改革了人民解放军力量结构和用人制度。将院校划分为岗位任职教育院校和生长干部学历教育院校两大类，通过健全依托国家普通高等教育培养军事人才的体制、完善继续教育制度、提高生长干部培训层次、改革组训方式等一系列重大改革举措，推动院校教育向岗位任职教育为主转变。

继 2000 年以军区为基础的联勤改革后，从 2004 年 7 月开始在济南战区进行大联勤改革试点。2007 年 4 月起，在济南战区正式实行以三军后勤保障一体化为核心的大联勤体制。实行联勤机关三军一体。军区联勤部改称军区（战区）联勤部，作为战区三军部队联勤工作的领导机关，并大幅增加联勤部机关的军兵种干部比例。实行保障力量三军一体。战区内军兵种领导管理的后方仓库、医院、疗养院和物资、工程等后勤保障机构，全部划归联勤系统，进行统一整合、统一建设、统管共用。实行保障内容三军一体。战区内三军部队的后勤保障，不再划分通用保障和专用保障，统一由联勤系统组织实施。实行保障渠道三军一体。将对军兵种部队保障的多个渠道，调整合并为联勤系统一个渠道，减少供应保障环节，提高效率，形成有效的监督管理机制。在实行三军联勤体制改革的同时，后勤各项改革也稳步推进，后勤保障社会化稳步推进，提高军人工资津贴标准，完善住房、医疗、保险等保障，推广军人保障卡系统，换发新式军装。这些改革举措大大改善了部队训练、工资和生活条件，增强了官兵的荣誉感、自豪感。

三　改革领导指挥体制

2003 年，设立联合作战指挥机构，开始对联合作战的探索。2004

年，为强化军兵种在军队力量结构中的重要作用，在战略指挥层次上推进联合作战，做出了海军、空军、二炮部队司令员参与军委班子工作的重大决定。2008年以来，中央军委把军队调整改革的重点放在优化领导管理体制、联合作战指挥体制和力量结构上。2011年，先后将总参谋部通信部改编为信息化部，将总参谋部军训和兵种部改编为军训部，组建人民解放军战略规划部，作为主管军队建设发展规划的职能部门。这些改革举措进一步强化中央军委战略管理功能，有助于进一步提高国防和军队建设质量效益。按照权威、精干、灵便、高效的要求，加快构建体系健全、编成合理、平战一体、三军联合、机制完善、顺畅高效的联合作战指挥体系。为应对非传统安全威胁，2009年，中央军委颁布施行《军队处置突发事件应急指挥规定》，成立处置突发事件领导小组，总部机关和各大军区、军兵种成立相应领导机构，并与地方建立联动机制。

这一时期，中国在经济实力不断增强的基础上，逐步加大对国防建设投入，使国防费有一个合理的持续增长。首次载人航天飞行圆满成功，月球探测工程正式启动，歼-10飞机、太行发动机和新一代空空导弹研制成功，实现了国防科技重点型号的"三大跨越"。军队改革开始与世界新军事变革接轨，从根本上转变军队现代化建设的方向，突出质量建军和科技强军，开始了军队建设改革的又一次历史性跨越。

◇ 第三节 新时代深化国防和军队改革

进入新时代，适应世界新军事革命发展趋势和国家安全需求，党中央坚持把深化国防和军队改革作为决定军队未来的关键一招，全面实施改革强军战略，着力解决制约国防和军队建设的体制性障碍、结构性矛盾、政策性问题，开辟了中国特色的改革强军之路。

一 深化国防和军队改革的"三大战役"

2013年11月，党的十八届三中全会对全面深化改革做出整体部署，并决定将国防和军队改革纳入国家全面深化改革的总体布局，上升为党的意志和国家行为。深化国防和军队改革的内容单独作为一个部分写进全会决定，这在中国共产党的历史上还是第一次。2014年3月，中央军委深化国防和军队改革领导小组第一次全体会议召开，审议通过了改革重要举措分工方案和改革工作路线图。此后，中央军委陆续成立改革领导小组办公室、专项小组、专家咨询组、筹备工作组，改革工作进入实质性推进阶段。

经过充分调研论证，集中全军智慧，形成了深化国防和军队改革总体方案及相关实施方案。2015年7月29日，中共中央政治局常委会议正式审议通过《深化国防和军队改革总体方案》。2015年9月3日，习近平总书记在纪念中国人民抗日战争暨世界反法西斯战争胜利70周年大会上，庄严宣告中国将裁减军队员额30万，拉开了新时代中国国防和军队改革的大幕。

2015年11月，中央军委召开改革工作会议，对深化国防和军队改革进行全面部署，标志着新一轮国防和军队改革进入实施阶段。会议明确，先改领导指挥体制，再调力量规模结构，政策制度配套跟上，梯次接续，压茬推进。在率先展开的领导指挥体制改革中，相继成立陆军领导机构、火箭军、战略支援部队，把军委机关由四个总部改为十五个职能部门，把七大军区调整划设为五大战区，基本完成海军、空军、火箭军、武警部队机关整编工作，实施联勤保障体制改革，组建军委联合作战指挥机构和战区联合作战指挥机构。领导指挥体制改革力度空前，推进顺利，立起人民解放军新体制的"四梁八柱"，赢得全社会高度赞誉，在国际上也产生了强烈反响。

图 14-2 2019年10月1日，庆祝中华人民共和国成立70周年大会阅兵仪式上的战略支援部队方队

图片来源：重庆日报，2019年10月2日，https：//www.cqrb.cn/html/cqrb/2019-10/02/007/content_243522.htm。

2016年12月，中央军委召开军队规模结构和力量编成改革工作会议。军队规模结构和力量编成改革的基本原则是：调整优化结构、发展新型力量、理顺重大比例关系、压减数量规模。2017年4月，习近平总书记接见全军新调整组建的 84 个军级单位主官并发布训令。在新调整组建的军级单位中,既有陆军集团军,还包括海军陆战队、空军空降兵军以及火箭军、战略支援部队中的诸多新型作战力量。在这轮改革中,还优化了军队院校力量布局,重构了军事科研体系。2017 年 7 月,新调整组建的军事科学院、国防大学、国防科技大学成立大会暨军队院校、科研机构、训练机构主要领导座谈会举行。压茬推进的军队规模结构和力量编成改革,从根本上改变了长期以来陆战型的力量结构,改变了国土防御型的兵力布势,以精锐作战力量为主体的联合作战力量体系正在形成。

2018 年 11 月,中央军委召开政策制度改革工作会议,标志着军事政策制度改革进入实施阶段。2019 年 6 月,中央军委深化国防和军队改革领导小组第八次会议召开。会议强调,政策制度改革开局良好,紧前出台的政策制度已全部完成,政策制度立项工作进展顺利。为提高军事政策制度改革项目质量,中央军委还决定从军队和地方遴选相关领域人员,建立军事政策制度改革咨询评估专家库,分领域对拟出台政策制度和主要改革举措项目进行独立客观评估。按照计划,2020 年前完成各领域各系统主干政策制度体系基本框架,2022 年前健全各领域配套政策制度,构建起比较完备的中国特色社会主义军事政策制度体系。

二 人民军队组织架构和力量体系实现革命性重塑

新时代深化国防和军队改革,大开大合、大破大立、蹄疾步稳,在重要领域和关键环节取得历史性突破,实现了人民军队组织架构和力量体系的整体性、革命性重塑。

(一) 重塑领导指挥体制

领导指挥体制改革，是牵引和推动其他改革的龙头。按照"军委管总、战区主战、军种主建"的总原则，强化军委集中统一领导和战略指挥、战略管理功能，把联合作战指挥的重心放在战区，把部队建设管理的重心放在军兵种，打破长期实行的总部体制、大军区体制、大陆军体制，构建起"军委—战区—部队"的作战指挥体系和"军委—军种—部队"的领导管理体系。

调整组建新的军委机关部门。由过去的总参谋部、总政治部、总后勤部、总装备部四总部调整为军委机关十五个职能部门，作为军委集中领导的参谋机关、执行机关、服务机关。其中，正师级以上机构减少200多个，人员精简1/3。新的军委机关由总部制改为多部门制，指挥、建设、管理、监督等路径更加清晰，决策、规划、执行、评估等职能配置更加合理。军委机关调整改革，是整个领导指挥体制改革的龙头，是对人民军队战略领导、战略指挥、战略管理体系的一次全新设计，是这轮改革中最具革命性的改革举措。

建立健全联合作战指挥体制。健全军委联合作战指挥机构，组建战区联合作战指挥机构，撤销沈阳、北京、兰州、济南、南京、广州、成都7个大军区，成立东部、南部、西部、北部、中部5个战区，形成平战一体、常态运行、专司主营、精干高效的联合作战指挥体系，使人民军队联合作战指挥体制迈出了关键一步。

完善军兵种领导管理体制。整合原四总部的陆军建设职能，成立陆军领导机构；整合各军种和军委机关的战略支援力量，成立战略支援部队；第二炮兵更名为火箭军；整合主要承担通用保障任务的战略战役力量，成立联勤保障部队，构建起全新的领导管理体系。

建立健全法治监督体系。向军委机关部门和各战区派驻纪检组；

改革审计监督体制，全部实行派驻审计，巡视和审计监督实现常态化、全覆盖；调整军事司法体制，按区域设置军事法院、军事检察院，保证依法独立行使职权，形成决策权、执行权、监督权既相互制约又相互协调的权力运行体系。

（二）优化规模结构和力量编成

军队规模结构和力量编成改革，是推进军队组织形态现代化、构建中国特色现代军事力量体系的关键一步。如果说领导指挥体制改革是"改棋盘"，那么"脖子以下"的军队规模结构和力量编成改革就是"动棋子"。军队规模结构和力量编成改革，不是单纯的撤降并改，而是以结构功能优化牵引规模调整，推动人民解放军由数量规模型向质量效能型、由人力密集型向科技密集型转变，推动部队编成向充实、合成、多能、灵活方向发展。这既是瘦身，也是强体。

调整军队规模比例，重塑力量结构布局。裁减军队员额30万，现役总员额减至200万。压减各级机关编制，减少各级机关内设机构、领导层级和人员，精简文艺体育、新闻出版、服务保障和院校、医疗、仓库、科研院所等机构和人员，全军团以上建制单位机关减少1000多个，非战斗机构现役员额压减近一半，军官数量减少30%。调整军兵种结构比例，大幅压减陆军现役员额，保持空军现役员额稳定，适度增加海军、火箭军现役员额，优化各军兵种内部力量结构。这次改革，陆军占全军总员额比例下降到50%以下，这在人民军队历史上还是第一次。调整作战力量部署，形成与维护新时代国家安全需要相适应的战略布局。

调整作战部队编成，重构新型作战力量。将陆军原来18个集团军整合重组为13个集团军，在全军主要作战部队实行"军—旅—营"体制，充实兵种作战力量，减少指挥层级，降低合成重心。增加特种作战、立体攻防、两栖作战、远海防卫、战略投送等新型作战力量，推动部队编成向充实、合成、多能、灵活方向发展，打造具备多种能力和广泛作战适应性的部队。

优化院校力量布局，重构军事科研体系。以重塑国防大学、国防科技大学为牵引，解放军和武警部队院校由77所减至43所，构建起以联合作战院校为核心、以军兵种专业院校为基础、以军民融合为补充的院校布局，着力构建军队院校教育、部队训练实践和军事职业教育三位一体的新型军事人才培养体系。成立军委军事科学研究指导委员会，调整组建新的军事科学院、军种研究院，形成以军事科学院为龙头、军兵种科研机构为骨干、院校和部队科研力量为辅助的军事科研力量布局。

调整武警部队领导指挥体制，中共中央和中央军委对武警部队实行集中统一领导，实行"中央军委—武警部队—部队"领导指挥体制。公安边防部队、公安消防部队、公安警卫部队退出现役，国家海洋局领导管理的海警队伍转隶武警部队，武警黄金、森林、水电部队整体移交国家相关职能部门并改编为非现役专业队伍，撤收武警部队海关执勤兵力，彻底理顺武警部队领导管理和指挥使用关系。

（三）推进军事政策制度改革

完善军事政策制度是深化国防和军队改革的重要方面。军事政策制度改革的总体思路是，以确保党对军队绝对领导为指向，以战斗力为唯一的根本的标准，以调动军事人员积极性、主动性、创新性为着眼点，系统谋划、前瞻设计、创新发展、整体重塑。

深化军队党的建设制度改革。贯彻新时代党的建设总要求，以党章为根本遵循，制定《关于加强新时代军队党的建设的决定》等法规制度，推进完善军队党的政治建设、思想建设、组织建设、作风建设、纪律建设制度，维护中共中央权威和集中统一领导，确保中国共产党对人民军队的绝对领导。

创新军事力量运用政策制度。适应国家安全战略需求，聚焦能打仗、打胜仗，制定《海上护航行动条例（试行）》等法规制度，推进完善军事战略指导制度、战备工作条例、联合作战法规等，形成基于联合、平战一体的军事力量运用政策制度，有效保障全面履行新时代军队使命任务。

重塑军事力量建设政策制度。加强军事人力资源制度体系设计，建立军官职业化制度，推进士官制度和兵役制度改革，建立统一的文职人员制度，优化军人待遇保障制度，推进军人荣誉体系建设。制定修订《国防交通法》《军事设施保护法》等法规制度，颁布实施新军事训练条例和军事训练大纲，形成聚焦打仗、激励创新、军民融合的军事力量建设政策制度，更好解放和发展战斗力。

改革军事管理政策制度。创新战略管理制度，构建军费管理制度，加强军事资源统筹安排，制定修订《军事立法工作条例》等法规制度，推进法规制度建设集成化、军事法规法典化，形成精准高效、全面规范、刚性约束的军事管理政策制度，提升军事系统运行效能。

全面停止军队有偿服务。截至 2018 年 6 月，军队各级机关、部队及其所属事业单位从事的房地产租赁、农副业生产、招接待等 15 个行业的有偿服务活动基本停止，超过 10 万个有偿服务项目按期停止，累计停偿项目比例达到 94%，军队不从事经营活动的目标基本实现。同时，贯彻军民融合发展战略，推进跨军地改革。结合深化党和国家机构改革，组建退役军人事务部，加强退役军人服务保障体系建设。

三 调整改革后的人民解放军

这次国防和军队改革力度深度广度是中华人民共和国成立以来没有过的，通过大变革大重塑，人民解放军体制一新、结构一新、格局一新、面貌一新，改革的政治效应、军事效应和社会效应日益显现出来。中国军队改革还引起世界关注，外国媒体对中国军队改革的描述频繁出现"罕见""密集""震撼"等字眼。

巩固完善了党对军队的绝对领导。党的十九大把"坚持党对人民军队的绝对领导"上升为新时代坚持和发展中国特色社会主义的一条基本方略。这次改革，牢牢把握坚持正确政治方向这个根本，通过一系列体制设计和制度安排，把党对军队绝对领导的根本原则和制度进一步固化下来并加以完善，贯彻军委主席负责制，强化军委集中统一领导，更好使军队最高领导权和指挥权集中于中共中央、中央军委。

显著增强了联合作战全域作战能力。牢牢把握能打仗、打胜仗这个聚焦点，把改革主攻方向放在战斗力建设上。各战区从"形联"走向"神联"，联合作战值班、联合作战推演成为常态；新调整组建的部队，努力缩短磨合期，加速形成战斗力。在2018年举行的一系列实战化演训和40余次中外军队联演联训联赛中，人民军队新的联合作战指挥体制和部队力量编成经受了实践检验，显示出强大生机和战斗力。在新冠肺炎疫情防控斗争中，人民军队第一次成体系大规模出动现役大中型运输机执行紧急空运任务，全军卫勤力量第一次大抽组、大联合、大协同，文职人员方阵第一次亮相非战争军事行动任务，为疫情防控做出了突出贡献，充分彰显出改革强军的力量。

有效提升了战略管理专业化精细化水平。军委机关各部门加紧厘清权责边界，规范工作流程，深入推进军事管理革命，坚持以效能为核心、以精确为导向，更新管理理念，优化管理流程，创新管理机制，完善战略管理链路，构建新型军事管理体系。推动国防资源向战斗力建设聚焦、向军事斗争准备急需用力、向保障官兵物质生活倾斜，提高军队建设质量效益。

充分激发了军事人员的生机和活力。这次改革，整合军官、士兵和文职人员等管理职能，完善军事人力资源和后勤政策制度，等等。这一系列开创性举措，有利于最大限度吸引和集聚优秀人才，激发广大官兵投身强军实践的积极性、主动性、创造性。2018年，全国有近10万普通高中毕业生报考军队院校；全军首次面向社会公开招考文职人员，参加考试人数超过14万，形成了社会优秀人才踊跃为军队建设服务的生动局面。

进入新时代，歼-20飞机、运-20飞机、首艘国产航母等"大国重器"实现零的突破，新型主战坦克、武装直升机、大型舰船等一大批骨干装备批量列装部队，中国国防实力与世界强国差距不断缩小，部分国防尖端科技领域已跻身世界先进行列。

一部人民军队的发展史，就是一部波澜壮阔的改革创新史；改革开放以来，贯穿人民军队发展历程的一条主线就是改革。改革强军永远在路上。人民军队将按照中共中央、中央军委既定的改革目标，在习近平强军思想指引下，坚决将深化国防和军队改革进行到底，推动建设一支听党指挥、能打胜仗、作风优良的人民军队，为维护新时代国家安全和世界和平做出新的贡献。

（姜华峰、杨娜娜）

第十五章

党的建设及其制度改革

改革开放新时期，面对新形势新挑战，党中央以改革创新精神在党的建设制度化、科学化轨道上进行了探索，积极推进党的建设新的伟大工程。中国特色社会主义进入新时代后，以习近平同志为核心的党中央提出了全面从严治党的战略部署，全面推进制度建设和制度改革，坚持和完善党的全面领导制度体系，不断创新党内监督体系，把党建设得更加坚强有力。

◇ 第一节　改革开放新时期党的建设的探索

党的十一届三中全会以后，党和国家政治生活走向正常化。在总结"文化大革命"教训的基础上，党中央高度重视制度建设，积极推进党和国家领导制度的改革，不断探索改革开放新形势下如何加强党的建设和领导的问题。

一 拨乱反正与党和国家领导制度改革的初步探索

党的十一届三中全会以后,党中央恢复了实事求是的思想路线,进行拨乱反正。一些在"文化大革命"中受到冲击、被撤销的机构得到了恢复,并开始了党和国家领导制度的改革探索。

为严肃党纪,建立健全监督机构,党的十一届三中全会决定,恢复党的纪律检查机关,设立中央纪律检查委员会,选举陈云为中央纪律检查委员会第一书记。1982年党的十二大党章明确了纪委的工作机制和职责,规定党的中央纪律检查委员会在党的中央委员会领导下进行工作,党的各级纪律检查委员会由同级党的代表大会选举产生,并在同级党的委员会和上级纪律检查委员会的双重领导下开展工作。1986年12月,党中央决定恢复国家行政监察体制,组建监察部。1987年,监察部正式成立,县以上地方各级人民政府也恢复建立行政监察机关。

为更好地贯彻民主集中制原则,1980年2月党的十一届五中全会决定,恢复党的第八次代表大会所决定并在十年间证明是必要和有效的制度,成立中央书记处,形成了中央书记处、中央政治局、中央政治局常委会三个层次的领导体制。党的十二大党章规定,党中央只设总书记,不设主席,规定总书记是党内最高领导职务,由总书记负责召集中央政治局及其常务委员会会议,并主持中央书记处工作。

为深刻汲取"文化大革命"教训,切实推进经济体制改革,1980年8月18日,邓小平同志在中央政治局扩大会议上作了题为"党和国家领导制度的改革"的讲话,揭开了中国政治体制改革的序幕。他指出:"从党和国家的领导制度、干部制度方面来说,主要的弊端就是官僚主义现象，权力过分集中的现象，家长制现象，干部领导职务终身制现象和形形色色的特权现象。"① 邓小平同志强调："领导制度、组织制度问题更带有根本性、全局性、稳定性和长期性。"② 为了改革制度中的弊端，党中央围绕党的领导制度和党内民主，自上而下地进行了一系列改革探索。邓小平同志强调："改革党和国家的领导制度，不是要削弱党的领导，涣散党的纪律，而正是为了坚持和加强党的领导，坚持和加强党的纪律。"③

1982年党的十二大决定设立中央顾问委员会，推进了干部领导职务从终身制走向退休制。1992年，中央顾问委员会在党的十四大圆满完成历史使命后撤销。党的十二大后的几年里，我们探索了党委领导下的厂长、校长、院长、所长负责制，地方各级党委集体领导和个人分工负责相结合制度，地方各级党代会代表差额选举制度等。我们还探索过党政分开问题，"目的是解决效率不高、机构臃肿、人浮于事、作风拖拉等问题"，但是，"在这个问题上，当时我们的理论认识和实践经验都不够"④，走了一些弯路，后来得以纠正。

改革开放带来经济蓬勃发展的同时，党风廉政建设问题日益凸显。邓小平同志高度肯定和赞同陈云所提出的"执政党的党风问题是有关党的生死存亡的问题"的观点，明确强调要一手抓改革开放，一手抓反腐败斗争。邓小平同志指出，"廉政建设要作为大事来抓。还是要靠法制，搞法制靠得住些"⑤。为了打击特权现象和经济犯罪活

---

① 《邓小平文选》第2卷，人民出版社1994年版，第327页。
② 同上书，第333页。
③ 同上书，第341—342页。
④ 《习近平谈治国理政》（第三卷），外文出版社2020年版，第167页。
⑤ 《邓小平文选》第3卷，人民出版社1993年版，第379页。

动，党政机关和干部经商办企业、以权谋私等腐败现象，端正党风政风，党中央先后制定了《关于高级干部生活待遇的若干规定》（1979年11月）、《关于党内政治生活的若干准则》（1980年2月）、《关于党政机关在职干部不要与群众合办企业的通知》（1984年7月）、《关于严禁党政机关和党政干部经商、办企业的决定》（1984年10月）、《关于坚决制止就地转手倒卖活动的通知》（1985年3月）、《关于党政机关干部不兼任经济实体职务的补充通知》（1985年7月）、《关于进一步清理整顿公司的通知》（1985年8月）、《关于进一步制止党政机关和党政干部经商办企业的规定》（1986年2月）等文件，为反腐败斗争提供了制度保障。

为确保改革的正确方向，防止走上资本主义的邪路，早在1979年3月30日，邓小平同志在党的理论工作务虚会上就作了题为"坚持四项基本原则"的长篇讲话。他旗帜鲜明地提出，坚持四项基本原则是实现社会主义四个现代化的基本前提，如果动摇了四项基本原则中的任何一项，就动摇了社会主义事业和整个现代化建设事业。他还指出，坚持四项基本原则，核心是坚持党的领导。邓小平同志对四项基本原则的反复强调，遏制了资产阶级自由化思潮，确保了改革开放的健康发展。

二　积极推进党的建设新的伟大工程

党的十三届四中全会以后，以江泽民同志为核心的党的第三代中央领导集体，总结苏东剧变的教训，围绕在改革开放和现代化建设条件下"建设一个什么样的党、怎样建设党"的问题，积极推进党的建设新的伟大工程。

2000年2月25日在广东省考察工作时,江泽民同志首次提出了"三个代表"重要思想。他指出:"我们党所以赢得人民的拥护,是因为我们党在革命、建设、改革的各个历史时期,总是代表着中国先进生产力的发展要求,代表着中国先进文化的前进方向,代表着中国最广大人民的根本利益,并通过制定正确的路线方针政策,为实现国家和人民的根本利益而不懈奋斗。"[1] 始终做到"三个代表",是我们党的立党之本、执政之基、力量之源,是党在新形势下始终保持先进性的根本要求。"三个代表"重要思想是对"建设一个什么样的党、怎样建设党"的科学回答,是对共产党执政规律的深刻总结,是对马克思主义建党学说的重大发展。这一思想写入十六大党章,成为党的指导思想。

2001年7月1日,在庆祝中国共产党成立80周年大会上的讲话中,江泽民同志指出:"我们必须继续围绕在新的历史条件下建设一个什么样的党和怎样建设党这个基本问题,进一步解决提高党的执政能力和领导水平、提高拒腐防变和抵御风险能力这两大历史性课题,全面推进党的建设新的伟大工程。"[2] 他说:"经过八十年的发展,我们的党员队伍,党所处的地位和环境,党所肩负的任务,都发生了重大变化。我们党已经从一个领导人民为夺取全国政权而奋斗的党,成为一个领导人民掌握着全国政权并长期执政的党;已经从一个在受到外部封锁的状态下领导国家建设的党,成为在全面改革开放条件下领导国家建设的党。"[3] 对党的建设历史课题和历史方位的科学回答,为"建设一个什么样的党、怎样建设党"指明了方向。

---

[1] 《江泽民文选》第3卷,人民出版社2006年版,第2页。
[2] 《十五大以来重要文献选编》(下),中央文献出版社2011年版,第150页。
[3] 同上书,第159页。

改革开放以来,随着市场经济的推进,我国的社会阶层构成发生了新的变化,出现了民营科技企业的创业人员和技术人员、受聘于外资企业的管理技术人员、个体户、私营企业主、中介组织的从业人员、自由职业人员等社会阶层。为了更好地适应新形势新要求,进一步巩固党的阶级基础,扩大党的群众基础,使党始终成为中国特色社会主义事业的领导核心,党的十六大明确提出,"党从成立那一天起,就是中国工人阶级的先锋队,同时是中国人民和中华民族的先锋队"[1]。"两个先锋队"的判断深化了我们对党的性质的认识。在这一思想的指导下,我们党加强了在两新组织中的组织覆盖和工作覆盖。

党的十三届四中全会以后,江泽民同志总结改革开放以来十多年的经验,批判了国内一些资产阶级自由化分子质疑、否定党的领导的种种论调,明确指出:"历史和现实反复证明,要走社会主义道路,就不能没有共产党领导。没有中国共产党的领导,就没有中国的社会主义。在这个问题上,我们必须立场坚定、是非分明。"[2] 为了加强党的领导,党中央在深入贯彻民主集中制的基础上,不断推进科学执政、民主执政、依法执政,改善党的领导方式,提高党的领导水平。首先,党中央重申了党委总揽全局、协调各方的原则,规范党委与人大、政协、政府以及人民团体的关系。其次,为坚持和健全党的民主集中制,加强和改善地方党委领导,中共中央于1996年颁布实施了《中国共产党地方委员会工作条例(试行)》。再次,为加强政党协商和民主监督,1989年出台了《关于坚持和完善中国共产党领导的多党合作和政治协商制度的意见》,明确强调必须坚持中国共产党领导

---

[1] 《江泽民文选》第3卷,人民出版社2006年版,第574页。
[2] 《江泽民文选》第1卷,人民出版社2006年版,第92页。

的多党合作与政治协商制度。1993年3月，党的八届全国人大一次会议将"中国共产党领导的多党合作和政治协商制度将长期存在和发展"载入宪法序言。1994年修订的政协章程，将人民政协的主要职能明确概括为政治协商、民主监督和参政议政。最后，为推进依法执政，1997年党的十五大第一次把依法治国确立为党领导人民治理国家的基本方略，坚持党的领导、人民当家作主和依法治国的有机统一，构建了社会主义政治文明建设的基本框架。另外，党中央还在市、县进行党的代表大会常任制的试点，积极探索党的代表大会闭会期间发挥代表作用的途径和形式。

从严治党是保持党的先进性和纯洁性，增强党的凝聚力和战斗力的保证。党的十三届四中全会以后，党中央把党的自身建设摆在突出位置，明确强调"治国必先治党，治党务必从严"[①]。江泽民同志指出："从严治党，严肃党纪，最根本的就是全党各级组织和全体党员、干部，都要做到严格按照党章办事，按照党内政治生活准则和党的各项规定办事。"[②] 1992年党的十四大把"从严治党"写入党章。为了切实贯彻从严治党方针，这一时期通过了一批重要文件，如《中共中央关于加强党同人民群众联系的决定》（1990年3月）、《中共中央关于加强和改进党的作风建设的决定》（2001年9月）；出台了一批党内法规，如《中国共产党党员权利保障条例（试行）》（1995年1月）、《党政领导干部选拔任用工作暂行条例》（1995年2月）、《中国共产党纪律处分条例（试行）》（1997年1月），建立了党风廉政建设责任制度、领导干部离任审计制度、重大问题集体决策制度、个人重

[①] 《江泽民文选》第2卷，人民出版社2006年版，第496页。
[②] 江泽民：《论党的建设》，中央文献出版社2001年版，第340页。

大事项报告制度等。

党的十三届四中全会以后，党中央把反腐败放在重要位置，在坚持高压治腐、查办大案要案的同时，努力探索治本之策。1990年3月，党的十三届六中全会决定成立巡视工作小组，加强巡视监督；1993年2月，推动实施了监察部与中国共产党中央纪律检查委员会的机关合署办公，强化了监督合力。1993年8月21日，在第十四届中央纪律检查委员会第二次全体会议上，江泽民同志第一次提出了反腐倡廉"标本兼治、综合治理"的八字方针。1997年党的十五大报告进一步指出，"坚持标本兼治，教育是基础，法制是保证，监督是关键"[①]，阐明了源头治腐的三个重要维度。

为了加强党的思想建设，党中央在这一时期开展了以讲学习、讲政治、讲正气为主要内容的党性党风教育活动，掀起了学习邓小平理论的热潮。

三 提高党的建设科学化水平

党的十六大以后的十年，时任总书记胡锦涛深刻把握新世纪新阶段党的建设面临的严峻挑战，深化了党的建设的目标和主线的认识，提出了"党的建设科学化"的重大课题，积极探索惩治和预防腐败体系。

进入21世纪以后，党中央日益认识到，党的执政能力建设和先进性建设面临许多前所未有的新情况新问题新挑战。执政考验、改革开放考验、市场经济考验、外部环境考验是长期的、复杂的、严峻

---

① 《江泽民文选》第2卷，人民出版社2006年版，第46页。

的,精神懈怠的危险、能力不足的危险、脱离群众的危险、消极腐败的危险更加尖锐地摆在全党面前。"四大考验""四种危险"是党的建设必须长期应对的重大课题。

党的建设的主线是党的建设的灵魂和总方向。在总结党的建设经验的基础上,2007年党的十七大第一次确定了"把党的执政能力建设和先进性建设作为主线",提出了包括思想建设、组织建设、作风建设、制度建设、反腐倡廉建设在内的党的建设的总体布局。2012年党的十八大报告进一步发展了党的建设主线的思想,要求"牢牢把握加强党的执政能力建设、先进性和纯洁性建设这条主线"。党的十九大报告对此又作了一点微调,要求"以加强党的长期执政能力建设、先进性和纯洁性建设为主线"。

在明确党的建设形势和主线的基础上,为了进一步探索共产党执政规律,党的十七届四中全会提出"党的建设科学化"的重大命题和重大任务。为了加强马克思主义的科学指导,十六届中央政治局弘扬我们党重视理论学习的优良传统,建立了政治局集体学习制度,在2004年做出了实施马克思主义理论研究和建设工程的重大部署。为了促进民主执政,党中央强调"党内民主是党的生命",要求切实贯彻民主集中制。

为了应对新世纪新形势新挑战,党的十八大明确提出了"建设学习型、服务型、创新型的马克思主义执政党"的总目标。"三型"政党建设目标的定位,展示了中国共产党的执政形象,进一步回答了"建设什么样的党、怎样建设党"的重大命题,为推进党的建设科学化指明了方向。

在深入总结反腐败经验的基础上,党中央提出了构建惩防体系的重要思想。在党的十六届四中全会提出"标本兼治、综合治理、惩防并举、注重预防"的反腐倡廉新方针的基础上，2005年颁布了《建立健全教育、制度、监督并重的惩治和预防腐败体系实施纲要》。党的十七大提出了"更加注重治本、更加注重预防、更加注重制度建设"的思想。2008年5月，制定了《建立健全惩治和预防腐败体系2008—2012年工作规划》，切实加强反腐倡廉建设的"整体性、协调性、系统性、实效性"。

为了加强思想建设，党的十六大以来开展了保持共产党员先进性教育活动，学习实践科学发展观活动。为了切实用制度管权、管事、管人，加强对权力的制约和监督，这一时期先后制定或修订了《中国共产党党内监督条例（试行）》《中国共产党党员干部廉洁从政若干准则》《中国共产党巡视工作条例（试行）》《中国共产党党员权利保障条例》《关于实行党风廉政建设责任制的规定》等重要党内法规，加强了对派驻机构的统一管理。党中央还加强反腐败的国际合作与交流，2003年12月10日，中国政府在墨西哥签署了《联合国反腐败公约》。

第二节　新时代全面从严治党的战略部署

党的十八大以来，面对百年未有之大变局，面对世情国情党情的新变化新挑战，以习近平同志为核心的党中央做出了全面从严治党的战略部署。全面从严治党是一场伟大的自我革命，是保持党的先进性和纯洁性的内在要求，是新形势下进行具有许多新的历史特点的伟大斗争的根本保证。全面从严治党的一系列新理念新思想，深化了共产党执政规律的认识，丰富发展了马克思主义建党学说，开拓了管党治党的新境界。

一 深入推进全面从严治党

勇于自我革命、从严管党治党是我们党最鲜明的品格。2014年12月，习近平总书记在江苏调研时，第一次明确提出了"全面从严治党"的新战略和新命题，将全面从严治党作为"四个全面"战略布局的重要组成部分。2016年10月，党的十八届六中全会专题研究全面从严治党，展现了党中央坚定不移全面从严治党的决心和信心。全面从严治党，核心是加强党的领导，基础在全面，关键在严，要害在治。全面从严治党是一个系统工程，主要体现在思想从严、管党从严、执纪从严、治理从严、作风从严、反腐从严六个方面。

第一，抓思想从严，坚持用习近平新时代中国特色社会主义思想武装全党，引导全党坚定理想信念。习近平总书记指出，"坚定理想信念，坚守共产党人精神追求，始终是共产党人安身立命的根本。对马克思主义的信仰，对社会主义和共产主义的信念，是共产党人的政治灵魂，是共产党人经受住任何考验的精神支柱"[1]。理想信念动摇，精神上就会"缺钙"，"就可能导致政治上变质、经济上贪婪、道德上堕落、生活上腐化"[2]。党的十八大以来，党中央坚持学习教育活动常态化、制度化，推动习近平新时代中国特色社会主义思想学懂弄通做实，使党员干部筑牢信仰之基、补足精神之钙、把稳思想之舵。

---

[1]《十八大以来重要文献选编》（上），中央文献出版社2014年版，第80页。
[2]《习近平关于党的群众路线教育实践活动论述摘编》，党建读物出版社、中央文献出版社2014年版，第40页。

第二，抓管党从严，坚持和落实党的领导，着力落实管党治党责任，不断增强各级党组织管党治党的意识和能力。党风廉政建设责任制是全面从严治党的"牛鼻子"。党中央明确要求，党委在党风廉政建设中负有主体责任，党委书记是第一责任人，纪委负有监督责任，要层层抓落实，严格责任追究制度，形成全党共抓党风廉政建设的良好局面。几年来，维护了党中央权威和集中统一领导，改变了过去一度出现的管党治党"宽松软"以及党的建设弱化、虚化、边缘化的状况。

第三，抓执纪从严，坚持把纪律和规矩挺在前面，保证全党团结统一、步调一致。加强纪律建设是全面从严治党的治本之策。党的十九大把纪律建设作为一项独立内容纳入党的建设总体布局之中。党中央坚持纪法分开、纪在法前、纪比法严，立明规矩、破潜规则，通过强化政治纪律和组织纪律，带动廉洁纪律、群众纪律、工作纪律、生活纪律严起来，使纪律成为带电的高压线，让广大党员干部知敬畏、存戒惧、守底线。通过充分运用监督执纪"四种形态"，狠抓监督执纪问责，着力解决了人民群众反映最强烈、对党的执政基础威胁最大的突出问题，改变了过去纪律松弛的现象。

第四，抓治吏从严，着力整治选人用人上的不正之风，优化选人用人环境。"党要管党，首先是管好干部；从严治党，关键是从严治吏。"[①] 党的十八大以来，党中央按照"信念坚定、为民服务、勤政务实、敢于担当、清正廉洁"的好干部标准选贤任能，把政治标准摆在首位，先后两次修订了《党政领导干部选拔任用工作条例》，把从严管理干部贯彻落实到干部队伍建设全过程，坚持抓关键少数干部和

[①] 《十八大以来重要文献选编》（上），中央文献出版社2014年版，第350页。

绝大多数干部相统一，坚持能者上、庸者下、劣者汰，选人用人之风明显好转。2018年7月3日，在全国组织工作会议上，习近平总书记根据全面从严治党的要求，明确提出了新时代党的组织路线，为推进党的组织建设提供了基本遵循。

第五，抓作风从严，推动党风政风不断好转。作风问题关乎党的形象和人心向背。党的十八大会议闭幕不久，以习近平同志为核心的党中央上任伊始就颁布了八项规定，坚持以上率下、率先垂范，发出了史上最严的正风肃纪的动员令。几年来，党中央以踏石有印、抓铁有痕的劲头狠抓作风建设，严厉整治形式主义、官僚主义、享乐主义和奢靡之风，坚持抓早抓小、防微杜渐，坚持抓常抓细抓长，党风政风有了根本性好转，党群关系取得实质性改善。

第六，抓反腐从严，坚持以无禁区全覆盖零容忍态度惩治腐败。党中央以猛药去疴、重典治乱的决心，以刮骨疗毒、壮士断腕的勇气，坚持反腐败无禁区全覆盖零容忍，坚定不移"打虎""拍蝇""猎狐"，坚持不敢腐不能腐、不想腐一体推进，党内政治生态明显好转，取得了反腐败斗争的压倒性胜利。

党的十八大以来，全面从严治党取得了历史性、开创性成就，不仅赢得了党心民心，而且赢得了国际社会的广泛赞誉。党内政治生活气象更新，党的创造力、凝聚力、战斗力显著增强，党的团结统一更加巩固，党在革命性锻造中更加坚强，焕发出新的强大生机活力，为党和国家事业发展提供了坚强政治保证。

二 坚持把政治建设摆在首位

党的政治建设是党的根本性建设，决定党的建设方向和效果。党的十八大以来，在全面从严治党实践中，党中央深刻认识到，"全面从严治党首先要从政治上看"①"政治问题要从政治上来解决"。党的十九大报告把政治建设纳入党的建设总体布局之中，并强调"以党的政治建设为统领"②"把党的政治建设摆在首位"③。为了加强党的政治建设，2019年1月制定了《中共中央关于加强党的政治建设的意见》，明确要求全党坚定政治信仰、强化政治领导、提高政治能力、净化政治生态，实现全党团结统一、行动一致。

政治信仰是关系党举旗定向的根本问题。党的十八大以来，党中央高度重视党员干部的思想政治信仰问题，坚持马克思主义在意识形态领域的领导权、管理权、话语权，把学习贯彻习近平新时代中国特色社会主义思想作为思想教育的首要政治任务。党中央持续开展了群众路线教育实践活动、"三严三实"专题教育、"两学一做"学习教育、"不忘初心、牢记使命"主题教育，促进了思想教育的常态化、制度化、全覆盖。还制定了《2019—2023年全国党员教育培训工作规划》，进一步引导党员增强"四个意识"、坚定"四个自信"、做到"两个维护"，努力建设政治合格、执行纪律合格、品德合格、发挥作用合格的党员队伍。

党的政治领导是进行伟大斗争、建设伟大事业、实现伟大梦想、推进伟大工程的保证。加强党的政治建设，最重要的是坚决维护党中央权威和集中统一领导。而坚决维护党中央权威和集中统一领导，最关键的是坚决维护习近平同志党中央的核心地位、全党的核心地位。为了加强党的政治领导，党的十九大以来党中央制定了《中国共产党

---

① 《党的十九大以来全面从严治党新观察》，人民出版社2019年版，第23页。
② 同上书，第12页。
③ 《十九大以来重要文献选编》（上），中央文献出版社2019年版，第43—44页。

重大事项请示报告条例》《中共中央政治局关于加强和维护党中央集中统一领导的若干规定》等党内法规，建立健全了对贯彻执行党的路线方针政策、党中央重大决议和决策部署，以及落实习近平总书记指示批示的督查问责机制。

加强党的政治建设，关键是要提高各级各类党组织和党员干部的政治能力。中国共产党实行民主集中制，具有严密的组织体系和纪律，覆盖所有部门、所有领域，深入基层。为了加强党的组织优势，必须进一步增强党组织政治功能，彰显国家机关政治属性，发挥群团组织政治作用，强化国有企事业单位政治导向，不断提高党员干部特别是领导干部政治本领。党的十九大以来，中央先后制定了《中国共产党支部工作条例（试行）》《中国共产党党员教育管理工作条例》等，对提升党支部组织力，强化政治功能，打造政治上的合格党员，提出了明确要求和制度规范。

加强党的政治建设，必须把营造风清气正的政治生态作为基础性、经常性工作。党的十八大以来，党中央把严肃党内政治生活作为涵养政治生态的重要手段，切实制定《关于新形势下党内政治生活的若干准则》《中国共产党廉洁自律准则》，两次修订《中国共产党纪律处分条例》，严肃查处"七个有之"等违反政治纪律的行为，把做到"两个维护"作为首要政治纪律，发展了积极健康的党内政治文化；在选人用人中突出政治标准，中央两次修订《党政领导干部选拔任用工作条例》等，强化政治把关，坚决把政治上的两面人挡在门外。另外，党中央以巨大的决心和勇气推进反腐败斗争，坚持反腐败无禁区全覆盖零容忍，取得了反腐败斗争的压倒性胜利，极大地凝聚了党心民心。

三　构建科学完备的党内法规制度体系

加强党内法规制度建设是全面从严治党的长远之策、根本之策。全面从严治党，必须坚持思想建党和制度治党相结合，坚持依法治国和依规治党相结合，把制度建设贯穿于党的其他建设之中，把权力放进制度的笼子里，积极构建科学完备的党内法规制度体系。

为了解决制度建设中存在的碎片化、前后抵触及系统性、整体性不够等问题，党中央加强了党内法规制度建设的顶层设计和整体谋划。2013年先后发布了《中国共产党党内法规和规范性文件备案规定》《中央党内法规制定工作五年规划纲要（2013—2017年）》。2014年8月，审议通过了《深化党的建设制度改革实施方案》。2017年6月，印发了《关于加强党内法规制度建设的意见》，明确提出了构建党内法规体系的目标，即到建党100周年时，形成比较完善的党内法规制度体系、高效的党内法规制度实施体系、有力的党内法规制度建设保障体系，党依据党内法规管党治党的能力和水平显著提高。2018年2月，印发了《中央党内法规制定工作第二个五年规划（2018—2022年）》。2019年9月，修订了《中国共产党党内法规制定条例》。另外，从2012年开始，中央有关部门还对中华人民共和国成立以来的党内法规进行了全面清理，解决了党内法规制度中存在的不适应、不协调、不衔接、不一致问题。

党的十八大以来，以出台中央八项规定为标志，制定和修订了200多部中央党内法规，出台了一批标志性、关键性、基础性的法规制度，形成了以《中国共产党章程》为根本，准则、条例、规则、规定、办法、细则等为支撑的，前后衔接、左右联动、上下配套、系统集成的比较完备的党内法规制度体系,标志着党内治理走向制度化、法治化。

制度的生命力在于执行。党中央在健全制度的同时,还狠抓制度的执行,增强制度的刚性约束,加强监督执纪问责,真正让铁规发力,让禁令生威。几年来,广大党员干部的制度意识有了很大的提高,全面从严治党成效卓著。

四 不断创新党内监督体系

全面从严治党,必须从根本上解决主体责任缺失、监督责任缺位、管党治党"宽松软"问题,把强化党内监督作为党的建设的重要基础性工程。党的执政地位,决定了在党和国家监督体系中,党内监督是最基本的、第一位的。习近平总书记明确指出:"对我们党来说,外部监督是必要的,但从根本上讲,还在于强化自身监督。"[①] 党的十八大以来,党中央多措并举,不断创新党内监督体系。

一是改革纪律检查体制,加强纪委监督的独立性和权威性。党的十八大以来,各级纪委坚持以监督执纪问责为主业,优化纪律检查工作的双重领导体制,坚持查办腐败案件以上级纪委领导为主,切实加强纪委监督的独立性和权威性。同时,纪委还高度重视自身监督,防止"灯下黑"。2014年3月,中央纪委成立纪检监察干部监督室,对纪委干部自身进行监督。2016年中央第十轮巡视明确把纪委和纪检组列为巡视对象。2017年《中国共产党纪律检查机关监督执纪工作

[①] 习近平:《在第十八届中央纪律检查委员会第六次全体会议上的讲话(2016年1月12日)》,人民出版社2016年版,第21页。

规则（试行）》制定出台，首次明确规定了监督执纪工作的全流程、各环节。

二是深化派驻机构改革，实现派驻监督全覆盖。派驻监督是在党中央集中统一领导下强化自上而下的组织监督的重要形式，具有"派"的权威和"驻"的优势。为了实现派驻监督全覆盖，党的十八大以来，中央对派驻机构进行了改革，拓展了派驻机构的范围、职责、权限，实现了对中央一级党和国家机关派驻纪检机构全覆盖和统一管理。全面派驻制度改革的成果在党的十九大党章中被固定下来。2018年10月，印发了《关于深化中央纪委国家监委派驻机构改革的意见》，赋予派驻机构监察权，进一步完善了派驻监督体制机制，强化了派驻监督的探头作用。

三是积极推进党和国家监察体制改革，实现公权力监督全覆盖。在我国，80%的公务员、95%以上的领导干部都是共产党员，党内监督和监察监督是一体两面，相互促进、相得益彰，本质上都属于党和国家的内部监督范畴。2016年10月，党的十八届六中全会决定在北京市、山西省、浙江省开展国家监察体制改革试点工作。党的十九大在总结三个省试点经验的基础上，决定在全国推开，组建国家、省、市、县监察委员会，同党的纪律检查机关合署办公，实现对所有行使公权力的公职人员监督全覆盖。

四是创新巡视制度，发挥巡视监督的利剑作用。巡视监督是自上而下的组织监督和自下而上的民主监督、党内监督和群众监督的有机结合。党的十八大以来，党中央对加强和改进巡视工作做出一系列重大决策部署，不断推进巡视实践和理论创新，先后制定了《中国共产党巡视工作条例》《中央纪委中央组织部关于进一步加强巡视工作的意见》《中央巡视工作2013—2017年规划》《中央巡视工作规划

(2018—2022年)》，加强巡视工作的顶层设计和规划，坚持常规巡视、专项巡视和机动巡视相结合，巡视和巡察相结合，着眼政治巡视，推动巡视工作的常态化、制度化，实现一届任期的巡视全覆盖。党的十八大以来，被查处的中管干部，其问题线索60%是由巡视发现的，巡视监督的利剑作用充分彰显。

党中央在以党内监督为主导的同时，还发挥人大监督、民主监督、行政监督、司法监督、群众监督、舆论监督、审计监督、统计监督的积极作用，推动各类监督有机贯通、相互协调，"探索出一条长期执政条件下解决自身问题、跳出历史周期率的成功道路，构建起一套行之有效的权力监督制度和执纪执法体系"[①]。

第三节 坚持和加强党的全面领导

中国共产党是最高的政治领导力量。全面从严治党的核心是加强党的领导，而不是削弱党的领导。推进国家治理体系和治理能力现代化，必须抓住国家治理的关键和根本，坚持和完善党的领导制度，把党的领导制度优势转化为治理效能。

一 党的领导是中国特色社会主义最本质特征和最大制度优势

党的十八大以来，习近平总书记反复强调，"中国特色社会主义最本质的特征是中国共产党领导，中国特色社会主义制度的最大优势

---

① 《习近平谈治国理政》（第三卷），外文出版社2020年版，第547页。

是中国共产党领导"①。这一重要论断是从历史逻辑、理论逻辑和制度实践逻辑相统一的高度得出的重要结论，深刻揭示了党的领导的极端重要性和优越性，使我们对党的领导和中国特色社会主义本质的认识达到一个前所未有的高度。

历史表明，中国共产党的诞生，"深刻改变了近代以后中华民族发展的方向和进程，深刻改变了中国人民和中华民族的前途和命运，深刻改变了世界发展的趋势和格局"②。没有共产党，就没有新中国，就没有中国特色社会主义，就没有中华民族的伟大复兴。在当代中国，中国共产党是最高、最强的政治领导力量。坚持和发展中国特色社会主义，只有坚持和加强中国共产党的领导。

中国特色社会主义制度是实现中国之治的重要保证，是党和人民在长期实践探索中形成的科学制度体系。其中，政治制度对一个国家长治久安具有十分重要的意义，为其他制度的贯彻落实提供了重要保障，而政党制度又是政治制度中最关键、最重要的制度。我国国家制度和国家治理体系具有的多方面显著优势，都与党的领导方式、党的宗旨、指导思想和执政理念具有密切关系。没有中国共产党的领导，就不可能有马克思主义的指导地位、人民当家作主的政治地位、公有制的主体地位，也就没有中国特色社会主义。因此，党的领导制度是国家治理的关键和根本，集中体现了中国特色社会主义制度的显著优势。

二 坚持党对一切工作的领导

党政军民学，东西南北中，党是领导一切的。"坚持党对一切工

---

① 《十八大以来重要文献选编》（下），中央文献出版社2018年版，第355页。
② 同上书，第342页。

作的领导",是习近平总书记对党的建设经验的深刻总结,是新时代党的建设的根本要求,是确保党在思想上政治上行动上的统一的基本前提,是党切实成为最高的政治领导力量,成为中国特色社会主义事业的领导核心的政治基础和制度保障。

在革命时期,为了集中一切力量应对残酷的战争,反对宗派主义、山头主义、分散主义,我们党确立了党的一元化领导的方针。中华人民共和国成立以后,毛泽东主席强调建立以民主集中制为基础的党的一元化领导,明确指出:"工、农、商、学、兵、政、党这七个方面,党是领导一切的。党要领导工业、农业、商业、文化教育、军队和政府。"①"文化大革命"中,民主集中制受到冲击,党的一元化领导没有得到很好的贯彻。党的十一届三中全会重新确立了党的一元化领导原则。党的十二大党章提出"党的领导主要是政治、思想和组织的领导",但在党政职能分开的探索中,党的领导在一些领域曾出现一定程度的弱化、虚化。党的十三届四中全会后,党中央对弱化党的领导的现象有所纠正。

正是在深刻总结党的历史经验教训的基础上,习近平总书记重申"坚持党对一切工作的领导",明确指出:"中国共产党是中国特色社会主义事业的领导核心,处在总揽全局、协调各方的地位。""我国社会主义政治制度优越性的一个突出特点是党总揽全局、协调各方的领导核心作用,形象地说是'众星捧月',这个'月'就是中国共产党。在国家治理体系的大棋局中,党中央是坐镇中军帐的'帅',车马炮各展其长,一盘棋大局分明。"②只有坚持党对一切工作的领导,

---

① 《毛泽东文集》第8卷,人民出版社1999年版,第305页。
② 《习近平关于社会主义政治建设论述摘编》,中央文献出版社2017年版,第30—31页。

才能保证国家统一、法制统一、政令统一、市场统一，顺利推进新时代中国特色社会主义事业。

党的领导是全面的、系统的、整体的，体现在经济、政治、文化、社会、生态文明建设和国防军队、祖国统一、外交、党的建设等各个方面，覆盖企业、机关、学校、社区各个单位，没有任何组织和个人可以脱离党的领导而存在。党的领导无论在哪个领域、哪个方面、哪个环节缺失了弱化了，都会削弱党的力量，损害党和人民事业。坚持党对一切工作的全面领导，并不是事无巨细都包办代替，而是要总揽全局、协调各方，坚持"把方向、谋大局、定政策、促改革"，发挥领导核心作用。

坚持党对一切工作的领导，是被实践所证明的中国政党制度的特色和优势。党政可以科学合理分工，但绝不能没有前提地搞所谓的党政分开，任何时候都不能虚化、弱化、动摇党的领导。"加强党对一切工作的领导，这一要求不是空洞的、抽象的，要在各方面各环节落实和体现。"[①] 2019 年 10 月通过的党的十九届四中全会决定明确指出，要坚持和完善党的全面领导制度体系，把党的领导落实到国家治理各领域各方面各环节。全会提出，要建立不忘初心、牢记使命制度，完善坚定维护党中央权威和集中统一领导的各项制度，健全党的全面领导制度，健全为人民执政、靠人民执政的各项制度，健全提高党的执政能力和领导水平的制度，完善全面从严治党制度。

习近平总书记指出，"勇于自我革命，是我们党最鲜明的品格，也是我们党最大的优势"[②]。"在进行社会革命的同时不断进行自我革

[①] 习近平：《论坚持党对一切工作的领导》，中央文献出版社 2019 年版，第 11 页。
[②] 《十八大以来重要文献选编》（下），中央文献出版社 2018 年版，第 589 页。

命，是我们党区别于其他政党最显著的标志，也是我们党不断从胜利走向新的胜利的关键所在。"① 中国共产党百年奋斗史充分证明，只有坚持马克思主义革命党和马克思主义执政党的统一，始终保持强烈自我革命精神，高度重视党自身的建设，不断增强自我净化、自我完善、自我革新、自我提高的能力，同一切影响党的先进性、弱化党的纯洁性的问题作坚决斗争，才能确保党永葆马克思主义政党本色，永远走在时代前列。

（樊建新、陈志刚）

---

① 《习近平关于"不忘初心、牢记使命"论述摘编》，中央文献出版社2019年版，第175页。

第四编

新时代全面对外开放

第十六章

"一带一路"倡议提出和实施

古人云:"不谋万世者,不足谋一时;不谋全局者,不足谋一域。"① 也即是说,如果不从长远角度考虑问题,就不能够筹划好一时的事情;如果不从全局角度考虑问题,就不能够筹划好一个领域的事情。将其运用到重大方针政策的制定上,讲的是要有"顶层设计",要有统领国家发展事业的总体部署。基于中国经济长期发展的历史成就与经验以及中国与世界关系的深刻变化,习近平总书记提出"一带一路"倡议,正是新时代中国对内对外政策顶层设计中最为核心的内容之一。

◇ 第一节 "一带一路"倡议提出的时代背景

"一带一路"倡议提出拥有深刻的国际与国内背景,与时代发展潮流深度契合。从国际上看,经济全球化面临严峻挑战,全球治理体系经历深刻调整;从国内来看,中国改革开放进入新的历史阶段,肩

---

① (清)陈澹然:《迁都建藩议》,《寤言》卷二。

负新的历史使命。

一 全球治理体系深刻调整

关于经济全球化进程，习近平总书记沿着世界市场的发展脉络将其划分为以下三个历史阶段："一是殖民扩张和世界市场形成阶段，西方国家靠巧取豪夺、强权占领、殖民扩张，到第一次世界大战前基本完成了对世界的瓜分，世界各地区各民族都被卷入资本主义世界体系之中。二是两个平行世界市场阶段，第二次世界大战结束后，一批社会主义国家诞生，殖民地半殖民地国家纷纷独立，世界形成社会主义和资本主义两大阵营，在经济上则形成了两个平行的市场。三是经济全球化阶段，随着冷战结束，两大阵营对立局面不复存在，两个平行的市场随之不复存在，各国相互依存大幅加强，经济全球化快速发展演化。"① 2008年国际金融危机爆发后，我们所处的经济全球化阶段呈现新的历史特征。国际金融危机后，国际贸易大幅下滑，国际投资活动出现萎缩，各种形式的保护主义不断涌现，很多外向型经济体遭受沉重打击。为此，一些经济学家对全球化的发展趋势产生了怀疑，并认为世界正朝着"去全球化"的方向发展。

在此背景下，一些国家为了自身利益以邻为壑，大力推行保护主义和单边主义的政策，并由此引发连锁负面反应。由于经济社会问题频现，各国政府都寄希望于通过政策调整来维持稳定的经济社会秩

---

① 习近平：《在省部级主要领导干部学习贯彻党的十八届五中全会精神专题研讨班上的讲话（2016年1月18日）》，人民出版社2016年版，第21页。

序。这本来是应对问题与挑战的积极行动，但一些国家在政策调整过程中只顾自身利益，催生了各种形式的保护主义。尤其是全球主要经济体，其政策的溢出效应很强。一国的政策调整往往导致他国采取相应的应对措施，这反过来又使该国不得不实施进一步的政策调整。在这种恶性循环中，各国被迫加大政策调整的力度和频率。政策调整引发的连锁反应，不仅破坏了各国政策的延续性和可预期性，也侵蚀了国际合作和经济全球化的根基，全球多边经贸机制也因此经受巨大挑战。

经济全球化进程的深刻转变带来了全球经济治理体系的深刻转变，并对全球经济治理体系提出了更高要求。面对世界经济形势的发展演变，全球经济治理需要与时俱进、因时而变。"坚持多边主义，谋求共商共建共享，建立紧密伙伴关系，构建人类命运共同体，是新形势下全球经济治理的必然趋势。"[1] 新的历史阶段，"全球经济治理应该以平等为基础，更好反映世界经济格局新现实，增加新兴市场国家和发展中国家代表性和发言权，确保各国在国际经济合作中权利平等、机会平等、规则平等。全球经济治理应该以开放为导向，坚持理念、政策、机制开放，适应形势变化，广纳良言，充分听取社会各界建议和诉求，鼓励各方积极参与和融入，不搞排他性安排，防止治理机制封闭化和规则碎片化。全球经济治理应该以合作为动力，全球性挑战需要全球性应对，合作是必然选择，各国要加强沟通和协调，照顾彼此利益关切，共商规则，共建机制，共迎挑战。全球经济治理应该以共享为目标，提倡所有人参

---

[1] 习近平：《抓住世界经济转型机遇　谋求亚太更大发展——在亚太经合组织工商领导人峰会上的主旨演讲》，《人民日报》2017年11月11日。

与，所有人受益，不搞一家独大或者赢者通吃，而是寻求利益共享，实现共赢目标"①。习近平总书记提出"一带一路"倡议既是全球经济治理的中国方案，更是推动建设开放、包容、普惠、平衡、共赢的经济全球化的根本途径。

二　中国经济发展进入新时代

中华人民共和国成立后，尤其是改革开放以来，中国经济取得了飞速发展。在改革开放以来的40年间，中国经济的快速增长创造了世界经济史上的奇迹，实现了年均约10%的高速增长。中国成为世界经济的领航者，为世界经济的稳步增长做出了重大贡献。到2013年"一带一路"倡议提出时，中国已稳居世界第二大经济体地位。国际货币基金组织（IMF）数据显示，中国按市场汇率计算的国内生产总值（GDP）由1980年的3053亿美元增至2013年的9.635万亿美元，同期人均GDP由309美元增至7080美元。值得一提的是，2010年中国GDP总量达到6.066万亿美元，超过日本成为世界第二大经济体。与此同时，中国的经济总量与美国也日益接近。2013年中国的GDP总额约占美国GDP的六成，而在1980年，这一比例仅为一成左右。如果按照购买力平价（PPP）来计算，中国经济在全球经济中占据更加重要的地位。早在1999年，中国按PPP计算的GDP总量达到3.33万亿国际元，占世界经济的份额为7.1%，实现了对日本经济总量的超越。2014年，中国按PPP计算的GDP总量

---

① 习近平:《中国发展新起点　全球增长新蓝图——在二十国集团工商峰会开幕式上的主旨演讲》,《人民日报》2016年9月4日。

达到 18.28 万亿国际元，占世界经济的份额上升为 16.5%，超过美国成为世界第一大经济体。①

在贸易方面，改革开放以来，中国逐渐开拓了一条以开放促改革、以开放促发展的道路，从世界贸易体系的边缘国家成长为世界贸易强国。加入世界贸易组织后，中国更加积极顺应全球产业分工不断深化的大趋势，充分发挥比较优势、承接国际产业转移，大力发展对外贸易并积极促进双向投资，开放型经济实现了跨越式发展，并站在新高度以自己的努力重塑了中国与世界的关系。1978 年，中国的货物贸易总额约为 210.86 亿美元。此后，中国对外贸易进入迅猛发展的黄金时期。2001 年中国刚加入世界贸易组织时，中国的货物贸易总额约为 5096.51 亿美元，其中出口额为 2660.98 亿美元，世界排名第六。而同期美国的对外货物贸易额为 19082.8 亿美元，为中国货物贸易总额的 3.74 倍。2007 年，中国货物出口额达到 1.220 万亿美元，超过美国 1.148 万亿美元的出口规模，成为世界第一大货物出口国。2013 年，中国货物贸易总额达到 4.159 万亿美元，首次超过美国 3.909 万亿美元的货物贸易总额，跃居世界第一大货物贸易国。② 中国对外贸易的迅速发展，尤其是出口贸易的快速增长，使中国积累了大量的贸易顺差，为国内经济发展积累了资金技术，对改善经济结构、加速工业化进程、推动国内技术进步、增强经济抗风险能力、带动国内就业等方面都具有积极意义。但是，持续顺差导致的巨额外汇储备也会影响国内货币政策的独立性，加大货币升值压力和外汇储备保值增值的难度，并会成为他国挑起贸易摩擦的借口。

---

① International Monetary Fund, "World Economic Outlook Database", http://www.imf.org/weo, 2019.

② UNCTAD Database, http://unctadstat.unctad.org, 2020.

在国际直接投资方面，中国已成为全球最为重要的外商直接投资目的地和来源地。长期以来，美国在吸引外商投资方面扮演了世界领导者角色，世界上大部分主要跨国并购和新企业海外项目在美国境内发生。但在 2008 年国际金融危机后，全球外商直接投资格局开始发生深刻变化。联合国贸易和发展会议（UNCTAD）数据显示，2009 年美国外商直接投资流入额较上年的 3063.66 亿美元下降 53.1% 至 1436.04 亿美元，2013 年仍维持在 2013.93 亿美元的水平。与此同时，中国的外商直接投资流入稳定增长。1979 年中国外商直接投资流入额仅约为 80 万美元，次年增加至 570 亿美元；2013 年中国的外商直接投资流入额达 1239.11 亿美元，并成为全球第二大外商直接投资目的地。[①] 在 2012 年上半年，中国吸引外资规模曾超过美国。虽然 2012 年下半年美国吸引外资反超中国，但这已经反映出金融危机后全球外商直接投资流动格局的巨大变化。新兴市场与发展中经济体在吸引外资方面的增长趋势日益明显，而以美国为代表的发达经济体对外资的吸引力则日益减弱。这使得加强同新兴市场与发展中经济体之间的投资合作很有必要。

得益于中国经济的持续发展，中国在世界经济中的地位与作用不断提升，同外部世界的互动关系日益加强。经济上的巨大发展成就，更是奠定了民族复兴伟大梦想的坚实基础。2012 年 11 月 29 日，习近平总书记在国家博物馆参观《复兴之路》展览时指出，"实现中华民族伟大复兴，就是中华民族近代以来最伟大的梦想"[②]。但在一个你中有我、我中有你的人类命运共同体中，实现中华民族伟大复兴梦想

---

① UNCTAD Database，http：//unctadstat.unctad.org，2020.
② 《习近平总书记深情阐述"中国梦"》，《人民日报》2012 年 11 月 30 日。

必须建设持久和平、普遍安全、共同繁荣、开放包容、清洁美丽的世界。从这个意义上讲，提出"一带一路"倡议是深刻认识和把握中国全新历史使命的现实选择，是彰显中国负责任大国形象的重要支柱。

◇ 第二节 "一带一路"倡议提出与发展

2013年秋天，习近平总书记提出"一带一路"倡议。此后，"一带一路"倡议的深刻内涵不断丰富，"一带一路"国际合作的范围和领域不断拓展，逐步推动构建了"一带一路"合作理念和机制的发展和完善。

一 "一带一路"倡议的提出

在国际上提出"一带一路"倡议之前，习近平总书记就一直在思考和酝酿如何复兴丝绸之路。在2013年6月对特立尼达和多巴哥、哥斯达黎加、墨西哥进行国事访问前夕，习近平总书记接受特多《快报》、哥斯达黎加《共和国报》、墨西哥《至上报》的联合书面采访时指出，"早在几个世纪前，中拉贸易使者就开辟了'海上丝绸之路'，成为联系东西两个半球的重要贸易通道"[①]。在2013年9月对土库曼斯坦、哈萨克斯坦、乌兹别克斯坦、吉尔吉斯斯坦进行国事访问，赴俄罗斯圣彼得堡出席二十国集团领导人第八次峰会，赴吉尔吉斯斯坦首都比什凯克出席上海合作组织成员国元首理事会

---

① 《习近平接受拉美三国媒体联合书面采访》，《人民日报》2013年6月1日。

第十三次会议前夕，习近平总书记接受了土库曼斯坦《中立的土库曼斯坦报》、俄罗斯国际文传电讯社、哈萨克斯坦电信社、《哈萨克斯坦真理报》、乌兹别克斯坦"扎洪"通讯社、吉尔吉斯斯坦《言论报》联合采访。在评价土库曼斯坦同中国的关系时，习近平总书记指出，"中土友好关系源远流长，古丝绸之路上的商贸和文化交流为两国传统友谊奠定了深厚基础"；在评价乌兹别克斯坦同中国关系发展状况时，习近平总书记指出，"2000多年前，中国和乌兹别克斯坦人民共同开辟了丝绸之路。复兴丝绸之路是我们肩负的共同历史使命"[1]。

在此基础上，习近平总书记在哈萨克斯坦正式提出国际社会共建"丝绸之路经济带"倡议。2013年9月7日，在哈萨克斯坦纳扎尔巴耶夫大学，习近平总书记发表题为"弘扬人民友谊 共创美好未来"的重要演讲指出，"为了使我们欧亚各国经济联系更加紧密、相互合作更加深入、发展空间更加广阔，我们可以用创新的合作模式，共同建设'丝绸之路经济带'"[2]。习近平总书记还指出，"丝绸之路经济带"是一项造福沿途各国人民的大事业。同时，作为丝绸之路的重要组成部分，"海上丝绸之路"的复兴也提上议程日程。2013年10月3日，在印度尼西亚国会，习近平总书记发表题为"携手建设中国—东盟命运共同体"的重要演讲时提出，"东南亚地区自古以来就是'海上丝绸之路'的重要枢纽，中国愿同东盟国家加强海上合作，使用好中国政府设立的中国—东盟海上合作基金，发展好海洋合作伙伴关

---

[1] 《习近平接受土、俄、哈、乌、吉五国媒体联合采访》，《人民日报》2013年9月4日。
[2] 习近平：《弘扬人民友谊 共创美好未来——在纳扎尔巴耶夫大学的演讲》，《人民日报》2013年9月8日。

系，共同建设21世纪'海上丝绸之路'"①。2014年4月1日，习近平总书记在比利时布鲁日欧洲学院发表重要演讲，提出："我们还要积极探讨把中欧合作和丝绸之路经济带建设结合起来，以构建亚欧大市场为目标，让亚欧两大洲人员、企业、资金、技术活起来、火起来，使中国和欧盟成为世界经济增长的双引擎。"② 2014年5月15日，习近平总书记在北京人民大会堂出席中国国际友好大会暨中国人民对外友好协会成立60周年纪念活动并发表重要讲话强调，"中国将继续全面对外开放，推进同世界各国的互利合作，推动建设丝绸之路经济带和21世纪海上丝绸之路，实现各国在发展机遇上的共创共享"③。这表明，在共创共享各国发展机遇方面，"丝绸之路经济带"和"21世纪海上丝绸之路"已经成为一个不可分割的整体，"一带一路"倡议。

2017年，习近平总书记先后提出"数字丝绸之路"和"冰上丝绸之路"，使"一带一路"倡议内涵更加丰富、更具时代性。2017年5月14日，国家主席习近平在北京出席"一带一路"国际合作高峰论坛开幕式，并发表题为"携手推进'一带一路'建设"的主旨演讲，提出："我们要坚持创新驱动发展，加强在数字经济、人工智能、纳米技术、量子计算机等前沿领域合作，推动大数据、云计算、智慧城市建设，连接成21世纪的数字丝绸之路。"④ 6月8日，习近平总书记在阿斯塔纳同哈萨克斯坦总统纳扎尔巴耶夫举行会谈，双方同意

---

① 习近平：《携手建设中国—东盟命运共同体——在印度尼西亚国会的演讲》，《人民日报》2013年10月4日。
② 习近平：《在布鲁日欧洲学院的演讲》，《人民日报》2014年4月2日。
③ 习近平：《在中国国际友好大会暨中国人民对外友好协会成立60周年纪念活动上的讲话》，《人民日报》2014年5月16日。
④ 习近平：《携手推进"一带一路"建设——在"一带一路"国际合作高峰论坛开幕式上的演讲（2017年5月14日）》，人民出版社2017年版，第10页。

加快推进"一带一路"建设同"光明之路"新经济政策对接，实现两国发展战略深度融合，并提出要实现"数字丝绸之路"倡议同"数字哈萨克斯坦"战略对接。[①] 7月3日，在对俄罗斯联邦进行国事访问之际，习近平总书记接受俄罗斯主流媒体采访时提出，希望双方早日建成同江铁路桥、黑河公路桥等重大跨境基础设施，共同开发和利用海上通道特别是北极航道，打造"冰上丝绸之路"[②]。7月4日，习近平总书记在莫斯科会见俄罗斯总理梅德韦杰夫提出，要开展北极航道合作，共同打造"冰上丝绸之路"，落实好有关互联互通项目。[③]

2020年，新冠肺炎疫情在全球扩散蔓延，给"一带一路"国际合作带来了不少干扰，但也赋予"一带一路"国际合作新的内涵。2020年6月18日，"一带一路"国际合作高级别视频会议在北京举行。在向会议发表的书面致辞中，习近平总书记提出，中方愿同合作伙伴一道，把"一带一路"打造成团结应对挑战的合作之路、维护人民健康安全的健康之路、促进经济社会恢复的复苏之路、释放发展潜力的增长之路。[④] 在应对全球性危机和实现长远发展方面，共建"一带一路"国际合作都起着十分重要的作用。

二 "一带一路"倡议合作理念

"一带一路"国际合作倡导"和平合作、开放包容、互学互鉴、

---

① 《习近平同哈萨克斯坦总统纳扎尔巴耶夫举行会谈》，《人民日报》2017年6月9日。
② 《习近平接受俄罗斯媒体采访》，《人民日报》2017年7月4日。
③ 《习近平会见俄罗斯总理梅德韦杰夫》，《人民日报》2017年7月5日。
④ 《习近平向"一带一路"国际合作高级别视频会议发表书面致辞》，《人民日报》2020年6月19日。

互利共赢"的丝路精神、"共商共建共享"原则和人类命运共同体意识。它们共同构成了"一带一路"倡议的理念体系,是对古今中外处理国际关系的传统理念的扬弃。

首先,以和平合作、开放包容、互学互鉴、互利共赢为核心的丝路精神是古丝绸之路留给当今世界的宝贵启示,更符合当今时代各国交往与合作的现实需求。2013年9月7日,习近平主席在哈萨克斯坦纳扎尔巴耶夫大学发表演讲指出,古丝绸之路留给我们的宝贵启示是"只要坚持团结互信、平等互利、包容互鉴、合作共赢,不同种族、不同信仰、不同文化背景的国家完全可以共享和平,共同发展"[①]。2014年6月5日,习近平主席在中阿合作论坛第六届部长级会议开幕式上发表重要讲话明确指出,"千百年来,丝绸之路承载的和平合作、开放包容、互学互鉴、互利共赢精神薪火相传"[②]。2017年5月14日,习近平主席在北京出席"一带一路"国际合作高峰论坛开幕式,并发表主旨演讲再次强调,"古丝绸之路绵亘万里,延续千年,积淀了以和平合作、开放包容、互学互鉴、互利共赢为核心的丝路精神",并强调将"一带一路"建成和平之路、繁荣之路、开放之路、创新之路、文明之路。[③] 在和平合作、开放包容、互学互鉴、互利共赢的有机整体中,和平合作是"一带一路"国际合作的牢固基础,开放包容是"一带一路"国际合作的基本特性,互学互鉴是"一带一路"国际合作的重要手段,互利共赢是"一带一路"国际合作的价值目标。

---

① 习近平:《弘扬人民友谊 共创美好未来——在纳扎尔巴耶夫大学的演讲》,《人民日报》2013年9月8日。
② 习近平:《弘扬丝路精神 深化中阿合作——在中阿合作论坛第六届部长级会议开幕式上的讲话》,《人民日报》2014年6月6日。
③ 同上。

其次,"共商共建共享"是丝路精神的具体体现,是"一带一路"国际合作的基本原则。2014年6月5日,习近平总书记在中阿合作论坛第六届部长级会议开幕式上发表重要讲话首次提出,中阿共建"一带一路",应该坚持共商、共建、共享原则。共商,就是集思广益,好事大家商量着办,使"一带一路"建设兼顾双方利益和关切,体现双方智慧和创意。共建,就是各施所长,各尽所能,把双方优势和潜能充分发挥出来,聚沙成塔,积水成渊,持之以恒加以推进。共享,就是让建设成果更多更公平惠及中阿人民,打造中阿利益共同体和命运共同体。[1] "共商共建共享"原则倡导集思广益,各施所长、各尽所能,成果共享,充分体现了"一带一路"国际合作的开放性和包容性,顺应了国际关系民主化的发展潮流。坚持这一原则,就是要充分发挥世界各国尤其是广大发展中国家的积极性和能动性,体现各方关切和诉求,更好地维护各方正当权益,让所有"一带一路"倡议参与方拥有更多获得感。

最后,人类命运共同体意识是"一带一路"国际合作的应有之义,推动构建人类命运共同体是"一带一路"国际合作的最终目标。人类命运共同体意识,就是世界各国人民基于"人类只有一个地球,各国共处一个世界"而产生的安危与共、荣损相依、合作共赢、权责共担的总体意识。当今世界,一些发达国家人类命运共同体意识淡薄,并一味追求狭隘的国家利益,导致和平赤字、发展赤字、治理赤字、信任赤字日益加大,并成为全人类面临的严峻挑战。习近平总书记提出"一带一路"倡议,深刻把握了人类命运共同体意识的时代内

---

[1] 习近平:《弘扬丝路精神 深化中阿合作——在中阿合作论坛第六届部长级会议开幕式上的讲话》,《人民日报》2014年6月6日。

涵，并为人类命运共同体意识落地生根提供了重要依托，使全人类能够在"一带一路"国际合作框架下共同致力于建设一个持久和平、普遍安全、共同繁荣、开放包容、清洁美丽的世界。"一带一路"的理念、内容和实现途径所拥有的全球性意义，使之远远超出区域合作的范畴，并成为塑造经济全球化新动力和构建人类命运共同体的重要抓手。

三 "一带一路"倡议合作机制

"一带一路"倡议十分重视机制建设，既充分利用现有双多边合作机制，也创设了新的机制弥补全球治理机制的不足。

在巩固和盘活现有合作机制方面，"一带一路"加强了各机制之间的联系和互动，并推动构建了覆盖全球治理各领域的机制网络。首先，"一带一路"致力于推进多种形式的双边对话与协调机制建设。通过开展多层次、多渠道沟通磋商，推动双边关系全面发展，并协调彼此参与全球治理的立场，协商全球性问题的应对之策。其次，"一带一路"致力于推动同上海合作组织（SCO）、中国—东盟"10 + 1"、亚太经合组织（APEC）、亚欧会议（ASEM）、亚洲合作对话（ACD）、亚信会议（CICA）、中阿合作论坛、中国—海合会战略对话、大湄公河次区域（GMS）经济合作、中亚区域经济合作（CAREC）等现有多边合作机制作用的对接，促进区域合作，并对全球治理进行有益补充。最后，"一带一路"致力于加强博鳌亚洲论坛、中国—东盟博览会、中国—亚欧博览会、欧亚经济论坛、中国国际投资贸易洽谈会，以及中国—南亚博览会、中国—阿拉伯博览会、中国西部国际博览会、中国—俄罗斯博览会、前海合作论坛等相关国际论坛、展会以及平台之间的协调与配合，并为全球治理贡献力量。

在机制创新上，"一带一路"呈现诸多新的亮点。首先，"一带一路"国际合作高峰论坛为推动全球共同发展提供了对话与合作平台。为了让沿线国家共享中国发展机遇和"一带一路"建设成果，推动全球发展治理，中国自2017年起开始举办"一带一路"国际合作高峰论坛，并不断推动务实合作取得了显著成效。首届"一带一路"国际合作高峰论坛达成的279项具体成果，均已完成或转为常态化工作，实现了相关国家政府、企业和其他实体等参与方的互利共赢。2019年第二届"一带一路"国际合作高峰论坛取得了更为丰硕的务实成果。作为东道主，中方牵头汇总了各方达成的具体成果，形成了一份283项的成果清单。中国同有关国家签署了中缅经济走廊、中泰铁路等一系列政府间务实合作协议，各方共同发起并设立了"一带一路"共建国家标准信息平台、"一带一路"应对气候变化南南合作计划等合作机制，各国企业就开展产能与投资合作项目达成众多协议，中国同意大利等国共同设立新型合作基金、开展第三方市场投融资项目。① 其次，亚洲基础设施投资银行（以下简称"亚投行"）和丝路基金弥补了全球投融资体系的不足。2014年10月24日，21个国家在北京签署《筹建亚投行备忘录》，共同决定成立亚洲基础设施投资银行。② 2015年12月25日，股份总和占比为50.1%的17个意向创始成员国批准《亚投行协定》并提交批准书，亚投行正式成立。截至

---

① 王毅：《新起点 新愿景 新征程——第二届"一带一路"国际合作高峰论坛达成广泛共识取得丰硕成果》，《人民日报》2019年4月29日。
② 21个国家包括中国、孟加拉国、文莱、柬埔寨、印度、哈萨克斯坦、科威特、老挝、马来西亚、蒙古国、缅甸、尼泊尔、阿曼、巴基斯坦、菲律宾、卡塔尔、新加坡、斯里兰卡、泰国、乌兹别克斯坦和越南。

2020年3月，亚投行成员总数达到102个。2014年12月29日，外汇储备、中国投资有限责任公司、中国进出口银行、国家开发银行共同出资人民币615.25亿元（合100亿美元）在北京注册成立丝路基金有限责任公司，标志丝路基金正式成立。亚投行和丝路基金弥补了世界银行和亚开行在亚洲区域内投资重点局限、资金不足及侧重于社会事业、扶贫开发的不足，并降低投融资成本，为亚洲经济社会发展提供强有力的资金支持。最后，中国国际进口博览会推动构建开放、平衡的全球经济。2017年5月14日，商务部与60多个国家相关部门及国际组织共同发布旨在促进贸易增长、振兴相互投资和促进包容可持续发展的《"一带一路"贸易畅通合作倡议》，中方承诺从2018年起举办中国国际进口博览会，未来5年中国将从"一带一路"参与国家和地区进口2万亿美元的商品，对"一带一路"参与国家和地区投资达1500亿美元。[①] 2018年11月5日，中国成功主办首届国际进口博览会，共有172个国家、地区和国际组织参会，3600多家企业参展。中国国际进口博览会搭建了全球经贸合作的新平台，为加强"一带一路"国际合作注入新动力。

◇ 第三节 "一带一路"倡议的实施进展

2013年以来，"一带一路"从概念到具体实践行动，在政策沟通、设施联通、贸易畅通、资金融通、民心相通、产业合作等重点领

---

① 中国常驻联合国工业发展组织代表处：《推进"一带一路"贸易畅通合作倡议》，2017年5月14日，商务部网站，http://www.mofcom.gov.cn/article/i/jyjl/m/201705/20170502580373.shtml。

域的合作逐步深化，一批具有标志性的合作项目相继启动并顺利推进，走出了一条不断向高质量发展转变之路。

一 重点领域建设进展与成就

2013年9月7日，习近平总书记在哈萨克斯坦纳扎尔巴耶夫大学发表重要演讲指出，"丝绸之路经济带"是一项造福沿途各国人民的大事业，可以先从加强政策沟通、道路联通、贸易畅通、货币流通和民心相通五个方面做起来，以点带面，从线到片，逐步形成区域大合作。① 2015年3月，国家发展和改革委员会、外交部、商务部联合发布《推动共建丝绸之路经济带和21世纪海上丝绸之路的愿景与行动》并明确指出，"一带一路"建设以政策沟通、设施联通、贸易畅通、资金融通、民心相通为主要内容。② 2019年4月22日，推进"一带一路"建设工作领导小组办公室发表《共建"一带一路"倡议：进展、贡献与展望》报告并将"一带一路"国际合作的重点领域拓展到产业合作。③

（一）政策沟通

加强战略对接、深化政策沟通是"一带一路"建设顺利推进的重要保障。政策沟通涵盖内容十分广泛，既体现了"共商共建共享"

---

① 习近平：《弘扬人民友谊 共创美好未来——在纳扎尔巴耶夫大学的演讲》，《人民日报》2013年9月8日。
② 国家发展和改革委员会、外交部、商务部：《推动共建丝绸之路经济带和21世纪海上丝绸之路的愿景与行动》，2015年3月，新华网，http://www.xinhuanet.com/world/2015-03/28/c_1114793986.htm。
③ 推进"一带一路"建设工作领导小组办公室：《共建"一带一路"倡议：进展、贡献与展望》，《人民日报》2019年4月23日。

的理念，也是一种加强双方合作促进互利共赢的行动。2013年以来，全球范围内积极支持和参与"一带一路"建设的国家和国际组织不断增加，各参与方政策的联动性和协同性不断提升，并且政策沟通与战略对接对"一带一路"建设的促进作用日益显现。截至2020年10月，中国已经同138个国家和30个国际组织签署200份共建"一带一路"合作文件。联合国大会和联合国安理会等国际机构的重要决议也纳入了"一带一路"建设内容。同时，"一带一路"国际合作高峰论坛已成为中国同各参与国政策沟通的机制化平台。2019年4月，38国元首和政府首脑等领导人以及联合国秘书长和IMF总裁出席第二届"一带一路"国际合作高峰论坛领导人圆桌峰会。论坛期间，习近平总书记同所有访华外国和国际组织领导人举行了国事活动或双边会见，充分发挥了元首外交在政策沟通方面的引领作用。此次论坛期间，在贸易、交通、税收、审计、科技、文化、智库、媒体等领域，有关国家和国际组织同中方签署的双边和多边合作文件总计100余项。

（二）设施联通

基础设施互联互通是"一带一路"建设的优先领域，也是合作成果最为显著的领域之一。2013年以来，中国与"一带一路"参与国积极制定基础设施建设规划，加强技术标准体系的对接，并通过一系列建设工程和项目扎实推动构建连接相关区域和国家之间的基础设施网络。一方面，铁路、公路、港口、航空运输、能源、通信等基础设施互联互通水平大幅提升，降低了相关国家之间商品、资金、信息、技术交易成本，促进了资源要素的优化配置；另一方面，中蒙俄、新亚欧大陆桥、中国—中亚—西亚、中国—中南半岛、中巴和孟中印缅六大经济走廊建设取得明显进展，亚洲和欧洲大陆的经济联系不断加强。围绕落实 2016 年 6 月 23 日签署的《建设中蒙俄经济走廊规划纲要》，中俄蒙三国在基础设施互联互通、毗邻地区次区域合作等方面不断取得新的合作成果。[①] 2018 年，三国签署《关于建立中蒙俄经济走廊联合推进机制的谅解备忘录》，进一步完善了三方合作工作机制。新亚欧大陆桥东起江苏，到中国与哈萨克斯坦边界的阿拉山口出国境，并可经 3 条线路延伸至荷兰的鹿特丹港，沿线经过 30 多个国家和地区。在新亚欧大陆桥经济走廊框架下，政策沟通、物流运输、经贸等领域合作不断深入。截至 2019 年年底，中欧班列累计开行超过 2.1 万列，联通欧洲大陆 18 个国家、57 个城市，为沿线国家合作提供了重要支撑。中国—中亚—西亚经济走廊东起中国新疆，向西经中亚至阿拉伯半岛，主要涉及中亚五国及伊朗、土耳其等国。中亚西亚天然气资源非常丰富，能源合作的地位突出。根据中国石油西部管道公司统计数据，截至 2019 年年底，中亚天然气管道 A、B、C 三条线累计向国内输送天然气 2946 亿立方米。中国—中南半岛经济走廊以中国南宁和昆明为起点，经中南半岛的越南、老挝、柬埔寨、泰国、缅甸、马来西亚等国到达新加坡。在中国—中南半岛经济走廊建设框架下，中老经济走廊、中国与柬老缅越泰（CLMVT）、东盟"10 + 1"合作、澜沧江—湄公河合作、大湄公河次区域经济合作（GMS）等双方、区域和次区域合作机制的作用日益凸显。中巴经济走廊建设在 2017 年 12 月 18 日《中巴经济走廊远景规划（2017—2030）》发布后迎来新的发展机遇，一系列重大工程项目加速推进。在孟中印缅经济走廊建设过程中，中缅经济走廊建设发挥了引领作用。2018 年 9 月，

[①] 国家发展和改革委员会：《建设中蒙俄经济走廊规划纲要》，2016 年 9 月 14 日，国务院新闻办公室网站，http：//www.scio.gov.cn/ztk/wh/slxy/htws/document/1491208/1491208.htm。

中缅两国政府签署《关于共建中缅经济走廊的谅解备忘录》，并成立12个重点合作领域专项工作组推进相关领域合作。

（三）贸易畅通

作为"一带一路"建设的重点内容，中国与"一带一路"参与国的投资贸易合作稳步推进。尽管近年来国际经贸环境面临的挑战有所加大，但中国同"一带一路"沿线国家贸易合作不断深化的态势没有改变。截至2020年10月，中国已同25个国家和地区签署了17个自由贸易协定，覆盖亚洲、欧洲、非洲、美洲和大洋洲，其中绝大部分国家和地区位于"一带一路"沿线。这些自由贸易协定不仅为深化双方经贸关系提供了有力的制度保障，更赋予了双方合作伙伴关系全新内涵，将"一带一路"贸易畅通提升到了新的高度。同时，中国正在推进《区域全面经济伙伴关系协定》（RCEP）、中日韩自由贸易协定以及同海合会、斯里兰卡、以色列、挪威、摩尔多瓦、巴拿马、巴勒斯坦、柬埔寨等国家和地区之间的自由贸易协定谈判，分别同新西兰和秘鲁开展自由贸易协定升级谈判，同韩国开展自由贸易协定第二阶段谈判。此外，中国还同斐济、尼泊尔、巴布亚新几内亚、孟加拉国、蒙古国等"一带一路"沿线国家就建立自由贸易区开展联合研究。中国商务部数据显示，2019年中国与"一带一路"沿线国家货物贸易超过1.3万亿美元，增长达到6%，占对外贸易总额比重提升2个百分点，达到29.4%。

（四）资金融通

作为"一带一路"建设的重要支撑，资金融通为各领域合作奠定了基础。首先，亚投行和"丝路基金"为"一带一路"建设提供了有力的资金支持。根据亚投行数据，截至2019年9月，该机构累计贷款项目为40多个，贷款总额超过90亿美元，涉及亚洲和非洲等地区 18 个国家的交通、能源、电信、城市发展等多个领域。截至 2019 年 11 月，通过股权、债权、基金等多元化投融资方式，丝路基金签约投资项目 34 个，承诺投资金额约 123 亿美元，其中包括人民币约 300 亿元。① 其次，在财政部的推动下，世界银行、亚投行、亚洲开发银行、欧洲复兴开发银行、欧洲投资银行、金砖国家新开发银行等国际多边开发机构与中方签署相关领域合作的谅解备忘录，共同推进"一带一路"建设框架下的投融资合作。2017 年 5 月，财政部与 26 国财政部共同核准了《"一带一路"融资指导原则》，其中 17 国财长或财政部授权代表签署了这一文件。② 同月，中国银行业协会牵头筹建的亚洲金融合作协会正式成立，成员包括亚洲、欧洲、美洲、非洲和大洋洲的 27 个国家和地区的 107 家机构。此外，中国同沿线国家合作推出了各类创新金融产品并因此拓宽了融资渠道。截至 2020 年 3 月，境外和多边金融机构等在华发行的人民币债券——熊猫债发行规模为人民币近 3900 亿元。

（五）民心相通

2014 年 6 月 5 日，习近平总书记在中阿合作论坛第六届部长级会议开幕式上讲话强调："民心相通是'一带一路'建设的重要内容，也是关键基础。"③ 作为"一带一路"建设的社会根基，民心相通涵盖文化、教育、科技、人才、媒体、青年、妇女、旅游、卫生健康等多个领域的交流与合作，并且发展势头良好。例如，在旅游方面，据

---

① 谢多：《服务一带一路 促进资金融通》，《人民日报》2019 年 5 月 6 日。
② 包括阿根廷、白俄罗斯、柬埔寨、智利、捷克、埃塞俄比亚、斐济、格鲁吉亚、希腊、匈牙利、印度尼西亚、伊朗、肯尼亚、老挝、马来西亚、蒙古国、缅甸、巴基斯坦、卡塔尔、俄罗斯、塞尔维亚、苏丹、瑞士、泰国、土耳其和英国 26 国。
③ 习近平：《弘扬丝路精神 深化中阿合作——在中阿合作论坛第六届部长级会议开幕式上的讲话》，《人民日报》2014 年 6 月 6 日。

中国旅游研究院数据，2017年中国到沿线国家的游客为2741万人次，较2013年增长了77%。在教育培训方面，据中国教育部数据，2018年64个沿线国家来华留学生人数达26.06万人，占来华留学生总数的比例近53%。同时，截至2019年9月，114个同中国签署"一带一路"合作文件的国家（地区）设立了268所孔子学院。此外，中国与沿线国家互办了艺术节、电影节、博览会、图书展、文物展等形式多样的文化交流活动。

（六）产业合作

"一带一路"倡议注重多元投资合作，鼓励开展第三方市场合作，推动共建共享的产业链、供应链、服务链、价值链，不断为促进沿线国家发展提供新动能。首先，中国同沿线国家投资合作稳步推进。中国商务部数据显示，2019年中国企业对新加坡、越南、老挝、印尼、巴基斯坦等56个"一带一路"沿线国家非金融类直接投资150.4亿美元，占同期总额的13.6%。对外承包工程方面，中国企业在"一带一路"沿线的62个国家新签对外承包工程项目合同6944份，新签合同额1548.9亿美元，占同期中国对外承包工程新签合同额的59.5%，同比增长23.1%；完成营业额979.8亿美元，占同期总额的56.7%，同比增长9.7%。[①] 其次，国际产能合作和第三方市场合作不断取得进展。截至2019年年底，中国同哈萨克斯坦、埃及、埃塞俄比亚、巴西等40多个国家签署了产能合作文件，推动了产能合作的机制化；同澳大利亚、奥地利、比利时、加拿大、法国、意大利、日本、荷兰、葡萄牙、韩国、新加坡、西班牙、瑞士和英国14个发达国家签署了第三方市场

---

① 商务部对外投资和经济合作司：《2019年我对"一带一路"沿线国家投资合作情况》，2020年1月22日，商务部网站，http://www.mofcom.gov.cn/article/tongjiziliao/dgzz/202001/20200102932445.shtml.

合作文件，在基础设施、能源、环保、金融等优势互补领域的一系列重大项目上取得了务实成果。最后，境外经贸合作区效果日益显现。截至2019年11月，纳入商务部统计的境外经贸合作区累计投资超过410亿美元，入区企业近5400家，上缴东道国税费43亿美元，为当地创造就业岗位近37万个。① 境外经贸合作区已经形成加工制造、资源利用、农业产业、商贸物流、科技研发等主要类型，聚集效果明显。

二 "一带一路"高质量发展

"一带一路"倡议提出后，得到了全球的积极响应和参与，并在向高质量发展转变方面取得了重大进展。2018年8月27日，习近平总书记在北京人民大会堂出席推进"一带一路"建设工作5周年座谈会并发表重要讲话指出：经过夯基垒台、立柱架梁的5年，共建"一带一路"正在向落地生根、持久发展的阶段迈进。我们要百尺竿头、更进一步，在保持健康良性发展势头的基础上，推动共建"一带一路"向高质量发展转变，这是下一阶段推进共建"一带一路"工作的基本要求。过去几年共建"一带一路"完成了总体布局，绘就了一幅"大写意"，今后要聚焦重点、精雕细琢，共同绘制好精谨细腻的"工笔画"。要在项目建设上下功夫，建立工作机制，完善配套支持，全力推动项目取得积极进展，注意实施雪中送炭、急对方之所急、能够让当地老百姓受益的民生工程。要在开拓市场上下功夫，搭建更多贸易促进平台，引导有实力的企业到沿线国家开展投资合作，发展跨

---

① 商务部：《2019年中国对外投资合作呈现新特点》，2020年1月15日，商务部网站，http://sg.mofcom.gov.cn/article/sxtz/202001/20200102930382.shtml。

境电子商务等贸易新业态、新模式，注重贸易平衡。要在金融保障上下功夫，加快形成金融支持共建"一带一路"的政策体系，有序推动人民币国际化，引导社会资金共同投入沿线国家基础设施、资源开发等项目，为走出去企业提供外汇资金支持。要推动教育、科技、文化、体育、旅游、卫生、考古等领域交流蓬勃开展，围绕共建"一带一路"开展卓有成效的民生援助。要规范企业投资经营行为，合法合规经营，注意保护环境，履行社会责任，成为共建"一带一路"的形象大使。要高度重视境外风险防范，完善安全风险防范体系，全面提高境外安全保障和应对风险能力。① 由此，国际社会共建"一带一路"开始迈向高质量发展的新阶段。

2019年4月26日，以"共建'一带一路'、开创美好未来"为主题的第二届"一带一路"国际合作高峰论坛在北京开幕。来自150多个国家和90多个国际组织的近5000位外宾同中方代表聚焦"一带一路"高质量发展，为促进全球共同发展繁荣凝聚共识与合力。习近平总书记在论坛开幕式上发表题为"齐心开创共建'一带一路'美好未来"的主旨演讲，全面阐述了"一带一路"建设取得的巨大成就和中国为促进更高水平对外开放采取的一系列重大举措，为"一带一路"高质量发展指明了方向。习近平总书记指出："共建'一带一路'倡议，目的是聚焦互联互通，深化务实合作，携手应对人类面临的各种风险挑战，实现互利共赢、共同发展。"② 共建"一带一路"，

---

① 《习近平在推进"一带一路"建设工作5周年座谈会上强调 坚持对话协商共建共享合作共赢交流互鉴 推动共建"一带一路"走深走实造福人民》，《光明日报》2018年8月28日。

② 习近平：《齐心开创共建"一带一路"美好未来——在第二届"一带一路"国际合作高峰论坛开幕式上的主旨演讲》，《人民日报》2019年4月27日。

关键是互联互通。"一带一路"高质量发展，就是要推动全方位互联互通，帮助有关国家打破发展瓶颈、破除互联互通的障碍，为落实联合国2030年可持续发展议程、促进世界经济增长和构建开放型世界经济不断创造新的条件。①

"一带一路"倡议提出以来，中方始终坚持共商共建共享原则，并以政策沟通、设施联通、贸易畅通、资金融通、民心相通为抓手，有力促进了全球互联互通合作。"一带一路"已成为各参与方共同的机遇之路、繁荣之路。同时，"一带一路"框架下的互联互通合作也面临着各种各样的挑战。在全球经济新形势下，一些国家忽视全球化时代各国经济高度相互依存的客观事实，打着自身利益优先的旗号推出了大量以邻为壑的单边主义和保护主义政策举措。同时，一些国家以新冠肺炎疫情防控为借口，为全球供应链、产业链通畅设置障碍，推动全球经济"脱钩"，"一带一路"高质量发展因此面临重大挑战。对此，中国始终坚持在更广领域扩大外资市场准入，更大力度加强知识产权保护国际合作，更大规模增加商品和服务进口，更加有效实施国际宏观经济政策协调，更加重视对外开放政策贯彻落实。新时代中国更高水平的改革开放将为"一带一路"高质量发展注入持续动力。

（徐秀军）

---

① 徐秀平：《以更高水平对外开放推动"一带一路"高质量发展》，《光明日报》2019年4月27日。

第十七章

全球化逆风下的主动开放

英国工业革命以来,全球化经历两波黄金时代。国际金融危机以来,全球化发展势头减缓,反全球化之声不绝于耳。在全球化逆风思潮和保护主义兴起的背景下,中国始终是全球化的坚定支持者,不断夯实主动开放的国内基础,并通过主动扩大开放和积极参与全球经济治理支持全球化。2017年特朗普政府上台以后,美国的反全球化声音越来越强、反全球化行为越来越严重,并挑起对中国的经贸摩擦。在跌宕起伏的经贸摩擦背后,隐藏着美国试图延缓中国崛起步伐的深层次目的。中国以我为主直面中美经贸摩擦,持续扩大开放,把握住自身的发展节奏,并负责任地积极支持全球化。

◇ 第一节 全球化逆风吹来

国际金融危机以来,全球化发展势头减缓,全球化逆风思潮和保护主义兴起。尤其是,发达国家将自身出现的问题归咎为全球化,反全球化声音越来越强烈。

一　全球化发展势头减缓

全球化是指商品、资金、人员等跨越国境、在全球范围的流动。全球化包含的内容很多，如国际刑事司法、文化全球化都包括在内。但本章侧重讨论经济全球化。经济全球化是指商品、资金、人员等在全球范围的一体化，也就是跨越国境的流动。经济全球化的发展可以用商品、资金、人员等的流动速度来衡量，主要以商品流动来衡量。流动速度越快，表明经济全球化发展越快；流动速度慢，表明经济全球化发展较慢；流动速度不变或增速为负，表明经济全球化发展停滞，甚至被逆转。推动经济全球化前进的因素包括许多，如技术变革、贸易自由化、技术扩散、交通和运输成本下降等。导致经济全球化遇阻的原因也有很多，如经济危机、传染病（如新冠病毒肺炎）、全球化逆风思潮和保护主义盛行等。①

全球化的发展起始于拿破仑战争后的 1815 年。尽管从 16 世纪地理大发现时代，世界就开始出现一体化，但鉴于在这一时期，世界贸易的年均增速仅大约为 1%，全球化仅处于萌芽状态。18 世纪 60 年代发生的英国工业革命为全球化快速发展创造了条件。从拿破仑战争后的 1815 年开始，全球化快速发展。1815—1914 年，世界贸易的年平均增速是 3.5%。这是经济全球化发展的第一波黄金期。② 但随后爆发的两次世界大战让全球化发展陷入泥沼。尤其是，20 世纪 30 年

---

① Kevin Hjortshøj O'Rourke, 2019, "Economic History and Contemporary Challenges to Globalization", *Journal of Economic History*, Vol. 79, No. 2.

② Michael D. Bordo, "Globalization in Historical Perspective", *Business Economics*, 2002.

代大萧条时期，美国大幅提升进口关税，导致主要国家采取以邻为壑的贸易保护政策，全球化出现逆转。第二次世界大战后，在美国的主导下建立起布雷顿森林体系——关贸总协定、国际货币基金组织、世界银行等。这为全球化发展建立了规则。20世纪70年代至2008年国际金融危机爆发，是全球化快速发展的第二波黄金期。在这一时期，越来越多的国家融入全球化，国际分工越来越细化。

国际金融危机以来，全球化发展势头减缓。2008—2009年爆发的国际金融危机使得世界经济增速大幅下降，世界贸易大幅下滑。世界经济增速从2007年的5.56%下降到2008年的3.03%。2009年世界经济甚至是-0.07%的负增长。① 与此同时，世界贸易在2009年大幅下滑，下降12.7%。② 国际金融危机之后，国际贸易与国际直接投资增速均出现下降。2009—2018年，国际贸易年均实际增速为3.5%，远低于2000—2007年的年均增速7.6%。③ 国际直接投资流量增速也从2000—2007年的12.27%下降到2009—2018年的-2.79%。④ 全球价值链分工程度也开始下降，至2019年都没有恢复到2008年的水平。⑤ 与此同时，标志人员流动的国际移民的增速也

---

① 国际货币基金组织的世界经济展望数据库，https：//www.imf.org/external/pubs/ft/weo/2020/01/weodata/index.aspx。
② 苏庆义：《国际贸易形势回顾与展望：增速回落 重陷低迷》，载张宇燕主编《2020年世界经济形势分析与预测》，社会科学文献出版社2019年版，第181—195页。
③ Alicia García Herrero, "From Globalization to Deglobalization: Zooming into Trade", https://www.bruegel.org/2020/02/from-globalization-to-deglobalization-zooming-into-trade/, 2020.
④ 联合国贸发会数据库，https：//unctad.org/en/Pages/statistics.aspx。
⑤ Xin Li, Bo Meng, Zhi Wang, "Recent patterns of global production and GVC participation", in *Global Value Chain Development Report 2019: Technological Innovation, Supply Chain Trade, and Workers in a Globalized World*, 2019.

开始下降。

2020年在全球暴发的新冠肺炎疫情对经济全球化造成较大冲击。为应对疫情,各国纷纷采取封城措施,生产和消费都受到很大影响,重创各国经济。世界范围内的贸易、投资、人员流动等都受到极大影响,各行各业均被波及。根据世贸组织统计,2020年第一季度,世界贸易量同比下降2%。根据世贸组织和联合国贸发会的预测,2020年的全球贸易和投资都将大幅下降。经济全球化因疫情面临严峻挑战。

二 全球化逆风思潮和保护主义的兴起

国际金融危机以来,全球化逆风思潮涌起。国际金融危机以来,全球化发展遇阻的重要原因是全球化逆风思潮涌起和保护主义兴起。其中,全球化逆风思潮是指反对全球化的声音越来越强、行为越来越多。保护主义则是指政府的政策倾向于逆全球化。在全球化发展的同时,反全球化的声音和行为一直存在。1999年11—12月,世界贸易组织部长级会议在美国西雅图举行,众多反全球化人士在当地举行大规模游行示威。2005年12月,在中国香港举行的世贸组织部长级会议也遭受来自全球各地反全球化人士的抗议。国际金融危机以来反全球化的表现则更加明显。尤其是,美欧等发达国家反全球化声音越来越强,反对声音也从民间延伸至政府层面。2011年9月在美国兴起"占领华尔街"运动,抗议社会不公。2016年6月,英国举行脱欧公投,支持脱离欧盟的投票者超过半数。2016年11月,鼓吹"美国优先"的右翼民粹主义代表特朗普在美国总统竞选中胜出。2017年特朗普就任美国总统后,先后退出《巴黎气候协定》、联合国教科文组织、《中程导弹条约》等诸多国际组织和协定。这些都反映了发达国家的全球化逆风思潮越来越强。

与此同时，保护主义兴起。2010—2019 年，全球范围内平均每年新增加的贸易投资限制措施有 223 项，但每年新增加的贸易投资自由化措施却仅有 61 项。其中美国的贸易投资限制措施明显高于其他国家，占所有限制措施的 7.43%。[①] 尤其是特朗普就任总统以来，美国的保护主义越来越严重。2018 年 2 月，美国基于 201 调查对进口的太阳能电池板和洗衣机加征 30% 和 50% 的关税；3 月，基于 232 调查对钢铝分别加征 25% 和 10% 的关税。美国更是基于其 301 调查对中国发起贸易战。2017 年以来，美国修订并实施《外国投资风险评估现代化法案》，强化对美投资的审查力度。2018 年，美国推出新移民政策，限制移民美国。

全球化逆风思潮涌起和保护主义兴起的最重要原因是全球化带来的不平等。这种不平等包括两个方面：第一，美国认为，中国在全球化中的获益更多，美国获益更少，甚至受损。有研究认为，美国从中国的进口是造成自身失业及工资下降的重要原因。第二，也是更重要的是，全球化导致各国国内不同人群的损益不同。但是，这两种不平等都经不起推敲。有另外的研究认为，美国从与中国的贸易中获益巨大。美国的失业则主要源于其自身结构的变化，属于结构性失业。各国国内不平等的来源也不能归咎为全球化。而且，全球化在给一国带来总体福利提升的同时，确实会有收入分配效应，但是各国政府应该通过完善本国福利体系对受损人群进行补助，以便达到帕累托改进的目的。

---

① 全球贸易预警数据库，https://www.globaltradealert.org/。

第二节 夯实主动开放的国内基础

主动开放是应对全球化逆风的关键举措。自由贸易试验区是中国顺应全球经贸发展新趋势、对标高标准国际经贸新规则、提高开放型经济水平的"试验田",是促进中国转变经济发展模式,进一步扩大开放与深化改革,进行制度创新的重大举措。自由贸易试验区建设通过加快政府职能转变、积极探索管理模式创新、促进贸易和投资便利化、促进金融等领域创新,为全面深化改革和扩大开放探索新途径、积累新经验。

一 自由贸易试验区试点扩展与布局优化

2008年国际金融危机和随后的欧洲债务危机,引发世界经济格局调整。美国通过大力推进跨太平洋伙伴关系协定、跨大西洋贸易投资协定、诸边服务贸易协定等治理平台,力求构建21世纪高标准贸易投资规则体系,中国参与全球经济治理面临新挑战。为了适应经济全球化新形势,2012年党的十八大提出,全面提高开放型经济水平,实施更加积极主动的开放战略。作为构建开放型经济新体制的重要举措之一,2013年9月29日,中国(上海)自由贸易试验区成立。试验区将扩大开放与体制改革相结合、将培育功能与政策创新相结合,提出加快政府职能转变、探索管理模式创新、促进贸易投资便利化的政策的任务和措施,为我国全面深化改革和扩大开放探索新途径与积累新经验。

中国（上海）自由贸易试验区推出了以负面清单管理模式为核心的一批可复制、可推广的改革创新成果，这些探索实践为自由贸易试验区开放模式的进一步推进奠定了基础。2015年4月，中国（广东）、（福建）、（天津）自由贸易试验区及中国（上海）自由贸易试验区扩展区域运行。这一阶段试验区建设有如下特点：其一是在几个开放基本较好的沿海地区设立，试验区建设强调继续大胆闯、大胆试、自主改。例如，中国（上海）自由贸易试验区深化方案中提出了比两年前成立之时更详细、具体和深入的制度创新方案；其二是将自由贸易试验区建设与各地区位优势结合，注重发挥辐射作用。中国（广东）自由贸易试验区探索粤港澳经济合作新模式、中国（福建）自由贸易试验区探索闽台经济合作新模式、中国（天津）自由贸易试验区成为京津冀协调发展高水平对外开放平台，中国（上海）自由贸易试验区建设过程中贯彻长江经济带发展国家战略。

四个沿海地区自由贸易试验区积极探索，为构建开放型经济新体制与实施新区域发展战略相结合积累了经验，彰显全面深化改革和扩大开放的试验田作用。2017年3月，国务院印发中国（辽宁、浙江、河南、湖北、重庆、四川、陕西）自由贸易试验区总体方案，这一阶段的试验区建设主要包括以下特点，一是新设立的试验区复制、推广已成立的四个自由贸易试验区的经验；二是继续以制度创新为核心，探索全面深化改革和扩大开放的新途径和新经验；三是进一步与各地区域发展结合，推动西北开发、东北振兴、中部崛起和长江经济带发展等国家战略实施。

2018年，经过五年的发展，自由贸易试验区进入高质量建设新阶段。2018年10月，习近平总书记对自由贸易试验区建设做出重要指示，肯定五年来各自由贸易试验区取得的重大进展，强调继续解放思想、积极探索，加强统筹谋划和改革创新，不断提高自由贸易试验区发展水平，形成更多可复制可推广的制度创新成果，把自由贸易试验区建设成为新时代改革开放的新高地。2018年9月海南自由贸易试验区建设启动，设置了以高水平开放推进高标准发展的目标，其突出特点是分阶段、高水平推进，首先在海南全岛建设自由贸易试验区，然后逐步形成代表最高开放水平的全岛自由贸易港。

2019年8月，中国山东、江苏、广西、河北、云南、黑龙江六省区自由贸易试验区运行，通过在更大范围、更广领域、更多层次差别化探索对比和互补试验，形成激发高质量发展的内生动力。其中广西、云南、黑龙江三个我国首次在沿边地区布局的试验区，将分别形成连接南亚、东南亚及东北亚的区域合作枢纽。

2020年9月21日，商务部公布北京、湖南、安徽自由贸易试验区总体方案及浙江自由贸易试验区扩展区域方案，提出了突出畅通循环构建新发展格局、突出科技创新催生新发展动能、突出深化改革激发新发展活力，以及突出高水平开放打造新发展优势的要求。

至此，中国自由贸易试验区的建设布局逐步完善，形成了覆盖东西南北中，以21个自由贸易试验区（1+3+7+1+6+3）为载体的改革开放创新格局。

二 开放高地的制度创新和经验推广

自由贸易试验区是以制度创新为核心的改革开放高地，试验区建设通过把自上而下的顶层设计和自下而上的探索创新结合，形成了诸多可复制、可推广的制度成果。这些成果主要涉及政府职能转变、投资管理体系改革、贸易监管方式完善及金融改革创新等领域。

自由贸易试验区促进政府职能转变的目标是，改革创新政府管理方式，按照国际化、法制化要求，建立与国际高标准贸易投资规则及经济全球化发展相适应的行政管理体系，促进政府由注重事前审批转为建立事中、事后监管制度。截至2019年年底，各自由贸易试验区经推广的试点经验中，以政府职能转换为核心的事中事后监管创新34项，包括：加强各部门协调；促进信息公开以增加透明度；推进数字经济时代监管方式变革，如边检服务掌上直通车、大数据平台建设；以及具体领域的监管实践，如简化外锚地保税燃料油加注船舶出入境手续等。

建立准入前国民待遇加负面清单管理制度是试验区制度创新的重要突破，是投资管理体制改革中的基础性制度变革。通过制定试验区外商投资与国民待遇等不符的负面清单，将外商投资项目由核准制改为备案制，在负面清单以外的外商投资，给予国民待遇，按内外资一致原则管理，由此建立与国际标准相一致的外商投资管理体系。从2013年9月中国（上海）自由贸易试验区发布首份负面清单，至2019年6月国家发展和改革委员会、商务部发布全国自贸试验区第五版清单，即《自由贸易试验区外商投资准入特别管理措施（负面清单）（2019年版）》，负面水清单条目从192项减至37项，总体缩减了80.5%，试用范围从中国（上海）自由贸易试验区扩展至我国全部自由贸易试验区，负面清单管理模式的确立有助于建立更加开放、便利、公平的营商环境，提升开放水平，同时发挥了"试验田"作用。例如，2019年版自贸试验区外资准入负面清单与同时发布的全国版负面清单比，减少了水域水产品捕捞、出版物印刷、中药饮片和中成药相关领域对外资的限制。

贸易监管方式完善方面，也包括一项基础性制度变革，即国际贸易"单一窗口"建设，这是国际上的通行做法。"单一窗口"通过一个入口，来打通以往的多项政府部门的贸易相关事项办理，为企业节约大量时间和成本。例如，由国家口岸管理办公室会同公安部、交通运输部、海关总署、质检总局四家部委单位共同建设的国际贸易"单一窗口"标准版运输工具系统上线后，经数据协调和简化，企业申报数据项由1113项减少到371项，该系统于2018年3月在中国（浙江）自由贸易试验区率先开通试点"一单四报"业务。

同时，金融改革创新取得积极成效。自由贸易试验区金融创新以服务实体经济为目标，在推动金融服务业开放、推动跨境人民币业外创新发展、提升租赁业发展水平等方面进行先行先试。例如，重庆高新区试点的知识价值信用融资新模式获评商务部发布自由贸易试验区第三批"最佳实践案例"。2017年5月重庆启动科技型企业知识价值信用贷款改革试点，重庆利迈陶瓷技术有限公司是一家拥有多项国际、国内专利的从事全陶瓷发热元件生产的高新技术企业，由于缺少房产等抵押，企业融资困难，该公司在2018年通过"知识价值信用贷款"项目获得240万元融资后，新签合同订单2000余万元，及时解决企业资金之困。

自由贸易试验区改革试点经验通过多种方式得以复制推广，包括：国务院发函等方式集中复制推广、由国务院自贸试验区工作部际联席会议办公室总结印发供各地借鉴的"最佳实践案例"、各部门自行复制推广的改革试点经验。根据商务部的相关数据，截至2019年7月，累计共有202项制度创新成果得以复制推广，自由贸易试验区有效发挥了全面深化改革和扩大开放试验田的作用。

三 探索建设中国特色自由贸易港

在自由贸易试验区取得稳步进展的基础上，2017年10月，党的十九大报告提出，"赋予自由贸易试验区更大改革自主权，探索建设自由贸易港"。2019年4月，习近平总书记在庆祝海南建省办经济特区30周年大会上发表重要讲话，指出"党中央决定支持海南全岛建设自由贸易试验区，支持海南逐步探索稳步推进中国特色自由贸易港建设。分步骤分阶段建立自由贸易港政策和制度体系"。2019年10月，党的十九届四中全会《中共中央关于坚持和完善中国特色社会主义制度 推进国家治理体系和治理能力现代化若干重大问题的决定》提出"加快自由贸易试验区、自由贸易港等对外开放高地建设"。

自由贸易港建设意味着用最高标准构建中国开放新格局。自由贸易港市场开放程度高，具有良好营商环境和制度环境、具有完善的公平竞争制度、规范透明的监管标准和制度，不仅具有贸易自由化和投资便利化特点，还着力促进人员、资金等自由流动。探索建设中国特色自由贸易港目标的提出，是在中国自由贸易试验区成功实践基础上的重大举措，也体现了中国以实质行动展示积极开放、主动作为的姿态。

中国走向世界舞台的过程中，将面对逆全球化的各种暗流。做好自己的事，继续深化改革和主动开放，是应对挑战的正确选择。自由贸易试验区建设为中国对接国际高标准贸易投资规则、参与国际贸易规则重构夯实了国内基础。

第三节　中国积极推进经济全球化

改革开放以来，中国始终积极参与并支持全球化。尤其是在国际金融危机以来全球化逆风吹来的背景下，中国更是坚定地表达了支持全球化的态度。中国身体力行地支持全球化，通过扩大开放应对全球化逆风，通过积极参与全球经济治理推进全球化朝着更加开放、包容、普惠、平衡、共赢的方向发展。

一　以扩大开放应对全球化逆风

改革开放以来，中国始终支持全球化，尤其是在全球化逆风吹来的时候，中国更是明确表态支持全球化。习近平总书记指出："把困扰世界的问题简单归咎于经济全球化，既不符合事实，也无助于问题解决"，"经济全球化确实带来了新问题，但我们不能就此把经济全球化一棍子打死，而是要适应和引导好经济全球化，消解经济全球化的负面影响，让它更好惠及每个国家、每个民族"[1]。习近平总书记在世界经济论坛2017年年会开幕式上的主旨演讲中提出："有一种观点把世界乱象归咎于经济全球化。经济全球化曾经被人们视为阿里巴巴的山洞，现在又被不少人看作潘多拉的盒子。"[2] 但实际上，"国际金融危机不是经济全球化发展的必然产物，而是金融资本过度逐利、金

---

[1] 《习近平出席世界经济论坛2017年会开幕式并发表主旨演讲》，《人民日报》2017年1月18日。
[2] 同上。

融监管严重缺失的结果。把困扰世界的问题简单归咎于经济全球化，既不符合事实，也无助于问题解决"①。在 2014 年 11 月 28 日举行的中央外事工作会议上，习近平总书记强调："要充分估计世界经济调整的曲折性，更要看到经济全球化进程不会改变。"②

习近平总书记在党的十八大、十九大报告中，代表党和政府多次做出支持和引领经济全球化的坚定表态。他在党的十九大报告中宣布："中国坚持对外开放的基本国策，坚持打开国门搞建设，积极促进'一带一路'国际合作，努力实现政策沟通、设施联通、贸易畅通、资金融通、民心相通，打造国际合作新平台，增添共同发展新动力。加大对发展中国家特别是最不发达国家的援助力度，促进缩小南北发展差距。中国支持多边贸易体制，促进自由贸易区建设，推动建设开放型世界经济。""要同舟共济，促进贸易和投资自由化便利化，推动经济全球化朝着更加开放、包容、普惠、平衡、共赢的方向发展。"③

中国以扩大开放的实际行动应对全球化逆风。习近平总书记明确发出支持和引领全球化的声音："在新的起点上，我们将坚定不移扩大对外开放，实现更广互利共赢。奉行互利共赢的开放战略，不断创造更全面、更深入、更多元的对外开放格局，是中国的战略选择。中国对外开放不会停滞，更不会走回头路。"④ 2013 年 11 月，《中共中

---

① 《习近平出席世界经济论坛 2017 年会开幕式并发表主旨演讲》，《人民日报》2017 年 1 月 18 日。
② 《中央外事工作会议在京举行》，《人民日报》2014 年 11 月 30 日。
③ 习近平：《决胜全面建成小康社会 夺取新时代中国特色社会主义伟大胜利——在中国共产党第十九次全国代表大会上的报告（2017 年 10 月 18 日）》，人民出版社 2017 年版，第 59 页。
④ 习近平：《中国发展新起点 全球增长新蓝图——在二十国集团工商峰会开幕式上的主旨演讲》，《人民日报》2016 年 9 月 4 日。

央关于全面深化改革若干重大问题的决定》指出，中国构建开放型经济新体制，推动形成全方位开放新格局。习近平总书记于 2017 年 10 月在党的十九大报告中又指出，中国将推动形成全面开放新格局。

二 积极参与全球经济治理

中国积极参与全球经济治理。2008 年国际金融危机爆发后，中国积极支持二十国集团（G20）升级为领导人峰会，并在 G20 平台积极发挥作用。2016 年，中国还作为主席国在杭州举办 G20 峰会，为 G20 发展贡献巨大力量。为推动国际货币基金组织赋予中国和其他新兴经济体更大发言权，中国还是国际货币基金组织改革的积极支持者。2015 年 12 月 25 日，亚洲基础设施投资银行正式成立。这是中国发起组建的支持基础设施投资的亚洲区域多边开发机构，是对目前的国际金融体系的有效补充。目前，亚投行成员总数已达到 100 个。2017 年，中国担任金砖国家主席国，持续推动新兴经济体之间的合作。2013 年 9 月和 10 月，习近平总书记分别提出建设"新丝绸之路经济带"和"21 世纪海上丝绸之路"的合作倡议。"一带一路"倡议的推出体现了中国致力于推动经济全球化朝着更加开放、包容、普惠、平衡、共赢的方向发展的努力。

中国坚定支持以世贸组织为基石的多边贸易体制。近年来，中国推动《贸易便利化协定》完成谈判，这是世界贸易组织成立以来的首个多边层面的协定。中国还是最早推动该协定完成国内审批的成员，并在担任 G20 主席国期间积极推动多国完成国内审批程序。中国还是推动《信息技术协定》完成扩围谈判的成员，也是《环境产品协定》的发起方之一。此外，中国还积极参与世贸组织新议题讨论，切实履行世贸组织规则。在争端解决机制遇到麻烦之时，中国还积极维护争端解决机制。中国与其他世贸组织成员一道提出改进争端解决机制的建议，并努力遴选上诉机构成员。2020年3月，中国、欧盟等组成的18个世贸组织成员宣布在上诉机构正常运转之前建立多方临时上诉仲裁安排。在上诉机构停摆期间，利用世贸组织《关于争端解决规则与程序的谅解》第25条规定的仲裁程序，审理各参加方提起上诉的争端案件。中国还积极参与世贸组织改革。2019年5月，中国向世贸组织正式提交《中国关于世贸组织改革的建议文件》，共12条涉及4个行动领域。

党的十八届三中全会以来，中国在推进自由贸易区建设和区域经济一体化方面取得积极成果。2014年，中国主办亚太经合组织（APEC）峰会，并推动峰会取得多项成果。党的十八届三中全会以来，中国与澳大利亚、韩国完成自贸协定谈判，与东盟完成自贸区升级谈判，并推动这些协定生效。2019年年底，中国还和14个《区域全面经济伙伴关系协定》（RCEP）成员国完成2012年开始启动的谈判，并努力推动在2020年签署。RCEP成员国包括36亿人口，约占世界的47%；国内生产总值（GDP）总量28万亿美元，约占世界的1/3；贸易额占世界的27%。即便不包括印度，其规模依然足够大。2016年10月，中日韩在三国经贸部长会议上达成共识，承诺加快推动中日韩自贸协定谈判。2019年，三国还一致同意，在共同参与的RCEP已完成谈判的基础上，进一步提高贸易和投资自由化水平，纳入高标准规则，打造RCEP+的自贸协定。2013年11月第16次中欧领导人会晤期间，双方宣布启动中欧双边投资协定谈判。截至2020年7月，双方已举行31轮谈判，并努力实现在2020年完成谈判的目标。

◇ 第四节　中国直面中美经贸摩擦

2017年特朗普政府上台以后，美国在反对全球化的路上越走越远。美国忽视中国不断深化改革、扩大开放的事实，不断抛出对中国的不实指责，并挑起对中国的经贸摩擦。美国发起经贸摩擦具有深层次目的，是中国崛起道路上的最大外部挑战。中国以我为主应对经贸摩擦，彰显负责任的态度。

一　跌宕起伏的中美经贸摩擦

改革开放以来，尤其是20世纪90年代以来，中美经贸关系快速发展。中美经贸关系成为世界最重要的双边经贸关系之一，也是彼此最重要的双边贸易伙伴。2017年中美双边货物贸易额达5837亿美元，是1979年的233倍。2007—2017年，中美服务贸易额增长2倍。2017年，美国是中国第一大货物出口市场和第六大进口来源地，中国是美国增长最快的出口市场和第一大进口来源地。美国是中国第二大服务贸易伙伴，中国是美国第三大服务出口市场。[1] 中美货物出口约占世界的1/4，对外直接投资和吸引外国直接投资占世界的比重均接近30%。

但特朗普就任美国总统以来，中美经贸关系面临严峻挑战。2017

---

[1] 中华人民共和国国务院新闻办公室：《关于中美经贸摩擦的事实与中方立场》，2018年9月，http：//www.scio.gov.cn/ztk/dtzt/37868/39004/39006/Document/1638353/1638353.htm。

年 8 月 19 日特朗普指示美国贸易代表办公室对中国展开 301 调查，成为中美经贸摩擦的导火索。从那时至 2020 年 7 月，中美经贸摩擦共经历三个阶段。

中美经贸摩擦第一阶段：从 2017 年 8 月 19 日特朗普指示贸易代表办公室对中国展开 301 调查到 2018 年 12 月 1 日中美两国元首在阿根廷布宜诺斯艾利斯举行会晤。这一阶段的主要特点是中美经贸摩擦不断加剧，中美经贸磋商难有进展。美国对华发起 301 调查是中美经贸摩擦的起始点，也是美国对华加征关税的依据，并决定了中美双边经贸磋商的性质。2018 年 3 月 22 日，美国贸易代表办公室发布《基于美国 1974 年贸易法第 301 条款所做出的针对中国的技术转让、知识产权和创新相关的法律法规、政策和措施的调查结果》（以下简称"301 调查报告"）。301 调查报告认为，中国政府出台的与技术转让、知识产权和创新相关的法律法规、政策和措施，是"不合理的或歧视性的"，对美国商业形成"负担或限制"。为表达对美国 301 调查报告的不满，中国决定对美国基于 232 调查对钢铝产品加征关税的行为进行反制，对美国约 30 亿美元产品加征 15% 和 25% 两档的关税。美国很快就发布针对中国 500 亿美元产品加征 25% 关税的产品清单。中国在同一时间发布针对美国 500 亿美元产品加征 25% 关税的反制清单。2018 年 6 月 16 日，美国宣布第一部分约 340 亿美元产品加征关税措施将于 2018 年 7 月 6 日实施。在中国进行同等反制之后，特朗普宣称将对 2000 亿美元中国产品加征 10% 关税；并威胁如果中国反制，美国将进一步采取措施。随后，双方经贸关系不断恶化。在美国宣布将于 2018 年 9 月 24 日起，对中国约 2000 亿美元产品加征 10% 的关税之后，中国宣布对美国 600 亿美元产品加征 5% 和 10% 两档的关税。在第一阶段，美国还推出制裁中兴和限制中国对美投资的措施。

2018年12月1日，中美元首在阿根廷布宜诺斯艾利斯举行会晤，同意展开谈判，并努力在未来90天内达成一致。在第一阶段，虽然中美举行了几次经贸磋商，但并未取得明显进展。

中美经贸摩擦第二阶段：从2018年12月1日中美元首在阿根廷布宜诺斯艾利斯举行会晤到2019年6月29日中美元首在日本大阪举行会晤。这一阶段的主要特点是中美经贸关系时好时坏，中美经贸磋商取得明显进展。中美为落实两国元首阿根廷会晤共识，开始就共同关注的议题抓紧磋商，并很快就主要问题达成原则共识，围绕协议文本开展谈判，在一系列具体问题上取得实质性进展。双方还通过暂停加征关税或延后加征关税释放善意。但2019年5月中美经贸磋商进展不顺，美国宣布自2019年5月10日起，对从中国进口的2000亿美元产品加征的关税税率由10%提高到25%，并威胁对剩余3000亿美元产品加征关税，中美经贸关系再度紧张。2019年6月2日，中国发布《关于中美经贸磋商的中方立场》白皮书，说明中美经贸磋商具体情况。美国贸易代表办公室和财政部则联合回应中国发布的白皮书，指责中国出尔反尔。在第二阶段，美国还推出限制自身企业向华为供货的措施。2019年6月29日，中美两国元首在日本大阪举行会晤，双方同意重启磋商，美国表示不再加征新关税，美企可继续向华为供货。

中美经贸摩擦第三阶段：从2019年6月29日中美元首在日本大阪举行会晤至2020年7月。这一阶段的主要特点是中美经贸摩擦总体缓和，中美经贸磋商取得阶段性成功，中国积极履行协议，中美承诺逐步取消加征的关税。中美元首日本会晤之后，双方重启磋商并释放善意。但由于特朗普宣称将于2019年9月1日起对中国3000亿美元产品加征10%关税和美财政部宣布将中国列为汇率操纵国，中美经贸关系再度紧张。中国也计划推出反制措施。但由于双方经贸磋商进展较为顺利，双方加征关税的措施一再推迟，并通过暂停对部分产品加征关税释放善意。2019年10月11日，中美经贸磋商取得实质性的第一阶段成果，双方还第一次明确将分阶段签署协议。随后，双方继续磋商，并在2019年12月13日宣布就第一阶段经贸协议文本达成一致。2020年1月15日，中美在美国首都华盛顿共同签署协议文本。2020年2月14日，协议正式生效。之后，中国积极履行协议内容，美国则高度评价中国对协议履行的努力。与此同时，中美逐步取消已加征的关税。

二 不仅仅是经贸摩擦

中美经贸摩擦并非普通的经贸摩擦。其实，两国之间发生经贸摩擦是非常常见的事情，一般而言，可以通过世界贸易组织的争端解决机制来解决。但中美经贸摩擦发生在中国崛起的大背景下。2001年，中国国内生产总值（GDP）总量仅为美国的12.70%，2008年已达到美国的31.29%，2018年则进一步达到美国的64.96%。与此同时，美国GDP占世界经济总量的比重在不断下降，从2001年的31.48%下降到2018年的24.23%。[1] 中国的创新能力也在快速地赶超美国。2017年，中国发明专利申请数量排名世界第一，超过美国、欧盟、日本和韩国的总和。[2] 中国在5G技术、人工智能、区块链技术、纳

---

[1] 国际货币基金组织的世界经济展望数据库，https://www.imf.org/external/pubs/ft/weo/2020/01/weodata/index.aspx。

[2] 《中国专利申请量超越美国居全球第一 但质量仍存差距》，2018年12月5日，新浪网，http://finance.sina.com.cn/chanjing/cyxw/2018-12-05/doc-ihprknvt1331272.shtml。

米科技等领域的发展速度超乎想象。更为重要的是，中国的这些成就是在中国的制度异于美国的情况下实现的，彰显了中国的制度优越性。这些都让美国感受到中国发展带来的压力。美国国内逐步形成需要打压中国的共识。2017年11月，刚刚卸任白宫首席战略顾问的史蒂夫·班农在日本发表的演讲称，党的十九大制定了清晰的国家发展蓝图，这将对美国及整个西方世界构成严重威胁，日本等西方国家应当同美国密切合作，防范中国的威胁。[①] 2017年年底，美国白宫发布《国家安全战略报告》将中国视为"竞争对手"。

美国对中国的打压是全方位的，不仅局限于经贸摩擦，其目的旨在扰乱中国崛起的节奏，延缓中国赶超美国的步伐。美国在《美墨加协定》中引入针对中国的"毒丸条款"，影响其他国家与中国谈判自由贸易协定，并在世贸组织中攻击中国的制度和经济模式。美国还将经贸摩擦扩展到投资、金融，乃至人文交流领域。特朗普政府上台后，收紧对中国对美投资的审查力度。2019年8月，甚至在不符合美国财政部自己制定的衡量标准的情况下，美国无理地将中国列为"汇率操纵国"。美国还制裁中国的高科技企业，将中国企业列入被打压的名单。美国主导的组织"五眼联盟"还试图限制中国华为企业5G业务的国际拓展。美国还出台限制中国留学生赴美学习、中国公民赴美签证的措施。特朗普上台后，美国还出台了一系列与台湾有关的法案，在台湾问题上做文章。2020年上半年，新冠肺炎疫情在全世界演变为"大流行"的最高级别传染病，中国在抗击疫情中取得了巨大成绩，并为世界做出巨大贡献，但是特朗普政府一再污化中国抗击疫

[①] 《理性应对班农式冷战思维》，2018年1月15日，求是网，http://www.qstheory.cn/international/2018-01/15/c_1122258375.htm。

情的努力。这种种行为表明，美国已经将中国视为"眼中钉、肉中刺"。

中美经贸摩擦还引发关于中美"脱钩"的讨论。2017年特朗普就任总统以后，中美"脱钩"的声音越来越大，是指美国试图单方面人为地让中美"脱钩"。"脱钩"的领域包括贸易、投资、科技等。从产业和企业的角度来讲，"脱钩"意味着将中国排斥在美国主导或参与的全球价值链体系之外。2018年9月，布鲁金斯学会约翰·桑顿中国中心的首任主任贝德（Jeffrey A. Bader）撰文指出，中美"脱钩"论在美国已经非常具有影响力，不仅存在于政界、学界，还存在于社会各界以及媒体界。美国已经意识到，与中国完全"脱钩"是不可能的，但是已经形成部分"脱钩"的共识。2020年的新冠肺炎疫情更是让美国意识到，不应依赖中国的供应链，美国试图与中国"脱钩"的意愿越来越强烈。

三 以我为主应对中美经贸摩擦

中国以我为主应对经贸摩擦。首先，中国始终表态愿意和美国坐下来进行双边磋商，通过双边谈判的方式来解决这一贸易争端，从而不仅不会对彼此造成伤害，还会达到互利共赢的结果。其次，中国也表明维护自身国家利益的坚定态度，即一旦美国执意要对中国产品加征关税，中国将坚决反制，并同时向世贸组织争端解决机构起诉美国的行为。最后，当美国确实推出加征关税的举措后，中国确实基于国际规则进行了有力度的反制，公布对美国的反制清单，并向世贸组织追加起诉。与美国的逆全球化思潮和保护主义相反，中国还通过深化改革、扩大开放应对中美经贸摩擦。

降低货物贸易成本，主动扩大进口。2012年以来，中国在履行完"入世"承诺的基础上，不断降低货物关税，自主降关税。同时通过举办进博会积极扩大进口。中国通过主动降低部分产品进口关税来扩大进口。比如，自2018年7月1日起，降低汽车整车及零部件进口关税。将汽车整车税率为25%的135个税号和税率为20%的4个税号的税率降至15%，将汽车零部件税率分别为8%、10%、15%、20%、25%的共79个税号的税率降至6%。2018年11月，中国还在上海举办首届中国国际进口博览会。这是世界上第一个以进口为主题的国家级展会，也是中国推动经济全球化、为世界提供的国际公共产品。2019年，中国举办了第二届进博会。

放宽市场准入。不断缩减负面清单，扩大服务业和投资市场准入。改革开放四十年来，中国在制造业领域已基本对外资开放，保留限制的主要是汽车、船舶、飞机等少数制造业行业。随着中国服务业领域的竞争力提升，以及扩大开放的需要，中国也会尽快放开服务业领域投资。比如，2018年6月底，国家发改委和商务部分别公布了《外商投资准入特别管理措施（负面清单）（2018年版）》。两部委称，2018年版负面清单自2018年7月28日起施行。2018年版负面清单由原来的63条缩减至48条，在银行、汽车、铁路干线网、电网、加油站等22个领域推出一系列重大开放措施。2019年和2020年，中国连续缩减负面清单，对外资的限制性措施越来越少。

优化营商环境。通过加强知识产权保护、简政放权等一系列举措优化营商环境。营商环境排名不断提高。根据世界银行发布的《2020营商环境报告》，中国2019的营商环境排名是第31位，比上一年提升15位，比2012年提升60位。在2018年的改革中，发改委、工商总局、商务部等部门的反垄断职能统一并入新成立的国家市场监督管理总局，更好地进行反垄断执法工作，国家层面多部门的反垄断指南也已在起草之中。为回应外国和外资的重大关切、让外资放心地来中国投资和做业务，中国承诺加强知识产权保护。2018年，中国重新组建国家知识产权局，完善执法力量，加大执法力度，把违法成本显著提上去，把法律威慑作用充分发挥出来。中国还鼓励中外企业开展正常的技术交流合作，保护在华外资企业合法知识产权。

（苏庆义、东艳）

第十八章

构建人类命运共同体[*]

2013年3月23日，习近平主席在莫斯科国际关系学院对托尔库诺夫院长、戈洛杰茨副总理及学院师生发表题为"顺应时代前进潮流，促进世界和平发展"的演讲时讲到，"这个世界，各国相互联系、相互依存的程度空前加深，人类生活在同一个地球村里，生活在历史和现实交汇的同一个时空里，越来越成为你中有我、我中有你的命运共同体"①。这是习近平主席在公开场合首次阐述人类命运共同体理念。此后，这一理念广为传播，不仅在2017年2月首次被写入联合国决议，②

---

* 感谢国家社科基金重大项目"东北亚命运共同体构建：中国的思想引领与行动"（18DA129）对本章写作的资助。

① 《习近平谈治国理政》（第一卷），外文出版社2018年版，第272页。

② 2017年2月10日，联合国社会发展委员会第五十五届会议协商一致通过"非洲发展新伙伴关系的社会层面"决议，其中第41条内容为"呼吁国际社会本着合作共赢和构建人类命运共同体的精神，加强支持，兑现在对非洲经济社会发展至关重要的领域进一步采取行动的承诺，并欢迎发展伙伴为加强与新伙伴关系合作而进行的努力"。见社会发展委员会第五十五届会议报告，https：//undocs.org/zh/E/2017/26。英文版为"Calls upon the international community to enhance support and fulfil its commitments to take further action in areas critical to Africa's economic and social development, in the spirit of win-win cooperation and to create a shared future, based upon our common humanity, and welcomes the efforts by development partners to strengthen cooperation with the New Partnership"，见https：//undocs.org/en/E/2017/26。

更是在 2017 年 10 月经中国共产党第十九次全国代表大会通过列入了《中国共产党章程》，2018 年 3 月还经十三届全国人大一次会议通过的宪法修正案写入了《中华人民共和国宪法》。2018 年 6 月，"坚持以维护世界和平、促进共同发展为宗旨推动构建人类命运共同体"又被列为习近平外交思想 10 个方面之一。2019 年年末至 2020 年年初，新型冠状病毒在全球多国多点暴发。新冠肺炎疫情的发生再次表明，人类是一个休戚与共的命运共同体。

◇ 第一节 人类命运共同体思想与实践的缘起

从统一性的视角看待人群或人类，这种思想以及基于这种思想的实践活动久已有之且其来有自。其器物与社会基础，或应上溯至人类在非洲大陆的共同始祖。这种统一性的逐渐丧失，则与人类由非洲大陆向世界各地扩散并受当地环境禀赋之影响而逐渐疏离隔阂有关。尽管如此，对统一性的认识，在东西方世界都以神话或哲学思想的形式，埋伏于不同区域不同文化的人类群体的意识之中。人类命运共同体意识的兴起，从某种意义上说，即是对上述统一性的一种回归。

一 东海西海，心理攸同

钱锺书先生在《谈艺录》序中曾论及"东海西海，心理攸同；南学北学，道术未裂"的观点，可谓对宋儒陆九渊"东海有圣人出焉，此心同也，此理同也；西海有圣人出焉，此心同也，此理同也"① 观点的引申发挥。这些论断所阐释的一个道理是,地域不分东西南北,人种无论黑白黄棕,在各自文明或环境中发展起来的人类集团,特别是其中的精英分子,在一定的阶段,对某些重大问题或价值观念上往往有相似的看法。以共同体观来看待人与人之关系,就是其中重要的一例。

中国先贤对共同体的设想较早体现在《礼记·礼运》所说的大同之上。某年十二月祭祀万物之神,孔子担任助祭人。或许是对祭祀中执礼不严的不满,孔子不禁发出叹息。与耶和华为人类力量之强大而感叹有所不同,孔子之叹是为时人之行为缺乏礼之约束而叹。他引《诗经》句说"人而无礼,胡不遄死"。他所处的时代,大道已经隐没,人人各为其家、各爱其身,圣人必须用礼来引导民众、治理国家,社会才能呈现小康景象。礼崩乐坏而不能进于小康,已经让孔子心怀忧虑,何况他还有更高的追求。他孜孜以求的三代之治,是大道昌明的公天下世界。在那个世界里,王位不由一家一姓所私有,而是类似西方世界所谓哲学王的贤能贤贤相继地领导民众。无须对礼制的三令五申,更不用时时明正典刑,民众皆能各安其分、各守其职,从心所欲而不逾矩。人民守信和睦,"不独亲其亲,不独子其子";社会安定和谐,盗贼不兴、夜不闭户。这是比小康社会境界更高的大同理想。② 北宋理学家张载在《西铭》中更是精心设计了一个"民胞物与"的大同世界,在这里,"尊高年,所以长其长;慈孤弱,所以幼

---

① (清)黄宗羲原撰,(清)全祖望补修:《文安陆象山先生九渊》,载《宋元学案》,中华书局1986年版,第1884页。

② 习近平总书记在2017年新年贺词中明确指出:"中国人历来主张'世界大同,天下一家'。……真诚希望,国际社会携起手来,秉持人类命运共同体的理念,把我们这个星球建设得更加和平、更加繁荣。"参见习近平《习近平主席新年贺词(2014—2018)》,人民出版社2018年版,第9页。

其幼；圣其合德；贤其秀也。凡天下疲癃残疾、茕独鳏寡，皆吾兄弟之颠连而无告者也"①。

西方的共同体观念，不妨从《圣经》里巴别塔的故事说起。据说大洪水灭世之后万物复苏，诺亚的子孙开始在大地再次繁衍起来。人们决定在示拿地（Shinar）的平原上烧砖筑城，还要修建一座塔顶通天的巴别塔（Babel Tower），"为要传扬我们的名，免得我们分散在大地上"。传扬人类之名和让全人类团结起来的雄心壮志，令只欲自身耶和华之名传扬大地的上帝莫名忌惮。他亲临人间，发现人类"成了一样的人民，说着同样的语言"，慨然长叹说，如果放任人类把这件事办成，那还有什么事情人类依靠自身办不成呢。于是耶和华变乱人类口音，让人们语言不通难于合作，无法协力修起巴别塔，最终分散各地，丧失了"世界团结成一人，天上地下谁能敌"的机会。②

西方世界的共同体原型展示了人类团结可能迸发出的强大力量，也折射出对人类自恃这种力量、缺乏敬畏和引导而失控的深切忧虑。东方世界的共同体原型展示了"以礼约之节之"的小康社会和更高境界的大同理想的美好和谐，当然这也是建立在对人类团结力量妥善运用基础之上的。两者逻辑贯通融洽，旨趣殊途同归。

二　历史观念的现代启示

东方世界的大同理想和西方文化中巴别塔的传说寄意深刻。首先，共同目标是人类结成共同体的主要驱动力。并且目标越是远大，

---

① 《张载集》，中华书局1978年版，第62页。
② 巴别塔之名 Babel 就是"变乱"之意。

能够凝结而成的共同体的规模也越大。所以,"天下为公""老有所终,壮有所用,幼有所长,矜寡孤独废疾者,皆有所养"的大同理想,或者修建类似巴别塔这样的能够直通天堂的超级基础设施,才能把全人类团结成一个共同体。实际上,大型基础设施或公共工程的修建对民族共同体的形成及稳固的重要作用在东方世界也不乏案例。鲧和大禹父子在长期治水过程中动员和带领众多人民跨域修建大型水利工程的历程,对炎黄族群演进成为更具组织性的华夏族群发挥了其他生产生活实践无法替代的作用。

其次,人类具备结成共同体的亲缘或同一性基础。强调"圣人耐以天下为一家"的大同理想,或强调"世人皆为我的同胞,万物俱是我的同辈"因而倡导爱人和一切物类的"民胞物与"思想自不待言,《圣经》也讲参与修塔的都是大洪水幸存者诺亚的子孙。而古罗马基督教神学家奥古斯丁(Augustine)甚至把人类社会的同一性回溯到上帝创世的初心。在他看来,上帝创造各种动物时是按照群种的方式批发出来的,而创造人类的时候则是以个体方式产生的。上帝先创造了亚当,从亚当创造了夏娃,再从最先的这一对产生了其他人。这种独特的创造方式,并不意味着人类是一种非社会性的存在,正好相反,这恰恰强调了人类社会的统一性,人类被紧密联系在一起,不仅因为本性的相同,还因为亲属之间的关爱。[①] 雅斯贝斯也认为,人类拥有唯一的起源(Ursprung)和共同的目标(Ziel)。这种起源的统一性与人类究竟是单系起源还是多系起源并无根本性的关系。它取决于一种信仰,即人性在历史上逐渐形成的、对人类共属一体的信仰。把人类

---

① [英]安东尼·肯尼:《牛津西方哲学史》(第二卷),袁宪军译,吉林出版集团有限责任公司2012年版,第8页。

与动物区分开来的鸿沟、人与人之间相互理解的可能性和人类共同具有的意识、思想和精神，就是人类共属一体的基础与前提。①

现代生物技术也能为人类的同一性提供某些证据。例如现代人类无论皮肤何种颜色，均属于相互之间没有生殖隔离的智人（Homo sapiens）。人属（Homo）之中其他16个兄弟姐妹，如曾分布于欧洲和西亚的尼安德特人（Homo neanderthalensis），印度尼西亚的身高最高不超过1米的弗洛里斯人（Homo floresiensis），西伯利亚的丹尼索瓦人（Homo denisova）等，都已经消失在历史长河之中了。②

再次，人类结成一个共同体可能拥有令上帝惊叹忌惮的巨大力量。《周易·系辞上》称"二人同心，其利断金"③，《史记》也有"人众者胜天"④之说。按照基督教的看法，人类的同一性固然原本就是上帝的旨意，但人类一旦真正团结起来，理性的自负也可能会让巨大的创造力变成毁天灭地的破坏性力量。从这个意义上说，人类的合作也需要宗教或伦理的指引和约束。否则，耶和华宁可让人类结不成完整的共同体。

最后，交流和沟通是达成人类合作及结成共同体的关键或必要条件。这样看来，人工智能在翻译领域的发展，或将帮助人类绕过语言障碍。当然，反过来看，外部力量或人类自身制造隔阂、破坏交流沟通或增加其成本的行为将降低人类合作水平、破坏共同体建设。

---

① ［德］卡尔·雅斯贝斯：《历史的起源与目标》，李夏菲译，漓江出版社2019年版，译序第13、6页。
② ［以色列］尤瓦尔·赫拉利：《人类简史》，林俊宏译，中信出版社2014年版，第6—7页。
③ （宋）朱熹：《周易本义》，中华书局2009年版，第232页。
④ （汉）司马迁撰，（南朝宋）裴骃集解，（唐）司马贞索引，（唐）张守节正义：《史记》，中华书局1982年版，第2089页。

从某种意义上说，人类共同体是一个时间上而非空间上的概念。不同地区的人都曾经秉持过共同体的理想，并且至今依旧怀念着那段或许掺杂了太多想象、寄寓了太多希望的柔美时光。当今对人类命运共同体的呼唤，能如黄钟大吕般迅速引发全世界的共鸣，正是源于对人类灵魂深处那根祈祷力大无穷而又切盼守望相助的琴弦的共振。

三　马克思主义的中国发展

马克思主义经典作家对人类社会的共同体有入木三分的思考，这也为构建人类命运共同体倡议的提出提供了丰富的思想资源。

首先，共同体是个体实现自由发展、共同发展的重要工具，从源头来看，甚至可以说共同体是发展的前提。马克思和恩格斯指出，共同体是个人通过分工来实现对物的力量的驾驭的工具。"只有在共同体中，个人才能获得全面发展其才能的手段，也就是说，只有在共同体中才可能有个人自由""在真正的共同体的条件下，各个人在自己的联合中并通过这种联合获得自己的自由。"[1] 在马克思和恩格斯看来，真正的共同体不同于一些人压迫或桎梏另一些人的虚幻的共同体，而是每个个体都在为一切个体的自由创造条件。马克思在《政治经济学批判（1857—1858 年手稿）》中还指出，基于血缘、语言、习惯等共同性而自然形成的部落共同体，是人类占有他们生活的客观条件和占有再生产这种生活自身并使之物化的客观条件的第一个前提。[2] 这与人类命运共同体内蕴的"每个经济体的发展都会

---

[1] 《马克思恩格斯选集》第 1 卷，人民出版社 2012 年版，第 231 页。
[2] 《马克思恩格斯文集》第 8 卷，人民出版社 2009 年版，第 123 页。

对其他经济体产生连锁反应""利益交融，命运与共，一荣俱荣，一损俱损"① 以及"相互尊重、平等相待""美人之美、美美与共"②"在追求本国利益时兼顾他国合理关切，在谋求本国发展中促进各国共同发展"③ 等理念具有内在一致的逻辑。

其次，共同体的发展一方面有赖于从成员剩余产品中形成的公共产品，另一方面，征集、形成和维持这些物质形态的公共产品，又有赖于观念形态公共产品（情感、信仰等）的感召和动员。④ 马克思在研究亚细亚生产关系时发现，一些个体的劳动以公共储备、保险、灌溉渠道、交通工具或支付共同体的战争或祭祀等费用的形式，被集中到更高的共同体层面来运用；而能够集中起来，则部分是为了取悦共同体的英雄或领袖，部分是为了颂扬集体想象出来的共同体的神灵。⑤ 人类命运共同体的发展，同样需要那些具备更强"剩余产品"供给能力的大国承担更多国际责任，提供更多"搭便车""搭快车"的机会，同时也需要其他国家认同"你中有我、我中有你""开放包容、互信认同""同舟共济、共克时艰"的命运共同体理念，为共同体的公共产品池做出与自身能力相匹配的贡献。

再次，共同体具有层次性。正如马克思所见，在自然形成的部

---

① 习近平：《深化改革开放 共创美好亚太——在亚太经合组织工商领导人峰会上的演讲》，《人民日报》2013年10月8日。

② 习近平：《深化文明交流互鉴 共建亚洲命运共同体——在亚洲文明对话大会开幕式上的主旨演讲》，《人民日报》2019年5月16日。

③ 《胡锦涛文选》第3卷，人民出版社2016年版，第651页。

④ 随着生产力的进步，人类对血缘为纽带的共同体的依赖越来越低，但对观念意义上的或所谓想象的共同体的依赖并未降低，甚至越来越强地受制于或受惠于想象的共同体。有学者分析了民族作为想象的共同体的影响。［美］本尼迪克特·安德森：《想象的共同体——民族主义的起源与散布》，吴叡人译，上海人民出版社2005年版，第6页。

⑤ 《马克思恩格斯文集》第8卷，人民出版社2009年版，第125页。

落共同体之外，还有凌驾其上的总和统一体。人类命运共同体建设也需分层开展。在国内层次首先是中华民族命运共同体建设。党的十七大报告指出，"十三亿大陆同胞和两千三百万台湾同胞是血脉相连的命运共同体"①。习近平总书记在第二次中央新疆工作座谈会上也明确指出，"要高举各民族大团结的旗帜，在各民族中牢固树立国家意识、公民意识、中华民族共同体意识"②。国际上，中国在一些重要双边、区域层面也倡导过命运共同体建设，而在全球层面，中国倡导全人类作为一个整体的人类命运共同体。在不同层次，命运共同体的定位和建设要求存在差异。例如，中华民族共同体血浓于水、血脉相连，必须"铸牢中华民族共同体意识，加强各民族交往交流交融，促进各民族像石榴籽一样紧紧抱在一起"③；而在二十国集团（G20）层面，中国则倡导"各国要树立命运共同体意识，真正认清'一荣俱荣、一损俱损'的连带效应，在竞争中合作，在合作中共赢"④。

最后，共同体往往在成员共同应对内外部矛盾威胁（或争取重大利益）的过程中变得更加强大和富有凝聚力。马克思认为，共同体是在内部矛盾对立统一的运动过程中向前发展的，"旧共同体的保持包含着被它当作基础的那些条件的破坏，这种保持会转向对立面……会破坏共同体的旧有的经济条件……发展和改造着自身，造成新的力量

---

① 《胡锦涛文选》第 2 卷，人民出版社 2016 年版，第 648 页。
② 《坚持依法治疆团结稳疆长期建疆　团结各族人民建设社会主义新疆》，《人民日报》2014 年 5 月 30 日。
③ 习近平：《决胜全面建成小康社会　夺取新时代中国特色社会主义伟大胜利——在中国共产党第十九次全国代表大会上的报告（2017 年 10 月 18 日）》，人民出版社 2017 年版，第 40 页。
④ 《习近平谈治国理政》（第一卷），外文出版社 2018 年版，第 336 页。

和新的观念，造成新的交往方式，新的需要和新的语言"①。换言之，共同体对冲击的及时、有效和持续的反馈，有助于其功能和形式的进化。1998年3月，当时刚刚履新国务院总理的朱镕基同志在国务院第一次全体会议上就开诚布公地讲，本届政府前面是"地雷阵""万丈深渊"，确实很艰难，但"同志们，……我们已经是一个'命运共同体'了，你们要下定决心……克服前面的各种困难"②。朱镕基同志以面临的巨大困难倒逼部门共同体大刀阔斧改革，取得了重大成效。2015年3月28日，习近平主席在博鳌亚洲论坛主旨演讲中，回顾了亚洲国家如何逐步超越意识形态和社会制度差异，从相互封闭到开放包容，从猜忌隔阂到日益增多的互信认同，越来越成为你中有我、我中有你的命运共同体，他特别提及了亚洲金融危机和国际金融危机的艰难时刻，以及抗击印度洋海啸和中国汶川特大地震等灾害的紧要关头，各国人民焕发出的同舟共济、共克时艰的强大力量。

◇ 第二节　命运与共的经济基础

按照涂尔干的划分，机械团结是通过强烈的集体意识（可能是源于血缘族缘）而将同质性的个体结合在一起，有机团结则是建立在社会成员异质性和相互依赖基础上的社会连接纽带。现代社会的人类命运共同体，其凝聚力的基础，并不局限于人类走出非洲之前的机械团结，而更加诉诸分工网络和相互依赖的不断发展。人类命运共同体立

---

① 《马克思恩格斯全集》第30卷，人民出版社1995年版，第487页。
② 《朱镕基讲话实录》第3卷，人民出版社2011年版，第3页。

基于经济全球化背景下再也真实不过的人类活动。无论是在微观还是宏观层面，我们都可以真切感到，或找到坚实的证据。

一 地球村的日常生活

当今地球上相当部分的人类，已经被各式各样的供应链、资金链、信息链以高度紧密、不舍昼夜，甚至无计回避的方式捆绑到了一起。这固然给人们带来不少困扰，但若要强行从这个网络中抽离出来，哪怕只是小范围或局部的割裂，也会感到极大的不适或不便。

大约十五年前，美国作家萨拉·邦吉奥尼（Sara Bongiorni）决定做一个试验，用一年的时间拒绝所有产自中国的产品，由此来了解经济全球化对普通美国人的影响。到了 2005 年年底，她给一年"去中国化"生活所下的结论是，"没有中国货你仍然可以过活，只是活得会越来越艰难，越来越昂贵。未来十年我可能都不敢再做这样的尝试"[1]。后来她还把自己和家人的经历写成了一本书，名叫《离开中国制造的一年：一个美国家庭的生活历险》。[2]

无独有偶。2018 年，一位名叫帕默·门德尔森（Palmer Mendelson）的 26 岁的美国学生也接受了一项尝试过没有中国制造生活的挑战，不过他非常明智地把期限设置为 1 天。结果发现，家里的智能音箱、台灯、电视机、阿迪达斯和耐克牌的鞋子、大疆无人机的稳定器、玩具狗都是中国制造或中国装配。这样在家待一天什么都不能用

---

[1] Bongiorni, Sara, *A Year without "Made in China"*, The Christian Science Monitor, 2005.

[2] Bongiorni, Sara, *A Year without "Made in China": One Family's True Life Adventure in the Global Economy*, John Wiley & Sons, 2007.

太过无聊,帕默决定吃完早饭去学校度过。到厨房一看,华夫饼机、碗、烤箱都是中国制造,只好饿着肚子出门买杯星巴克咖啡去学校。进教室一检查,椅子不能坐,投影仪不能用,苹果电脑是中国组装,墙上挂的时钟是中国制造。这下课也没法上了,改道去生活超市购物。又发现大部分玩具、毛巾、炊具、垫子、被褥等都是中国制造,只有少量为印度尼西亚制造,而美国造的产品则告阙如。最后帕默总结说自己的日常用品几乎都是中国制造,如果把这些产品全都拿走,生活会一团糟,自己将变得几乎一无所有。[1]

萨拉结束一年的实验后,说未来十年内她都不敢再尝试拒绝中国制造一年,实际上十年之后更加困难。2005 年美国全部进口商品中来自中国的占比为 15.5%,到帕默迎接"拒绝中国货 1 日"挑战的 2018 年,这个比例已经上升至 22.2%。

二 经济全球化的世界

经济全球化的世界里,不只是世界离不开中国,中国同样也离不开世界。中国不仅离不开世界市场——2000—2009 年,中国商品出口额与国内生产总值(GDP)之比各年均值 27.7%,2010—2019 年有所下降,但仍达到 21.4%——而且,为了向世界市场提供最终产品,中国还高度依赖其他国家提供的能源、原材料和零部件等投入品及中间产品。

---

[1] "What would life be like without any products made in China? Out of curiosity, American born and raised Palmer Mendelson recently did a challenge to see whether he could survive a day without relying on anything predominately made in China", CGTN LIVE, https://news.cgtn.com/news/3d3d414e78417a4d77457a6333566d54/share_ p. html, 2018.

全球化的影响当然不限于中国。绝大多数国家都被这一浪潮所席卷，成为国际生产网络上或全球价值链上的一个环节。在一些产品特别是所谓高附加值产品中，中国甚至并非创造产值的主要环节。

以苹果手机为例。作为最终产品的苹果手机主要是在中国完成装配后发向美国及全世界的，按现有进出口统计标准，出口额算在中国头上。但是，根据雪城大学（Syracuse University）教授詹森·戴德里克（Jason Dedrick）等人的研究，[①] iPhone 7 的出厂成本 237.45 美元中，绝大部分用于购买来自美国、日本、韩国和中国台湾省公司，如英特尔、索尼、三星和富士康生产的触摸屏显示器、内存芯片、微处理器等，实际用于购买中国大陆装配劳动力及电池的部分仅有 8.46 美元，占全部出厂成本的比重仅为 3.6%，占零售价 649 美元的比重就更是微不足道了。

全部出厂成本中，购买美国和日本公司零部件分别大约为 68.69 美元和 67.7 美元，占出厂成本比重的 28.9% 和 28.5%；出厂成本中大约 47.84 美元由中国台湾省公司获取，占比约为 20.1%；16.4 美元由韩国企业获取，占比约为 6.9%。换个角度看，如果没有这么多国家和地区的企业分工合作，iPhone 要么索性生产不出来，要么生产的成本将大大提升。正是看到这一点，戴德里克认为把整个生产网络堆积起来的成本 237.45 美元全部算作只贡献了不到 8.5 美元的最终装配和发货者中国的出口并不合理。美国总统特朗普以此为借口批评中国贸易顺差太大，并发起贸易战向中国征收高额关税，就显得更加无理而不智了。

[①] Jason Dedrick, Greg Linden And Kenneth L. Kraemer, "The guts of an Apple iPhone show exactly what Trump gets wrong about trade", https：//phys.org/news/2019-06-guts-apple-iphone-trump-wrong.html，2019.

宏观上，借助世界贸易组织（WTO）、世界银行及经合组织（OECD）等机构与经济全球化有关的数据，可以一窥经济全球化及其趋势的全貌。首先，从资本流动来看，全世界外国直接投资（FDI）流入头寸占 GDP 比重 2005 年为 21%，到 2019 年已提升至 42%。其次，从国际贸易来看，全球商品贸易占 GDP 比重，1990—1999 年均值为 32.1%，2000—2009 年均值为 43.2%，2010—2018 年均值为 46.8%；全球服务出口金额占 GDP 比重，1993—1999 年均值为 4.0%，2000—2010 年均值为 5.2%，2010—2018 年均值为 6.0%。最后，从人员流动来看，2000 年全球出境旅游 7.3 亿人次，2010 年上升至 10.7 亿人次，2018 年进一步上升至 15.6 亿人次。

不管人们喜欢还是不喜欢，承认或是不承认，当今的世界已经是一个高度全球化的世界。商品、服务、资本、技术、人员、货币，虽然存在程度上的差异，但无疑都已经全球化了。就连反全球化本身，也借助无远弗届的技术而实现全球化了。

三　当代中国的全球角色

恩格斯说，"凡是现存的，都一定要灭亡"[①]。以之审视当今的全球化，有人试图唱响全球化的挽歌。一些保护主义者和民粹主义者把与经济全球化相伴而来的贫富分化、增速差异、贸易差额归咎于全球化，想"人为切断各国经济的资金流、技术流、产品流、产业流、人员流，让世界经济的大海退回到一个一个孤立的小湖泊、

[①] 恩格斯：《路德维希·费尔巴哈和德国古典哲学的终结》，《马克思恩格斯文集》第 4 卷，人民出版社 2009 年版，第 269 页。

小河流"①。

殊不知恩格斯的原意是，"凡在人类历史领域中是现实的，随着时间的推移，都会成为不合理性的；……凡在人们头脑中是合乎理性的，都注定要成为现实的，不管它同现存的、表面的现实多么矛盾"②。造成现实事物灭亡的关键是其在发展过程中演变出来、积累起来的不合理性，由此，灭亡或取代全球化的绝不可能是反智的、加倍不合理的"逆全球化"或"反全球化"，而只能是更加包容平衡公道正义的新型全球化。

这也是中国领导人在国际场合所大声呼吁的，"要让经济全球化进程更有活力、更加包容、更可持续""让经济全球化的正面效应更多释放出来，实现经济全球化进程再平衡""要顺应大势、结合国情，正确选择融入经济全球化的路径和节奏""要讲求效率、注重公平，让不同国家、不同阶层、不同人群共享经济全球化的好处"③。

中国倡导人类命运共同体意识，就是要为生产力层面的新型全球化，搭建一套适应容纳其发展、充分释放其正能量、摒弃过去全球化伴生之负面因素的新的上层建筑，提供情感共鸣、思想基础和观念指引。中国已经是世界第二大经济体、制造业第一大国、货物贸易第一大国、商品消费第二大国、外资流入第二大国，外汇储备连续多年位居世界第一，近年对外投资也节节攀升，对外直接投资头寸占GDP比重由2010年的5%上升至2019年的15%。这样的中国，有责任也有能力为更加美好的世界继续多做一些贡献。

---

① 《习近平谈治国理政》（第二卷），外文出版社2017年版，第478页。
② 恩格斯：《路德维希·费尔巴哈和德国古典哲学的终结》，《马克思恩格斯文集》第4卷，人民出版社2009年版，第269页。
③ 《习近平谈治国理政》（第二卷），外文出版社2017年版，第478—479页。

第三节　人类命运共同体的上层建筑

现实主义国际关系理论强调国际社会的无政府性——没有一个世界政府或类似的权威来协调裁断国际公共事务，全球问题只能靠各国之间的博弈来应对。自由制度主义国际关系理论则声称，国际上达成的各种条约、建立的国际组织或机构在一定意义上扮演了世界政府的角色。2020年新冠肺炎疫情在全球大范围暴发之后，政府博弈难解，机构协调乏力，扣留物资者有之，拦截抢购者有之，集中地暴露了迄今为止只有生产力的全球化而缺乏与之适应的治理和国际协调等上层建筑全球化的重大缺陷。上千万人感染，数十万人丧生。疫情再次证明了构建人类命运共同体的重要性和紧迫性。巨大的悲剧如果不能在痛定思痛下形成巨大的遗产，将是对人类社会重大牺牲的不尊重。以人类命运共同体意识完善和改造全球治理刻不容缓。

一　与传统多边治理机制改革方向契合

现有的以联合国为核心的国际政治与安全治理框架和以布雷顿森林机构及世界贸易组织（WTO）为支柱的国际经济治理框架，是大国引领下基于对第二次世界大战经验教训的反思而形成的多边治理基本架构发展演变而来。这个框架原本最主要的任务，是避免重蹈第一次世界大战战后处理战败国的覆辙，不让各国因经济社会恢复的失败而重新走上军国化扩张之路。借助联合国和布雷顿森林机构等机制，美国通过"马歇尔计划"等帮助西欧、日本等比较顺利地实现了恢复重建的任务。

布雷顿森林体系瓦解后，布雷顿森林机构中的国际货币基金组织（IMF）业务重心放在货币政策协调、维持汇率稳定特别是提供危机救助上，而世界银行则聚焦减贫及相关的技术援助、知识分享。无论如何，在处理发展议题特别是管理各国非均衡发展之后全球治理权力的重新分配等问题上，着眼处理"恢复""稳定"议题的传统多边治理机制存在先天的不足。且不说"冷战"期间应对美苏争霸的左支右绌，[1] 面对第二次世界大战以后民族解放运动中独立的众多民族国家的发展诉求，布雷顿森林机构和WTO的前身关贸总协定都没有很好的解决方案。WTO成立后发起的被称为"发展回合"的新一轮多边贸易谈判，更是在延宕多年后陷入沉寂。

树立人类命运共同体意识，就是要民族国家都意识到它们的敌人不是其他民族国家。"偏见和歧视、仇恨和战争，只会带来灾难和痛苦。相互尊重、平等相处、和平发展、共同繁荣，才是人间正道。"[2] 只要秉持开放发展、包容发展、公平发展的态度，出现在某个国家的技术创新产生的福利涟漪，一定会通过贸易投资机制向其他国家扩散，最终惠及全人类；而一个国家面临的麻烦、困难或苦难，也一定会得到其他国家的同情和帮助，俾使这些麻烦、困难或苦难不至于通过开放体系在国际社会传递、蔓延、震荡，造成世界更大损失。传统多边治理机制要通过改革，转向对全球繁荣与安全的有效管理，所需的正是人类命运共同体意识的牵引。

---

[1] 苏联索性拒绝加入国际货币基金组织和世界银行这两家布雷顿森林机构，基于一些未发表过的和以前未报道过的苏联档案的背景分析可参考［俄］K. V. 明科娃《苏联与国际货币基金组织（1943—1946）》，靳玺译，《冷战国际史研究》2019年第1期。

[2] 《习近平谈治国理政》（第二卷），外文出版社2017年版，第446页。

联合国为中国在世界上推动共建人类命运共同体提供了讲台。2015年9月，习近平主席在第七十届联合国大会一般性辩论时发表了《携手构建合作共赢新伙伴　同心打造人类命运共同体》的讲话，提出了"以合作共赢为核心的新型国际关系，打造人类命运共同体"的初步倡议。2017年1月，在联合国日内瓦总部"共商共筑人类命运共同体"高级别会议上，他发表了名为"共同构建人类命运共同体"的主旨演讲，系统完整阐述了构筑人类命运共同体的主张，明确提出了建设持久和平、普遍安全、共同繁荣、开放包容、清洁美丽世界的人类命运共同体建设愿景，向全世界发出了举旗定向的号召。

二　对新兴国际治理机制的引领

近年来，或因传统全球治理机制公共产品提供能力受限，或因特定区域或领域的挑战倒逼，中国参与或深度介入了一批新兴国际治理机制的创建与运营管理，主要包括"一带一路"倡议、亚洲基础设施投资银行（以下简称"亚投行"）、金砖国家合作机制及新开发银行、上海合作组织等。推动共建人类命运共同体来引领这些新兴机制的发展，是为改善全球治理做出更加主动更有成效的贡献。

"一带一路"建设是中国推动构建人类命运共同体的重要实践平台。2013年，习近平主席提出共建"一带一路"倡议。2017年5月15日，他在"一带一路"国际合作高峰论坛圆桌峰会上的开幕词中指出，"在'一带一路'建设国际合作框架内，各方秉持共商、共建、共享原则，携手应对世界经济面临的挑战，开创发展新机遇，谋求发展新动力，拓展发展新空间，实现优势互补、互利共赢，不断朝着人类命运共同体方向迈进。这是我提出这一倡议的初衷，也是希望通过这一倡议实现的最高目标"①。

亚投行是为增加亚洲地区基础设施投资，多渠道动员各种资源特别是私营部门资金投入基础设施建设领域，推动区域互联互通和经济一体化进程，促进全球经济治理体系改革完善而设立的新型发展融资机构。2013年10月，中国提出筹建亚投行的倡议。2016年1月16日，57个国家的代表相聚北京，举行亚投行开业仪式暨理事会和董事会成立大会。习近平总书记在大会致辞中指出，"亚投行一定能成为专业、高效、廉洁的21世纪新型多边开发银行，成为构建人类命运共同体的新平台"②。

上海合作组织和金砖国家合作机制是中国与发展中国家和新兴市场国家携手推动人类命运共同体建设的重要机制。2018年6月10日，习近平总书记在上海合作组织成员国元首理事会第十八次会议上表示，要坚持共商共建共享的全球治理观，不断改革完善全球治理体系，推动各国携手建设人类命运共同体。2018年7月25日，习近平总书记在金砖国家工商论坛上的讲话中呼吁，金砖国家要顺应历史大势，把握发展机遇，合力克服挑战，为构建新型国际关系、构建人类命运共同体发挥建设性作用。他利用这些机制同有关各方深入交换意见，其主张得到了大家的赞同。

三　对国际货币体系改革的支撑

货币权力是国际社会中最重要的制度性权力之一，围绕货币权力

---

① 《开辟合作新起点　谋求发展新动力》，《人民日报》2017年5月16日。
② 《习近平在亚洲基础设施投资银行开业仪式上的致辞》，《人民日报》2016年1月17日。

的角逐是影响全球经济治理的重要内容。历史上，创设布雷顿森林机构的谈判过程，中心议题之一就是崛起的美国如何安排颓势已现但影响犹在的英镑区及支撑英镑区的帝国特惠制。实际上，当英德还在激战之中时，美国财政部已经开始谋划以租借法案为手段来彻底终结英镑的国际地位，并逼迫英国人在金融和贸易方面让步，好在战后世界格局中消灭那个作为美国经济和政治对手的英国。[①] 至于布雷顿森林会议上，美国财政部部长经济顾问怀特的国际稳定基金方案打掉他所仰慕的经济学巨擘凯恩斯精心设计的国际清算联盟计划，不过是前述政策一以贯之的延续而已。直到1947年秋季《关贸总协定》签署，英国放弃了帝国特惠制，英镑区也受到严重削弱，这场货币权力竞争才以一方落败而告一段落。

当前，高度依赖美元的国际货币体系也是问题丛生。危机来时，美国注入大量流动性拯救本国经济，造成的货币贬值、资产泡沫及金融市场动荡相当程度要由其他持有美元的国家特别是新兴经济体埋单。这种转嫁危机的嚣张特权，严重损害了其他国家的利益。美国次贷危机引发国际金融危机之后，回到金本位，以特别提款权（SDR）作为超主权储备货币等提议声浪攀高。这次新冠肺炎疫情发生后，世界经济供需停摆，美国国内企业只有支出缺乏收入等因素一度引发"美元荒"，让新兴市场面临货币贬值和资本流出的巨大压力，这也反映了安全资产严重缺乏的现实。

但是，在人类命运共同体意识指引下，国际货币体系改革并非货币权力的无序争夺过程。无论是强化欧元在全球支付结算中的角色也

---

① [美]本·斯泰尔：《布雷顿森林货币战》，符荆捷等译，机械工业出版社2014年版，第107—108页。

罢，推动人民币国际化也罢，其目的都不是要用另外的货币取代美元建立新的货币霸权，而是希望通过增加全球安全资产、优化国际货币供给结构，来增加整个国际货币体系的稳定性。这样有利于凝聚各方改革共识，务实推进国际货币体系改革进程。

第四节 人类命运共同体合作的主要地区和领域

从习近平主席在不同场合的重要论述来看，人类命运共同体叙事存在至少两个分支。其一是地区性叙事，即从双边、区域的意义上构建共同命运史观或对其未来提出期许。另一大分支是功能性叙事，即在利益、安全、环境、卫生等不同功能性领域，提出侧重各有不同的关于人类命运共同体的倡议。应当看到，地区性叙事与功能性叙事不是相互独立、彼此割裂的。地区性叙事容纳的功能性叙事越丰富务实，则其本身也越容易实现有机团结而获得更大的成功。

一 地域性命运共同体合作

中国从双边、区域及全球层次全方位倡导人类命运共同体理念。在参与国际交往时，中国无论对发展中国家还是发达国家，都表达了倡导共建人类命运共同体的愿望。例如，对法国表示"期待同法方加强协调，维护多边主义，坚持以联合国宪章宗旨和原则为基础的国际关系基本准则，携手应对挑战，共促世界繁荣稳定，推动构建人类命运共同体"；对意大利表示"两国从历史沧桑中汲取宝贵经验，共同畅想构建相互尊重、公平正义、合作共赢的新型国际关系，构建人类命运共同体的美好愿景"。

中国对其中一些国家或地区，则有成为携手树立人类命运共同体典范的更高评价或期待。例如，中方认为中俄两国"为推动建设新型国际关系、构建人类命运共同体树立了典范"。还有一些国家或地区，不仅是为携手构建人类命运共同体树立典范，而且要在双方之间打造命运共同体。例如，中国表示愿同发展中国家最集中的大陆非洲一起，共筑更加紧密的中非命运共同体，为推动构建人类命运共同体树立典范；要将中国巴基斯坦命运共同体打造成为中国同周边国家构建命运共同体的典范；等等。中国还表示要与各方携手构建更加紧密的上海合作组织命运共同体，把上海合作组织打造成团结互信的典范、安危共担的典范、互利共赢的典范和包容互鉴的典范。

其他共同打造的双边或区域性命运共同体还包括周边命运共同体、亚洲命运共同体、亚太命运共同体、中国东盟命运共同体、中国阿拉伯命运共同体、中国拉美命运共同体、中国乌兹别克斯坦命运共同体、中国卢旺达命运共同体等。

从倡导地域性命运共同体的情况看，一般来说中国倾向于和大国一起推动共建全球或整体意义上的人类命运共同体，而与关系紧密的特定地区或中小国家共建双边或区域性的人类命运共同体。

二 功能性命运共同体合作

人类命运共同体内涵丰富，涉及和平、安全、繁荣、开放和绿色等诸多方面的目标，这些目标又对应着一系列功能性合作领域。不同的合作对象，在这些领域的合作基础、水平、进展和预期效果各有不同，所以在共建过程中会对特定领域有所侧重。

具体来说，打造利益共同体是较为广泛或普遍的需求。习近平总书记在各种场合，对上海合作组织、中亚国家、欧洲、阿拉伯国家、亚洲国家、二十国集团成员、金砖国家、"一带一路"沿线国家、乌兹别克斯坦、卢旺达、亚太，以及南南合作等都提及了互为或要打造利益共同体。在习近平总书记看来，"经济全球化深入发展，把世界各国利益和命运更加紧密地联系在一起，形成了你中有我、我中有你的利益共同体"①。

利益这个概念本身也较为宽泛，如果细化，至少有发展利益和安全利益。中国强调共建发展共同体，主要是对金砖合作平台的新兴市场国家与发展中国家对话会上对广大新兴和发展中国家，以及"一带一路"沿线国家而言。习近平主席提出打造安全共同体的地方就更少了，只是在2019年6月在杜尚别同塔吉克斯坦总统拉赫蒙会谈时提到，愿同塔方共同打造中塔发展共同体和安全共同体。不过，习近平主席在谈到中国要加强和"一带一路"沿线国家加强安全领域合作时，提到要努力打造利益共同体、责任共同体、命运共同体。除了对"一带一路"之外，习近平主席还对G20成员强调过责任共同体的角色，这两项机制恰好在中国参与的最有或最应该有行动力的机制之列。另一项富有行动力的机制是金砖合作，所以中国提出金砖国家"既是息息相关的利益共同体，更是携手前行的行动共同体"也就不足为奇了。

在一些具体的合作领域，中国也用共同体的框架发出了倡议。例

---

① 《习近平在中共中央政治局第二十七次集体学习时强调推动全球治理体制更加公正更加合理，为我国发展和世界和平创造有利条件》，《人民日报》2015年10月14日。

如，在互联网合作方面，中国提出了共同构建网络空间命运共同体的主张；新冠肺炎疫情暴发后，习近平总书记在同法国总统马克龙通电话时曾表示，中法共同肩负着维护国际和地区公共卫生安全的艰巨责任，双方应精诚合作，推进联合研究项目，加强国境卫生检疫合作，支持世卫组织工作，共同帮助非洲国家做好疫情防控，努力打造卫生健康共同体。

总之，人类命运共同体事关全人类的梦想与前途，意义重大、涉及面广，需久久为功，对各国的战略耐力和人性之善都是持久而巨大的考验。大多数国家或民族能从全人类的立场设身处地、推己及人地思考，是人类命运共同体梦想变成现实的重要前提。据说两千五百多年前，楚共王游猎时丢失了一张宝弓，左右急忙张罗追索寻找。共王制止说，楚人丢弓，被楚人拾获，有什么好找的呢。孔子听说此事后评价说，楚王心胸器局还是不大，只说人丢了弓、被人捡到就好，何必言楚。[①] 凝聚人类命运共同体意识来改造国际社会上层建筑，一定会有付出甚至牺牲。只要各国特别是主要大国都有"何必言楚"的襟怀，人类就可以找到更好的全球治理方案，寄寓了东西方世界美好期待的人类命运共同体就一定能够实现。

（张宇燕、冯维江）

[①] 参见杨朝明等主编《孔子家语通解》，齐鲁书社2009年版，第112页。

第五编

两个"一百年目标"的交汇

第十九章

全面建成小康社会与开启现代化建设新征程

◇ 第一节　建设小康社会与改革开放的推进

建设小康社会是贯穿改革开放前四十年的一条战略主线。改革开放之初,邓小平同志以战略家的远见卓识,率先提出了"小康社会"的概念和战略规划。从此,为建设小康社会而努力成为几代中国共产党人带领中国人民矢志不渝的奋斗目标。

一　小康社会战略目标的提出与深化

"小康"一词最早出自诗经中《大雅·民劳》:"民亦劳止,汔可小康",表达了古时辛勤劳作的人们对美好安定生活的向往。1979年12月6日,邓小平同志在会见来访的日本首相大平正芳时,首次使用"小康"一词来描绘中国现代化的阶段性目标。他说:"我们要实现的四个现代化,是中国式的四个现代化,……是'小康之家'。"[①]

[①]《邓小平文选》第2卷,人民出版社1994年版,第237页。

1984年3月25日，邓小平同志在会见日本首相中曾根康弘时，正式提出了"小康社会"的概念，他说："翻两番，国民生产总值人均达到八百美元，就是到本世纪末在中国建立一个小康社会。"①

小康社会概念的提出，为中国现代化指明了一个阶段性奋斗目标。三年之后的1987年4月，邓小平同志又明确提出了"三步走"的战略构思："第一步在八十年代翻一番。以一九八〇年为基数，当时国民生产总值人均只有二百五十美元，翻一番，达到五百美元；第二步是到本世纪末，再翻一番，人均达到一千美元。实现这个目标意味着我们进入小康社会，把贫困的中国变成小康的中国。我们制定的目标更重要的还是第三步，在下世纪再用三十年到五十年再翻两番，大体上达到人均四千美元。做到这一步，中国就达到中等发达的水平。"②

1987年10月，党的十三大正式把这一战略构想写入大会报告。自此，解决人民温饱问题、人民生活总体上达到小康水平、基本实现现代化的"三步走"战略成为党和国家进行现代化建设的重要指导思想。

回顾历史，小康社会战略目标是在中国改革开放之初特殊的历史背景下提出的。当时，在经历了"文化大革命"多年的社会动荡之后，一方面，全国人民盼望社会稳定，渴望生活水平提升，对经济发展充满热情，干劲十足；另一方面，刚刚打开国门的人们也认识到，中国经济发展水平与人民生活水平客观上与发达国家存在较大差距。这对当时的中国人而言，既造成了内心的震撼与不甘，也增强了追赶的志

---

① 《邓小平文选》第3卷，人民出版社2001年版，第54页。
② 同上书，第226页。

气与决心。小康社会战略目标的提出，为中国未来经济社会发展描绘出了一幅蓝图；此后，随着改革开放的逐步推进，这张蓝图也在中华大地上徐徐展开，由战略蓝图一步步落实为实实在在的发展硕果。

二 建设小康社会的主要任务与改革开放的推进

改革开放既是为建设小康社会而奋斗的关键抓手，同时也是走向小康社会的助推器。从解决人民温饱问题，到人民生活总体上达到小康水平，再到全面建成小康社会，可以说，在建设小康社会的每一个重要阶段，都有深化改革和扩大开放的痕迹；建设小康社会每一个阶段性目标的达成，也都有深化改革和扩大开放的贡献。

20世纪80年代是建设小康社会的第一步，总体目标是要在80年代末解决人民的温饱问题。基本的衡量标准是"以一九八〇年为基数，当时国民生产总值人均只有二百五十美元，翻一番，达到五百美元"。

在这一阶段，经济体制改革步伐明显加快。在农村，家庭联产承包责任制在全国范围内得以确立和全面推广，农产品统购统销制度被合同定购和市场收购取而代之，农民的生产积极性得到激发，主要农作物产量大幅增长。乡镇企业异军突起，迎来了蓬勃发展的第一个高峰期，快速成为农村经济的生力军和国民经济的重要组成部分。到1988年，全国乡镇企业个数达到1888万个，从业人数达到9546万人，总收入达到4232亿元，产值已经超过了农业总产值[①]。在城市，国有企业改革加速推进，通过扩大企业经营自主权、盈亏包干责任制、利改税、完善企业经营机制等步骤，实现了以"包死基数、确保

---

① 国家统计局：《新中国50年系列分析报告之六：乡镇企业异军突起》，1999年。

上交、超收多留、歉收自补"为主要内容的承包制，在较大程度上打破了大锅饭，调动了企业和职工的积极性，促进了工业生产力提升。

在改革步伐加快的同时，对外开放的步伐也明显加快。1980年5月，中央决定将深圳、珠海、汕头、厦门四个"出口特区"升级为"经济特区"。1984年年初，邓小平同志视察经济特区，肯定了经济特区的发展成果和经验，紧接着中央提出把经济特区办得更快些、更好些，经济对外开放的步伐进一步加快。同年5月，进一步开放了天津、上海、大连等14个沿海城市。与此同时，以东南沿海地区为主力的进出口贸易快速增长，1980—1990年十年间，出口贸易总额由181亿美元增长到621亿美元，进口贸易总额由200亿美元增长到533亿美元[1]。1986年，国务院发布《关于鼓励外商投资的规定》，鼓励外国投资者在中国境内举办中外合资经营企业、中外合作经营企业和外资企业。此后，实际利用外商直接投资金额也开始快速增长，由上一年的不足20亿美元增长至1990年的35亿美元。

总体上看，到20世纪80年代末，建设小康社会的第一阶段目标已经如期实现，人民的温饱问题基本得到解决。1989年按照不变价计算的人均国内生产总值达到1980年的2.05倍，实现了翻一番目标。国家经济建设、人民生活和综合国力均上了一个大台阶。

三 总体小康目标的实现

20世纪80年代末基本解决人民温饱问题只是实现了建设小康社会的第一个阶段性目标。进入90年代，全国人民开始在中国共产党

---

[1] 数据来源：作者根据国家统计局《中国统计年鉴》（历年）计算。

的带领下，朝着建设小康社会的第二个阶段性目标奋斗——人民生活总体上达到小康水平。这一目标也被简称为"总体小康"目标。

20世纪80年代末90年代初国际政治环境风云变化。短短几年时间，东欧剧变，苏联解体，第二次世界大战之后美苏争霸、资本主义和社会主义两大阵营对立的局面土崩瓦解，社会主义进入低潮期。一时间，国际舆论质疑中国社会主义制度的声音高涨，国内自由主义思潮暗涌。红旗能扛多久的问题开始动摇一些人的意志，成为摆在改革开放和建设小康社会之路上的一道坎。正是在这样的历史背景下，1992年初春，邓小平同志到南方武昌、深圳、珠海、上海等地视察，发表了一系列影响中国未来命运的讲话。邓小平同志的南方谈话坚定了全国人民继续走中国特色社会主义道路的决心，坚定了继续推进改革开放和建设小康社会的决心。很快，中国又迎来了一轮深化改革、扩大开放的高潮。

20世纪90年代是建设小康社会的第二步。目标是到20世纪末，人均国民生产总值再翻一番，人均达到1000美元，人民生活总体上达到小康水平。

1992年党的十四大明确把建立社会主义市场经济体制确立为中国经济体制改革的目标。围绕这一目标，中国在20世纪90年代又一次加快了经济改革步伐。一是转换国有企业特别是大中型国有企业经营机制，把企业推向市场。党的十四届三中全会提出建立"产权清晰、权责明确、政企分开、管理科学"的现代企业制度，使国有企业真正成为市场主体。二是加快市场体系培育，大力发展商品市场，建立起了以市场形成价格为主的价格机制，建立和培育起了初具规模的股票和债券市场，通过了《中华人民共和国证券法》。三是实施了分税制改革、国有金融机构纵向垂直管理改革、城镇住房制度改革等重大改革措施，并初步探索形成了适应于社会主义市场经济新体制下的宏观调控框架。这些改革举措不仅在当时起到了激发活力、解放和发展生产力的作用，更重要的是，还奠定了一系列影响中国经济长远发展的制度基础。

在对外开放方面，在沿海地区扩大开放的同时，内陆地区也加快了开放步伐，逐步形成了多层次、多渠道、全方位的开放格局。1992年，国务院批准设立上海浦东新区，成为带动长三角地区对外开放的新高地。此外，中国利用外资的领域进一步拓宽，规模进一步增大。1992—1994年，实际利用外资金额连续突破100亿美元、200亿美元、300亿美元关口，1996年再次突破400亿美元关口。企业外贸自主权进一步扩大，出口金额由1990年的621亿美元增长到1999年的1949亿美元，增长了超过两倍。

总体而言，到20世纪末，在一系列改革开放举措的推动下，中国实现了建设小康社会的第二阶段目标，人民生活总体上达到了小康水平。1999年按照不变价计算的人均国内生产总值达到1990年的2.25倍，超额完成了再次翻一番的目标。

第二节 全面建成小康社会与全面深化改革开放

2000年虽然中国人民生活总体达到了小康水平，取得了重大成就，但当时达到的小康还是相对低水平的、不全面的、发展不太平衡的小康。总体小康以后，中国不失时机地提出了到2020年全面建成小康社会的新目标。全面建成小康社会，要求全面深化改革开放。只有全面深化改革开放,才能系统地解决中国经济社会发展面临的一些新的突出问题。

一　全面建成小康社会的目标与要求

2002年,党的十六大提出了全面建设小康社会"六个更加"的目标与要求,即在21世纪头20年,集中力量,全面建设惠及十几亿人口的更高水平的小康社会,使经济更加发展,民主更加健全,科教更加进步,文化更加繁荣,社会更加和谐,人民生活更加殷实。

2007年,党的十七大提出了全面建设小康社会"五个方面的新要求",在党的十六大确立的全面建设小康社会目标的基础上对中国发展提出新的更高要求,包括增强发展协调性,努力实现经济又好又快发展;扩大社会主义民主,更好保障人民权益和社会公平正义;加强文化建设,明显提高全民族文明素质;加快发展社会事业,全面改善人民生活;建设生态文明,基本形成节约能源资源和保护生态环境的产业结构、增长方式、消费模式。

2012年,党的十八大提出,要在党的十六大、十七大确立的全面建设小康社会目标的基础上努力实现新的要求:经济持续健康发展;人民民主不断扩大;文化软实力显著增强;人民生活水平全面提高;资源节约型、环境友好型社会建设取得重大进展。

2017年,党的十九大提出,要按照党的十六大、十七大、十八大提出的全面建成小康社会各项要求,紧扣中国社会主要矛盾变化,统筹推进经济建设、政治建设、文化建设、社会建设、生态文明建设,坚定实施科教兴国战略、人才强国战略、创新驱动发展战略、乡村振兴战略、区域协调发展战略、可持续发展战略、军民融合发展战略，突出抓重点、补短板、强弱项，特别是要坚决打好防范化解重大风险、精准脱贫、污染防治的攻坚战，使全面建成小康社会得到人民认可、经得起历史检验。

总之，从党的十六大到党的十九大，从提出全面建设小康社会到全面建成小康社会，再到决胜全面建成小康社会，所有这些目标和要求都是一脉相承的，都是为了建设惠及十几亿人口的更高水平的小康社会。

二　全面建成小康社会与全面深化改革开放

2001年7月，北京以较大优势获得了2008年夏季奥运会的主办权。就在这一年，中国加入了世界贸易组织。

2002年党的十六大提出，为了全面建设小康社会，21世纪头20年改革的主要任务是完善社会主义市场经济体制。党的十六届三中全会对建设完善的社会主义市场经济体制做出了全面部署，自此，中国改革开放进入了完善社会主义市场经济体制的新阶段。

2002—2011年，中国推出了一系列重大改革开放举措[1]：取消农业税、牧业税、特产税；放宽非公有制经济的市场准入，允许非公有资本进入法律法规未禁入的行业和领域；公共财政体制不断健全；国有商业银行股份制改革加快推进；实现有管理的浮动汇率制度；政府投资的范围进一步缩小，企业投资自主权逐步扩大；土地、劳动力、技术、产权、资本等要素市场进一步发展，水、电、石油和天然气等

---

[1] 高尚全：《改革开放40年的重要成就和基本经验》，《学习时报》2018年8月8日。

第十九章　全面建成小康社会与开启现代化建设新征程 | **573**

重要资源价格的市场化步伐加快；社会保障体系不断完善，社会保障覆盖面不断扩大。

正是改革开放圆了中国奥运梦想。2008年北京奥运会，是历史悠久的奥林匹克与源远流长的中华文明的一次伟大握手。在实现国人百年奥运梦想的过程中，中国以改革的思维寻求发展，用开放的胸襟拥抱世界。200多个国家和地区的数万名运动员、裁判员、官员，全球约3万名记者和几十万游客、观众来到中国，云集北京和其他奥运协办城市。北京奥运会，作为改革开放的标志性成果和进一步推进改革开放的新契机而载入史册。

图 19-1　改革开放圆了中国奥运梦

图片来源：《回望北京奥运10周年，这些照片每个北京人都有一张》，2018年8月6日，北晚新视觉网，https://www.takefoto.cn/viewnews-1534508.html。

2012年以来,中国进入了全面深化改革开放的新阶段。党的十八大提出,为了实现全面建成小康社会的目标,必须以更大的政治勇气和智慧,不失时机深化重要领域改革。党的十八届三中全会审议通过的《中共中央关于全面深化改革若干重大问题的决定》,在中国改革开放和社会主义现代化建设进程中具有十分重要的里程碑意义。党的十八届三中全会部署的全面深化改革,是以经济体制改革为重点,以协同推进经济体制、政治体制、文化体制、社会体制、生态文明体制和党的建设制度改革为主要内容的全面性、系统性、整体性改革,改革涉及的领域之多、范围之广前所未有。这是自党的十一届三中全会以来党就改革做出的最全面最系统的一次部署。

为落实这些改革内容,中央全面深化改革领导小组将党的十八届三中全会规定的改革任务分解为336项重要举措,逐一确定协调单位、牵头单位和参加单位,为落实党的十八届三中全会决定奠定了坚实的基础。随后,陆续出台了《关于进一步推进户籍制度改革的意见》《深化财税体制改革总体方案》等一系列方案,解决了许多长期想解决而没有解决的难题。

推进全面深化改革的各项任务,对全面建成小康社会具有重大意义。进入21世纪第二个10年,中国发展进入了新的阶段。[①] 一方面,中国经济社会发展和综合国力迈上了一个大台阶;另一方面,这一阶段中国经济社会发展面临的矛盾和问题也更为艰巨复杂,有些矛盾和问题躲不开绕不过,解决不好就有可能陷入"中等收入陷阱"。

2012年以来,改革全面发力、多点突破、纵深推进,着力增强

---

① 郑必坚:《全面深化改革的重大意义》,《人民日报》2013年12月4日。

第十九章 全面建成小康社会与开启现代化建设新征程

改革系统性、整体性、协同性,压茬拓展改革广度和深度,推出1500多项改革举措,重要领域和关键环节改革取得突破性进展,主要领域改革主体框架基本确立。中国特色社会主义制度更加完善,国家治理体系和治理能力现代化水平明显提高,全社会发展活力和创新活力明显增强。

与此同时,中国对外开放持续推进,开放型经济新体制逐步健全。

2001年中国加入世贸组织后,除了通过WTO项下的开放,通过自由贸易协定项下的开放,中国还积极进行自主开放。自2002年以来,中国已经和24个国家和地区签署了16个自由贸易协定,在这些自由贸易协定中接近90%的关税为零,在服务领域和投资领域也都通过自由贸易协定进一步扩大了开放。

2012年以来,中国进口消费品税率大幅调降。中国国际进口博览会成功举办,进出口结构更加平衡。贸易便利化显著推进,通关时间显著缩短。《外商投资法》正式出台,配套《实施条例》跟随落地,外商投资准入前国民待遇加负面清单管理制度全面施行。外资市场准入限制进一步放宽,全国以及自贸区外资准入特别管理措施大幅缩减。"放管服"改革持续深化,营商环境日益改善,世界银行将中国营商环境位次大幅提升。21个自由贸易区先后建立,海南自由贸易港设立,新时代中国高水平对外开放新平台网络初步形成。人民币汇率中间价报价机制市场化改革破冰,人民币成功纳入特别提款权,人民币国际化迈出重要一步。金融业开放加速,在市场准入、国民待遇、商业存在、资本项目开放方面系列新举措陆续出台。"一带一路"合作建设稳步推进。

三 全面建成小康社会目标的实现

全面建成小康社会和完成"十三五"规划在时间节点上是一致的，完成了"十三五"规划主要指标任务，也就完成了全面建成小康社会目标。"十三五"时期，面对错综复杂的国际政治经济环境和艰巨繁重的国内改革发展任务，中国经济社会发展取得巨大成就，脱贫攻坚成就举世瞩目，新技术新业态新产业新商业模式蓬勃发展，营商环境明显改善，对外开放水平显著提高，环境污染治理成效明显，各方面风险管控有力。

1. 脱贫攻坚成就举世瞩目。"十三五"时期，中国经济持续稳定发展，人均GDP超过1万美元，脱贫攻坚成就举世瞩目。贫困群众人均收入年均增幅远超全国居民平均水平，贫困地区基本生产生活条件明显改善，经济社会发展明显加快，贫困地区出行、用电、饮水、上学、就医、通信等长期存续的老大难问题明显改善，呈现出新的发展局面。城乡居民收入稳步增长，增收渠道持续拓展，收入分配格局持续改善。就业创业体系进一步完善，医疗、养老、住房等保障力度持续加大，经济发展成果惠及全体人民。人民生活水平再上新台阶，人均住房面积、百户均车辆拥有量持续增加，多元化消费需求不断满足，各项社会事业蓬勃发展。

2. "四新经济"蓬勃发展。"十三五"时期，中国传统产业转型升级步伐加快，新兴产业快速发展，四新经济（新技术、新业态、新产业、新商业模式）蓬勃发展，增速持续快于GDP增速。新动能快速集聚，经济活力得到有效释放，新动能持续发展壮大，成为支撑中国经济迈向高质量发展的重要力量，新旧动能转换明显加快。以网络经济为代表的数字经济建设持续发力，成为发展壮大新动能的主要力量。受益于线上线下服务融合的活跃，各类互联网应用加快向四五线城市和农村用户渗透，使移动互联网接入流量消费保持较快增长。

3. 营商环境明显改善。"十三五"时期，中国坚持市场化法治化国际化原则，大力深化"放管服"改革，着力优化营商环境，不断推动简政放权向纵深发展，大力缩减市场准入负面清单，整治各类变相审批。深化了"证照分离"改革，企业注册开办时间明显降低。推进了工程建设审批制度改革，协同推进"放管服"改革和更大规模减税降费，形成优化营商环境合力。健全了制度化监管规则，规范行政执法，对所有市场主体一视同仁，促进公平竞争、优胜劣汰。推进了"双随机、一公开"监管和信用监管、重点监管等结合，推行"互联网＋监管"，健全与新兴产业相适应的包容审慎监管方式，对疫苗、药品、特种设备、危险化学品等实行全覆盖严监管。推进了社会信用体系建设和承诺制。优化了政府服务，打造全国政务服务"一张网"，在更大范围内实现"一网通办"、异地可办。水、气、暖等公用事业大力推行 APP（应用程序）办事、移动支付等。着眼民生需要，发挥社区和社会力量作用，推进老旧小区改造，发展家政、养老、托幼和"互联网＋教育、医疗"等服务，提高居民生活质量，拓展内需市场。

4. 对外开放水平显著提高。"十三五"时期，沿边开发开放试验区建设工作稳步推进，对外开放区域布局更趋完善。开放型经济新体制综合试点试验初步完成，开放型经济运行管理新模式探索成效初显。进口消费品税率大幅调降，两届中国国际进口博览会成功举办，进出口结构更加平衡。海关汇总征税制度优化升级，国际贸易"单一窗口"建设稳步推进，贸易便利化显著推进。出台了《外商投资法》，配套的《实施条例》跟随落地，外商投资准入前国民待遇加负面清单管理制度全面施行。17个自由贸易区获准增设，海南自由贸易港设立，新时代中国高水平对外开放新平台网络初步形成。金融业开放加速，市场准入、国民待遇、商业存在、资本项目开放等方面的系列新举措陆续出台。两届"一带一路"国际合作高峰论坛成功举办，多元合作机制形成。

5. 环境污染治理成效明显。"十三五"时期，持续推进蓝天、碧水、净土保卫战，地级及以上城市空气质量平均优良天数大幅增加，地表水水质明显改善，土壤污染防治不断加强，应对气候变化和低碳转型进展显著，绿水青山就是金山银山的理念成为全社会共识。共抓长江大保护破浪前行，黄河流域生态保护和高质量发展上升为国家战略，区域协同的绿色发展新优势逐步彰显。环境监测体系更趋健全，数据更加客观真实，环境标准和技术政策体系日趋完善，预警响应体系更趋成熟。成立中央环境保护督查委员会，大力开展环境保护督察并常态化，坚守环保红线、生态底线、自然资源利用上限，严明生态环境保护政治责任，人与自然和谐共生的制度体系更加健全，生态文明建设"四梁八柱"稳固构建。

6. 各方面风险管控有力。"十三五"时期，我国有效防范和妥善应对了一系列国内外重大风险挑战。在国外贸易保护主义抬头的情况下，保持战略定力，更加强调坚持和扩大对外开放，更加强调坚持以我为主，练好内功，做大做强国内市场。有序化解了财政金融领域突出风险。结构性去杠杆取得成效，总体杠杆率过快攀升的势头得到一定程度遏制。地方政府存量隐性债务风险得到有序化解。宏观审慎政策框架得到建立和落实。"影子银行"业务、互联网P2P、虚拟数字货币ICO等领域的突出风险得到稳妥处置。有效防范和妥善应对了各类社会风险。安全生产形势总体良好，反腐败工作成效得到巩固和强化，扫黑除恶专项斗争有力推进，涉众型风险事件应对及时得当，社会正义感和人民群众的安全感明显增强。有力地应对了新冠肺炎疫情风险。打赢了疫情防控人民战争、总体战、阻击战，捍卫人民群众生命安全，并为国际社会提供了宝贵经验。

在"十三五"规划纲要列出的经济社会发展4个方面25项主要指标中，多项指标已经提前完成，绝大部分指标进度达到预期，只有个别指标因不可预期因素或国内外情况变化而有所滞后，但总体上也不影响全面建成小康社会目标的实现。按照25个量化指标测算，各项目标任务总体进展顺利，重大标志性成果基本形成，全面建成小康社会取得决定性进展和历史性成就。

在经济发展方面，"十三五"规划纲要列出的4项指标中，全员劳动生产率和常住人口城镇化率进展情况达到预期进度。国内生产总值本已达到预期进度，但因突如其来的新冠肺炎疫情影响，2020年一季度未达预期。不过疫情属于不可预期的扰动因素，排除该因素影响，疫情过后的GDP将恢复到预期水平。服务业增加值比重未达预期，尽管如此，但在美、德、日、韩等制造业大国普遍推动制造业回归本土的大背景下，当前及今后一段时期已经不宜再简单以该指标的上升作为经济结构优化的衡量标准。

在创新驱动方面，"十三五"规划纲要列出的4项指标中，每万人口发明专利拥有量和互联网普及率已经提前实现预期目标；科技进步贡献率达到预期进度；研究与试验发展经费投入强度进展相对滞后，但近年来中国研究与试验发展经费投入规模在迅速扩大。

在民生福祉方面，"十三五"规划纲要列出的7项指标中，城镇棚户区住房改造套数已提前完成预期目标，居民人均可支配收入、劳动年龄人口平均受教育年限、城镇新增就业人口数、农村贫困人口脱贫人数、基本养老保险参保率、人均预期寿命这 6 项指标均达到预期进度。

在资源环境方面，"十三五"规划纲要列出的 10 项指标中，非化石能源占一次性能源消费比重、森林覆盖率和森林蓄积量、地级及以上城市空气质量优良天数比例、达到或好于Ⅲ类水体的比例、二氧化硫排放等已提前完成预期目标；耕地保有量、万元国内生产总值用水量、单位国内生产总值能耗量、单位国内生产总值二氧化碳排放量、PM2.5 未达标地级及以上城市浓度、劣Ⅴ类水所占比例、化学需氧量、氨氮、氮氧化物等主要污染物排放等达到预期进度。新增建设用地可能会突破约束，增加的部分主要是满足一些结构性需要，如西部地区公路铁路等基础设施用地以及扶贫攻坚和乡村振兴所需的项目用地。

第三节　开启基本实现现代化与改革开放新征程

2021—2035 年，开启全面建设社会主义现代化国家新征程，必须发挥好改革开放的突破和先导作用，依靠改革开放应对变局、开拓新局，坚持目标引领和问题导向，既善于积势蓄势谋势，又善于识变求变应变，紧紧扭住关键，积极鼓励探索，突出改革开放实效，推动改革开放更好地服务经济社会发展大局。

一　"十四五"时期经济社会发展的总体思路和主要目标

"十四五"时期是我国全面建成小康社会、实现第一个百年奋斗目标之后，乘势而上开启全面建设社会主义现代化国家新征程、向第二个百年奋斗目标进军的第一个五年。当前和今后一个时期，我国发展仍然处于战略机遇期，但机遇和挑战都有新的发展变化。当今世界正经历百年未有之大变局，和平与发展仍然是时代主题，同时国际环境日趋复杂，不稳定性不确定性明显增强。我国已进入高质量发展阶段，发展具有多方面优势和条件，同时发展不平衡不充分问题仍然突出。

推动"十四五"时期我国经济社会发展，必须高举中国特色社会主义伟大旗帜，深入贯彻党的十九大和十九届二中、三中、四中、五中全会精神，坚持以马克思列宁主义、毛泽东思想、邓小平理论、"三个代表"重要思想、科学发展观、习近平新时代中国特色社会主义思想为指导，全面贯彻党的基本理论、基本路线、基本方略，统筹推进经济建设、政治建设、文化建设、社会建设、生态文明建设的总体布局，协调推进全面建设社会主义现代化国家、全面深化改革、全面依法治国、全面从严治党的战略布局，坚定不移贯彻创新、协调、绿色、开放、共享的新发展理念，坚持稳中求进工作总基调，以推动高质量发展为主题，以深化供给侧结构性改革为主线，以改革创新为根本动力，以满足人民日益增长的美好生活需要为根本目的，统筹发展和安全，加快建设现代化经济体系，加快构建以国内大循环为主体、国内国际双循环相互促进的新发展格局，推进国家治理体系和治理能力现代化，实现经济行稳致远、社会安定和谐，为全面建设社会主义现代化国家开好局、起好步。

推动"十四五"时期经济社会发展，必须坚持和完善党领导经济社会发展的体制机制，为实现高质量发展提供根本保证。必须始终做到发展为了人民、发展依靠人民、发展成果由人民共享，不断实现人民对美好生活的向往。必须把新发展理念贯穿发展全过程和各领域，实现更高质量、更有效率、更加公平、更可持续、更为安全的发展。必须坚定不移推进改革，继续扩大开放，持续增强发展动力和活力。必须加强前瞻性思考、全局性谋划、战略性布局、整体性推进，实现发展规模、速度、质量、结构、效益、安全相统一。

立足于"十三五"末期的国内外环境，按照开启基本实现社会主义现代化建设新征程的目标要求，"十四五"时期中国经济社会发展的主要目标是：

1. 经济发展取得新成效。在质量效益明显提升的基础上实现经济持续健康发展，增长潜力充分发挥，国内市场更加强大，经济结构更加优化，创新能力显著提升，产业基础高级化、产业链现代化水平明显提高，农业基础更加稳固，城乡区域发展协调性明显增强，现代化经济体系建设取得重大进展。

2. 改革开放迈出新步伐。社会主义市场经济体制更加完善，高标准市场体系基本建成，市场主体更加充满活力，产权制度改革和要素市场化配置改革取得重大进展，公平竞争制度更加健全，更高水平开放型经济新体制基本形成。

3. 社会文明程度得到新提高。社会主义核心价值观深入人心，人民思想道德素质、科学文化素质和身心健康素质明显提高，公共文化服务体系和文化产业体系更加健全，人民精神文化生活日益丰富，中华文化影响力进一步提升，中华民族凝聚力进一步增强。

4. 生态文明建设实现新进步。国土空间开发保护格局得到优化，生产生活方式绿色转型成效显著，能源资源配置更加合理、利用效率大幅提高，主要污染物排放总量持续减少，生态环境持续改善，生态安全屏障更加牢固，城乡人居环境明显改善。

5. 民生福祉达到新水平。实现更加充分更高质量就业，居民收入增长和经济增长基本同步，分配结构明显改善，基本公共服务均等化水平明显提高，全民受教育程度不断提升，多层次社会保障体系更加健全，卫生健康体系更加完善，脱贫攻坚成果巩固拓展，乡村振兴战略全面推进。

6. 国家治理效能得到新提升。社会主义民主法治更加健全，社会公平正义进一步彰显，国家行政体系更加完善，政府作用更好发挥，行政效率和公信力显著提升，社会治理特别是基层治理水平明显提高，防范化解重大风险体制机制不断健全，突发公共事件应急能力显著增强，自然灾害防御水平明显提升，发展安全保障更加有力，国防和军队现代化迈出重大步伐。

二 基本实现社会主义现代化的战略目标

2020—2035 年，在全面建成小康社会的基础上，再奋斗 15 年，基本实现社会义现代化是党的十九大确立的未来两个阶段的第一阶段奋斗目标。到那时，中国经济实力、科技实力将大幅跃升，跻身创新型国家前列；人民平等参与、平等发展权利得到充分保障，法治国家、法治政府、法治社会基本建成，各方面制度更加完善，国家治理体系和治理能力现代化基本实现；社会文明程度达到新的高度，国家文化软实力显著增强，中华文化影响更加广泛深入；人民生活更为宽裕，中等收入群体比例明显提高，城乡区域发展差距和居民生活水平差距显著缩小，基本公共服务均等化基本实现，全体人民共同富裕迈出坚实步伐；现代社会治理格局基本形成，社会充满活力又和谐有序；生态环境根本好转，美丽中国目标基本实现。

综合考虑中国未来15年经济增长潜力、资源要素支撑能力和改革开放红利等因素，2035年基本实现社会主义现代化的远景目标如下。

我国经济实力、科技实力、综合国力将大幅跃升，经济总量和城乡居民人均收入将再迈上新的大台阶，关键核心技术实现重大突破，进入创新型国家前列；基本实现新型工业化、信息化、城镇化、农业现代化，建成现代化经济体系；基本实现国家治理体系和治理能力现代化，人民平等参与、平等发展权利得到充分保障，基本建成法治国家、法治政府、法治社会；建成文化强国、教育强国、人才强国、体育强国、健康中国，国民素质和社会文明程度达到新高度，国家文化软实力显著增强；广泛形成绿色生产生活方式，碳排放达峰后稳中有降，生态环境根本好转，美丽中国建设目标基本实现；形成对外开放新格局，参与国际经济合作和竞争新优势明显增强；人均国内生产总值达到中等发达国家水平，中等收入群体显著扩大，基本公共服务实现均等化，城乡区域发展差距和居民生活水平差距显著缩小；平安中国建设达到更高水平，基本实现国防和军队现代化；人民生活更加美好，人的全面发展、全体人民共同富裕取得更为明显的实质性进展。

三　未来15年推进改革开放的政策举措

为了在2035年基本实现社会主义现代化的目标，需要在改革开放方面迈出新步伐，在政策设计方面前瞻性谋划和解决未来可能面临的新问题。

1. 基本完成以产权制度改革和要素市场化配置为重点的经济体

制改革。未来15年，要使市场在资源配置中起决定性作用，要从广度和深度上推进市场化改革，减少政府对资源的直接配置，减少政府对微观经济活动的直接干预，把市场机制能有效调节的经济活动交给市场。要全面清理废除妨碍统一市场和公平竞争的各种规定和做法，全面实施市场准入负面清单制度，形成国有企业和民营企业公平竞争的市场环境，通过市场竞争提高资源配置效率。使各类国有资产管理体制和国有资本授权经营体制基本成熟，国有经济布局得到显著优化，战略性重组目标得以实现。基本实现土地、劳动力、资本、技术、数据等要素的市场化配置，打破城乡长期分隔的局面，支持农民工市民化，市场对资源配置决定性作用得到较为充分的发挥。

2. 坚定不移推动产业结构升级，提高全要素生产率。未来15年，全球经济格局将会进入深度调整期，产业领域竞争异常激烈，推动产业结构优化升级是提高国家经济综合竞争力的关键举措。要以技术创新、数字经济发展、体制机制革新激发企业的发展活力，提高产业整体效率。既要积极引导传统产业优化升级，瞄准先进标杆实施技术改造、流程再造，促进产出质量提升，又要大力培育具有创新发展潜力的企业与行业，塑造技术和商业模式优势、稳步提升竞争力和全要素生产率。

3. 加大研发投入强度，显著增加基础科学研究投入。中国对基础科学研究长期投入不足，导致中国原创成果不足，对技术发展的支撑力不够，具有原创思想、掌握原始创新方法的人才不足。未来15年，要持续加大中央财政对基础科学研究的投入。鼓励地方政府特别是经济发达、有较好的研究型大学基础的省市加大对基础科学研究的投入。鼓励更多大型企业投入资源开展应用基础研究。

4. 更加积极主动地应对人口老龄化，实施鼓励生育的政策。未来 15 年，人口老龄化带来的冲击将不断加大。要加快改革制约生育率回归的制度性因素，切实降低婴幼儿照料、教育等子女抚养的成本，及时推出全面鼓励生育的政策措施，使中国的生育率水平回归到与经济发展阶段相匹配的水平。注重并消解老龄化的冲击性影响。逐步延迟退休年龄，改革退休制度，增强养老金领取的自主选择性，激励老年群体的劳动参与。

5. 构建开放型创新体系，加强国际科技创新交流与合作。未来 15 年，要运用产业链、创新链思维，最大限度用好全球创新资源，加强国际科技创新交流与合作，有效利用国际创新资源，熟悉运用国际经贸、投资、科技等规则，保障交流合作创新的谋划和有序推进。鼓励支持本土一流跨国企业通过价值链整合和供应链再造，加快建立海外研发及技术交流合作中心，在更高起点上推进自主创新。

6. 推动规则等制度型开放，创造有利的国际环境。未来 15 年，要加快健全完善与国际接轨的更高水平的法律、法规、政策和标准体系，营造以制度为保障、以规则为基础的更公平的竞争环境，推动中国由商品和要素流动型开放向规则等制度型开放转变。

第四节　走向社会主义现代化强国

从 2035 年到 21 世纪中叶，在基本实现现代化的基础上，再奋斗十五年，把我国建成富强民主文明和谐美丽的社会主义现代化强国，是党的十九大确立的"新两步走"战略规划的第二个阶段，也是对第二个"一百年"目标的生动阐释。

一 建设社会主义现代化强国的主要目标与要求

自 1840 年鸦片战争以来，追求国家富强和民族复兴就是一代代仁人志士前赴后继的奋斗目标，是全体中国人民的梦。从鸦片战争到 1949 年中华人民共和国成立之前的一百年间，尽管尝试过各种道路，付出过无数人的智慧、汗水以及血的代价，但最终都失败了；直到中国共产党带领中国人民走上中国特色社会主义道路，才开始一步步接近国家富强和民族复兴的梦想。

建设社会主义现代化强国的目标不是一个简单的抽象概念，而是与建设小康社会一样，是一个伟大的战略构想，具有丰富的具体内涵。党的十九大报告为建设社会主义现代化强国描绘了蓝图——物质文明、政治文明、精神文明、社会文明、生态文明将全面提升，实现国家治理体系和治理能力现代化，成为综合国力和国际影响力领先的国家，全体人民共同富裕基本实现，中国人民将享有更加幸福安康的生活，中华民族将以更加昂扬的姿态屹立于世界民族之林。

为实现上述目标，我们还需要在多个方面努力奋斗，而新时代中国特色社会主义思想为这一奋斗征程提供了总体要求和行动指南，即：坚持以人民为中心的发展思想，不断促进人的全面发展、全体人民共同富裕；统筹推进"五位一体"总体布局、协调推进"四个全面"战略布局，坚定道路自信、理论自信、制度自信、文化自信；明确了全面深化改革总目标是完善和发展中国特色社会主义制度、推进国家治理体系和治理能力现代化。新时代中国特色社会主义思想还为建设社会主义现代化强国提出了十四条"基本方略"：坚持党对一切工作的领导，坚持以人民为中心，坚持全面深化改革，坚持新发展理念,坚持人民当家作主,坚持全面依法治国,坚持社会主义核心价值体系,坚持在发展中保障和改善民生,坚持人与自然和谐共生,坚持总体国家安全观,坚持党对人民军队的绝对领导,坚持"一国两制"和推进祖国统一,坚持推动构建人类命运共同体,坚持全面从严治党。

二 建设社会主义现代化强国的主要任务

客观而言,中国当前各方面发展水平距离党的十九大描绘的全面建成社会主义现代化强国的蓝图仍存在不小的差距。逐步缩小这些差距,最终将蓝图变为现实,需要在物质文明建设、政治文明建设、精神文明建设、社会文明建设、生态文明建设等方面不断付出努力。

在物质文明方面,要继续坚定不移地把发展作为第一要务,不断解放和发展社会生产力,推动经济持续健康发展、更平衡更充分地发展,持续提高人民生活水平。要着力缩小贫富差距,朝着实现全体人民共同富裕的方向不断迈进。具体而言,一是要深化供给侧结构性改革,加快建设现代化经济体系,推动经济实现高质量发展。二是要加快建设创新型国家,强化基础科学研究和重大引领性应用研究,完善产学研深度融合的创新体系,提高科技创新对经济增长的贡献度。三是实施乡村振兴战略,建立健全城乡融合发展体制机制和政策体系,加快推进农业农村现代化。四是实施区域协调发展战略,建立更加有效的区域协调发展新机制,以城市群为主体构建大中小城市和小城镇协调发展的城镇格局,加快农业转移人口市民化。五是以完善产权制度和要素市场化配置为重点,加快完善社会主义市场经济体制。六是提高对外开放水平,推动形成全面开放新格局。

在政治文明方面，要长期坚持和不断发展社会主义民主政治，要积极稳妥推进政治体制改革，推进社会主义民主政治制度化、规范化、法治化、程序化，用制度体系保证人民当家作主，维护生动活泼、安定团结的政治局面。要加快推进国家治理体系和治理能力现代化，提高各级政府提供现代公共服务的能力和水平。具体而言，一是要坚持党的领导、人民当家作主、依法治国有机统一；二是加强人民当家作主制度保障；三是发挥社会主义协商民主重要作用；四是深化依法治国实践；五是深化机构和行政体制改革；六是巩固和发展爱国统一战线。

在精神文明方面，要把社会主义核心价值观融入社会发展各方面，转化为人们的情感认同和行为习惯，发挥引领作用。要坚持开放包容、百花齐放的方针，激发全民族文化创新创造活力，促进文化事业繁荣兴盛，树立文化自信。要不断提高国民的综合素质，推动人的全面发展。具体而言，一是要牢牢掌握意识形态工作领导权，建设具有强大凝聚力和引领力的社会主义意识形态；二是要培育和践行社会主义核心价值观；三是要加强思想道德建设；四是要繁荣发展社会主义文艺；五是要推动文化事业和文化产业发展。

在社会文明方面，要提高人民思想觉悟、道德水准、文明素养，提高全社会文明程度。不断完善公共服务体系，保障群众基本生活。不断促进社会公平正义，形成有效的社会治理、良好的社会秩序，使人民获得感、幸福感、安全感更加充实、更有保障、更可持续。具体而言，一是要优先发展教育事业，加快建设学习型社会；二是要提高就业质量和人民收入水平，缩小收入分配差距；三是要加强社会保障体系建设；四是在打赢脱贫攻坚战基础上，逐步着力化解相对贫困问题；五是实施健康中国战略；六是打造共建共治共享的社会治理格局；七是有效维护国家安全。

在生态文明方面，要建设人与自然和谐共生的现代化，满足人民日益增长的优美生态环境需要。坚持节约优先、保护优先、自然恢复为主的方针，形成节约资源和保护环境的空间格局、产业结构、生产方式、生活方式，还自然以宁静、和谐、美丽。具体而言，一是要推进绿色发展，建立健全绿色低碳循环发展的经济体系，推进能源生产和消费革命。推进资源全面节约和循环利用，倡导简约适度、绿色低碳的生活方式。二是着力解决突出环境问题，构建政府为主导、企业为主体、社会组织和公众共同参与的环境治理体系。三是加大生态系统保护力度，提升生态系统质量和稳定性。四是改革生态环境监管体制。加强对生态文明建设的总体设计和组织领导。

三　实现国家治理体系和治理能力现代化

长期以来，党团结带领人民在长期实践探索中，不断总结正反两方面经验，不断改革创新，已经建立并不断发展起一套科学的制度体系，具体包括党的领导和经济、政治、文化、社会、生态文明、军事、外事等各方面制度。中国的国家治理活动就是在这套中国特色社会主义制度体系的基础上展开的。实践证明，这套以马克思主义为指导、植根中国大地的制度体系和国家治理体系，是行之有效的，而且具有较强的迭代进化能力。与此同时，我们也应当认识到，与建设社会主义现代化强国第二个"一百年"目标的要求相比，现有的制度体系仍然存在短板，国家治理体系和治理能力也尚有待加强。

实现国家治理体系和治理能力现代化是建设社会主义现代化强国的一个基本要求。正因如此，2013年党的十八届三中全会将全面深化改革的总目标设定为完善和发展中国特色社会主义制度、推进国家治理体系和治理能力现代化。到 2019 年，党的十九届四中全会进一步通过了《关于坚持和完善中国特色社会主义制度，推进国家治理体系和治理能力现代化若干重大问题的决定》，以中央最高文件的形式明确了坚持和完善中国特色社会主义制度、推进国家治理体系和治理能力现代化的重大意义和总体要求。这在中国社会主义现代化进程中具有重大的理论意义和深远的现实意义。

党的十九届四中全会提出，坚持和完善中国特色社会主义制度、推进国家治理体系和治理能力现代化的总体目标是：到我们党成立一百年时，在各方面制度更加成熟更加定型上取得明显成效；到 2035 年，各方面制度更加完善，基本实现国家治理体系和治理能力现代化；到中华人民共和国成立一百年时，全面实现国家治理体系和治理能力现代化，使中国特色社会主义制度更加巩固、优越性充分展现。

在未来建设社会主义现代化强国的征程上，不断坚持和完善中国特色社会主义制度、推进国家治理体系和治理能力现代化，始终是一项重大战略任务。具体而言，为了实现国家治理体系和治理能力现代化，中国还需要在以下方面做出努力：一是坚持和完善党的领导制度体系，提高党科学执政、民主执政、依法执政水平。二是坚持和完善人民当家作主制度体系，发展社会主义民主政治。三是坚持和完善中国特色社会主义法治体系，提高党依法治国、依法执政能力。四是坚持和完善中国特色社会主义行政体制，构建职责明确、依法行政的政府治理体系。五是坚持和完善社会主义基本经济制度，推动经济高质量发展。六是坚持和完善繁荣发展社会主义先进文化的制度，巩固全体人民团结奋斗的共同思想基础。七是坚持和完善统筹城乡的民生保障制度，满足人民日益增长的美好生活需要。八是坚持和完善共建共治共享的社会治理制度，保持社会稳定、维护国家安全。九是坚持和完善生态文明制度体系，促进人与自然和谐共生。十是坚持和完善党对人民军队的绝对领导制度，确保人民军队忠实履行新时代使命任务。十一是坚持和完善"一国两制"制度体系，推进祖国和平统一。十二是坚持和完善独立自主的和平外交政策，推动构建人类命运共同体。十三是坚持和完善党和国家监督体系，强化对权力运行的制约和监督。

（李雪松、冯明）

第二十章

打赢脱贫攻坚战

打赢脱贫攻坚战，到 2020 年现行标准下农村贫困人口实现脱贫，是党中央向全国人民做出的郑重承诺。党的十八大以来，以习近平同志为核心的党中央把扶贫开发工作纳入"五位一体"总体布局和"四个全面"战略布局，全面打响了脱贫攻坚战，中国脱贫攻坚取得了决定性成就。中国实施的脱贫攻坚战，实际上是中国摆脱农村绝对贫困的收官之战。改革开放以来，中国使 7.6 亿多农民逐步摆脱了贫困，创造了世界减贫史上的一个奇迹，为全球减贫事业做出了重大贡献。中国特色的农村减贫为国际社会尤其是其他发展中国家树立了典范。

◇◇ 第一节　扶贫开发的战略转变

改革开放以来，中共中央、国务院高度重视农村扶贫工作，全力加大资金投入，动员全党全国全社会力量共同参与扶贫开发，出台实施了一系列具有针对性的扶贫规划与政策，推动扶贫方式由救济式扶贫到开发式扶贫再到精准扶贫转变，逐步探索出一条符合国情的中国特色减贫道路。

一 1984年前的减贫战略

中华人民共和国成立之初,农业基础设施薄弱、生产技术落后、土地产出率极低、加上前期的社会动荡和战乱破坏,农村经济凋敝,国家普遍处于极端贫困状况。中国政府通过采取重新分配生产资料、改善农村基础设施、发展农村基础教育、改善农村医疗卫生条件、大力增加粮食生产、建立以农村集体经济为基础的社会保障体系等措施,使农村贫困状况得到较大缓解。但由于农村整体发展落后,农民收入水平低,农村人口呈现普遍贫困的状况。按照2010年标准即现行农村贫困标准,1978年,中国农村贫困人口数量多达7.7亿,贫困发生率达97.5%。这期间,中国建立的农村五保供养制度以及政府财政对因自然灾害或其他特殊原因造成生活极端困难农民的救济是主要的扶贫手段,虽然当时的救济水平较低,保障面也很小,但对于缓解农民贫困和饥饿程度、稳定社会秩序,起到了重要作用[1]。

改革开放初期,为缓解农村贫困状况,中国开始把农村扶贫工作提上日程。1978年,中共中央批转了民政部《全国民政会议纪要》,扶贫工作引起各级政府的重视,并从农村救济中分离出来[2]。1979年,中央确定了对口支援政策,明确要有计划地组织一些较为发达的内地省市对口支援少数民族地区和边疆地区,这一政策一直延续至

---

[1] 吴国宝等:《中国减贫与发展(1978—2018)》,社会科学文献出版社2018年版,第22页。

[2] 王瑞芳:《告别贫困:新中国成立以来的扶贫工作》,《党的文献》2009年第5期。

今。从1980年起,中央财政设立支援经济不发达地区发展资金,每年拿出8亿元,支持经济欠发达的老少边穷地区改变落后贫困面貌。

为解决老少边穷地区的贫困问题,国家启动实施了专项减贫计划。1982年12月,国务院成立"三西"地区农业建设领导小组,组织开展了"三西"地区农业建设项目。当时确定的基本目标是:3年停止破坏,5年解决温饱,10年脱贫致富。"三西"地区包括甘肃的定西、河西和宁夏西海固地区,是中国最为贫困的地区之一。"三西"地区农业建设项目试验的开发式扶贫为后来全国大规模扶贫开发规划的实施,积累了不少的经验,其中的建档立卡、帮扶到户、项目资金管理等做法,在后来全国扶贫开发中得到继承和发展。[①] 同年12月,农牧渔业部等九部委联合发布《关于认真做好扶助农村贫困户工作的通知》,明确了扶助农村贫困户是党的一项重要政策,要定准扶贫对象,着重扶志扶本,加强部门协作。从1983年起,中央财政设立三西地区农业建设专项补助资金,在10年内每年拨款2亿元,对三西地区进行重点扶持。资金投入少,扶持力度低,手段单一且分散,是这一时期农村扶贫的基本特点。按1978年标准(每人每年100元),中国农村贫困人口从1978年年底的2.5亿人减少到1984年年底的1.28亿人,贫困发生率从30.7%下降到15.1%。

二 大规模开发式扶贫

1984年,中共中央、国务院发布《关于帮助贫困地区尽快改变

[①] 李培林、魏后凯主编:《中国扶贫开发报告(2016)》,社会科学文献出版社2016年版,第10页。

面貌的通知》，提出必须纠正单纯救济观点，依靠发展商品生产和增强内部活力，集中力量解决十几个连片贫困地区的问题，国家对贫困地区实行更灵活、更开放的政策。这个文件在中国扶贫开发史上具有里程碑意义，它标志着中国有计划、有组织、大规模扶贫开发正式拉开序幕，也标志着开发式扶贫战略思想正式提出。1984年，国家设立了支持老少边穷地区贷款、支持不发达地区发展经济贷款，并拿出粮食、棉花以及布匹等工业品实施以工代赈，帮助贫困地区修建和改善道路、水利、能源、农业和教育等领域的基础设施。

自1986年起，中国开始在全国范围内组织实施大规模开发式扶贫。1986年，国务院成立国务院贫困地区经济开发领导小组（1993年更名为国务院扶贫开发领导小组），下设办公室，有关省、市、县相应建立领导小组及其办公室，扶贫工作从中央到县有了专门的工作机构，逐步向制度化方向迈进。当年，国家确立了"七五"期间解决贫困地区大多数群众温饱问题的目标，明确把最贫困的地区和农户作为帮扶基本对象，划定18个集中连片贫困地区和328个国家重点扶持的贫困县[①]，在资金、物资和政策上给予重点扶持，并组织开展了定点扶贫工作。此后，贫困县成为中国扶贫开发政策支持的重点。1987年，国务院发布《关于加强贫困地区经济开发工作的通知》，要求各贫困县为贫困户建立档案，县建簿、乡造册、户立卡，限期解决温饱。1988年，国务院批准建立毕节开发扶贫、生态建设试验区。

---

① 即以1985年县农民人均纯收入为基本依据，150元以下的农区县、200元以下的牧区县、300元以下的革命老区县列入国家重点扶持范围。包括扶贫专项贴息贷款扶持的贫困县273个，牧区专项扶贫贴息贷款扶持的贫困县27个，三西专项资金扶持的贫困县28个（参见国务院贫困地区经济开发领导小组办公室《中国贫困地区经济开发概要》，农业出版社1989年版，第10—11页）。到1989年，全国共认定了331个贫困县。

这期间，设立了国家扶贫专项贴息贷款、牧区扶贫专项贴息贷款和贫困县县办企业专项贷款，扶贫资金的发放由按贫困人口平均分配转向按项目效益分配，确保生产开发的项目能为贫困农户提供参与发展的机会。[1] 到1992年年底，按1978年标准，中国农村贫困人口减少到8000万，贫困发生率下降到8.8%。

1994年出台的《国家八七扶贫攻坚计划》旨在用7年左右的时间，到2000年基本解决当时全国农村8000万贫困人口的温饱问题，这是中国第一个具有明确目标的扶贫计划。当年政府调整了贫困县选择标准，并重新确定592个国家重点扶持贫困县[2]，涵盖全国72%以上的农村贫困人口。1995年，中央财政投入专项资金实施"国家贫困地区义务教育工程"。1996年，中共中央、国务院发布《关于尽快解决农村贫困人口温饱问题的决定》，确定组织沿海13个发达省市对口帮扶西部10个贫困省和自治区。1997年，国务院又批准实施《国家扶贫资金管理办法》。7年间，政府通过发展资金、以工代赈资金和扶贫贴息贷款形式大规模增加资金支持，中央提供的扶贫资金累计达1130亿元[3]。同时，政府部门、科研院校和大中型企业与贫困地区进行对口扶贫、东西协作扶贫，鼓励非政府组织和国际机构参与，动员社会力量和社会资源支持扶贫事业。"国家八七扶贫攻坚计划"的实施有力促进了国家贫困县的经济社会发展，扶贫投资获得了高于

---

[1] 陈锡文、罗丹、张征：《中国农村改革40年》，人民出版社2018年版，第396页。

[2] 按照1992年农民人均纯收入超过700元的县一律退出，低于400元的县全部纳入的"4进7出"原则，中央重新确定了592个国家重点扶持贫困县。

[3] 吴国宝等：《中国减贫与发展（1978—2018）》，社会科学文献出版社2018年版，第31页。

10%的回报率①。到 2000 年年底，按 1978 年标准，全国农村贫困人口减少到 3209 万人，贫困发生率降至 3.5%，全国农村贫困人口的温饱问题已基本得到解决。

随后，国务院于 2001 年颁布实施了《中国农村扶贫开发纲要(2001—2010 年)》，提出要尽快解决少数贫困人口温饱问题，巩固温饱成果，逐步改变贫困地区经济、社会、文化的落后状况。国家将东部 33 个贫困县指标全部调到中西部，调整和重新确定了 592 个国家扶贫开发工作重点县，覆盖全国农村 50% 以上的贫困人口和 60% 以上的低收入人口。2007 年，国务院决定在全国建立农村最低生活保障制度，标志着中国农村减贫模式进入扶贫开发与最低生活保障"双轮驱动"的阶段。为了准确反映农村初步解决温饱但仍需要继续扶持人口的贫困状况，2008 年国家提高了扶贫标准，正式采用低收入标准来衡量贫困人口规模。该标准是一条基本温饱标准，按 2008 年价格为每人每年 1196 元。按此标准，到 2010 年年底，全国农村贫困人口由 2000 年年底的 9422 万人减至 2688 万人，贫困发生率由 10.2% 降至 2.8%。这十年间，中央财政累计安排财政扶贫资金 1440 多亿元，年均增长 9.4%。全国共有 12.6 万个贫困村实施了整村推进，占贫困村总数的 84%，村均投入约 63 万元。贫困村在基础设施、产业发展、社会事业、村容村貌等方面实现了突破，农户的生产生活条件得到了较大改善。在同一县域内，实施整村推进的贫困村农民人均纯收入比没有实施的增幅高出 20% 以上。

中国大力推进扶贫开发，率先实现了联合国千年发展目标中贫困人口减半的目标，扶贫开发的目标任务也在发生转变。2011 年，中

---

① 汪三贵：《中国的农村扶贫：回归与展望》，《农业展望》2007 年第 1 期。

共中央、国务院发布《中国农村扶贫开发纲要（2011—2020年）》，明确到2020年稳定实现扶贫对象"两不愁"（不愁吃、不愁穿）和"三保障"（保障义务教育、基本医疗和住房），贫困地区农民人均纯收入增长幅度高于全国平均水平，基本公共服务主要领域指标接近全国平均水平。该纲要首次明确将专项扶贫、行业扶贫和社会扶贫一起，作为农村扶贫的三种基本方式，构筑了新的三位一体大扶贫格局。为适应扶贫开发战略目标的调整，国家全面推进连片特困地区扶贫开发，确定了六盘山区等14个集中连片特困地区[1]，作为农村扶贫开发的主战场，随后分别编制了区域发展与扶贫攻坚规划；同时，将增加和调整后的832个贫困县，包括680个片区县和152个片区外的扶贫工作重点县作为国家扶贫开发的重点对象[2]，这些地区得到更加有力的政策保障和资金支持。中央还决定把按2010年价格表示的贫困标准从原来的1274元提高到2300元，提高了80.5%[3]。新的贫困标准是一条能够满足"不愁吃、不愁穿"的稳定温饱标准，按2011年购买力平价计算相当于每天约2.3美元，高于世界银行2015年发布的每天1.9美元极端贫困标准[4]。按2010年标准，全国农村贫困人口从2010年年底的16567万人下降到2013年年底的8249万人，贫困

---

[1] 包括六盘山区、秦巴山区、武陵山区、乌蒙山区、滇桂黔石漠化区、滇西边境山区、大兴安岭南麓山区、燕山—太行山区、吕梁山区、大别山区和罗霄山区，以及已明确实施特殊政策的西藏、四省藏区和新疆南疆三地州（喀什、和田地区以及克孜勒苏柯尔克孜自治州）。

[2] 2016年起，新疆阿克苏地区1市6县享受片区政策，2017年纳入贫困监测范围。

[3] 吴国宝等：《中国减贫与发展（1978—2018）》，社会科学文献出版社2018年版，第37页。

[4] 鲜祖德、王萍萍、吴伟：《中国农村贫困标准与贫困监测》，《统计研究》2016年第9期。

发生率从17.2%下降到8.5%。

三 实施精准扶贫战略

随着扶贫开发的深入推进，扶贫过程中存在的识别不准、到户困难、贫困户参与不足、政策针对性不强等问题也日益暴露出来。2013年11月，习近平总书记在湖南湘西花垣县排碧乡十八洞村考察时强调，扶贫要实事求是，因地制宜，要精准扶贫，切忌喊口号。这是他首次提出"精准扶贫"概念。同年12月，中办、国办印发《关于创新机制扎实推进农村扶贫开发工作的意见》，将建立精准扶贫工作机制作为扶贫开发六大机制之一，明确要实行精准识别，对每个贫困村、贫困户建档立卡。这个文件的发出，标志中国扶贫开发工作进入了精准扶贫的新阶段。2014年5月，国务院扶贫办等7部门联合印发《建立精准扶贫工作机制实施方案》，提出通过对贫困户和贫困村精准识别、精准帮扶、精准管理和精准考核，实现扶贫到村到户，逐步构建精准扶贫工作长效机制。

2015年6月，习近平总书记在贵州考察时提出了扶贫开发工作"六个精准"的基本要求，即扶持对象精准、项目安排精准、资金使用精准、措施到户精准、因村派人精准、脱贫成效精准。同年10月，在"减贫与发展高层论坛"上，习近平总书记又提出"五个一批"的脱贫路径，即发展生产脱贫一批、易地搬迁脱贫一批、生态补偿脱贫一批、发展教育脱贫一批、社会保障兜底一批；党的十八届五中全会通过的《中共中央关于制定国民经济和社会发展第十三个五年规划的建议》，明确提出实施精准扶贫、精准脱贫，因人因地施策，提高扶贫实效。同年11月，中共中央、国务院在《关于打赢脱贫攻坚战的决定》中提出把精准扶贫、精准脱贫作为基本方略,坚持精准帮扶与集中连片特殊困难地区开发紧密结合,并对精准扶贫工作机制、实施路径和政策保障进行了统筹安排。精准扶贫方略主要从解决扶持谁、谁来扶、怎么扶、如何退四个环节贯彻落实。

一是开展建档立卡,解决"扶持谁"的问题。2014年4月,国务院扶贫办印发《扶贫开发建档立卡工作方案》,明确了贫困户、贫困村、贫困县和连片特困地区建档立卡方法和步骤。随后,全国组织80多万人逐村逐户开展贫困识别,共识别出12.8万个贫困村,2948万贫困户、8962万贫困人口,初步建立起了全国统一的扶贫开发信息系统,基本掌握了贫困人口的分布及其家庭情况、致贫原因、脱贫需求等"贫困家底"。为夯实精准扶贫的基础,国务院扶贫办组织开展了建档立卡"回头看"工作,从2015年8月到2016年6月,原先未识别的807万贫困人口得以识别补录,929万识别不准人口得到剔除。

二是实施驻村帮扶,解决"谁来扶"的问题。2015年4月中组部等3部门联合发出《关于做好选派机关优秀干部到村任第一书记工作的通知》,2017年12月中办、国办印发《关于加强贫困村驻村工作队选派管理工作的指导意见》,要求全面加强并落实驻村帮扶工作。截至2018年年底,全国累计选派300多万县级以上机关、国有企事业单位干部参加驻村帮扶。目前在岗的第一书记20.6万人、驻村干部70万人,加上197.4万乡镇扶贫干部和数百万村干部,一线扶贫力量明显加强,打通了精准扶贫"最后一公里"[①]。

三是不断拓宽脱贫路径,解决"怎么扶"的问题。坚持分类施

---

① 习近平:《在解决"两不愁三保障"突出问题座谈会上的讲话(2019年4月16日)》,《求是》2019年第16期。

策，因人因地施策、因贫困原因施策、因贫困类型施策。国家从发展特色产业脱贫、引导劳务输出脱贫、实施易地搬迁脱贫、结合生态保护脱贫、着力加强教育脱贫、开展医疗保险和医疗救助脱贫、实行最低生活保障制度兜底脱贫、探索资产收益扶贫等方面对贫困人口精准脱贫进行了具体部署，并在财政、金融、土地、交通、水利、电力、住房、教育、科技、人才、宣传和社会扶贫等方面，出台了一系列含金量极高的政策和超常规举措。

四是严把贫困退出关，解决"如何退"的问题。2016年4月，中办、国办印发《关于建立贫困退出机制的意见》，明确了贫困人口、贫困村以及贫困县的退出标准和程序，其中贫困人口退出以收入和"两不愁三保障"为标准，贫困村和贫困县退出以贫困发生率为主要标准，辅以村级集体收入等其他条件。为确保脱贫结果真实，国家引入第三方评估机制，对贫困县的退出进行严格的考核评估。当年全国共有28个贫困县经过申请、审核和国家专项评估检查，由所在省级政府正式批准退出贫困县。2017年，全国共有125个贫困县摘帽，2018年摘帽283个，2019年摘帽344个。

从开发式扶贫到精准扶贫，反映了中国扶贫战略的重大转变。精准扶贫要求瞄准扶贫对象，精准施策，实现从扶贫对象识别到项目安排、资金使用、帮扶措施、帮扶责任人和脱贫考核全过程的精准。精准扶贫是扶贫领域甚至是贫困地区农村发展过程的一次革命，它不仅改变和创新了扶贫方式，而且在治理结构、资源的整合、配置和使用、监督和考核等多方面带来了革命性的变化。[1]

---

[1] 李培林、魏后凯主编：《中国扶贫开发报告（2016）》，社会科学文献出版社2016年版，第19页。

◇ 第二节 坚决打赢脱贫攻坚战

打赢脱贫攻坚战是全面建成小康社会的底线要求和硬任务。党的十八大以来，以习近平同志为核心的党中央把脱贫攻坚工作摆到更加突出的重要位置，举全党全国全社会之力打响脱贫攻坚战。党的十九大又把打好精准脱贫攻坚战作为决胜全面小康社会的三大攻坚战之一。目前，中国脱贫攻坚已经取得决定性成就，目标任务接近完成，为下一步实现乡村全面振兴奠定了良好基础。

一 全面打好脱贫攻坚战

农村贫困人口脱贫是全面建成小康社会的基本标志。2015年10月，党的十八届五中全会明确提出实施脱贫攻坚工程，坚决打赢脱贫攻坚战。同年11月，中共中央、国务院发布《关于打赢脱贫攻坚战的决定》，对脱贫攻坚战的目标任务、实施路径和支撑保障体系进行了全面部署。总体目标包括：到2020年稳定实现农村贫困人口"两不愁三保障"；实现贫困地区农民人均可支配收入增长幅度高于全国平均水平，基本公共服务主要领域指标接近全国平均水平；确保现行标准下农村贫困人口实现脱贫，贫困县全部摘帽，解决区域性整体贫困。党中央、国务院有关部门针对脱贫攻坚制定实施工作方案，发布了一系列政策文件，逐项压实脱贫攻坚责任，扎实推进脱贫攻坚工作。2016年11月，国务院印发《"十三五"脱贫攻坚规划》，进一步明确脱贫攻坚的目标体系和实施路径，提出10项主要指标。其中，约束性指标5项，包括5630万建档立卡贫困人口实现脱贫，832个贫困县全部摘帽，12.8万个贫困村全部出列，完成981万贫困人口易地扶贫搬迁，建档立卡贫困户存量危房改造率接近100%。2018年6月，中共中央、国务院发布《关于打赢脱贫攻坚战三年行动的指导意见》，进一步细化了脱贫攻坚的目标任务、实施路径和保障措施。对于贫困地区基本公共服务主要领域指标接近全国平均水平这一目标任务，该意见从通硬化路、通动力电、住房和饮水安全、人居环境、因贫失学辍学、社会保障等方面提出了具体要求。

针对农村贫困人口"三保障"和饮水安全存在的薄弱环节，2019年6月国务院扶贫开发领导小组印发《关于解决"两不愁三保障"突出问题的指导意见》，要求各部门、各地区把解决"两不愁三保障"突出问题作为决战决胜脱贫攻坚战的关键环节，攻克突出问题，加快补齐短板。在此基础上，各部委按照各自职能深入推进相关工作；各地扎实开展摸排工作，进一步查漏补缺，核准弄清，对账销号、逐一解决。在义务教育方面，调整完善学生生活补助政策和贫困地区学生营养膳食补助政策，加强义务教育薄弱学校改造；在基本医疗方面，中央财政主要通过医疗救助补助资金资助贫困人口参加基本医疗保险，并对符合条件对象的个人自负医疗费用给予补助；在住房安全方面，将全国剩余的建档立卡贫困户等四类重点对象存量危房改造任务一次性全部下达；在饮水安全方面，重点加强农村饮水工程维修养护，并将农村饮水工程维修养护纳入中央财政补助范围。2020年1月，国务院扶贫开发领导小组印发关于开展挂牌督战工作的指导意见的通知，对2019年年底全国未摘帽的52个贫困县，以及贫困人口超过1000人和贫困发生率超过10%的共1113个贫困村进行挂牌督战。

经过 4 年多的努力,全国脱贫攻坚扎实有序推进。扶贫资金投入持续加大,2019 年中央财政安排专项扶贫资金 1261 亿元,比 2015 年增长 1.74 倍;贫困县整合财政涉农资金 3000 多亿元;全年累计发放贫困人口贷款和产业精准扶贫贷款 1.5 万多亿元。产业扶贫力度不断加大,贫困地区特色种养业快速发展,电商扶贫、光伏扶贫、乡村旅游扶贫等模式成效显现。实施精准扶贫以来,全国共实施了 98 万多个扶贫产业项目,92% 的建档立卡贫困户已参与到产业发展当中,贫困县超过 2/3 的贫困户实现了新型经营主体带动。① 就业扶贫工作取得积极进展,通过劳务协作、技能扶贫、创业扶持等措施,截至 2019 年年末,累计帮扶建档立卡贫困劳动力就业 1213 万人。易地扶贫搬迁建设任务已基本完成,截至 2020 年 3 月底,实现搬迁入住建档立卡贫困人口 947 万人,搬迁入住率达 99%。② 生态扶贫取得积极成效,通过选聘生态护林员、参与生态保护工程建设、组建生态扶贫专业合作社、发展生态产业和加大生态补偿等措施,有力促进了农民增收减贫。教育扶贫持续推进,贫困地区义务教育学校办学条件不断改善,教育资助体系逐步完善,截至 2020 年 6 月 14 日,建档立卡贫困家庭义务教育阶段辍学学生从 2019 年年初的 20 万人下降到 97 人;52 个未摘帽贫困县辍学学生人数由 8.2 万人减少至 433 人,下降了 99.5%。③ 健康扶贫深入实施,贫困人口全部纳入城乡居民基本医疗保险、大病保险和医疗救助保障范围,贫困地区县医院诊疗能力得到

---

① 《农业农村部:全国各类扶贫产业基地已超 10 万个》,《经济日报》2019 年 10 月 15 日。
② 《我国易地扶贫搬迁已入住 947 万人》,《人民日报》2020 年 5 月 6 日。
③ 《全国义务教育阶段辍学学生人数下降近 99%》,2020 年 6 月 29 日,人民网,http://edu.people.com.cn/n1/2020/0629/c367001-31763111.html。

全面提升，贫困患者均能够得到及时救治且医疗费用负担大幅减轻。扶贫与低保两项制度衔接不断推进，各地农村低保标准均动态达到或超过国家扶贫标准，社会救助、养老保障等综合保障性扶贫体系逐步形成。

二　打好深度贫困歼灭战

脱贫攻坚的主要难点是深度贫困。中国的深度贫困地区是指"三区三州"以及贫困发生率超过18%的贫困县和贫困发生率超过20%的贫困村。其中，"三区"指西藏、四省（青海、四川、甘肃、云南）藏区、南疆四地州（和田地区、阿克苏地区、喀什地区、克孜勒苏柯尔克孜自治州），"三州"指四川凉山州、云南怒江州、甘肃临夏州。这些地区集"老、少、边"于一体，自然条件严酷，经济社会发展滞后，致贫原因复杂，生态保护、社会稳定与脱贫攻坚矛盾交织叠加，贫困发生率高，脱贫成本高、难度大。到2017年年底，全国共确定334个深度贫困县和3万个深度贫困村，334个深度贫困县贫困发生率为11%，其中有110个县贫困发生率超过18%，远高于当时全国农村3.1%的贫困发生率。

打好深度贫困歼灭战是打赢脱贫攻坚战的关键。党的十八大以来，中央不断加大对深度贫困地区尤其是"三区三州"的支持力度。2017年6月23日，在深度贫困地区脱贫攻坚座谈会上，习近平总书记就加大力度推进深度贫困地区脱贫攻坚提出了8条要求，强调新增脱贫攻坚资金主要用于深度贫困地区，新增脱贫攻坚项目主要布局于深度贫困地区，新增脱贫攻坚举措主要集中于深度贫困地区①。2017年9月，中办、国办发布《关于支持深度贫困地区脱贫攻坚的实施意见》，明确了深度贫困地区的范围并提出中央统筹，重点支持"三区三州"，通过加大中央财政投入力度、金融扶贫支持力度、项目布局倾斜力度、易地扶贫搬迁实施力度、生态扶贫支持力度、干部人才支持力度和社会帮扶力度，集中力量攻关，构建起适应深度贫困地区脱贫攻坚需要的支撑保障体系。随后，国务院扶贫办组织力量制定了深度贫困地区脱贫攻坚的时间表和路线图。2018—2020年连续3年中央一号文件都明确把深度贫困地区作为脱贫攻坚的主攻方向，强调要集中发力、强力帮扶、挂牌督战。2018年6月，中共中央、国务院在《关于打赢脱贫攻坚战三年行动的指导意见》中又提出要着力改善深度贫困地区发展条件，着力解决深度贫困地区群众特殊困难，着力加大深度贫困地区政策倾斜力度。2019年12月，中央经济工作会议明确提出了"集中兵力打好深度贫困歼灭战"的要求，强调政策、资金重点向"三区三州"等深度贫困地区倾斜。各有关部门和地方政府也相继制定实施了一系列政策措施，在基础设施建设、易地扶贫搬迁、产业发展、转移就业、社会帮扶、兜底保障、教育健康扶贫、生态扶贫、资产收益扶贫、金融扶贫等方面支持深度贫困地区脱贫攻坚。

经过两年多的努力，深度贫困歼灭战取得了显著成效。据国务院扶贫办数据，到2019年年底，"三区三州"脱贫攻坚方案（2018—2020年）进展顺利，项目完工率超过85%，资金到位率超过计划的95%。深度贫困地区尤其是"三区三州"脱贫攻坚步伐明显加快。

---

① 习近平：《在深度贫困地区脱贫攻坚座谈会上的讲话》，《求是》2017年第17期。

2018年，334个深度贫困县减贫480万人，贫困发生率比上年下降4.9个百分点[①]。"三区三州"建档立卡贫困人口由2018年年底的172万减少到2019年年底的43万，贫困发生率由8.2%下降到2%，下降幅度比西部地区平均高出3.6个百分点，"两不愁三保障"突出问题基本解决。

三 巩固提升脱贫攻坚成果

巩固脱贫攻坚成果，全面提升脱贫质量，对于打好脱贫攻坚战至关重要。党的十八大以来，中央高度重视提高脱贫质量，多措并举防止返贫和产生新的贫困人口。早在2015年，《中共中央国务院关于打赢脱贫攻坚战的决定》就明确评价精准扶贫成效，既要看减贫数量，更要看脱贫质量，要避免出现边脱贫、边返贫现象，努力防止因病致贫、因病返贫。2017年中央一号文件又强调要注重提高脱贫质量，建立健全稳定脱贫长效机制。2018年，《中共中央国务院关于打赢脱贫攻坚战三年行动的指导意见》提出"坚持把提高脱贫质量放在首位"。2020年中央一号文件把巩固脱贫成果防止返贫作为打赢脱贫攻坚战的五大任务之一。

巩固脱贫攻坚成果的首要任务是防止脱贫人口的返贫和脆弱群体陷入贫困。防止返贫，把好"脱贫关"是关键一步。"数字脱贫""突击脱贫"等现象是导致返贫的一些潜在因素。党的十八大以来，扶贫开发工作的考核机制不断完善，已经建立起最严格的考核制度，扶贫责任不断落实，作风建设深入推进。各地瞄准脱贫目标，严把脱

---

① 《深度贫困县去年减贫四百八十万人》，《人民日报》2019年6月27日。

贫标准，规范脱贫程序，确保脱真贫、真脱贫。2017年2月，通过对2016年脱贫真实性开展的自查自纠工作，245万标注脱贫人口重新回退为贫困人口。其次，建立防止返贫的长效保障机制，多措并举巩固脱贫成果，包括强化产业扶贫，组织消费扶贫，加大培训力度，促进转移就业，完善医疗保险、社会救助等综合保障制度。做好易地扶贫搬迁后续帮扶，加强扶贫同扶志扶智相结合，让脱贫具有可持续的内生动力。最后，稳定脱贫攻坚政策，严格落实"四不摘"要求，即贫困县党政正职要保持稳定，做到摘帽不摘责任；脱贫攻坚主要政策要继续执行，做到摘帽不摘政策；扶贫工作队不能撤，做到摘帽不摘帮扶；要把防止返贫放在重要位置，做到摘帽不摘监管[①]。对于已脱贫人口，采取"扶上马、送一程"的办法，在一定时期内脱贫不脱政策，以增强其自我发展能力，实现脱贫的可持续性。

在各项政策的综合作用下，近年来脱贫质量稳步提升，为打好脱贫攻坚战奠定了坚实基础。国务院扶贫办数据显示，全国农村返贫人口数量逐年下降，2016年是68.4万人，2017年是20.8万人，2018年是5.8万人，2019年已下降到5500人。2019年，国务院扶贫办组织开展了脱贫人口"回头看"工作，全面排查脱贫人口"两不愁三保障"实现情况和脱贫不实等突出问题。据各地摸底统计，已脱贫人口中有近200万人存在返贫风险，边缘人口中还有近300万人存在致贫风险。

为全面巩固提升脱贫攻坚成果，2019年10月，国务院成立了国家脱贫攻坚普查领导小组，随后在全国启动了国家脱贫攻坚普查工

[①] 习近平：《在解决"两不愁三保障"突出问题座谈会上的讲话（2019年4月16日）》，《求是》2019年第16期。

作。2020年3月，国务院扶贫开发领导小组印发《关于建立防止返贫监测和帮扶机制的指导意见》，明确把防止返贫作为当前及今后一个时期扶贫工作的重要任务，围绕"两不愁三保障"主要指标，建立防止返贫监测和帮扶机制，巩固脱贫成果。监测范围是人均可支配收入低于国家扶贫标准1.5倍左右的家庭，以及因病、因残、因灾、因新冠肺炎疫情影响等引发的刚性支出明显超过上年度收入和收入大幅缩减的家庭。监测对象规模为建档立卡人口的5%左右，深度贫困地区原则上不超过10%。对于这些存在返贫风险的脱贫人口和存在致贫风险的边缘人口，将分类采取产业帮扶、就业帮扶、综合保障、扶志扶智、其他帮扶等措施进行帮扶。

四 脱贫攻坚的成效与经验

改革开放以来，中国的扶贫开发持续强力推进。中国不仅实现了世界上最快速的经济增长，最大限度地提高了人民生活水平，而且实现了世界上最大规模的减贫，对全球减贫的贡献率超过70%[①]。特别是，党的十八大以来，中国有效克服经济下行压力和减贫难度加大对脱贫进程的影响，坚决打好脱贫攻坚战，确保如期实现全面脱贫任务。截至2019年年底，现行标准下农村贫困人口已减至551万人，贫困发生率降至0.6%，832个贫困县减少到52个，全国97%的建档立卡贫困人口实现脱贫，94%的贫困县实现摘帽。贫困地区农民收入增长幅度持续高于全国平均水平，基本公共服务均等化稳步推进。

---

① 李培林、魏后凯主编：《中国扶贫开发报告（2016）》，社会科学文献出版社2016年版，第54页。

832 个贫困县农民人均可支配收入由 2013 年的 6079 元增加到 2019 年的 11567 元，年均实际增速 9.7%，比同期全国农民人均可支配收入增幅高 2.2 个百分点。全国建档立卡贫困户人均纯收入由 2015 年的 3416 元增加到 2019 年的 9808 元，年均增幅 30.2%。[①]

中国是全球最早实现联合国千年发展目标中减贫目标的发展中国家，2020 年脱贫攻坚任务完成后，中国将提前 10 年实现联合国 2030 年可持续发展议程的减贫目标。中国实施的脱贫攻坚战，不仅将整体消除现行标准下农村绝对贫困现象，而且创造了精准扶贫、精准脱贫的中国智慧和中国方案，为广大发展中国家提供了可供借鉴的有益经验。中国的脱贫攻坚主要有以下几方面的经验。

一是坚持党的领导，建立健全脱贫攻坚责任制。在中国共产党的领导下，充分发挥集中力量办大事的制度优势，强化中央统筹、省负总责、市县抓落实的工作机制，省市县乡村五级书记一起抓扶贫，各级党委和政府不断增强政治担当、责任担当和行动自觉，层层传导压力，建立落实台账，压实脱贫责任，加大问责问效力度，为脱贫攻坚提供了坚强的政治保障和组织保障。

二是坚持政府主导，构建三位一体大扶贫格局。打赢脱贫攻坚战，需要充分发挥政府的主导作用，科学规划顶层设计，广泛动员全社会参与扶贫，调动各方面资源投入，营造"人人愿为、人人可为、人人能为"的扶贫氛围，构建专项扶贫、行业扶贫、社会扶贫有机结合、互为支撑的三位一体大扶贫格局，推动形成多元化的大规模资源投入机制和全社会共同参与的全方位扶贫体系。

---

① 习近平：《在决战决胜脱贫攻坚座谈会上的讲话（2020 年 3 月 6 日）》，人民出版社 2020 年版，第 4 页。

三是坚持精准方略，多措并举提高脱贫实效。精准扶贫、精准脱贫是脱贫攻坚的基本方略。始终坚持这一基本方略，在摸清贫困状况、精准查找贫根的基础上，因地制宜、分类指导，认真落实"六个精准"要求，实施"五个一批"工程，解决好扶持谁、谁来扶、怎么扶、如何退问题，因村因户因人施策，提高精准扶贫靶向性，增强脱贫实效，是打赢脱贫攻坚战的关键。

四是坚持群众主体，激发贫困人口内生动力。贫困群众是脱贫致富的主体。要坚持依靠人民群众，充分调动贫困群众的积极性、主动性和创造性，注重扶贫与扶志、扶智相结合，大力实施教育扶贫和健康扶贫，加强农民技能培训，完善社会保障体系，从根源上阻断绝对贫困代际传递，鼓舞贫困群众自主脱贫致富的志气，增强其自我发展的内生动力和能力素质。

五是坚持市场导向，注重培育减贫长效机制。无论是产业扶贫还是金融和消费扶贫，都需要遵循市场规律。要以市场需求为导向，加快长效扶贫产业发展，探索推广资产收益扶贫模式，发挥新型农业经营主体的带贫减贫作用，建立农民稳定增收减贫的长效机制，增强贫困地区经济活力和应对突发事件的韧性。

第三节　统筹推进脱贫攻坚与乡村振兴

摆脱贫困是乡村振兴的前提，乡村振兴则是脱贫攻坚的延续。当前，中国正处于脱贫攻坚与乡村振兴的交汇和过渡时期。统筹推进脱贫攻坚与乡村振兴，实现二者的平稳接续和有效衔接，对于实现"两个一百年目标"具有重要战略意义。

一 推进实施乡村振兴战略

乡村振兴战略既是社会主义新农村建设的升级版，更是新时代促进农村全面发展的新战略。早在2005年10月，党的十六届五中全会就提出了"生产发展、生活宽裕、乡风文明、村容整洁、管理民主"的社会主义新农村建设要求。十多年来，中国新农村建设取得了显著成效，农村面貌有了很大改善，原有的要求已难以适应新时代农村发展的需要。在新形势下，2017年10月，党的十九大报告首次提出实施乡村振兴战略，提出"产业兴旺、生态宜居、乡风文明、治理有效、生活富裕"的总要求。这一战略被党的十九大列为决胜全面建成小康社会、开启全面建设社会主义现代化国家新征程需要坚定实施的七大战略之一，并写入大会通过的《中国共产党章程（修正案）》中。在同年12月召开的中央农村工作会议上，习近平总书记从七个方面明确提出了走中国特色社会主义乡村振兴道路的重大任务，即走城乡融合发展之路、走共同富裕之路、走质量兴农之路、走乡村绿色发展之路、走乡村文化兴盛之路、走乡村善治之路和走中国特色减贫之路。

乡村振兴战略是一个管长远、管全面的大战略，是新时代做好"三农"工作的总抓手。2018年1月，中共中央、国务院发布《关于实施乡村振兴战略的意见》，对乡村振兴战略的目标、任务和路径进行了顶层设计，提出了分三步走的战略构想。即到2020年，乡村振兴取得重要进展，制度框架和政策体系基本形成；到2035年，乡村振兴取得决定性进展，农业农村现代化基本实现；到2050年，乡村全面振兴，农业强、农村美、农民富全面实现。2018年3月8日，习近平总书记在参加十三届全国人大一次会议山东代表团审议时，提出乡村产业振兴、人才振兴、文化振兴、生态振兴、组织振兴"五个振兴"，系统阐述了乡村振兴的实现路径。6月，中共中央、国务院正式印发《乡村振兴战略规划（2018—2022年）》，进一步明确了实施乡村振兴战略的目标思路、重点任务和政策措施，提出了22项具体指标，部署了82项重大工程、重大计划和重大行动。9月21日，习近平总书记在中共中央政治局第八次集体学习时强调，农业农村现代化是实施乡村振兴战略的总目标，坚持农业农村优先发展是总方针，产业兴旺、生态宜居、乡风文明、治理有效、生活富裕是总要求，建立健全城乡融合发展体制机制和政策体系是制度保障。

围绕推进实施乡村振兴战略，2019年中共中央、国务院先后发布《关于坚持农业农村优先发展做好"三农"工作的若干意见》《关于建立健全城乡融合发展体制机制和政策体系的意见》，国务院还印发《关于促进乡村产业振兴的指导意见》，对乡村振兴的重点领域和制度保障做出具体安排。同年6月24日，中共中央政治局审议通过《中国共产党农村工作条例》，明确了党的农村工作的总体思路、基本原则、组织领导、主要任务、队伍建设、保障措施、考核监督等。十三届全国人大常委会对《农村土地承包法》《土地管理法》等进行了修改，《乡村振兴促进法》也正在审议之中。中央和国务院有关部门陆续发布了一系列落实乡村振兴战略的指导意见、专项规划和行动方案，开展了多方面的改革试点并细化了支持政策，推动乡村振兴战略规划尽快落地。各省、自治区、直辖市和各市县也陆续出台了乡村振兴战略规划及其指导意见，明确了各地实施乡村振兴战略的目标思路、重点任务和实施路径，出台了相应的政策措施。

乡村振兴战略实施两年多来，已经取得了重要进展，其制度框架和政策体系基本形成。一些改革试点和重大行动计划也在积极有序推进，为下一步全面实施乡村振兴战略奠定了坚实基础。乡村振兴战略的实施为"三农"发展增添了新的动力。2018—2019年，全国农村居民人均可支配收入年均实际增长6.4%，比城镇居民增速高1.1个百分点，城乡居民收入比由2017年的2.71下降到2.64。

二　从脱贫攻坚走向乡村振兴

改革开放以来，经过40多年的长期艰辛探索和不懈努力，2020年中国将实现现行标准下农村贫困人口全部脱贫的目标任务。脱贫攻坚任务完成后，中国的贫困状况将发生重大变化，减贫战略将迎来三大转变，即由绝对贫困治理向相对贫困治理转变，由收入贫困治理向多维贫困治理转变，由超常规扶贫攻坚向常规性贫困治理转变。在新形势下，中国减贫工作重心将转向解决相对贫困，减贫工作方式将由集中作战调整为常态推进。全国"三农"工作的重点将从脱贫攻坚转移到全面实施乡村振兴战略，并将农村减贫纳入乡村振兴战略之中。在乡村振兴战略框架下，常规化、制度化的贫困治理思路将替代一段时期以来实施的超常规的扶贫举措，逐步建立城乡统一的贫困标准和减少相对贫困的长效机制。

实施乡村振兴战略以来，中央再三强调要统筹做好脱贫攻坚与乡村振兴的有效衔接。中共中央、国务院在《关于实施乡村振兴战略的意见》中，将打好精准脱贫攻坚战作为其重要组成部分，强调要做好实施乡村振兴战略与打好精准脱贫攻坚战的有机衔接，并提出到2035年相对贫困进一步缓解、共同富裕迈出坚实步伐，到2050年农民富裕全面实现的目标；在《关于打赢脱贫攻坚战三年行动的指导意见》

中，提出统筹衔接脱贫攻坚与乡村振兴，脱贫攻坚期内贫困地区乡村振兴主要任务是脱贫攻坚，乡村振兴相关支持政策要优先向贫困地区倾斜；在《关于坚持农业农村优先发展做好三农工作的若干意见》中，强调做好脱贫攻坚与乡村振兴的衔接，对摘帽后的贫困县要通过实施乡村振兴战略巩固发展成果，接续推动经济社会发展和群众生活改善；在《关于抓好"三农"领域重点工作确保如期实现全面小康的意见》中，提出要研究建立解决相对贫困的长效机制，推动减贫战略和工作体系平稳转型，加强解决相对贫困问题顶层设计，纳入实施乡村振兴战略统筹安排。正如习近平总书记在决战决胜脱贫攻坚座谈会上所指出的，"脱贫摘帽不是终点，而是新生活、新奋斗的起点"。要接续推进全面脱贫与乡村振兴有效衔接，建立长短结合、标本兼治的体制机制[①]。

接续推进全面脱贫与乡村振兴有效衔接，是交汇和过渡时期的一项重大战略任务。全面脱贫与乡村振兴的有效衔接是一个多层次、多领域、多视角的综合衔接概念。从实施路径看，乡村振兴包括乡村产业振兴、人才振兴、文化振兴、生态振兴和组织振兴，而脱贫攻坚也有产业扶贫、人才帮扶、文化扶贫、生态扶贫和党建扶贫，需要打通二者之间的衔接渠道，实现相互交融、相互促进；从主要内容看，包括观念、规划、体制机制和政策的有效衔接。在观念衔接上，要传承并发扬"精准"理念，实现由"被动扶"向"主动兴"的转变。在规划衔接上，要将巩固脱贫成果和新减贫战略纳入"十四五"规划和乡村振兴战略第二个五年规划，做好时序和内容衔接。在体制机制衔

[①] 习近平：《在决战决胜脱贫攻坚座谈会上的讲话（2020年3月6日）》，人民出版社2020年版，第12页。

接上，要借鉴脱贫攻坚形成的领导体制和工作机制，丰富和完善乡村振兴体制机制，激发市场、主体和要素活力。在政策衔接上，要采取差别化的办法，对脱贫攻坚的特惠性政策实行分类处置，促使其向常规性、普惠性、长期性政策转变。

中国脱贫攻坚取得举世瞩目的显著成效，最为关键的是充分发挥中国特色社会主义制度优势，建立了一套完整的减贫工作体系，包括组织领导、驻村帮扶、资金投入、金融服务、社会参与、责任监督、考核评估等。这些制度为乡村振兴提供了有益的经验借鉴。当前，脱贫攻坚中的一些有效做法，如党政一把手是第一责任人，省市县乡村五级书记一起抓，实行中央统筹、省负总责、市县抓落实的工作机制等，已经被吸纳到乡村振兴战略之中。

（魏后凯、杨穗）

大事记

1978 年

12月18—22日　党的十一届三中全会举行。邓小平同志在全会前召开的中央工作会议闭幕会上作《解放思想，实事求是，团结一致向前看》的讲话。

12月23日　上海宝山钢铁总厂举行动工典礼。

1979 年

1月1日　中美正式建立外交关系。

1月1日　全国人大常委会发表《告台湾同胞书》。

1月18日—4月3日　党的理论工作务虚会召开。邓小平同志在会上作《坚持四项基本原则》的讲话。

1月31日　中共中央、国务院决定在广东建立蛇口工业区。

2月17日—3月16日　中国边防部队实施对越自卫反击战。

4月5—28日 中共中央召开工作会议,决定对国民经济实行调整、改革、整顿、提高的方针。

6月15日 邓小平同志在全国政协五届二次会议上作《新时期统一战线和人民政协的任务》讲话。

7月1日 五届全国人大二次会议通过《关于修正〈中华人民共和国宪法〉若干规定的决议》和《中华人民共和国刑法》《中华人民共和国刑事诉讼法》《中华人民共和国中外合资经营企业法》等7部法律。

7月15日 中共中央、国务院同意在深圳、珠海、汕头和厦门试办出口特区。

10月30日 邓小平同志在中国文学艺术工作者第四次代表大会上指出,要在建设高度物质文明的同时,建设高度的社会主义精神文明。

12月6日 邓小平同志在会见外宾时指出,中国本世纪的目标是实现小康。

1980 年

1月16日 邓小平同志在中共中央召集的干部会议上作《目前的形势和任务》的讲话。

2月29日 党的十一届五中全会通过《关于党内政治生活的若干准则》。

3月14—15日 中共中央召开西藏工作座谈会。

4月17日 中国恢复在国际货币基金组织的合法席位。

5月15日　中国恢复在世界银行的合法席位。

5月16日　中共中央、国务院批转《广东、福建两省会议纪要》，将出口特区改称经济特区。

5月18日　中国成功向太平洋预定海域发射首枚运载火箭。

8月18日　邓小平同志在中共中央政治局扩大会议上作《党和国家领导制度的改革》的讲话。

9月2日　国务院批转国家经委《关于扩大企业自主权试点工作情况和今后意见的报告》。

9月10日　五届全国人大三次会议通过《中外合资经营企业所得税法》《个人所得税法》，决定赵紫阳为国务院总理。

9月25日　中共中央发出《关于控制我国人口增长问题致全体共产党员、共青团员的公开信》，提倡独生子女政策。

1981年

2月25日　全国总工会、共青团中央等9个单位联合倡议开展"五讲四美"文明礼貌活动。

8月27日—9月25日　全军高级干部集训。其间，北京军区组织了方面军防御战役演习。

6月27日—29日　党的十一届六中全会召开，通过《关于建国以来党的若干历史问题的决议》，选举胡耀邦为中央委员会主席，邓小平同志为中央军委主席。

9月30日　叶剑英发表谈话，进一步阐述实现祖国和平统一的方针政策。

10月17日　中共中央、国务院做出《关于广开门路，搞活经济，解决城镇就业问题的若干决定》。

12月3日　中共中央、国务院、中央军委做出《关于恢复新疆生产建设兵团的决定》。

1982年

1月1日　中共中央批转《全国农村工作会议纪要》。

1月2日　中共中央、国务院做出《关于国营工业企业进行全面整顿的决定》。

1月11日　邓小平同志会见美国华人协会主席，首次提出"一个国家，两种制度"概念。

2月20日　中共中央做出《关于建立老干部退休制度的决定》。

3月8日　第五届全国人大常委会第二十二次会议通过《关于国务院机构改革问题的决议》。

3月31日　中共中央印发《关于我国社会主义时期宗教问题的基本观点和基本政策》。

4月13日　中共中央、国务院做出《关于打击经济领域中严重犯罪活动的决定》。

8月17日　中美两国政府就解决美国售台武器问题发表联合公报。

9月1—11日　中国共产党第十二次全国代表大会举行。

9月12—13日　党的十二届一中全会选举胡耀邦为中央委员会总书记，决定邓小平同志为中央军委主席，批准邓小平同志为中央顾问委员会主任，批准陈云为中央纪委第一书记。

9月24日　邓小平同志会见英国首相撒切尔夫人，阐述中国政府对香港问题的基本立场。

10月12日　中国首次以潜艇从水下向预定海上目标区成功发射运载火箭。

11月26日—12月10日　五届全国人大五次会议通过全面修改后的《中华人民共和国宪法》，批准"六五"计划。

1983 年

4月5日　中国人民武装警察部队总部在北京成立。

4月24日　国务院批转财政部制定的《关于国营企业利改税试行办法》。

6月4—22日　全国政协六届一次会议举行，选举邓颖超为全国政协主席。

6月6—21日　六届全国人大一次会议举行，选举李先念为国家主席，彭真为全国人大常委会委员长，邓小平同志为国家中央军委主席，决定赵紫阳为国务院总理。

8月25日　中共中央发出《关于严厉打击刑事犯罪活动的决定》。

10月11日　党的十二届二中全会通过《关于整党的决定》。

10月12日　中共中央、国务院发出《关于实行政社分开，建立乡政府的通知》。

12月31日　第二次全国环境保护会议将环境保护确立为基本国策。

1984 年

1月22日—2月17日　邓小平同志视察深圳、珠海、厦门3个经济特区和上海。

2月至3月　中央召开第二次西藏工作座谈会，全国性援藏工程开始。

3月12日　第六届全国人大常委会第四次会议通过《中华人民共和国专利法》。

5月4日　中共中央、国务院批转《沿海部分城市座谈会纪要》，决定进一步开放14个沿海港口城市，逐步兴办经济技术开发区。

5月8日　国务院做出《关于环境保护工作的决定》。

5月10日　国务院印发《关于进一步扩大国营工业企业自主权的暂行规定》。

5月16日　第一次全国土地调查启动。

5月31日　六届全国人大二次会议通过《中华人民共和国民族区域自治法》。

7月28日—8月12日　中国体育代表团参加第23届奥运会，实现金牌"零"的突破。

10月1日　庆祝中华人民共和国成立35周年阅兵仪式和群众游行举行。

10月13日　国务院发出《关于农民进入集镇落户问题的通知》。

10月20日　党的十二届三中全会通过《关于经济体制改革的决定》。

12月3日　中共中央、国务院做出《关于严禁党政机关和党政干部经商、办企业的决定》。

12月19日　中英两国政府签署联合声明，确认中国政府于1997年7月1日对香港恢复行使主权。

1985年

1月1日　中共中央、国务院印发《关于进一步活跃农村经济的十项政策》。

2月18日　中共中央、国务院批转《长江、珠江三角洲和闽南厦漳泉三角地区座谈会纪要》，决定开辟沿海经济开放区。

2月20日　中国首个南极考察站——长城站建成。

3月4日　邓小平同志在会见外宾时指出，现在世界上真正的大问题是和平与发展问题。

3月7日　全国科技工作会议召开，邓小平同志发表重要讲话。

3月13日　中共中央做出《关于科学技术体制改革的决定》。

4月1日　中国开始实行出口退税制度。

5月19日　全国教育工作会议召开，邓小平同志发表重要讲话。

5月23日—6月6日　中央军委召开扩大会议。邓小平同志在会上对国际形势做出新论断，并宣布裁军百万。

5月27日　中共中央做出《关于教育体制改革的决定》。

5月　中共中央、国务院批准实施"星火计划"。

6月9—15日　首次全国法制宣传教育工作会议通过《关于向全体公民基本普及法律常识的五年规划》。

9月23日　中国共产党全国代表会议通过《关于制定国民经济和社会发展第七个五年计划的建议》。

1986 年

1月17日　邓小平同志在中共中央政治局常委会会议上强调要抓精神文明建设。

4月12日　六届全国人大四次会议通过《中华人民共和国民法通则》《中华人民共和国义务教育法》《中华人民共和国外资企业法》，批准"七五"计划。

6月25日　第六届全国人大常委会第十六次会议通过《中华人民共和国土地管理法》。

7月8日　中国国内卫星通信网正式建成。

7月12日　国务院发布《国营企业实行劳动合同制暂行规定》等文件，改革国营企业劳动制度。

8月10日　预备役部队正式列入人民解放军建制序列。

9月28日　党的十二届六中全会通过《关于社会主义精神文明建设指导方针的决议》。

10月11日　国务院发布《关于鼓励外商投资的规定》。

11月18日　中共中央、国务院转发《高技术研究发展计划纲要》，实施"八六三"计划。

12月2日　第六届全国人大常委会第十八次会议通过《企业破产法（试行）》。

12月5日　国务院做出《关于深化企业改革增强企业活力的若干规定》。

12月30日　邓小平同志在同几位中央负责同志谈话时指出，要旗帜鲜明地坚持四项基本原则，反对资产阶级自由化。

1987 年

1 月 28 日　中共中央发出《关于当前反对资产阶级自由化若干问题的通知》。

4 月 13 日　中葡两国政府正式签署联合声明，确认中国政府于 1999 年 12 月 20 日对澳门恢复行使主权。

10 月 25 日—11 月 1 日　中国共产党第十三次全国代表大会举行。

11 月 2 日　党的十三届一中全会选举赵紫阳为中央委员会总书记，决定邓小平同志为中央军委主席，批准陈云为中央顾问委员会主任，批准乔石为中央纪委书记。

11 月 2 日　首批台胞经香港赴大陆探亲。

11 月 24 日　第六届全国人大常委会第二十三次会议通过《中华人民共和国村民委员会组织法（试行）》。

12 月 1 日　深圳经济特区启动全国首次国有土地使用权拍卖。

1988 年

2 月 25 日　国务院印发《关于在全国城镇分期分批推行住房制度改革的实施方案》。

3 月 18 日　国务院发出《关于扩大沿海经济开放区范围的通知》。

3 月 24 日—4 月 10 日　全国政协七届一次会议举行，选举李先念为全国政协主席。

3月25日—4月13日　七届全国人大一次会议通过宪法修正案，通过《中华人民共和国全民所有制工业企业法》《中华人民共和国中外合作经营企业法》等；决定设立海南省、建立海南经济特区；批准国务院机构改革方案；选举杨尚昆为国家主席，万里为全国人大常委会委员长，邓小平同志为国家中央军委主席，决定李鹏为国务院总理。

7月1日　第七届全国人大常委会第二次会议通过《中国人民解放军军官军衔条例》。

8月　国务院批准实施"火炬计划"。

9月5日　邓小平同志在会见外宾时指出，科学技术是第一生产力。

9月5日　第七届全国人大常委会第三次会议通过《中国人民解放军现役军官服役条例》。

9月12日　邓小平同志在听取工作汇报时提出"两个大局"思想。

9月14—27日　中国自行研制的导弹核潜艇在东海海域成功进行水下发射运载火箭试验。

9月23日　国务院、中央军委颁布《中国人民解放军现役士兵服役条例》。

10月16日　中国首座高能加速器——北京正负电子对撞机对撞成功。

1989年

4月4日　七届全国人大二次会议通过《中华人民共和国行政诉讼法》。

5月16日　邓小平同志会见戈尔巴乔夫，中苏关系实现正常化。

6月9日　邓小平同志接见首都戒严部队军以上干部。

6月23—24日　党的十三届四中全会举行，选举江泽民同志为中央委员会总书记。

7月27—28日、8月28日　中共中央政治局召开全体会议，通过《关于近期做几件群众关心的事的决定》《关于加强宣传、思想工作的通知》和《关于加强党的建设的通知》。

9月16日　邓小平同志在会见美籍华人李政道时指出，搞改革开放有两只手，改革是一只手，反对资产阶级自由化也是一只手。

10月30日　共青团中央和中国青少年发展基金会宣布实施"希望工程"。

10月　中共中央政治局常委会会议专题研究西藏工作，形成了关于西藏工作的十条意见。

10月31日　邓小平同志在会见尼克松谈到美国对华制裁问题时指出，结束过去，美国应该采取主动，也只能由美国采取主动。

11月6—9日　党的十三届五中全会召开，同意邓小平同志辞去中央军委主席，决定江泽民同志为中央军委主席。

12月26日　第七届全国人大常委会第十一次会议通过《中华人民共和国城市居民委员会组织法》《中华人民共和国环境保护法》。

12月30日　中共中央制定《关于坚持和完善中国共产党领导的多党合作和政治协商制度的意见》。

1990 年

3月12日　党的十三届六中全会通过《关于加强党同人民群众联系的决定》。

4月4日　七届全国人大三次会议通过《中华人民共和国香港特别行政区基本法》《全国人民代表大会关于设立香港特别行政区的决定》。

4月12日　中共中央政治局会议原则通过浦东开发开放方案。

7月　中共中央、国务院决定实施政府特殊津贴制度。

9月22日—10月7日　第十一届亚洲运动会在北京举行。

11月26日　上海证券交易所正式成立。

12月1日　江泽民同志在全军军事工作会议上提出军队建设总要求。

12月30日　党的十三届七中全会通过《关于制定国民经济和社会发展十年规划和"八五"计划的建议》。

1991 年

3月6日　国务院发出《关于批准国家高新技术产业开发区和有关政策规定的通知》。

4月9日　七届全国人大四次会议批准《国民经济和社会发展十年规划和第八个五年计划纲要》。

6月26日　国务院做出《关于企业职工养老保险制度改革的决定》。

7月3日　深圳证券交易所开业。

11月29日　党的十三届八中全会通过《关于进一步加强农业和农村工作的决定》。

12月15日　中国首座自行设计建造的核电站——秦山核电站并网发电。

1992 年

1月14—18日　中央民族工作会议召开。

1月18日—2月21日　邓小平同志视察武昌、深圳、珠海、上海等地并发表重要谈话。

2月25日　第七届全国人大常委会第二十四次会议通过《中华人民共和国领海及毗连区法》。

3月8日　国务院颁布《国家中长期科学技术发展纲领》。

4月　中国政府首次向联合国柬埔寨临时权力机构派出维和工程兵大队。

6月16日　中共中央、国务院做出《关于加快发展第三产业的决定》。

10月12—18日　中国共产党第十四次全国代表大会举行。

10月19日　党的十四届一中全会选举江泽民同志为中央委员会总书记，决定江泽民同志为中央军委主席，批准尉健行为中央纪委书记。

11月　海峡两岸关系协会与台湾海峡交流基金会达成"九二共识"。

1993 年

1月13—19日　中央军委扩大会议召开,制定了新时期积极防御的军事战略方针。

2月13日　中共中央、国务院印发《中国教育改革和发展纲要》。

3月5—7日　党的十四届二中全会举行,通过《关于党政机构改革的方案》。

3月14—27日　全国政协八届一次会议举行,选举李瑞环为全国政协主席。

3月15—31日　八届全国人大一次会议举行,通过《中华人民共和国宪法修正案》《中华人民共和国澳门特别行政区基本法》等;选举江泽民同志为国家主席、国家中央军委主席,乔石为全国人大常委会委员长,决定李鹏为国务院总理;批准国务院机构改革方案。

4月27—29日　海协会会长汪道涵和台湾海基会董事长辜振甫在新加坡举行会谈并签订四项协议。

7月1日　国家教委印发《关于重点建设一批高等学校和重点学科点的若干意见》,实施"211工程"。

11月5日　中共中央、国务院印发《关于当前农业和农村经济发展的若干政策措施》。

11月14日　党的十四届三中全会通过《关于建立社会主义市场经济体制若干问题的决定》。

11月20日　江泽民同志在美国西雅图出席亚太经合组织第一次领导

人非正式会议并发表讲话。

12月15日　国务院做出《关于实行分税制财政管理体制的决定》。

12月25日　国务院做出《关于金融体制改革的决定》。

12月25日　国务院批转国家税务总局《工商税制改革实施方案》。

12月26日　纪念毛泽东诞辰100周年大会举行。

1994 年

1月11日　国务院做出《关于进一步深化对外贸易体制改革的决定》。

1月24—29日　全国宣传思想工作会议召开。

2月28日—3月3日　全国扶贫开发工作会议召开，部署实施"国家八七扶贫攻坚计划"。

3月25日　国务院常务会议通过《中国21世纪议程》，确定实施可持续发展战略。

6月　全国教育工作会议召开。

7月4日　国务院常务会议通过《基本农田保护条例》。

7月5日　第八届全国人大常委会第八次会议通过《中华人民共和国劳动法》《中华人民共和国城市房地产管理法》。

7月18日　国务院印发《关于深化城镇住房制度改革的决定》。

7月20—23日　中共中央、国务院召开第三次西藏工作座谈会。

9月28日　党的十四届四中全会通过《关于加强党的建设几个重大问题的决定》。

10月25日　国务院发出《关于在若干城市试行国有企业破产有关问

题的通知》。

11月2—4日　国务院召开全国建立现代企业制度试点工作会议。

1995 年

1月30日　江泽民同志发表《为促进祖国统一大业的完成而继续奋斗》讲话。

2月9日　中共中央颁发《党政领导干部选拔任用工作暂行条例》。

3月18日　八届全国人大三次会议通过《中华人民共和国教育法》。

5月6日　中共中央、国务院做出《关于加速科学技术进步的决定》，确定实施科教兴国战略。

5月10日　第八届全国人大常委会第十三次会议通过《中华人民共和国预备役军官法》。

9月28日　党的十四届五中全会通过《关于制定国民经济和社会发展"九五"计划和2010年远景目标的建议》。

11月29日　第十世班禅转世灵童经金瓶掣签认定，国务院特准坚赞诺布继任第十一世班禅额尔德尼。

1996 年

3月8—25日　我军向东海、南海进行发射导弹训练，并在东海、南海进行海空实弹演习和在台湾海峡进行陆海空军联合演习。

3月17日　八届全国人大四次会议批准《国民经济和社会发展"九

五"计划和2010年远景目标纲要》。

3月19日　中共中央政治局常委会会议专题研究新疆稳定工作。

4月5日　中共中央印发《中国共产党地方委员会工作条例（试行）》。

10月10日　党的十四届六中全会通过《关于加强社会主义精神文明建设若干重要问题的决议》。

10月29日　第八届全国人大常委会第二十二次会议通过《中华人民共和国乡镇企业法》。

1997年

1月15日　中共中央、国务院做出《关于卫生改革与发展的决定》。

2月19日　邓小平同志逝世。

3月14日　八届全国人大五次会议通过《中华人民共和国国防法》，批准设立重庆直辖市。

3月28日　中共中央颁发《中国共产党党员领导干部廉洁从政若干准则（试行）》。

4月15日　中共中央、国务院印发《关于进一步加强土地管理切实保护耕地的通知》。

6月4日　国家科技领导小组第三次会议决定制定和实施《国家重点基础研究发展规划》。

6月30日午夜—7月1日凌晨　中英两国政府香港政权交接仪式举行，宣告中国政府对香港恢复行使主权，香港特别行政区成立。

7月　亚洲金融危机爆发。

7月16日　国务院做出《关于建立统一的企业职工基本养老保险制

度的决定》。

9月2日　国务院发出《关于在全国建立城市居民最低生活保障制度的通知》。

9月12—18日　中国共产党第十五次全国代表大会举行。

9月19日　党的十五届一中全会选举江泽民同志为中央委员会总书记，决定江泽民同志为中央军委主席，批准尉健行为中央纪委书记。

11月8日　长江三峡水利枢纽工程成功实现大江截流。

12月6日　中共中央、国务院发出《关于深化金融改革，整顿金融秩序，防范金融风险的通知》。

12月15日　江泽民同志出席首次东盟与中、日、韩首脑非正式会晤。16日，江泽民同志出席中国—东盟首脑非正式会晤。

12月24日　江泽民同志会见全国外资工作会议代表，强调"引进来"和"走出去"战略。

12月　中央军委召开扩大会议，制定国防和军队现代化建设"三步走"发展战略。

1998 年

2月25—26日　党的十五届二中全会举行，通过《国务院机构改革方案》。

3月3—14日　全国政协九届一次会议举行，选举李瑞环为全国政协主席。

3月5—19日　九届全国人大一次会议举行，选举江泽民同志为国家主席、国家中央军委主席，李鹏为全国人大常委会委员长，决定朱镕基为国务院总理；批准国务院机构改革方案。

5月4日 江泽民同志在庆祝北京大学建校100周年大会上宣布实施建设世界一流大学的"985工程"。

6月9日 中共中央、国务院发出《关于切实做好国有企业下岗职工基本生活保障和再就业工作的通知》。

6月中旬—9月上旬 中国南方特别是长江流域及北方的嫩江、松花江流域出现罕见特大洪灾，但中国取得了抗洪抢险斗争的全面胜利。

6月26日 第九届全国人大常委会第三次会议通过《中华人民共和国专属经济区和大陆架法》。

7月 中共中央做出决定，军队、武警部队、政法机关一律不再从事经商活动。

7月3日 国务院印发《关于进一步深化城镇住房制度改革加快住房建设的通知》。

10月14日 党的十五届三中全会通过《关于农业和农村工作若干重大问题的决定》。

11月4日 第九届全国人大常委会第五次会议通过《中华人民共和国村民委员会组织法》。

11月21日 中共中央印发《关于在县级以上党政领导班子、领导干部中深入开展以"讲学习、讲政治、讲正气"为主要内容的党性党风教育的意见》。

12月7日 江泽民同志在中央经济工作会议上提出扩大国内需求。

12月14日 国务院做出《关于建立城镇职工基本医疗保险制度的决定》。

1999 年

6月13日　中共中央、国务院做出《关于深化教育改革全面推进素质教育的决定》。

8月23—26日　中共中央、国务院召开全国技术创新大会。

9月22日　党的十五届四中全会通过《关于国有企业改革和发展若干重大问题的决定》。

9月29日—10月3日　中央民族工作会议召开。

10月1日　庆祝中华人民共和国成立50周年大会、阅兵仪式和群众游行举行。

10月26日　国务院发出《关于实施西部大开发若干政策措施的通知》。

12月19日午夜—20日凌晨　中葡两国政府澳门政权交接仪式举行，宣告中国政府对澳门恢复行使主权，澳门特别行政区成立。

2000 年

2月25日　江泽民同志在广东考察工作时明确提出"三个代表"要求。

3月2日　中共中央、国务院发出《关于进行农村税费改革试点工作的通知》。

3月15日　九届全国人大三次会议通过《中华人民共和国立法法》。

6月13日　中共中央、国务院印发《关于促进小城镇健康发展的若干意见》。

6月23日　中共中央办公厅印发《深化干部人事制度改革纲要》。

8月　国务院决定建立"全国社会保障基金",并设立"全国社会保障基金理事会"。

10月11日　党的十五届五中全会通过《关于制定国民经济和社会发展第十个五年计划的建议》。

11月8日　西电东送工程全面启动。

12月28日　第九届全国人大常委会第十九次会议通过《现役军官法》。

2001 年

1月8—9日　全国旅游发展工作会议召开。

1月10日　全国宣传部部长会议召开,江泽民同志在会上强调要把依法治国和以德治国紧密结合起来。

2月9日　国务院决定设立国家最高科学技术奖。

2月28日　第九届全国人大常委会第二十次会议通过修订后的《民族区域自治法》。

3月15日　九届全国人大四次会议批准"十五"计划。

4月11日　国务院发出《关于进一步加快旅游业发展的通知》。

5月24—25日　中央扶贫开发工作会议召开。

6月13日　国务院印发《中国农村扶贫开发纲要(2001—2010年)》。

6月15日　中国、俄罗斯、哈萨克斯坦等6国元首共同签署《上海合作组织成立宣言》，正式建立上海合作组织。

6月25—27日　中共中央、国务院召开第四次西藏工作座谈会。

6月29日　青藏铁路开工典礼举行。

7月1日　庆祝中国共产党成立80周年大会举行，江泽民同志在讲话中阐述"三个代表"重要思想。

9月26日　党的十五届六中全会通过《关于加强和改进党的作风建设的决定》。

10月21日　亚太经合组织第九次领导人非正式会议在上海举行。

12月10—12日　全国宗教会议召开。

12月11日　中国正式加入世界贸易组织。

2002 年

1月10日　退耕还林工程全面启动。

4月12—13日　博鳌亚洲论坛首届年会举行。

6月29日　第九届全国人大常委会第二十八次会议通过《中华人民共和国中小企业促进法》。

7月4日　西气东输一线工程开工典礼举行。

7月9日　中共中央印发修订后的《党政领导干部选拔任用工作条例》。

8月29日　第九届全国人大常委会第二十九次会议通过《中华人民共和国农村土地承包法》。

9月12日　江泽民同志在全国再就业工作会议上提出就业是民生之本。

9月30日　中共中央、国务院发出《关于进一步做好下岗失业人员再就业工作的通知》，确立了积极就业政策。

10月19日　中共中央、国务院做出《关于进一步加强农村卫生工作的决定》。

11月8—14日　中国共产党第十六次全国代表大会举行。

11月15日　党的十六届一中全会选举胡锦涛同志为中央委员会总书记，决定江泽民同志为中央军委主席，批准吴官正为中央纪委书记。

12月27日　南水北调工程开工典礼举行。

2003 年

1月8日　胡锦涛同志在中央农村工作会议上强调，把解决好三农问题作为全党工作的重中之重。

1月16日　中共中央、国务院发出《关于做好农业和农村工作的意见》。

2月24—26日　党的十六届二中全会举行，通过《关于深化行政管理体制和机构改革的意见》。

3月3—14日　全国政协十届一次会议举行，选举贾庆林为全国政协主席。

3月5—18日　十届全国人大一次会议举行，选举胡锦涛同志为国家主席，江泽民同志为国家中央军委主席，吴邦国为全国人大常委会委员长，决定温家宝为国务院总理；批准《国务院机构改革方案》。

春　中国遭遇非典型肺炎重大疫情，但最终夺取了防治工作的胜利。

6月29日　中央政府与香港特别行政区政府签署《内地与香港关于

建立更紧密经贸关系的安排》。

8月28日—9月1日　胡锦涛同志在江西考察工作时明确提出"科学发展观"概念。

10月5日　中共中央、国务院印发《关于实施东北地区等老工业基地振兴战略的若干意见》。

10月14日　党的十六届三中全会通过《关于完善社会主义市场经济体制若干问题的决定》。

10月15—16日　神舟五号载人飞船圆满完成首次载人航天飞行。

10月17日　中央政府与澳门特别行政区政府签署《内地与澳门关于建立更紧密经贸关系的安排》。

12月19日　首次全国人才工作会议召开，全面部署实施人才强国战略。

12月31日　中共中央、国务院印发《关于促进农民增加收入若干政策的意见》。

2004 年

1月5日　中共中央印发《关于进一步繁荣发展哲学社会科学的意见》。

1月31日　国务院印发《关于推进资本市场改革开放和稳定发展的若干意见》。

3月10日　胡锦涛同志在中央人口资源环境工作座谈会上全面阐述科学发展观。

3月22日　国务院印发《全面推进依法行政实施纲要》。

4月27日　胡锦涛同志会见中央实施马克思主义理论研究和建设工程工作会议全体代表。

6月　中央军委扩大会议召开，提出打赢信息化条件下的局部战争。

7月28日　中国首个北极科学考察站——黄河站建成并投入使用。

8月22日　纪念邓小平诞辰100周年大会举行。

9月16—19日　党的十六届四中全会举行，通过《关于加强党的执政能力建设的决定》，同意江泽民同志辞去中央军委主席，决定胡锦涛同志为中央军委主席。

11月7日　中共中央印发《关于在全党开展以实践"三个代表"重要思想为主要内容的保持共产党员先进性教育活动的意见》。

12月24日　胡锦涛同志在中央军委扩大会议上提出新世纪新阶段人民解放军的历史使命。

2005年

2月18日　中共中央印发《关于进一步加强中国共产党领导的多党合作和政治协商制度建设的意见》。

2月19日　国务院印发《关于鼓励支持和引导个体私营等非公有制经济发展的若干意见》。

3月5—14日　十届全国人大三次会议举行，选举胡锦涛同志为国家中央军委主席，通过《反分裂国家法》。

3月12日　胡锦涛同志主持召开中央人口资源环境工作座谈会。

4月27日　第十届全国人大常委会第十五次会议通过《中华人民共和国公务员法》。

4月29日　胡锦涛同志在北京同中国国民党主席连战举行正式会谈。会后双方共同发布《两岸和平发展共同愿景》。

5月27—28日　中央民族工作会议召开。

5月31日　中共中央、国务院做出《关于进一步加强民族工作加快少数民族和民族地区经济社会发展的决定》。

6月23日　国务院、中央军委颁发《中国人民解放军文职人员条例》。

7月21日　中国开始实行以市场供求为基础、参考一篮子货币进行调节、有管理的浮动汇率制度。

10月11日　党的十六届五中全会通过《关于制定国民经济和社会发展第十一个五年规划的建议》。

12月3日　国务院做出《关于完善企业职工基本养老保险制度的决定》。

12月23日　中共中央、国务院印发《关于深化文化体制改革的若干意见》。

12月24日　国务院发出《关于深化农村义务教育经费保障机制改革的通知》。

12月29日　第十届全国人大常委会第十九次会议决定：自2006年起取消农业税。

12月31日　中共中央、国务院印发《关于推进社会主义新农村建设的若干意见》。

2006年

1月26日　中共中央、国务院做出《关于实施科技规划纲要增强自主创新能力的决定》。

1月31日　国务院印发《关于解决农民工问题的若干意见》。

2月8日　中共中央印发《关于加强人民政协工作的意见》。

2月13日　国务院印发《关于加快振兴装备制造业的若干意见》。

3月14日　十届全国人大四次会议批准"十一五"规划纲要。

4月15日　中共中央、国务院印发《关于促进中部地区崛起的若干意见》。

7月1日　青藏铁路全线建成通车。

7月13日　国务院办公厅印发《关于建立国家土地督察制度有关问题的通知》。

10月11日　党的十六届六中全会通过《关于构建社会主义和谐社会若干重大问题的决定》。

11月4—5日　中非合作论坛北京峰会举行。

2007 年

3月16日　十届全国人大五次会议通过《中华人民共和国物权法》《中华人民共和国企业所得税法》。

6月3日　国务院印发《中国应对气候变化国家方案》。

6月7日　国家发改委发出《关于批准重庆市和成都市设立全国统筹城乡综合配套改革试验区的通知》。

6月29日　第十届全国人大常委会第二十八次会议通过《劳动合同法》。

7月1日　第二次全国土地调查启动。

7月10日　国务院印发《关于开展城镇居民基本医疗保险试点的指导意见》。

7月11日　国务院发出《关于在全国建立农村最低生活保障制度的通知》。

8月30日　第十届全国人大常委会第二十九次会议通过《反垄断法》《就业促进法》。

9月6—8日　首届夏季达沃斯论坛在大连举行。

10月15—21日　中国共产党第十七次全国代表大会举行。

10月22日　党的十七届一中全会选举胡锦涛同志为中央委员会总书记，决定胡锦涛同志为中央军委主席，批准贺国强为中央纪委书记。

10月24日　中国第一颗绕月探测卫星嫦娥一号发射成功。

2008 年

年初　南方部分地区遭遇严重低温雨雪冰冻灾害，但中国在较短时间内取得了抗灾救灾斗争的胜利。

2月25—27日　党的十七届二中全会举行，通过《关于深化行政管理体制改革的意见》《国务院机构改革方案》。

3月3—14日　全国政协十一届一次会议举行，选举贾庆林为全国政协主席。

3月5—18日　十一届全国人大一次会议举行，选举胡锦涛同志为国家主席、国家中央军委主席，吴邦国为全国人大常委会委员长，决定温家宝为国务院总理，批准《国务院机构改革方案》。

5月12日　四川汶川发生里氏8.0级特大地震。

6月5日　国务院印发《国家知识产权战略纲要》。

6月8日　中共中央、国务院印发《关于全面推进集体林权制度改革的意见》。

8月1日　中国首条高速铁路——京津城际铁路通车运营。

8月8—24日、9月6—17日　第29届奥运会、第13届残奥会先后在北京成功举办。

9月　国际金融危机全面爆发。

9月14日　中共中央印发《关于在全党开展深入学习实践科学发展观活动的意见》。

10月12日　党的十七届三中全会通过《关于推进农村改革发展若干重大问题的决定》。

11月5日　国务院常务会议研究部署进一步扩大内需促进经济平稳较快增长的措施，并决定自2009年1月1日起，在全国所有地区和行业推行增值税转型改革。

11月15日　胡锦涛同志在华盛顿出席二十国集团领导人首次峰会并发表讲话。

12月24日　胡锦涛同志在中央军委扩大会议上提出当代革命军人核心价值观。

12月26日　中国人民解放军海军舰艇编队赴亚丁湾、索马里海域执行护航任务。

12月31日　胡锦涛同志在纪念《告台湾同胞书》发表30周年座谈会上发表《携手推动两岸关系和平发展，同心实现中华民族伟大复兴》讲话。

2009 年

2月28日　第十一届全国人大常委会第七次会议通过《中华人民共和国食品安全法》。

3月17日　中共中央、国务院印发《关于深化医药卫生体制改革的意见》。

6月16日　胡锦涛同志在俄罗斯出席金砖国家领导人首次正式会晤并发表讲话。

6月30日　台湾当局开放大陆资本赴台投资。

7月22日　国务院常务会议通过《文化产业振兴规划》。

8月31日　两岸定期航班正式开通。两岸至此实现全面、直接、双向"三通"。

9月1日　国务院印发《关于开展新型农村社会养老保险试点的指导意见》。

9月18日　党的十七届四中全会通过《关于加强和改进新形势下党的建设若干重大问题的决定》。

9月19日　国务院印发《关于进一步促进中小企业发展的若干意见》。

10月1日　庆祝中华人民共和国成立60周年大会、阅兵仪式和群众游行举行。

2010 年

1月1日　中国—东盟自由贸易区全面启动。

1月18日　中共中央颁发《中国共产党党员领导干部廉洁从政若干准则》。

1月18—20日　中共中央、国务院召开第五次西藏工作座谈会。

3月14日　十一届全国人大三次会议通过修订后的《全国人民代表大会和地方各级人民代表大会选举法》。

4月1日　中共中央、国务院制定《国家中长期人才发展规划纲要（2010—2020年）》。

4月30日—10月31日　2010年上海世界博览会举行。

5月17—19日　中共中央、国务院召开新疆工作座谈会。

6月29日　海峡两岸关系协会与台湾海峡交流基金会签署《海峡两岸经济合作框架协议》。

7月13—14日　全国教育工作会议召开。

10月10日　国务院做出《关于加快培育和发展战略性新兴产业的决定》。

10月18日　党的十七届五中全会通过《关于制定国民经济和社会发展第十二个五年规划的建议》。

10月28日　第十一届全国人大常委会第十七次会议通过《中华人民共和国社会保险法》。

12月21日　国务院印发《全国主体功能区规划》。

12月31日　中共中央、国务院做出《关于加快水利改革发展的决定》。

2011年

2月26日　国务院办公厅发出《关于积极稳妥推进户籍管理制度改

革的通知》。

3月14日　十一届全国人大四次会议批准"十二五"规划纲要。

5月27日　中共中央、国务院印发《中国农村扶贫开发纲要（2011—2020年）》。

6月7日　国务院印发《关于开展城镇居民社会养老保险试点的指导意见》。

7月1日　庆祝中国共产党成立90周年大会举行。

7月5日　中共中央、国务院印发《关于加强和创新社会管理的意见》。

10月18日　党的十七届六中全会通过《关于深化文化体制改革推动社会主义文化大发展大繁荣若干重大问题的决定》。

2012年

1月12日　国务院印发《关于实行最严格水资源管理制度的意见》。

3月3日、9月10日、9月15日、9月21日　中国先后公布钓鱼岛及其附属岛屿标准名称、领海基线，钓鱼岛及其部分附属岛屿地理坐标，钓鱼岛等岛屿及其周边海域部分地理实体的标准名称及位置示意图。

4月19日　国务院印发《关于进一步支持小型微型企业健康发展的意见》。

4月26日　首次中国—中东欧国家领导人会晤在波兰华沙举行。

6月18日、24日　神舟九号载人飞船与天宫一号目标飞行器成功交会对接。

6月27日　蛟龙号载人潜水器最大下潜深度达到7062米。

7月1日　中国基本实现社会养老保险制度全覆盖。

7月2日　中共中央、国务院印发《关于深化科技体制改革加快国家创新体系建设的意见》。

7月4日　三峡工程最后一台70万千瓦巨型机组正式交付投产。

7月6—7日　全国科技创新大会举行。

7月24日　海南省三沙市成立大会暨揭牌仪式举行。

9月25日　中国第一艘航空母舰辽宁舰正式交付海军。

11月8—14日　中国共产党第十八次全国代表大会举行。

11月15日　党的十八届一中全会选举习近平为中央委员会总书记，决定习近平为中央军委主席，批准王岐山为中央纪委书记。

11月29日　习近平总书记在参观《复兴之路》展览时指出，实现中华民族伟大复兴是中华民族近代以来最伟大的梦想。

12月4日　中共中央政治局会议通过《十八届中央政治局关于改进工作作风、密切联系群众的八项规定》。

12月29日　习近平总书记在考察河北时指出，没有农村的小康，特别是没有贫困地区的小康，就没有全面建成小康社会。

2013 年

1月26日　中国自主研制的运－20大型运输机首次试飞成功。

2月26—28日　党的十八届二中全会举行，通过《国务院机构改革和职能转变方案》。

2月28日　国务院决定开展第一次全国地理国情普查。

3月3—12日　全国政协十二届一次会议举行，选举俞正声为全国政协主席。

3月11日　习近平总书记在出席全国大人解放军代表团全体会议时指出，建设一支听党指挥、能打胜仗、作风优良的人民军队，是党在新形势下的强军目标。

3月5—17日　十二届全国人大一次会议举行，选举习近平为国家主席、国家中央军委主席，张德江为全国人大常委会委员长，决定李克强为国务院总理，批准《国务院机构改革和职能转变方案》。

3月23日　习近平主席在莫斯科国际关系学院发表演讲，强调人类越来越成为你中有我、我中有你的命运共同体。

4月24日　国务院常务会议决定先行取消和下放71项行政审批事项。

4月26日　中国成功发射高分辨率对地观测系统首星高分一号。

5月9日　中共中央印发《关于在全党深入开展党的群众路线教育实践活动的意见》。

6月28—29日　全国组织工作会议召开。

8月17日　国务院批准设立中国（上海）自由贸易试验区。

8月19—20日　全国宣传思想工作会议召开。

9月7日　习近平主席在哈萨克斯坦纳扎尔巴耶夫大学发表演讲，提出共同建设"丝绸之路经济带"。

9月10日　国务院印发《大气污染防治行动计划》。

10月3日　习近平主席在印度尼西亚国会发表演讲，提出共同建设"21世纪海上丝绸之路"。

10月24—25日　中共中央首次召开周边外交工作座谈会。

11月　习近平总书记在考察湖南时提出"精准扶贫"的理念。

11月5日　中共中央印发《中央党内法规制定工作五年规划纲要（2013—2017年）》。

11月9日—12日　党的十八届三中全会举行，通过《关于全面深化改革若干重大问题的决定》。

11月15日　南水北调东线一期工程正式通水运行。

11月23日　中国政府宣布划设东海防空识别区。

12月11日　中共中央办公厅印发《关于培育和践行社会主义核心价值观的意见》。

12月12日　中共中央召开首次城镇化工作会议。

12月21日　中共中央、国务院印发《关于调整完善生育政策的意见》，提出单独两孩的政策。

2014 年

1月14日　中共中央印发修订后的《党政领导干部选拔任用工作条例》。

1月22日　习近平总书记主持召开中央全面深化改革领导小组第一次会议

2月7日　国务院印发《注册资本登记制度改革方案》。

2月21日　国务院印发《关于建立统一的城乡居民基本养老保险制度的意见》。

2月26日　习近平总书记主持召开座谈会，提出京津冀协同发展战略。

2月27日　习近平总书记主持召开中央网络安全和信息化领导小组

第一次会议。

2月27日　第十二届全国人大常委会第七次会议通过决定，确定中国人民抗日战争胜利纪念日，设立南京大屠杀死难者国家公祭日。

3月15日　习近平总书记主持召开中央军委深化国防和军队改革领导小组第一次全体会议。

3月19日　中共中央办公厅、国务院办公厅印发《关于深化司法体制和社会体制改革的意见》。

4月15日　习近平总书记主持召开中央国家安全委员会第一次会议，提出总体国家安全观。

4月24日　第十二届全国人大常委会第八次会议通过修订后的《中华人民共和国环境保护法》。

5月9—10日　习近平总书记在河南考察时提出经济"新常态"。

5月28日　第二次中央新疆工作座谈会召开。

6月9—13日　中国科学院第十七次院士大会、中国工程院第十二次院士大会举行。习近平总书记出席并发表重要讲话。

6月30日　中共中央政治局会议审议通过《深化财税体制改革总体方案》。

7月24日　国务院印发《关于进一步推进户籍制度改革的意见》。

8月31日　第十二届全国人大常委会第十次会议通过《关于设立烈士纪念日的决定》。

9月5日　庆祝全国人民代表大会成立60周年大会举行，习近平总书记发表重要讲话。

9月19日　中共中央办公厅、国务院办公厅印发《关于推动传统媒体和新兴媒体融合发展的指导意见》。

9月21日　庆祝中国人民政治协商会议成立65周年大会举行,习近平总书记发表讲话。

9月28—29日　中央民族工作会议暨国务院第六次全国民族团结进步表彰大会举行。

10月15日　习近平总书记主持召开文艺工作座谈会。

10月20—23日　党的十八届四中全会举行,通过《关于全面推进依法治国若干重大问题的决定》。

10月30日—11月2日　全军政治工作会议在福建古田举行。

11月1日　第十二届全国人大常委会第十一次会议通过《关于设立国家宪法日的决定》《中华人民共和国反间谍法》。

11月6日　中国首个知识产权法院——北京知识产权法院成立。

11月6日　中共中央办公厅、国务院办公厅印发《关于引导农村土地经营权有序流转发展农业适度规模经营的意见》。

11月8日　习近平总书记在北京主持加强互联互通伙伴关系对话会,宣布中国出资成立丝路基金。

11月11日　亚太经合组织第二十二次领导人非正式会议在北京举行,决定启动亚太自由贸易区进程。

11月17日　"沪港通"正式启动。

11月19—21日　首届世界互联网大会在浙江乌镇举行。

11月28—29日　中央外事工作会议召开。

12月12日　南水北调中线一期工程正式通水。

12月13—14日　习近平总书记在江苏考察期间讲话指出,要协调推进全面建成小康社会、全面深化改革、全面推进依法治国、全面从严治党。

12月18日　中国实验快堆首次实现满功率稳定运行72小时,标志着中国全面掌握第四代核电技术。

2015 年

1月3日　国务院做出《关于机关事业单位工作人员养老保险制度改革的决定》。

1月5日　中共中央印发《关于加强社会主义协商民主建设的意见》。

1月16日　中共中央政治局常委会召开会议，专门听取全国人大常委会、国务院、全国政协、最高人民法院、最高人民检察院党组工作汇报。

3月5—15日　十二届全国人大三次会议举行，通过修订后的《中华人民共和国立法法》。

3月7日　国务院批复设立中国（杭州）跨境电子商务综合试验区。

3月12日　习近平总书记在全国人大解放军代表团全体会议上提出，把军民融合发展上升为国家战略。

3月25—27日　中共中央纪委首次向中央办公厅、中央组织部、中央宣传部、中央统战部、全国人大机关、国务院办公厅、全国政协机关派驻纪检组。

3月26日　针对外逃腐败分子的"天网行动"启动。

4月2日　国务院印发《水污染防治行动计划》。

4月10日　中共中央办公厅印发《关于在县处级以上领导干部中开展"三严三实"专题教育方案》。

5月1日　全国法院实行立案登记制。

5月8日　国务院印发《中国制造2025》。

5月18—20日　中央统战工作会议召开。

6月11日　中共中央颁发《中国共产党党组工作条例（试行）》。

6月18日　习近平总书记在贵州召开部分省区市党委主要负责同志座谈会，提出精准扶贫要求。

7月1日　国务院印发《关于积极推进"互联网+"行动的指导意见》。

7月1日　第十二届全国人大常委会第十五次会议通过《国家安全法》。

8月1日　国务院印发《全国海洋主体功能区规划》。

7月6—7日　中央党的群团工作会议召开。

8月3日　中共中央颁发《中国共产党巡视工作条例》。

8月11日　人民币兑美元汇率中间价报价机制改革。

8月24日　中央第六次西藏工作座谈会召开。

8月24日　中共中央、国务院印发《关于深化国有企业改革的指导意见》。

8月30日　中共中央办公厅、国务院办公厅印发《环境保护督察方案（试行）》。

9月3日　纪念中国人民抗日战争暨世界反法西斯战争胜利70周年大会和阅兵仪式举行。

9月18日　中共中央、国务院印发《生态文明体制改革总体方案》。

9月28日　习近平主席出席第70届联合国大会一般性辩论并发表讲话，提出同心打造人类命运共同体。

10月5日　屠呦呦获诺贝尔生理学或医学奖。

10月18日　中共中央颁发《中国共产党廉洁自律准则》和《中国共产党纪律处分条例》。

10月24日　国务院印发《统筹推进世界一流大学和一流学科建设总体方案》。

10月26—29日　党的十八届五中全会举行，通过《中共中央关于制定国民经济和社会发展第十三个五年规划的建议》。习近平总书记在全会上提出创新、协调、绿色、开放、共享的发展理念。

11月2日　中共中央办公厅、国务院办公厅印发《深化农村改革综合性实施方案》。

11月7日　习近平主席同台湾方面领导人马英九在新加坡会晤。

11月10日　习近平总书记在中央财经领导小组会议上讲话指出，要着力加强供给侧结构性改革。

11月23日　中央军委印发《领导指挥体制改革实施方案》。

11月25日　国务院发出《关于进一步完善城乡义务教育经费保障机制的通知》。

11月27—28日　内地与香港、澳门分别签署协议，基本实现服务贸易自由化。

11月27—28日　中央扶贫开发工作会议召开。

11月28日　中央军委印发《关于深化国防和军队改革的意见》。

11月29日　中共中央、国务院做出《关于打赢脱贫攻坚战的决定》。

12月4日　习近平主席在中非合作论坛约翰内斯堡峰会上提出，把中非关系提升为全面战略合作伙伴关系。

12月11—12日　全国党校工作会议召开。

12月17日　中国成功发射暗物质粒子探测卫星"悟空"。

12月27日　亚洲基础设施投资银行成立。

12月31日　中国人民解放军陆军领导机构、火箭军、战略支援部队成立大会举行。

2016年

1月1日 修改后的《人口与计划生育法》正式实施,明确国家提倡双子女政策。

1月3日 国务院印发《关于整合城乡居民基本医疗保险制度的意见》。

1月5日 习近平总书记在重庆主持召开推动长江经济带发展座谈会。

1月18日 中共中央、国务院印发《国家创新驱动发展战略纲要》。

2月1日 中国人民解放军战区成立大会举行。

2月16日 中央军委印发《关于军队和武警部队全面停止有偿服务活动的通知》。

2月19日 习近平总书记主持召开党的新闻舆论工作座谈会。

2月24日 中共中央办公厅印发《关于在全体党员中开展"学党章党规、学系列讲话,做合格党员"学习教育方案》。

3月5—16日 十二届全国人大四次会议举行,批准"十三五"规划纲要。

4月19日 习近平总书记主持召开网络安全和信息化工作座谈会。

4月22日 中国签署气候变化《巴黎协定》。

4月22—23日 全国宗教工作会议召开。

4月25日 习近平总书记在安徽凤阳小岗村主持召开农村改革座谈会。

5月17日 习近平总书记主持召开哲学社会科学工作座谈会。

5月28日　国务院印发《土壤污染防治行动计划》。

5月28日　全国科技创新大会召开。

7月1日　庆祝中国共产党成立95周年大会举行。习近平总书记发表讲话号召全党不忘初心、继续前进。

7月5日　中共中央、国务院印发《关于深化投融资体制改革的意见》。

7月8日　中共中央颁发《中国共产党问责条例》。

7月12日　中国发表《中华人民共和国政府关于在南海的领土主权和海洋权益的声明》。

8月16日　中国成功发射世界首颗量子科学实验卫星"墨子号"。

9月4—5日　二十国集团领导人第十一次峰会在杭州举行。

9月13日　中央军委联勤保障部队成立大会举行。

9月25日　500米口径球面射电望远镜（FAST）在贵州平塘落成启动。

10月1日　人民币正式加入IMF特别提款权货币篮子。

10月10—11日　全国国有企业党的建设工作会议召开。

10月22日　中共中央办公厅、国务院办公厅印发《关于完善农村土地所有权承包权经营权分置办法的意见》。

10月24—27日　党的十八届六中全会举行，通过《关于新形势下党内政治生活的若干准则》和《中国共产党党内监督条例》。

11月1日　中国自主研制的新一代隐身战斗机歼-20首次亮相。

12月7—8日　全国高校思想政治工作会议召开。

12月26日　中共中央、国务院印发《关于稳步推进农村集体产权制度改革的意见》。

2017 年

1 月 17 日　习近平主席出席达沃斯世界经济论坛 2017 年年会开幕式并发表主旨演讲。

1 月 18 日　习近平主席在日内瓦万国宫出席"共商共筑人类命运共同体"高级别会议并发表主旨演讲，主张共同推进构建人类命运共同体。

1 月 24 日　中共中央办公厅、国务院办公厅印发《关于实施中华优秀传统文化传承发展工程的意见》。

3 月 5—15 日　十二届全国人大五次会议举行，通过《民法总则》。

3 月 28 日　中共中央、国务院发出通知，决定设立河北雄安新区。

4 月 20 日　中国自主研制的首艘货运飞船天舟一号成功发射。

4 月 26 日　中国第一艘自主设计建造的航空母舰出坞下水。

5 月 3 日　世界首台单光子量子计算机在中国诞生。

5 月 5 日　中国自主研制的 C919 大型客机首飞成功。

5 月 14—15 日　首届"一带一路"国际合作高峰论坛在北京举行。

6 月 20 日　习近平总书记主持召开中央军民融合发展委员会第一次全体会议。

6 月 23 日　习近平总书记在太原主持召开深度贫困地区脱贫攻坚座谈会。

7 月 1 日　习近平总书记出席庆祝香港回归祖国 20 周年大会暨香港特别行政区第五届政府就职典礼并发表讲话，出席《深化粤港澳合作推进大湾区建设框架协议》签署仪式。

7月11日　中国人民解放军驻吉布提保障基地成立。

7月14—15日　全国金融工作会议召开。

7月30日　庆祝中国人民解放军建军90周年阅兵在朱日和联合训练基地举行。

8月1日　庆祝中国人民解放军建军90周年大会举行。

10月18—24日　中国共产党第十九次全国代表大会举行。

10月25日　党的十九届一中全会选举习近平为中央委员会总书记，决定习近平为中央军委主席，批准赵乐际为中央纪委书记。

12月14日　中共中央做出《关于调整中国人民武装警察部队领导指挥体制的决定》。

12月18—20日　中央经济工作会议召开。会议总结阐述了习近平经济思想。

12月30日　中共中央印发《关于建立国务院向全国人大常委会报告国有资产管理情况制度的意见》。

2018年

1月　第三次全国土地调查全面启动。

1月2日　中共中央、国务院印发《关于实施乡村振兴战略的意见》。

1月18—19日　党的十九届二中全会举行，通过《关于修改宪法部分内容的建议》。

2月9日　中共中央印发《中央党内法规制定工作第二个五年规划（2018—2022年）》。

2月26—28日　党的十九届三中全会举行，通过《关于深化党和国家机构改革的决定》《深化党和国家机构改革方案》。

3月3—15日　全国政协十三届一次会议举行，选举汪洋为全国政协主席。

3月5—20日　十三届全国人大一次会议举行，选举习近平为国家主席、国家中央军委主席，栗战书为全国人大常委会委员长，决定李克强为国务院总理；通过《中华人民共和国宪法修正案》《中华人民共和国监察法》，批准国务院机构改革方案。

3月23日　国家监察委员会揭牌。

3月以来　美国政府单方面挑起中美经贸摩擦，中国采取有力应对措施，坚决捍卫国家和人民利益。

4月11日　中共中央、国务院印发《关于支持海南全面深化改革开放的指导意见》。

4月26日　习近平总书记在武汉主持召开深入推动长江经济带发展座谈会。

4月27日　第十三届全国人大常委会第二次会议通过《中华人民共和国英雄烈士保护法》。

5月4日　纪念马克思诞辰200周年大会举行。

5月18—19日　全国生态环境保护大会召开。大会总结阐述了习近平生态文明思想。

6月16日　中共中央、国务院印发《关于全面加强生态环境保护坚决打好污染防治攻坚战的意见》。

6月22—23日　中央外事工作会议召开。会议总结阐述了习近平外交思想。

7月3—4日　全国组织工作会议召开。

7月12日　中共中央、国务院印发《粤港澳大湾区发展规划纲要》。

8月17—19日　中央军委党的建设会议召开。

8月21—22日　全国宣传思想工作会议召开。

8月24日　习近平总书记主持召开中央全面依法治国委员会第一次会议。

9月3—4日　中非合作论坛北京峰会举行。

9月10日　全国教育大会召开。

10月23日　港珠澳大桥开通仪式举行。

11月1日　习近平总书记主持召开民营企业座谈会。

11月5—10日　首届中国国际进口博览会在上海举行。

12月18日　庆祝改革开放40周年大会举行。

12月27日　北斗三号基本系统建成，开始提供全球服务。

2019年

1月2日　习近平总书记在《告台湾同胞书》发表40周年纪念会上发表《为实现民族伟大复兴、推进祖国和平统一而共同奋斗》讲话。

1月3日　嫦娥四号探测器实现世界首次月球背面软着陆。

1月31日　中共中央印发《关于加强党的政治建设的意见》。

3月15日　十三届全国人大二次会议通过《外商投资法》。

3月18日　习近平总书记主持召开学校思想政治理论课教师座谈会。

4月15—17日　习近平总书记在重庆主持召开解决"两不愁三保障"突出问题座谈会。

4月23日　庆祝人民海军成立70周年海上阅兵活动举行。

4月25—27日　第二届"一带一路"国际合作高峰论坛在北京举行。

4月28日　2019年中国北京世界园艺博览会开幕式举行。

4月30日　纪念五四运动100周年大会举行。

5月15—22日　首届亚洲文明对话大会在北京举行。

5月31日　"不忘初心、牢记使命"主题教育工作会议召开。

6月6日　工业和信息化部向4家运营商颁发5G牌照。

6月13日　科创板正式开板。

7月5日　深化党和国家机构改革总结会议召开。

7月9日　中央和国家机关党的建设工作会议召开。

8月9日　中共中央、国务院印发《关于支持深圳建设中国特色社会主义先行示范区的意见》。

9月18日　习近平总书记在郑州主持召开黄河流域生态保护和高质量发展座谈会。

9月20日　中央政协工作会议暨庆祝中国人民政治协商会议成立70周年大会举行。

10月1日　庆祝中华人民共和国成立70周年大会、阅兵仪式、群众游行和联欢活动举行。

10月28—31日　党的十九届四中全会举行,通过《关于坚持和完善中国特色社会主义制度、推进国家治理体系和治理能力现代化若干重大问题的决定》。

11月5—10日　第二届中国国际进口博览会在上海举行。

12月2日　中俄东线天然气管道投产通气仪式举行。

12月20日　庆祝澳门回归祖国20周年大会暨澳门特别行政区第五届政府就职典礼隆重举行。

2020 年

1月6日　中共中央印发《中国共产党国有企业基层组织工作条例（试行）》和修订后的《中国共产党党和国家机关基层组织工作条例》。

1月8日　"不忘初心、牢记使命"主题教育总结大会召开。

3月6日　习近平总书记出席决战决胜脱贫攻坚座谈会并发表重要讲话。

冬春之交　新冠肺炎疫情暴发，全国上下齐心协力，疫情防控阻击战取得重大战略成果。

3月30日　中共中央、国务院印发《关于构建更加完善的要素市场化配置体制机制的意见》。

5月11日　中共中央、国务院印发《关于新时代加快完善社会主义市场经济体制的意见》。

5月17日　中共中央、国务院印发《关于新时代推进西部大开发形成新格局的指导意见》。

5月18日　习近平主席在第73届世界卫生大会视频会议开幕式上发表《团结合作战胜疫情　共同构建人类卫生健康共同体》的致辞。

5月28日　十三届全国人大三次会议通过《中华人民共和国民法典》。

6月1日　中共中央、国务院印发《海南自由贸易港建设总体方案》。

6月17日　习近平总书记在北京主持中非团结抗疫特别峰会，并发表《团结抗疫 共克时艰》的主旨讲话。

6月28日　中共中央印发《关于调整预备役部队领导体制的决定》。

6月30日　第十三届全国人大常委会第二十次会议通过《中华人民共和国香港特别行政区维护国家安全法》。

7月1日　预备役部队全面纳入军队领导指挥体系，由军地双重领导调整为党中央、中央军委集中统一领导。

7月13日　中共中央印发《中国共产党基层组织选举工作条例》。

7月23日　中国首次火星探测任务"天问一号"探测器，在海南文昌航天发射场点火升空。

7月31日　北斗三号全球卫星导航系统建成暨开通仪式举行。习近平总书记出席仪式，宣布北斗三号全球卫星导航系统正式开通。

8月26日　中国人民警察警旗授旗仪式在人民大会堂举行，习近平总书记向中国人民警察队伍授旗并致训词。

8月28—29日　中央第七次西藏工作座谈会在北京召开，习近平总书记出席会议并发表重要讲话。

9月8日　全国抗击新冠肺炎疫情表彰大会在人民大会堂隆重举行。习近平总书记向国家勋章和国家荣誉称号获得者颁授勋章奖章并发表重要讲话。

9月14日　中欧领导人宣布正式签署《中欧地理标志协定》。

9月21日　习近平主席在联合国成立75周年纪念峰会上发表重要讲话。

9月22日　习近平主席在第七十五届联合国大会一般性辩论上发表重要讲话。

9月25—26日　第三次中央新疆工作座谈会召开，习近平总书记出席会议并发表重要讲话。

9月30日　习近平主席在联合国生物多样性峰会上通过视频发表重要讲话。

10月1日　习近平主席在联合国大会纪念北京世界妇女大会25周年高级别会议上通过视频发表重要讲话。

10月14日　深圳经济特区建立40周年庆祝大会在广东省深圳市隆重举行。

10月16日　中共中央政治局召开会议，审议《成渝地区双城经济圈建设规划纲要》。

10月23日　纪念中国人民志愿军抗美援朝出国作战70周年大会在人民大会堂隆重举行。

10月26日至29日　党的十九届五中全会在北京举行，审议通过《中共中央关于制定国民经济和社会发展第十四个五年规划和二〇三五年远景目标的建议》。

（武力）

参考文献

《马克思恩格斯全集》第30卷，人民出版社1995年版。
《马克思恩格斯全集》第46卷，人民出版社1979年版。
《马克思恩格斯文集》第8卷，人民出版社2009年版。
《马克思恩格斯选集》第4卷，人民出版社1972年版。
马克思、恩格斯：《费尔巴哈》，人民出版社1988年版。
《毛泽东文集》第8卷，人民出版社1999年版。
《邓小平文选》第2卷，人民出版社1994年版。
《邓小平文选》第3卷，人民出版社1993年版。
《邓小平文选》第3卷，人民出版社2001年版。
《江泽民文选》第1、2、3卷，人民出版社2006年版。
江泽民：《论党的建设》，中央文献出版社2001年版。
《胡锦涛文选》第2卷，人民出版社2016年版。
《胡锦涛文选》第3卷，人民出版社2016年版。
《习近平关于"不忘初心、牢记使命"论述摘编》，中央文献出版社2019年版。
《习近平关于党的群众路线教育实践活动论述摘编》，中央文献出版社2014年版。

《习近平关于党风廉政建设和反腐败斗争论述摘编》，中央文献出版社、中国方正出版社 2015 年版。

《习近平关于全面从严治党论述摘编》，中央文献出版社 2016 年版。

《习近平关于社会主义政治建设论述摘编》，中央文献出版社 2017 年版。

《习近平关于严明党的纪律和规矩论述摘编》，中央文献出版社 2016 年版。

《习近平谈治国理政》（第二卷），外文出版社 2017 年版。

《习近平谈治国理政》（第三卷），外文出版社 2020 年版。

《习近平谈治国理政》（第一卷），外文出版社 2018 年版。

《习近平新时代中国特色社会主义思想三十讲》，学习出版社 2018 年版。

《习近平新时代中国特色社会主义思想学习纲要》，学习出版社、人民出版社 2019 年版。

《习近平主席新年贺词（2014—2018）》，人民出版社 2018 年版。

《习近平总书记系列重要讲话读本》，学习出版社、人民出版社 2016 年版。

习近平：《决胜全面建成小康社会　夺取新时代中国特色社会主义伟大胜利——在中国共产党第十九次全国代表大会上的报告（2017 年 10 月 18 日）》，人民出版社 2017 年版。

习近平：《论坚持党对一切工作的领导》，中央文献出版社 2019 年版。

习近平：《我国经济已由高速增长阶段转向高质量发展阶段》，载《十九大以来重要文献选编》（上），中央文献出版社 2019 年版。

习近平：《携手构建合作共赢、公平合理的气候变化治理机制——在气候变化巴黎大会开幕式上的讲话（2015 年 11 月 30 日）》，人民出版社 2015 年版。

习近平：《在决战决胜脱贫攻坚座谈会上的讲话（2020 年 3 月 6 日）》，人民出版社 2020 年版。

习近平：《在庆祝中国共产党成立 95 周年大会上的讲话（2016 年 7 月 1 日）》，人民出版社 2016 年版。

习近平：《在省部级主要领导干部学习贯彻党的十八届五中全会精神专题研讨班上的讲话（2016 年 1 月 18 日）》，人民出版社 2016 年版。

习近平：《推动形成优势互补高质量发展的区域经济布局》，《求是》2019 年第 24 期。

习近平：《在党的十八届五中全会第二次全体会议上的讲话（节选）》，《求是》2016 年第 1 期。

习近平：《在解决"两不愁三保障"突出问题座谈会上的讲话（2019 年 4 月 16 日）》，《求是》2019 年第 16 期。

习近平：《在深度贫困地区脱贫攻坚座谈会上的讲话（2019 年 4 月 16 日）》，《求是》2017 年第 17 期。

习近平：《弘扬人民友谊　共创美好未来——在纳扎尔巴耶夫大学的演讲》，《人民日报》2013 年 9 月 8 日。

习近平：《弘扬丝路精神　深化中阿合作——在中阿合作论坛第六届部长级会议开幕式上的讲话》，《人民日报》2014 年 6 月 6 日。

习近平：《齐心开创共建"一带一路"美好未来——在第二届"一带一路"国际合作高峰论坛开幕式上的主旨演讲》，《人民日报》2019 年 4 月 27 日。

习近平：《深化改革开放　共创美好亚太——在亚太经合组织工商领导人峰会上的演讲》，《人民日报》2013 年 10 月 8 日。

习近平：《携手建设中国—东盟命运共同体——在印度尼西亚国会的演讲》，《人民日报》2013年10月4日。

习近平：《携手推进"一带一路"建设——在"一带一路"国际合作高峰论坛开幕式上的演讲（2017年5月14日）》，《人民日报》2017年5月15日。

习近平：《在布鲁日欧洲学院的演讲》，《人民日报》2014年4月2日。

习近平：《在第十八届中央纪律检查委员会第六次全体会议上的讲话（2016年1月12日）》，《人民日报》2016年5月3日。

习近平：《在中国国际友好大会暨中国人民对外友好协会成立60周年纪念活动上的讲话》，《人民日报》2014年5月16日。

习近平：《中国发展新起点　全球增长新蓝图——在二十国集团工商峰会开幕式上的主旨演讲》，《人民日报》2016年9月4日。

习近平：《抓住世界经济转型机遇　谋求亚太更大发展——在亚太经合组织工商领导人峰会上的主旨演讲》，《人民日报》2017年11月11日。

《三中全会以来重要文献选编》（上、下），中央文献出版社2011年版。

《十三大以来重要文献选编》（上、中、下），中央文献出版社2011年版。

《十四大以来重要文献选编》（上、中、下），中央文献出版社2011年版。

《十五大以来重要文献选编》（上、中、下），中央文献出版社2011年版。

《十六大以来重要文献选编》（上、中、下），中央文献出版社2011年版。

《十七大以来重要文献选编》（上、中、下），中央文献出版社 2011 年版。
《十八大以来重要文献选编》（上），中央文献出版社 2014 年版。
《十八大以来重要文献选编》（中），中央文献出版社 2016 年版。
《十八大以来重要文献选编》（下），中央文献出版社 2018 年版。
《十九大以来重要文献选编》（上），中央文献出版社 2019 年版。
《改革开放以来历届三中全会文件汇编》，人民出版社 2013 年版。
《党的十九大报告辅导读本》，人民出版社 2017 年版。

《当代中国》丛书编辑部：《中国人民解放军》，当代中国出版社 1994 年版。
《国务院关于实行市场准入负面清单制度的意见》，人民出版社 2015 年版。
《政府投资条例》，中国法制出版社 2019 年版。
《中共中央关于深化党和国家机构改革的决定》，人民出版社 2018 年版。
《中华人民共和国外商投资法》，中国法制出版社 2019 年版。
毕宝德主编：《土地经济学》（第七版），中国人民大学出版社 2016 年版。
薄一波：《若干重大决策与事件的回顾》（下），中共中央党校出版社 1993 年版。
蔡昉等：《中国劳动与社会保障体制完善与发展道路》，经济管理出版社 2013 年版。
蔡昉等：《中国收入分配问题研究》，中国社会科学出版社 2016 年版。
陈吉元：《改革：中国农业现代化的主要推动力》，载关锐捷主编

《中国农村改革二十年》,河北科学技术出版社1998年版。

陈锡文、罗丹、张征:《中国农村改革40年》,人民出版社2018年版。

陈锡文、赵阳、罗丹:《中国农村改革30年回顾与展望》,人民出版社2008年版。

当代中国研究所:《新中国70年》,当代中国出版社2019年版。

当代中国研究所:《中华人民共和国简史(1949—2019)》,当代中国出版社2019年版。

冯维江、徐秀军:《一带一路:迈向治理现代化的大战略》,机械工业出版社2016年版。

国合会:《绿色发展新时代——中国绿色转型2050》,2017年。

国家统计局:《国际地位显著提高　国际影响力持续增强——新中国成立70周年经济社会发展成就系列报告之二十三》,2019年。

国家知识产权局公共服务司编:《中国知识产权公共服务发展报告(2019)》,知识产权出版社2020年版。

国务院发展研究中心、壳牌公司课题组:《中国中长期能源发展战略研究》,中国发展出版社2013年版。

国务院发展研究中心、世界银行联合课题组:《2030年的中国》,中国财政经济出版社2012年版。

国务院贫困地区经济开发领导小组办公室:《中国贫困地区经济开发概要》,农业出版社1989年版。

何振一、阎坤、雷爱先:《构造有中国特色的市场经济财政体系》,江苏人民出版社1999年版。

黄群慧、戚聿东等:《中国国有企业改革40年研究》,广东经济出版社2019年版。

贾康、阎坤：《转轨中的财政制度变革》，上海远东出版社 1999 年版。

军事科学院军事历史研究所编著：《中国人民解放军的八十年》，军事科学出版社 2007 年版。

李培林、魏后凯主编：《中国扶贫开发报告（2016）》，社会科学文献出版社 2016 年版。

李正华：《中国改革开放的酝酿与起步》，方志出版社 2007 年再版。

李正华：《中国改革开放再出发（2012—2017）》，上海交通大学出版社 2019 年版。

李正华、张金才主编：《中华人民共和国政治史》（1949—2017），当代中国出版社 2019 年版。

林其辉：《多层次对外开放的决策过程》，载中国经济体制改革研究会编《见证重大改革决策——改革亲历者口述历史》，社会科学文献出版社 2018 年版。

刘国光：《财税体制突破与利益重组》，中国财政经济出版社 1993 年版。

刘国光：《两种经济体制和两种经济增长方式》，载《刘国光文集（第九卷）》，中国社会科学出版社 2006 年版。

刘守英：《土地制度与中国发展》，中国人民大学出版社 2018 年版。

楼继伟：《40 年重大财税改革的回顾》，中国财政经济出版社 2019 年版。

楼继伟：《中国政府间财政关系再思考》，中国财政经济出版社 2013 年版。

吕政、黄速建主编：《中国国有企业改革 30 年研究》，经济管理出版社 2008 年版。

逄先知、金冲及主编：《毛泽东传（1949—1976）》（下），中央文献出版社 2003 年版。

彭森、陈立等:《中国经济体制改革重大事件》(上、下),中国人民大学出版社 2008 年版。

全国干部培训教材编审指导委员会组织:《建设现代化经济体系》,人民出版社、党建读物出版社 2019 年版。

邵宁:《启思录——邵宁文集》,中国经济出版社 2019 年版。

石林:《当代中国的对外经济合作》,中国社会科学出版社 1989 年版。

苏庆义:《国际贸易形势回顾与展望:增速回落　重陷低迷》,载张宇燕《2020 年世界经济形势分析与预测》,社会科学文献出版社 2019 年版。

孙国华:《中华法学大辞典:法理学卷》,中国检察出版社 1997 年版。

佟志广:《中国"复关"谈判亲历记》,载曲青山、吴德刚主编《改革开放四十年口述史》中国人民大学出版社 2019 年版。

王京清主编:《新中国社会主义发展道路 70 年》,中国社会科学出版社 2019 年版。

王振川主编:《中国改革开放新时期年鉴(1979)》,中国民主法治出版社 2015 年版。

魏后凯、崔红志主编:《稳定和完善农村基本经营制度研究》,中国社会科学出版社 2016 年版。

魏后凯、闫坤主编:《中国农村发展报告 2017》,中国社会科学出版社 2017 年版。

温铁军:《中国农村基本经济制度研究:"三农"问题的世纪反思》,中国经济出版社 2000 年版。

吴国宝等:《中国减贫与发展(1978—2018)》,社会科学文献出版社 2018 年版。

吴敬琏：《当代中国经济改革》，上海远东出版社 2004 年版。

吴敬琏等编：《中国经济 50 人看 30 年——回顾与分析》，中国经济出版社 2008 年版。

武力主编：《改革开放 40 年：历程与经验》，当代中国出版社 2020 年版。

项怀诚：《中国财政体制改革》，中国财政经济出版社 1995 年版。

谢伏瞻主编：《迈上新征程的中国经济社会发展》，中国社会科学出版社 2020 年版。

新华月报编：《十六大以来党和国家重要文献选编》（上），人民出版社 2005 年版。

许善达：《中国税制改革的若干回顾》，载高尚全等《改革历程——献给改革开放 30 年》，经济科学出版社 2008 年版。

闫坤、于树一等：《中国的市场化改革与公共财政职能转换》，社会科学文献出版社 2016 年版。

杨朝明等主编：《孔子家语通解》，齐鲁书社 2009 年版。

易纲、张磊编：《国际金融》，上海人民出版社 1999 年版。

岳清唐：《中国国有企业改革发展史》，社会科学文献出版社 2018 年版。

张红宇：《中国农村的土地制度变迁》，中国农业出版社 2002 年版。

张清勇：《中国农村土地征收制度改革：回顾与展望》，中国社会科学出版社 2018 年版。

张晓山、李周主编：《中国农村改革 30 年研究》，经济管理出版社 2008 年版。

张卓元等：《中国经济学 40 年（1978—2018）》，中国社会科学出版社 2018 年版。

赵智奎主编：《改革开放30年思想史》，人民出版社2008年版。

中共中央党史和文献研究院：《改革开放四十年大事记》，人民出版社2018年版。

中共中央党史研究室：《中国共产党的九十年》，中共党史出版社、党建读物出版社2016年版。

中共中央宣传部编：《习近平新时代中国特色社会主义思想学习纲要》，学习出版社、人民出版社2019年版。

中国经济体制改革研究会编：《中国改革开放大事记（1978—2008）》，中国财政经济出版社2008年版。

中国社会科学院工业经济研究所：《中国工业发展报告（2013）》，经济管理出版社2013年版。

中华人民共和国国家农业委员会办公厅：《农业集体化重要文件汇编》（下），中共中央党校出版社1981年版。

中华人民共和国国务院新闻办公室：《新时代的中国国防》，人民出版社2019年版。

朱镕基：《朱镕基讲话实录》第3卷，人民出版社2011年版。

最高人民法院：《中国法院的司法改革（2013—2018）》，人民法院出版社2019年版。

《尽锐出战，逐梦小康——自然资源部助力脱贫攻坚成果综述》，《国土资源》2019年第11期。

《粮价"三层楼"——姚依林同志的点子》，《价格理论与实践》1997年第1期。

陈共：《1994年税制改革及分税制改革回眸与随感》，《地方财政研究》2005年第1期。

陈佳贵：《从"企业本位论"到"经济民主论"——蒋一苇同志关于经济体制改革的主要学术观点介绍》，《经济体制改革》1989年第1期。

成致平：《万紫千红总是春——中共十一届三中全会决议提高农产品价格获得丰硕成果》，《价格理论与实践》2018年第8期。

邓旭：《外贸代理制度的问题与重构》，《国际贸易问题》2011年第6期。

董志凯：《由"拨改贷"到"债转股"——经济转型中企业投融资方式变迁（1979—2015）》，《中国经济史研究》2016年第3期。

董祚继：《新中国70年土地制度的演进及其经验》，《中国土地》2019年第10期。

费孝通：《小城镇，大问题》，《江海学刊》1984年第1期。

管涛：《凤凰涅槃——反思2015年中国股市异动》，《新金融评论》2016年第2期。

国家统计局农村司：《农业生产跃上新台阶　现代农业擘画新蓝图——新中国成立70周年农村经济社会发展成就报告》，《农村农业农民（B版）》2019年第9期。

何星亮：《亘古未有40年的若干经验与启示》，《人民论坛》2018年第27期。

黄季焜、李康立、王晓兵、丁雅文：《农村集体经营性资产产权改革：现状、进程及影响》，《农村经济》2019年第12期。

黄群慧：《论中国工业供给侧结构性改革》，《中国工业经济》2017年第9期。

姜大明：《中国特色土地制度的主要内容和改革实践》，《国土资源通讯》2017年第19期。

蒋一苇：《企业本位论》，《中国社会科学》1980 年第 1 期。

解振华：《中国改革开放 40 年生态环境保护的历史变革——从"三废"治理走向生态文明建设》，《中国环境管理》2019 年第 4 期。

李实：《中国特色社会主义收入分配问题》，《政治经济学评论》2020 年第 1 期。

李永森：《中国股票市场对外开放进入下半场》，《中国外汇》2019 年第 20 期。

李周、尹晓青、包晓斌：《乡镇企业与环境污染》，《中国农村观察》1999 年第 3 期。

林桂平：《如何表述我国对外开放的新格局》，《历史学习》2002 年第 6 期。

刘德伟、李连芬：《新中国成立以来我国对外经贸关系的新变化》，《河南商业高等专科学校学报》2010 年第 8 期。

刘建丽：《新中国利用外资 70 年：历程、效应与主要经验》，《管理世界》2019 年第 11 期。

刘树成：《论又好又快发展》，《经济研究》2007 年第 6 期。

陆亚琴：《外商直接投资在华的发展历程、特点及经济效应分析》，《兰州商学院学报》2011 年第 8 期。

罗军生：《建国后"包产到户"一波三折的坎坷命运》，《党史博采》2005 年第 11 期。

马蔡琛、赵笛、苗珊：《共和国预算 70 年的探索与演进》，《财政研究》2019 年第 7 期。

马晓河：《60 年农村制度变迁与经济社会的发展》，《中国经贸导刊》2009 年第 22 期。

饶明、何德旭：《中国股票市场改革与创新发展的逻辑》，《当代经济科学》2015年第6期。

人力资源和社会保障部党组：《让改革发展成果更多更公平惠及全体人民——改革开放40年社会保障体系建设的显著成就及其宝贵经验》，《工会信息》2018年第24期。

人民币现金跨境流动调查课题组：《2004年人民币现金跨境流动调查》，《中国金融》2005年第6期。

桑百川、钊阳：《中国利用外资的历史经验与前景展望》，《国际贸易》2019年第3期。

邵宁：《试论承包经营责任制在改革中的意义》，《中国工业经济》1987年第6期。

申益美、唐湘娟：《中国企业海外投资特征及对策分析》，《邵阳学院学报》（社会科学版）2010年第12期。

盛保良：《乌拉圭回合最后文件的主要内容及其对我国经济贸易的影响》，《国际贸易》1994年第2期。

宋泓：《对外开放四十年：从适应者到影响者和引领者》，《国际贸易》2018年第10期。

孙杭生、顾焕章：《我国粮食收购保护价政策及定价机制研究》，《南京农业大学学报》（社会科学版）2002年第1期。

孙梅君：《农民负担的现状及其过重的根源》，《中国农村经济》1998年第4期。

汤铎铎：《金融去杠杆、竞争中性与政策转型——2019年中国宏观经济报告》，《经济学动态》2019年第3期。

汪海波：《中国国有企业改革的实践进程（1997—2003年）》，《中国经济史研究》2005年第3期。

汪三贵：《中国的农村扶贫：回归与展望》，《农业展望》2007年第

1 期。

王凤林:《我国社队企业的产生和发展》,《农业经济丛刊》1983 年第 4 期。

王桦:《中国共产党十一届三中全会》,《新长征》(党建版)2018 年第 9 期。

王佳宁、罗重谱:《东部 10 省(市)经济发展战略定位及其下一步》,《改革》2012 年第 7 期。

王瑞芳:《告别贫困:新中国成立以来的扶贫工作》,《党的文献》2009 年第 5 期。

王玉庆:《中国环境保护政策的历史变迁》,《环境与可持续发展》2018 年第 4 期。

魏后凯:《中国乡村工业化的代价与前景》,《中州学刊》1994 年第 6 期。

魏后凯、刘长全:《中国农村改革的基本脉络、经验与展望》,《中国农村经济》2019 年第 2 期。

乌画:《中国自由贸易试验区吹响战略集结号》,《经济研究参考》2017 年第 6 期。

吴敬琏:《怎样才能实现增长方式的转变——为〈经济研究〉创刊 40 周年而作》,《经济研究》1995 年第 11 期。

吴敬琏、李剑阁:《控制需求 疏导货币 改革价格》,《价格理论与实践》1988 年第 7 期。

吴敬琏等:《实现国有经济的战略性改组——国有企业改革的一种思路》,《改革》1997 年第 5 期。

鲜祖德、王萍萍、吴伟:《中国农村贫困标准与贫困监测》,《统计研究》2016 年第 9 期。

项怀诚:《"分税制"改革的回顾与展望》,《武汉大学学报》(哲学社会科学版)2004年第1期。

徐柏园:《半个世纪来我国农产品流通体制变迁》,《北京社会科学》2000年第1期。

徐梦龙:《我国建立健全外资法律制度的历程》,《中国外资》2019年第4期。

徐奇渊:《人民币国际化：概念、争论与展望》,《上海金融》2015年第4期。

薛宏:《对外援助：几代领导人的战略决策》,《世界知识》2011年第7期。

叶兴庆:《改革以来我国粮食保护价政策的回顾与思考》,《调研世界》1998年第12期。

叶兴庆:《农产品价格形成机制的进一步转换》,《经济研究参考》1993年第Z4期。

于树一:《论国家治理框架下事权和支出责任相适应的政府间财政关系》,《地方财政研究》2015年第5期。

余永定:《消除人民币升值恐惧症,实现向经济平衡发展的过渡》,《国际经济评论》2003年第5期。

张海荣:《包产到户责任制的历史变迁》,《河北师范大学学报》(哲学社会科学版)2004年第2期。

张卓元:《深化改革,推动粗放型经济增长方式转变》,《经济研究》2005年第11期。

赵云旗:《中国当代农民负担问题研究（1949—2006）》,《中国经济史研究》2007年第3期。

中国社会科学院宏观经济研究中心课题组:《未来15年中国经济增长

潜力与"十四五"时期经济社会发展主要目标及指标研究》，《中国工业经济》2020年第4期。

钟坚：《经济特区的酝酿、创办与发展》，《特区实践与理论》2010年第10期。

周叔莲：《关于蒋一苇同志的企业理论和企业"四自"的提法》，《经济管理》1996年第6期。

左然：《八十年代以来的三次机构改革》，《瞭望》1998年第12期。

《农业农村部：全国各类扶贫产业基地已超10万个》，《经济日报》2019年10月15日。

《全国开发区数量和面积减少七成多》，《人民日报》2007年9月18日。

《深度贫困县去年减贫四百八十万人》，《人民日报》2019年6月27日。

《温州专区纠正"包产到户"的错误做法》，《人民日报》1957年10月9日。

《我国易地扶贫搬迁已入住947万人》，《人民日报》2020年5月6日。

《习近平在河南考察时强调：深化改革发挥优势创新思路统筹兼顾确保经济持续健康展社会和谐稳定》，《人民日报》2014年5月。

《习近平在中共中央政治局第二十七次集体学习时强调推动全球治理体制更加公正更加合理，为我国发展和世界和平创造有利条件》，《人民日报》2015年10月14日。

《习近平主持召开中央全面深化改革委员会第六次会议强调　对标重要领域和关键环节改革　继续啃硬骨头确保干一件成一件》，《人民日报》2019年1月24日。

《新起点　新愿景　新征程——第二届"一带一路"国际合作高峰论坛达成广泛共识取得丰硕成果》,《人民日报》2019年4月29日。

《一项项农村改革为乡村振兴注入新动能》,《人民日报》2020年7月10日。

《中共中央关于坚持和完善中国特色社会主义制度　推进国家治理体系和治理能力现代化若干重大问题的决定》,《人民日报》2019年11月6日。

《中国发表〈共建"一带一路"倡议：进展、贡献与展望〉报告》,《人民日报》2019年4月23日。

《中央经济工作会议在北京举行　习近平李克强作重要讲话　张德江俞正声刘云山王岐山张高丽出席会议》,《人民日报》2014年12月12日。

黄群慧：《破除混合所有制改革的八个误区》,《经济日报》2017年8月4日。

刘国光：《正视通货膨胀问题》,《经济日报》1988年4月5日。

刘鹤：《坚持和完善社会主义基本经济制度》,《人民日报》2019年11月22日。

柳鹏：《全球创新指数2019：中国排名再创新高》,《知识产权报》2019年7月25日。

田雪原：《新中国人口政策回顾与展望》,《人民日报》2009年12月4日。

王梦奎：《社会主义市场经济体制的首个总体设计》,《经济日报》2013年11月7日。

谢多：《服务一带一路　促进资金融通》,《人民日报》2019年5月

6日。

刘英奎:《中国企业实施"走出去"战略研究》,博士学位论文,中国社会科学院研究生院,2003年。

钱明光:《论中国企业实施"走出去"战略遇到的问题及对策》,硕士学位论文,对外经济贸易大学,2006年。

《〈中央企业高质量发展报告〉:十八大以来中央企业户数从113家调整至96家》,2019年11月2日,中国证券报·中证网,http://www.cs.com.cn/sylm/jsbd/201911/t20191102_5995158.html。

《国资委:中国特色现代国有企业制度建设取得突破性进展》,2019年9月19日,新华网,http://www.xinhuanet.com//fortune/2019-09/19/c_1210286128.htm。

《环境史话:那些影响中国环境保护进程的重要会议》,2018年5月18日,国际环保在线网,https://www.huanbao-world.com/a/zhengce/2018/0518/16543.html。

《全国义务教育阶段辍学学生人数下降近99%》,2020年6月29日,人民网,http://edu.people.com.cn/n1/2020/0629/c367001-31763111.html。

《肖亚庆:央企公司制改革全面完成》,2019年3月27日,新华网,http://www.xinhuanet.com/fortune/2019-03/27/c_1124291092.htm。

陈述:《回首30年:对外开放抉择和经济特区建立的前前后后》,2008年11月17日,中国网,http://www.china.com.cn/news/txt/2008-11/17/content_16778607.htm。

国家发展和改革委员会、外交部、商务部:《推动共建丝绸之路经济带和21世纪海上丝绸之路的愿景与行动》,2015年3月28日,新华网,http://www.xinhuanet.com/world/2015-03/28/c_1114793986.htm。

国家统计局:《系列报告之六:多方式就业格局初步形成,规模显著扩大》,2009年9月14日,国家统计局网站,http://www.stats.gov.cn/ztjc/ztfx/qzxzgcl60zn/200909/t20090914_68638.html。

韩长赋:《国务院关于农村集体产权制度改革情况的报告》,2020年5月12日,中国人大网,http://www.npc.gov.cn/npc/c30834/202005/434c7d313d4a47a1b3e9edfbacc8dc45.shtml。

韩长赋:《国务院关于农村土地征收、集体经营性建设用地入市、宅基地制度改革试点情况的总结报告》,2018年12月23日,中国人大网,http://www.npc.gov.cn/npc/c12491/201812/3821c5a89c4a4a9d8cd10e8e2653bdde.shtml。

金慧慧:《改革开放40周年之1978:开启改革开放历史新时期》,2018年11月27日,中国网,http://news.china.com.cn/2018-11/27/content_74213799.htm。

联合国:社会发展委员会第五十五届会议报告,https://undocs.org/zh/E/2017/26。

林毅夫:《中国改革开放四十年和现代经济学的反思》,2018年7月27日,搜狐网,http://www.sohu.com/a/243733415_330810。

彭波:《建国初期内地与香港的经贸关系》,http://history.mofcom.gov.cn/?page_id=33。

任泽平、马家进、罗志恒:《2019年中国民营经济报告出炉:民营企业实现从0到56789的成就》,2019年10月14日,金融界网站,https://baijiahao.baidu.com/s?id=1647322086137116909&wfr=

spider&for = pc。

宋平：《关于国务院机构改革方案的说明（1988 年）》，2000 年 12 月 26 日，中国人大网，http：//www.npc.gov.cn/wxzl/gongbao/2000-12/26/content_5002068.htm。

吴敬琏：《共和国经济 50 年》，2004 年 6 月 11 日，新浪网，http：//finance.sina.com.cn/d/20040611/1507809705.shtml。

习近平：《深化文明交流互鉴　共建亚洲命运共同体——在亚洲文明对话大会开幕式上的主旨演讲》，新华社北京 5 月 15 日电，http：//www.xinhuanet.com/2019-05/15/c_1124497022.htm。

习近平：《在第二次中央新疆工作座谈会上发表重要讲话》，2014 年，新华网北京 5 月 29 日电，http：//www.xinhuanet.com/photo/2014-05/29/c_126564529.htm。

《习近平：关于〈中共中央关于坚持和完善中国特色社会主义制度　推进国家治理体系和治理能力现代化若干重大问题的决定〉的说明》，2019 年 11 月 5 日，中国政府网，http：//www.gov.cn/xinwen/2019-11/05/content_5449035.htm。

《习近平对海南自由贸易港建设作出重要指示》，2020 年 6 月 1 日，新华社，http：//www.gov.cn/xinwen/2020-06/01/content_5516550.htm。

《习近平在哈萨克斯坦纳扎尔巴耶夫大学发表重要演讲》，2013 年 9 月 7 日，中国政府网，http：//www.gov.cn/ldhd/2013-09/07/content_2483425.htm。

杨威、董志成：《习近平厚植绿水青山　世界点赞美丽中国》，2017 年 6 月 7 日，中青在线，http：//theory.cyol.com/content/2017-06/07/content_16159017.htm。

于永军、温建伦:《加入世贸组织让中国与世界实现共赢:纪念改革开放40周年》,2018年8月6日,宣讲家网,http://www.71.cn/2018/0806/1012236.shtml。

中华人民共和国国务院新闻办公室:《关于中美经贸摩擦的事实与中方立场》,2018年9月,http://www.scio.gov.cn/ztk/dtzt/37868/39004/39006/Document/1638353/1638353.htm。

自然资源部:《2017中国土地矿产海洋资源统计公报》,2018年5月18日,http://gi.mnr.gov.cn/201805/t20180518_1776792.html。

自然资源部办公厅:《土地储备机构名录（2020年版）》,2020年5月13日,http://gi.mnr.gov.cn/202005/t20200519_2514264.html。

［美］本·斯泰尔:《布雷顿森林货币战》,符荆捷等译,机械工业出版社2014年版。

［美］本尼迪克特·安德森:《想象的共同体——民族主义的起源与散布》,吴叡人译,上海人民出版社2005年版。

［美］萨拉·邦焦尔尼:《离开中国制造的一年:一个美国家庭的生活历险》,闫佳译,机械工业出版社2008年版。

［以色列］尤瓦尔·赫拉利:《人类简史》,林俊宏译,中信出版社2014年版。

［英］安东尼·肯尼:《牛津西方哲学史》（第二卷）,袁宪军译,吉林出版集团有限责任公司2012年版。

［俄］K.V.明科娃:《苏联与国际货币基金组织（1943—1946）》,靳玺译,《冷战国际史研究》2019年第1期。

Bongiorni, Sara, *A Year without "Made in China": One Family's True Life*

Adventure in the Global Economy, John Wiley & Sons, 2007.

Huang, Y., Cai, F., Peng, X., & Gou, Q., "The New Normal of Chinese Development", In R. Garnaut, F. Cai, & L. Song Eds., *China: A New Model for Growth and Development*, Canberra: Australian National University e-Press, 2013.

J. R. Taylor, "Rural Employment Trends and the Legacy of Surplus Labor, 1978–1989", in Y. Y. Kueh and R. F. Ash eds., *Economic Trends in Chinese Agriculture: The Impact of Post-Mao Reforms*, New York: Oxford University Press, 1993.

Bongiorni, Sara, A Year Without "Made in China", *The Christian Science Monitor*, 2005.

Kevin Hjortshøj O'Rourke, 2019, "Economic History and Contemporary Challenges to Globalization", *Journal of Economic History*, Vol. 79, No. 2.

Michael D. Bordo, "Globalization in Historical Perspective" *Business Economics*, January, 2002.

Alicia García Herrero, "From Globalization to Deglobalization: Zooming into Trade", https://www.bruegel.org/2020/02/from-globalization-to-deglobalization-zooming-into-trade/, 2020.

A. T. Kearney, "Foreign Direct Investment (FDI) Confidence Index", Global Business Policy Council, 2011.

Breznitz, D. and M. Murphree, *Run of the Red Queen*, Yale University Press, 2011.

Chen Kaiji and Tao Zha, "Macroeconomic Effects of China's Financial Policies", Federal Reserve Bank of Atlanta, 2018.

International Monetary Fund, World Economic Outlook Database, 2019.

Jason Dedrick, Greg Linden And Kenneth L. Kraemer, "The guts of an Apple iPhone show exactly what Trump gets wrong about trade", https：//phys. org/news/2019 - 06 - guts-apple-iphone-trump-wrong. html, 2019.

Koopman, R., Z. Wang and S. J. Wei, "How Much of Chinese Exports is Really Made in China? Domestic Value Added when Processing Trade is Pervasive", NBER Working Paper, No. 14109, 2008.

Moody's "Quarterly China Shadow Banking Monitor", www. moodys. com.

World Bank, "Doing Business 2020：China", 2019, World Bank Group.

Xin Li, Bo Meng, Zhi Wang, 2019, "Recent Patterns of Global Production and GVC Participation", In *Global Value Chain Development Report 2019：Technological Innovation, Supply Chain Trade, and Workers in a Globalized World.*